Klassiker
des ökonomischen Denkens

Zweiter Band

KLASSIKER DES ÖKONOMISCHEN DENKENS

ZWEITER BAND

VON KARL MARX BIS JOHN MAYNARD KEYNES

Herausgegeben von
Joachim Starbatty

VERLAG C. H. BECK MÜNCHEN

Mit 15 Porträtabbildungen
und 6 Graphiken

CIP-Titelaufnahme der Deutschen Bibliothek

Klassiker des ökonomischen Denkens / hrsg. von Joachim Starbatty. – München : Beck.
ISBN 3-406-34103-9
NE: Starbatty, Joachim [Hrsg.]

Bd. 2. Von Karl Marx bis John Maynard Keynes. – 1989
ISBN 3-406-33797-X

ISBN 3 406 33797 X für diese Ausgabe
ISBN 3 406 34103 9 für beide Bände

Satz: Fotosatz Otto Gutfreund, Darmstadt
Druck und Bindung: May & Co, Darmstadt
Printed in Germany

INHALT

Anhang

Alfred E. Ott

KARL MARX
(1818–1883)

«... der marxistische Sozialismus wird immer eine Crux in der Geschichte der Lehrmeinungen bleiben – wie es möglich sein konnte, daß eine so unlogische und langweilige Lehre einen so mächtigen und dauernden Einfluß auf den Geist der Menschen und durch ihn auf den Gang der Geschichte auszuüben vermochte.» *J. M. Keynes* 1926, 26.

«Als Wirtschaftstheoretiker war Marx in allererster Linie ein sehr gelehrter Mann.» *J. A. Schumpeter* 1950, 43.

I. Werdegang

1. Biographisches

Karl Heinrich Marx wurde am 5. Mai 1818 als Sohn des jüdischen, aber zum Protestantismus übergetretenen Rechtsanwalts Heinrich Marx in Trier geboren. Von 1835 bis 1841 studierte er Rechtswissenschaft, Medizin und später vor allem Philosophie in Bonn, Berlin und Jena. Aus dem Studium der Hegelschen Philosophie entstand 1841 in Jena die Dissertation *Die Differenz der demokritischen und epikureischen Naturphilosophie.*

Für kurze Zeit übernahm Marx eine Dozentur an der Universität Bonn, wurde dann zunächst Mitarbeiter, später Chefredakteur der *Rheinischen Zeitung für Politik, Handel und Gewerbe* in Köln bis zu ihrem Verbot 1843. In diesem Jahr heiratete er seine Jugendfreundin Jenny von Westfalen und emigrierte noch im gleichen Jahr nach Paris. Dort wurde er mit dem französischen Sozialismus vertraut und lernte 1844 den Barmer Industriellen Friedrich Engels kennen, mit dem ihn eine lebenslange Freundschaft – «Orestes-Pylades-schaft» – verband. Nach der Ausweisung aus Frankreich veröffentlichten Marx/Engels 1848 in Brüssel das *Kommunistische Manifest,* ein brillantes politisches Pamphlet. Berühmt geworden sind der erste Satz und die drei letzten Sätze: «Ein Gespenst geht um in Europa – das Gespenst des Kommunismus.» Sowie: «Die Proletarier haben nichts zu verlieren als ihre Ketten. Sie haben eine Welt zu gewinnen. Proletarier aller Länder vereinigt euch!» Nach einem kurzen Aufenthalt in Köln, der mit seiner Ausweisung endete, und in Paris, wo er ebenfalls nicht bleiben durfte, siedelte Marx nach London über, wo er bis zu seinem Tode (14. 3. 1883) lebte. Er bestritt seinen Lebensunterhalt mit journalistischen Arbeiten, immer wieder finanziell unterstützt von seinem Freund Engels.

Die Arbeit an seinem Lebenswerk beginnt in London. 1859 erscheint der erste Teilband seiner *Kritik der politischen Ökonomie*, dann 1867 als vollständiger erster Band des *Kapital*. Der zweite und dritte Band sollten erst postum 1885 und 1894 erscheinen, herausgegeben von Engels. In den fünfziger Jahren entstehen die *Grundrisse der Kritik der Politischen Ökonomie* als «Rohentwurf», in den frühen sechziger Jahren die *Theorien über den Mehrwert*, dazu kommen zahlreiche kleinere Schriften. Inhaltlich wichtig erscheint vor allem der allerdings früher geschriebene Essay *Lohnarbeit und Kapital* (1849).

Neben dieser wissenschaftlich-literarischen Tätigkeit betätigte sich Marx politisch. Einige Stichworte: 1864 gründete er die «Internationale Arbeiterassoziation», u. a. zusammen mit dem russischen Anarchisten Michail Bakunin. 1875 verfaßte er eine *Kritik des Gothaer Programms*, mit der er in den Richtungskampf der deutschen Arbeiterbewegung zwischen Wilhelm Liebknecht und August Bebel einerseits, Ferdinand Lassalle andererseits zugunsten von Liebknecht und Bebel Einfluß zu nehmen suchte. Etwa ab 1864 bis zu seinem Tod 1883 verzichtet Marx auf jede organisatorische Arbeit, um sein wissenschaftliches Lebenswerk, das er jedoch immer auch politisch verstand, zu vollenden.

2. *Der Wissenschaftler und Gelehrte*

Kaum eine andere Persönlichkeit hat die politischen, ökonomischen und kulturellen Verhältnisse in der Welt des 19. und 20. Jahrhunderts so nachhaltig beeinflußt wie Karl Marx, zu ihrem Nachteil, wie die Mehrheit der westlichen Welt annimmt, zu ihrem Vorteil, wie die Herrschenden der Ostblockstaaten propagieren. Die politische russische Revolution 1917, die darauf folgenden ökonomischen Umwälzungen und der Versuch, den westlichen Industrialisierungsvorsprung in einem kaum für möglich gehaltenen Tempo aufzuholen (vergleichbar nur mit der womöglich noch rasanteren industriellen Entwicklung in Japan seit Beginn der fünfziger Jahre), gehen direkt auf Lenin und Stalin, indirekt aber ganz eindeutig auf das Wirken von Karl Marx zurück.

Marx' Wirken war zu einem großen Teil politischer Natur, angefangen von seiner Tätigkeit als Redakteur und später Chefredakteur der *Rheinischen Zeitung* in Köln, dann als Verfasser des *Kommunistischen Manifestes* von 1848 (zusammen mit Friedrich Engels) und schließlich mit der Gründung der «Internationalen Arbeiterassoziation» (I. Internationale) 1864. Ebenso war seine wissenschaftliche Arbeit, seine Forschung, nie frei von politischem Engagement (und stets weit entfernt vom Taciteischen «sine ira et studio»), aber immerhin: Es war wissenschaftliche Ar-

Karl Marx (1818–1883)

beit, geschrieben von einem Doktor der Philosophie, in einer für den wissenschaftlichen Laien alles andere als leicht verständlichen Sprache, keineswegs ein Muster an stringenter Gedankenführung und Klarheit, sondern mit mancher Dunkelheit behaftet, zudem mit Polemik gespickt, vor allem gegen die «Vulgärökonomen». Jedenfalls: Kein Werk, das den Arbeiter ansprechen konnte, das ihn vom Schraubstock und von der Werkbank unmittelbar zur Diskussion, zur Demonstration und schließlich zur Revolution hätte führen können. Wer auch nur eine Seite in Marx' *Kapital* gelesen hat, wird dies bestätigen.

Für Marx' wissenschaftlichen Scharfsinn einerseits, seine Gelehrsamkeit andererseits seien zwei Beispiele aus ganz verschiedenen Gebieten angeführt. In zwei Briefen an Friedrich Engels vom 24. und 27. August 1867 hat Marx den sogenannten Lohmann-Ruchti-Effekt fast 100 Jahre vor Lohmann und Ruchti beschrieben. Es handelt sich dabei um den folgenden Sachverhalt: Die Abschreibung eines Gegenstandes des Anlagevermögens, z. B. einer Maschine, erfaßt die Wertminderung, die ein solches langlebiges Anlagegut pro Periode, zumeist pro Jahr gerechnet, erfährt. Dabei wird die gesamte Wertminderung auf die einzelnen Rechnungsperioden so verteilt, daß nach Ablauf der Lebensdauer, nach Ausscheiden des Anlagegutes, dieses mit Hilfe der angesammelten Abschreibungsbeträge ersetzt werden kann (Abschreibungen = Ersatz- oder Reinvestitionen). Wenn nun die Abschreibungsbeträge laufend investiert werden, bevor die eigentliche Reinvestition fällig ist, kommt es zu einem «Kapazitätserweiterungseffekt», d. h. die noch nicht benötigten Abschreibungsrückflüsse ermöglichen eine Erhöhung des Anlagenbestandes (Neu- oder Nettoinvestition), wozu auch die Abschreibungen aus dieser Neuinvestition selbst beitragen (Lohmann 1949, 140 ff.; Ruchti 1953, 112 ff.). Marx schreibt: «Das fixe Kapital ist erst in natura zu ersetzen nach sage z. B. 10 Jahren. In der Zwischenzeit fließt sein Wert teilweise und allmählich mit dem Verkauf der damit produzierten Waren zurück. Dieser fortschreitende Rückfluß für das fixe Kapital ist zu seiner Ersetzung (von Reparaturen und dergleichen abgesehen) erst nötig, sobald es in seiner stofflichen Form, z. B. als Maschine, tot ist. In der Zwischenzeit hat aber der Kapitalist in der Hand diese aufeinanderfolgenden Rückflüsse. Ich schrieb Dir vor vielen Jahren, es scheine mir, daß sich so ein Akkumulationsfonds bilde, da der Kapitalist das zurückgeflossene Geld doch in der Zwischenzeit anwende, bevor er das fixe Kapital damit ersetzt. Du sprachst Dich in einem Brief, etwas oberflächlich, gegen dies aus. Ich fand später, daß McCulloch diesen Tilgungsfonds als Akkumulationsfonds darstellt. In der Überzeugung, daß McCulloch nie was Richtiges denken kann, ließ ich die Sache fallen. Seine apologetische Absicht dabei ist schon von Malthusianern widerlegt worden, aber auch sie geben die Tatsache zu. Du, als Fabrikant, mußt nun wissen, was Ihr mit den Rückflüssen für fixes Kapital vor der Zeit, wo es in natura zu ersetzen ist, macht. Und Du mußt mir diesen Punkt (ohne Theorie, rein praktisch) beantworten.» (Brief Marx' an Engels vom 24. 8. 1867.) In dem Brief vom 27. 8. 1867 bringt Marx dann eine Aufstellung, die den Lohmann-Ruchti-Effekt deutlich erkennen läßt.

Ein Beispiel für die Gelehrsamkeit von Marx sei dem ersten Band des *Kapital* entnommen. Im vierten Abschnitt, «Die Produktion des relativen Mehrwerts», geht Marx im 13. Kapitel «Maschinerie und große Industrie» auf eine «mit Recht berühmte Stelle» (Olof Gigon) bei Aristoteles ein: «‹Wenn›, träumte Aristoteles, der größte Denker des Altertums, ‹wenn jedes Werkzeug auf Geheiß, oder auch vorausahnend, das ihm zukommende Werk verrichten könnte, wie des Dädalus Kunstwerke sich von selbst bewegten, oder die Dreifüße des Hephästos aus eigenem Antrieb an die heilige Arbeit gingen, wenn so die Weberschiffe von selbst webten, so bedürfte es weder für den Werkmeister der Gehilfen, noch für die Herren der Sklaven.›» (Aristoteles, *Politik*, erstes Buch, b 33–1254 a 1. Marx zitiert Aristoteles nach F. Biese, *Die Philosophie des Aristoteles*, Bd. 2, Berlin 1842, S. 408.) Marx fährt fort: «Und Antipatros, ein griechischer Dichter aus der Zeit des Cicero, begrüßte die Erfindung der Wassermühle zum Mahlen des Getreides, diese Elementarform aller produktiven Maschinerie, als Befreierin der Sklavinnen und Herstellerin des goldenen Zeitalters! ‹Die Heiden, ja die Heiden.› Sie begriffen, wie der gescheite Bastiat entdeckt hat, und schon vor ihm der noch klügere McCulloch, nichts von politischer Oekonomie und Christentum. Sie begriffen u. a. nicht, daß die Maschine das probateste Mittel zur Verlängerung des Arbeitstages ist. Sie entschuldigen etwa die Sklaverei des einen als Mittel zur vollen menschlichen Entwicklung des andren. Aber Sklaverei der Massen predigen, um einige rohe oder halbgebildete Parvenüs zu ‹eminent spinners›, ‹extensive sausage makers› und ‹influential shoe black dealers› (hervorragenden Spinnern, großen Wurstfabrikanten und einflußreichen Händlern in Schuhwichse) zu machen, dazu fehlte ihnen das spezifisch christliche Organ.»

Marx nahm also an, daß der technische Fortschritt zu einer Verlängerung der täglichen Arbeitszeit führen würde. Die Wirklichkeit zeigt dagegen eine fast ununterbrochene Verkürzung der täglichen Arbeitszeit, verbunden mit erhöhter Arbeitsproduktivität, die durch technischen Fortschritt ausgelöst wurde. Interessant ist in diesem Zusammenhang die völlige Umwertung der Aristoteles- und der Antipatros-Stelle, die der Schwiegersohn von Marx, Paul Lafargue, vorgenommen hat: «Der Traum des Aristoteles ist heute Wirklichkeit geworden. Unsere Maschinen verrichten, feurigen Athems, mit stählernen, unermüdlichen Gliedern, mit wunderbarer unerschöpflicher Zeugungskraft, gelehrig und von selbst ihre heilige Arbeit, und doch bleibt der Geist der großen Philosophen des Kapitalismus nach wie vor beherrscht vom Vorurteil des Lohnsystems, der schlimmsten aller Sklavereien. Sie begreifen noch nicht, daß die Maschine der Erlöser der Menschheit ist, der Gott, der den Menschen von den ‹sordidae artes› und der Lohnarbeit loskaufen, der Gott, der ihnen Muße und Freiheit bringen wird» (zitiert bei Benz 1974, 69).

Benz bemerkt dazu: «Lafargue hat also seine Zitate aus der antiken Literatur, die er als eine Prophetie der Erfindung der Maschine verstand, dem ersten Buch im ersten Band des *Kapital* seines Schwiegervaters entnommen. Er hat nicht nur das berühmte Aristoteles-Zitat in seinen Text aufgenommen, sondern auch das Antipatros-Zitat aus der Anmerkung 156 des *Kapital*, hat jedoch beide in eine direkte Polemik gegen die Interpretation, die Marx diesen Zitaten gegeben hat, umgedeutet! Dieser hatte bereits (in I, 1, 3... des *Kapital*) die griechische Gesellschaft getadelt, weil sie ‹auf der Sklavenarbeit beruhte, daher die Ungleichheit der Menschen und ihre Arbeitskräfte zur Naturbasis hatte›, und hatte die beiden von ihm zitierten Andeutungen der Maschinenarbeit bei Aristoteles und bei Antipatros nur als Rechtfertigung der Sklaverei verstanden. Diese Interpretation kommt auch in seinem Kommentar zu diesem Zitat, der mit den Worten beginnt: ‹Die Heiden, ja die Heiden.› aufs deutlichste zum Ausdruck.»

Lafargue dagegen interpretiert die antiken Autoren im genau entgegengesetzten Sinn als Propheten des Rechtes auf Faulheit. Während Marx und nach ihm Kautsky ausdrücklich bestreiten, daß das Aristoteleswort «ein seherischer Ausblick in die Zeit des Maschinenwesens» war, und Kautsky ausdrücklich betont: «Daß jemals die Weberschiffchen selbst weben könnten, erschien Aristoteles als etwas, woran gar nicht zu denken sei», verkündet Lafargue jubelnd zum Abschluß seiner Schrift über das Recht auf Faulheit: «Der Traum des Aristoteles ist heute Wirklichkeit geworden.» Lafargue nennt hier die Arbeit der Maschinen mit dem Ausdruck des Aristoteles «heilig». Aristoteles als Prophet der Maschine, deren «‹heilige Arbeit› dem Arbeiter zu seinem Recht auf Faulheit verhilft!» (E. Benz 1974, 72)

Es ist ebenso bemerkenswert wie verwunderlich, daß die offizielle, orthodoxe, bürgerliche (oder wie man sie auch immer nennen will) Nationalökonomie lange Zeit hindurch von dem Nationalökonomen Marx wenig Notiz nahm, von rühmlichen Ausnahmen wie Eugen von Böhm-Bawerk abgesehen. Spätere Ansätze in Deutschland, wie bei Erich Preiser und Hans Peter, konnten unter der nationalsozialistischen Herrschaft nicht weitergeführt werden. «Meanwhile, Marx became a world-historical figure of heroic proportions, the demigod of the Eurasian landman, the darling of the New Left, the Promethean prophet of self-actualization – and, so far as anyone was seriously prepared to maintain – still the same old minor post-Ricardian and autodidact» (Robert P. Wolff). So blieb es der Zeit nach dem Zweiten Weltkrieg vorbehalten, Marx als Nationalökonomen neu zu entdecken: «On re-reading Marx», wie eine Veröffentlichung von Joan Robinson heißt. Im Vordergrund stand dabei zunächst die Marxsche Wachstumstheorie, was nicht erstaunen kann, waren doch die fünfziger und sechziger Jahre auch die Blütezeit der postkeynesianischen und der neoklassischen Wachstumstheorie. Spätestens seit Piero Sraffas *Production of Commodities by Means of Commodities* (1960) steht die Verteilung des sozialen Überschusses bei Annahme einer linearen Technologie im Zentrum des Interesses; erneute Aufmerksamkeit findet daneben gleichgewichtiges Wachstum und inzwischen auch die Krisentheorie.

II. Das Werk

Das Marxsche Werk ist mehr als ein ökonomisches System, es ist ein philosophisches, wissenschaftsgeschichtliches, soziologisches, anthropologisches, vor allem aber auch ein politisches System. Im folgenden wird allein das ökonomische System erläutert, eine Stellungnahme zum politischen Teil der Marxschen Lehre soll nicht erfolgen.

1. Zum Kritikvermögen «bürgerlicher Wissenschaft»

Von marxistischer Seite wird häufig eingewendet, ein «bürgerlicher» Nationalökonom könne niemals in der Lage sein, das Marxsche System adäquat zu verstehen und zu beurteilen: Er sei seiner Klasse verhaftet, das bürgerliche Klasseninteresse – d. i. das Interesse an der Erhaltung des Status quo – bestimme seine Argumentation und sein Urteil. Gegenüber dem «bürgerlichen» Wissenschaftler bestehe demnach der Ideologieverdacht. Der Marxismus könne deshalb nur von einem Angehörigen des Proletariats richtig verstanden werden. Hören wir dazu Ernst Bloch: «Da das Proletariat kein Klasseninteresse zum Schaden... einer anderen Klasse zu vertreten hat, so wird es... die ganze Gesellschaft befreien. Und da das Proletariat zu diesem klassenfreien Zweck keine Klassenideologie produzieren kann noch darf, so kommt seinem revolutionären Bewußtsein, als dem marxistischen, zum erstenmal die Eigenschaft ‹nackte Wahrheit› zu. Also: indem sich das Proletariat nur mittels unverhüllter Kenntnis der gesellschaftlichen Bedingungszusammenhänge befreien kann, ist es als einzige bisherige Klasse an der ideologiefreien Erkenntnis des Wirklichen notwendig interessiert.»

Dieser vom Marxismus in Anspruch genommenen «Wahrheit der Klasse» stellt Ernst Topitsch die vom Faschismus proklamierte «Wahrheit der Rasse» gegenüber. In diesem Zusammenhang zitiert er Carl Schmitt: «... Objektiv ist nicht jeder, der es sein möchte oder mit subjektiv gutem Wissen glaubt, er habe sich genug angestrengt, um objektiv zu sein. Ein Artfremder mag sich noch so kritisch gebärden und noch so scharfsinnig bemühen, ... er denkt und versteht anders, weil er anders geartet ist, und bleibt bei jedem entscheidenden Gedankengang in den existentiellen Bedingungen seiner eigenen Art. Das ist die objektive Wirklichkeit der ‹Objektivität›.» Topitsch bemerkt dazu: «Der Artfremde oder Außenstehende kann die spezifisch ‹deutsche Wissenschaft› gar nicht kritisieren, da er dazu infolge seiner fremden Volks- und Rassenzugehörigkeit prinzipiell außerstande ist. Carl Schmitt benützt hier dieselbe Immunisierungsstrategie wie die ... marxistischen Theoretiker, und es ist sehr wohl möglich, daß er von dieser Form der marxistischen Ideologienlehre angeregt worden ist und nur die unkontrollierbare ‹proletarische Wahrheit› durch die ebensowenig überprüfbare ‹arische Wahrheit› ersetzt hat.» (Zitiert nach Helmut Seiffert 1971, 149.)

Vom marxistischen Standpunkt aus können nur Nicht-Bürgerliche, Proletarier, das marxistische System verstehen und beurteilen. Bürgerliche Ökonomen sind dazu ihres klassengebundenen Erkenntnisinteresses wegen nicht in der Lage. Daher braucht der Marxist im Grunde die Marx-Untersuchungen von Bürgerlichen gar nicht zur Kenntnis zu nehmen; eine Diskussion zwischen bürgerlichen und nicht-bürgerlichen Marx-Forschern ist daher unnötig und sinnlos. Für den «bürgerlichen» Ökonomen kann angesichts dessen nur das folgende Vorgehen in Frage kommen: Auch wenn von marxistischer Seite behauptet wird, ein bürgerlicher Nationalökonom könne niemals das Marxsche System «richtig» verstehen, bildet das Marxsche System für ihn einen Forschungsgegenstand. Dieser Forschungsgegenstand ist zu behandeln wie jeder andere auch, er ist also möglichst frei von Werturteilen (wozu auch die aus der sozialen Herkunft etc. herrührenden gehören) auf seine Widerspruchsfreiheit und Übereinstimmung mit der Wirklichkeit zu untersuchen. Ein Gespräch mit orthodoxen Marxisten ist (fruchtbar) nur möglich, wenn der Outsider-Vorwurf nicht erhoben wird.

2. *Methodologie*

Marx hat eine ganz spezifische philosophische und geschichtsphilosophische Basis, die ihn von den Klassikern unterscheidet: Die Dialektik (griechisch: dialégesthai = sich unterhalten) ist ein wissenschaftliches Diskussionsschema, bei dem sich aus der Thesis, der Behauptung, und der Antithesis, der Gegenbehauptung, die Synthesis, die Übereinkunft zwischen Behauptung und Gegenbehauptung, ergibt. Von Hegel wurde die Dialektik zum Werkzeug philosophischen Raisonnements ausgebildet. In seiner Geschichtsdialektik ist das regierende Prinzip der Weltgeschichte der Weltgeist. Die Individuen sind gewissermaßen nur Statthalter, die scheinbar ihre eigenen Zwecke verfolgen, aber durch die «List der Vernunft» den Fortgang der Weltgeschichte und des Weltgeistes betreiben.

Marx übernimmt die dialektische Methode von Hegel, stülpt aber die idealistische Position Hegels in eine materialistische Position um: dialektischer Materialismus, materialistische Geschichtsauffassung. Marx schreibt: «Meine dialektische Methode ist der Grundlage nach von der Hegelschen nicht nur verschieden, sondern ihr direktes Gegenteil. Für Hegel ist der Denkprozeß, den er sogar unter dem Namen Idee in ein selbständiges Subjekt verwandelt, der Demiurg des Wirklichen... Bei mir ist umgekehrt das Ideelle nichts anderes als das im Menschenkopf umgesetzte und übersetzte Materielle.» Die Dialektik steht bei Hegel auf dem Kopf. «Man muß sie umstülpen, um den rationellen Kern in der mystischen Hülle zu entdecken.» Die Geschichte ist nach Marx die Geschichte von Klassenkämpfen, wobei es in der letzten Periode nur zwei Klassen gibt, Bourgeoisie und Proletariat. Die Wirtschaftsgeschichte ist ein ständiger Konflikt zwischen den Produktionsverhältnissen, d.i. die rechtliche und soziale Ordnung, und den Produktivkräften, den Menschen.

Die Marxsche Theorie ist bewußt auf die historische Periode des Kapitalismus zugeschnitten und beschränkt. Es gilt, die Bewegungs- und Entwicklungsgesetze der kapitalistischen Gesellschaftswirtschaft zu erkennen. Dabei wird der Kapitalismus durch eine bestimmte Wirtschaftsgesinnung (Werner Sombart), durch eine bestimmte Zielsetzung der Kapitalisten definiert: «D(ies)er absolute Bereicherungstyp, diese leidenschaftliche Jagd auf den Wert ist dem Kapitalisten mit dem Schatzbildner gemein, aber während der Schatzbildner nur der verrückte Kapitalist, ist der Kapitalist der rationelle Schatzbildner. Die rastlose Vermehrung des Werts, die der Schatzbildner anstrebt, indem er das Geld vor der Zirkulation zu retten sucht, erreicht der Kapitalist, indem er es stets von neuem der Zirkulation preisgibt» (Marx). Die kapitalistische Wirtschaftsgesellschaft ist also durch die Klassentrennung Kapitalisten – Arbeiter (Proletarier) gekennzeichnet. Die Unterscheidung der Klassen erfolgt durch das Eigentum bzw. Nichteigentum an Kapital und – streng genommen – durch das Klassenbewußtsein (Lorenz v. Stein).

Die Kapitalisten besitzen im Kapitalismus gegenüber den Arbeitern eine Klassenmonopolstellung («Quasimonopolstellung», Erich Preiser), die durch das Eigentum an produzierten Produktionsmitteln in der Hand der Kapitalisten konstituiert wird. Das Klassenmonopol ist ein gesellschaftliches Verhältnis (Kapitalverhältnis): «Ein Neger ist ein Neger. In bestimmten Verhältnissen wird er erst zum Sklaven. Eine Maschine ist eine Maschine. Nur in bestimmten Verhältnissen wird sie zum Kapital» (Marx). Ausgangspunkt von Marx ist demnach die jeweils bestimmte gesellschaftliche Struktur.

3. Die wissenschaftliche Leistung

Wie Marx philosophisch von Hegel kommt, so ist er ökonomisch von den nationalökonomischen Klassikern geprägt, denen er übrigens diesen Namen selbst gegeben hatte. Im Zentrum steht dabei die Wert- und Preistheorie. Wie David Ricardo sucht auch Marx nach einer gemeinsamen Eigenschaft, die in den einzelnen Gütern steckt und mit deren Hilfe verschiedene Güter vergleichbar gemacht und gemessen werden können. Diese Eigenschaft ist die Arbeit. Dabei wird jedoch aus der relativen Arbeitswertlehre Ricardos – die Güter tauschen sich im Verhältnis der auf sie verwendeten Arbeit, gemessen an der Zeit – bei Marx eine absolute Arbeitswertlehre: Die Arbeit ist die Substanz des Wertes: «Ein Gebrauchswert oder Gut hat also nur einen Wert, weil abstrakte menschliche Arbeit in ihm vergegenständlicht oder materialisiert ist. Wie nun die Größe seines Wertes messen? Durch das Quantum der in ihm enthaltenen ‹wertbildenden Substanz›, der Arbeit. Die Quantität der Arbeit selbst mißt sich an der Zeitdauer, und die Arbeitszeit besitzt wieder ihren Maßstab an bestimmten Zeitteilen, wie Stunde, Tag, usw.» (Marx) Die Arbeitswerttheorie in dieser absoluten Form ist unhaltbar: Ein Hut besitzt nicht deshalb Wert, weil Arbeit in ihm steckt, sondern weil er Wert hat, steckt man Arbeit in seine Produktion (Philip H. Wicksteed).

Von grundlegender Bedeutung für das Marxsche System ist das allgemeine Wertgesetz. Der Wert einer Ware richtet sich nach den Reproduktionskosten der Ware. Dies gilt auch für die Ware Arbeit: Der (Real-) Lohn ist gleich der Gütermenge, die der Arbeiter für sich und seine Familie zum Lebensunterhalt benötigt. Damit kommen wir zum wirtschaftstheoretischen Kern. Um mathematische Ableitungen so weit wie möglich zu vermeiden, ist dieser wirtschaftstheoretische Kern um ein sogenanntes Marxsches Schema herum aufgebaut. Man versteht unter einem Marxschen Schema ein simultan geltendes System aus zwei Gleichungen, die Marx wie folgt schreibt:

$$\begin{aligned} c_1 + v_1 + m_1 &= PM \\ c_2 + v_2 + m_2 &= KG \end{aligned} \qquad \text{Schema 1.0}$$

bzw. als Zahlenbeispiel

$$\begin{aligned} 1000c_1 + 400v_1 + 400m_1 &= 1800PM \\ 800c_2 + 200v_2 + 200m_2 &= 1200KG \end{aligned} \qquad \text{Schema 2.0}$$

In diesen Gleichungen bedeutet

– c das sogenannte konstante Kapital, d. s. die Maschinen und die maschinellen Anlagen; wir würden heute sagen: das Realkapital einer Volkswirtschaft, ihre Produktionsausrüstung;

– v ist das sogenannte variable Kapital, d. i. der Arbeitseinsatz. (Auf die Tatsache, daß v eine zweite Interpretation zuläßt, werden wir später zurückkommen.)
– m ist der sogenannte Mehrwert, das Einkommen der Kapitalisten.

PM steht für Produktionsmittel, KG für Konsumgüter, d. h. die erste Zeile einer solchen «Abteilungsordnung» gilt für die Produktionsmittelproduktion oder die Abteilung I (daher auch die Indizierung der Größen c_1, v_1 und m_1), die zweite Zeile für die Konsumgüterproduktion oder die Abteilung II mit c_2, v_2 und m_2.

Die erste Zeile unseres Schemas 2.0 ist also wie folgt zu lesen: 1000 Einheiten konstantes Kapital c_1 in der Produktionsmittelindustrie kooperieren mit 400 Arbeitseinheiten ($= v_1$); dabei fällt ein Mehrwert von $m_1 = 400$ Einheiten an, und die Produktion in der Abteilung I beträgt somit 1800 Produktionsmitteleinheiten. Entsprechend liest sich die zweite Zeile: 800 Einheiten konstantes Kapital c_2 in der Konsumgüterindustrie kooperieren mit 200 Arbeitseinheiten ($= v_2$); dabei fällt ein Mehrwert von $m_2 = 200$ Einheiten an, und die Produktion in der Abteilung II beträgt somit 1200 Konsumgütereinheiten.

Ein solches Schema ist also zunächst einmal als Produktionsvorgang zu interpretieren, jedenfalls was die Größen c und v angeht. Kapital und Arbeit wirken zusammen, müssen zusammenwirken, damit ein Produkt entsteht. Die Relation, in der konstantes Kapital pro Einheit variables Kapital eingesetzt wird, ist technisch bestimmt und wird von Marx als die organische Zusammensetzung des Kapitals bezeichnet. Nennen wir sie α, so gilt:

$$\boxed{\alpha = \frac{c}{v}}$$

$$\alpha_1 = \frac{1000c_1}{400v_1} = 2{,}5; \quad \alpha_2 = \frac{800c_2}{200v_2} = 4.$$

Die organische Zusammensetzung des Kapitals ist durch technische Erfordernisse festgelegt (in der modernen Wirtschaftstheorie würde man von Limitationalität des Faktoreinsatzes sprechen), kann jedoch, wie die verschiedenen Werte für die beiden Produktionsabteilungen zeigen, von Branche zu Branche differieren.

Nicht ganz so einfach sind die Beziehungen zwischen dem variablen Kapital v und dem Mehrwert m zu erklären, und wir müssen hierzu etwas weiter ausholen. Auf Aristoteles geht die Unterscheidung zwischen dem Gebrauchswert und dem Tauschwert einer Ware zurück: «Man kann einen Schuh gebrauchen, um ihn zu tragen, aber auch, um ihn zu tauschen; beides sind Gebrauchsmöglichkeiten ein und desselben Schuhes.» Die Ware Arbeit ist nun nach Marx die einzige, bei der Gebrauchs- und

Tauschwert voneinander abweichen können, und zwar übersteigt der Gebrauchswert den Tauschwert der Arbeit. Betrachten wir dazu die folgende Abbildung, in der oben die gesamte tägliche Arbeitszeit eines Arbeiters von 12 Stunden dargestellt ist.

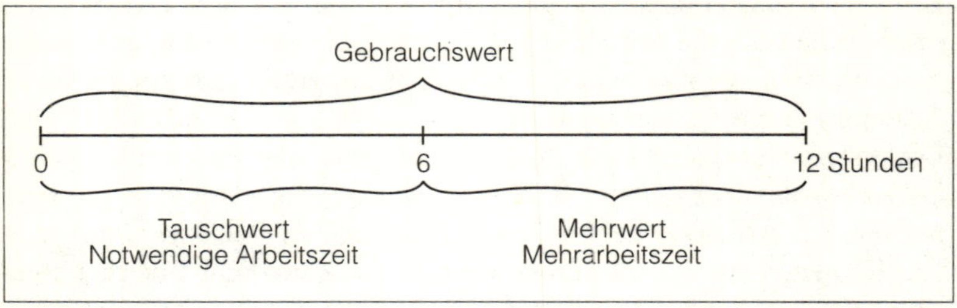

Abb. 1: Gesamtarbeitstag

Dieser Gesamtarbeitstag bzw. die an diesem ganzen Arbeitstag von dem Arbeiter (zusammen mit dem konstanten Kapital) hergestellten Güter stellen den Gebrauchswert der Arbeit dar. Der Tauschwert der Arbeit, d.h. der Lohn(satz), richtet sich nach dem allgemeinen Wertgesetz: Der Wert einer Ware richtet sich nach ihren Reproduktionskosten, der Tauschwert der Arbeit also nach den Reproduktionskosten der Arbeit, d.h. nach der Gütermenge, die der Arbeiter braucht, um den Unterhalt für sich und seine Familie zu bestreiten. Diese Gütermenge bzw. sein monetäres Äquivalent ist nichts anderes als das Existenzminimum. Marx vertritt also wie vor ihm die nationalökonomischen Klassiker die Existenzminimumtheorie des Lohnes.

Nehmen wir an, der Arbeiter könne in 6 Stunden diese notwendige Gütermenge herstellen, notwendig, weil ihr monetäres Äquivalent gerade für das Existenzminimum ausreicht. Dann sind diese 6 Stunden die notwendige Arbeitszeit und gleich dem Tauschwert der Arbeit v. An dieser Stelle müssen wir stutzig werden, denn wir hatten oben ja ausgeführt, v sei der Arbeitseinsatz, und jetzt soll v außerdem auch gleich dem Tauschwert der Arbeit, gleich dem Lohnsatz sein? Es geht gleichwohl alles mit rechten Dingen zu, denn Marx rechnet in Arbeitswerten, und dann stimmen in der Tat Arbeitseinsatz und Tauschwert der Arbeit überein.

Die 6 jetzt noch vom Gesamtarbeitstag verbleibenden Stunden sind die Mehrarbeitszeit; in ihr arbeitet der Arbeiter sozusagen für den Kapitalisten, der die in dieser Zeit hergestellten Güter als Mehrwert m, als Gewinn behält bzw. am Markt für sich verkauft. Es bestehen also die Beziehungen:

Gesamtarbeitszeit	= notwendige Arbeitszeit	+ Mehrarbeitszeit
Gebrauchswert der Arbeit	= Tauschwert der Arbeit	+ Mehrwert.

Das Verhältnis von Mehrwert zum Tauschwert der Arbeit nennt man die Mehrwertrate und bezeichnet sie mit m′:

$$\boxed{m' = \frac{m}{v}}$$

$$m_1 = \frac{400m_1}{400v_1} = 1;\; m_2 = \frac{200m_2}{200v_2} = 1$$

Die Mehrwertrate stellt nichts anderes dar als den Gewinn pro eingesetzte Arbeitseinheit.

Beschließen wir diese Ausführungen über die Produktionsvorgänge bei Marx mit einigen Einzelheiten. Hat der Kapitalstock, wie es die Regel ist, eine Lebensdauer von mehr als einem Jahr, so geht nicht der gesamte Kapitalstock in die Produktion ein, sondern nur die jährlichen Abschreibungen. Darunter versteht man die jährliche Abnutzung, die z. B. bei einer Lebensdauer von 10 Jahren 10 % des Anschaffungswertes des Kapitalgutes beträgt. Wir werden später zur Vereinfachung eine Lebensdauer von einem Jahr annehmen, d. h. der ganze Kapitalstock muß jährlich ersetzt werden, der Abschreibungssatz beträgt also 100 %.

Kapital und Arbeit, konstantes und variables Kapital, müssen zwar zusammenwirken, damit ein Ertrag zustande kommt, die Entstehung des Mehrwerts geht aber allein auf das variable Kapital, die Arbeit zurück: Nur die Arbeit ist «mehrwertheckendes» Kapital. Wir werden später auf diesen Sachverhalt zurückkommen. Schließlich ist zu berücksichtigen, daß Arbeit nicht gleich Arbeit ist, daß es verschiedene Qualifikationen sowie langsamere und schnellere Arbeiter gibt. Marx suchte diese Schwierigkeiten dadurch zu meistern, daß er schwierigere Arbeit als ein multiplum einfacherer auffaßt und nicht einfach von notwendiger, sondern von gesellschaftlich notwendiger Arbeitszeit sprach, um die erforderliche Durchschnittsbildung anzuzeigen. Für den gesamten Gang der Argumentation sind diese Feinheiten unwesentlich.

Damit sind die Grundzüge des Marxschen Schemas bekannt, allerdings ohne die weiteren Interpretationen und Implikationen sowie die Variationen, die es gestattet. Deshalb soll nun die kreislauftheoretische Interpretation vorgenommen werden (Kreislauf einer stationären Volkswirtschaft ohne Außenhandel und ohne Staat), dann sollen die preis- und verteilungstheoretischen Implikationen aufgezeigt werden, und schließlich werden wirtschaftliches Wachstum und Konjunkturbewegung mit dem Schema verknüpft.

Für die kreislauftheoretische Interpretation des Marxschen Schemas – wir wählen wieder das numerische Beispiel – werden alle c-, v- und m-Größen als Geldströme aufgefaßt. Im einzelnen sind dann

- c_1 die Zahlung der Produktionsmittelindustrie an sich selbst für an sich selbst gelieferte Ersatzmaschinen (Reinvestitionsgüter),
- c_2 die Zahlung der Konsumgüterindustrie an die Produktionsmittelindustrie für gelieferte Ersatzmaschinen (Reinvestitionsgüter),
- v_1 die Lohnzahlungen der Produktionsmittelindustrie an ihre Arbeiter,
- v_2 die Lohnzahlungen der Konsumgüterindustrie an ihre Arbeiter,
- m_1 die Mehrwertzahlungen der Produktionsmittelindustrie an ihre Kapitalisten,
- m_2 die Mehrwertzahlungen der Konsumgüterindustrie an ihre Kapitalisten.

Je nachdem, ob man die Arbeiter der beiden Abteilungen zu einem «Pol» Arbeiterhaushalte und die Kapitalisten der beiden Abteilungen zu einem Pol Kapitalistenhaushalte zusammenfaßt oder nicht, erhält man einen vierpoligen bzw. sechspoligen Kreislauf einer stationären Volkswirtschaft ohne Außenhandel und ohne Staat, vgl. Abbildung 2.

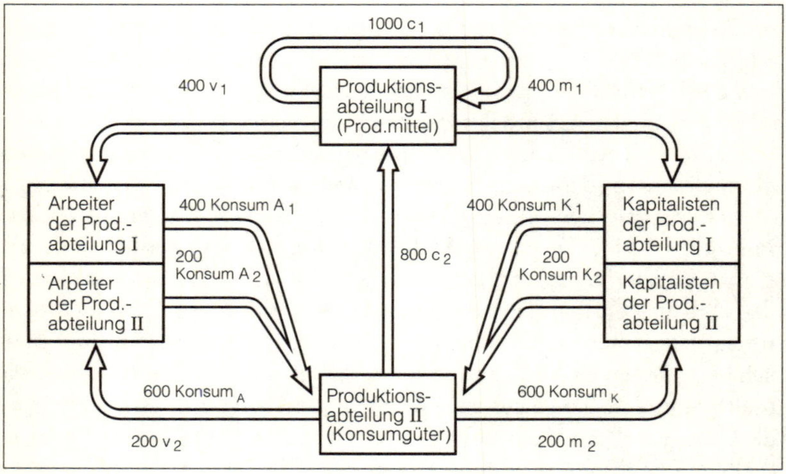

Abb. 2: Kreislauf einer stationären Volkswirtschaft

Die eingezeichneten monetären Ströme bedürfen nach dem oben Gesagten bis auf zwei Ausnahmen keiner Erläuterung. Die Ströme Konsum_A stellen die Konsumausgaben der Arbeiter und Konsum_K die der Kapitalisten dar; beide Klassen müssen in einer stationären Wirtschaft das ganze ihnen zugeflossene Einkommen voll für Konsumgüter ausgeben, dürfen also nicht sparen. Diese vier Ströme sind nur implizit in dem Marxschen

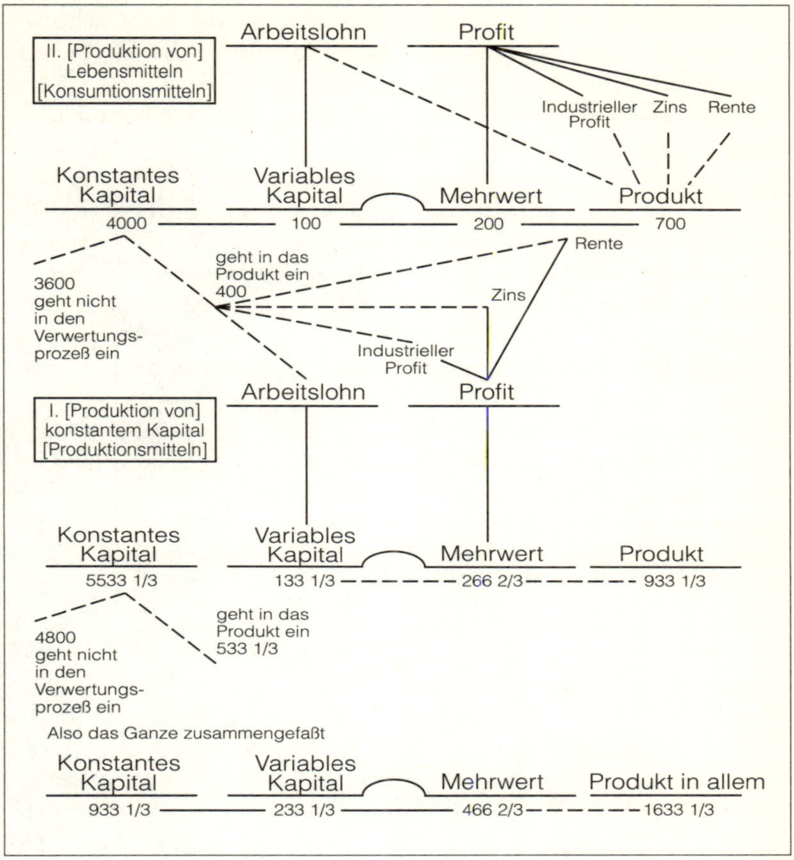

Abb. 3: Tabelle des Reproduktionsprozesses (ohne Geldzirkulation dargestellt und bei gleichbleibender Stufenleiter der Reproduktion)

Schema enthalten, für das offenbar bei einer stationären Wirtschaft die folgenden Rechenregeln gelten:

Summe der ersten Zeile	=	Summe der ersten Spalte,
bzw. Ausgaben der Produktionsmittelindustrie	=	Einnahmen der Produktionsmittelindustrie,
Summe der zweiten Zeile	=	Summe der zweiten und dritten Spalte,
bzw. Ausgaben der Konsumgüterindustrie	=	Einnahmen der Konsumgüterindustrie.

In beiden Fällen erhält man als Ergebnis

$$c_2 = v_1 + m_1$$

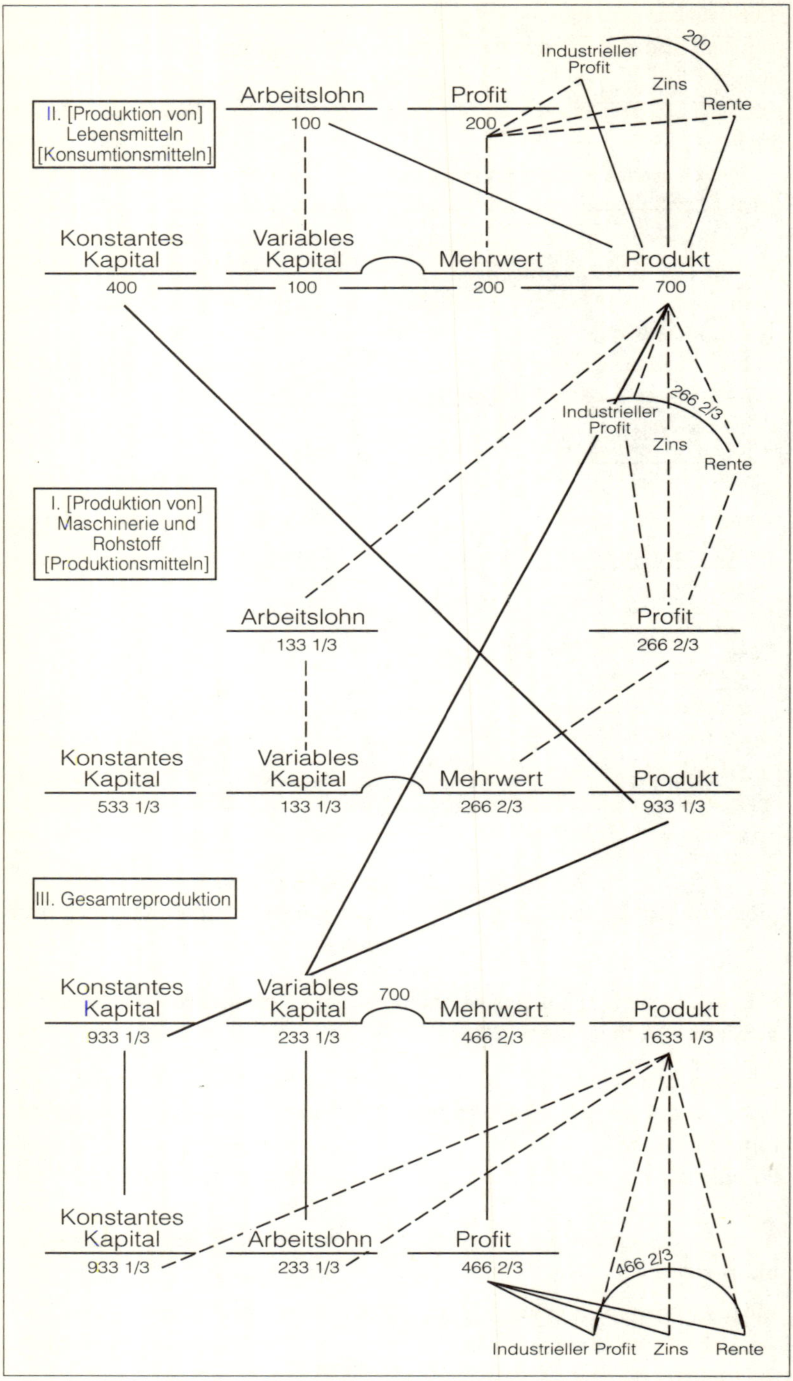

II. [Produktion von] Lebensmitteln [Konsumtionsmitteln]
Arbeitslohn
100
Profit
200
Industrieller Profit
Zins
Rente
200
Konstantes Kapital
400
Variables Kapital
100
Mehrwert
200
Produkt
700
Industrieller Profit
Zins
Rente
266 2/3
I. [Produktion von] Maschinerie und Rohstoff [Produktionsmitteln]
Arbeitslohn
133 1/3
Profit
266 2/3
Konstantes Kapital
533 1/3
Variables Kapital
133 1/3
Mehrwert
266 2/3
Produkt
933 1/3
III. Gesamtreproduktion
Konstantes Kapital
933 1/3
Variables Kapital
233 1/3
700
Mehrwert
466 2/3
Produkt
1633 1/3
Konstantes Kapital
933 1/3
Arbeitslohn
233 1/3
Profit
466 2/3
466 2/3
Industrieller Profit
Zins
Rente

Die Reinvestitionen (Abschreibungen) der Konsumgüterindustrie müssen den von der Produktionsmittelindustrie gezahlten Löhnen und Gewinnen gleich sein. Dies ist die Bedingung für die Geschlossenheit eines stationären Kreislaufs; sie gilt unabhängig vom Marxschen System allgemein.

Marx hat einem Brief an Friedrich Engels vom 6. Juli 1863 zwei Kreislaufbilder beigelegt; sie sind hier als Abbildung 3 und 4 wiedergegeben.

Wenden wir uns jetzt den preis- und verteilungstheoretischen Implikationen des Marxschen Systems zu, wobei wir uns soweit als möglich an dem Marxschen Schema orientieren. In diesem Schema kommen zwei Relationen vor, die wir bereits kennengelernt haben, nämlich

- die organische Zusammensetzung des Kapitals, d. i. das Verhältnis des konstanten zum variablen Kapital:

$$\alpha = \frac{c}{v} ,$$

- die Mehrwertrate, d. i. der Mehrwert, bezogen auf das eingesetzte variable Kapital:

$$m' = \frac{m}{v} ,$$

also der Gewinn pro Kopf.

Für die kapitalistische Gewinnrechnung ist eine dritte Größe von entscheidender Bedeutung, die Profitrate oder die Verzinsung des eingesetzten Kapitals. Dieses setzt sich offenbar aus dem konstanten plus dem variablen Kapital zusammen; der Gewinn oder die Verzinsung ist nichts anderes als der Mehrwert. Man erhält also für die mit π' bezeichnete Profitrate:

$$\pi' = \frac{\text{Gewinn}}{\text{eingesetztes Kapital}} = \frac{\text{Mehrwert}}{\text{konstantes und variables Kapital}}$$

$$\boxed{\pi' = \frac{m}{c+v}}$$

Abb. 4: Tableau économique des gesamten Reproduktionsprozesses ohne Geldzirkulation dargestellt und bei gleichbleibender Stufenleiter der Reproduktion; ohne fixen Kapitalbestandteil)

Zwischen den drei Größen

- organische Zusammensetzung des Kapitals $\alpha = c/v$,
- Mehrwertrate $m' = m/v$ und der
- Profitrate $\pi' = m/c+v$

besteht nun eine für das Marxsche System zentrale Beziehung. Man erhält sie, indem man in der Profitrate Zähler und Nenner durch das variable Kapital dividiert:

$$\pi' = \frac{m}{c+v} = \frac{\frac{m}{v}}{\frac{c}{v}+1} = \frac{m'}{\alpha+1}$$

$$\boxed{\pi' = \frac{m'}{1+\alpha}}$$

Die Profitrate ist also gleich der Mehrwertrate dividiert durch 1 plus organische Zusammensetzung des Kapitals.

Die Profitrate ist für die kapitalistische Gewinnrechnung von entscheidender Bedeutung. Ein Kapitalist wird sein Geld offenbar dort anlegen, dort investieren, wo er mit der größten Verzinsung seines Kapitals rechnen kann. Er geht also der höchsten erreichbaren Profitrate nach. Nehmen wir zur Vereinfachung an, es gebe in einer Volkswirtschaft nur zwei Branchen, von denen in der einen eine Profitrate von 40 %, in der anderen dagegen nur von 20 % verdient werde. Dann werden offenbar die Kapitalisten die zweite Branche möglichst schnell verlassen und in die erste überwechseln, um in den Genuß der höheren Profitrate zu gelangen. Die Folge wird sein, daß in der ersten Branche infolge des Zustroms von Kapitalisten die Profitrate sinkt, während sie in der zweiten Branche infolge des Abstroms von Kapitalisten ansteigt. Dieser Prozeß wird so lange andauern, bis ein Ausgleich der Profitraten über die Branchen hinweg erreicht ist. Das kapitalistische Wirtschaftssystem tendiert demnach zu einem Ausgleich der Profitraten: In jedem Wirtschaftszweig wird annähernd dasselbe verdient, wenn man die Gewinne auf das eingesetzte Kapital bezieht. Eine höhere Profitrate in einem Wirtschaftszweig, also eine Ausnahme von dieser allgemeinen Tendenz des Ausgleichs, ist nur denkbar in einer monopolisierten Branche, ein Fall, der hier außer acht gelassen werden kann.

Marx stand nun vor dem folgenden Problem. In seinem Schema, das die Produktions- und Zirkulationssphäre, aber auch die Wertbildung wiedergibt, resultieren aus den unterschiedlichen organischen Zusammensetzungen der Kapitale in den beiden Produktionsabteilungen bei als gleich angenommener Mehrwertrate unterschiedliche Kapitalverzinsungen, unterschiedliche Profitraten. Wenn wir an unser numerisches Schema anknüpfen, so erhalten wir die in Tabelle 1 enthaltenen Relationen:

Tabelle 1: Mehrwertrate, organische Zusammensetzung des Kapitals und Profitrate in den beiden Produktionsabteilungen

Produktionsabteilung / Größe	Abt. I, PM-Industrie	Abt. II, KG-Industrie
Mehrwertrate $m'_i = \frac{m_i}{v_i}$	$m'_1 = 1$ (0,88)*	$m'_2 = 1$ (1,28)*
Organ. Zusammensetzung des Kapitals $\alpha_i = \frac{c_i}{v_i}$	$\alpha_1 = 2{,}5$ (2,35)*	$\alpha_2 = 4{,}0$ (3,76)*
Profitrate $\pi'_i = \frac{m_i}{1 + \alpha_i}$	$\pi'_1 = \frac{1}{1 + 2{,}5} = 29\,\%$ (26 %)*	$\pi'_2 = \frac{1}{1 + 4} = 20\,\%$ (26 %)*

* Die eingeklammerten Werte werden später erklärt.

Es existiert also ein Widerspruch zwischen diesem Schema – und das heißt nichts anderes als der Marxschen Werttheorie – einerseits und der Realität andererseits, in der die Kapitalisten ihrem Gewinnstreben folgen und demzufolge ein Ausgleich der Profitraten stattfindet. Dieser Widerspruch besteht, um es noch einmal zu wiederholen, in folgendem:

- Das Marxsche Schema, d. h. die Marxsche Wertrechnung, führt zu unterschiedlichen Profitraten in den einzelnen Abteilungen je nach der organischen Zusammensetzung des Kapitals;
- die Realität zeigt ohne monopolisierte Branchen einen Ausgleich der Profitraten über die einzelnen Branchen hinweg.

Dieses Problem versuchte Marx durch den Übergang von der Wertrechnung (*Kapital* Bd. 1) zur Preisrechnung (*Kapital* Bd. 3) zu lösen: Das Spiel der Konkurrenz verteile die Mehrwertmasse so über die einzelnen Branchen der Volkswirtschaft, daß eine einheitliche Profitrate entstehe. Ein Teil der Waren werde dann über ihrem Wert, ein Teil unter ihrem Wert verkauft. Per saldo addierten sich die Abweichungen der Preise von den Werten zu Null. Wir verzichten darauf, die Marxsche Preisrechnung hier wiederzugeben; für unsere Zwecke genügt es, das numerische Marxsche Schema so zu variieren, daß es diese Verteilung der Mehrwertmasse auf die beiden Produktionsabteilungen mit der Folge einer einheitlichen Profitrate wiedergibt. Man erhält:

$$1000c_1 + 400v_1 + 350\pi_1 = 1750 \text{ PM}$$
$$800c_2 + 200v_2 + 250\pi_2 = 1250 \text{ KG}$$

Schema 2.1

(π_1, π_2 = Mehrwert = Profit bei Zugrundelegung einer einheitlichen Profitrate.)

Die Profitrate beträgt jetzt einheitlich in beiden Abteilungen 25 %. Aber der volkswirtschaftliche Kreislauf ist jetzt nicht mehr ausgeglichen: Die Ausgaben der Produktionsmittelindustrie mit 1750 sind kleiner als ihre Einnahmen von 1800, während bei der Konsumgüterindustrie eine umgekehrte Differenz besteht: Ausgaben 1250, Einnahmen 1200.

Dieser Fehler in dem Marxschen Übergang von der Wertrechnung zur Preisrechnung, dieser Widerspruch zwischen dem ersten und dem dritten Band des *Kapital*, wurde zuerst von dem russischen Statistiker Ladislaus von Bortkiewicz (1907) entdeckt; von Bortkiewicz war es auch, der die richtige Lösung vorgelegt hat: Es genügt nicht, die Mehrwertmasse so auf die einzelnen Produktionsabteilungen zu verteilen, daß eine einheitliche Profitrate entsteht. Es ist vielmehr notwendig, alle Größen des Marxschen Schemas in den Transformationsprozeß einzubeziehen – Transformation der Werte in Preise – und damit einerseits eine widerspruchslose Umformung der Werte in Preise zu ermöglichen, andererseits aber auch die Geschlossenheit des Kreislaufs zu erhalten. Wir ersparen uns die mathematischen Ableitungen und präsentieren unmittelbar die Lösung des sogenannten Transformationsproblems für unser numerisches Schema:

$$940c_1 + 400v_1 + 352\pi_1 = 1692 \text{ PM}$$
$$752c_2 + 200v_2 + 248\pi_2 = 1200 \text{ KG}$$

Schema 2.2

Die einheitliche Profitrate für beide Abteilungen beträgt 26 %. Der Preis der Produktionsmittel verhält sich zum Preis der Konsumgüter wie 0,94 : 1, d. h. alle c- bzw. PM-Größen des ursprünglichen Schemas sind mit 0,94 zu multiplizieren, während die v- bzw. KG-Größen unverändert bleiben; die Profite lassen sich dann als Restgrößen ermitteln. (Man gelangt natürlich zu einem äquivalenten Ergebnis, wenn man alle c- bzw. PM-Größen unverändert läßt und alle v- bzw. KG-Größen mit 1,06 multipliziert.) Der Übergang von der Wert- zur Preisrechnung entpuppt sich dabei als das Problem der Bestimmung der relativen Preise, d. h. im Zwei-Sektoren-Modell die Bestimmung der Produktionsmittelpreise im Verhältnis zu den Konsumgüterpreisen (0,94 : 1 bzw. 1 : 1,06), wobei die Löhne in Konsumgüterpreisen ausgedrückt werden. Diese Bestimmung der relativen Preise erfolgt unter der Auflage, daß die Profitraten in beiden Produktionsabteilungen gleich sein sollen.

Welches Fazit kann man nun aus dem in der Literatur ausgiebig diskutierten Transformationsproblem ziehen? Eine widerspruchsfreie Umrechnung des Marxschen Wertschemas in ein Preisschema mit einheitlicher Profitrate ist einerseits möglich. Andererseits verlieren dabei das Wertschema und damit die dahinter steckende Verteilungstheorie völlig ihre Bedeutung: «Wenn man den ganzen algebraischen Irrgarten hinter sich läßt und versteht, was wirklich vorgeht, dann entdeckt man, daß der Transformationsalgorithmus genau die folgende Gestalt hat: Betrachte zwei alternative, widersprüchliche Systeme. Schreibe das eine hin. Zur Transformation nimm einen Radiergummi und radiere es aus. Schreibe dann statt dessen das andere hin! Voilà! Damit ist der Transformationsalgorithmus beendet» (Paul A. Samuelson 1974, 239).

Da wir die Umrechnung der Werte in Preise ausführlich behandelt haben, seien nur noch zwei Bemerkungen zur Marxschen Verteilungstheorie angefügt. Nach der früher abgeleiteten Beziehung: Profitrate = Mehrwertrate dividiert durch 1 plus organische Zusammensetzung des Kapitals ($\pi' = m'/1+\alpha$), müssen die Profitraten zweier Produktionsabteilungen voneinander abweichen, wenn bei gleicher Mehrwertrate die organischen Zusammensetzungen des Kapitals ungleich sind. Werden die Profitraten «künstlich» durch den Übergang zur Preisrechnung gleichgemacht, so müssen sich auch die Mehrwertraten und/oder die organischen Zusammensetzungen des Kapitals ändern. In unserem Preisschema erhält man die in Tabelle 1 eingeklammerten Werte, und es drängt sich dann natürlich die Frage auf, wie die jetzt unterschiedlichen Mehrwertraten in den beiden Produktionsabteilungen begründet werden können. Wenn zu Anfang, bei der Wertrechnung, gleiche Qualifikation der Arbeit in beiden Abteilungen und damit gleiche Mehrwertraten angenommen wurden, dann fehlt jeglicher Grund, weshalb die Mehrwertraten post festum, d. h. nach Umrechnung der Werte in Preise, voneinander abweichen.

Unsere zweite Bemerkung knüpft an den früher erwähnten Tatbestand an, daß das Einsatzverhältnis von konstantem zum variablen Kapital, d. i. die organische Zusammensetzung des Kapitals, die Kapitalintensität, technisch bestimmt ist. Bei dieser Limitationalität von Arbeit und Kapital ist jedoch jede «Zurechnung» des Gesamtertrages auf Arbeit oder Kapital völlig willkürlich: Wenn A und B zusammen C bewirken, aber A ohne B und ebenso B ohne A nicht C bewirken kann, dann kann C weder A allein noch B allein zugeschrieben werden, sondern nur A und B zusammen.

Wir gehen jetzt zur Behandlung der Marxschen Wachstumstheorie über. Im zweiten Band des *Kapital* hat Marx zum ersten Mal die Bedingungen für ein störungsfreies wirtschaftliches Wachstum abgeleitet. Bemerkenswert an dieser Analyse ist vor allem, daß Marx von vornherein ein Zwei-Sektoren-Modell zugrundelegt, ein Modelltyp, der in der modernen Wachstumstheorie erst in einem zweiten Stadium behandelt wurde.

Wir bedienen uns einmal mehr des Marxschen Schemas, das wir für die Betrachtung des Wachstums wie folgt umformen:

Periode 1a

$$1000\,c_1 + 500\,v_1 + 500\,m_1 = 2000 \text{ PM}$$
$$818\,c_2 + 300\,v_2 + 300\,m_2 = 1418 \text{ KG}$$

Die Bedingung für eine stationäre Volkswirtschaft $c_2 = v_1 + m_1$ ist jetzt nicht mehr erfüllt; vielmehr übersteigt die Produktionsmittelproduktion mit 2000 Mengeneinheiten die Reinvestitionen von $1000\,c_1 + 818\,c_2$ um 182 Einheiten.

Bei Marx wird nun ausschließlich aus dem Mehrwert gespart, da die Arbeiter nicht in der Lage sind, aus ihrem Einkommen etwas anderes als den lebensnotwendigen Konsum zu bestreiten. Aus dem Mehrwert der Abteilung I sollen 150 Einheiten gespart, also 350 von den Kapitalisten dieser Abteilung konsumiert werden. In der Abteilung II seien die entsprechenden Beträge 112 Sparen und 188 Konsum. Das Sparen S = Investieren I wird jetzt in der jeweiligen Abteilung so auf das konstante und das variable Kapital verteilt, daß die organische Zusammensetzung des Kapitals unverändert bleibt. Dies führt zu

$$\Delta c_1 = 100, \quad \Delta v_1 = 50, \quad S_1 = I_1 = 150$$
$$\Delta c_2 = 82, \quad \Delta v_2 = 30, \quad S_2 = I_2 = 112.$$

Marx nennt diesen Vorgang das «veränderte Arrangement der Produktionsstruktur», das sich im Schema wie folgt auswirkt:

Periode 1b

$$1100\,c_1 + 550\,v_1 + 350\,m_1^* = 2000 \text{ PM}$$
$$900\,c_2 + 330\,v_2 + 188\,m_2^* = 1418 \text{ KG}$$

Dabei bedeuten die mit einem Stern versehenen Mehrwerte den für den Konsum der Kapitalisten verbleibenden Mehrwert. Das vorstehende Schema zeigt also die Einkommensverwendung, während das erste Schema über die Einkommensentstehung und -verteilung Aufschluß gibt. Mit dem veränderten Arrangement der Produktionsstruktur kann dann der Wachstumsprozeß vonstatten gehen, wie aus den drei folgenden Schemata hervorgeht:

Periode 2a

$$1100\,c_1 + 550\,v_1 + 550\,m_1 = 2200 \text{ PM}$$
$$900\,c_2 + 330\,v_2 + 330\,m_2 = 1560 \text{ KG}$$

Verändertes Arrangement der Produktionsstruktur:

Periode 2b

$$1210\,c_1 + 605\,v_1 + 385\,m_1^* = 2200 \text{ PM}$$
$$990\,c_2 + 363\,v_2 + 207\,m_2^* = 1560 \text{ KG}$$

Wachstum:

Periode 3a

$$1210\,c_1 + 605\,v_1 + 605\,m_1 = 2420 \text{ PM}$$
$$990\,c_2 + 363\,v_2 + 363\,m_2 = 1716 \text{ KG}$$

Die kreislaufmäßigen Zusammenhänge zeigt die Abbildung 5.

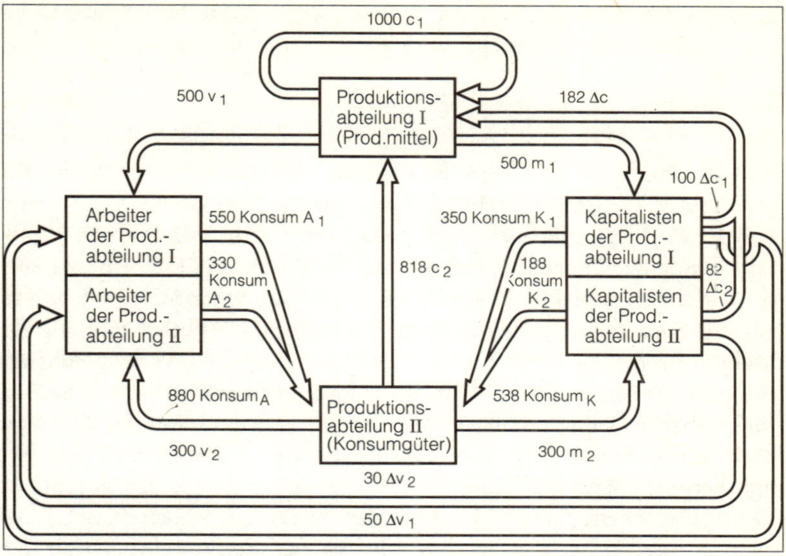

Abb. 5: Kreislauf einer wachsenden Volkswirtschaft

Für unsere Begriffe ungewohnt sind vor allem die Investitionen in variablem Kapital, das sind die von den Kapitalisten an die Arbeiter fließenden Beträge von 50 bzw. 30. Die Erweiterung der Produktionskapazität erfordert im Marxschen Schema eben nicht nur die Vergrößerung des konstanten Kapitals c, sondern erfordert ferner «Geld für Ankauf neuer Arbeitskraft», d.h. eine Vergrößerung des variablen Kapitals. Die übrigen Kreislaufgrößen sind unproblematisch, weshalb sich ein Eingehen auf sie erübrigt.

Beschließen wir diesen Abschnitt mit einem Blick auf die (moderne) Formel, die sich für die Wachstumsrate ableiten läßt. Wir bezeichnen als Sparquote den Anteil des Sparens am Nettoprodukt, als Kapitalkoeffizienten den Quotienten aus Gesamtkapital (c+v) und dem Nettoprodukt. Dann ergibt sich

$$\text{Wachstumsrate} = \frac{\text{Sparquote}}{\text{Kapitalkoeffizient}} = \frac{0{,}16}{1{,}6} = 10\,\%.$$

Alle Größen des Marxschen Schemas wachsen demnach mit einer konstanten Rate von 10%.

Unsere letzte wirtschaftstheoretische Betrachtung gilt der Marxschen Krisentheorie. Nach Marx ist der technische Fortschritt der eigentliche Motor der kapitalistischen Dynamik und auch für die Konjunkturbewegungen der auslösende Faktor. Er bewirkt erstens, daß ständig mehr konstantes im Verhältnis zum variablen Kapital eingesetzt wird, d.h. die organische Zusammensetzung des Kapitals steigt. In moderner Sprache bedeutet das: Die Kapitalintensität steigt. Aufgrund der Beziehung

$$\pi' = \frac{m'}{1 + \alpha}$$

muß die Profitrate bei steigender organischer Zusammensetzung des Kapitals (und konstanter Mehrwertrate) sinken. Dies ist das Gesetz vom Fall der Profitrate, genauer: das Gesetz vom tendenziellen Fall der Profitrate. Tendenziell bedeutet, daß der Fall der Profitrate durch ein temporäres Ansteigen unterbrochen wird, wobei dieses Ansteigen der Profitrate auf ein Ansteigen der Mehrwertrate zurückgeht. Diese Erhöhung der Mehrwertrate kann ihrerseits zwei Gründe haben: Eine Verlängerung der täglichen Arbeitszeit erhöht bei konstanter notwendiger Arbeitszeit die Mehrarbeitszeit und damit die Mehrwertrate (Produktion des absoluten Mehrwerts). Dieser Grund ist auszuschließen, da die Realität praktisch nur Verkürzungen und keine Verlängerungen der täglichen Arbeitszeit kennt. Der zweite Grund hängt mit dem technischen Fortschritt zusammen: Durch den technischen Fortschritt steigt die Produktivität der Arbeit, die notwendige Arbeitszeit wird also verkürzt, die Mehrarbeitszeit verlängert und damit die Mehrwertrate erhöht (Produktion des relativen Mehrwerts).

Erfolgt die Steigerung der Arbeitsproduktivität uno actu mit der Erhöhung der organischen Zusammensetzung des Kapitals, so ist nicht einzusehen, weshalb die Profitrate überhaupt sinken soll. Die Bedingung für ihre Konstanz lautet:

$$\frac{dm'}{m'} = \frac{d\alpha}{1 + \alpha}$$

Die Mehrwertrate muß demnach immer etwas schwächer als die organische Zusammensetzung des Kapitals ansteigen.

Herrscht Einigkeit darüber, daß das Gesetz vom tendenziellen Fall der Profitrate die Grundlage für die Marxsche Krisentheorie bildet, so besteht kaum Übereinstimmung hinsichtlich des Inhalts der Krisentheorie selbst. Wir folgen eine Zeitlang der Interpretation, die Erich Preiser in seinem ersten Aufsatz *Das Wesen der Marxschen Krisentheorie* (1924) gegeben hat. Die sinkende Profitrate zwingt die Kapitalisten, die Produktion so weit wie möglich auszudehnen, um das, was sie an der Profitrate verlieren, am Gesamtkapital bzw. dessen Wachstum zu gewinnen. Wenn das Gesamtkapital mit derselben Rate wächst, mit der die Profitrate sinkt, so bleibt die Profitmasse unverändert.

In einer Gleichung:

$$\frac{d\pi'}{\pi'} = \frac{d(c+v)}{c+v}$$

Im Interesse der Kapitalisten liegt es also, daß das Gesamtkapital im Zuge der Produktionsausdehnung schneller steigt als die Profitrate sinkt. Diese Produktionsausdehnung hat zwei Folgen: Zum einen sinkt in der Produktionssphäre die Verwertungsmöglichkeit des Kapitals, wobei unter Verwertung von Kapital nichts anderes als die «Verwendung von Kapital zum Profitmachen» zu verstehen ist. Dasselbe Gesamtkapital bringt also bei sinkender Profitrate eine immer geringere Profitmasse. Zweitens sinkt in der Zirkulationssphäre die Realisierungsmöglichkeit des Mehrwerts, d. h. die von den Arbeitern in der Mehrarbeitszeit produzierten Güter können nur mit Schwierigkeiten oder überhaupt nicht mehr abgesetzt werden. Es kommt zu einem «feindlichen Konkurrenzkampf», in dem darüber entschieden wird, wer von den Kapitalisten den Verlust zu tragen hat, wessen Kapital entwertet wird: «Es werden periodisch zuviel Arbeitsmittel und Lebensmittel produziert, um sie als Exploitationsmittel der Arbeiter zu einer gewissen Rate des Profits fungieren zu lassen. Es werden zuviel Waren produziert, um den in ihnen enthaltenen Wert und darin eingeschlossenen Mehrwert unter den durch die kapitalistische Produktion gegebenen Verteilungsbedingungen und Konsumtionsverhältnissen realisieren und in neues Kapital rückverwandeln zu können, d. h. um diesen Prozeß ohne beständig wiederkehrende Explosionen auszuführen» (Marx). Die Produktion kommt zum Stillstand, weil die Verwertung des Kapitals und die Realisierung des Profits unmöglich werden. Ein Teil des volkswirtschaftlichen Gesamtkapitals wird entwertet, wodurch die Profitrate temporär ansteigt und einen verstärkten Anreiz zur Kapitalakkumulation und zur Produktion bietet. Das Spiel beginnt von neuem.

In diesem Zusammenhang muß noch auf die industrielle Reservearmee und ihre von Marx behauptete Zunahme eingegangen werden. Wie Rolf Güsten (1965) überzeugend nachgewiesen hat, fällt die Ableitung der zunehmenden industriellen Reservearmee mit der Ableitung des tendenziellen Falls der Profitrate letztlich zusammen. Ausschlaggebend ist dabei eine infolge des technischen Fortschritts zunehmende Wertzusammensetzung des Kapitals, d. h. ein steigender Kapitalkoeffizient. Den Fall eines bei technischem Fortschritt konstant bleibenden Kapitalkoeffizienten – wir würden heute von einem Harrod-neutralen technischen Fortschritt sprechen – hat Marx als «bösartige Voraussetzung» ausgeschieden. In diesem Falle nämlich fehlen die zunehmenden Widersprüche des kapitalistischen Systems; die Marxsche Krisentheorie wird ihrer Basis beraubt.

Komprimiert zusammengefaßt beschreibt die Marxsche Krisentheorie folgende Entwicklung: Der technische Fortschritt bewirkt über die steigende organische Zusammensetzung des Kapitals bzw. über die steigende Wertzusammensetzung des Kapitals den Fall der Profitrate. Damit ist notwendig die Zunahme der industriellen Reservearmee (und die Verelendung des Proletariats) verknüpft. Die sinkende Profitrate zwingt die Kapitalisten zur Produktionsausdehnung und damit zur Vergrößerung des Gesamtkapitals. Der Prozeß kommt zum Stillstand, wenn die Verwertungsmöglichkeit des Kapitals in der Produktionssphäre und die Realisierungsmöglichkeiten des Mehrwerts in der Zirkulationssphäre genügend abgenommen haben. Die teilweise Entwertung des Kapitals läßt die Profitrate temporär ansteigen. Ein solches Ansteigen wird auch durch die Produktion des relativen Mehrwerts (= Verringerung der notwendigen Arbeitszeit) bewirkt.

Der technische Fortschritt wirkt, wie man sieht, innerhalb des Marxschen Systems teilweise in ungewohnter Art: Nicht neue Produkte oder neue Produktionsverfahren bewirken einen Anstoß des Systems, sondern die negative Wirkung des technischen Fortschritts auf die Profitrate. Aber nicht nur ungewohnt, sondern auch inkonsistent ist die Marxsche Theorie des technischen Fortschritts, denn eine durch den technischen Fortschritt fallende Profitrate setzt einen steigenden Reallohn voraus. Joan Robinson (1966, 42) bemerkt dazu: «Marx can only demonstrate a falling tendency in profits by abandoning his argument that real wages tend to be constant. This drastic inconsistency he seems to have overlooked, for when he is discussing the falling tendency of profits he makes no reference to the rising tendency of real wages which it entails.» Und schließlich können wir feststellen, daß der technische Fortschritt bei Marx kein zyklisches Prinzip darstellt und die Periodizität nicht erklären kann.

Mit der Marxschen Krisentheorie sind folgende einzelne Theorien verknüpft:

1. Gesetz vom tendenziellen Fall der Profitrate;
2. Gesetz von der Zunahme der industriellen Reservearmee;
3. Gesetz von der Verelendung der Arbeiterklasse;
4. Gesetz von der Konzentration des Kapitals;
5. Zusammenbruchstheorie.

Das Gesetz vom tendenziellen Fall der Profitrate ist oben bereits erläutert worden. Die Zunahme der industriellen Reservearmee ist nach Marx im wesentlichen Folge des technischen Fortschritts, der zu einer progressiven Technisierung und Mechanisierung der gesamten Produktionsprozesse führt. c wächst also immer schneller als v, und die durch den technischen Fortschritt verursachte Freisetzung von Arbeitern wird nicht kompensiert. Danach müßte sich seit Beginn der Konjunkturbewegungen im frühen 19. Jahrhundert bis hin zur Gegenwart eine gewaltige industrielle Reservearmee kumulativ angesammelt haben, was dem wirtschaftshistorischen Befund eindeutig widerspricht. Wie es eine Tatsache ist, die sich aus dem Wesen des technischen Fortschritts mit zwingender Konsequenz ergibt, daß jeder technische Fortschritt Produktivkräfte freisetzt, so ist es ebenso eine Tatsache, daß Faktoren existieren, die auf eine Kompensation der primären Freisetzung hinwirken. Ihnen ist es zu verdanken, daß die finstere Vision einer kumulativ steigenden Arbeitslosigkeit weder im 19. noch im 20. Jahrhundert Wirklichkeit wurde.

Die industrielle Reservearmee drückt nach Marx auf den Arbeitslohn und bewirkt so die Verelendung der Arbeiterklasse (Verelendungstheorie). Diese Theorie kann absolut oder relativ interpretiert werden: Als absolute Verelendung interpretiert, bedeutet sie ein Sinken des Reallohns. Versteht man sie als relative Verelendung, so bedeutet dies, daß der Reallohn langsamer steigt als der Profit, wobei Vergleichsgröße nicht die Profitrate sein kann, denn diese sinkt ja. Also: Die Lohnsumme wächst langsamer als die Profitmasse, die Lohnquote sinkt, die Profitquote steigt. Die absolute Verelendung der Arbeiterklasse können wir wieder als mit der wirtschaftshistorischen Realität unvereinbar beiseite lassen. In der Tat neigt Marx in seiner Schrift *Lohnarbeit und Kapital* der Auffassung einer relativen Verelendung zu: «Ein Haus mag groß oder klein sein, solange die es umgebenden Häuser ebenfalls klein sind, befriedigt es alle gesellschaftlichen Ansprüche an eine Wohnung. Erhebt sich aber neben dem kleinen Haus ein Palast, schrumpft das kleine Haus zur Hütte zusammen. Das kleine Haus beweist nun, daß sein Inhaber keine oder nur die geringsten Ansprüche zu machen hat; und es mag im Laufe der Zivilisation in die Höhe schießen noch so sehr, wenn der benachbarte Palast in gleichem oder gar in höherem Maße in die Höhe schießt, wird der Bewohner des verhältnismäßig kleinen Hauses sich immer unbehaglicher, unbefriedigter, gedrückter in seinen vier Pfählen finden» (Marx 1849/1964 III, 776). Es ist dann natürlich zu fragen, wie sich die hier als möglich bezeichneten Reallohnerhöhungen mit der Existenzminimumtheorie des Lohnes vertragen. Die Antwort ist einfach: Sie vertragen sich nicht.

Der Begriff der Konzentration des Kapitals (Konzentrationstheorie) ist bei Marx zweideutig. Er versteht darunter einmal die Zunahme der Unternehmungskonzentration, und zwar sowohl der relativen als auch der absoluten. Es wird also nicht nur die Ungleichverteilung der einzelnen Unternehmungen hinsichtlich ihrer Umsätze bei konstanter Zahl von Unternehmungen größer, sondern die Zahl der Unternehmungen nimmt ab, und auf absolut wenige Firmen entfällt ein großer Anteil des Merkmalsbetrages, des Umsatzes. Ferner aber kommt es zur Vermögenskonzentration bei den Kapitalisten, und zwar haben wir auch hier wieder relative und absolute Konzentration. Eindeutig hat Marx mit der Konzentration des Kapitals, und zwar in beiden möglichen Bedeutungen, eine der zentralen Schwachstellen kapitalistischer Volkswirtschaften aufgedeckt.

Marx' Zusammenbruchtheorie schließlich besagt, daß die Konjunkturbewegungen immer heftiger werden und schließlich zum Zusammenbruch des kapitalistischen Systems führen. Dagegen zeigt die Wirtschaftsgeschichte vor dem Ersten Weltkrieg eher ein Schwächerwerden der Konjunkturen. Zwischen den beiden Weltkriegen lassen sich regelmäßige Schwingungen kaum erkennen; die Weltwirtschaftskrise war eine wirtschaftliche Katastrophe, deren Ausmaß kein Wirtschaftswissenschaftler für möglich gehalten hatte. Die kapitalistischen Staaten haben sie gleichwohl überstanden, wobei in Deutschland allerdings dadurch der Weg für ein diktatorisches Regime geebnet wurde. Nach dem Zweiten Weltkrieg lassen sich zunächst relativ schwache Konjunkturbewegungen, sog. Wachstumszyklen, beobachten. Seit Anfang der siebziger Jahre sind die Schwingungen heftiger und zugleich unregelmäßiger geworden. Zum ersten Mal seit langer Zeit taucht das totgeglaubte Phänomen der Massenarbeitslosigkeit wieder auf, die sich strukturell verhärtet hat und mit keynesianischen Mitteln kaum noch zu bekämpfen ist. Aber deshalb auf den Zusammenbruch des kapitalistischen Systems zu warten, das hieße sicher, die Vitalität, Dynamik und die Widerstandskraft des Kapitalismus unterschätzen.

III. Wirkung

Am Ende der Darstellung des ökonomischen Systems von Marx bleibt noch übrig, eine Wertung zu versuchen: Welchen (dauerhaften) Beitrag hat Marx zur Wirtschaftstheorie geleistet? Was ist richtig oder überwiegend richtig und wird überdauern, und was ist falsch oder überwiegend falsch und kann dem Vergessen anheimfallen?

Diejenigen Teile des Marxschen Systems, die politisch wohl am wirksamsten waren, sind theoretisch am schwächsten. Dies sind die Preis- und Verteilungstheorie einerseits, die Krisentheorie andererseits. (Dabei nehmen wir einen Bestandteil der Marxschen Krisentheorie, die Konzentrationstheorie nämlich, ausdrücklich von dieser Wertung aus.) Demgegenüber sind die Kreislauf- und Wachstumstheorie von Marx theoretisch am besten ausgebildet, politisch waren sie fast bedeutungslos.

Fragen wir schließlich noch nach der wirtschaftspolitischen Konzeption von Marx. Die wenigen Ausführungen von Marx dazu beziehen sich auf die Zeit nach dem Zusammenbruch des kapitalistischen Systems. Die Arbeiterklasse, das Proletariat, übernimmt die politische Macht und enteignet die Kapitalisten. Das Privateigentum an Produktionsmitteln wird abgeschafft und die Produktionsmitteleigentümer werden damit ökonomisch und politisch entmachtet: «Die Stunde des kapitalistischen Eigentums schlägt, die Expropriateure werden expropriiert.» Die Diktatur des Proletariats gilt aber nur für die Übergangszeit des Sozialismus; der Endzustand ist der des Kommunismus als einer klassenlosen Gesellschaft. In ihr wird die ursprüngliche menschliche Freiheit wiederhergestellt, in den Worten von Engels: «An die Stelle der Regierung über Personen tritt die Verwaltung von Sachen und die Leitung von Produktionsprozessen.» In dieser freien Assoziation der Individuen verliert der Staat seine Funktionen; der «Staat als Staat» stirbt ab.

Die hier skizzierte wirtschaftspolitische Konzeption von Marx und Engels ist so allgemein gehalten, daß sie nur in sehr beschränktem Umfang (entschädigungslose Enteignung der Kapitalisten) als Handlungsanweisung für eine sozialistische bzw. kommunistische Regierung herhalten kann. So ist es nicht verwunderlich, daß das erste kommunistische Regime unter Lenin (und ab da eigentlich alle kommunistischen Regierungen) erhebliche Schwierigkeiten hatte, konkrete wirtschaftspolitische Maximen zu entwickeln. Sie bestanden (und bestehen) in dem Aufbau einer zentralen Planwirtschaft, deren Leistungsfähigkeit trotz der raschen Industrialisierung Rußlands und anderer Erfolge (Rüstung, Raumfahrt) immer wieder zu wünschen übrigließ.

Wolfgang Kemp

JOHN RUSKIN
(1819–1900)

I. Werdegang

Von allen Theoretikern und Programmatikern der Volkswirtschaftslehre hat John Ruskin wohl das erstaunlichste Leben geführt. Er war ein bedeutender Zeichner und Aquarellist, ein Kunstkritiker und Ästhetiker, ein Schriftsteller, der für die englische Prosa so maßgeblich war wie Shakespeare für den Vers, ein Empiriker, der Schwerpunkte seiner Forschung in der Geologie und Meteorologie hatte, ein gefürchteter Gesellschaftskritiker und Sozialreformer, ein gesuchter Redner, der Säle mit 2000 Zuhörern füllte, einer der großen zornigen Weisen des viktorianischen England – und er war, nach allem und durch die Erfahrung all dessen, ein einflußreicher Praktiker und Lehrer der Nationalökonomie.

John Ruskin, geboren 1819 in London, gestorben 1900 im Lake District, lebte genau die Spanne Zeit, die mit den Lebensdaten der Königin Viktoria (1819–1900) dem nach ihr benannten Zeitalter gesetzt war. Er war das Kind bürgerlicher Eltern, des Sherryhändlers John James (1785–1864) und seiner Frau Margaret Ruskin (1781–1871), ihr einziges Kind, und er blieb bis zum Tod der Mutter in deren Haushalt wohnen. Eine Phase der Selbständigkeit, als Ruskin heiratete, war kurz, die Ehe keine sehr glückliche. Ein zweiter Versuch, sich zu binden, scheiterte noch im Vorfeld und hat alle Beteiligten bis an ihr Lebensende schwer belastet. Aber es wäre falsch, würde man sich Ruskin als verwöhntes Einzelkind, als Stubenhocker und lebensuntüchtigen Sonderling vorstellen. England, London, die Villa der Eltern, das war für ihn nur die Basis, der Heimathafen, von dem aus er sein Lebensschiff ungezählte Male in Richtung Kontinent steuerte, um von dort, nach oft jahrelangem Aufenthalt, mit gefüllten Skizzenbüchern, umfangreichen Manuskripten und Kisten voll von natur- und kunstwissenschaftlichem Beutegut wieder heimzukehren.

Ruskin war ein manischer Reisender; Frankreich, Italien, die Alpen waren seine bevorzugten Ziele. Als er berühmt geworden war, durch Veröffentlichungen, die man getrost Reisebücher nennen darf, lernte er auch England kennen, das England der großen Industrie. In die «boom towns» riefen ihn Industrielle, Arbeiter und Lehrer, um von ihm Auskunft über Design, Arbeitsorganisation, Sozialreform zu erhalten. War der Vater als Handelsreisender das Jahr über in ganz England unterwegs, so erfuhr der Sohn als Vortragsreisender die Realitäten des zeitgenössischen England aus eigener Anschauung, nicht aus den Blaubüchern der

John Ruskin (1819–1900)

Fabrikinspektoren wie ein später berühmt gewordener Zeitgenosse und Besucher des Lesesaals des British Museum – Karl Marx. So ist dieses Leben in seiner dauernden Umtriebigkeit nur schwer darzustellen.

Ruskin graduierte 1842 in Oxford und begann im gleichen Jahr mit der Abfassung des Buches, das sein berühmtestes, wenngleich nicht erfolgreichstes wurde: *Modern Painters*, erschienen in fünf Bänden von 1843 bis 1860, ein Buch über die Malerei der Gegenwart und der Vergangenheit, ihr Verhältnis zur Natur, ein Buch «on many things», wie der dritte Band betitelt ist, eine Ästhetik, ein Kompendium der Kunstkritik und vor allem ein Buch der Naturschilderung. Seine Sprache und seine Herangehensweise bedeuteten eine Sensation; so genau hatte es noch niemand wissen wollen: «Mir will scheinen, als wäre ich bisher blind gewesen und als hätte mir dieses Werk neue Augen verliehen», sagte George Eliot. Bevor *Modern Painters* vollendet werden konnte, begann Ruskin bereits an einem anderen monumentalen Werk zu arbeiten: *The Stones of Venice* (1851–53, drei Bände), eine Architekturgeschichte des mittelalterlichen Venedig, ein Werk der Autopsie, das Ergebnis tausender Bauaufnahmen, Vermessungen, Detailstudien, eine positivistische Pionierleistung, die sich dennoch mehr darauf zugute hält, Kritik zu sein – und die auch von den Zeitgenossen eigentlich als ein Pamphlet gelesen worden ist (ein wichtiger Teil kursierte als Sonderdruck unter Arbeitern), als eine Streitschrift für die richtige Art von Architektur und vor allem die richtige Art, Arbeit zu organisieren.

In Venedig, über den *Stones of Venice*, wurde Ruskin zum Sozialkritiker, und hier faßte er den Entschluß, eines Tages «einen großen Essay über die Arbeit des Menschen» zu schreiben. Er hat dieses Vorhaben 1860 nach Vollendung der *Modern Painters* verwirklicht, mit der berühmtesten seiner nationalökonomischen Schriften, *Unto This Last*, «Diesem Letzten», die zunächst als Artikelserie in einem Magazin herauskam, dann aufgrund wütender Leserreaktionen gestoppt wurde und 1862 als Buch erschien. Nicht anders ging es übrigens der zweiten Publikation dieser Art: *Munera Pulveris* – auch hier wurde die Veröffentlichung in einer Zeitschrift abgebrochen; das Buch kam 1863 heraus. Die dritte zentrale Schrift zum Gegenstand heißt *Time and Tide* und erschien 1867. Seit den sechziger Jahren ist Ruskin also publizistisch unter den Ökonomen und Sozialreformern zu finden, danach, etwa ab 1870, widmet er sich vor allem zwei Bereichen: Ruskin erhält eine Stiftungsprofessur für Kunsttheorie in Oxford und verpflichtet sich, seine provokanten Thesen über den Zustand der englischen Gesellschaft zugunsten einer dezidiert kunsthistorischen und kunstpädagogischen Unterrichtstätigkeit zurücktreten zu lassen. Zu seiner Entlastung gründet er eine eigene Monatszeitschrift, die auf den schwierigen Titel *Fors Clavigera* hört, die nur einen Autor und ein großes Thema hat: the state of the world according to John Ruskin. In *Fors* konnte Ruskin aktuell sein, den Launen des Tages und des eigenen Ich schnell nachgeben. Die gesellschaftskritische und politökonomische Diskussion wird hier in Fragmenten, in Realitätscollagen, in Aperçus fortgeführt; es ist schwer, eine Lehre herauszudestillieren. Ruskin brachte dieses an die «Workers and Labourers of Great Britain» adressierte Periodikum von 1871 bis 1884 heraus (unterbrochen durch Krankheit 1878 bis 80): Es umfaßt 1900 Seiten, und wohl selten ist ein Ventil so sehr auch Belastung und Verpflichtung gewesen.

Ruskin hat kein versöhntes Alter gehabt. Viele Beweise bestätigten sein Empfinden, daß mit seinem Leben auch die Natur, die Gesellschaft, ein ganzes Zeitalter dem Ende entgegenging: Die Zerstörungen, die der Fortschritt des 19. Jahrhunderts angerichtet hatte und die von ihm in jahrzehntelangen Beobachtungen verzeichnet worden waren, schienen ihm irreversibel. Einer, der es sich zur Aufgabe gemacht hatte, ein Seher zu sein, unbestechlich die natürliche oder von Menschen geschaffene Realität zu beobachten, wurde zum Visionär – und sah schwarz. Als einer der ersten hat er die Umweltschäden durch die Industrie wahr- und ernstgenommen und konnte am Ende seiner Tage nachweisen, daß diese Tage sich verfinstert hatten. Arbeitsüberlastung, persönliche Enttäuschungen, erbliche Belastung und dieser Überdruß, dieses Leiden an der Zeit, führten zu immer häufiger auftretenden körperlichen und seelischen Zusammenbrüchen. 1889 wurde die Geistesverwirrung chronisch; von da an bis 1900 dauern die Jahre seines «langen Todes». Es sind gleichzeitig die Jahre, in denen er eine europäische Berühmtheit wird. Ein Buch wie *Unto This Last* erreicht Massenauflagen, Ruskin laufen so verschiedene Jünger wie Tolstoi, Proust, Gandhi, Shaw zu. Letzterer sagte in seiner Gedenkrede 1919: «Ich habe in meinem Leben eine Reihe extrem revolutionärer Naturen kennengelernt, und wenn ich sie fragte: Wer hat Sie zum Revolutionär gemacht? War es Karl Marx?, dann antworteten die meisten: Nein, es war Ruskin» (Shaw 1921, 8). Als 1906 die englische Labour-Partei gegründet wurde, kursierte unter den ersten Parlamentariern dieser Partei ein Fragebogen, der an den Tag brachte, daß dasjenige Buch, das die meisten beeinflußt hatte, Ruskins *Unto this Last* gewesen war.

In einer Gesamtschau ergibt sich eine gewisse Konsequenz aus diesen Tendenzen und, wenn man so sagen kann, aus der Aufgabenverteilung dieses Lebenswerks. Ruskin hatte in seiner Jugend noch das alte England erlebt, «the olden days, now to return no more», ein Land, dessen Wirtschaftsleben von Ackerbau, Handwerk und Handel bestimmt war und dessen gesellschaftliche Ideale sich am Lebens- und Wirtschaftsstil der landed gentry maßen. Da war es eine naheliegende Idee, einen großen Traktat über Landschaftsmalerei zu schreiben. Eine markante Jahreszahl für das Ende der Orientierungsgröße «Land» ist das Jahr 1846, als das Parlament, das immer noch von landed interest bestimmt war, die Korngesetze abschaffte, d.h. die 1815 eingeführten Schutzzölle für Getreide aufhob. Und wenn man ein Datum setzen will, das die Nation in ihrem neuen Bekenntnis für Fortschritt, Industrie, Freihandel vereint zeigt, dann wird man das Jahr 1851 wählen, das Jahr der ersten Weltausstellung, das den Rang Englands als «Werkstatt der Welt» festigte und eine Epoche des sozialen Friedens und der großen Zukunftsplanungen einleitete. In genau diesem Jahr war für England übrigens auch der Punkt erreicht, da zum erstenmal in der neueren Geschichte der Menschheit mehr Einwohner in Städten als auf dem flachen Land lebten. Es sind genau die Jahre, in denen auch Ruskin sich neu orientierte und über die Geschichte der Architektur die Geschichte menschlicher Arbeit sich als Thema eroberte. Sicher, es ging ihm dabei zunächst «nur» um die «politische Ökonomie der Künste», wie er sein neues Fach nannte, um die gesellschaftlichen Bedingungen, unter denen gute Kunst, gutes Kunstgewerbe entsteht. Aber war nicht dies genau die Frage, welche die Weltausstellung in London aufgeworfen hatte?

England hatte seinen Vorrang in der Schwerindustrie, im Anlagenbau glänzend demonstrieren können, aber ebenso sichtbar war hervorgetreten, daß der Wirtschaftsriese ein Zwerg war, wenn es darum ging, durch die Warenästhetik den Absatz von Luxusgütern wie Massenproduktionen zu sichern. Die Gefahr drohte, daß die großartigen Maschinen Waren produzierten, die niemand mehr haben wollte. Selten ist auf eine ökonomische Herausforderung so prompt reagiert worden: Der Überschuß der Ausstellung wurde in die Gründung eines nationalen Kunstschulsystems investiert, das dem einzigen Zweck diente, Designer auszubilden. So ergab sich auch, wenn man so will, eine nationale Nachfrage nach Ruskin. Die 50er Jahre sind das Jahrzehnt des Kunstpädagogen Ruskin: Er arbeitet als Zeichenlehrer in einer Abendschule für Arbeiter, verfaßt Zeichenlehren, hält ungezählte Vorträge in Design-Schulen und Fortbildungsvereinen und veröffentlicht diese als seine «politische Ökonomie der Künste».

Die neue Phase des ungebrochenen Optimismus dauerte noch nicht einmal so lange wie das Jahrzehnt, das so großartig angefangen hatte. Dem vielversprechenden Anstieg der Realeinkommen, selbst der landwirtschaftlichen Erzeugerpreise, und den Steigerungen des Exportvolumens war mit der ersten Weltwirtschaftskrise ein vorübergehendes Ende gesetzt. Was 1857 bis 1859 in Europa und Amerika passierte – diese «großartigen», «famosen» Zusammenbrüche (Engels) –, säte nicht nur bei den vielen Zeitgenossen, die Vermögen oder Arbeitsplatz verloren, sondern auch bei den davon Verschonten tiefe Zweifel über Sinn und Zweck des gesamtgesellschaftlichen wie privaten Wirtschaftens. Ruskin jedenfalls sah sich als Kapitalismuskritiker bestätigt und zu neuen Taten aufgefordert. Die politökonomischen Schriften der 60er Jahre verhalten sich jedoch in gewisser Weise antizyklisch, da es wirtschaftlich nun wieder bergauf ging; und doch sehen wir auch hier eine gewisse Konsequenz. Spätestens seit 1850 beginnt in England die Phase der Langzeitinvestitionen großer Kapitalmengen; dadurch entsteht auch ein Bedarf an Planungsmodellen, an Prognosen, kurz an Theorie. Die *Quarterlies*, die tonangebenden Zeitschriften, sind voll von einschlägigen Essays; Fragen von gesellschaftlicher Wichtigkeit wurden damals nicht in Büchern, sondern in Periodika den interessierten Kreisen vorgelegt. Ruskin beugte sich – ausnahmsweise – diesem Brauch und versuchte, seine Kritik der Volkswirtschaftslehre in solchen Organen vorzutragen, vergeblich, wie wir wissen. Kurz: Die Krise von 1857/59 mag ein kurzfristiger Ansporn gewesen sein; Ruskin und vielen anderen war klar, daß es um das Ganze ging, das sich immer mehr als ein Rhythmus von Krisen entpuppte.

Die fortlaufende Kommentierung des wirtschaftlichen Geschehens in *Fors* geht dann wieder mit den Vektoren der englischen Wirtschaftsgeschichte direkt parallel. Die Zeit von Ruskins Depressionen ist auch die Zeit der «langen Depression» Englands. Während der Jahre 1876 bis 1896 «verlor Großbritannien seinen Rang als ‹Werkstatt der Welt› und war nur noch eine der drei großen Industrienationen und in wichtigen Punkten die schwächste» (Hobsbawm 1969, 187). Es verlor seinen technologischen Vorsprung, es verlor Wettbewerbsvorteile durch das Erstarken konkurrierender Kolonialmächte und es verlor an Wirtschaftskraft, weil es die Ausbeutung im Inneren nicht mehr so zügellos vorantreiben konnte wie zuvor. Zu Beginn der 70er Jahre hatte Englands Exportvolumen einen Wert von 256 Millionen Pfund, die Arbeitslosigkeit betrug 1 %, 1879 lagen die Ziffern bei 192 Millionen bzw. 12 %. Eine Nachfrage nach Ruskin entstand, diesmal, weil die Arbeiter sich in Parteien und Zirkeln organisierten, weil Englands Hochschulabsolventen den Widerstand gegen das System zu ihrer Aufgabe machten, weil die Zeit der Reformversuche begann. Ruskins später Ruhm beruht darauf, daß die Wirklichkeit ihm mehr und mehr Recht gab. Das ist auch der Grund, warum seine kritische Auseinandersetzung mit den klassischen Systemen der englischen Nationalökonomie (Smith, Ricardo, Mill) damals wie heute neben der von Marx als maßgebend gilt. Da waren ihm andere, z. T. Berufenere vorausgegangen; man denke nur an Coleridge oder an Carlyle, der im *Sartor Resartus* (1833/34) eine komplette Abrechnung mit den Theorien des Laissez-faire und des Wirtschaftsegoismus vorgelegt hatte. Ruskin kam dagegen spät, aber zum richtigen Zeitpunkt. Dennoch kann man diese zeitgemäße Verspätung nicht nur positiv sehen.

Als Ruskin sich mit ganzem Einsatz der Nationalökonomie widmete, lagen die Jahre der empirischen Detailforschung, der Verarbeitung gewaltiger Realitätsmengen schon hinter ihm. Er hatte Venedig, hatte die Alpen «Stein für Stein» aufgenommen; aber als er seine drei Traktate über Ökonomie schrieb, hielt er sich, ganz im Widerspruch zu seinen bisherigen Prinzipien, an wenige klassische Lehrbücher. In *Fors* hat er zwar dieses Manko durch neue Realitätsnähe aufzufangen versucht, aber die

Hauptschriften sind und bleiben kritische Essays. Um es zu pointieren: Die *Modern Painters* und *Stones of Venice* der Politischen Ökonomie hat nicht John Ruskin, sondern Karl Marx geschrieben, obwohl er nur das aktuellste und realitätshaltigste Schrifttum in großen Mengen verarbeitet hat. Ruskin wußte, wie es um die Fabriken, um die Arbeiter und um die Produkte bestellt war, aber er nahm dieses Wissen um die Erscheinung («science of aspects») nicht mehr zum Anlaß, um auch die Bewegungs- und Strukturgesetzlichkeiten des Kapitalismus zu ergründen. Er dachte, einem «verrückten System» und seiner «Bastardwissenschaft» antworte man am besten wie ein aufgebrachter Prophet – im Bibelton. Wenn Ruskin im Methodenstreit mit den Klassischen Ökonomen der Gegenseite abstraktes und apriorisches Denken vorwirft, dann schreibt er sich seine eigene Kritik.

II. Werk

Als Ruskin im Sommer 1860 an die Abfassung von *Unto This Last* ging, weilte er an dem Ort, an dem er viele Jahre zuvor sein erstes Buch, den ersten Band von *Modern Painters,* begonnen hatte, in Chamonix. Für ihn bedeutete diese Wiederkehr «eine neue Epoche des Lebens und des Todes»; mit teilweise selbstzerstörerischer Lust wandte er sich gegen das, was ihn bisher beschäftigt hatte: gegen Geschichte und Kunst. Aber er täuschte sich: Die neue Epoche hatte ihre Grundstellung in den Positionen der alten. Aus der Kunstgeschichte hatte er gelernt, was er nun der etablierten Lehre der Politischen Ökonomie entgegenschleuderte, und von der Gegenwart einforderte, daß nur Qualität und nicht Quantität, nur Einheit und nicht Teilung zählt und daß Qualität eine Funktion von Einheit ist. Diese Erkenntnisse kamen ihm, als er die Bauornamentik der Gotik, der Renaissance und des 19. Jahrhunderts miteinander verglich: «Die richtige Frage, die wir stellen müssen, wenn es um Bauornamentik geht, heißt: Wurde sie mit Freude ausgeführt, war der Steinmetz glücklich, als er an ihr arbeitete? Es mag härteste Arbeit gekostet haben, sie hervorzubringen (...), wenn kein Glück dabei war, hat sie kein Leben» (1903–1912, Bd. 8, 190; alle Zitate vom Verfasser übersetzt). «Der Wert der Dinge (man kann hier getrost einsetzen: Waren, Produkte, W. K.) bemißt sich nach dem Grad der Lebensfülle, dessen sie sich erfreuen oder der sie hervorbrachte und dessen Spur sie noch tragen» (ebd. 218).

Die Qualität des Werkstücks resultiert aus der Qualität der Arbeitsbedingungen des Arbeiters. Diese definiert sich nach dem Grad der Freiheit, der dem ausführenden Arbeiter gelassen wird, und nach dem Zustand der Umwelt, in der er arbeitet: «Den Grad der Erniedrigung des Arbeiters kann man so mit einem Blick feststellen, indem man nur darauf achtet, ob die Teile des Gebäudes gleich ausfallen oder nicht.» «Und denke daran», wendet sich Ruskin direkt an den Leser/Auftraggeber/Produzenten/Verbraucher, «dir wird in dieser Angelegenheit eine klare Entscheidung abverlangt. Entweder du machst aus der Kreatur ein Werkzeug oder einen Menschen. Du kannst nicht beides haben. Den Menschen war es nicht vorbestimmt, mit der Genauigkeit von Werkzeugen zu arbeiten und präzise und perfekt in all ihren Hantierungen zu sein. Wenn du ihnen diese Präzision abverlangst und ihre Finger wie Zahnräder greifen und ihre Arme abgezirkelte Bewegungen vollziehen läßt, dann mußt du sie entmenschlichen. All ihre Aufmerksamkeit und Kraft muß sich in die Fingerspitzen verlegen, und die seelische Energie wird sich in die zu ihnen führenden Nervenstränge ergießen – zehn Stunden pro Tag, auf daß diese Finger nicht von ihrer stählernen Präzision ablassen, und so werden Seele und Augenlicht verbraucht und mit ihnen das menschliche Wesen als Ganzes – ein Sack Sägespäne bleibt am Schluß übrig. (...) Die Grundlagen der Gesellschaft waren niemals so erschüttert, wie sie es heutzutage sind. Daran schuld ist nicht der Umstand, daß die Massen zu wenig Brot, sondern daß sie keine Freude an ihrer Arbeit haben, mit der sie ihr Brot verdienen» (1903–1912, Bd. 10, 192). Das ist die erste Ruskinsche Formel, seine Erklärung des obersten Menschenrechtes im Zeitalter der Großen Industrie. Er ist nie für die umkämpften Rechtstitel der Pressefreiheit, des Freihandels, der Gleichberechtigung der Geschlechter und Rassen und vor allem des allgemeinen Wahlrechts eingetreten – als Tory hielt er diese Ziele teils für schädlich, teils für unerheblich. Ihn beschäftigte primär die Sorge, für den Arbeiter menschliche Arbeitsbedingungen zu schaffen, ihn durch seine Arbeit glücklich werden zu lassen.

Dem Arbeiter, das ist jetzt wiederholt gesagt worden, muß in einem größeren Rahmen, der vorgegeben ist, ein Freiheitsspielraum gewährt werden. Die Ungleichmäßigkeiten von Handarbeit müssen nicht nur toleriert, sondern als natürliche und der menschlichen Produktion inhärente Wesenszüge gefördert werden. Reiner Kopistentätigkeit und der Maschinenarbeit vor allem gilt sein absolutes Verdikt, weil sie den Arbeiter als homo faber zugrunde richten und den Rezipienten stumpf machen «for the bright, strange play of the living stroke». Alle Arbeit muß sich in guten, unverfälschten Materialien und Formen verwirklichen; sie darf im Betrachter/Verbraucher keine falschen Vorstellungen über den Charakter des verwandten Stoffes und über das Quantum an investierter Zeit und Geschicklichkeit erwecken. Alle Arbeit muß unter gesunden und förderlichen Bedingungen geschehen – Ruskin reibt sich als erster an Faktoren, die man Produktionsumstände nennen könnte. Die Monotonie der Fabrikarchitektur, der Industriestädte generell, die Vernichtung natürlicher Umgebung und die Verdüsterung aller Verhältnisse und Dinge sind damit angesprochen: «Schönheit kann nur geschaffen werden durch Menschen, die schöne Dinge um sich herum haben und Muße, auf sie zu schauen» (1903–1912, Bd. 16, 338). Das ist im Hinblick auf die Produktion von kunstgewerblichen Gegenständen gesagt und ließe sich leicht auf Produktionsumstände generell ausweiten.

Ruskins Schüler William Morris hat daraus die Konsequenzen gezogen und seine Betriebe, die Tapeten, Stoffe, Möbel und Bücher herstellten, auf dem Lande angesiedelt. Ruskin handelte ähnlich, als er den Verlag, der nur seine Werke druckte und vertrieb, in einer kleinen Gemeinde weitab von London einrichtete. Aber damit war es für den Theoretiker der Einheit nicht getan. Die gesamte Einstellung einer Zeit, einer Gesellschaft muß positive Rahmenbedingungen für die Qualität der Arbeit schaffen. Da helfen Einzelmaßnahmen und die Ausbildung von Spezialgeschicklichkeiten, sprich: Qualitätsarbeitern, wenig. Auf die ihm gestellte Anforderung: «Machen Sie Designer aus uns!» antwortete Ruskin in einem Vortrag mit der Frage: «Sagen Sie mir, wie sie sich die Zukunft Englands vorstellen, auf welche Zukunft wir alle hinarbeiten, und dann können wir untersuchen, ob es Lebensbedingungen für Designer geben kann.» «Die Dinge stehen derzeit doch so, daß wir in England alles daransetzen, neben eine Fabrik, die 200 Arbeiter beschäftigt, eine zweite Fabrik zu stellen, in der 400 Arbeiter arbeiten. Ein einfaches, leichtverständliches Faktum. Nur: Was wird daraus? Wie viele Fabriken wollen wir haben? Oder wollen wir eine unendliche Zahl von Fabriken? (...) Wie viele Quadratmeilen englischen Bodens sollen dann innerhalb der nächsten 50 Jahre Kohlegrube, Ziegelei oder Steinbruch werden? Ich will einmal um der Klarheit willen annehmen, daß Ihr Erfolg total sein wird, daß von Meeresstrand zu Meeresstrand die Insel mit Schornsteinen so dicht besetzt ist wie Masten im Hafen von Liverpool stehen, daß es keine Wiesen dazwischen geben wird, keine Bäume, keine Gärten, nur ein wenig Getreide, das auf Hausdächern wächst und mit Dampfkraft gereift und geerntet wird, daß da auch kein Platz sein wird für Straßen, die folglich auf Viadukten über die Dächer der Mühlen oder in Tunnels unter der Erde geführt werden, daß der Rauch das Licht der Sonne außer Kraft setzt und daß Sie nur bei künstlichem Gaslicht arbeiten können, daß kein Hektar englischen Bodens ohne Schacht und Maschine ist, daß es also keinen Fleck geben wird, an dem Sie nicht Gefahr laufen, im nächsten Moment in die Luft gejagt oder in kleine Stücke gerissen zu werden. Unter diesen Umständen, wenn dies also die Zukunft Englands sein soll, wird kein Design und keine Weiterentwicklung der schönen Künste möglich sein» (1903–1912, Bd. 16, 335 f.). Schon jetzt sieht Ruskin eine schwere Beeinträchtigung des kreativen Volksvermögens eingetreten: «Die Menschen, die von den erdrückenden und monotonen Verhältnissen der englischen Industrie umgeben und abhängig sind, haben nicht mehr die Kraft zum Entwurf. (...) Design ist das Ergebnis gesammelter Beobachtungen und angenehmer Lebensumstände. Ohne Beobachtung und Erfahrung kein Design, ohne Frieden und befriedigende Beschäftigung kein Design – alle Vorträge, Lehren, Wettbewerbe der Welt sind sinnlos, solange Ihre Arbeiter nicht in glücklichen Umständen und umgeben von schönen Dingen leben. Sie können ja keine richtigen Ideen über Farbe entwickeln, wenn sie nicht die lieblichen Farben der Natur unverfälscht gesehen haben. Sie können ihren Ornamenten nicht Leben und Schönheit verleihen, wenn sie nicht Leben und Schönheit in ihrer alltäglichen Welt finden» (ebd. 340). Das ist ein sehr typisches Beispiel für Ruskins ganzheitliche Denkungsart, für seine Orientierung am sozialen Nutzen, für sein Verrechnen gesamtgesellschaftlicher Kosten. Im Grunde ein Paradox: Ruskin, der ein sehr unsystematischer Kopf war, ist in seiner Zeit der einzige, der vom System her denkt. Produktionsumstände und die relative Freiheit der Arbeitsorganisation, diese Rahmenbedingungen tauchen in der Klassischen Ökonomie nur insoweit auf, als da ein schwer kalkulierbarer Grenzwert (kein zentrales Problem) vorlag. Irgendwann war ein Zustand erreicht, unter dem der Arbeiter seine Tätigkeiten nicht mehr (für den Kapitalisten) gewinnbringend verrichten konnte. Es mußte im Interesse des Profits (nicht des Arbeiters) ein Ausgleich zwischen belastenden und förderlichen Faktoren gefunden werden. Für die möglichen Auswirkungen der Umweltbedingungen auf die Lebensqualität der Produzenten, auf die Qualität der Produkte blieb da kein Gedanke übrig.

Hintergrund dieser Auseinandersetzung ist eine klassische Denkfigur der Politischen Ökonomie des 18. und 19. Jahrhunderts, die als «hypothetisches Minimum» oder «iron law of wages» bekannt ist. Ruskin greift sie in einer Form auf, die der engeren Kosten-Nutzen-Analyse der Ökonomen gerecht werden will: »Wir wollen einmal annehmen, der Vorstand eines Haushaltes verlange von seinen Dienstboten so viel Arbeit, wie er dem gezahlten Lohn entsprechend nur irgend verlangen kann. Er duldet keine Trägheit, verpflegt sie so dürftig und bringt sie so schlecht unter, als sie es sich nur irgend gefallen lassen, und steigert in allem seine Anforderungen genau bis auf den Punkt, den er nicht überschreiten kann, ohne die Dienstboten zu zwingen, ihn zu verlassen» (1903–1912, Bd. 17, 211). Hier hat das Überschreiten des Grenzwerts die Abwanderung der Arbeiter zur Folge. Die Politische Ökonomie hatte diese Frage durchaus schon politischer, existentieller gestellt. David Ricardo 1817 (1951, 93): «Der natürliche Preis der Arbeit ist der Preis, der es der Arbeiterschaft ermöglicht zu überleben und ihre Rasse zu reproduzieren, ohne daß sie sich vermehrt oder vermindert». Was Ruskin dagegen einzuwenden hatte, kann man sich nach den oben angeführten Argumenten vorstellen. Für ihn ist Ökonomie nicht eine Kunst, das Minimum auszubalancieren – «Sicherung» und «Erweiterung» des Lebens nennt er die Aufgaben der Nationalökonomie. Während seine Gegner die Massen auf dem Niveau des Existenzminimums halten und lieber noch dezimieren wollten – seit Ricardos Tagen war die Bevölkerung von England und Wales von 12 auf 20 Millionen angewachsen, und den jungen Mill hatte man einmal bei der

Verteilung von Traktaten über Empfängnisverhütung festgenommen –, fordert Ruskin dazu auf zu erkennen, «daß die wahren Adern des Reichtums in der größtmöglichen Hervorbringung breitbrüstiger, kläräugiger und frohgemuter menschlicher Wesen besteht. Unser moderner Reichtum hat, glaube ich, eine ganz andere Tendenz. Die meisten Nationalökonomen scheinen das Wachstum der Menschenmassen als nicht förderlich für den Reichtum anzusehen, oder förderlich nur, wenn die Massen in mattäugigem, engbrüstigem Zustand verbleiben» (Ruskin 1903–1912, Bd. 17, 55 f.).

Sicherung des Lebens heißt für Ruskin zunächst einmal die Ungerechtigkeiten der Verteilung aufheben: «Unsere Städte sind eine Wildnis aus Spinnmaschinen (...), aber die Menschen haben keine Kleider. Wir haben jedes Blatt unseres Waldes mit Kohlenstaub bedeckt, und die Menschen sterben vor Kälte. Die Masten unserer Handelsschiffe stehen wie Wälder in den Häfen, und die Menschen sterben vor Hunger» (1903–1912, Bd. 18, 502). Weil die Klassische Ökonomie keine Wissenschaft, sondern eine politische Doktrin war, wollte, konnte sie nicht anerkennen, daß in der Tat die Produktivität schneller gestiegen war als die Bevölkerung – ohne positive Folgen für die Mehrheit derselben. Malthus war für die Herrschenden immer noch der Schutzwall vor den akkumulierten und unproduktiven Reichtümern. Aber Ruskin hat bei der Forderung nach Verteilungsgerechtigkeit nicht Halt gemacht. Während die Klassischen Ökonomen des frühen 19. Jahrhunderts für die Vielen den Mangel und für die Wenigen einen abstrakten Reichtum verwalten wollten, entwickelte Ruskin eine Vision der Überflußgesellschaft – auch darin ein einsamer Rufer in der Wüste. Im Grunde motivierte ihn hierbei ein persönliches Problem: In seiner Abrechnung mit den englisch-puritanischen Standardtugenden der Sparsamkeit, des Triebverzichts, der Unterscheidung zwischen produktiven und unproduktiven Tätigkeiten wollte er Tendenzen geißeln, die Aspekte seines Lebens verdüstert hatten. Mills berühmte Definition des Homo oeconomicus (economic man) mutete Ruskin wie die Beschreibung einer sehr bekannten Rasse an: «Ein Wesen, das unweigerlich dasjenige unternimmt, was ihm nach dem geltenden Stand des Wissens mit dem geringsten Aufwand an Arbeit und körperlichem Einsatz die größtmögliche Menge an lebensnotwendigen, praktischen und luxuriösen Gütern einbringt» (Mill 1844, 144; diese Formulierung wurde erstmals 1836 in dem Essay *On the Definition of Political Economy* in der *Westminster Review* veröffentlicht). Ruskin wollte die Ökonomie vom Nebensinn des Sparens, vom Operieren mit Grenz- und Minimalwerten befreien. Für ihn bedeutete sie im häuslichen wie im nationalen Maßstab «weiser Einsatz von Arbeit» und «eine gute Methode zu verbrauchen, vieles zu verbrauchen, alles zu verbrauchen und alles auf noble Weise zu verbrauchen, sei es Grundstoff oder Dienstleistung oder durch Leistung veredelter Grundstoff» (1903–1912, Bd. 17, 102). Sparen, das Credo viktorianischen Aufstiegsstrebens, verstieß für Ruskin gegen sein großes Ziel «Leben jetzt», «life now» und es führte zu Unterkonsumtion, die wiederum die krisenhaften Zustände der Volkswirtschaft mitherbeiführte – auch diese Botschaft ist erst spät, am Ende des 19. Jahrhunderts, gehört worden. «Die Arbeit eines Volkes kann bei richtigem Einsatz die gesamte Bevölkerung mit gesunder Nahrung und bequemer Wohnung versorgen und nicht nur damit: auch mit guter Erziehung und mit Gegenständen des Luxus» (1903–1912, Bd. 16, 21). «Luxus ist unzweifelhaft in Zukunft möglich, und zwar ein unschuldiger und unvergleichlicher Luxus für Alle und mit Hilfe Aller!» (ebd. 114) «A time will come – I do not think even now it is far from us – when this golden net of the world's wealth will be spread abroad as the flaming meshes of morning cloud are over the sky; bearing with them the joy of light and the dew of the morning, as well as the summons to honourable and peaceful toil.»

Für einen Theoretiker, der das berühmte Motto geprägt hat: «There is no wealth but life» – «Nur Leben ist Reichtum», standen natürlich die vitalen, die lebensspendenden oder lebensabschnürenden Aspekte des kapitalistischen Wirtschaftens obenan. Aber Ruskin hatte durchaus auch einen Instinkt für die politischen Langzeitfolgen des «englischen Systems». «Unsere Wissenschaft», so läßt er seine Gegner sagen, «ist einfach die Kunst, reich zu werden». «Was unter der Benennung Reichtum eigentlich erstrebt wird», korrigiert Ruskin, «ist im wesentlichen Macht über die Menschen. (...) Die Kunst, reich zu werden, bedeutet auch, die Kunst zu bewerkstelligen, daß unsere Mitmenschen weniger haben als wir. Genau ausgedrückt ist es: die Kunst, das höchste Maß von Ungleichheit zu unseren Gunsten zu schaffen» (1903–1912, Bd. 17, 46). Aus dieser erweiterten und realistischen Definition folgert Ruskin nicht, daß Reichtum gleichmäßig verteilt oder sozialisiert werden muß. Der Konservative und Paternalist wollte nur, daß Reichtum richtig eingesetzt wird. Aber erst recht folgte für ihn daraus nicht, daß ökonomische Ungleichheit der Motor einer funktionierenden Volkswirtschaft ist. «Die vorschnelle und lächerliche Annahme, daß diese Ungleichheit unbedingt vorteilhaft sein müsse, liegt den meisten herkömmlichen Irrtümern der Nationalökonomie zu Grunde. Das ewige und unabänderliche Gesetz hierfür ist, daß der Segen der Ungleichheit erstens von der Methode ihrer Erlangung und zweitens von dem Zweck, zu dem sie benutzt wird, abhängt» (ebd. 46).

Ruskin wollte einer Wissenschaft, die aus dem partikularen Gewinnstreben vieler einzelner die Summe einer florierenden Volkswirtschaft hochrechnet, nicht den Titel Nationalökonomie konzedieren; er sah hier eine unzulässige Verallgemeinerung am Werk und sprach von Handelsökonomie, von einer Rezeptewissenschaft ohne Blick auf das Ganze und die Komplexität des Ganzen, «nothing more than the investigation of some accidental phenomena of modern commercial operations» (ebd. 147 f.). Für seine Gegner war ausgemacht, wenn man etwa dem Haupt der Orthodoxie, Nassau Senior folgt, «daß die Politische Ökonomie notwendigerweise die Fragen ignoriert, ob Reichtum für seinen Besitzer oder für die Gesellschaft zum Guten anschlägt, welches System der Verteilung am wünschenswertesten ist und wie es am besten erreicht werden kann» (zit. in Fain 1956, 54). Damit fällt, wie John T. Fain bemerkt hat, Ruskins gesamte ökonomische Lehre unter Seniors Ausschlußregeln.

In *Unto This Last* schreibt Ruskin: «Das Gedeihen eines Volkes steht im genauen Verhältnis zu dem Arbeitsquantum, das es zur Erlangung und zum Verbrauch von Lebensmitteln ‹verausgabt›. Beachte wohl, daß ich sage zur Erlangung und zum Verbrauch; darunter verstehe ich nicht nur kluges Produzieren, sondern auch weise Verteilung und weisen Verbrauch. Die Volkswirte tun gewöhnlich so, als läge in dem Verbrauch an sich nichts Gutes. Weit entfernt davon, daß es sich so verhält, ist vielmehr der unbedingte Verbrauch der Endzweck, die Krone und Vollendung der Produktion, und weiser Verbrauch ist eine schwierigere Kunst als weise Produktion!» (1903–1912, Bd. 17, 98) Ruskin hat an dieser Front, als ein Theoretiker der Konsumtion und des Gebrauchswerts, vielleicht seine größten Triumphe gefeiert. Er hat sich hier nicht von den Behauptungen der Klassischen Ökonomie in eine polemische Gegenposition zwingen lassen; auch diese Gedanken waren von langer Hand her vorbereitet – wiederum müssen wir in die venezianischen Lehrjahre zurück.

Zu den Bedingungen, die der Freiheit des Arbeiters gesetzt sind, gehört für Ruskin die «Anerkennung des Betrachters». Gute Produktion zeichnet sich dadurch aus, daß sie Produktion für jemand ist und dessen Rezeptionsmöglichkeiten einbezieht. «Wir haben gesehen, daß alle große Kunst den Einsatz des ganzen lebendigen Wesens, des Körpers und der Seele, ganz besonders der Seele erfordert. Aber sie wird nicht nur durch das Lebewesen als Ganzes hervorgebracht, sie richtet sich auch an das ganze Lebewesen» (1903–1912, Bd. 10, 244). Produktion und Rezeption sind tendenziell eine Einheit; Rezeption muß auch Produktion sein; das im Werk und als Werk Angelegte muß sich im Betrachter vollenden: «(...) Die richtigste Ausführung eines Kunstwerks ist die, welche den Beschauer befähigt, es sich selbst genau in der Weise zu vervollständigen, wie es der Künstler von ihm verlangt, aber nicht die, welche ihm die Mühe dieser Vervollständigung ersparen möchte. Sobald die Idee völlig ausgedrückt ist, sollte die Arbeit des Künstlers aufhören. Jeder Pinselstrich, den er noch über den Punkt hinaus hinzufügt, an dem mit Hilfe der Phantasie des Betrachters die Geschichte erzählt sein sollte, ist eine Erniedrigung seines Werks« (1903–1912, Bd. 11, 214). Ist der Kreislauf von Produktion und Konsumtion geschlossen, ergeben sich drei für den Austausch förderliche Folgen: «Der Mensch ist glücklich bei seiner Arbeit», das Ergebnis dieser Arbeit trägt zur «geistigen Gesundheit, Kraft und Freude» des Rezipienten/Konsumenten bei und es erfüllt seinen sachlichen Zweck.

Das reziproke Verhältnis von Produktion und Rezeption hält jedes Werk des Menschen am Leben. Nur wenn bei seiner Hervorbringung «jeder Wesenszug des Menschen beteiligt war», kann es auch «jeden Wesenszug des Betrachters wieder in Bewegung setzen». In den 50er Jahren übertrug Ruskin diese Gedanken in die weitere Sphäre der Warenproduktion und -zirkulation. Sein Publikum war auf diese Qualifizierung des Konsumtionsaspektes ebensowenig eingerichtet wie auf Ruskins entsprechende Umwertung des Produktionsbereichs. Das Problem Warenqualität stand und steht quer zu den Denkweisen der Ökonomen. Für sie war wieder eine Relations-, nicht eine Grundsatzfrage angesprochen. Die Qualität der Ware macht solange keinen Unterschied, als es um Absatz als solchen, um Profit oder ganz einfach um Ausnützung vorhandener Produktionskapazitäten geht. «Ob sie (die Arbeit, W. K.) anderen nützlich, ihr Produkt daher fremde Bedürfnisse befriedigt, kann aber nur ihr Austausch beweisen», heißt es im *Kapital* (Marx 1969, Bd. 1, 20). Das ist ein wenig, aber nicht sehr viel mehr als das, was bei Mill zu diesem Thema zu lesen ist, nämlich daß er Wert immer im Sinne von Tauschwert meine oder, eine weitere typische Grenzwertdefinition, daß «der Gebrauchswert den absoluten Grenzwert für den Tauschwert darstelle» (Mill 1844, 516). Im Sine der Klassiker ist ein Produkt dann gut, wenn es sich absetzen läßt. Das kann das billige Produkt sein, das nur kurz hält, das kann das mindere Produkt sein, das so tut, als handle es sich um Qualitätsarbeit, das kann das modische Produkt sein, dessen ästhetischer Gebrauchswert vor seinem materiellen verschlissen ist, das kann das qualitativ höherwertige Produkt sein, für das dann mehr zu bezahlen ist. Qualität ist ein Problem des Aufpreises. Für die Ökonomen ergaben sich hier Rechenexempel und marktpsychologische Aufgaben. Die erste Hälfte des wirklichen Problems, nämlich: Wie bestimme ich die Qualität der Waren?, tun sie mit dem Satz ab: «Die Gebrauchswerte der Waren liefern das Material einer eigenen Disziplin, der Warenkunde» – das ist der ganze Beitrag des *Kapital* zu diesem Thema. Die zweite Hälfte des Problems – welche Warenqualität ist die gesellschaftlich sinnvolle – können sie in ihrem System überhaupt nicht unterbringen. Da waren Außenseiter wie Ruskin aufgerufen, die verqueren Fragen zu stellen und den spezifischen Zeiterfahrungen zum Ausdruck zu verhelfen.

Die Aufhebung der handwerklichen Produktions- und Vertriebsordnung, die mit der Entfesselung der Großen Industrie einherging, konfrontierte die Menschen des 19. Jahrhunderts mit einem Phänomen, das früher Notzeiten vorbehalten war oder als Einzelvergehen drastische Strafen nach sich zog. Gemeint ist die Verfälschung der Produkte. «England ist entsetzt darüber, daß man die Verfälschung der Lebensmittel und aller anderen Stoffe enthüllt hat», schreibt der Englandbesucher Ralph

Waldo Emerson, und Ruskin zitiert ihn: «Man findet, daß Milch nicht mehr nährt, Zucker nicht mehr süßt, Brot nicht sättigt, Pfeffer nicht beißt, Leim nicht klebt. Im wahrhaftigen England ist alles falsch und gefälscht» (Emerson 1904, 84, zit. in Ruskin 1903–1912, Bd. 27, 376). Adulteration of food – Verfälschung der Lebensmittel war der schlimmste Tatbestand einer epochalen Tendenz zur Erfindung von Ersatzstoffen und neuen Werkstoffen. Mancher Wandel hatte seinen Grund in neuen Technologien – so der Ersatz von Holz durch Metall; vieles war neu, weil es sich dem wissenschaftlichen Fortschritt verdankte – man denke an die totale Umstürzung der Chemie der Farben; vieles entsprang Launen und Experimenten – so die Möbel aus Guttapercha und Pappmaché, die man auf der ersten Weltausstellung bewundern konnte. Nimmt man zu den Neuerungen hinzu, daß auch altbekannte Produkte und Stoffe durch maschinelle Verarbeitung völlig neue Qualitäten erhielten, was Textur, Gleichmäßigkeit, Finish anbelangt und daß nun ein noch rasanterer Wechsel der Stile und Moden den Warenkörper in immer neue Formen zwang, so wird man der These folgen können, daß dem Zeitgenossen von 1850 sich die menschengemachte Welt in ganz anderen Geschmacks- und Tastwerten, Seh- und Geruchsempfindungen darbot als ein halbes Jahrhundert zuvor.

Das ist der Hintergrund, vor dem Ruskin seinen lebenslangen Kampf für eine bessere Warenqualität aufnahm. So lautet die Botschaft, die er in den 50er Jahren seinen verdutzten Auditorien nahebrachte: Design ist sekundär; Vorrang hat die Qualität der Produkte: «We require work substantial rather than rich in make; and refined, rather than splendid in design. – Erst müssen wir lernen, ehrliche englische Waren zu erzeugen, dann erst, sie zu schmücken, wie es den jeweiligen Grazien gefällt» (1903–1912, Bd. 20, 29). Die Scheinproduktivität der Großen Industrie soll nicht durch die Produktion von Schein gerettet werden. Qualität soll vor Quantität kommen, Solidität vor «wholesome evanescence», «nützlichem Schwund», wie Ruskin ironisch eine Erscheinung nennt (1903–1912, Bd. 16, 40), die heute geplanter Verschleiß heißt. Erst in weiterer Hinsicht wird die Formgebung wichtig, dann nämlich, wenn es darum geht, die Produkte vor vorzeitigem ästhetischen Verfall zu bewahren. Auch gegen einen anderen großen Fetisch der damaligen wie heutigen Volkswirtschaft zeigt sich Ruskin gefeit, gegen den Glauben, nur die «Erfindung neuer Bedürfnisse» könne wirtschaftliches Wachstum auf Dauer sicherstellen. Solange die «alten Bedürfnisse» noch nicht erfüllt seien, z. B. «die Armen noch nicht komfortabel behaust und bekleidet seien», bezahle man die Erzeugung neuer Produkte (fancies) «mit der Arbeit, die von nützlichen Dingen abgezogen wird». (Dieses Argument widerspricht nicht Ruskins Vision einer Überflußgesellschaft – Produktion um der Produktion willen ist nicht die Basis für gesellschaftlichen Reichtum.)

Bei der Durchsetzung seiner Ideen hoffte Ruskin auf die Unterstützung dreier ganz verschiedener Instanzen. Seinem paternalistischen Leitbild entsprechend baute er auf das Einsehen der Industriellen, der «captains of industry»; er verlieh ihnen die Rolle der Erzieher und nannte ihre Produkte «educational instruments», deren «Einfluß alle Moralerziehung in den Schatten stellen könnte». «Sie müssen immer bedenken», redete er sie 1859 in Bradford an, «daß Ihre Aufgabe als Produzenten ebenso die Formung wie die Belieferung des Marktes ist. Wenn Sie aus kurzsichtigem und rücksichtslosem Gewinnstreben jedem momentanen Bedürfnis der Massen nachgeben oder in Konkurrenz mit anderen Produzenten oder Nachbarindustrien durch Neuerungen und Gags die Aufmerksamkeit auf sich ziehen wollen, wenn sie also jedes Design zur Werbung erniedrigen (...), dann werden sie niemals gute Formgebung hervorbringen oder erkennen können. (...) Die Arbeit Ihres Lebens wird darin bestehen, den Geschmack der Allgemeinheit zu verderben und die öffentliche Verschwendung zu ermutigen. (...) Wie viele von Ihnen sind es zufrieden, die prosperierenden Geschäftsleute dieser Nation zu sein, wo Sie doch ihre Führer, Räte und Lenker sein könnten – Kräfte von subtiler, aber enormer Gestaltungskraft» (1903–1912, Bd. 16, 344).

In zweiter Linie denkt Ruskin an die Hilfe des Staates, ein Vorschlag, der heute ein Gähnen hervorruft, damals aber, zumal, wenn man ihn in Manchester erhob, einem Redner den Geruch eigentlich staatsfeindlicher Bestrebungen eintrug. In Manchester, der Hauptstadt der Laissez-faire-Ideologie, rief Ruskin nach dem Vater Staat (paternal government), der nicht nur Untaten verhindert und bestraft, sondern auch Taten fördert und belohnt, «der uns in unseren Beschäftigungen anleitet, uns gegen unsere Laster schützt und uns aus unseren Nöten erhebt: ein Regiment, das Unlauterkeit ebenso bestraft, wie es heute Diebstahl verfolgt, das uns zeigt, wie das disziplinierte Zusammenwirken der Massen dem Frieden ebenso nutzbar gemacht werden kann, wie das sonst im Krieg geschieht» (ebd. 226). Für die politische Ökonomie der Künste soll die Staatsintervention bringen: «Pflanzschulen» für junge Genies, staatliche Aufträge in Form großer Ausstattungsprogramme und Musterfabriken. Den Staat als model employer, als Betreiber von Musterfirmen, in die Pflicht zu nehmen, das war neu, provokant, aber nicht ganz und gar utopisch. Es war ein Projekt, das gerade noch im englischen System untergebracht werden konnte. Anders als die französischen Nationalwerkstätten, die durch Abschöpfung großer Arbeiterpotentiale den Markt für Arbeitskräfte und Produkte beeinflußten, sollten die Musterfabriken den kapitalistischen Produzenten ja nicht durch subventionierte Waren das Geschäft verderben, sie sollten nur eines Besseren belehren, als Bewerber unter Bewerbern, in Anerkennung der entscheidenden Instanz des Marktes, unter Anrufung der Einsicht und Verantwortungsbereitschaft des Verbrauchers. Damit ist Ruskins wichtigster Adressat genannt.

Bei aller Hoffnung in die Mitwirkung der «Kapitäne der Industrie» und der «Piloten des Staates» bezieht Ruskin seinen Standpunkt doch letztlich auf der anderen Seite, dort, wo er vorher kunsttheoretisch den Grund bereitet hatte: auf der Seite des Rezipienten, des Verbrauchers. Nach den ungezählten Ökonomen des Geldes, des Kapitals, der Arbeit ist Ruskin einer der ersten Ökonomen des Verbrauchers gewesen, ein Theoretiker des «Konsums der Konsumenten», was zumal für England, für das Land der Produktionsmittelindustrie, eine Seltenheit darstellt. Schon in den *Stones of Venice* heißt es, daß den «Übeln» der industriellen Revolution «nur durch eine dezidierte Nachfrage nach den Produkten und Ergebnissen gesunder und veredelnder Arbeit» vorgebeugt werden könne. Drei einfache Regeln seien zu beachten: «Unterstütze nicht die Herstellung von Artikeln, die der Erfindungsgabe keinen Raum lassen. Verlange nicht Vollendung (finish) als Selbstwert, sondern nur, wenn sie einem praktischen oder hohen Ziel dient. Unterstütze keine Produktion, die nur imitiert, es sei denn, sie diene der Reproduktion großer Werke!» (1903–1912, Bd. 10, 196 f.) Diesen Kodex könnte man zu der einen Forderung zusammenziehen: Kaufe nur die Produkte originaler Arbeit! Hinzu kam in den späteren 50er Jahren noch die Forderung: Kaufe nur haltbare Produkte! Die Befolgung dieser Appelle sollte Befriedigung nicht nur dem Verbraucher allein, sondern auch dem Arbeiter bringen. Hier zahlt sich in ökonomischen Dingen Ruskins organisch-einheitliches Konzept aus. Produzent und Konsument stehen in einem fortwährenden Dialog, denn für alle Beziehungen, die über ein Werk geregelt sind, gilt, daß sich «darin eine Seele der anderen mitteilt».

Anders als Marx konnte Ruskin aber nicht begreifen, welche Autonomie und Eigenkraft das zwischen Herstellung und Gebrauch tretende Produkt in der Form der Ware gewinnen konnte, wie zerstörerisch sich diese dritte Kraft auf den lebendigen, lebensspendenden Austausch von Produktion und Konsumtion auswirken konnte. Ruskin konstruiert gerade in den späten 50er Jahren eine ganz unmittelbare Beziehung zwischen Arbeiter und Verbraucher, indem er den Kauf nicht als Kauf einer Ware, sondern als Kauf von Arbeitszeit interpretiert. «Wann immer wir Geld ausgeben, setzen wir Menschen in Arbeit (...), also werden wir ihnen Herr und Herrin; wir zwingen sie, innerhalb einer bestimmten Zeit einen bestimmten Artikel zu produzieren» (1903–1912, Bd. 16, 48). Wir entscheiden auf diese Weise, ob «nützliche, dauerhafte und dem Ganzen zuträgliche» oder «nutzlose, vergängliche und nur unseren Egoismus befriedigende Güter» erzeugt werden, und von uns als Verbrauchern hängt es ab, ob «unsere Arbeiter» «gesunde und gute Arbeit» verrichten.

In den Schriften der 60er Jahre systematisiert Ruskin diese halb sozialpädagogischen, halb wirtschaftstheoretischen Überlegungen zu seiner berühmten Wert-Lehre. Ruskin möchte hier dem Gebrauchswert zu seinem eigentlichen Recht als Orientierungsbegriff allen Wirtschaftens verhelfen. Ruskins «true definition» von valor, Wert: «Valor kommt von valere = gut oder stark sein (hygiaino); als Mensch, stark im Leben sein oder etwas taugen; als Sache, stark fürs Leben, oder wertvoll sein. Wertvoll sein bedeutet also Wert oder Nutzen für das Leben haben. Wahrhaft wertvoll oder nützlich ist das, was mit aller Kraft zum Leben führt. Je weniger es zum Leben führt oder je mehr seine Kraft gebrochen ist, desto weniger wertvoll ist es dem Verhältnis nach» (1903–1912, Bd. 17, 84). Von Ruskins Bestimmung des Warenwertes als «Lebenswert» (vital value, vital use) läßt sich seine gesamte Rekonstruktion des volkswirtschaftlichen Lehrgebäudes verstehen. Seine Theorie des Nutzens, der Kosten, des Kapitals, der Arbeit, des Lohns und der Arbeitsbedingungen, seine Theorie des Goldes und Geldes, seine Theorie des Verbrauchs und der Nachfrage, alle diese teils revolutionären, teils hausbackenen Reflexionen eines Außenseiters haben ihr Fundament und ihren Schlußstein in einer qualitativen Analyse, in der Frage nach den sozialen Kosten und Nutzen allen Wirtschaftens – das ist das, was Hobson mit einer glücklichen Formulierung «the higher utilitarianism of Mr. Ruskin» nennt (1898, 84). Der «Lebenswert», sagt Ruskin in Fortsetzung einer bereits zitierten etymologischen Ableitung von «valor», «ist unabhängig von der Meinung und der Quantität», es handelt sich um einen «intrinsischen», «objektiven» Wert, der für jede Sache unabhängig von Marktsituationen und subjektiver Wertschätzung festgelegt ist. «Du kannst davon denken, was du willst, davon gewinnen, soviel du willst, der Wert an sich wird dadurch nicht größer oder geringer» (1903–1912, Bd. 17, 85). Mit dieser Position entfernt sich Ruskin am weitesten von allen nationalökonomischen Lehren, ebensoweit von den klassischen wie von den antiklassischen Schulen, sei es die materialistische, die deutsch-historische oder die Schule der Grenznutzentheoretiker. Den Nutzwert erst einmal als objektiv und fix zu betrachten, «als Macht, die ihm der Schöpfer aller Dinge verliehen hat», war ihm ein Bedürfnis in einer Zeit, da fast alles ins Wanken geriet. Wenigstens die Dinge sollten feste Prägung und Währung behalten, als «Typen» und «Worte», deren Kraft der Ökonom einzulösen hat. Aber Ruskin setzte sich mit dieser dogmatischen Formel natürlich auch in Widerspruch zu seinen eigenen Aussagen, denn der «Lebenswert» ist eine transitive Bestimmung; er postuliert einen Empfänger und Genießer des Wertes. So muß Ruskin die Einseitigkeit wieder aufheben und den Wertbegriff zweifach ansetzen: als «intrinsic» und als «effectual value». «Damit der Wert an sich realisiert werden kann, bedarf es eines bestimmten Zustands im Rezipienten. Damit die Qualitäten von Nahrung, Luft und Blumen (mit diesen Beispielen hatte Ruskin vorher operiert, W. K.) ihren vollen Nutzwert erfüllen können, müssen die entsprechenden Organe der Verdauung, der Atmung und der Wahrnehmung im menschlichen Empfänger vollkommen funktionstüchtig sein. Die Produktion von wirklichem Wert verlangt also zweierlei: erstens die Produktion eines substanziell nützlichen Gebrauchsgutes, zweitens die Produktion der Fähigkeit, es zu nutzen. Wo Wert an sich und Aufnahmefähigkeit (acceptant capacity) zusammenkommen, da realisiert sich wirklicher Wert, d.i. Reichtum. (...) Ein Pferd verkörpert keinen Wert für uns, wenn wir nicht reiten können, ein Bild ist nutzlos, wenn wir nicht sehen können, ein edler Gegenstand ist nichtig, wenn er nicht auf einen edlen Menschen trifft» (1903–1912, Bd. 17, 154). Zum Merksatz verkürzt heißt das: «Reichtum ist demnach der Besitz von etwas Wertvollem in Händen des Tüchtigen, der es zu verwerten weiß» (ebd. 88).

Wer den Begriff der «acceptant capacity» richtig versteht und nicht sogleich in die falsche Nähe gleichzeitig formulierter subjektiver Wertelehren rückt, wird einen Schlüssel zu Ruskins Gesamtwerk in die Hand bekommen. Der Text spricht wohlgemerkt nicht von den Bedürfnissen der Rezipienten, sondern von ihrer Fähigkeit, Werte zu realisieren. Bedürfnisse lassen sich manipulieren und künstlich erzeugen, unabhängig von dem, was den Lebensfunktionen des Menschen und dem Gemeinnutzen der Volkswirtschaft zuträglich ist.

Ruskin war ja einer der ersten, der darauf verwiesen hat, daß die Werbewirksamkeit englischer Waren ihren Nutzwert zu übersteigen beginne und daß der «Lebenswert» der Waren durch Verfälschung radikal reduziert werde. Die Ruskinsche Wirtschaftsethik hat mit den subjektiven Wertlehren und Relativitätstheorien nicht viel gemein, nicht den subjektiven Faktor. Es ist richtig, daß Ruskin über den Begriff der «acceptant capacity» die Konsumtion und damit den Verbraucher aufwertet: «Die Produktion läßt sich daher nur richtig nach der Art und Weise und dem Zweck ihres Verbrauchs beurteilen. Die Produktion besteht nicht aus Dingen, die nur mühsam entstanden sind, sondern aus solchen, die zweckmäßig verbraucht werden können; es handelt sich für die Nation nicht darum, wieviel Arbeit sie anstellt, sondern wieviel Leben sie erzeugt. Denn wie der Verbrauch der Endzweck aller Produktivität ist, so ist das Leben wiederum der Endzweck des Verbrauchs» (ebd. 104). Eine abstrakte, quantitative Betrachtung von Produktion (Hauptsache, die Schornsteine rauchen) und Konsumtion (Hauptsache, die Lager werden leer) ist ihm nicht möglich. Die Qualität der Ware muß auf substanzielle Eigenschaften und Fähigkeiten im Verbraucher treffen und diese entwikkeln helfen – Ruskin spricht von «der Produktion der Fähigkeit», die Ware zu nutzen, und schließt damit an die Marxsche Position der 50er Jahre an. Das zielt auf die dialogische und dynamische Form des Austauschs hin, die Ruskin hilft, gegen einen Zustand zunehmender Entfremdung von der Natur, von der Kunst, von der Gesellschaft ein organisches Konzept zu setzen, das verbürgt, daß der Mensch ein Adressat bleibt, daß er weiterhin von den Naturdingen und Artefakten gemeint ist.

Der amerikanische Wirtschaftshistoriker James Clark Sherburne hat, ausgehend von der Werttheorie und der Kategorie «acceptant capacity», eine kurze Zusammenfassung des ganzheitlich-organischen Wirtschaftskonzepts von John Ruskin versucht: «Indem Ruskin den Wertbegriff auf lebende Menschen bezieht, ist es ihm möglich, die drei ökonomischen Zähler: Produktion, Produkt und Konsum auf einen Nenner zu bringen. Da Wert oder Nutzen ‹sehr viel mehr von der Person als von der Ware abhängt›, kann Ruskin vom Nutzen des Konsums und der Produktion ebenso sprechen wie vom Nutzen des Produktes selbst. Die Entwicklung von ‹acceptant capacity› und ‹valiant men› hängt von nützlicher Produktion ab, denn die Qualität des Produktionsprozesses bestimmt auf der einen Seite den Wert des Produktes und auf der anderen die Lebensqualität des Arbeiters, sein Konsumverhalten und die Qualität der Produkte, die er verlangt – kurz: die ‹acceptant capacity› des Arbeiters. Ruskin verweist auf den hohen Gin-Konsum englischer Arbeiter als Indiz für die Tatsache, daß erniedrigende Arbeit den Qualitätsstandard des Konsums erniedrigt. Wenn nützlicher Verbrauch auf nützlicher Produktion basiert, dann ist auch das Gegenteil richtig, denn die Qualität des Konsums bestimmt die Qualität des nachgefragten Produkts, bestimmt die Lebensqualität des Verbrauchers, folglich seine ‹valiant power› als Arbeiter. Produktion, Produkt und Konsum formen in Ruskins vitaler Ökonomie ein Dreieck abhängiger Elemente. Der Mensch bildet den Mittelpunkt dieser Struktur, die Nutzen und Wert mit lebensspendender Kraft erfüllen» (Sherburne 1972, 129).

Ruskin konnte sich nicht damit zufriedengeben, einem System der Volkswirtschaftslehre die Stützen wegzuziehen. Es ging ihm ja nicht um einen akademischen Disput, sondern um die Grundlegung einer praktischen Reform. Die eigene Zeitschrift *Fors* und einen Gutteil seines Vermögens setzte Ruskin ein, um in einer utopischen Gesellschaft, der «Guild of St. George«, die Keimzelle eines neuen England zu schaffen und um ganz allgemein einen «National Store» anzulegen, einen Nationalfundus, der vielerorts die «elementaren Prinzipien der Menschlichen Ökonomie» (Human Economy) verwirklichen sollte. «Wir werden versuchen, ein kleines Stück englischen Bodens schön, friedlich und fruchtbar zu machen. Wir werden auf ihm keine Dampfmaschinen und keine Eisenbahnen dulden. Wir werden dort keine Lebewesen haben, um die sich niemand kümmert – unglücklich werden nur die Kranken sein, müßig nur die Toten. Wir werden dort keine Freiheit haben, sondern uns klaren Gesetzen und bestimmten Personen fügen. Wir werden dort keine Gleichheit kennen, sondern Vorzüge anerkennen und Schlechtigkeit verdammen, an wem wir sie finden. Wenn wir irgendwohin gehen wollen, tun wir das ruhig und sicher und nicht mit 40 Meilen in der Stunde bei Gefährdung unseres Lebens. Wenn wir irgend etwas befördern wollen, tun wir das auf dem Rücken von Tieren oder auf dem eigenen oder auf

Wagen und Booten. Wir werden genug Blumen und Gemüse in unseren Gärten, genug Korn und Gras auf unseren Feldern haben – und wenig Ziegelmauern. Wir werden Musik und Dichtung haben, die Kinder werden das Tanzen und Singen lernen und die Alten vielleicht auch (...)» (1903–1912, Bd. 27, 96).

Von Ruskin weitgehend finanziert, betrieb die «Guild of St. George» (die bis heute existiert) so verschiedene Unternehmungen wie die Zeichenschule der Universität von Oxford, einen Teeladen in London, Straßenreinigung ebenda, ein Museum für Arbeiter in Sheffield, eine Handbibliothek für Gildenmitglieder; sie förderte die Wiederaufnahme der Leinenindustrie in Langdale und der Handweberei auf der Isle of Man; sie besaß Häuser, Land und Wald in verschiedenen Teilen Englands, und es kam auch zur angestrebten Gründung von Agrarkommunen. Doch selbst das Eingreifen von Ruskins Gärtner, das immer wieder notwendig war, konnte den Landprojekten nicht zum Florieren verhelfen. Mit Ausnahme der Belebung der lokalen Industrien und des Museums, das Ruskin über viele Jahre hinweg mit großem Enthusiasmus aufbaute, müssen die Projekte der Gilde als Fehlschläge bezeichnet werden. Drei Gründe kamen hier zusammen. Ruskin führte sieben Jahre lang einen grotesken Kampf, bis die englische Justiz eine Rechtsform für eine Gesellschaft gefunden hatte, die wirtschaften, aber ohne Profit wirtschaften wollte. Als endlich die Genehmigung kam, war Ruskin ein enttäuschter und kranker Mann, der mit seinen Kräften haushalten mußte. So hat er sich in den entscheidenden Projekten, außer durch Geld und Rat, mit eigener Hand und Kampfbereitschaft nicht mehr engagiert. Beide Gründe mögen den dritten mitbedingt haben, daß nämlich so wenig Personen die zahlreichen Aufrufe zu Spenden und aktiver Mitarbeit beherzigten. In eigener Sache war der Kaufmannssohn übrigens viel erfolgreicher: Der Verlag, den er gründete und der nur seine Schriften vertrieb, war ein gewinnbringendes Unternehmen, weil oder obwohl er nach Ruskins Prinzipien wirtschaftete: Produktion in gesunder Umgebung, Verwendung qualitativ hochwertiger Materialien, Hand- statt Maschinenarbeit, keine Gewährung von Rabatten an den Handel etc. Die großen Leitlinien des Gildenprojekts jedenfalls – Kooperation statt Wettbewerb, zurück aufs Land, zurück zu den sanften Industrien – haben, wie man weiß, ihre Attraktion nie verloren.

III. Wirkung

Die Wirkung von Ruskins nationalökonomischen Lehrmeinungen und Reformansätzen unterschied sich sehr von seinem Einfluß als Kunstschriftsteller und Kritiker. War er in aestheticis die beherrschende Gestalt des viktorianischen England, ein Autor, an dem niemand vorbeigehen konnte, die Kollegen ebensowenig wie die ganz normalen Kunstliebhaber und Touristen, so fand er als Kritiker des englischen Gesellschaftssystems zunächst kaum Gehör, zumindest nicht in den Kreisen, die ihn als Kunsthistoriker und Kunstkritiker schätzten. Der von diesen neuen Schriften ausgehende Zwang, das Ganze zu sehen, wurde von den Zeitgenossen einer Epoche des Teilens, Ausgliederns, Abschottens als Zumutung empfunden; Whistlers Bonmot, die Kunstfreunde hielten Ruskin für einen guten Nationalökonomen und die Nationalökonomen würden ihn als Kunstkritiker schätzen, trifft sehr gut den Mechanismus, der Ruskins Wirken zeitweise neutralisierte. Während die ersten Reaktionen geradezu hysterisch ausfielen – die Veröffentlichungen wurden abgebrochen, die Kritiker fanden Formulierungen wie: die Theoretiker der Politischen Ökonomie «haben eine bessere Behandlung verdient, (...) als von einer wahnsinnigen Gouvernante zu Tode gepredigt zu werden» oder «Nur ein Genius wie Mr. Ruskin konnte solch hoffnungslosen Unsinn hervorbringen» etc. (zit. in Kemp 1983, 253) – während also die erste Reaktion ablehnend war, sollte sich die Langzeitwirkung zunehmend positiv entwickeln. Je mehr nämlich die Tatsachen ihm Recht gaben, desto mehr war man bereit, seine Gedanken als Gemeingut zu akzeptieren und von ihrem Autor zu lösen. Jede grundstürzende Theorie durchlaufe drei Phasen der Rezeption, will die Wissenschaftstheorie wissen: «Mit diesem Blödsinn befasse ich mich erst gar nicht – da ist was dran – das habe ich schon immer gesagt.» Genau dies ist Ruskin zugestoßen mit der einen Ergänzung, daß zur Zeit seines «langen Todes» und nach seinem Tod bis etwa 1914 eine jüngere Generation von Sozialpolitikern sich bewußt auf Ruskin, vor allem auf *Unto This Last*, berief. Aber wie man mit seinen Schriften umging, das hatte etwas von der einerseits patronisierenden, andererseits unterwürfigen Art an sich, mit der ein Nationalökonom etwa die Bergpredigt in Anspruch nimmt. Von der Fachwissenschaft ist Ruskin zu Lebzeiten nicht ernst genommen worden – große, aber auch zu späte Ausnahmen: J. E. Cairnes und sein Buch *The Character and Logical Method of Political Economy* (1857), die Kritik eines orthodoxen Theoretikers, und J. A. Hobson, *John Ruskin. Social Reformer* (1898), die Kritik eines «ökonomischen Häretikers». Den theoretischen Strömungen unseres Jahrhunderts hat sich Ruskins Lehre mehr indirekt mitgeteilt: Die endliche Einbeziehung moralischer und ganzheitlicher Aspekte des Wirtschaftens, wie sie etwa in der deutschen Nationalökonomie noch vor dem Ersten Weltkrieg in Gang kommt – aus der Sicht des Zeitgenossen gibt Herkner einen guten Einblick in diesen Prozeß (1912, 515 ff.) –, oder die Neubewertung der staatlichen Wirtschaftslenkung im Zusammenhang mit einer Ökonomie der Konsumtion, das sind Ruskinsche Kernthesen, die auf oft verschlungenen Wegen «angekommen» sind. Als ein Vorkämpfer einer ökologisch orientierten Wirtschaftsform ist Ruskin freilich noch zu entdecken.

Fragt man, welche seiner «unmöglichen» Postulate denn nun gesellschaftliche Wirklichkeit geworden sind, dann kann man die Antwort wagen: Ruskin war neben Marx der erfolgreichste Programmatiker der Nationalökonomie des 19. Jahrhunderts – erfolgreich, wohl gemerkt, im 20. Jahrhundert. Seine Forderungen nach festen Lohnsätzen, Arbeitslosenunterstützung und -umschulung, Alterssicherung, staatlichen Qualitätskontrollen, Arbeitsbeschaffungsmaßnahmen, staatlichem Schulunterricht, staatlichen Werkstätten und Läden für Qualitätsprodukte, Zins- und Preiskontrolle, Nationalisierung aller Straßen, Kanäle, Häfen und Eisenbahnen, nach einer europäischen Wirtschaftsgemeinschaft, dies alles, was in den Schriften so nebenher anfällt, hat das 20. Jahrhundert verwirklicht, dies alles ist für uns als soziale Errungenschaft selbstverständlich und z. T. schon wieder schal geworden. Dennoch fällt es schwer, Ruskin mit den üblichen Klischees als Propheten und kühnen Wegweiser zu feiern. Davor muß uns eine Erkenntnis bewahren, die im übrigen auch für Marx gilt: Beiden ist an verschiedenem Ort, unter verschiedenen Systemen auf eine Weise Recht gegeben worden, die sie, die ihre Zeit nicht in allem hatte voraussehen können; vieles hat sich in ihrem Sinne eingestellt, ohne daß ihre zentralen Gedanken beteiligt gewesen wären. Im Falle Ruskins heißt das: Soziale und ökologische Kosten-Nutzen-Rechnung, qualitatives und organisches Wirtschaften, «vital use», «extension of life», «immediate life», sorgsamer Umgang mit eigenen und fremden Ressourcen. All dies sind Forderungen geblieben.

Bernhard Felderer

LÉON WALRAS
(1834–1910)

«Auf dem Gebiet der reinen Theorie jedoch ist Walras meiner Ansicht nach der größte aller Wirtschaftswissenschaftler. Sein System des ökonomischen Gleichgewichts, das die Eigenschaft «revolutionärer» Schöpferkraft mit der Eigenschaft klassischer Synthese vereint, ist das einzige jemals von einem Ökonomen hervorgebrachte Werk, das mit den Errungenschaften der theoretischen Physik vergleichbar ist. (...) Walras' Werk ist ein weithin sichtbarer Meilenstein auf dem Wege der Volkswirtschaftslehre zu den Höhen einer festbegründeten, exakten Wissenschaft; wenn es auch heute überholt ist, bildet es dennoch die Grundlage vieler der besten theoretischen Arbeiten unserer Zeit.»
Joseph A. Schumpeter (1954)

«Nearly all economics nowadays is Walrasian economics.»
Mark Blaug (1968)

(Eléments d'économie politique pure)
«The relationship of Parts V and VI (Saving-investment, money) to Part II, III, and IV (exchange-equilibrium, production) is one of an edifice to its foundations. ... I judge it (the foundations) great because the edifice built on them is great...»
Michio Morishima (1977)

I. Biographie und Bedeutung

Wenige Ökonomen haben eine so umfangreiche Korrespondenz mit ihren Zeitgenossen geführt wie Walras. Allein die dreibändige Sammlung *Correspondence of Léon Walras and Related Papers,* die von William Jaffé 1965 herausgegeben worden ist, enthält etwa 1900 Briefe, die Walras von 1857 bis 1910 geschrieben oder erhalten hat. Diese Dokumente stellen eine noch wenig erforschte umfassende Quelle dar, aus der sich Hintergründe und Zusammenhänge von Walras' theoretischen Überlegungen, persönlichen Bestrebungen und Motiven erkennen lassen. In dieser Materialsammlung, aber auch in der von Jaffé übersetzten und herausgegebenen englischen Erstausgabe von Walras' Hauptwerk *Eléments d'économie politique pure* (1874), achtzig Jahre nach ihrem ersten Erscheinen (*Elements of Pure Economics,* Translation: W. Jaffé 1954), hat Jaffé kenntnisreich die persönlichen Verhältnisse und wissenschaftlichen Leistungen Walras' kommentiert.

Nachdem Walras' Werk einige Jahrzehnte wenig beachtet worden war, ist seine eminente Bedeutung seit den 30er Jahren von vielen Autoren hervorgehoben worden; erwähnt seien beispielsweise: J. R. Hicks (1934), W. Jaffé (1935), N. Kaldor(1934), M. Friedman (1955), R. F. Harrod (1956), R. E. Kuenne (1956). Mögen auch noch wirtschaftstheoretische Bücher geschrieben werden, ohne den Namen Walras zu nennen – die meisten von ihnen stehen doch auf dem Boden der Annahme des Walrasianischen Gleichgewichtssystems oder müssen sich damit auseinandersetzen.

Wie John Stuart Mill und John Maynard Keynes war auch Walras Sohn eines Ökonomen und entstammte bürgerlichen Verhältnissen. 1834 geboren, versuchte er mit 19 Jahren in die Ecole Polytechnique einzutreten, schon damals die renommierteste naturwissenschaftliche Hochschule Frankreichs. Ebenso wie heute wurde nur ein kleiner Teil der Bewerber nach einer ein- bis zweijährigen Vorbereitungszeit aufgenommen. Walras war unter jenen, denen der Eintritt in diese Schule nicht gelang. Er scheiterte zweimal wegen mangelnder Mathematikkenntnisse. Schon während der Prüfungsvorbereitungen studierte er ausführlich auf Anraten seines Vaters das bemerkenswerte Buch von Augustin Cournot *Recherches sur les principes mathématiques de la théorie des richesses* (1838). Obwohl er in eine andere, zwar nicht gleichrangige, aber doch auch sehr angesehene Hochschule, die Ecole des Mines, aufgenommen wurde, war seine Enttäuschung über den vermeintlichen Mißerfolg so groß, daß er seine intellektuelle Energie vorübergehend seiner zweiten Neigung zuwandte: Er schrieb Romane. Sein bekanntester Roman, *Francis Sauveur*, hat eindeutig autobiographische Züge. Er schildert darin den Kampf eines jungen Mannes gegen die bürgerlichen Konventionen.

Seine literarischen und sozialreformerischen Interessen sind nicht nur Äußerungen einer späten Pubertät dieses Mannes, sondern ganz ohne Zweifel ein entscheidender Teil seiner Persönlichkeit. Ja, man schmälert sicher nicht Walras' Ruhm, wenn man feststellt, daß seine Begabung im intuitiven Bereich wahrscheinlich größer war als die auf abstrakt-mathematischer Ebene. Er war in erster Linie Visionär und hatte aufgrund seiner intuitiven Fähigkeiten Vorstellungen von wirtschaftlichen Zusammenhängen oder Modellen, lange bevor er sie mathematisch formulieren konnte. Liest man in seinem Hauptwerk, den *Eléments d'économie politique pure*, so entsteht der Eindruck, daß ihm vor allem letzteres Schwierigkeiten bereitete. Er selbst schien seine Fähigkeiten durchaus realistisch einzuschätzen und darin keine Nachteile zu sehen. In einem Brief schrieb er (1890), er sei immer beeindruckt, wie Ökonomen, meist schlechte Mathematiker wie Jevons, hervorragende Theorie produziert hätten, während mancher Mathematiker viel Unsinn von sich gegeben habe. Als Beispiel nannte er u. a. Edgeworth. Walras war, gemessen am Entwicklungsstand der Wirtschaftswissenschaften seiner Zeit, aufgrund seiner Eigen-

Léon Walras (1834–1910)

schaften in hervorragender Weise geeignet, mit seinem allgemeinen Gleichgewichtsmodell einen Wegweiser zu errichten, der den Gang unserer Wissenschaft bis heute entscheidend beeinflußt. Er wurde jedoch weder von den zeitgenössischen Mathematikern ernst genommen – enttäuschend besonders deshalb, weil er sich Zeit seines Lebens immer für eine stärkere Formalisierung der Wirtschaftswissenschaften eingesetzt hat –, noch fand er bei den Zeitgenossen als der große Ökonom Anerkennung, der er tatsächlich gewesen ist.

Gerade diese schwierige und bisweilen feindliche Umgebung läßt rückblickend erahnen, welch riesigen Schritt nach vorne Walras durch seine Theorien gemacht hat. Nur Unkenntnis über das in der Politischen Ökonomie zu dieser Zeit übliche Abstraktionsniveau bzw. über die mathematisch-ökonomischen Kenntnisse der zeitgenössischen Ökonomen hat in unseren Tagen manchmal zu geringschätzigen Äußerungen über Walras' Beitrag geführt, weil die Existenz der Lösung seines Systems formal nicht bewiesen worden sei oder weil die Stabilität nur durch die Fiktion des «Auktionators» erklärt werden konnte. Walras hat die – wie er sagte – «Determiniertheit» seines Modells durch Abzählen von Gleichungen und Variablen gezeigt. Er war sich jedoch absolut darüber im klaren, daß damit kein exakter Beweis für die Existenz einer Lösung des Gleichungssystems gegeben war. Ihm und anderen Ökonomen und Mathematikern war natürlich bekannt, daß eine nicht-lineare Gleichung mehrere Lösungen haben kann. Das Bedürfnis nach letzter Exaktheit war aber, angesichts der enormen mathematischen Probleme, nicht übermäßig groß. Nur so wird verständlich, daß selbst noch J. R. Hicks in seinem berühmten Buch *Value and Capital* im Jahre 1939 zum Beweis der Existenz das Abzählkriterium verwendet hat, was ihm u. a. von Oskar Morgenstern in einer Buchbesprechung im *Journal of Political Economy* (1941) vorgeworfen wurde. Auch zur Erklärung der Preisbildung und der Stabilität fand Walras eine geniale Lösung: den Auktionator. Dieser ist keine Schwäche des Walrasianischen Systems: Nachdem Walras wohl erkannt hatte, daß Handel zu Nichtgleichgewichtspreisen zur Rationierung einer Marktseite führen müßte und damit für ihn kaum übersehbare mathematische Schwierigkeiten entstehen würden, durfte der Handel erst nach Erreichen des Gleichgewichtspreises zugelassen werden. Und genau dies war die Funktion des Auktionators.

Walras' Vater Auguste Walras, der Ökonom mit Neigung zur formaltheoretischen Ökonomie war, veranlaßte ihn nicht nur, sich intensiv mit der ökonomischen Theorie, insbesondere mit dem Werk von Augustin Cournot zu beschäftigen; er scheint darüber hinaus einen starken Einfluß auf die wissenschaftliche Entwicklung des Sohnes gehabt zu haben. Dies geht nicht nur aus Briefen hervor, in denen sich Léon zu Definitionen und Theorien seines Vaters bekennt, sondern auch daraus, daß der Vater eine Reihe von Schriften publizierte, so 1831 *De la nature de la richesse* und 1849 die *Théorie de la richesse sociale*. Die Definitionen von Kapital, Einkommen und Produktionsfaktoren stammen vom Vater, und die Ähnlichkeit der Theorie der Produktion von Vater und Sohn ist bemerkenswert.

Der Vater hatte dem Sohn allerdings einen schweren Lebensweg zugemutet. Nach dem Abschluß seiner Studien ging Walras bis zum Jahre 1870, also seinem 36. Lebensjahr, verschiedenen Beschäftigungen nach, die mit seinen formal-ökonomischen Interessen wenig oder nichts zu tun hatten. Um seinen und den Lebensunterhalt seiner Familie zu verdienen, arbeitete er u. a. bei einer Eisenbahngesellschaft und bei Banken. Obwohl er, wie aus Briefen bekannt ist, auch in dieser Zeit über ein System der mathematischen Ökonomie nachdachte, scheint er wenig geschrieben zu haben. An einen Lehrstuhl an einer französischen Universität – einen solchen hätte er gerne gehabt – war zunächst nicht zu denken, da Berufungen auf Lehrstühle in Frankreich zu dieser Zeit erst in einem späteren Lebensalter erfolgten und keineswegs nur von fachlichen Kriterien bestimmt waren. Wie sich später aufgrund der Ablehnung, der er in Frankreich mit seinen Arbeiten begegnete, herausstellte, hätte er in seiner Heimat mit mathematisch-ökonomischen Arbeiten keinerlei Aussicht auf einen Lehrstuhl gehabt. Glücklicherweise kam ihm der Zufall zu Hilfe. 1860 hatte in Lausanne ein internationaler Kongreß über Besteuerung stattgefunden, an dem Walras teilgenommen hatte. Er muß dabei einen hervorragenden Eindruck hinterlassen haben, denn zehn Jahre später (1870) wurde er auf einen Lehrstuhl für politische Ökonomie an die Universität Lausanne berufen, ohne daß es in der Zwischenzeit engere Kontakte zwischen dieser Universität und Walras gegeben hat. Nach einem Probejahr behielt er den Lehrstuhl bis 1892. Dann zog er sich aus gesundheitlichen Gründen zurück, und der Lehrstuhl wurde von seinem Nachfolger Vilfredo Pareto übernommen.

Unmittelbar nach Antritt seiner Professur begann er intensiv an der Entwicklung einer mathematischen Nationalökonomie zu arbeiten. Neben seinem Vater übte Cournot den stärksten Einfluß auf ihn aus. Seine erste Entdeckung war nichts anderes als der Begriff des Grenznutzens. Er war sehr stolz darauf und erkannte sofort dessen Bedeutung im mathematischen Gesamtmodell einer Ökonomie. Um so größer war seine Enttäuschung, als er erfuhr, daß er nicht der erste war, der diese Entdeckung gemacht hat: W. Stanley Jevons und Carl Menger waren ihm zuvorgekommen. Die eifersüchtige Rivalität um die Entwicklung der Marginaltheorie zwischen L. Walras, W. St. Jevons, A. Marshall und C. Menger schwächte sich erst ab, als 1878 Professor Adamson das Buch von Gossen entdeckte, mit dem klar wurde, daß keiner von ihnen, sondern früher schon Gossen – wenigstens ansatzweise – diesen Begriff eingeführt hatte. 1874 erschien dann die erste Auflage von Walras' *Eléments*. Sie wurde noch mehrfach geändert und ergänzt bis zur vierten Auflage, der «Edition définitive...».

1876 erkrankte Walras' Frau und starb nach dreijähriger Krankheit 1879. Die Kosten der ärztlichen Behandlung ihrer Krankheit waren so hoch, daß Walras in finanzielle Schwierigkeiten geriet. Um zusätzlich Geld zu verdienen, gab er Privatstunden, Gastvorlesungen in Neuchâtel und publizierte literarische Texte unter dem Pseudonym Paul in der *Gazette de Lausanne.* All dies beanspruchte seine Gesundheit auf das äußerste. Da sich sein Zustand von Jahr zu Jahr verschlechterte, ließ er sich 1892 für ein Jahr beurlauben in der Hoffnung, er würde sich erholen. Er sah aber bald ein, daß er nicht mehr die Kraft hatte, zu seiner Lehrtätigkeit zurückzukehren, und ließ sich emeritieren. Die Zeit von 1892 bis zu seinem Tod im Jahr 1910 war gekennzeichnet durch große publizistische Aktivität. Neben einem intensiven Briefwechsel mit fast allen bekannten Ökonomen seiner Zeit, so z.B. Marshall, Irving Fisher, Böhm-Bawerk, Edgeworth, Menger etc., in denen viele Annahmen und Thesen seiner *Eléments* diskutiert werden, arbeitete er an wichtigen Verbesserungen und Ergänzungen der *Eléments* und an zwei weiteren Büchern: In den *Etudes d'économie sociale* (1896) befaßt er sich mit Fragen der sozialen Ethik, wie sie durch Kommunismus, Individualismus, Privateigentum, Verstaatlichung von Landbesitz etc. aufgeworfen werden. Im dritten Buch seiner Trilogie, *Etudes d'économie politique appliquée* (1898) wurden Fragen wie Bimetallismus versus Monometallismus, Monopol, Wettbewerb, Freihandel, Geld- und Kreditfragen und Aktienmarktfragen erörtert. Es enthält auch einige Ergänzungen zu den *Eléments.* Walras' Originalität konnte sich in seinem zweiten und dritten Buch nicht bzw. nur wenig zeigen. Hätte er nur diese beiden geschrieben, wäre er wohl kaum berühmt geworden. In Würdigungen von Walras' Lebenswerk wird auf diese beiden Werke nicht näher eingegangen, und auch die inhaltsreiche Korrespondenz mit Fachkollegen bezieht sich sehr weitgehend auf sein Hauptwerk, die *Eléments d'économie politique pure,* und einige Ergänzungen, die in den *Etudes d'économie politique appliquée* enthalten sind.

II. Das Allgemeine Walrasianische Gleichgewicht

In der folgenden Darstellung soll keine mathematische Kurzform des Walrasianischen Systems vorgetragen werden, wie sie in vielen Lehrbüchern enthalten ist. Hier sollen vielmehr Annahmen diskutiert und grundsätzliche oder ergänzende Überlegungen Walras' erörtert werden. Damit kann das Walrasianische System dem Leser auch ohne formalen Apparat erläutert werden.

Im Walrasianischen Gleichgewichtssystem wird unter der Annahme vollständiger Konkurrenz versucht, die Gleichgewichtswerte aller ökonomischen Variablen, d.h. Preise und Mengen aller Produkte und Produktionsfaktoren, die von Haushalten und Unternehmen gekauft bzw. verkauft werden, zu ermitteln. Es ist selbstverständlich, daß damit auch Fragen abgedeckt werden, wie sie üblicherweise von der Makroökonomik behandelt werden: Das Volkseinkommen, das Einkommen von Gruppen, die Bestimmung und die Höhe von Lohn und Zins, aber auch das Problem der Unterbeschäftigung. Es muß also keinen Gegensatz zwischen dem Allgemeinen Gleichgewichtsansatz und der makroökonomischen Betrachtung geben. Der jahrzehntelang zum Gegensatz erhobene Unterschied zwischen allgemeiner Gleichgewichtstheorie und Makroökonomie Keynesianischer Prägung liegt vor allem darin, daß die Gleichgewichtstheorie nur ein System mit Gleichgewichtspreisen betrachtete und deshalb unfähig war, Arbeitslosigkeit zu erklären. Das Keynesianische Modell hingegen geht von vornherein von Preisstarrheiten mit Rationierung und Mengenanpassung aus. Es füllte also eine für die Theorie der Wirtschaftspolitik sehr wichtige Lücke, die von der Gleichgewichtstheorie offengelassen wurde, solange diese die Möglichkeit von Nichtgleichgewichtspreisen nicht in Betracht zog. Diese Kluft beginnt sich allerdings seit gut einem Jahrzehnt von beiden Seiten her zu schließen. Trotz großer mathematischer Schwierigkeiten hat das Interesse an Untersuchungen über temporäre Gleichgewichte mit Mengenrationierung in der Allgemeinen Gleichgewichtstheorie stark zugenommen. Die Arbeiten von Benassy (1982) können dafür als Beleg dienen. Auf der anderen Seite ist in der makroökonomischen Theorie die «Mikrofundierung» üblich geworden: Man versteht darunter Makroökonomische Modelle, deren Verhaltensfunktionen aus dem individuellen Maximierungskalkül von repräsentativen Haushalten und Unternehmen abgeleitet werden. Dies ist natürlich noch kein mikroökonomischer Ansatz bzw. kein allgemeines Gleichgewichtsmodell, da ja alle mit der Aggregation verbundenen Probleme umgangen werden, ist aber dem Gleichgewichtsmodell schon sehr viel näher als die älteren keynesianisch inspirierten Modelle, die die Verhaltensfunktionen ad hoc angenommen haben. Die Grenze zwischen Makroökonomik und Allgemeiner Gleichgewichtstheorie verschwindet allmählich.

Walras selbst war der Meinung, daß ein Preis nur kurzfristig, aber nicht für längere Zeit vom Gleichgewichtspreis in einer Richtung abweichen könne. Der tatsächliche Preis würde vielmehr um den Gleichgewichtspreis «oszillieren». Eine solche Interpretation des Gleichgewichtsmodells könnte eine länger andauernde Unterbeschäftigung nicht erklären. Dies ist nur dann möglich, wenn Preise längere Zeit von ihren Gleichgewichtspreisen verschieden sein können. Insofern steht diese Sicht des allgemeinen Gleichgewichtsmodells sehr wohl im Gegensatz zum Keynesianischen Makromodell: Es ist der bekannte Gegensatz zwischen klassischer und Keynesianischer Theorie. Die Berücksichtigung von Preisstarrheiten machte aber die Allgemeine Gleichgewichtstheorie wieder zu dem grundlegenden Modellgerüst, das auch die Keynesianische Theorie als Spezialfall enthält.

Walras war außerordentlich sorgfältig in der Erklärung von Wirkungsweise und Interaktion der von ihm definierten Märkte. Denn nur durch eine vollständige Definition eines Systems von Märkten konnte er sein Ziel, ein allgemeines mathematisches System einer Ökonomie zu entwerfen, erreichen. Er unterschied, vereinfacht dargestellt, vier Märkte: Gütermärkte, Märkte für Produktionsfaktoren, Kapitalmärkte und den Geldmarkt. Auf jedem dieser Märkte bilden sich Preise: Preise von Gütern, von Dienstleistungen der Produktionsfaktoren, Preise von Kapitalgütern und der «Preis» für Geld. Walras leistet auch Pionierarbeit, indem er zum erstenmal klar zwei Probleme unterschied: erstens die Frage der Existenz einer Gleichgewichtslösung und zweitens den Beweis, daß es immer diese Lösung ist, die der Marktmechanismus unter den gesetzten Voraussetzungen, insbesondere vollständige Konkurrenz, hervorbringen wird. Jede der beiden Fragen hat zu einer umfangreichen Literatur, einerseits zur Frage des Existenzbeweises, andererseits zur Frage des Stabilitätsbeweises, geführt.

Die Stabilitätsproblematik ist deshalb von Bedeutung, weil bei Störung des Gleichgewichts das Modell die Eigenschaft haben muß, daß die Werte der Variablen zu ihren Gleichgewichtswerten zurückkehren. Die zweite Sektion der *Eléments* enthält die «Théorie de l'échange de deux marchandises entre elles». Diese elementare Tauschtheorie, die uns heute selbstverständlich erscheint und in weniger umständlicher, komprimierter Form in fast jedem mikroökonomischen Lehrbuch enthalten ist, war in ihrer analytischen Schärfe und in ihren Ergebnissen revolutionär. Ab der fünften Leçon beschreibt Walras das, was man die Grundlagen der ökonomischen Logik nennen könnte, die fundamentalen Zusammenhänge nämlich, die sich im Tausch ergeben. Es werden viele elementare Begriffe definiert bzw. abgeleitet: Konkurrenz, Preisrelation, Knappheit (rareté), Wert, Nachfrage und Angebot, Nachfrage- und Angebotsfunktionen, Marktgleichgewicht, Preisdynamik positver und negativer Überschußnachfrage, Nutzenfunktionen und Nutzenmaximum, Grenznutzen, Gleichheit der Grenznutzen im Nutzenmaximum. Aus dem Maximierungsverhalten der Individuen bzw. Haushalte ergeben sich die (entsprechenden) Verhaltensgleichungen, die dann für die Konstruktion des Gesamtmodells verwendet werden.

Die dritte Sektion der *Eléments* erweitert die Überlegungen des zweiten Teils auf beliebig viele Güter: «Théorie de l'échange de plusieurs marchandises entre elles». Beginnend mit der elften Leçon werden behandelt: Ein allgemeines Tauschgleichgewicht, Definition und Implikationen eines Gutes, das als numéraire dient, Formulierung des heute als «Gesetz von Walras» bezeichneten Zusammenhanges (die Summe aller Überschußnachfragen ist gleich Null), Preisdynamik und Stabilität bei beliebiger Anzahl von Gütern, Nachfrage- und Angebotsfunktionen; Erklärung und Widerlegung der Wertlehre von A. Smith und J.-B. Say.

Jede von n Personen mit gegebenen Nutzenvorstellungen besitze eine gewisse Anfangsausstattung an m Gütern, wobei keine Komponente negativ und mindestens eine positiv sein muß. Wenn wir mit Walras für jede Person die Tendenz zur Nutzenmaximierung annehmen und die üblichen Kontinuitäts- und Differenzierbarkeitsvoraussetzungen unterstellen, wenn wir ferner mit Walras akzeptieren, daß die m Grenznutzenfunktionen jeder Person für jedes Gut Funktionen dieses Gutes allein sind und fallenden Grenznutzen aufweisen, erhalten wir folgendes Ergebnis: Wir haben n(m-1) Verhaltensgleichungen, die für alle n Personen angeben, welche Güter- bzw. Dienstleistungsmengen bei bestimmten Preisrelationen angeboten oder nachgefragt werden. Ferner enthält das Gleichungssystem n Budgetbeschränkungen, die die Gleichheit der Summe aller angebotenen und mit den Preisen bewerteten Mengen (m) mit den nachgefragten Mengen für jede Person fordern. Wenn verkaufte Mengen positiv und gekaufte negativ definiert werden, muß ihre Addition im Gleichgewicht immer Null ergeben. Schließlich gibt es m Gleichgewichtsbedingungen, die Gleichheit der angebotenen und nachgefragten Mengen auf jedem Markt verlangen. Dies ergibt insgesamt m(n+1) Bedingungen bzw. Gleichungen. Wie man leicht zeigen kann, folgt jeweils eine dieser Gleichungen aus den übrigen und kann deshalb weggelassen werden. Es bleiben m(n+1)-1 unabhängige Gleichungen übrig, aus welchen sich nach Walras folgende Variablen berechnen lassen: (m-1) Gleichgewichtspreise und (m × n) Gütermengen, die von den Haushalten getauscht werden. Da der Preis des als numéraire ausgewählten Gutes definitionsgemäß gleich eins ist, sind nur (m-1) Preise zu bestimmen. Dieser Effekt ergibt sich auch deshalb, weil die Verhaltensgleichungen und Budgetrestriktionen der Haushalte homogen vom Grade Null in den Preisen sind, d. h. daß nur Preisrelationen, aber keine absoluten Preise bestimmt werden können. Damit ist die Anzahl der unabhängigen Gleichungen gleich der Anzahl der Variablen. Das System ist nach Walras determiniert.

Wie schon oben erwähnt, wäre es falsch zu behaupten, Walras hätte geglaubt, damit die Existenz der Lösung bewiesen zu haben. Ohne Zweifel waren seine mathematischen Fähigkeiten begrenzt. Er hat aber klar erkannt, daß es trotz «Determiniertheit» mehrere oder gar keine Lösung geben könne. Er behauptete nur, daß normalerweise Lösungen existieren, und wenn die Zahl der Güter sehr groß ist, würde es im allgemeinen nur eine einzige Lösung geben (1874/1926 15ième Leçon, 163).

Durch die Beweise von Abraham Wald (1936) und Gérard Debreu (1959) hat sich später herausgestellt, daß eine Änderung der Annahmen –

man kann auch von einer formal strengeren Formulierung derselben Annahmen sprechen – den Beweis der Existenz einer Lösung ermöglicht. Die Ergebnisse von Walras' Analayse sind durch diese Arbeiten aber nicht berührt worden. Viele spätere Erweiterungen des allgemeinen Gleichgewichtsmodells haben teilweise neue Erkenntnisse hinzugefügt, konnten aber die Aussage von Walras nie erschüttern.

In der dritten Sektion der *Eléments* ist auch vom Stabilitätsproblem die Rede. Wie schon oben erwähnt, hat Walras als erster klar zwischen Existenz und Stabilität des Gleichgewichts unterschieden. Er wollte vor allem zeigen, wie Teilnehmer an einem tatsächlich existierenden Markt durch ihr Verhalten genau zu denselben Lösungen gelangen wie der Theoretiker, der ein Gleichungssystem simultan löst. Diese empirische Frage im Gegensatz zur theoretischen ist gleichbedeutend mit dem Stabilitätsproblem, das die Frage beantworten möchte, wie der Marktmechanismus ein System von Märkten ins Gleichgewicht bringt oder dort hält. Da ein im Gleichgewicht befindlicher Markt ohnehin ein sehr abstrakter Begriff ist und in der Realität kaum festgestellt werden kann, kann man die Abstraktheit von Walras' Erklärung der Stabilität vielleicht eher akzeptieren. Sein Konzept besteht darin, daß irgend jemand, ein Auktionator, zunächst irgendeinen Preis ausruft und die zu diesem Preis abgegebenen Nachfrage- und Angebotsmengen eines Gutes sammelt. Stellt er fest, daß die Nachfrage größer als das Angebot ist, erhöht er den Preis, im umgekehrten Fall senkt er ihn. Der Handel wird erst zugelassen, wenn auf allen Märkten die nachgefragten gleich den angebotenen Mengen sind. Er wird dann zu Gleichgewichtspreisen durchgeführt. Da nach klassischer Auffassung und nach Walras' Überzeugung Abweichungen der Preise von ihren Gleichgewichtswerten nur kurzfristig möglich sind, erschien die Annahme ‹Handeln nur zu Gleichgewichtspreisen› zu Walras' Zeiten sicher viel weniger abstrakt als heute, da wir durch die Keynesianische Theorie auf die Möglichkeit langfristiger Preisstarrheiten so massiv hingewiesen worden sind.

Auch hier hat Walras mit unzureichenden mathematischen Hilfsmitteln in genialer Weise richtige Lösungen gefunden: Wenn sich n-1 Märkte bis auf einen im Gleichgewicht befinden, so erkannte er, dann kann durch das Vorgehen des Auktionators auf diesem letzten Markt gleichzeitig immer wieder ein anderer Markt aus dem Gleichgewicht geworfen werden, so daß es möglicherweise nie ein Gleichgewicht auf allen Märkten geben und die Aktivität des Auktionators nie aufhören könnte. Walras erwartete, daß die neue Konstellation wahrscheinlich aber näher am allgemeinen Gleichgewicht sein müsse als die vorhergehende; denn die Wirkung der Preisänderung auf den einen Markt müsse direkt und deshalb stärker sein als auf die anderen Märkte, wo der Einfluß dieser Preisänderung ja nur indirekt wirken könnte. Es ist bezeichnend, daß in den umfangreichen mathematischen Untersuchungen zum Stabilitätsproblem mit Auktionatorannahme, die insbesondere von Samuelson und Metzler in den 1940er und 1950er Jahren durchgeführt worden sind, sich genau der von Walras beschriebene Fall als einer der Fälle herausgestellt hat, die als «dynamisch stabil» bewiesen werden konnten. Darüber hinaus handelt es sich um den unter ökonomischen Aspekten wohl plausibelsten Fall (vgl. P. A. Samuelson 1947, 257 ff.).

Die vierte Sektion der *Eléments* enthält Walras' «Théorie de la production». Im Rahmen dieser Theorie wird erklärt, auf welche Art und Weise die Allokation der «Dienste» aller Arten von natürlichen Ressourcen, Arbeit und produzierten Produktionsfaktoren erfolgt. Damit zeigt diese Theorie gleichzeitig, welche Mengen welchen Produkts welche Firma erzeugt und welche Produktionsfaktoren diese Firma dafür benötigt. Die Mengen der Produktionsfaktoren, die zur Verfügung stehen, sind für die betrachtete Periode gegeben. Der Bestand eines Produktionsfaktors wird i. d. R. nur teilweise verbraucht. Da die Eigentümer der Produktionsfaktoren diese auch für sich selbst verwenden können, entscheidet das Modell auch über die Anteile, die selbst verwendet oder am Markt für Produktionsfaktoren angeboten werden. Damit ergibt sich die eine Verbindung zu den Haushalten bzw. deren Nutzenfunktionen. Die andere ergibt sich durch die Nachfrage der Haushalte nach produzierten Gütern.

Walras war bestrebt, den Produktionsteil seines Gleichgewichtsmodells symmetrisch zum Haushaltsteil aufzubauen und die vorher für den Fall des Tausches mit m Gütern ausgearbeiteten Theoreme auch hier anzuwenden. Dazu wurde der «entrepreneur», der Unternehmer, eingeführt, der die Dienstleistungen der Produktionsfaktoren kauft und seine Produkte verkauft. Er ist nicht Eigentümer irgendwelcher Produktionsfaktoren, ja sein Einkommen ist definitionsgemäß gleich Null. Seine eigene «Unternehmerleistung» wird allerdings wie andere Produktionsfaktoren marktmäßig bewertet und honoriert. Bis hierher sind seine Annahmen scharfsinnig und zielgerichtet. Einige weitere, die er aus formalen Gründen als unvermeidlich angesehen hat, hätten wohl schon von ihm vermieden werden können: konstante Produktionskoeffizienten; alle Unternehmer bzw. Firmen einer Industrie produzieren dieselbe Menge desselben Produktes; keine Berücksichtigung irgendwelcher «lags». Für Walras war klar, wenn es ihm gelänge, auch für dieses um die Produktion erweiterte simultane Gleichungssystem eine Lösung zu finden, hätte er sein Ziel erreicht, ein mathematisches Grundmodell einer Marktwirtschaft mit vollständiger Konkurrenz zu schaffen. Ohne genaue Prüfung ist wegen der Symmetrie von Haushalts- und Produktionssektor sofort erkennbar, daß auch für dieses System in bezug auf die Existenz einer Lösung dasselbe gezeigt werden kann, wie für das Gleichungssystem ohne Produktion. Durch Nachzählen kann man tatsächlich feststellen, daß die Zahl der Gleichungen und der Variablen auch hier übereinstimmt. Wie schon erwähnt, hat Walras sehr wohl erkannt, daß er damit nicht die Existenz einer eindeutigen Lösung bewiesen hatte. Eine Antwort auf diese Frage überstieg seine mathematischen Fähigkeiten. Es ist aber bemerkenswert, daß er wirkliche Fehler vermieden hat. Auch sollte man die Beantwortung der bloßen Frage der Existenz nicht überbewerten. Aus ökonomischer Sicht muß ein Modell nach dem ökonomischen Inhalt beurteilt werden. Und unter diesem Bewertungsgesichtspunkt wird man kein anderes Modell finden, das besser geeignet wäre, als theoretisches Skelett einer Marktwirtschaft zu dienen.

Ist es nicht ein großartiger Entwurf, wenn bei gegebenen Nutzenvorstellungen der Haushalte und gegebenen Ressourcen durch ein endogen determiniertes Preissystem Ersparnisse und Investitionen, Arbeitsangebot, Nachfrage nach dem numéraire, Mengen der bei jeder Firma eingesetzten Produktionsfaktoren und Mengen der hergestellten Produkte festgelegt und damit in einem simultanen Prozeß die Pläne aller Haushalte und aller Unternehmen aufeinander abgestimmt werden? Aus individuellen Nachfragen oder Angeboten folgen Nachfrageaggregate oder Angebotsaggregate. Aus individuellen Faktoreinkommen folgt die gesamtwirtschaftliche funktionelle Einkommensverteilung. Gerade wegen seiner Aussagen zur Einkommensverteilung ist das Modell von Walras oft kritisiert worden. Man warf ihm u. a. vor, daß es weder gesellschaftliche Machtverhältnisse noch ererbte Ausstattung mit Produktionsfaktoren berücksichtige, die vollkommene Konkurrenz nicht existiere und sich das System in der Realität immer im Ungleichgewicht befinde. All dieser Kritik ist gemeinsam, daß sie dem Walrasianischen Modell in seiner oben dargestellten Form mehr Realitätsgehalt zuschreibt, als Walras selbst es getan hat. Wenn beispielsweise gesellschaftliche Machtverhältnisse vollkommene Konkurrenz verhindern sollten, so ist dies nicht mehr das ursprüngliche Modell von Walras. Solche Vermachtungen von Märkten sind aber modellierbar und sind etwa als Monopson am Arbeitsmarkt modelliert worden. Wenn die Vererbung von Produktionsfaktoren nicht berücksichtigt worden ist, so ist das Modell auch in diese Richtung erweiterbar; dies ist in einigen Versuchen inzwischen geschehen. Wenn Preise auf Märkten in der Realität sich ständig zu verändern scheinen, so ist das ebenfalls kein Argument gegen das System von Walras. Wenn wir nämlich feststellen, daß sich Angebot und Nachfrage tendenziell immer wieder ausgleichen und der Preis wenigstens längerfristig hinreichend flexibel erscheint, so daß wir Rationierung ausschließen können, so stehen wir mit Walras auf sicherem Grund, wenn wir annehmen, daß der tatsächliche Preis um den Gleichgewichtspreis «oszilliert».

Walras konnte und wollte mit seinem Modell nicht alle ökonomisch relevanten Fragen beantworten. Er wollte ein mathematisches Grundmodell schaffen, das, weil es erweiterungsfähig ist, an wechselnde Fragestellungen angepaßt werden kann. Walras' Modell ist die Formulierung eines gigantischen Forschungsprojektes und verdient als solches zu Recht das Prädikat «magna charta der Ökonomen» (Schumpeter, 1954).

Die fünfte Sektion der *Eléments* enthält in den Leçons 23–28 Walras' «Théorie de la capitalisation et du crédit». Die Kapitaltheorie von Walras hat zu Unrecht bei seinem Nachfolger Pareto und bei späteren Interpreten wie z. B. Wicksell weniger Enthusiasmus als die Teile II–IV der *Eléments* ausgelöst. In dieser Darstellung des allgemeinen Gleichgewichtsmodells in den Teilen II–IV der *Eléments* wird angenommen, daß die Menge der hergestellten Kapitalgüter gegeben ist und auch durch die Produktion nicht reduziert wird. Im V. Teil trägt Walras dem Verbrauch des Kapitals bei der Produktion Rechnung. Nach Berücksichtigung der Abschreibungen bleibt das aus dem Kapital fließende Einkommen als «revenue net» zurück. Walras nahm an, daß dieser «revenue net» immer positiv sei. Davon ausgehend konstruiert er einen Markt für Kapitalgüter, der es ihm erlaubt, auch den Preis dieser Güter zu bestimmen. Die Nachfrager nach neuen Kapitalgütern auf diesem Markt sind die «Kapitalisten», also nicht Unternehmer, sondern eine Teilmenge der Haushalte. Die Kapitalgüter werden von Unternehmern, die diese produzieren, auf diesem Markt angeboten.

Die nachgefragte bzw. produzierte Menge von Kapitalgütern kann größer, gleich oder kleiner als die durch Abschreibungen hervorgerufene Verminderung des Kapitalstocks sein. Nur im ersten Fall ergibt sich eine positive Ersparnis. Alle Bewertungen werden in Einheiten des numéraire vorgenommen. Es ist offensichtlich, daß Ersparnis und Investition immer identisch sein müssen. Ersparnisse stellen also nichts anderes dar als die Nachfrage der Haushalte nach einem ganz bestimmten Gut, dem Kapitalgut. Eine Gleichgewichtsbedingung, die die Gleichheit von Ersparnissen und Investition einer Periode fordert, gibt es nach Walras also nicht. Eine solche existiert nur bezüglich der Gleichheit von Gesamtersparnissen einer Periode und Kosten der Firmen, die die Kapitalgüter erzeugen.

Die Haushalte fragen Kapitalgüter nach, um damit ein Einkommen, ein «revenue net», zu erzielen, indem diese Kapitalgüter bzw. deren Dienstleistungen über Faktormärkte an Unternehmer bzw. an Haushalte verkauft werden. Auch die Benutzung des Kapitalgutes durch den Haushalt selbst ist durch die formale Darstellung nicht ausgeschlossen. Die Nachfrage am Kapitalmarkt ist also eine Nachfrage nach «revenue net». Das Verhältnis des Wertes der Kapitalgütermenge, die in einer Periode verbraucht wird, zum damit erzielten Einkommensstrom (revenue net perpetuel) wird als «taux de revenue net» bezeichnet. Dieses Verhältnis ist für alle Kapitalgüter gleich groß. Nennenswerte Abweichungen sind wegen Arbitrage jedenfalls längerfristig ausgeschlossen. Der Kehrwert dieses Verhältnisses entspricht nach Walras dem Zinssatz.

Diese einfache und doch geniale Konstruktion des Kapitalmarktes ist nicht immer verstanden worden. Wicksell argumentierte, daß Walras' Kapitalmarktkonstruktion nicht im «stationary state» und deshalb nicht allgemein gelten könne: Denn wenn keine Nettoinvestitionen mehr durchgeführt würden – und dies ist das Charakteristikum des «stationary state» – müßte der Zinssatz auf Null sinken oder wäre nicht mehr definiert. J. R. Hicks (1934) hat sich diese Version zu eigen gemacht und vorgeschlagen, das Problem durch Einführung von Abschreibungen zu beheben. Die Ersatzinvestitionen sollten nicht wie bei Walras «technisch gegeben» sein, sondern sollten wie bei Neuinvestitionen dort erfolgen, wo jeweils die höchsten Ertragsraten zu erwarten sind. Liest man bei Walras (1874/1926, 242 f.) nach, so kann man sich des Eindrucks nicht erwehren, daß zumindest die Intention von Walras durch Hicks, aber auch durch Wicksell, der ja seine eigene Theorie präsentieren wollte, nicht richtig wiedergegeben worden ist. Daß Walras mit diesem Ansatz wohl genau das gemeint hat, geht aus einer Passage der *Eléments* (ebd. 243) hervor. Der «taux de revenue net» ist danach für alle Kapitalien nach Berücksichtigung der Amortisationsprämie gleich groß. Es zeigt sich, daß Walras die Einbeziehung der Ersatzinvestitionen in den Kapitalmarkt beabsichtigte, aber aufgrund extremer Vereinfachungen der mathematischen Darstellung bei seinen Lesern Verwirrung anrichtete.

In der sechsten Lektion der *Eléments* führt Walras den Geldmarkt in sein Modell ein. Auch dieser Teil seines Modells hat lange Zeit nur wenige Anhänger gefunden. So tut Hicks (1934, 347) Walras' Geldtheorie mit dem Satz ab: «Walras' work on the theory of money, and his relatively uninteresting writings on applied Economics, cannot detain us here.» Diese Geringschätzung könnte sich zum Teil daraus erklären, daß Walras seine Geldtheorie in den verschiedenen Ausgaben der *Eléments* ständig veränderte. Seine frühe «encaisse désirée», die als die Geldmenge definiert war, die die Wirtschaftssubjekte halten wollen, war noch nicht in das allgemeine Gleichgewichtssystem integriert. Erst in der «édition définitive» hat Walras den Geldmarkt in sein Modell eingebaut.

In die Märkte für Konsumgüter und für Dienstleistungen der Produktionsfaktoren ist schon oben der Markt für Kapitalgüter integriert worden. Ferner fügt Walras noch einen Markt dazu, den er «das zirkulierende Kapital» nennt. Darunter versteht er Lagerhaltung von Kapitalgütern oder auch Konsumgütern. Diese Lager liefern eine eigene Dienstleistung, die Walras «services d'approvisionnement» nennt. Für diese Dienstleistungen bzw. für den Wert dieser Lager werden auf eigenen Märkten entsprechende Preise bestimmt. Der Preis eines solchen Lagers steht zum Preis der dazugehörigen Dienstleistungen im selben Verhältnis wie der Preis jedes Kapitalgutes zum Preis seiner Dienstleistung. Geldhaltung ist nach Walras eine Lagerhaltung wie jede andere, deren Zweck ebenfalls in einem «service d'approvisionnement» besteht. Diese Dienstleistung hat wie jede andere einen Preis, der bei optimaler Geldhaltung dem Grenznutzen entsprechen muß. Dieser Preis für Geldhaltung entsteht auf dem Markt, den Walras den «marché du capital» nennt. Er unterscheidet diesen streng von dem «marché des capitaux», der dem oben definierten Kapitalmarkt entspricht. Der «marché du capital» hingegen ist nichts anderes als ein spezieller Markt für produktive Dienstleistungen. Mit der Einführung und der Haltung von Geld werden alle Transaktionen in Geld gegen Ware und nicht mehr als Ware gegen Ware durchgeführt. Der Gleichgewichtspreis auf dem «marché du capital» entspricht dem Zinssatz, wenn die Nachfrage nach dem «service d'approvisionnement» bzw. der Höhe der «encaisse désirée» gleich der vorhandenen Geldmenge ist und das Geld selbst als numéraire definiert worden ist.

Weil Geldhalten nur als eine besondere Art von Lagerhaltung definiert ist, ändert die Berücksichtigung von Geld nichts an der formalen Struktur des Gleichgewichtssystems. Die Existenz bzw. Nichtexistenz der Lösung wird dadurch nicht berührt. Beeindruckend ist die einfache und doch so elegante Form der Verflechtung des Geldes mit dem Gesamtsystem: Veränderungen des Geldpreises bzw. des Zinses beeinflussen die Werte der Kapitalgüter und Lagerhaltung, dadurch die Preise aller Dienstleistungen der Produktionsfaktoren einschließlich Arbeit und die Preise der produzierten Güter. Daraus ergibt sich auch eine Anpassung aller verkauften und gekauften Mengen an die ursprüngliche Zinsänderung. Entscheidend dabei ist, daß die Geldpreise nicht einfach proportional zu den Preisen eines anderen numéraire sind. Sie sind – im allgemeinen Gleichgewicht – Gleichgewichtspreise, die von allen Bedingungen des Systems abhängen. Doch Walras nahm der Eleganz dieses Modells selbst etwas von ihrem Glanz, glaubte er wohl, eine Konzession an die herrschende Lehre machen zu müssen: Da er der allgemein vertretenen Meinung zustimmte, daß der Einfluß des Zinssatzes auf die Geldhaltung schwach und indirekt sei, hat er in den *Etudes d'économie politique appliqué* keinen Zusammenhang zwischen Zins und Geldhaltung angenommen. Nur unter dieser Annahme könnte die Berücksichtigung des Geldes im allgemeinen Gleichgewichtsmodell als «Schleier» bezeichnet werden, durch den das dahinterstehende reale System nicht berührt wird.

III. Zusammenfassende Würdigung und Perspektiven der Walras-Forschung

In unserer bisherigen Darstellung und Würdigung des Werkes von Walras haben wir uns der von Schumpeter und Jaffé eingeführten und inzwischen von der großen Mehrzahl der Ökonomen akzeptierten Sicht angeschlossen, daß die entscheidenden Leistungen von Walras vor allem in den Sektionen II–IV der *Eléments* enthalten sind. Während Schumpeter und Jaffé die Sektionen V (Ersparnisse, Investitionen) und VI (Geld) kommentieren und sie insofern den Teilen II–IV für gleichwertig zu halten scheinen, haben viele Walras-Interpreten Kritik an diesen Teilen der Theorie geübt und die unterschiedlichsten Verbesserungsvorschläge vorgetragen. Zu diesen Kritikern gehören – wie teilweise schon oben erwähnt – auch große Namen: Pareto, Wicksell, Hicks und Patinkin. Nur so ist zu erklären, daß Blaug stellvertretend für viele andere schreiben konnte: «Walras' contributions to substantive economics (are) almost solely confined to the theory of consumer behaviour» (1973). Durch die Vernachlässigung der Sektionen V, VI und auch VII mußte der Eindruck entstehen, Walras habe zwar eine formal, d. h. mathematisch anspruchsvolle Theorie geliefert, die aber in ihrer ökonomischen Substanz hinter dem zu seiner Zeit bereits Bekannten zurückgeblieben ist. Es konnte der falsche Eindruck entstehen, daß es sich bei Walras um eine Theorie handle, die weder Fragen des Wirtschaftswachstums noch der Frage nach der Integration des Geldes in das reale Modell gerecht werden kann. Daß dieser Eindruck unrichtig ist, hat unsere Darstellung oben schon gezeigt.

Die jüngste Entwicklung der Walras-Rezeption geht nun dahin, auch die Teile V–VII der *Eléments* ähnlich wie die Teile II–IV als herausragende Leistung der dogmengeschichtlichen Entwicklung zu würdigen. Das am Anfang dieses Beitrages wiedergegebene Zitat von Morishima zeigt dies deutlich. Er vertritt in seinem Buch *Walras' Economics – A Pure Theory of Capital and Money* (1977) die Meinung, daß die Teile II–IV (Tauschgleichgewicht, Produktionsgleichgewicht) erst deshalb zu bedeutenden Leistungen werden, weil sie das formale Fundament der in den Teilen V–VII (Wachstum, Geld) enthaltenen eigentlichen ökonomischen Aussagen bilden. Diese Teile widerlegen auch die populäre Sicht, Walras habe eine formal anspruchsvolle, aber inhaltsarme Theorie geliefert. Es würde zu weit führen, die Walras-Interpretation Morishimas wiederzugeben. Jedoch erscheint es zweifelhaft, daß alle Teile zu einer allgemein akzeptierten neuen Walras-Sicht führen können, weil diese Walras-Interpretation z. T. mit objektiv schwer begründbaren Positionen verbunden ist. So wird die Tatsache, daß Walras wie mehr oder weniger alle Klassiker ein Anhänger des Gesetzes vom tendenziellen Fall der Profitrate war, als Argument herangezogen, Walras als Ricardianer darzustellen. Der Umstand, daß Walras sich in Briefen an Freunde oft als «wissenschaftlicher Sozialist» bezeichnet hat und u. a. die Verstaatlichung von natürlichen Monopolen gefordert hat, reicht wohl kaum aus, Marx und Walras als die beiden größten Schüler – oder Kritiker – von Ricardo zu sehen. Auch Parallelen zu Keynes scheinen überzogen. Dennoch schafft das originelle Buch Morishimas, das viele interessante Aspekte der Walrasschen Theorie erörtert, zusammen mit anderen Beiträgen der letzten Jahre sicher eines: Es wird deutlich, daß die seit Jahrzehnten über Walras existierenden Urteile falsch sind, er habe die Absicht verfolgt, eine «Rechtfertigungstheorie» für den Kapitalismus zu liefern, was dann zur ideologischen Stärkung desselben beigetragen habe, und seine Theorie sei zwar formal ausgefeilt aber inhaltsleer. Diese Vorwürfe entbehren jeder soliden Grundlage.

Die Diskussion um die Bedeutung und Interpretation des Werkes von Walras ist nicht abgeschlossen. Die zurückhaltende oder ablehnende Aufnahme seiner Arbeiten durch die dominierenden zeitgenössischen Schulen in Österreich und Großbritannien – vereinzelt ignorierten sie Walras – wirkt bis heute nach. So schrieb Hicks noch 1934 in guter Marshallscher-britischer Tradition in einem Aufsatz, in dem er eigentlich die Bedeutung Walras' hervorheben wollte: «He... was perhaps inclined to claim for them (his results) more than they are actually worth» (1934, 347). Es ist deshalb nicht überraschend, daß es wohl keinen anderen großen Ökonomen gibt, dessen zeitgenössische Bedeutung sich von seiner heutigen stärker unterscheidet. Walras selbst hat trotz der geringen Anerkennung, die ihm zuteil wurde, nie daran gezweifelt, daß die von ihm beigetragenen «Theoriebausteine» richtig sind und daß sich langfristig die Formalisierung der Theorie, dort wo sie sinnvoll ist, durchsetzen würde. In einem Brief an seinen Freund Georges Renard schrieb Walras (übersetzt durch den Verfasser, zit. nach Antonelli 1939, 8): «Man muß wissen, was man macht. Will man kurzfristig ernten, muß man Möhren und Salat anbauen; hat man aber den Ehrgeiz, Eichen zu pflanzen, muß man weise genug sein, sich zu sagen: Meine Nachkommen werden mir diesen Schatten verdanken.«

R. D. Collison Black

WILLIAM STANLEY JEVONS
(1835–1882)

I. Leben

1. Biographische Daten

Der als Pionier der englischen neoklassischen Ökonomik bekannte William Stanley Jevons, der allgemein mit Carl Menger und Léon Walras als Begründer der «marginalanalytischen Revolution» gilt, wurde am 1. September 1835 in Liverpool geboren. Sein Vater, Thomas Jevons, war Eisenhändler, und seine Mutter, geborene Mary Ann Roscoe, war eine Tochter William Roscoes – einem in seiner Zeit tonangebenden Bürger von Liverpool, der nicht nur als erfolgreicher Anwalt und Bankier, sondern auch als Historiker und als Kenner und Sammler italienischer und flämischer Malerei ein hohes Renommee besaß. Jevons stammte also aus einem wohlhabenden und gebildeten Milieu der Mittelklasse; dennoch verliefen seine Kindheits- und Jugendjahre nicht ungetrübt. Seine Mutter starb 1845, und zwei Jahre später verfiel sein von ihm sehr geliebter Bruder einer unheilbaren Geisteskrankheit. 1848 führte der Bankrott des Familienunternehmens zu einer beträchtlichen Verschlechterung der finanziellen Situation seines Vaters, von der dann auch Jevons' berufliche Laufbahn in Mitleidenschaft gezogen wurde.

Jevons besuchte zunächst Privatschulen, später die Mechanics High School in Liverpool und seit 1850 die University College School in London. Von dort wechselte er 1851 zum University College selbst über und studierte hauptsächlich Chemie und Mathematik. Das University College in London war in England tatsächlich eine der wenigen Institutionen mit Hochschulrang, in die Jevons zu seiner Zeit aufgenommen werden konnte; er stammte aus einer Unitarierfamilie und hätte deshalb nicht die Testeide unterschreiben können, durch die damals alle Bewerber für Oxford und Cambridge ihre Konformität mit der englischen Kirche bezeugen mußten.

Jevons schien zu der Zeit nur die Absicht zu haben, ein oder zwei Jahre lang die Universität zu besuchen, bevor er in Liverpool ins Geschäftsleben eintrat, das ihm, wie er hoffte, Gelegenheit böte, sich weiter seinen wissenschaftlichen und literarischen Studien zu widmen. Es kam anders, denn 1853 bot ihm sein Chemieprofessor Thomas Graham die Möglichkeit, als Stellvertreter des Münzprüfers an die neugegründete Königliche Münze in Sidney nach Australien zu gehen. Er war zuerst «ziemlich entsetzt» von diesem Vorschlag: «Es konnte nichts geben, das meinen Wün-

William Stanley Jevons (1835–1882)

schen ferner lag, als zu emigrieren» (*Journal*, 29. Januar 1854/1972 I, 96). Abgesehen davon bürdete der Posten einem so jungen Mann eine schwere Verantwortung auf, Gehalt und Aussichten waren jedoch entsprechend gut. Thomas Jevons, dessen finanzielle Lage sich nach dem Bankrott des Familienunternehmens im Jahre 1848 nie wieder entscheidend gebessert hatte, riet seinem Sohn, die Chance wahrzunehmen, und sei es auch nur für einige wenige Jahre. Nach einer Schulung für die Aufgaben des Münzprüfers in London und Paris verließ Jevons im Sommer 1854 England und reiste nach Australien.

Nach seiner Ankunft in Neusüdwales ergaben sich bei der Errichtung des neuen Münzprüfungsamtes nicht wenige Schwierigkeiten persönlicher und auch technischer Natur. Schließlich aber waren diese Hindernisse überwunden, und die leichten Routinearbeiten ließen Jevons nun reichlich Zeit, seine Untersuchungen weiterzuführen und die Umgebung zu erforschen. Eine Zeitlang verband er diese beiden Tätigkeitsbereiche mit botanischen, geologischen, besonders auch meteorologischen und auf das Klima Australiens bezogenen Studien. Im April 1857 jedoch schrieb er seiner Schwester Henrietta, daß er sich «in jüngster Zeit stark mit einem neuen Stoff, nämlich der Politischen Ökonomie befaßte, die meine exakten Denkmethoden am besten zu befriedigen scheint» (Brief vom 4. April 1857/1973 II, 280). Ein Jahr später konnte er sagen: «Ich denke, es ist meine Aufgabe, mich solchen Themen zuzuwenden, und ich habe die Absicht, dies zu tun ... Es gibt eine Menge Leute, die sich mit den Naturwissenschaften befassen, und angewandte Wissenschaften und Kunst mögen sich selbst überlassen bleiben, aber es erscheint mir nun als die zwingendste Aufgabe, die Grundlagen der Gesellschaft zu verstehen» (Brief vom 28. Februar 1858, ebd. 322).

Angesichts dieser inneren Gewißheit wurde es Jevons zunehmend klar, daß er, wenn er seine Aufgabe erfüllen wollte, den gut dotierten Posten und das angenehme Leben in Sidney aufgeben und nach England zurückkehren mußte, um sich durch weitere Ausbildung für die von ihm gewählte Aufgabe gründlich vorzubereiten. Brief auf Brief ging an seine Angehörigen, die seine Entscheidung nur schwer verstehen und akzeptieren konnten. Er rechtfertigte seinen Entschluß mit dem Hinweis, daß gegenwärtiger Konsumverzicht zukünftigen Gewinn bedeute – ein Gedanke, der später zur Grundlage seiner Kapitaltheorie werden sollte.

Im April 1859 setzte Jevons den Gedanken in die Tat um und begab sich auf die lange Heimreise, um sich im Herbst am University College in London erneut als Student einschreiben zu lassen. Er legte die letzten Prüfungen für den Grad eines Bachelor of Arts ab, die seit 1853 noch ausstanden, widmete sich vielseitigen Studien für Fortgeschrittene – Logik, Philosophie und Politische Ökonomie, Mathematik, Geschichte und klassische Philologie – und wurde 1862 unter Verleihung einer Goldmedaille zum Master of Arts graduiert.

Während Jevons so das Programm für eine Ausbildung absolvierte, die er als notwendige Grundlage für seine Zukunft als Sozialwissenschaftler ansah, begann er bereits mit eigenen Beiträgen auf diesem Gebiete hervorzutreten. 1863 veröffentlichte er bedeutsame Arbeiten zur ökonomischen Theorie, zur Wirtschaftspolitik und zur formalen Logik, aber zu jener Zeit brachten diese intellektuellen Leistungen wenig Anerkennung und noch weniger materiellen Gewinn ein. Jevons dachte zuerst daran, sich in London als Journalist und freier Schriftsteller niederzulassen, aber seine wahre Neigung galt der Forschung und der eher akademischen Art der Schriftstellerei. Die wissenschaftliche Gemeinde an den britischen Universitäten jener Zeit war klein, und es gab darin nur sehr wenige Stellen für Sozialwissenschaftler, noch dazu für solche, die religiöse Nonkonformisten waren. Jevons war darum recht froh, als er 1863 eine Tutorenstelle am Owens College in Manchester annehmen konnte. In dieser Stellung sollte er «den Studenten auf allen Gebieten der Wissenschaft, die damals an diesem College gelehrt wurden, beistehen». Die Arbeitslast war beträchtlich und die Bezahlung schlecht, aber er gewann so Zugang zum akademischen Leben. 1865 ernannten die Kuratoren des Owens College Jevons zum Lektor der Politischen Ökonomie, und 1866 erhielt er den Lehrstuhl für Logik und Politische Ökonomie, den er bis 1876 innehatte.

Diese Jahre in Manchester waren Jevons' fruchtbarste und erfolgreichste Zeit. Die Veröffentlichung seines Buches *The Coal Question* im Jahre 1865 machte ihn in ganz Großbritannien bekannt, und das Erscheinen seiner *Theory of Political Economy* im Jahre 1871 und der *Principles of Science* im Jahre 1874 sicherten ihm internationale Anerkennung. Als seine berufliche Zukunft gesichert war, heiratete er 1867 Harriet Ann Taylor, eine Tochter des Besitzers der Zeitung *Manchester Guardian*; sie hatten einen Sohn und zwei Töchter.

Jevons' Ehe- und Familienleben war glücklich, aber die Verbindung der beträchtlichen eigenen Arbeit mit einem umfangreichen Vorlesungsprogramm und den Collegepflichten überanstrengten ihn völlig, und ehe die beiden dicken Bände der *Principles of Science* beendet waren, brach er gesundheitlich zusammen. Nach einem Urlaubsjahr hatte er sich soweit erholt, daß er 1874 seine Pflichten wieder übernehmen konnte; aber er war nun entschlossen, sich nach einer Anstellung mit leichteren Lehrverpflichtungen umzusehen, damit er seine eigene schriftstellerische Arbeit weiterführen konnte. So zog er 1876 von Manchester nach London, wo er Professor der Politischen Ökonomie am University College wurde, an dem er vor 25 Jahren sein Studium begonnen hatte. Obwohl er das Londoner Professorenamt als «beinahe ein Ehrenamt» bezeichnete, fühlte er sich 1880 gezwungen, es aufzugeben. «Sie werden es vielleicht nur schwer verstehen, welch ein Mühlstein für meine Gesundheit und meinen Geist die Vorlesungstätigkeit gewesen ist», bekannte er einem Kollegen.

«Ich finde, daß der Druck des literarischen Werks mir keinerlei weitere Energie übrig läßt» (Brief an Robert Harley, 15. November 1880/1977 V, 116). Als Jevons sich von der Bürde der Lehr- und Prüfertätigkeit befreit sah, setzte er seine Forschungen und Publikationen energisch fort, obwohl er nie wieder ganz zu Kräften kam. Bei einem Ferienaufenthalt im August 1882 mit seiner Familie in der Nähe von Hastings erlitt er beim Schwimmen einen Kollaps und ertrank.

2. *Einflüsse der politischen und sozialen Umgebung*

T. W. Hutchison sagte mit Recht, daß «sowohl ‹interne› als auch ‹externe› Einflüsse in unterschiedlichen Zusammensetzungen und Verbindungen die Fragen bzw. Aufgabenstellungen für Nationalökonomen und die Geschichte des ökonomischen Denkens geprägt haben» (1981, 23). Dies trifft gewiß für Jevons zu; seine frühen Forschungsarbeiten zu den Schwankungen des Goldwertes sind das deutliche Beispiel eines Untersuchungstyps, der sich mit einer durch «externe» Ereignisse hervorgerufenen Frage befaßt. Aber Hutchison fährt in der bereits zitierten Passage fort: «... In einigen Phasen sind es Fragen gewesen, die aus dem Forschungsgegenstand selbst auftauchten, auf den die Nationalökonomen sich zwecks Entwicklung eines besonderen Begriffs- und Ideengerüsts konzentrierten, wie dies bei der Anwendung des Marginalgedankens für die Mikroökonomie in den Anfangsjahrzehnten der neoklassischen Periode der Fall war.» Jevons war in diesem Prozeß einer der führenden Gelehrten, und in seinem theoretischen Werk konzentrierte er sich in erster Linie auf «Fragen, die aus dem Forschungsgegenstand selbst auftauchten». Infolgedessen waren die Einflüsse der politischen Umwelt für sein zentrales theoretisches Werk von geringerer Bedeutung als dies für die Arbeiten der älteren englischen Nationalökonomen gilt. In diesem Zusammenhang ist es bezeichnend, daß Jevons als einer der ersten englischen Autoren «den Ersatz des Namens Politische Ökonomie durch den zutreffenden Einzelausdruck Ökonomik (economics)» befürwortete (1879/1970, 48). Die Bedeutung der Umbenennung lag nicht so sehr im Weglassen des Adjektivs «politisch» aus dem Namen der Disziplin als in dem Nachdruck, mit dem Jevons so die Ähnlichkeit zwischen der Ökonomik und anderen Wissenschaften wie Physik und Mathematik betonte.

In dieser Hinsicht waren für die Gestaltung des Beitrags, den Jevons zur Entwicklung des ökonomischen Denkens leistete, die Einflüsse der politischen Umwelt weniger wichtig als diejenigen seiner sozialen und besonders seiner Studienumwelt. Er stammte aus einem ganz anderen geistigen Milieu als die etablierten Nationalökonomen J. S. Mill und J. E. Cairnes (Black 1973, 103 ff.). Seine erste Ausbildung erfuhr er in den reinen und den angewandten Naturwissenschaften, besonders in Mathematik und Chemie. Stark beeinflußt wurde er von seinem Vetter Henry Enfield Roscoe, der, nachdem er bei v. Bunsen in Heidelberg studiert hatte, eine große Karriere als Chemiker machte und von 1857 bis 1885 den Lehrstuhl für Chemie am Owens College in Manchester innehatte. Jevons' erste Vorstellungen von einer beruflichen Laufbahn galten einer Tätigkeit, in der er seine Kenntnisse in Chemie nutzen konnte. Als er sich für soziale und wirtschaftliche Fragen zu interessieren begann, betrachtete er sie daher nicht so sehr vom Standpunkt des politischen oder des Moralphilosophen, als vielmehr von dem des Naturwissenschaftlers, besonders des quantitativ vorgehenden Naturwissenschaftlers. Dies prägte großenteils den besonderen Charakter von Jevons' Beitrag zur ökonomischen Theorie.

Hieraus sollte man jedoch nicht folgern, Jevons wäre bar jeder politischen oder Moralphilosophie gewesen und davon unbeeinflußt an die wirtschaftlichen Probleme herangegangen. Seine politischen Ansichten waren so, wie man sie von einem gebildeten Mitglied der Mittelklassen in Nordengland um die Mitte des 19. Jahrhunderts erwarten durfte. Jevons selbst resümierte sie exakt, als er 1866 schrieb: «Meinerseits möchte ich in England einen Liberalismus gehegt und gepflegt sehen, wie ihn Mr. Mill in seinem kurzen, aber großartigen Essay über die Freiheit genau umrissen hat» (1977 III, 132). Die philosophische Grundlage seines Denkens in Wirtschaftstheorie und Wirtschaftspolitik war Jeremy Benthams Utilitarismus. Jevons' besondere wissenschaftliche Methode ergab im Zusammenhang mit Benthams Lehrsatz, daß «die Natur die Menschheit unter die Herrschaft zweier gewaltiger Herren, Leid und Freude, gestellt hat», einen Typ der ökonomischen Analyse, die sich merklich von der seiner klassischen Vorgänger unterschied. Es muß betont werden, daß sie, wie ein Kommentator kürzlich erklärt hat, «als ein Versuch angesehen werden sollte, ein zugegebenermaßen theoretisch inadäquates System zu ersetzen, und nicht als ein Versuch, die klassische Theorie durch eine ideologisch oder politisch akzeptablere zu ersetzen» (Backhouse 1985, 76).

II. Werk

1. Die wissenschaftliche Leistung

Keynes betrachtete Jevons als «ein bemerkenswertes Beispiel» der «Vielseitigkeit, die zur Ausrüstung eines Nationalökonomen notwendig gehören dürfte» (1936/1972, 139). Während seiner nur 20 Jahre umfassenden akademischen Laufbahn hat Jevons nicht allein auf vielen Gebieten der Wirtschaftswissenschaften, sondern auch auf dem der Logik wichtige Beiträge geleistet. Jevons' Werk über die Logik liegt außerhalb des Rahmens dieses Essays,[1] aber seine Auffassungen zu Wissenschaftstheorie und Methodenlehre im allgemeinen, wie sie aus seinen Studien zur Logik hervorgingen, bestimmten auch seinen wirtschaftlichen Denkansatz.

Zu Jevons Zeit wurde die Frage der für die Ökonomik geeigneten Form und Methode stark diskutiert. Nicht wenige Autoritäten auf diesem Gebiet, besonders in Deutschland empfahlen die völlige Ersetzung der klassischen deduktiven Methode durch induktive und historische Studien. Jevons vertrat die Ansicht, daß «Induktion tatsächlich die Umkehrung des Deduktionsprozesses ist... Genauso wie der Prozeß des Dividierens eine vorherige Kenntnis der Multiplikation verlangt, ... bedarf die Induktion einer vorherigen Kenntnis der Deduktion» (1874/1958, 12). Indem er so behauptete, «daß Deduktion ein notwendiges Element der Induktion ist», konnte Jevons natürlich denjenigen, die bei wirtschaftswissenschaftlichen Studien von der Deduktion abgehen wollten, nicht zustimmen. Er praktizierte, was er lehrte, durch Kombination von deduktiven und induktiven Ansätzen mit großer Geschicklichkeit in seinem eigenen Werk, wobei sich seine bemerkenswerte Fähigkeit zur Bewältigung einer großen Masse von Daten wie auch zur Formulierung eigenständiger Hypothesen zu deren Interpretation zeigte. Gleichzeitig erklärte Jevons, er sei «weit entfernt von dem Gedanken, daß die historische Betrachtung unserer Wissenschaft falsch oder überflüssig ist. Im Gegenteil, ich betrachte sie als unerläßlich», schrieb er (1876/1905, 195), und das historische Werk, das er schuf, zeigt, daß seine Bemerkung kein eitler Lippendienst war.

Jevons behauptete, daß «der gegenwärtige chaotische Zustand der Ökonomik durch das Zusammenwerfen mehrerer Wissenszweige entsteht», und er bewies Voraussicht, als er die Aufteilung der Disziplin in eine Vielzahl von Unterabteilungen, in denen jeweils eine spezifische Methode angewandt würde, voraussagte. «Wie aber alle Naturwissenschaften ihre Grundlage mehr oder weniger augenfällig in den allgemeinen Prinzipien der Mechanik haben», argumentierte er, «so müssen alle Teile und Abteilungen der Wirtschaftswissenschaft von bestimmten allgemeinen Prinzipien durchdrungen sein» (1879/1970, 49f.). Jevons' bekanntestes Buch *The Theory of Political Economy* (1871), beschränkte sich streng auf die Untersuchung dieser Prinzipien – «auf die Herausarbeitung der Mechanik des Eigennutzes und des Nutzens» (ebd., 50), und darum mag es angebracht sein, daß wir uns zunächst damit befassen, ehe wir uns seinen Beiträgen zu anderen Bereichen der Disziplin zuwenden.

Als Jevons die *Theory of Political Economy* schrieb, versuchte er sich nicht an einer Aufgabe, wie sie J. S. Mill oder Marshall zu lösen versuchten, als sie ihre *Principles* verfaßten. Jevons wollte nur eine Antwort auf das anbieten, was er als das Kernproblem der Ökonomik betrachtete: «Gegeben ist eine bestimmte Bevölkerung mit den verschiedensten Bedürfnissen und Produktionskräften, die bestimmte Böden und andere

Rohstoffquellen besitzt: gesucht ist die Art ihres Arbeitseinsatzes, der den Nutzen des Produkts maximieren wird» (ebd., 254).

Im Vergleich zum Ansatz der klassischen englischen Schule war dies eine neuartige Fassung des ökonomischen Problems, und das Buch ging dies mittels neuartiger Methoden an, bei denen die utilitaristische Philosophie mit mathematischen Techniken verbunden wurde. «Meine Wirtschaftstheorie», schrieb Jevons kühn, «hat rein mathematischen Charakter ... Mir scheint es so, daß *unsere Wissenschaft mathematisch sein muß, einfach weil sie sich mit Quantitäten befaßt.* Wo immer die behandelten Dinge *größer* oder *kleiner* sein können, müssen die Gesetze und Relationen ihrer Natur nach mathematisch sein» (ebd., 78, Hervorhebungen im Original). «Dinge», die so behandelt wurden, als könnten sie größer oder kleiner sein, waren nach Benthams *Introduction to the Principles of Morals and Legislation* (1789), aus denen Jevons ausgiebig zitiert, in erster Linie Freude und Leid. Von der Idee ausgehend, daß Freude und Leid «wie positive und negative Mengen in der Algebra behandelt werden», und daß das Ziel eines jeden einzelnen als «Maximierung der sich ergebenden Summe in Richtung Freude» definiert sei, entwarf Jevons seine Nutzentheorie; deren wichtigste Merkmale waren das von ihm so genannte «Gesetz der Nutzenvariation» und die Unterscheidung zwischen Gesamtnutzen und Grenznutzen, die als «der Differentialkoeffizient von u als Funktion von x» definiert wird (ebd., 110). Diese Nutzenanalyse führt notwendig zu einer Tauschtheorie, weil Güter und Dienstleistungen, die Nutzen bringen, zumeist durch Tausch in den gewünschten Mengen zur gewünschten Zeit beschafft werden. Das Kapitel, in dem diese Theorie entwickelt wird, kann deshalb als Kernstück des Buches angesehen werden. Darin werden die Bedingungen dargestellt, unter denen zwei Handel treibende Einheiten, die über zwei Güter verfügen und damit handeln, ihren Nutzen maximieren werden, wobei sich zeigt, daß im Gleichgewicht die letzten Teileinheiten des Nutzens proportional dem Preis für jedes Gut sein müssen.

Das ist Jevons' Terminologie, die heutigen Lesern nicht vertraut sein wird. Er benutzte den Ausdruck «letzter Nutzengrad» («final degree of utility») dort, wo spätere Autoren von Grenznutzen («marginal utility») sprechen. Der Ausdruck «trading body» («Handel treibende Einheit») sollte in einem insgesamt nicht ganz geglückten Versuch sowohl einzelne als auch Gruppen erfassen, um zu zeigen, daß «die Tauschprinzipien ihrer Natur nach gleich sind, wie weit oder eng auch immer der Markt gesehen wird» (ebd., 135).[2] Anfänglich wird angenommen, die Handel treibenden Einheiten begännen ihre Geschäfte mit einem festen Vorrat zweier Güter, wobei aber Vorräte durch Produktion geändert werden können. Umgekehrt schließt Produktion Arbeit ein, und so muß im nächsten Stadium eine Arbeitstheorie («theory of labour») entworfen werden. Genauso wie Freude oder Nutzen aus dem Güterverbrauch folgen, geht die «mühevolle Anstrengung» oder das Grenzleid der Arbeit in die Produktion ein. So erweist sich die Arbeitstheorie, die Jevons nach seiner Tauschtheorie einführt, als Gegenstück der Nutzentheorie. Mit seiner Behandlung des «Gleichgewichts zwischen Bedürfnis und Arbeit» nimmt Jevons großenteils neuere Diskussionen über die Wahl zwischen Realeinkommen und Muße vorweg; er stellte aber in diesem Kapitel auch eine Produktionskostentheorie nach Maßgabe des Grenzleids bereit, die er in seine Tauschtheorie integrieren konnte, um zu zeigen, daß bei Gleichgewicht die Preise sowohl den Produktionskosten als auch dem Grenznutzen proportional sein würden (ebd. 203 ff.).

Die folgenden Kapitel über die Rententheorie sowie über die Kapitaltheorie sind oft so interpretiert worden, als ob sie gemeinsam mit der Arbeitstheorie eine typische neoklassische Behandlung der Faktorpreise – Lohn, Rente und Zins – unter drei Gesichtspunkten brächten; in Wirklichkeit haben diese beiden Kapitel aber nicht die gleiche Basis wie die vorangehenden. Jene früheren Kapitel entwickeln die Wirtschaftstheorie als eine Differentialrechnung von Freud und Leid, die nur von menschlichen Wesen empfunden werden können; aber bei der Produktion von Gütern und Dienstleistungen zur Bedürfnisbefriedigung spielen auch nichtmenschliche Elemente eine Rolle, und so bedarf es einer gesonderten Diskussion der Rolle von Boden und Kapital.

Es ist freilich bemerkenswert, daß Jevons keine Bodentheorie, sondern eine Rententheorie aufstellt. Diese ist aufgrund der Anwendung der Differentialrechnung letztlich eine Verfeinerung der Ricardianischen Analyse. Sie soll nachweisen, wie – wenn nur Arbeit und Boden kombiniert werden – außer der «notwendigen Entschädigung» für die Arbeitsmühe ein Überschuß entstehen kann, da die notwendige Entschädigung effektiv vom Grenzprodukt der Arbeit bestimmt wird (ebd., 222 ff.). Die Kapitaltheorie ist jedoch formal vom übrigen Werk getrennt, denn nach Jevons «gibt es keine enge oder notwendige Verbindung zwischen dem Kapitaleinsatz und den Tauschvorgängen». Die Verwendung von Kapital könnte zum Beispiel einem isolierten Menschen zugute kommen, und so werden Kapital und Tausch als unterschiedliche Mittel zur Erhöhung der Summe des Nettonutzens gesehen.

Kapital erhöht den Nutzen dadurch, daß es einen realen Ertrag abwirft, und der Investitionsbetrag wird als eine zweidimensionale Quantität definiert – Kapitalmenge und Zeitraum, für den sie investiert bleibt. Dann ist der Zins ein Mehrertrag des Produkts, der sich von einem Mehrertrag der Investition ableitet, und wird so durch die Grenzproduktivität aus Methoden der Umwegproduktion erklärt – obgleich Jevons es nicht so formulierte.

Die von Jevons dargestellte *Theory of Political Economy* war gegenüber der von Ricardo und J. St. Mill etwas ganz anderes. Um die Neuartigkeit seines Ansatzes hervorzuheben, übertrieb Jevons manchmal den

Unterschied zwischen seinen Ideen und jenen seiner klassischen Vorgänger. Auf der ersten Seite des Buches versichert er, daß «Wert völlig vom Nutzen abhängt», während er später einräumt, daß «Arbeit, obwohl sie niemals Ursache des Wertes ist, doch in vielen Fällen der bestimmende Umstand ist». Er erklärt diese Beziehung mittels seiner bekannten Wirkungskette: «Die Produktionskosten bestimmen das Angebot; das Angebot bestimmt den Grenznutzen; der Grenznutzen bestimmt den Wert» (ebd., 77 und 187). Jevons' Theorie unterscheidet sich jedoch auch von der späteren neoklassischen Mikroökonomik im Werk von Marshall, Walras und deren Nachfolgern. Weil Jevons Pionierarbeit für viele wichtige Begriffe der neoklassischen Wert- und Verteilungsanalyse leistete, kam die Tendenz auf, seine *Theory* vom Standpunkt dieser Analyse in ihrer reifsten und vollständigsten Form aus zu beurteilen. Von diesem Standpunkt aus zeigte sie wirklich viele Unzulänglichkeiten und verwirrende Züge – so zum Beispiel das Versäumnis, die Grenzproduktivitätstheorie auf eine allgemeine Formel zu bringen, das Nichtvorhandensein von Angebots- und Nachfragekurven im Unterschied zu Nutzenkurven, das Fehlen jeglicher Theorie der Unternehmung oder einer Aussage, die über eine flüchtige Erwähnung des Unternehmers hinausginge. Die Gründe für all dies werden klar, wenn das Werk als das und nur als das gesehen wird, was sein Autor darin sah, nämlich den Versuch, «die Wirtschaft als eine Differentialrechnung von Freude und Leid» zu betrachten (ebd., 44). So aufgefaßt, ist es weder klassisch noch neoklassisch in der wahren Bedeutung dieser Begriffe, sondern ein Übergangswerk.

Die *Theory of Political Economy* sicherte Jevons als Werttheoretiker einen bleibenden Platz in der Geschichte des ökonomischen Denkens. Obschon fundamental, stellt das Buch doch nur einen kleinen Teil seines Gesamtbeitrages zur Ökonomik dar; in seinen anderen Schriften befaßt er sich mehr mit dem Überbau der angewandten Ökonomik als mit den Grundlagen der reinen Theorie. Statistische Daten aller Art wirkten auf Jevons faszinierend, doch Zeitreihen weckten sein ganz besonderes Interesse. Sein Studium der Naturwissenschaften brachte ihn dazu, in solchen Reihen Muster und Rhythmen zu entdecken; ein Merkmal der Zeitreihen, das ihn immer wieder fesselte, war die Periodizität. Tatsächlich trug einer der ersten ökonomischen Aufsätze, die er nach seiner Rückkehr aus Australien verfaßte, den Titel *On the Study of Periodic Commercial Fluctuations*; Jevons wies darauf hin, daß «jede Art von periodischer Fluktuation ... entdeckt und dargestellt werden muß, und zwar nicht nur als Studienobjekt selbst, sondern auch, weil wir solche periodischen Veränderungen feststellen und ausschalten müssen, ehe wir jene, die unregelmäßig oder nichtperiodisch sind, genau darstellen können» (1862/1884 d, 4).

Viel von Jevons' nachfolgendem wirtschaftswissenschaftlichen Werk kann als eine Weiterführung dieser Ideen angesehen werden, die ihrerseits aus Versuchen entstanden zu sein scheinen, die er schon 1860 begann, um einen «Statistischen Atlas» aufzubauen. Einige der sorgfältig ausgearbeiteten Diagramme zur Illustration von Preisbewegungen, die er hierfür entwarf, verdeutlichten Jevons das Wesen des Wertverfalls des Goldes seit der Entdeckung der großen Goldvorkommen in Australien und Kalifornien im Jahre 1849. Er begann, diese langfristige Veränderung des allgemeinen Preisniveaus zu untersuchen und von anderen Faktoren, die die Preise beeinflussen, zu isolieren.

Das Ergebnis war eine knappe Broschüre von 73 Seiten, von der kein Geringerer als J. M. Keynes respektvoll sagte: «Wegen ihrer unerschöpflichen Ergiebigkeit und der geistvollen Originalität, die mit sicherem Griff und unfehlbarer Beherrschung des Materials eine Unzahl Statistiken meisterte, sucht die Broschüre in der Geschichte unseres Behandlungsgegenstandes ihresgleichen, zumal sich Jevons als einzelner ohne Hilfe durch den Stoff hindurchfinden mußte, wobei er sich auch nicht auf Präzedenzfälle und arbeitssparende Hilfsmittel zur Erleichterung seiner Aufgabe stützen konnte» (1936/1972, 121).

Tatsächlich mußte Jevons, wie ein jüngerer Kommentator gesagt hat (Laidler 1982, 334), «im Grunde genommen den Begriff des Preisindex für sich erfinden»; und nicht nur dies gelang ihm, sondern er behandelte klar und genau jeden Aspekt einer langfristigen Verschiebung des Preisniveaus. Seine endgültige Schätzung eines Sinkens des Goldwertes um 9 % bis 15 % in den Jahren 1845/50 bis 1860/62 kam den Ergebnissen nahe, die mit anderen, eher traditionellen a priori-Methoden von J. E. Cairnes (1873, 1-165) erzielt worden waren. Sie klärte im Grunde genommen eine Frage, über die es bis dahin viele Diskussionen auf schlechter Informationsgrundlage gegeben hatte.

Auf der anderen Seite mußte das Ergebnis seiner Studie der Orthodoxie, die das Geldwesen beherrschte, den Rücken decken, so wie dies mit fast allen seinen späteren Arbeiten auf diesem Gebiet der Fall war. Nach Jevons' Auffassung war die unentbehrliche Grundlage eines gesunden Geldsystems eine in Gold konvertible und vom Staate regulierte Währung. Er gab zwar zu, daß rein theoretisch eine inkonvertible Papierwährung gut gelenkt werden könnte, sah aber Risiken voraus, wenn irgendein Staat hier nach eigenem Gutdünken handeln könnte, und es schien ihm nicht vorteilhaft, wenn eine einfache Goldkonvertibilität durch eine Doppelwährung oder durch einen Silber-Monometallismus ersetzt würde. Seine Studie zur Veränderlichkeit des Geldwertes scheint in der Geldpolitik wirklich nur zu einer einzigen Neuerung geführt zu haben – der Übernahme eines Tabellenstandards bei langfristigen Kontrakten anstelle des Goldes (1875/1884c, 297–302). Er betonte jedoch auch, daß zwischen Staaten mit Goldstandard dank der einfachen technischen Möglichkeit, gleiche Gewichte für ihre Münzeinheiten einzuführen, ein international akzeptierbares Geld geschaffen werden könnte.

Diese vergleichsweise orthodoxe Auffassung von Geldpolitik, die sich aus Jevons' Studien zur Bewegung von Währung und Preisen entwikkelte, spiegelte sich in einer Stellungnahme zur Geldtheorie wider, die wenig von dem Radikalismus aufwies, der seine Einstellung zur Werttheorie kennzeichnete. Wie die meisten seiner Zeitgenossen und Nachfolger bis hin zu Keynes sah Jevons keinen Grund, die allgemeine Gültigkeit des Sayschen Theorems in Frage zu stellen oder irgendeine der gängigen Versionen der Unterkonsumtionslehren ernsthaft zu erwägen; er akzeptierte die Quantitätstheorie des Geldes. Nichtsdestoweniger beschäftigte er sich fortwährend mit monetären Fragen, und einige seiner Arbeiten auf diesem Gebiet zeigen, wie er hier sein besonderes Talent zur Verbindung von Induktion und Deduktion erfolgreich einsetzte.

Im ersten Kapitel von *A Serious Fall* hatte Jevons zum Problem einer unterschiedlichen Behandlung von dauernden und zeitweisen Preisfluktuationen bemerkt: «Daß große Fluktuationen, die sich innerhalb von ungefähr zehn Jahren abspielen, die Entwicklung des Handels wechselvoll gestalten, ist allen, die mit kaufmännischen Angelegenheiten vertraut sind, geläufig.» Er merkte an, daß «die entfernte Ursache dieser kommerziellen Gezeiten noch nicht genau ermittelt worden ist», und vermutete, dies liege «an *dem schwankenden Verhältnis des zur ständigen und in der Zukunft liegenden Investition bestimmten Kapitals zu dem Kapital, das nur zeitweilig investiert wird, um sich bald zu reproduzieren*» (1884a, 27f. Hervorhebung im Original). Diese Frage der periodischen Verursachung solcher kommerzieller Gezeiten begann Jevons zu faszinieren, aber erst ungefähr zwölf Jahre später unternahm er eine detaillierte Studie, worin er aber nicht die gewichtige Erkenntnis weiterverfolgte, die er 1863 flüchtig erwähnt hatte. Warum er dies nicht tat, bleibt Sache der Spekulation, aber es gibt zwei wichtige Hinweise: Erstens war sich Jevons stärker als die meisten seiner Vorgänger und Zeitgenossen (mit einigen wenigen Ausnahmen wie Clément Juglar) des Phänomens einer periodischen gesamtwirtschaftlichen Fluktuation bewußt; zweitens war er aber, weil er am Sayschen Theorem und der Quantitätstheorie festhielt, nicht besser als sie dafür gerüstet, eine Hypothese zu finden, die dieses Phänomen aus endogenen Ursachen erklärte.

So wird verständlich, daß Jevons versuchte, den Zehnjahresrhythmus, den er in den «kommerziellen Gezeiten» wahrnahm, exogenen Ursachen zuzuschreiben. Seine *Principles of Science* enthielten einen Abschnitt über «periodische Veränderungen». Darin bezog er sich auf ein Prinzip des zeitgenössischen Astronomen Sir John Herschel, «daß die Wirkung einer periodischen Ursache periodisch sein wird und in genau den Intervallen, die bei den Ursachen zu finden sind, auftreten wird». Später zitierte er «das umfassendste und schönste Beispiel der Induktion in bezug auf periodische Veränderungen, das herangezogen werden kann, ... das der Entdeckung einer Elfjahresperiode bei vielen meteorologischen und astronomischen Phänomenen». Er bezog sich dabei auf die möglichen Zusammenhänge zwischen dem Sonnenfleckenzyklus und der Wiederkehr des Nordlichts (1874/1958, 451 f.). Für Jevons war es darum angesichts seiner naturwissenschaftlichen Interessen und seiner Schulung ganz natürlich, einen Schritt weiterzugehen und die Hypothese zu prüfen, ob der zehnjährige Wirtschaftszyklus die periodische Wirkung einer periodischen exogenen Ursache, des Sonnenfleckenzyklus, sein könnte.

Jevons' Problem war die Einführung eines Mechanismus, der die periodischen Ursachen, die Veränderungen der Sonnenfleckentätigkeit, mit der periodischen Wirkung, den Veränderungen der ökonomischen Tätigkeit, verband. In einem 1875 der British Association eingereichten Artikel zeigte er zunächst eine einfache direkte Verkettung am Beispiel der Landwirtschaft: «Der Ernteertrag hängt gewiß in jedem Jahr vom Wetter ab, besonders während der Sommer- und Herbstmonate. Wenn nun das Wetter gewissermaßen von der Sonnenfleckenperiode abhängt, folgt daraus, daß die Ernte und der Getreidepreis ebenfalls mehr oder weniger davon abhängen und periodischen Fluktuationen in Zeitabständen unterliegen, die denen der Sonnenflecken entsprechen» (1875/1884 b, 194 f.). Um dies zu untersuchen, versuchte Jevons, die aus der *History of Agriculture & Prices* von Thorold Rogers entnommene Statistik der Getreidepreise auf eine Sonnenfleckenperiode von 11,11 Jahren zu beziehen; aber er «wagte nicht, positiv zu behaupten, daß die Durchschnittsfluktuationen... nur von den Veränderungen der Sonnenkraft abhingen». Als er nachträglich feststellte, daß dieselben Daten andere Veränderungsperioden genausogut erklärten, zog er den Artikel vor seiner Veröffentlichung zurück, obwohl er immer noch der Überzeugung war, daß «der Gegenstand weitere Prüfungen verdient» (ebd., 203).

Diese weitere Untersuchung veranlaßte ihn 1878, eine indirekte Hypothese aufzustellen, wieder bezogen auf die Landwirtschaft. Neue Ereignisse über eine Wiederkehr des Sonnenfleckenzyklus in Perioden von 10,45 und nicht von 11,11 Jahren wurden gleichzeitig mit dem Nachweis vorgelegt, «daß in Indien Perioden des Mangels und des Überflusses eine zehnjährige Tendenz zeigen». Jevons glaubte daher, «daß der Exporthandel von England nach Indien in hohem Maße davon abhängt, wie billig in Indien die Nahrungsmittel sind», so daß ein hohes Preisniveau in Indien Exporteinbrüche für britische Waren zur Folge hätte. Er glaubte nachweisen zu können, daß «die Koinzidenz der Handelskrisen in Westeuropa mit hohen Getreidepreisen in Delhi fast vollkommen ist». Trotz beträchtlicher Kritik an den Daten wie auch an seiner Interpretation blieb Jevons bis zum Ende seines Lebens «von der Wahrheit der Theorie hinlänglich überzeugt, obwohl es gegenwärtig nicht möglich sein mag, jede Schwierigkeit zu überwinden» (Brief an R.H. Inglis Palgrave, 13. Juni 1882/1977 V, 194).

Obwohl die Koinzidenz der Periodizität zwischen Sonnenflecken und

Wirtschaftszyklus manche Statistiker davon überzeugte, daß Jevons eine wichtige Frage über deren Verhältnis aufgeworfen habe – auch wenn er keine einleuchtende Erklärung dafür anbieten konnte –, lief das allgemeine Urteil späterer Kommentatoren darauf hinaus, daß ihn mit diesem Beispiel sein üblicherweise gesunder Instinkt für die Behandlung und Untersuchung statistischer Daten dieses Mal in die Irre geführt hatte.[3] Es sollte jedoch nicht vergessen werden, daß die Konjunkturforschung zu Jevons' Zeit in den Kinderschuhen steckte. Es war sogar eine Leistung an sich, die Existenz periodischer Zyklen bei ökonomischen Zeitreihen zu erkennen, und die Hypothese, die er zu ihrer Erklärung aufstellte, war genauso einer Überprüfung wert wie viele andere, die später folgten. Ein neuerer Kommentator hat darauf hingewiesen, man dürfe nicht vergessen, daß Jevons' Theorie trotz ihrer Unvollständigkeit «nicht auf einigen vielleicht weit hergeholten Korrelationsbeweisen beruhte»; vielmehr beinhalte sie auch eine detaillierte Studie zur Rolle von Investition und Kredit, die einen Zehnjahresrhythmus im Verhältnis von ökonomischer Aktivität und Preisen in Großbritannien zu äußeren Störfaktoren nachweise (Laidler 1982, 345).

Weil Jevons das zentrale Problem der Ökonomik im wesentlichen als ein Maximierungsproblem unter Beschränkungen behandelte, lag das Schwergewicht der Wirtschaftstheorie nicht mehr auf jenen Fragen wirtschaftlichen Wachstums, die das ursprüngliche Anliegen der klassischen Schule waren. Dennoch gingen solche Fragen in sein Werk ein, allerdings in einem ganz anderen Kontext und mit anderer Methodologie als bei seinen klassischen Vorgängern. Zu Jevons' Zeit war die Malthussche Drohung, die Bevölkerung wachse über die natürlichen Existenzgrundlagen hinaus, in den Hintergrund getreten; die Verbindung von industrieller Expansion und Freihandel schien reichlich und billig Nahrungsmittel zu sichern – wenigstens für die Menschen in Großbritannien. Aber der industrielle Fortschritt des Landes beruhte zweifellos auf der reichlichen einheimischen Kohleversorgung. Man ahnte die Möglichkeit einer Bedrohung seiner industriellen Vorherrschaft durch die Erschöpfung der Vorkommen schon voraus, als das Unterhaus 1860 über den englisch-französischen Handelsvertrag debattierte. Damals waren noch keine verläßlichen Voraussagen über die Nachfrage und das Angebot bei Kohle in Großbritannien gemacht worden; 1864 meinte Jevons, dies sei «das kommende Problem», und «eine gute Publikation über diesen Gegenstand würde große Aufmerksamkeit erregen» (Brief an seinen Bruder Herbert Jevons, 18. Februar 1864/1977 III, 52).

Dieses Thema paßte gut zu der Art statistischer Untersuchung, für die Jevons' Talent bereits erwiesen war; anhand der zur Verfügung stehenden Quellen machte er sich mit gewohnter Intensität ans Werk und beendete in bemerkenswert kurzer Zeit das erste seiner Bücher, das ihm allgemeine Anerkennung einbrachte: *The Coal Question* (1865). Sein Hauptargument war nicht, daß die Kohlereserven Großbritanniens bald erschöpft sein würden, sondern daß das rapide Wachsen von Bevölkerung und Industrie im 19. Jahrhundert einen um ungefähr 3,5 % pro Jahr steigenden Kohleverbrauch bewirkt habe – eine Rate, die, falls sie lange beibehalten wurde, den Ausbau der Bergwerke zu entweder schlechteren oder tieferen Lagerstätten mit sich bringen würde und daher die Kohlekosten beträchtlich erhöhen mußte. Insoweit die industrielle Position und Entwicklung Großbritanniens auf billiger Kohle basierte, mußte sie innerhalb der nächsten 50 Jahre ernsthaft beeinträchtigt werden.

Jevons sah kaum Möglichkeiten, wie dieser trüben Zukunftsprognose begegnet werden könnte. Der heutige Leser erfreut sich der Vorteile späterer Erkenntnisse und weiß, daß Jevons die Substituierbarkeit der Kohle durch andere Energiequellen unterschätzte, etwa durch Erdöl und Erdgas, die man damals bereits kannte. Jevons wies nach, daß der wirtschaftlichere Einsatz von Kohle keine Lösung brächte, da eine Kostensenkung die industrielle Expansion nur stimulieren und letzten Endes zur Steigerung der Kohlenachfrage führen würde. Der einzige positive Vorschlag, den er machen konnte, richtete sich «darauf, die Nachwelt für unseren gegenwärtigen verschwenderischen Kohleverbrauch zu entschädigen». Deshalb sollte die Staatsverschuldung abgebaut und vielleicht sogar beglichen werden. Er behauptete, eine solche Politik werde «das Produktivkapital des Landes erhöhen», dem gegenwärtig zu raschen Fortschritt Einhalt gebieten und zukünftige Schwierigkeiten verringern. Jevons' Argumentation fand nicht nur den Beifall John Stuart Mills, sondern auch den des damaligen britischen Schatzkanzlers W. E. Gladstone. Gladstones Pläne zur Reduzierung der Staatsschuld – er nahm sie in sein Budget von 1866 auf – basierten u. a. auf der Erwartung, daß die Kohlebergwerke in absehbarer Zeit erschöpft sein könnten. Eine Zeitlang füllte die Kohlefrage die Zeitungen, und es wurde eine Königliche Kohlekommission ernannt. Ihr Bericht wurde erst 1871 veröffentlicht und befaßte sich denn auch nicht wirklich mit den von Jevons aufgeworfenen Fragen, sondern brachte beruhigende Zahlen über die Kohlereserven, die die öffentliche Besorgnis einlullten.

Die gegenwärtige Beschäftigung mit Energieproblemen und mit Reserven an fossilen Brennstoffen weckt neues Interesse für Jevons' Behandlung der «Kohlefrage». Man ist beinahe versucht, ihn als Pionier einer Ökonomik erschöpfbarer Ressourcen zu sehen. Es ging ihm jedoch nicht um die Erschöpfung der Weltenergiereserven, nicht einmal um die der britischen Energiereserven. Jevons' Interesse galt in erster Linie der Wirkung, die die schnell steigende Konsumrate auf vorhandene und darum billige Kohle für das Wirtschaftswachstum Großbritanniens und seine internationale Wettbewerbsfähigkeit haben mußte. Dennoch war er einer der ersten Nationalökonomen, der einige Probleme anschnitt, wie sie aus der Ausbeutung natürlicher Ressourcen entstehen, und der die Schwierigkeiten aufzeigte, die dies in den Ländern der frühen Industrialisierung hervorrufen konnte.

2. *Jevons' Geltung bei den Zeitgenossen*

In der *Theory of Political Economy* griff Jevons die landläufigen Lehren der klassischen Werttheorie an. Infolgedessen betonte, ja überbetonte er den Trennungsstrich, den er zwischen sich und seinen klassischen Vorgängern im allgemeinen und Ricardo und J. St. Mill im besonderen ziehen wollte. Vielleicht konnte er nur so mit Sicherheit die Aufmerksamkeit auf die zweifellos fundamentalen Unterschiede lenken, die zwischen seinem Ansatz zur Lösung einer Reihe zentraler Wirtschaftsfragen und dem von Ricardo gebahnten und von Mill ausgebauten Wege bestanden. Wie schon im vorhergehenden Abschnitt gezeigt, ließen sich aber wesentliche Elemente der Kontinuität zwischen Jevons' Werk und dem der klassischen Schule, selbst zu Mill und Ricardo, nachweisen – vor allem in der Rententheorie und tatsächlich sogar in der Relation von Produktionskosten und Wert.

Doch wenn auch Jevons den Unterschied zwischen seinen Theorien und denen «der Ricardo-Mill-Schule» überbetonte, bemühte er sich, die Bedeutung der Arbeiten seiner anderen Vorgänger, besonders von Malthus und Senior, anzuerkennen. Bei der ersten Formulierung seiner Gedanken scheint Jevons fast ganz unabhängig von anderen Autoren gearbeitet zu haben, obwohl er gegenüber Lardner (Railway Economy) und einigen wenig bekannten Autoren, die wie Richard Jennings über den Nutzen gearbeitet hatten, eine Dankesschuld zum Ausdruck brachte (1871, 17f.; vgl. Bostaph/Shieh 1986, 49–64). Zwischen der Veröffentlichung der ersten Auflage der *Theory of Political Economy* im Jahre 1871 und der zweiten Auflage von 1879 wurde Jevons mehr und mehr der vielen von ihm «mathematisch-ökonomisch» genannten Arbeiten gewahr, die bereits in Frankreich, Italien und Deutschland sowie in seinem eigenen Lande veröffentlicht waren, und er verwandte große Energie auf deren bibliographische Erfassung. Als er 1878 mit Gossens Werk bekannt wurde, gab er ohne Zögern zu, «daß Gossen mir in bezug auf die allgemeinen Prinzipien und die Methode der ökonomischen Theorie vollständig zuvorgekommen ist» (1879/1970, 61).

Im Verhältnis zu seinen Zeitgenossen empfand sich Jevons als Prophet, der nichts in seinem Vaterlande gilt. Ihn enttäuschte der Mangel an Interesse für seine zuerst 1862 veröffentlichte Theorie, und die Anerkennung, die sie nach erneuter Darlegung in seinem Buch von 1871 fand, schien ihm allzu zögernd. Tatsächlich wurde sie nur von wenigen etablierten Nationalökonomen in Großbritannien günstig aufgenommen: Cairnes hatte kein Verständnis, Cliffe Leslie blieb ob seiner Präferenz für die historische Methode ablehnend. Auf großes Verständnis traf sein Werk nur bei dem Ingenieur Fleeming Jenkin und bei George Darwin, dem Mathematiker und zweiten Sohn des berühmten Naturwissenschaftlers. Jedoch übertrieb Jevons vielleicht den von ihm so genannten «verderblichen Einfluß der Autorität» und den Widerstand der älteren Zeitgenossen gegen seinen neuen Ansatz (vgl. de Marchi 1973, 170–189, Schabas 1985, 337–354). Jevons fand sein Werk auf dem europäischen Kontinent besser aufgenommen; sein Hauptalliierter dort war Léon Walras, mit dem ihn die Bemühungen um die Verbreitung der mathematischen Tauschtheorie verbanden; aber er sah sich auch von den Niederländern N. G. Pierson und Johan d'Aulnis de Bourouill sowie den Italienern Luigi Bodio und Luigi Cossa bestätigt. Anscheinend verfügte er wegen mangelnder Sprachkenntnisse kaum über Kontakte zu Deutschland oder Österreich und starb, ohne von Carl Mengers Werk erfahren zu haben.

Nach dem Datum ihrer Hauptwerke zu urteilen könnte man annehmen, Alfred Marshall zähle zu Jevons' Schülern. Tatsächlich glaubte Marshall aber, ihm keinen Dank für Anregungen zu schulden, teils weil er ein viel besserer Mathematiker als Jevons war, teils weil er Ricardo bewunderte, den Jevons zu kritisieren wagte. Marshalls Besprechung von Jevons' *Theory* war, wie Keynes sagte, «lau und neidisch». In späteren Jahren, als Marshall Jevons persönlich kennengelernt hatte, revidierte er seine Meinung und kam nach seinen eigenen Worten letztlich dazu, «ihn als einen der größten Nationalökonomen zu verehren» (Pigou 1925, 99). Jevons hatte viele Studenten, aber wenige Schüler – eine Tatsache, die aus der Stellung der Politischen Ökonomie an den Colleges, an denen er lehrte, herrührte. Zu seiner Zeit bildete sie in Manchester und London nur einen Teil der allgemeinen Studien, die zur Erreichung eines akademischen Grades belegt werden mußten. Die meisten Studenten nahmen nur an einem Kursus teil. Seine einzigen wirklichen Schüler, H. S. Foxwell (1848–1936) und F. Y. Edgeworth (1845–1926), waren formal nie seine Studenten, übernahmen aber seine Lehren dank persönlicher Freundschaft und Gespräche. Foxwell teilte Jevons' Interesse für die Geschichte des ökonomischen Denkens und seine bibliophile Leidenschaft. Edgeworth folgte ihm in seinen Gedankengängen über die Mathematik des Utilitarismus. P. H. Wicksteed (1844–1927) – vielleicht derjenige unter Jevons' Anhängern, der ihn am meisten schätzte und verstand – kannte ihn persönlich überhaupt nicht, aber die von ihm entwickelte Form der Marginalanalyse war gründlicher und konsistenter als bei irgend jemand anderem.

III. Die Bedeutung seines Werkes

1. Die politisch-soziale Seite

Jevons' Einfluß, den er durch seine Schriften zur Wirtschaftspolitik auf das politische und gesellschaftliche Geschehen nahm, muß unter zwei Gesichtspunkten betrachtet werden: dem Einfluß spezifischer Teile seines Werkes auf die Tagespolitik und auf Tagesereignisse und der allgemeinen Wirkung seines Werkes auf die politische und soziale Meinungsbildung.

Zwischen 1862 und 1870 erwarb sich Jevons durch seine Veröffentlichungen über monetäre Probleme und zur Frage der Kohlevorkommen den Rang einer anerkannten Autorität. Er genoß diese Reputation nicht nur unter seinen Fachkollegen, sondern auch bei Londoner Journalisten vom Format eines Walter Bagehot und bei führenden liberalen Parlamentsmitgliedern. Bagehot forderte ihn auf, für den *Economist* zu schreiben, und zollte ihm außerordentliches Lob: «Ihr Buch über die Goldentdeckungen brachte die Diskussion darüber in Bewegung. Seit diese Abhandlung publiziert wurde, hat sich die öffentliche Meinung bezüglich seines Hauptthemas merklich gewandelt» (abgedruckt in III, 86–114).

Der bedeutendste liberale Politiker der Zeit, W. E. Gladstone, schrieb Jevons nicht nur mehrmals, um ihm zu seinem Werk zu gratulieren, sondern lud ihn auch im Mai 1866 zu einer persönlichen Besprechung über Pläne zum Abbau der Staatsverschuldung ein. Als Gladstone im Dezember 1868 Premierminister wurde, ernannte er Robert Lowe zu seinem Schatzkanzler. 1869 bat Lowe Jevons um eine Stellungnahme darüber, welche Bevölkerungsgruppen am stärksten besteuert wurden. Jevons legte einen Bericht vor, nach dem der Steuerdruck bei den ärmsten Klassen am größten war, und empfahl die Aufhebung der Abgabe für Getreide – die aus der Zeit der Aufhebung der Getreidegesetze im Jahre 1846 beibehalten worden war –, um den Druck zu vermindern. Der Vorschlag wurde angenommen und die Steuer aufgehoben. Obwohl Kabinettsminister in den 60er Jahren des 19. Jahrhunderts keine Nationalökonomen zu ihren Beratern zählten, ist doch offensichtlich, daß «Jevons Lowes wichtigster inoffizieller Berater in diesen Dingen war» (Higgs 1905, XV). Jevons' Interesse galt jedoch in erster Linie der Forschung, nicht der politischen Praxis. Er versuchte nie, aus seinem Einfluß in politischen Kreisen Kapital zu schlagen; und als er von Manchester nach London zog, schien ihm der größte Vorteil die Nähe der Bibliotheken und der wissenschaftlichen Gesellschaften der Hauptstadt zu sein, nicht die Nähe der Minister- und Beamtenbüros.

Um den Einfluß von Jevons' wirtschafts- und sozialpolitischen Schriften auf die öffentliche Meinung einschätzen zu können, müssen wir über die geistigen Strömungen zu Jevons' Zeit unterrichtet sein. Unter Historikern ist viel über die relative Stärke und den Einfluß individualistischer und kollektivistischer Ideen in Großbritannien während der zweiten Hälfte des 19. Jahrhunderts diskutiert worden. Viele Forschungen der letzten 40 Jahre versuchten nachzuweisen, daß die Lehre vom Laissez-faire weder von den klassischen Nationalökonomen so allgemein vertreten wurde noch auf die viktorianischen Politiker einen solchen Einfluß hatte, wie man früher annahm. Doch darf man im großen und ganzen sagen, daß ungefähr bis 1870 das Laissez-faire «der stärkste Impuls war, der Form und Inhalt der staatlichen Wirtschaftspolitik bestimmte» (Taylor 1972, 64);[4] mit dem Aufkommen neuer Ideen über soziale und wirtschaftliche Reformen nahm der Einfluß dieser Lehre allmählich ab, weil sich gegen Ende des Jahrhunderts ein für staatliche Interventionen und Kollektivismus günstigeres Klima entwickelte.

Dieser Prozeß vollzog sich ziemlich parallel zur Entwicklung von Jevons' Gedanken über Fragen der Wirtschafts- und Sozialpolitik, die ihrerseits nicht ohne Einfluß auf den Gang des Geschehens blieben. Es ist bereits gezeigt worden, daß Jevons' politische Auffassungen im wesentlichen die eines «klassischen Liberalen» auf der Linie von J. St. Mill und Gladstone waren; über diesen Überzeugungen thronte Benthams Philosophie, die all sein politisches und theoretisches Denken steuerte. Während der ersten Jahre seines Wirkens als Nationalökonom entwickelte Jevons' eine Auffassung von Wirtschaftspolitik, die im großen und ganzen als Fortsetzung des klassischen Laissez-faire-Ansatzes anzusehen ist; aber die Zahl der Ausnahmen, die er gegenüber dem gelten lassen wollte, was er einmal das «gesunde und wahre» Prinzip des Laissez-faire genannt hatte, schien zuzunehmen, je älter er wurde. Als Utilitarist konnte und wollte Jevons sich jedoch weder gänzlich auf Individualismus noch auf Kollektivismus festlegen. Jede einzelne politische Handlung mußte nach ihrem Wert beurteilt werden: «‹Wird eine Maßnahme die Summe des Glücks vergrößern?› war die einzige Frage, die er als letztlich relevant gelten ließ» (Wicksteed 1892 II, 474–478).

Wenn diese Doktrin bis zu ihren logischen Grenzen durchdacht wurde, konnte sie Eingriffe in die Freiheit des einzelnen rechtfertigen, die einem Philosophen widerstrebten, für den Freiheit ein Wert war, der um seiner selbst willen verteidigt werden mußte (vgl. Freeden 1978, 53). Gewiß gibt es Passagen in Jevons' letztem Buch *The State in Relation to Labour*, aus denen man schließen könnte, daß bei ihm die Rechtfertigung der Freiheit rein utilitaristischer Natur war: «Die Freiheit des einzelnen ist nur ein Mittel zum Zweck; sie ist kein Zweck an sich; folglich darf sie, wenn sie den gewünschten Zweck nicht erreicht, aufgehoben und ein anderes Mittel eingesetzt werden», und weiter: «Es gibt kaum eine Grenze für das Eingreifen des Gesetzgebers.» Freilich fuhr Jevons unmittelbar darauf fort – in einem Kontext, in dem er die Fabrikgesetzgebung zum Schutze der Arbeiter diskutierte –: «Ich denke nicht, daß man bei einem solchen Eingreifen, das in diesem Fall lediglich die Sicherung körperlicher Unversehrtheit beträfe, von einem vernünftigen Standpunkt aus von Freiheitsbeschränkung reden könnte» (1882, 13–15). In Sachen Gesellschaftspolitik muß man eher auf den Rat der praktischen Vernunft als auf abstrakte philosophische Prinzipien hören. Daher gilt letztendlich: «Wir dürfen weder die Staatsfunktionen so weit maximieren, daß alles vom Kopfnicken quasi-militärischer Beamter abhängt, noch diese entsprechend den Theorien der wahrlich besten Philosophen minimieren» (1882, 171).[5]

Wenn es also falsch ist, Jevons als einen unnachgiebigen Individualisten und Verteidiger der bestehenden Verhältnisse und Institutionen anzusehen, würde es genauso falsch sein, ihn als einen unnachgiebigen Kollektivisten zu porträtieren, der bereit ist, den radikalen sozialen Wandel ohne Gewissensskrupel in Gang zu setzen: »Bevor wir es wagen, in der Dunkelheit zu einem großen Sprung anzusetzen, müssen wir uns zwangsläufig über die Beschaffenheit des Platzes informieren, auf dem wir ankommen... Mit welchen Mitteln können wir denn induktiv oder deduktiv beweisen, daß ein bestimmter Wandel die Summe des Glücks vergrößern wird?... Im Falle irgendeines ungewöhnlichen und bedeutenden Wandels muß es an unmittelbarer Erfahrung fehlen... Darum ist demjenigen eine schwere Beweislast auferlegt, der irgendeinen sozialen Wandel befürworten wollte, der nicht vorher im kleinen Bereich geprüft worden ist oder geprüft werden kann» (1882, 12).

Die Erprobung sozialer Reformen für einen begrenzten Zeitraum oder in einem begrenzten Bereich mittels dessen, was Jevons «experimentelle Gesetzgebung» nannte, war einer seiner Lieblingsvorschläge zum Nachweis ihrer Konsequenzen (vgl. z.B. 1880, 177–192, wieder abgedruckt in: 1883, 253–276). Jevons scheint also eher ein Befürworter des allmählichen denn des radikalen Wandels gewesen zu sein. Daß aber die Methode der schrittweisen Veränderung in der Sozialgesetzgebung konservativer Natur ist, hat Frank Petrella (1977, 232) hervorgehoben: «Inkrementalismus (Methode schrittweiser Veränderung, d. H.) kräftigt nicht bloß, sondern fördert das dem Staat bei der Lösung von Problemen entgegengebrachte Vertrauen.»

Wenn sich auch Jevons' Auffassung von der Rolle des Staates in der Wirtschaftspolitik nicht von einem Extrem zum anderen bewegte, so vollzog sich bei ihm doch der Übergang von einer dem Interventionismus weniger geneigten zu einer ihn stärker befürwortenden Position. Dies beruhte wohl auf der immer deutlicher werdenden Erkenntnis, daß keine notwendige Identität oder natürliche Harmonie zwischen den Interessen des einzelnen und dem größten Glück der größten Zahl bestand. Dieser Übergang verlief in enger Parallele zur Wandlung der öffentlichen Meinung im spätviktorianischen Großbritannien. Hatte Jevons selbst zu dieser Wandlung beigetragen?

Die richtige Antwort darauf scheint zu sein, daß sein Einfluß für diese Wandlung nicht entscheidend war, daß er aber einen bedeutenden Beitrag zur Meinungsbildung leistete. Nach Hutchison «erscheint Jevons an einem zentralen Punkt der Theorie als ein Revolutionär oder jedenfalls so, als beanspruche er, ein Revolutionär zu sein» (1978, 96 und 1982, 366–378); doch in Sachen Politik zog er keinen scharfen Trennungsstrich zur überkommenen Lehre. Allerdings unterstützte sein gewichtiger Einfluß, sein zunehmend stärker vorgebrachter Zweifel an der Allgemeingültigkeit des Laissez-faire-Prinzips die Meinung derer, die eine aktivere Rolle der zentralen und lokalen staatlichen Stellen bei der Behandlung sozialer und wirtschaftlicher Probleme befürworteten.

2. *Jevons' Wirkung auf das ökonomische Denken*

Die Jahre, in denen Jevons als Nationalökonom wirkte, waren Jahre des Übergangs – in der Theorie von der Klassik zur Neoklassik, in der Politik vom Laissez-faire zum Wohlfahrtsstaat. Jevons selbst war im wesentlichen eine Gestalt des Übergangs; in der Wirtschaftstheorie war er einer der größten Neuerer, der die klassische Form sprengte, aber ein anderes Muster, das sie ersetzen sollte, nur in Umrissen entwarf. In der Politik war er Individualist und Reformer, der potentiell für eine radikale, tatsächlich aber für eine langsame Wandlung eintrat. Das endgültige Urteil muß berücksichtigen, daß der Wandel des ökonomischen Denkens zwischen 1860 und 1882 tief und Jevons' Beitrag zu diesem Wandel fundamental war. 1884 stellte Marshall fest, daß man in Jevons' umfangreichem Werk «voraussichtlich mehr konstruktive Kräfte finden wird als in allen anderen, die in den letzten hundert Jahren geschrieben worden sind, mit Ausnahme von Ricardo» (zit. nach H. S. Foxwell; Einleitung zu Jevons 1884 a, XLIII). Die 100 Jahre, die seitdem verstrichen sind, haben diese Einschätzung Marshalls nicht widerlegt.

Harald Winkel

GUSTAV VON SCHMOLLER
(1838–1917)

I. Werdegang

1. Lebensweg und geistige Prägung

Gustav Schmoller wurde in kinderreicher Familie am 24. Juni 1838 in Heilbronn geboren, wo sein Vater seit 1833 als Kameralverwalter über die württembergischen fiskalischen Interessen zu wachen hatte. Durch den Beruf des Vaters dürfte der heranwachsende Schmoller schon früh mit Problemen von Wirtschaft und Verwaltung vertraut geworden sein. So erinnert er sich später an die Verpachtung der großen Keller und Speicher des Heilbronner Amtshauses an Geschäftsleute der Stadt, da sie «mit zunehmender Ablösung der bäuerlichen Naturallasten nicht mehr für die große staatliche Verwaltung nötig waren» (1918, 53). Die Vorfahren väterlicherseits stammten aus Eisenach und Weimar; ein Ahnherr, Johannes Schmoller, war 1651 in württembergische Dienste getreten. Von da an blieben die Schmollers als Beamte und Gelehrte württembergische Landeskinder. Die Herkunft mütterlicherseits führt in das Patriziat der alten und bedeutenden württembergischen Industrie- und Handelsstadt Calw. Die Vorfahren der Mutter, Therese Gärtner, waren an der berühmten Calwer Zeughandelskompagnie beteiligt; in ihrer Familie finden sich Ärzte und Naturwissenschaftler, die durch ihr Können bis an die Höfe in Stuttgart und St. Petersburg gelangten. Tief beeindruckt hat den jungen Schmoller die «selbstlose Gelehrsamkeit» seines Calwer Großvaters als Botaniker – ein Gelehrtenideal, das der Wissenschaftler von Schmoller später selbst erfüllen sollte. Eine starke erbliche «Belastung» war damit dem Gelehrten von Schmoller schon in die Wiege gelegt. Mit Wirtschaft und Wissenschaft hatten nahezu alle Vorfahren mehr oder weniger zu tun.

Seine frühe Kindheit wird vom Tod zweier Brüder (1841) und dem Tod der Mutter (1846) überschattet. Er selbst gilt als kränklich und wird aus Furcht vor drohender Schwindsucht mehrfach zur Kur geschickt. Aber oft sind es gerade Personen mit anscheinend schwacher Konstitution, denen ein langes Leben bevorsteht; für Schmoller sollte es 79 Jahre währen. Die Ausbildung des jungen Schmoller nimmt den für die damaligen gutbürgerlichen Schichten üblichen Weg. Nach Vorschule und Gymnasium legte er 1856 in Stuttgart als Drittbester des ganzen Landes sein Abitur ab. Sein Urteil über die Schulzeit fällt hart aus: Daß er seine Gymnasialzeit nicht als verloren bezeichnen muß, glaubt er allein zwei Lehrern zu verdanken. Wegen seiner gefährdeten Gesundheit behält ihn der Vater noch ein weiteres Jahr in seiner Kanzlei, wo er mit der praktischen Anwendung von Finanz- und Verwaltungsrecht vertraut wird. Hier lassen sich auch die Wurzeln für die stark empirische Komponente seiner späteren Wissenschaftsanschauung ausmachen. Diese Zeit der Praxis sollte gleichzeitig eine Vorbereitung auf die Beamtenlaufbahn sein, mit der er, wie sein Vater hoffte, die Familientradition in Württemberg fortsetzen würde.

Zum Wintersemester 1857 begann Schmoller dann das Studium der Kameralwissenschaften an der Landesuniversität Tübingen. Dieser Ort war nicht nur gewählt worden, weil es die übliche Startbasis für eine württembergische Beamtenkarriere war, sondern weil dort Stipendien zur Verfügung standen und die ärztliche Überwachung der immer noch schwachen Gesundheit Schmollers gesichert schien. Erhalten blieb dabei auch die Verbindung zum Vaterhaus und zur Heimatstadt Heilbronn, deren wirtschaftliches Aufblühen als «lebendige Illustration» der beginnenden nationalökonomischen Studien empfunden wurde. Die Nationalökonomen der Landesuniversität, Carl von Schüz und J. A. R. von Helferich, hinterließen bei dem jungen Studenten keinen bleibenden Eindruck. Viele Vorlesungen in Finanz-, Staats- und Verwaltungsrecht kann er aufgrund der breiten Vorkenntnisse aus der väterlichen Praxis problemlos schwänzen. Ganz im Einklang mit den heute fast vergessenen Aufgaben einer Universität sieht es Schmoller, der sich vom «Saufen und Pauken» seiner Kommilitonen fernhält, als Ziel seiner Bemühungen an, «eine möglichst weite, allgemeine wissenschaftliche Bildung» zu erhalten, und besucht naturwissenschaftliche, vor allem aber philosophische und historische Vorlesungen. Zweifellos dürften diese Jahre seine wissenschaftliche Grundhaltung entscheidend geprägt haben; vor allem der Einfluß Max Dunckers läßt ihn später feststellen: «Ich wurde so halb Historiker» (1918, 60). Die Verbindung von Nationalökonomie und Geschichte tritt bereits in seiner ersten größeren schriftlichen Arbeit hervor, die er anfertigt, um eine von Schüz gestellte Preisaufgabe zu lösen. Die *Untersuchung der volkswirtschaftlichen Anschauungen zur Reformationszeit* bringt ihm den ersten Preis und den Doktortitel ein (veröffentlicht in der *Zeitschrift für die ges. Staatswissenschaft*, Bd. 16 [1860], 461 ff.). Nach dem ebenfalls 1861 bestandenen ersten Staatsexamen absolviert der junge Finanzreferendar die erste Hälfte seines Referendariats wieder im Kameralamt des Vaters in Heilbronn, beschäftigt sich aber, da er diese Praxis kannte, mit Vorarbeiten zu einem Projekt, das zwar nie zustande kommt, aber in fast allen späteren Arbeiten nachwirkt: Schmoller will «ein grundlegendes Werk über das Herauswachsen der Volkswirtschaftslehre aus dem philosophischen System von 1750–1850» schreiben. Auch in dieser Zielsetzung wird, wie schon in der Dissertation, Schmollers Interesse an der historischen Entwicklung deutlich – ein Anliegen,

Gustav von Schmoller (1838–1917)

dem er in seinem ganzen weiteren wissenschaftlichen Lebensweg treu bleiben sollte.

Die zweite Hälfte seines Referendariats leistet er auf eigenen Wunsch beim Württembergischen Statistischen Amt ab, dessen Leitung inzwischen sein Schwager Gustav Rümelin, «väterlicher Freund und Mentor», nach dem Rücktritt vom Kultusministerium übernommen hatte. Die ihm dort übertragene Aufgabe – die Auswertung der württembergischen Gewerbezählung von 1861 – wird für ihn in doppelter Hinsicht bedeutsam. Zum einen bestärkt sie ihn in der Auffassung, daß ein Rückgriff auf empirische Daten auch in der Wirtschaftswissenschaft notwendig ist, zum anderen trägt die Veröffentlichung der Ergebnisse dieser Arbeit in den *Württembergischen Jahrbüchern* (1863, 161 ff.) wesentlich dazu bei, ihm 1864 einen Ruf als außerordentlicher Professor an die Universität Halle zu verschaffen. Dieser Ruf ist freilich auch Ergebnis eines Vorganges, der zunächst für die geplante Karriere des angehenden Gelehrten eher katastrophale Folgen zu haben schien.

Im Frühjahr 1862 nimmt er in einer anonymen Druckschrift *Der französische Handelsvertrag und seine Gegner. Ein Wort der Verständigung von einem Süddeutschen* (Frankfurt 1862) zugunsten des gerade abgeschlossenen, einen Eintritt Österreichs in den Deutschen Zollverein verhindernden preußisch-französischen Handelsvertrages Stellung und setzt sich damit in scharfen Gegensatz zu den Auffassungen aller süddeutschen, mit Österreich sympathisierenden Staaten. Sicher ist Schmoller durch den Einfluß Rümelins, der zwar aus alter württembergischer Familie stammte, jedoch Anhänger der preußischen Politik war, auf diese Thematik hingewiesen worden; dennoch bekennt er später, daß seine Verurteilung der süddeutschen Haltung aus «innerster Überzeugung» geschah. Der Bruch der Anonymität beendet alle Hoffnungen auf eine württembergische Beamtenlaufbahn, bringt ihm aber andererseits den Beifall des preußischen Handelsministers Rudolf Delbrück ein, der fortan einer seiner Gönner bleiben sollte. Ein weiterer Beitrag in der angesehenen *Tübinger Zeitschrift* (1863, 1 ff.) setzt sich mit der klassischen Einkommens- und Steuertheorie auseinander und weist auf den von Schmoller künftig eingeschlagenen Weg zwischen der Betonung einer notwendigen Individualsphäre und dem gleichzeitig hervorgehobenen Bedürfnis nach einem starken Staat hin. Im Neben- und Miteinander dieser beiden Aspekte sieht Schmoller keinen Widerspruch.

Reisen im In- und Ausland füllen die nächsten beiden Jahre. In Berlin erreicht Schmoller im Frühjahr 1864 der Ruf nach Halle, wo er ein Jahr später als Inhaber eines Ordinariats die Nachfolge von Johann Friedrich Gottfried Eiselen (1785–1865) antritt. So wie ihm seine «anonyme» Druckschrift diesen Weg nach Preußen geebnet hatte, begann er jetzt, ähnlich wie er es im württembergischen Referendariat getan hatte, sich intensiv mit preußischer Verwaltung und Wirtschaft zu befassen. In diese

Zeit fällt ein Artikel über die Arbeiterfrage, die nach der aufsehenerregenden Veröffentlichung des Mainzer Bischofs von Ketteler in den Mittelpunkt des Interesses gerückt war. Schmoller konnte den Beitrag in den *Preußischen Jahrbüchern* publizieren (1864, 393 ff., 523 ff. und 1865, 32 ff.). In ihm wird bereits jener Zwei-Fronten-Kampf sichtbar, den Schmoller in den nächsten Jahren als Vertreter einer neuen sozialpolitischen Richtung führen sollte: einmal gegen die Manchester-Liberalen, denen er als politisch-ethische Forderung das Verlangen nach einer evolutionären, auf staatliche Mitwirkung gestützten Lösung der sozialen Frage entgegenstellte, zum anderen gegen den Sozialismus eines Lassalle oder Marx, deren revolutionäre Agitation ihm ebensowenig geeignet erschien, die Lage der Arbeiter zu verbessern. Damit werden erstmals Leitgedanken für eine Sozialpolitik deutlich, wie sie später im «Verein für Socialpolitik» gefordert werden sollte.

In Halle widmet sich Schmoller offensichtlich auch stärker dem gesellschaftlichen Leben. So übernimmt er das Amt eines Stadtverordneten – nicht zuletzt, um praktische Erfahrungen zu sammeln – und lernt bald die Tochter des Weimarischen Geheimen Rates Rathgen, Lucie, eine Enkelin Niebuhrs, kennen. Aus der sehr glücklichen Ehe mit ihr entstammen ein Sohn und eine Tochter. Für Schmoller wird von nun an Haus und Familie der ruhende Pol, der Hort der Zufriedenheit, aus dem er Kraft schöpfen und in dem er Ausgleich finden kann. Einem Menschen, der die ungestörte Ruhe seines Gelehrtenzimmers zu schätzen wußte, waren häusliches Glück und Geborgenheit wichtige Voraussetzungen für seine wissenschaftliche Arbeit.

In der zweiten Hälfte der 60er Jahre befaßte sich Schmoller intensiv mit dem Studium von Verfassung, Verwaltung und Volkswirtschaft des preußischen Staates, wobei sein Interesse besonders der Regierungszeit Friedrich Wilhelm I. galt. Das Hauptwerk dieser Jahre in Halle – *Geschichte der deutschen Kleingewerbe im 19. Jahrhundert* (1870) – hat durchaus aktuellen Hintergrund. In den 1860er Jahren fielen in den süddeutschen Staaten die letzten Zunftschranken in Deutschland; die Gewerbefreiheit wurde 1869 in der Gewerbeordnung des Norddeutschen Bundes verankert. Schmollers historische Untersuchung fördert Kritikpunkte an dieser liberalen Politik zutage und läßt Bereiche erkennen, in denen zur Förderung des Gemeinwohls der wirtschafts- und sozialpolitisch intervenierende Staat eine berechtigte Aufgabe hat. Schon der Hinweis auf Schwachstellen einer uneingeschränkten Gewerbefreiheit brachte ihm Widerspruch und Angriffe vom «Kongreß der Volkswirte» ein, in dem sich damals Manchester-Liberale und Smithianer zusammengefunden hatten. Aus dem von ihnen gleichfalls geführten Kampf gegen die Vorstellungen der Sozialisten abgeleitet, prägte Heinrich Bernhard Oppenheim den Begriff der «Kathedersozialisten», um damit Schmoller – und ähnlich vorsichtig-kritische Autoren wie Lujo Brentano mit seiner

Untersuchung über die englischen Gewerkvereine – als Vertreter eines anti-liberalen Staatsinterventionismus zu brandmarken (Oppenheim 1871). Kritik an den Schattenseiten des Liberalismus – seien es die Folgen des Freihandels für die im Aufbau begriffene heimische Industrie oder die Mißstände der immer brennender werdenden sozialen Frage – wurde von den Liberalen nämlich pauschal als «Sozialismus» gewertet, auch wenn diese Kritik nicht aus dem sozialistischen Lager kam, sondern von Nationalökonomen ausging, die grundsätzlich zunächst keine Gegner des Liberalismus waren.

Schmollers Kritik vereint sich mit jenen Stimmen, die im Gegensatz zur Manchester-liberalen Richtung die Bedrohlichkeit der sozialen Frage erkannt hatten und eine evolutionäre Lösung nur in der Mitwirkung eines sozialpolitisch bewußt handelnden Staates für möglich hielten. Die Gründung des «Vereins für Socialpolitik» 1872 in Eisenach unter maßgeblicher Beteiligung Schmollers, in dessen Haus die Vorgespräche mit Adolph Wagner, Hildebrand und Conrad stattgefunden hatten, war die Konsequenz dieser Einstellung. Es entstand so ein Forum, das dem unter liberalem Einfluß der Freihandelsschule stehenden «Kongreß der Volkswirte» erfolgreich Paroli bieten konnte. Schmollers programmatische Eröffnungsrede vom 6. Oktober 1872 zeigt die Entschlossenheit einer neuen, jüngeren Generation von Nationalökonomen, Mißständen mit Reformen zu begegnen, Bewährtes zu erhalten und jeglichem Doktrinarismus abzuschwören. Viel Idealismus zeichnet die erstrebten Ziele aus, die noch keineswegs scharf umrissen sind – und erst recht nicht die dahin führenden Wege. In diese Aufbruchstimmung fällt noch im gleichen Jahr die Berufung Schmollers an die neubegründete Reichsuniversität Straßburg, wo er mit Georg Friedrich Knapp und Wilhelm Lexis bald gleichgesinnte Kollegen findet. Aus dem gemeinsamen staatswissenschaftlichen Seminar erwächst jene Sammlung staats- und sozialwissenschaftlicher Forschungen, die zusammen mit den Schriften des Vereins für Socialpolitik zunehmend Richtung und Arbeitsweise nationalökonomischer Literatur der folgenden Jahre bestimmen. Wirtschaftshistorische Monographien sollten zunächst als Fundament für eine neue Erkenntnis der Nationalökonomie zusammengetragen werden. Schmoller selbst legte 1879 sein Werk über *Die Straßburger Tucher- und Weberzunft* vor, seine Hallesche Arbeit gleichsam weiterführend und historisch vertiefend. Das Buch steht beispielhaft für eine am Einzelfall belegte, jedoch darüber hinausreichende Darstellung mittelalterlicher Stadtwirtschafts- und Gewerbepolitik; für Schmoller ein Paradefall, Nationalökonomie in historischer Dimension zu erörtern.

Die Verbindungen zu dem in Staat, Verwaltung und Wirtschaft bewunderten Preußen läßt Schmoller nicht abreißen. Aus den fernen «Reichslanden» kommend, verbringt er jährlich einen Teil der Semesterferien in den preußischen Archiven in Berlin und wird zum regelmäßigen Mitarbeiter der *Preußischen Jahrbücher.* In Aufsätzen und Vorträgen erweist sich der «Kathedersozialist» als unbestechlicher Verfechter einer sozialen Gerechtigkeit und, unterstützt durch seine historischen Einsichten, erwartet er, daß diese soziale Gerechtigkeit von Staat und Königtum in Preußen realisiert werden könne. So heißt es in einem vielbeachteten Vortrag, *Die soziale Frage und der Preußische Staat*, im Frühjahr 1874: «Den Gefahren der sozialen Zukunft kann nur durch ein Mittel die Spitze abgebrochen werden: dadurch, daß das König- und Beamtentum, diese berufensten Vertreter des Staatsgedankens, diese einzig neutralen Elemente im sozialen Klassenkampf, versöhnt mit dem Gedanken des liberalen Staates, ergänzt durch die besten Elemente des Parlamentarismus, entschlossen und sicher die Initiative zu einer großen sozialen Reformgesetzgebung ergreifen und an diesem Gedanken ein oder zwei Menschenalter hindurch unverrückt festhalten» (Schmoller 1874, 323 ff.).

Seine sozialpolitischen Forderungen trugen ihm Ablehnung wie auch Zustimmung ein: Heinrich von Treitschke (1875) sah in ihm einen «Gönner des Sozialismus» mit in stürmischem Überschwang vorgetragenen sozialen Utopien; Bismarck versicherte ihm 1875 bei einem Besuch der Universität Straßburg, er selbst sei auch ein «Kathedersozialist». Seinen Kritikern antwortete Schmoller in einem den Gepflogenheiten der Zeit entsprechenden *Sendschreiben* (1874/1875, 255 ff.). Für ihn stand fest, daß es möglich sei, die Kultur der unteren Klassen zu heben, daß ein sozialer Fortschritt, eine sozial gerechtere Verteilung erreicht werden könne – auch ohne sozialistische Revolution. Schmoller konnte auf ethisch-moralischer Grundlage argumentieren, niemand verlangte eine stichfeste theoretische Begründung seiner Aussagen – und er hatte damit Erfolg. Die seit Jahrzehnten andauernde agitatorische Argumentation von Manchester-Liberalen einerseits und Sozialisten andererseits hatte offensichtlich eine Entwöhnung von theoretischer Analyse bewirkt, so daß eine Neubesinnung auf ethisch-historisch-philosophischer Grundlage als völlig zureichend erschien. Dies um so mehr, als das Auseinanderklaffen von theoretischem Anspruch, klassischer Nationalökonomie und ökonomisch-sozialer Realität leicht nachzuweisen war.

Schmollers Ruf nach einem ordnenden und sozialpolitisch tätigen Staat fand bei Fachkollegen und Politikern immer mehr Zustimmung. Diesem Umstand verdankte er es wohl, daß ihm 1881 – jenem Jahr, in dem mit der *Kaiserlichen Botschaft* der Beginn einer staatlichen Sozialpolitik angekündigt wurde und ein Anliegen der «Kathedersozialisten» seiner Verwirklichung entgegensah – die zunächst von dem Staatsrechtslehrer Franz von Holtzendorff und später von Lujo Brentano herausgegebenen *Jahrbücher für Gesetzgebung, Verwaltung und Volkswirtschaft im Deutschen Reich* übertragen wurden, die unter seinem Namen als *Schmollers Jahrbuch* für Jahrzehnte ein zentrales Publikationsorgan der deutschen Nationalökonomie werden sollten. Gleichfalls auf diesen Meinungsumschwung und das sichtbare Einlenken der Politik auf die Forderungen der Sozialreformer dürfte zurückzuführen sein, daß Schmoller 1882 nach Berlin berufen wurde, nachdem frühere Vorstöße der dortigen Fakultät 1870 und 1879 an der Ablehnung des Kultusministeriums gescheitert waren. Wohl gerade weil der «Staatssozialist» Adolph Wagner, den mit Schmoller allerdings nur das soziale Anliegen, nicht aber seine Auffassung von nationalökonomischer Forschung verband, sich für ihn eingesetzt hatte, fürchtete man in Berlin ein Übergewicht der «Kathedersozialisten», die ja in ihren Vorstellungen unterschiedlich weit gehen wollten und denen gegenüber, solange der Staat nicht selbst eine bestimmte Zielrichtung für seine Sozialpolitik gewonnen hatte, Mißtrauen angebracht schien. Schmoller verließ Straßburg nur ungern, die Arbeit des dortigen Seminars und seine Kollegen, unter denen Georg F. Knapp ihm besonders nahestand. Doch letztlich wollte und konnte er sich einem Ruf in das Herz Preußens, jenen Staat, den er bewunderte und von dem er Großes erwartete, nicht entziehen.

Schmoller widmete sich in Berlin zunächst der Aufarbeitung seiner jahrelangen Studien in preußischen Archiven und veröffentlichte eine Reihe größerer Aufsätze über die brandenburgisch-preußische Wirtschaftspolitik im Zeitalter des Merkantilismus. Nach der schroffen Ablehnung des Merkantilismus durch die Liberalen wies er auf eine Reihe von Beispielen hin, in denen gerade merkantilistische Interventionspolitik weit eher im Interesse einer sozialen Harmonie zu wirken schien als die Politik der Liberalen. Immer wieder empfand er es dabei als Mangel, daß die Erfassung und Aufarbeitung jenes Materials, aus dem sich der Ablauf des wirtschaftlichen Geschehens erkennen ließ, so unvollständig war. Mit seiner Aufnahme in die Akademie der Wissenschaften 1887 läßt sich der Plan realisieren, mit der Edition der *Acta Borussica* eine großangelegte Quellensammlung zur preußischen Staats- und Wirtschaftsverwaltung herauszubringen. Daneben findet Schmoller in zahlreichen historischen Vereinen und Forschungsunternehmen ein breites Betätigungsfeld. Zu dieser Zeit beginnen die Arbeiten an einem zusammenfassenden Grundriß der Volkswirtschaftslehre, nicht zuletzt weil Schmoller «nach angestrengter archivarischer Arbeit eine gewisse Übermüdung in bezug auf diese Tätigkeit und eine Sehnsucht nach der Beschäftigung mit den großen allgemeinen Fragen unserer Wissenschaft» empfand (1900, Vorrede). Verleger und publizistische Konkurrenzunternehmen seiner Schüler drängten, eine solche umfassende Arbeit in Angriff zu nehmen, obwohl Schmoller meinte, daß erst «nach Jahren intensiver Gelehrtenarbeit, wie die von 1860–80 in Deutschland auf den Plan tretenden meisten wissenschaftlichen Nationalökonomen sie erstrebten», ein solches Werk möglich sei. Im Jahre 1900 erschien der erste Band *Grundriß der Volkswirtschaftslehre,* dem sofort mehrere Neuauflagen folgten. 1904 lag der zweite Band vor, in dessen Vorwort es hieß: «Ich wollte die Volkswirtschaftslehre von falschen Abstraktionen durch exakte historische, statistische, volkswirtschaftliche Forschung befreien, aber doch stets gleich generalisierender Staats- und Wirtschaftstheoretiker soweit bleiben, als wir nach meiner Überzeugung heute schon dazu festen Grund unter den Füßen haben. Wo solcher mir zu fehlen scheint, da habe ich auch im Grundriß lieber nur die Tatsachen beschrieben und einige Entwicklungstendenzen angedeutet, als luftige Theorien aufgebaut, die mit der Wirklichkeit nicht in Fühlung stehen, bald wieder wie Kartenhäuser zusammenfallen» (1904, Vorrede).

Bereits 1884 Mitglied des preußischen Staatsrates geworden, vertritt Schmoller nach seinem Rektorat 1897/98 ab 1899 die Berliner Universität im Herrenhaus und wird im gleichen Jahr Mitglied der Friedensklasse des «Pour le Mérite». Ehrendoktorwürden (1896 der Juristischen Fakultät Breslau, 1903 der Philosophischen Fakultät Heidelberg), Ordensauszeichnungen (so 1908 mit dem bayerischen Maximiliansorden für Wissenschaft) und zahllose Ernennungen zum korrespondierenden Mitglied ausländischer Akademien und Gesellschaften bezeugen den Respekt, den seine Person und seine wissenschaftliche Leistung im In- und Ausland genießt. Bei alledem ist Schmoller keineswegs ein «Hansdampf in allen Gassen», weder tritt er besonders häufig in der Öffentlichkeit auf, noch unternimmt er große Reisen. Viel eher verkörpert er den stillen Gelehrten, den in sich gekehrten Forscher. Dem widerspricht nicht, daß er gerade wegen der damit verbundenen Integrität und Solidität seiner Person und wissenschaftlichen Leistung hochgeschätzt war und nachhaltigen Einfluß gewann. Er konnte dieses Gelehrtenleben bis ins hohe Alter voll ausschöpfen; auf einer Reise starb er am 27. Juni 1917 in Harzburg.

2. *Einflüsse aus dem politischen und sozialen Umfeld*

Wichtigen und prägenden Einfluß auf die heranreifende Persönlichkeit des jungen Schmoller hatten sein Vater, in dessen Kanzlei er die Verwaltungsgeschäfte von der Pike auf lernte, und sein Schwager Gustav Rümelin, von dem Schmoller selbst sagt, «ohne seinen Einfluß wäre ich wohl nicht geworden, was ich bin». Das bei beiden abgeleistete Referendariat schärfte seine Sinne und förderte sein Verständnis für praktische Verwaltungsangelegenheiten. Die Auswertung der württembergischen Gewerbestatistik ließ ihn die Bedeutung quantitativer Unterlagen für die Beurteilung des Entwicklungsganges der Wirtschaft erkennen. Nicht von ungefähr bildet die preußische Verwaltungsgeschichte einen späteren Forschungsschwerpunkt und noch im *Grundriß* läßt sich sein sicherer Umgang mit Zahlen, mit quantitativen Belegen, erkennen.

Während des Studiums empfing Schmoller wohl die stärksten Eindrücke von den Vorlesungen Max Dunckers, in dessen Haus der Tübinger Student auch verkehrte. Duncker, später Kabinettschef bei Kronprinz Friedrich Wilhelm, hat sich dann auch stark für die Berufung Schmollers nach Halle eingesetzt. Die Verwandtschaft mit Rümelin, lange Jahre angesehener Kanzler der Universität Tübingen, wirkte fördernd und segensreich; sie erschloß die Bekanntschaft mit zahlreichen Tübinger Professoren, die wiederum die breite Ausbildung in historischen und philosophischen Lehrveranstaltungen begünstigte. Auch die früh einsetzende politische Ausrichtung auf Preußen – für einen Süddeutschen im Umfeld der Tübinger Universität zumindest ungewöhnlich – dürfte auf den prägenden Einfluß Rümelins zurückzuführen sein, der weit mehr als Schmollers Vater politisch engagiert war. Woher Schmoller seine «kathedersozialistische» Ausrichtung hatte, ist schwer zu bestimmen. Gewiß hatte er in der väterlichen Kanzlei, auch in den Verhältnissen der aufstrebenden Industriestadt Heilbronn, den unmittelbaren Kontakt zu den einfachen Leuten und ihren Nöten gewonnen. Die Alltagsrealität lernte er besser kennen als viele nur im akademischen Leben verhaftete Ökonomen, die abgesondert von den täglichen Problemen leichter an den Theorien liberaler Selbstheilungskräfte werkeln konnten, ohne ihren empirischen Gehalt überprüfen zu müssen. Schmollers Bestreben, unmittelbar nach seinem Ruf nach Halle als Stadtverordneter die Praxis städtischer Wirtschafts- und Verwaltungspolitik kennenzulernen, zeugt davon, daß er nicht im Elfenbeinturm der Wissenschaft leben wollte. Es ist durchaus möglich, daß hier sein Sinn für das Machbare, Veränderbare, auch für das Notwendige kommunaler und staatlicher Politik geweckt wurde: «... Er wollte nicht nur an der Wirklichkeit lernen, sondern auch auf sie praktisch einwirken» (Hintze 1928, 278). Sein wissenschaftliches Ethos verlangte, gewonnenen Einsichten und Überzeugungen auch zum Durchbruch in der Praxis zu verhelfen.

Seit Beginn der 1860er Jahre wurde zunehmend mehr Literatur zur sozialen Frage veröffentlicht – erinnert sei an Bischof von Kettelers *Die Arbeiterfrage* (1863). Dies konnte auf Schmoller und seine Überzeugung vom sittlichen Fortschritt in der Geschichte nicht ohne Einfluß bleiben; in Staatsbeamten und sozial engagierten Unternehmern, wie sie sich auch im Verein für Socialpolitik zusammenfanden, begegneten ihm Gleichgesinnte. Das 1871 neu entstandene Deutsche Reich unter preußischer Führung schien der geeignete Partner, mit neuen Vorstellungen und Zielen soziale Reformen in Gang zu setzen. Methodisch-theoretisch hat wohl Karl Knies Schmoller am stärksten beeinflußt, dessen *Politische Ökonomie vom geschichtlichen Standpunkte* (1853) er noch 1888 als «gemeinsames Glaubensbekenntnis jener ganzen Schule deutscher Nationalökonomen» bezeichnete, «die seither eine neue Epoche für diese Wissenschaft herbeigeführt hat». Schon in seiner Dissertation nimmt er auf Knies Bezug, wenn er begründet, warum menschliches Handeln weniger gut vorherbestimmbar ist als das Ergebnis eines chemischen Prozesses. «Der Mensch ist Geist und Materie zugleich», einfachen Naturgesetzen daher nicht ohne weiteres zugänglich. Folglich kann ihm und seinem Handeln keine Theorie gerecht werden, die sich «als eine rein aus den Prinzipien des Verstandes gefolgerte Summe von Wahrheiten» versteht. Es schließen sich die zukunftsweisenden Sätze an: «So müssen wir die Nationalökonomie in die Reihe der sozialen Wissenschaften stellen, welche sich von den Bedingungen des Raumes, der Zeit und der Nationalität nicht trennen lassen, deren Begründung wir nicht allein, aber vorzugsweise in der Geschichte suchen müssen» (Vorwort zur Dissertation). Damit war sein Weg als Wissenschaftler vorgezeichnet – auch wenn daraus nicht ohne weiteres auf eine Theoriefeindlichkeit Schmollers geschlossen werden kann; nur war seine Vorstellung von Theorie eine grundsätzlich andere als jene, die von der Klassik begründet worden war.

II. Werk

1. Wissenschaftliche Leistung

Schmoller und die von ihm vertretene historisch-realistische, psychologisch-ethische Betrachtungsweise erfährt in den 1870er Jahren einen Höhepunkt des Wirkens und der Einflußnahme. Die Zahl seiner Schüler und Anhänger ist ebenso groß wie sein Einfluß auf die Nationalökonomie an deutschen Universitäten; sein Rat und seine gutachterliche Äußerung bestimmen weitgehend den Weg der Wissenschaft in seinem Sinne. Wenn Max Weber zu Schmollers 70. Geburtstag betont, dieser habe «den Einfluß der Universitäten auf das öffentliche Leben ... auf eine Stufe gehoben, wie sie seit den Jahren 1837 und 1848 nie auch nur annähernd erreicht wurde», so gilt dies auch für seinen Einfluß als Vertreter der Historischen Schule auf Arbeitsweise und Zielsetzung nationalökonomischer Forschung in Deutschland. Schmollers Werk als Wissenschaftler insgesamt zu würdigen bleibt schwierig, da er weder Theoretiker war, noch sich als Wirtschaftspolitiker einstufen läßt; auch weist sein Werk keine Einheitlichkeit auf: Die Wirtschafts- und Sozialhistoriker können Schmoller ebenso zu ihren Ahnen zählen wie die Sozial- oder Wirtschaftspolitiker. Will man dem Gelehrten Schmoller gerecht werden, muß man nach einzelnen Gebieten unterscheiden.

In wirtschaftstheoretischer Sicht hat Schmoller zweifellos richtig diagnostiziert, die formal so elegante englisch-liberale Wirtschaftstheorie könne wohl kaum ohne weiteres auf die deutschen Verhältnisse übertragen werden. Freilich war diese Erkenntnis in Deutschland weder neu, noch vertrat sie Schmoller als erster. Die romantische Schule und Friedrich List hatten auf die gegenüber England so andersartigen Verhältnisse schon gebührend hingewiesen und damit erste Zweifel an der Allgemeingültigkeit jeder abstrakten Theorie angemeldet. Ob Schmoller deswegen zu einem Gegner aller Theorie wurde, bleibt umstritten, auch wenn er deren Resultate als «abstrakte Schemen» kennzeichnet, «die aller Wirklichkeit entbehren», oder feststellt, daß die «weitere Destillation der hundertmal destillierten abstrakten Sätze» nur den alten Dogmatismus wiederbringt (1888, 279). Allerdings kann man, wie von Beckerath, auch der Meinung sein, Schmoller sei kein Gegner der Theorie, sondern aufgrund seines Gefangenseins in der ihn faszinierenden historischen Betrachtung nur nicht in der Lage gewesen, eine formal in sich geschlossene Theorie zu entwickeln (1961, Sp. 1146 ff.). Tatsächlich gesteht Schmoller der «älteren abstrakten Nationalökonomie» zu, «Großes geschaffen» zu haben (1900, 93). In den methodischen Ausführungen seines *Grundrisses* läßt er abstrakt-deduktive Theorie gewiß neben der induktiv-beschreibenden Methode gelten, doch macht er deutlich, daß seine Sympathie, ja seine Überzeugung von der besseren Leistungsfähigkeit bei letzterer liegt. Sätze wie: «Je weiter eine hohle Theorie von der Beobachtung und den Bedürfnissen des praktischen Lebens sich entfernte und in abstrakten Begriffsspielereien und dilettantischen Konstruktionen sich erging, desto wertloser wurden die Erzeugnisse» (1900, 93 ff.), stärken dann wieder das Bild vom theoriefeindlichen Schmoller. «Wer auf dem Boden der Erfahrung steht», so folgert er weiter, «der traut deduktiven Schlüssen nie so ohne weiteres». Daher sieht er seine Aufgabe darin, «die Theorie immer weiter durch exakte Tatsachenforschung aller Art zu untermauern» – womit wieder die Anerkennung der Theorie verbunden ist (1900, 110). Wenn er von Hermann, einen der wenigen deutschen Klassiker, als «den größten unter den älteren deutschen Koriphäen unserer Wissenschaft» bezeichnet und immer wieder A. Smith lobend hervorhebt, trifft er eine deutliche Abgrenzung zu jenen Epigonen, deren «Theorie» er ablehnt. Abstrakte Gedankenspiele gehören hierzu ebenso wie die Simplifikateure der deutschen Freihandelsschule, die sich auf eine theoretische Begründung ihrer Forderungen stützen, der Schmoller nicht beipflichten kann.

An die Stelle einer Theorie setzt Schmoller jedenfalls ein – noch zu errichtendes – wirtschaftshistorisch beschreibend-statistisches Lehrgebäude. In zahlreichen Monographien sollte dazu zunächst einmal Material zusammengetragen, geordnet und in seiner gegenseitigen Abhängigkeit aufbereitet werden. Seine eigenen Arbeiten zur Stadt- und Zunftgeschichte sollen den beispielgebenden Anfang setzen. Schmoller läßt sich von dem Gedanken leiten, «die einzelnen wichtigen Entwicklungsreihen des volkswirtschaftlichen Lebens psychologisch, rechts- und wirtschaftsgeschichtlich zu erklären, sie sozialpolitisch zu würdigen, ihre zukünftige Entwicklungstendenz nachzuweisen» (1904, 665). Er ergänzt die ökonomische Stufentheorie Hildebrands durch konkrete Beispiele. Dabei spielen Sitte, Moral und Recht als Faktoren der wirtschaftlichen Entwicklung in der Vergangenheit wie auch für die Zukunft eine bedeutende Rolle, also gerade jene Einflußfaktoren, die durch die exakte nationalökonomische Theorie nicht oder nur unzulänglich erfaßt werden, die er jedoch als Ursache dafür ansieht, daß die Theorie immer nur einen Teil der Wirklichkeit erklären könne. Er bestreitet energisch, daß die im isolierend-abstrakten Experiment gefundene «Wahrheit» als Erkenntnisgrundlage dienen kann; der Mensch verhalte sich eben nicht «theoriegerecht», sondern unterliege in seinem Handeln den mannigfachsten Motiven. Die Suche nach einer besseren psychologischen Grundlage der Nationalökonomie – die, wie er anerkennt, auch die «Dogmatiker» Rau und Hermann betreiben – habe bislang nur deswegen nicht zum Erfolg geführt, weil man es «mit Rücksicht auf die Scheuklappen fachwissenschaftlicher Arbeitsteilung nicht wagte, an die Quelle, das heißt an die wissenschaftliche Psychologie sich zu wenden» (1888, 282). Gegen Carl Menger, den großen Theoretiker der Nationalökonomie und Zeitgenossen gewandt, verlangte Schmoller die «Prüfung aller wesentlichen Ursachen der wirtschaftlichen Erscheinung. Und nur soweit wir sie glauben gefunden zu haben, wagen wir wieder deduktiv von da aus zu schließen» (ebd., 284).

Die von Schmoller so pointiert vorgetragene Kritik an den exakten Theoretikern des Fachs kann durchaus als modern gelten. Auch heute noch (oder wieder?) empfinden Wirtschaftswissenschaftler Unbehagen, wenn sie zum Beispiel mit der «ceteris paribus-Klausel» zu operieren haben. Die Wirklichkeit läßt sich nicht auf wenige Aktionsparameter reduzieren, während der Rest konstant bleibt. Dem abstrakten, deduktiven Denken billigt Schmoller «große Fortschritte in unserer Wissenschaft» gerne zu, aber er sieht auch die Gefahr «weltflüchtiger, stubengelehrter Naivität», die Flucht in «geträumte Robinsonaden» (1900, 90 ff.). So ist es nicht vor allem die Art der Theorie, die ihm diese als geeignet oder falsch erscheinen läßt, sondern deren Handhabung: Das Ausgehen von unzulänglichen Einsichten und Erkenntnissen führt zwangsläufig zu noch unzulänglicheren Folgerungen. Er sieht die Gefahr, daß Theorie als «l'art pour l'art» entartet, im luftleeren Raum operiert und damit die Relevanz für die Erfordernisse der Wirtschaftspolitik verliert. Vielfach verästelt, in mathematische Kombinationen verstrickt, mag mancher Teilbereich ökonomischer Theorie auch heute die Schmollerschen Bedenken rechtfertigen.

Mit seiner Betonung der psychologischen Grundlagen wird Schmoller zugleich einer der Wegbereiter der neuen «verstehenden Soziologie» eines Max Weber oder Werner Sombart. Schmoller ging es nicht um Begriffe, sondern um Anschauungen: Typisch soziales Handeln sollte nicht von außen «begriffen» werden analog dem Vorgehen der Naturwissenschaften mit ihren Objekten, sondern von innen heraus «verstanden» werden (Hintze 1928, 131). Psychologie und Philosophie waren für ihn wichtige Komponenten wissenschaftlicher Betrachtung – der nie vollendete Versuch eines Buches mit dem Nachweis, daß alle nationalökonomischen

Systeme aus den philosophischen Systemen der Jahre 1750 bis 1850 herausgewachsen seien, bestätigt dies.

Läßt sich eine Berechtigung von Schmollers Kritik an der herrschenden liberalen Lehre nicht leugnen, so blieb doch das, was er dagegensetzen wollte, zunächst unfertig, von wenig Ausstrahlungskraft. So wie er den Epigonen von Adam Smith und David Ricardo überzogene schematische Vereinfachung vorwarf, so übertrieb er seine Forschungsweise nach der entgegengesetzten Seite. Seine Vorstellung, eine Theorie frühestens dann zuzulassen, wenn alle psychologischen Kräfte und Ursachen des Geschichtsbildungsprozesses aufgedeckt seien, führte allenfalls dazu, eine große, kaum noch überschaubare Vielfalt einzelner Fakten auszubreiten, brachte aber keine geschlossene Erklärung des Wirtschaftsprozesses zustande. Dieses «höchste Ziel ist heute wohl noch nicht erreichbar», resümiert er im zweiten Band des *Grundrisses* (S. 665). Seine Vorsicht und Besonnenheit ließen ihn «auch bei der Darstellung dieser Versuche von Theorie zunächst lieber bei einer mehr erzählenden als konstruierenden Form bleiben» (1898, Vorrede IXf.). Den Schritt zur Theoriebildung, zur Abstraktion, hat er nicht gewagt.

Angesichts später fehlender theoretischer Konzepte, als es um die großen Probleme der Inflation von 1923 ging, kritisierte Edgar Salin nicht zu Unrecht, Schmoller habe mit der Gewinnung einer «Masse neuen Materials ... nicht die Aufgabe der Zusammenschau gelöst, eher die Lösung dieser Aufgabe erschwert» (1924, 311). Kritik aus der Reihe seiner Schüler und Anhänger der Historischen Schule blieb im beginnenden 20. Jahrhundert nicht aus; für viele erwies sich diese Art des «zur Materialsammlung verkommenen Historismus» als ebenso wenig fruchtbar wie klassische abstrakte Theorie. Schmoller und seine Schüler haben nach Max Weber einen «mächtigen Bau von Erkenntnis und historischer Durchdringung, psychologischer Analyse und philosophischer Gestaltung» errichtet. Allerdings war man dann, wie Schmollers *Grundriß* deutlich erkennen läßt, nicht mehr dazu gekommen, Ordnung und System in dieses Gebäude zu bringen (Winkel 1977, 117).

Ohne Zweifel ist es rückschauend der Historiker Schmoller, der den Nationalökonomen an Wirkung übertrifft. Seine akribisch genauen, auf intensiven Aktenstudien beruhenden Abhandlungen über die mittelalterliche Stadtwirtschaft und die Rolle der Zünfte oder über die preußische Verwaltung und Staatswissenschaft im Zeitalter des Merkantilismus setzten Maßstäbe. An Fleiß fehlte es nicht, materialreich waren die Ergebnisse. Der schließlich unternommene Versuch, aus den historisch erarbeiten Fakten eine einheitliche Zusammenfassung des Stoffes zu gewinnen, mißlingt freilich völlig. Die Kritiker sind sich einig: Von der «ungleichmäßigen und ungleichwertigen Aneinanderreihung» (Salin 1967, 140) bis zur Abwertung als «impressionistisches Gemälde» (so L. Brentano, nach Salin 1967, 140) reichen die Urteile und lassen auch jene, die das historische, ursprüngliche Anliegen Schmollers schätzen, an dieser Art von Historismus verzweifeln. Über lange Jahre hat die Wirtschaftsgeschichte geglaubt, sich mit deskriptivem Forschen nach Schmollers Vorbild begnügen zu können. Eine Empfindung der Unzulänglichkeit hat sich schließlich auch hier eingestellt, wenngleich wesentlich später als in der Nationalökonomie.

Die Beurteilung von Schmollers Wirken bliebe unvollständig, wollte man nicht sein politisches, genauer sozialpolitisches Engagement würdigen. Seine schon früh zum Ausdruck gebrachten Zweifel an der Wirksamkeit Manchester-liberaler Selbstheilungsmechanismen ließen ihn nach Lösungen suchen, die den sonst unvermeidlichen Klassenkampf Marxscher Prägung abwenden könnten. Er suchte einen Weg, als notwendig erkannte soziale Reformen durchzusetzen, und fand ihn im preußischen Staat, der ordnend und nach den Grundsätzen der sozialen Gerechtigkeit handelnd in den unbefriedigenden Ablauf des Wirtschaftsgeschehens eingreifen sollte. Dem Schwachen zu helfen und gegen den brutalen Egoismus der Starken vorzugehen, war die Aufgabe eines «sozialen Königtums», das auszufüllen nach Schmollers Meinung die Hohenzollern geradezu prädestiniert waren. Allein die Monarchie schien nach seiner Ansicht durch ihre unabhängige Machtposition einen gerechten Ausgleich bewerkstelligen zu können, während sich eine parlamentarische Demokratie notwendigerweise im Kampf um den Vorteil einzelner Gruppeninteressen verschleißen mußte. Die spätere Entwicklung in der Weimarer Republik sollte zeigen, daß derartige Befürchtungen durchaus nicht aus der Luft gegriffen waren.

Mit seiner Tätigkeit im Verein für Socialpolitik verlassen wir jedoch den Wissenschaftler Schmoller und wenden uns dem Sozialpolitiker zu, der allerdings sein Wirken nie politisch gesehen hat: «Wir können nicht direkt praktisch handelnd auftreten» (Lindenlaub 1967, 27), stellte er 1894 bei der Eröffnung der Wiener Tagung des Vereins für Socialpolitik fest, und ein parteipolitisches Engagement hat er stets so eingeschätzt, daß es «mit der wissenschaftlichen Tätigkeit dann eben aus sei» (ebd., 24). Über den Parteien stehend – damit war nicht eine primär politische, sondern eine ethisch-moralische Wirkung das angestrebte Ziel (Winkel 1986, 128). Wissenschaftlichkeit, nüchtern-abwägende Beurteilung, galt es auch in sozialpolitischen Diskussionen zu wahren. Schmoller setzte von Anfang an auf «die Ideen, die Einzug halten», auf die Überzeugungskraft des Gelehrten, auf das Durchdringen seiner Gedanken bei anderen, die sie dann in politische Entscheidungen umzuwandeln hätten (ebd., 129).

2. *Schmoller in der zeitgenössischen Diskussion*

Schmollers ethisch-moralische Grundhaltung, seine Überzeugung von einer realisierbaren sozialen Gerechtigkeit, von Normen, die dem rein Ökonomischen übergeordnet sind, begründete nicht nur die neue historisch-ethische Richtung der Nationalökonomie, der viele Schüler zu folgen bereit waren, sondern brachte auch Zustimmung und enge Kontakte zu Kollegen und Gleichgesinnten – aber auch Widerspruch und wissenschaftliche Auseinandersetzungen. Da sind zum einen die frühen Mitstreiter im Verein für Socialpolitik wie Adolph Wagner, Hildebrand und Conrad. Trotz des Disputes mit Treitschke über die angestrebte Sozialpolitik gehört auch dieser Berliner Historiker zum Freundeskreis; ebenso Duncker, Droysen, Ranke und aus der Straßburger Zeit Georg Friedrich Knapp und Wilhelm Lexis. Auch bei sachlichen und politischen Gegensätzen pflegte Schmoller die Freundschaft zu vielen Kollegen, vom «Staatssozialisten» A. Wagner bis zum «Sozialliberalen» L. Brentano. Allerdings läßt sich später auch die «lange Hand» Schmollers als Haupt der «herrschenden Lehre» der Nationalökonomie spüren, wenn es um die Besetzung von Lehrstühlen geht.

Wenn Freiherr von Stumm in einer Reichstagsdebatte am 9. Januar 1895 als Gegner der Kathedersozialisten ausführt, in Berlin habe sich ein «vollständiger Universitätssozialismus» herausgebildet und jeder Gelehrte, der nicht in das «sozialistische Horn stößt», werde «boykottiert... verfolgt... für unwissenschaftlich ausgegeben» (Lindenlaub 1967, 58), so ist dies als Hinweis auf Schmollers Einfluß ebenso zu sehen wie manche Beispiele gescheiterter wissenschaftlicher Karrieren – A. Schäffles vergeblicher Versuch, einen Lehrstuhl zu erhalten, kann als Beispiel stehen. Mag «Gelehrtenpolitik» im Sinne eines nachhaltigen politischen Einflusses im einzelnen schwierig zu belegen sein, «Lehrstuhlpolitik» ist dagegen viel eindeutiger erkennbar. Persönlichkeit und Einfluß Schmollers haben hier prägend auf eine ganze Generation deutscher Nationalökonomen gewirkt. Langanhaltende wissenschaftliche Auseinandersetzungen folgten dem zwischen Carl Menger als Vertreter der österreichischen Grenznutzenschule und Schmoller in den 1880er Jahren ausbrechenden Methodenstreit. Obgleich beide Fronten von Anfang an nicht auf der absoluten Alleingültigkeit einer Methode bestanden, blieben doch die aufgeworfenen erkenntnistheoretischen Probleme der «großen Antinomie» bis zur Mitte des 20. Jahrhunderts ein immer wieder aufgegriffenes Diskussionsthema. Schumpeter weist besonders darauf hin, daß Schmoller gerade die von der Theorie als «gegeben» angenommenen Daten mit in die Untersuchung einbeziehen möchte und damit die Theorie einerseits erweitert und zum anderen in ihrem zeitlosen und uneingeschränkten Erkenntniswert relativiert (1926, 337 ff.). Vergleichbares Aufsehen und eine jahrelang andauernde wissenschaftliche Auseinandersetzung löste der von Max Weber ausgehende Werturteilsstreit aus. Schmoller, davon überrascht, daß nun jede Wertung und wirtschaftspolitische Forderung als «unwissenschaftlich» angeprangert wurde, leistete in diesem Streit nur schwachen Widerstand, was in den 1920er Jahren als das «Ende der historisch-ethischen Schule» bezeichnet wurde (Wilbrandt 1926, 243).

Wie beachtlich die Ausstrahlung Schmollers als Wissenschaftler, als gelehrter Vertreter der Kathedersozialisten auch war, der politische Einfluß wurde vor allem in den 1870er Jahren, als die Ziele Schmollers und seiner Mitstreiter im Verein für Socialpolitik mit Bismarcks sozialpolitischen Vorstellungen übereinstimmten, für größer erachtet als er tatsächlich war. Schmoller selbst urteilt später: «Wir hatten jedenfalls 1880 bis 1890 (bei Verwirklichung der staatlichen Sozialpolitik, H. W.) nicht entfernt so viel Einfluß, wie es etwa 1872 bis 1878 geschienen hatte» (Lindenlaub 1967, 184). Sicher hatte Schmoller Kontakte zu zahlreichen Staatsmännern wie dem Finanzminister Miquel, dem Handelsminister von Berlepsch, dem Fürsten von Bülow oder höheren Beamten wie Thiel, Althoff u. a. So wie Adolph Wagner es von sich weist, Spiritus rector der Bismarckschen Sozialversicherung gewesen zu sein (Lindenlaub 1967, 143), so hatte auch Schmoller gegenüber Bismarck nur die Rolle des historischen Beobachters. Sein Haupteindruck aus seiner Tätigkeit im preußischen Staatsrat nach 1884 war, «wie gänzlich wirkungslos die schönsten auf allgemeiner Theorie aufgebauten Reden von Gneist und anderen an ihm (Bismarck, H. W.) abprallten» (Lindenlaub 1967, 142). Trotzdem kann er seine Begeisterung für die Gesamtheit der wirtschaftlichen und sozialen Projekte Bismarcks nicht verhehlen, die ihm 1879 «als das Werk eines Riesen gegenüber der Delbrück-Camphausen-Braun-Bambergerschen Pygmäenweisheit» erschienen. Die Bewunderung für Bismarck bleibt, auch wenn seine Sozialpolitik andere Gestalt annimmt, als dies Schmoller und seinen Mitstreitern 1872 vorschwebte, die zum Beispiel bei der Zwangsversicherung keineswegs so umfassend vorgehen wollten, wie Bismarck dies tat.

Sozialpolitik kann als treibende Kraft der gesamten jüngeren historischen Schule angesehen werden; jedenfalls vermutet Salin, Schmoller hätte nichts gegen eine Formulierung einzuwenden gehabt, die da lautet: «Das letzte Ziel der geschichtlichen Schule bleibt Sozialpolitik» (1924, 141). Schmollers politisches Wirken im Verein für Socialpolitik ist getragen durch seine Auffassung von der Nationalökonomie als ethischer Wissenschaft. Sie macht es den erkennenden Gelehrten zur Pflicht, zu einem so großen und drängenden Problem wie dem der sozialen Frage Stellung zu nehmen und Lösungsvorschläge zu unterbreiten. Daß Schmoller im Verein für Socialpolitik eine so zentrale Stellung einnahm – 1890 wurde er Vorsitzender –, verdankte er nicht etwa dem Umstand, am schärfsten für den Reformgedanken eingetreten zu sein, sondern im Gegenteil seinen maßvollen, mit Blick auf das Machbare vorgetragenen Forderungen.

Seine Integrationskraft, die auseinandergehenden Meinungen und Wünsche durch den Hinweis auf das Gemeinwohl immer wieder zusammenzuhalten, war allseits geschätzt.

Immer wieder wurde darüber diskutiert (Schüller 1895, 99ff.), wie groß der Einfluß Schmollers und auch des Vereins für Socialpolitik überhaupt auf die praktische Politik im Bismarckreich gewesen ist. Da konkrete Belege fehlen – es gab weder einen «Sachverständigenrat» noch «Hearings» –, bleibt man auf gelegentliche Hinweise angewiesen. 1874, als eine Entscheidung zum Handeln im sozialpolitischen Bereich noch nicht gefallen war, wurde Bismarck berichtet, im Verein würde «mit der einer ganzen Anzahl von Professoren eigenen Haltungslosigkeit» gesprochen (Schüller 1895, 101). Dies zeugt nicht von großer Aufnahmebereitschaft für die Stellungnahmen der Wissenschaftler. Vieles spricht dafür, daß Bismarck und die Kathedersozialisten ihre sozialpolitischen Vorstellungen «nicht mit- sondern nebeneinander entwickelten» (Lindenlaub 1967, 143). Auch wenn der direkte politische Einfluß der Wissenschaftler gering einzuschätzen ist, bleibt doch die indirekte Beeinflussung regierungspolitischer Entscheidungen bestehen. Das Ansehen Schmollers, sein Einfluß über Schüler und Freunde oder die im Verein mitwirkenden höheren Beamten der Ministerialbürokratie war dafür gewichtig genug. Die Bedeutung Schmollers und seiner Mitstreiter für die Sozialpolitik des Deutschen Reiches dürfte von ähnlicher Relevanz gewesen sein wie der Einfluß eines Johann Jacob Kraus an der Universität Königsberg auf die liberale preußische Reformpolitik nach 1806.

III. Wirkung

1. Ideen- und theoriegeschichtliche Wirkung

Nicht viele gelehrte Persönlichkeiten haben im Laufe der Zeit eine derart unterschiedliche Beurteilung erfahren wie Gustav von Schmoller. Zeitgenössische Kritiker billigen ihm zu: «Seine Anregung als Lehrer ist stark und nachhaltig. Es ist ihm gelungen, eine große Zahl planmäßig arbeitender Schüler... zu gewinnen» (Stamper 1901, 309). Sie alle waren dabei, nach dem Vorbild Schmollers die Wirtschaft in ihren historischen und politischen Bedingungen durch sorgfältige Detailstudien zu ergründen, «Land, Leute und Technik von den psychischen, sittlichen und rechtlichen Grundlagen her zu betrachten». Nur durch diese Vorarbeit konnte nach Schmoller die Basis für eine spätere Zusammenschau, für eine theoretische Aufarbeitung geschaffen werden. Sein eigener, gewiß nur zögernd unternommener Versuch, im *Grundriß* dazu einen ersten Schritt zu tun, mag als Zeugnis eines erstaunlichen Gelehrtenfleißes gelten – Theorie ist es nicht. Durch die vorangegangene langjährige Stagnation in der theoretischen Weiterentwicklung der Klassik in Deutschland, gefördert noch durch die speziellen politisch-wirtschaftlichen Bedingungen, die eine wachsende Unzufriedenheit mit den Vorbildern englischer Theorie aufkommen ließen, fiel es einer überzeugenden gelehrten Persönlichkeit wie Schmoller nicht allzu schwer, «die Führung an sich zu reißen» (Salin 1924, 308); die große Zahl seiner Schüler und ihre historisch-deskriptiven Arbeiten lassen zu Recht von einem «Zeitalter der Monographien» sprechen.

Das zu Lebzeiten so glänzende Bild Schmollers als wegweisender Wissenschaftler und Begründer der jüngeren historischen Schule, die durch unmittelbare Anwendung der historischen Methode, durch deskriptive Arbeiten, die Stoffmassen zunächst einmal ordnen und beherrschen wollte, bevor man sich an theoretische Überlegungen wagte, sollte sich im 20. Jahrhundert rasch verdüstern. 1937 konstatierte Carl Brinkmann, es sei «nicht richtig zu sagen, daß die Gestalt Gustav Schmollers heute noch immer umstritten sei. Sie steht in einem tiefen Schatten und kein Urteil scheint gehässig und scharf genug sein zu können, um irgendeinen Widerspruch herauszufordern» (1937, 7). Wie konnte einem Mann, der glaubte, mit seinem Forschungsansatz eine neue Epoche der Nationalökonomie einzuleiten, derartiges widerfahren? Schon Pareto hatte 1906 festgestellt, die Diskussionen über die Methode seien reiner Zeitverlust (*Manuale di economia politica,* Mailand 1906, 24), und liest man selbst Schmoller und Menger genauer, so wird dem gutwilligen Betrachter rasch deutlich, daß jene in der Diskussion anklingende «Ausschließlichkeit» einer Forschungsrichtung von niemand so absolut gesehen wurde. So wie der Theoretiker Jevons eine «Wissenschaft der Entwicklung der wirtschaftlichen Formen und Beziehungen» forderte (*The Theory of Political Economy,* Vorwort zur zweiten Ausgabe 1879) und damit Schmollers Ansatz bestätigte, war Schmoller von der Notwendigkeit einer Theorie überzeugt – nur, daß diese eben auf anderem Weg gefunden werden sollte, als ihn die Epigonen von A. Smith eingeschlagen hatten. Dessen Werk selbst bezeichnete Schmoller in seiner Berliner Rektoratsrede von 1897 als «den größten bis gegen 1860–70 in unserer Wissenschaft vollzogenen Fortschritt».

Schmoller und die von ihm angeführte jüngere historische Schule strebten danach, den «Klassikern» mit der Entwicklung einer neuen, eigenen «historischen Theorie» ebenbürtig zu sein, nur war der eingeschlagene Weg über die zunächst als notwendig erachtete Erforschung der Vergangenheit länger, das erstrebte Ziel ein vager Punkt in der Zukunft. Hier aber liegt der Ansatzpunkt aller späteren Kritik. Die Unfähigkeit der Historischen Schule, (Zimmermann 1938, 733), die dem Ersten Weltkrieg folgenden Probleme der Inflation, der Depression und Arbeitslosigkeit auch nur richtig zu diagnostizieren, geschweige denn Lösungsansätze anbieten zu können, erklärt einen großen Teil der Ungnade, in die sie fiel.

Hinzu kommt, daß die Versuche zur Begründung einer «deutschen» Wirtschaftslehre nach 1933 vielfach auf Gedanken der Romantik und der historischen Schule zurückgriffen, die Enthaltsamkeit gegenüber klassischer Theorie und ihrer Fortentwicklung also weiter anhielt. So wundert es nicht, wenn von Beckerath (1961, 1147) feststellt, daß Schmollers distanzierte Haltung gegenüber rein gedanklichen «theoretischen» Konstruktionen ihm bei den jüngeren Nationalökonomen den Ruf eingebracht habe, er sei ein «Verderber theoretischen Denkens, der die ökonomische Wissenschaft in Deutschland schwer geschädigt habe». Ja, die nationalökonomische Wissenschaft soll er gar zu einer bloßen historischen Tatsachendeskription ohne jede Perspektive für künftige Entwicklungen «verführt» haben.

Mag diese Aussage auch überzeichnet sein, so zeigt sie doch deutlich, mit welcher Vehemenz das Pendel nun nach der anderen Seite ausschlug. Es erscheint als durchaus natürlicher Prozeß, wenn sich nach der bald empfundenen Einseitigkeit von Schmollers historischer Betrachtungsweise die moderne theoretische Nationalökonomie umgekehrt in eine reine Modellwelt verirrte, nur um festzustellen, daß die Wirklichkeit eben doch komplizierter ist, als man dies in einfachen Formeln auszudrücken vermag. Die aktuellen Forderungen nach mehr interdisziplinärer Forschung, geboren aus der Erkenntnis der Unvollständigkeit und Lückenhaftigkeit eigener Einsicht, waren die Folge dieser Entwicklung. Sie hätten ebensogut von Schmoller selbst erhoben werden können; insofern war er seiner Zeit weit voraus. Eine Rückbesinnung auf die historischen Entwicklungsstränge, auf die Rolle von Mentalität, Sitte, Rechtsempfinden und Tradition, auf alle jene vielschichtigen Komponenten, die die Realität unseres Lebens und Alltags bestimmen, scheint zunehmend neben abstrakt-theoretischer Erkenntnis an Bedeutung zu gewinnen; allerdings ist die gegenseitige Toleranz größer geworden und Absolutheitsansprüche beider Seiten werden immer wieder relativiert.

Der gerade für die deutsche Nationalökonomie so verhängnisvolle Streit zwischen Schmoller und Menger um die rechte Methode bewirkte die Spaltung in österreichische Grenznutzenschule und deutsche historisch orientierte Nationalökonomie. Schmollers Einfluß wirkte sich dabei so sehr gegen eine Wiederaufnahme und Fortentwicklung der Theorie in Deutschland aus, daß nicht wenige deutsche Nationalökonomen noch nach dem Zweiten Weltkrieg Schwierigkeiten hatten, wieder Anschluß an die rein theoretisch orientierte Weiterentwicklung der Nationalökonomie des anglo-amerikanischen Raums zu finden. Nun galt es, im Abstrahieren, im Quantifizieren und im Einsatz der Mathematik nachzuholen: Verteilungs- oder Wachstumstheorie wie auch die inzwischen als Spezialfach verselbständigte Wirtschaftsgeschichte unterlagen in gleicher Weise dem theoriebegünstigenden Hang zur Quantifizierung. Die neuerliche Rückbesinnung auf qualitative Werte läßt an Salins Prophezeiung erinnern, «ob nicht im letzten Viertel dieses Jahrhunderts eine Rückkehr zu einem geläuterten, zu einem theorie-verbundenen Historismus sich aufdrängt» (1967, 144). Obwohl Schmoller die nationalökonomische Theorie auf einen langen, wenngleich weitgehend auf Deutschland begrenzten Irrweg geführt hat, würde ihm damit Rechtfertigung widerfahren. Irrtümern zu erliegen, ist kein Privileg bestimmter Schulen und Richtungen – auch abstrakt-theoretische Deduktionen können auf's Glatteis führen und Diskrepanzen sichtbar werden lassen, die nur durch Rückbesinnung auf die historisch gewachsene Realität zu überwinden sind.

2. *Politische und soziale Bedeutung*

War die Wirkung Schmollers im Hinblick auf eine neue historisch-anschauliche Theorie auch begrenzt, so gilt dies sicher nicht für die sozialpolitische Seite seiner Tätigkeit. Er ist einer der wenigen Wissenschaftler gewesen, die sozialpolitisches Denken in deutschen Gelehrtenkreisen zu einer Zeit «hoffähig» gemacht haben, als liberales Manchestertum im Sinne eines John Prince-Smith in Deutschland noch den Ton angab. Sicher ist richtig, daß der Staat und vor allem Bismarck ihre Sozialpolitik ohne Schmoller und den Verein für Socialpolitik entwickelten, doch ist diesem das Verdienst zuzusprechen, von der Seite der Wissenschaft Flankenschutz gewährt zu haben. Einen in seinen sozialpolitischen Forderungen maßvollen und zurückhaltend argumentierenden Mann wie Schmoller hinter sich zu wissen, festigte das Verhältnis von Staat und Wissenschaften, um so mehr als Schmoller sich auch als Stütze des Hohenzollern-Kaisertums bewährte, dem er bescheinigte, in besonderem Maße zur Durchsetzung des Interessenausgleichs zwischen den gesellschaftlichen Schichten berufen zu sein. Monarchie war aus diesem Grund für Schmoller eine machtpolitische Notwendigkeit zur Verhinderung des Klassenkampfes und zur Perpetuierung eines bescheidenen sozialen Fortschritts. Ohne Zweifel verkörperte Schmoller den Typ des deutschen Gelehrten im Kaiserreich. Autoritär und unnachgiebig in der Sache, würdevoll im Auftritt, engagiert in der Lehre, moderat in der politischen Arena, doch keine Kämpfernatur und eher resignierend, wenn die eigene Überzeugungskraft versagte, wie die Auseinandersetzung mit Carl Menger oder Max Weber zeigte. Andererseits zeichnen ihn Beharrlichkeit in der Argumentation, und – was außergewöhnlich war – Organisations- und Führungstalent aus, sowohl im universitären Bereich wie vor allem beim Verein für Socialpolitik.

Die Welt, in der Schmoller so erfolgreich wirken konnte, und die Ordnung, die er stützte, brachen 1918 zusammen. Er selbst mußte dies nicht mehr erleben. Seine Forschungs- und Denkanstöße jedoch wirkten weiter, wie die immer wieder bis zur Mitte des 20. Jahrhunderts aufflackernden wissenschaftlichen Diskussionen um Stellung und Wert der jüngeren historischen Schule und ihrer Forschungsmethode zeigen. Die mit ihm aufgebrochene «große Antinomie» (W. Eucken), das Ringen um das Verhältnis zwischen Theorie und Geschichte, bestimmte und befruchtete die Auseinandersetzungen einer ganzen Gelehrtengeneration. Auch wenn die Geschichte der nationalökonomischen Theorie heute an Schmoller vorübergeht – für das Fach in seiner Gesamtheit, für seine Einbettung in die umfangreicheren Sozialwissenschaften bleibt er eine bedeutende Persönlichkeit.

Erich Streissler

CARL MENGER
(1840–1921)

Carl Menger ist eine vielschichtige und facettenreiche Erscheinung, in der – trotz der großen Klarheit seiner eigenen Aussagen – unterschiedliche Zeiten und wissenschaftliche Strömungen sehr verschiedenartige Grundtendenzen wirtschaftswissenschaftlicher Aussagen entdeckten. Seine Habilitationsarbeit *Grundsätze der Volkswirthschaftslehre* (1871) lieferte der von ihm begründeten Wiener oder Österreichischen Schule, die durch ein volles Dreivierteljahrhundert in ungewöhnlicher Geschlossenheit blühte, unzählige Anregungen zur wissenschaftlichen Auswertung. Die Schule verdankt ihre Eigenständigkeit der Verwurzelung in seinem Schaffen. Und doch war Menger neben W. St. Jevons und Léon Walras nur einer von drei ähnlich denkenden Revolutionären der Nationalökonomie der neoklassischen oder marginalistischen Revolution. Dem steht allerdings sein Selbstzeugnis entgegen, nennt er sein Werk doch nur eine «*Reform* der höchsten Principien unserer Wissenschaft ... auf der Grundlage von Vorarbeiten ..., welche fast ausnahmslos *deutscher Forscherfleiß* geschaffen hat» (Menger 1871, X, meine Hervorhebung). So gesehen ist er nicht Vorläufer, sondern vielmehr Nachfahre und Vollender einer weitgehend vergessenen Hochblüte deutscher Nationalökonomie. Bezeichnet man ihn jedoch als einen Neoklassiker unter vielen, so steht dem die Deutung einer neuen Schule von «Austrian economists», vor allem in den Vereinigten Staaten, entgegen, die in ihm gerade im Gegensatz zur Mechanistik der Neoklassik den Prototyp eines echt subjektivistischen Ökonomen sieht, der sich gerade wegen der stets verbleibenden Entscheidungsspielräume echter Wirtschafts-«Subjekte» richtigerweise damit begnügt, nur «pattern prediction» vorzunehmen, nur die Triebfedern von Entwicklungstendenzen herauszuarbeiten.

I. Sein Leben

Carl Menger wurde am 23. Februar 1840 in Neu-Sandez in Galizien als Sohn des Rechtsanwaltes Dr. Anton Menger, Edler von Wolfensgrün, geboren. Der Adelstitel erscheint zweifelhaft (Boos 1986, 3 f.) und wurde daher von Carl und seinen Brüdern abgelegt. Seine Mutter Karoline Gerzabek war die Tochter eines sudetendeutschen Kaufmannes, der sich durch den Erwerb der Staatsdomäne Maniow in Galizien als Grundbesitzer etabliert hatte. Carl Menger starb am 26. Februar 1921 in Wien.

Carl Menger (1840–1921)

Menger studierte Rechtswissenschaften an den Universitäten Wien (1859–1860) und Prag (1860–1863) und promovierte 1867 an der Universität Krakau. Er war erst Journalist, dann Beamter im Ministerratspräsidium in Wien, wo er die Presseberichterstattung in der *Wiener Zeitung* und die Sammlung von Wirtschaftsdaten aus der Presse zu betreuen hatte. Die Beobachtung der raschen Veränderungen der Preiskonstellationen während der Wiener «Gründerzeit» soll ihn maßgeblich wissenschaftlich angeregt haben. 1871 veröffentlichte er als Erstlingsarbeit die epochalen *Grundsätze der Volkswirthschaftslehre,* mit denen er sich 1872 an der Universität Wien für Volkswirtschaftslehre habilitierte. 1873 nahm er die ihm angetragene außerordentliche Professur seines Faches an der Universität Wien an. Der alte, aus dem Jahr 1763 stammende, ehemals Sonnenfelssche Lehrstuhl war seit 1871 verwaist, als der Lehrstuhlinhaber, Albert Schäffle, Handelsminister geworden war und entsprechend der damaligen Statusauffassung nach dem Ende seiner kurzen Ministerschaft nicht mehr auf einen Posten so niedrigen Ranges wie den eines Professors zurückkehren konnte. 1876 wurde Menger Lehrer des Kronprinzen Rudolf in Politischer Ökonomie und wohl einer seiner einflußreichsten Erzieher im Sinne des Liberalismus: Er publizierte später mit ihm gemeinsam und war derjenige Lehrer, der ihn auf seinen Reisen 1877 und 1878 nach England, Frankreich, Deutschland und der Schweiz begleitete. Zurückgekehrt, wurde Menger 1879 ordentlicher Professor für Politische Ökonomie und widmete sich nun vornehmlich der universitären Lehre. Er wurde Hofrat und 1900 auf Lebenszeit ernanntes Mitglied der zweiten Kammer «Österreichs», des Herrenhauses.

In die Mitte der 80er Jahre fällt sein Methodenstreit mit Gustav Schmoller, dem Haupt der neueren historischen Schule in Berlin (Menger 1883, Menger 1884). In den 90er Jahren widmete sich Menger insbesondere der Währungspolitik in Österreich, nämlich der Vorbereitung des Übergangs zur Goldwährung im Jahre 1892 sowie geldtheoretischen Arbeiten (zu nennen ist sein umfangreicher Artikel *Geld* in der ersten Auflage des Handwörterbuchs der Staatswissenschaften von 1892 und den beiden folgenden Auflagen). 1903 «trat er vom Lehramte zurück, um sich ganz seinen wissenschaftlichen Aufgaben zu widmen», wie v. Hayek (1961, 301) vorsichtig schreibt; tatsächlich wurde er veranlaßt zurückzutreten, weil er – der nie verheiratet war – Vater eines unehelichen Sohnes wurde, des später bedeutenden, 1985 verstorbenen Mathematikers Karl Menger. Die zweite Auflage der *Grundsätze*, an der der Vater noch im Alter arbeitete, wurde erst nach seinem Tod vom Sohn herausgegeben, so daß sie nicht als authentisch gelten kann. Nachfolger auf seiner Wiener Professur wurde 1903 Friedrich von Wieser, sein zweitbekanntester Schüler, neben Böhm von Bawerk, der 1903 wieder einmal Finanzminister war, aber schon 1904 seinem Schwager Wieser auf ein weiteres, eigens für ihn geschaffenes Ordinariat an der Universität Wien folgte.

II. Der wissenschaftliche Kontext

Was waren die Grundgedanken der frühen Neoklassik oder der marginalistischen Revolution, die Menger mit schuf? Um seine Rolle zu verstehen, müssen wir uns kurz den relevanten Aspekten der wirtschaftswissenschaftlichen Theorieentwicklung zuwenden.

Die maßgeblichen Autoren des Spätmerkantilismus, Richard Cantillon (um 1690–1734) und insbesondere Sir James Steuart (1712–1780), hatten durchaus über eine ausgefeilte, auf dem Spiel von Angebot und Nachfrage beruhende Preistheorie verfügt, wobei Nachfrageaspekte keineswegs vernachlässigt wurden. Mit Adam Smith (1723–1790) wandte sich jedoch die folgende Periode, die sogenannte Klassik, fast ausschließlich den Angebotsfaktoren zu. Das war angesichts ihres hauptsächlichen Erklärungsgegenstandes durchaus adäquat: Als langfristig orientierte Entwicklungs- und Wachstumstheorie konzentrierte sie sich auf die Ursachen des vornehmlich vom Angebot abhängenden Wohlstandes eines Landes. Die Preistheorie erlitt jedoch dabei eine nicht unproblematische Vereinseitigung. Besonders seit Ricardo (1772–1823) wurden alle Preise durch die Erzeugungskosten der Güter erklärt (Kostenwertlehre) und in letzter Konsequenz durch den Arbeitseinsatz bei ihrer Erzeugung (Arbeitswertlehre), wobei nur das langfristige Preisgleichgewicht im Mittelpunkt des Interesses stand. Bis einschließlich J. St. Mill (1806–1873) ergab sich dabei eine verwirrende Fülle von «Ausnahmen» für diese anscheinend so selbstverständlich einfache Preisbildungsregel, so daß man bei Ricardo und Mill schließlich etwa zehn verschiedene Preistheorien findet: eine andere für reproduzierbare als für nicht reproduzierbare, sogenannte knappe Güter, eine andere für Binnengüter als für Außenhandelsgüter, eine andere für Monopolgüter als für Konkurrenzgüter, Ausnahmen für den Fall abnehmender Kosten und für die unterschiedlichen Verteilungspreise.

Gerade diese Schwäche der klassischen Preistheorie, damals sprach man von Werttheorie, die zwar für die Klassik nicht in allem zentral war, aber von ihren Autoren sehr dogmatisch vorgetragen wurde, war der Ansatzpunkt der neoklassischen oder marginalistischen Revolution, die gerade die Preistheorie in den Mittelpunkt des ökonomischen Interesses rückte. Diese plötzliche Hinwendung fast ausschließlich zur Preistheorie ist ein von den Autoren dieser Revolution wie selbstverständlich vollzogener und von keinem von ihnen auch nur begründeter «Paradigmenwechsel» im Sinne Kuhns (Kuhn 1962/1970). Alles wird plötzlich auf den Kopf gestellt: Standen in der Klassik die auf das Verhalten der einzelnen wirkenden gesellschaftlichen Zwänge im Vordergrund, so ist es nunmehr die individuelle Optimierung; schien der Klassik nur die langfristige Preisbestimmung relevant, so war es plötzlich vor allem die kurzfristige;

dachte die Klassik in makroökonomischen Aggregaten, so wurden nunmehr mikroökonomisch die Preise jedes einzelnen Gutes untersucht; betonte, ja überbetonte die Klassik die Angebotselemente, so wurden nunmehr die Preise fast ausschließlich aus der Güternachfrage abgeleitet; stand in der Klassik die Produktion im Zentrum der Analyse, so nunmehr der Konsum, der davor, seit Smith, als kaum wissenschaftlich beschreibbar gegolten hatte. Schlüssel zum Verständnis der gesamten Preisbildung wird der Nutzen der Güter für den Konsumenten. Er liefert den Erklärungseinfall für die neue Preistheorie, deren höchstes Ziel es nunmehr – in den Worten Mengers – ist, eine «der Natur der Dinge entsprechende, *alle* Preiserscheinungen ... unter einem *einheitlichen* Gesichtspunkte *zusammenfassende* Preistheorie» (Menger 1871, X, meine Hervorhebungen) zu geben. Dieses Ziel wurde innerhalb des Dreigestirns Jevons, Menger und Walras von Menger am vollständigsten erreicht. Jevons sah sich als Revolutionär – gegenüber der in England besonders dominanten Kostenwerttheorie der Klassik, die J. St. Mill kodifiziert hatte – zu Recht. Auch Léon Walras war bewußt revolutionär; obwohl er immer wieder Beachtung fand, entdeckten erst die Arbeiten der letzten 50 Jahre seine ganze Bedeutung. Allein Menger sah sich als Reformer und Vollender, nicht als Revolutionär, und das erscheint innerhalb seines Kulturkreises richtig.

III. Das Werk Mengers

1. Schwerpunkte

Dieser Kulturkreis ist die hochentwickelte und in ihrer Bedeutung in der Theoriegeschichte viel zu sehr vernachlässigte deutsche Nationalökonomie in der Zeit zwischen 1850 und 1875, der sich Menger geradezu emphatisch verbunden fühlt. Er will auf «Vorarbeiten» weiterbauen, «welche fast ausnahmslos deutscher Forscherfleiß geschaffen hat» (Menger 1871, X). Zu der Neufassung der Werttheorie, seinem zentralen Anliegen, meint er: «Eine tiefer gehende Behandlung hat die Frage nach dem Masse des Gebrauchswerthes erst bei den Deutschen erfahren» (Menger 1871, 108). 23mal weisen Mengers *Grundsätze* auf Deutschland, die Deutschen oder Deutsches hin; und von den in diesem Werk am häufigsten genannten zehn Autoren sind fünf Deutsche: Roscher (1817–1884), dem die *Grundsätze* gewidmet sind, wird siebzehnmal, Hermann (1795–1868) zwölfmal, Schäffle (1831–1905) zehnmal, Knies (1821–1898) neunmal und Rau (1792–1870) siebenmal genannt. (Zu den meistzitierten Autoren gehören außerdem der Schotte Adam Smith mit zwölf Zitaten, Aristoteles und die drei Franzosen Condillac, Say und Turgot.) Tatsächlich hatte sich in Deutschland durch das höchst erfolgreiche, in acht Auflagen erschienene Lehrbuch von Karl Heinrich Rau, *Grundsätze der Volkswirthschaftslehre* (erstmals erschienen 1826), noch stärker durch Wilhelm von Hermanns *Staatswirthschaftliche Untersuchungen* (1832), eine deutlich subjektivistisch orientierte Volkswirtschaftslehre bereits lange vor Menger etabliert, die durch Wilhelm Roschers überaus erfolgreiches Lehrbuch *System der Volkswirthschaft, Bd. I: Grundlagen der Nationalökonomie* – es erschien erstmals 1854 und erlebte insgesamt 26 Auflagen – vollends kodifiziert wurde. Dieser deutschen Nationalökonomie entstammen alle subjektiven Begriffe, die Menger verwendete. Auch der Aufbau der *Grundsätze* von Menger folgt Rau und insbesondere Hermann insofern, als zuerst Begriff und Wesen des Gutes, dann der Bedürfnisse, dann der Wirtschaft und schließlich die Preise behandelt werden.

In einem von Auflage zu Auflage individualistischer und subjektivistischer werdenden ersten Satz hatte Rau bereits Jahrzehnte vor Menger die Güter wie folgt definiert: «Viele Bestandteile der den Menschen umgebenden Sinnenwelt, d. i. körperliche Sachen, dienen als Hilfsmittel für menschliche Zwecke und werden deshalb zu den *Gütern* gerechnet, d. h. zu den Gegenständen, auf die sich das Begehrungsvermögen des Menschen richtet, oder die den Absichten desselben entsprechen» (Rau, 6. Aufl., 1855). Knapper nannte Roscher Güter «alles dasjenige, was zur Befriedigung eines wahren menschlichen Bedürfnisses anerkannt brauchbar ist» (Roscher 1864, 1, zitiert von Menger 1871, 2), wobei diese Begriffsfassung – im Gegensatz noch zu Rau – seit Hermann (1832) natürlich auch die Dienstleistungen einschloß. Damit war ein entscheidender Schritt hin zur Neoklassik und weg von der (wohl wegen der Fixierung auf das Sachkapital) am Sachgüterbegriff klebenden Klassik gesetzt. Hermann führt die ausdrückliche Berücksichtigung der Dienstleistungen, ja auch der sogenannten «Rechte und Verhältnisse», als Güter auf die vor-Smithsche Nationalökonomie, und zwar auf Sir James Steuart zurück; darin folgt ihm Menger (1871, 5). Von Hermann, dem am stärksten subjektivistisch orientierten deutschen Nationalökonomen, stammt die Standarddefinition der Österreichischen Schule für ein Bedürfnis, nämlich «das Gefühl eines Mangels mit dem Streben, ihn zu beseitigen» (Hermann 1870, 5). In einem ebenfalls laufend subjektivistischer werdenden Satz hatte schon Rau die «Wirtschaft» definiert als «die sämtlichen Verrichtungen, welche zur Versorgung einer gewissen Person mit Sachgütern bestimmt sind» (Rau 1855, 2).

Neben diesem subjektivistischen Begriffsvokabular konnte Menger zweitens an die Preistheorie der gesamten deutschen Nationalökonomie um die Mitte des 19. Jahrhunderts anknüpfen. Diese Preistheorie weist zwei Merkmale auf: Erstens die gleichgewichtige Behandlung von Angebot und Nachfrage als Preiserklärungen, so wie später bei Marshall (dessen Zitate ebenfalls belegen, wie stark er von eben dieser deutschen Nationalökonomie beeinflußt ist). Genauer: Die Nachfrage wird immer zuerst als preisbestimmend behandelt und auf den Nutzen oder, wie man damals meist sagte, auf den Gebrauchswert zurückgeführt. (Diese Sicht radikalisierte Menger, indem er überhaupt allein die Nachfrage als preisbestimmend hervorhob.) Die preistheoretische Sicht wurde von den deutschen Autoren wieder auf die vor-Smithsche Theorie, nämlich auf Sir James Steuart, zurückgeführt, von dem Roscher sagt, er habe sich «ein großartiges Verdienst um die Lehre vom Preise... erworben» (Roscher 1864, 191). Zweitens wird die Preistheorie bereits seit Rau als allgemeingültig dargestellt und als nach dem gleichen Schema wie für Güter auch auf alle Verteilungspreise, insbesondere auf den Arbeitslohn, anwendbar. Gerade dies ist die Sicht, die für Menger eines seiner Zentralanliegen ist, ja überhaupt das Zentralanliegen der marginalistischen Revolution schlechthin wurde.

Diese Preistheorie wird am prägnantesten durch Roschers Formulierung wiedergegeben: «In der Regel wird also das Preisverhältniß zweier Waaren zunächst bestimmt durch ihr *Verhältniß von Nachfrage und Angebot* (Wunsch zu besitzen – Schwierigkeit zu erlangen). Wir untersuchen daher, von welchen tiefer liegenden Verhältnissen Angebot und Nachfrage selbst abhängen» (Roscher 1864, 191). Die Nachfrage wird auf den Nutzen oder – seit Hermann zum Nutzen synonym gebraucht – auf den Wert zurückgeführt: «Die Fähigkeit eines Gegenstandes, ein Bedürfnis zu befriedigen, nennt man den *Werth* desselben, auch Nutzwerth, *Gebrauchswerth,* Brauchbarkeit« (Hermann 1870, 103). Gerade der Nutzen – und nicht wie in der englischen Klassik die enthaltene Menge Arbeit – dient als einheitlicher Maßstab aller Güterrechnung: «Im Werthe werden daher alle Güter vergleichbar... Der Werth (ist) die Bedeutung eines ökonomischen Gutes in der wirthschaftlichen Berechnung der Menschen» (Schäffle 1867, 51f.). Die Arbeitswertlehre ist schon lange vor Menger in der deutschen Nationalökonomie ganz und gar abgetan und wird als englische Aberration verurteilt: «Echt national ist die englische Ansicht, als wenn das Gleichgewicht der Preise darauf beruhte, daß alle Güter soviel Werth hätten, wie sie Arbeit gekostet«, schreibt Roscher (1864, 200f.). Selbst die Vorstellung einer konkaven Nutzenfunktion oder die Idee eines mit der Befriedigung abnehmenden Grenznutzens ist der deutschen Nationalökonomie keineswegs unbekannt und tritt nicht nur bei dem unbeachtet bleibenden, erst in den 80er Jahren wiederentdeckten Gossen auf. «Je mehr die Quantität eines nutzbaren Gegenstandes vermehrt wird, desto mehr fällt bei unverändertem Bedürfniß der Nutzwert jedes einzelnen Stückes», (Hildebrand 1848, 318). Menger nennt die Passage, aus der dieser Satz stammt, «eine vielfach angeführte Stelle» und «eine unvergleichliche Anregung zur Forschung» (Menger 1871, 108f.). v. Mangoldt (1863, 107) erklärte (Vorarbeiten aus 1855 rekapitulierend) aus der konkaven Nutzenfunktion eines risikoscheuen Unternehmers den Gewinn als notwendige Versicherungsprämie für eingegangenes Risiko. Den Gedanken des abnehmenden Grenznutzens des Einkommens schließlich kannte bereits Rau.

Unzählige weitere Gedanken bei Menger lassen sich ebenfalls auf deutsche Vorläufer zurückführen:[1] Andeutungen des Opportunitätskostengedankens und des isolierten Tausches als Prototypus der Preiserklärung sowie vor allem die Betonung der Vorteilhaftigkeit des Tausches für beide Tauschpartner (die Ablehnung der klassischen Idee des Äquivalententausches) finden sich bei Rau. Der für die Neoklassik wichtige Begriff der freien Güter geht auf Hermann zurück, ebenso das gerade in der Österreichischen Schule immer wieder bemühte Konzept positiver externer Effekte (natürlich ohne diesen Marshall-Pigouschen Namen), ja sogar der Hinweis, die Kosten könnten auch von den Preisen abhängen, nicht umgekehrt. Bei Roscher finden wir das für Menger charakteristische Interesse gerade an Monopolpreisen vorgeformt, das Verhandlungskonzept des «Preiskampfes» und auch seine Vorstellung, daß «die Preise mit dem Steigen der Kultur immer regelmäßiger werden» (Roscher 1864, 212), daß also Konkurrenz auf Märkten mit zahlreichen Transaktionen der Endzustand der wirtschaftlichen Entwicklung sei. Mengers im Vergleich mit dem angelsächsischen Raum ungewöhnliches Interesse an der Geldtheorie spiegelt Roschers Orientierung und vor allem die von Knies wider.

Gerade aufgrund der tiefen Verwurzelung Mengers in der deutschen Nationalökonomie müssen daher zwei Behauptungen strikt zurückgewiesen werden: Falsch ist die Behauptung, Menger sei von seinen deutschen Fachgenossen verkannt, ignoriert oder abgelehnt worden. Ganz im Gegenteil wurde er von Roscher (1875) sofort nicht weniger als siebenmal zitiert, meist durchaus beifällig. Roscher (1874, 1039) ordnet Menger zwar der am stärksten subjektiv orientierten, aber doch durchaus anerkannten Richtung in der deutschen Nationalökonomie zu; sie werde verkörpert durch «diejenigen Nationalökonomen, welche den Hermannschen Weg fortsetzen». Der Umstand, daß Menger begreiflicherweise zuerst in Deutschland positiv aufgenommen wurde, entfiel durch eine historische Verkürzung unserem Gedächtnis: Erst ein Jahrzehnt später, nach dem heftigen Konflikt mit Gustav Schmoller in Berlin, stößt Menger in Deutschland auf Ablehnung durch die gänzlich anders gearteten deutschen Nationalökonomen, die Schmoller folgten. Zum anderen läßt sich gerade mit dem Hinweis auf die Tradition der deutschen Nationalökonomie die immer wieder vorgebrachte Behauptung eindeutig widerlegen, die subjektive Wertlehre der Österreichischen Schule sei als Reaktion auf Karl Marx, als Gegenrevolution gegen dessen Lehre entstanden. Da eine subjektive Wertlehre in Deutschland bereits vor den ersten Schriften von Marx entstand und 35 Jahre vor dem Erscheinen von *Das Kapital*, Bd. 1, voll etabliert war, verhält es sich genau umgekehrt: Marx wurde unter anderem im deutschen Sprachraum deswegen abgelehnt, weil er, der englisch geprägte Ökonom, eine den Deutschen überholt erscheinende Wertlehre wiederaufwärmte. Denn wie Roscher (1875, 99) sagt: «Wirklich beruhet z. B. das ganze System von K. Marx auf dem ohne Beweisversuch angenommenen Irrthume der Ricardoschen Schule».

2. *Ergebnisse und Erträge*

Nicht die nutzwertorientierte, subjektive Wertlehre und nicht die einheitliche Preistheorie sind es also, die Menger als der «Reformer» der deutschen Nationalökonomie neu entwickelte; ja, es ist nicht einmal die Idee des abnehmenden Grenznutzens als solche, die Idee des später sogenannten Ersten Gossenschen Gesetzes. Neu sind vielmehr die Anwendungen, die Menger für diese Ideen fand. Neu war für Roscher (1875, 216) der Gedanke Mengers, daß er «den Gebrauchswerth verschiedener Güter aus dem Gesichtspunkte miteinander zu vergleichen (sucht), daß Befriedigungsmittel eines weniger dringenden Bedürfnisses, wenn die jeweilig dringenden Bedürfnisse schon voll befriedigt sind, den Mitteln zur Übersättigung der letzteren vorgezogen werden». Neu ist also das Zusammenspiel der Nutzenfunktionen verschiedener Güter, das von Menger klar formulierte sogenannte Zweite Gossensche Gesetz.

Bediente man sich der veralteten Sprache um 1900, so könnte man formulieren: Um maximalen Nutzen zu erreichen, muß jedes Bedürfnis bis zum gleichen Grenznutzenniveau befriedigt werden (Grenznutzenausgleichsgesetz); und im Optimum wird das Grenznutzenverhältnis zweier Güter ihrem Preisverhältnis gleichgemacht. Damit bestimmen aber auch am Markt die Grenznutzenschätzungen der Kaufenden die relativen Preise. Diesen Gedanken hatte etwa Hildebrand keineswegs, während ihn alle drei neoklassischen Revolutionäre (Jevons, Menger und Walras) formulieren. Bei Menger selbst lautet diese notwendige Konsequenz jedes Optimierungskalküls wie folgt: «Wir haben gesehen, daß das Bestreben der Menschen dahin geht, ihre Bedürfnisse vollständig, wo dies aber unthunlich erscheint, doch *so vollständig als möglich* zu befriedigen. Steht nun eine Quantität von Gütern Bedürfnissen gegenüber, deren Befriedigung für die Menschen eine verschiedene Bedeutung hat, so werden sie zunächst jenen Bedürfnissen genügen, oder aber dafür vorsorgen, deren Befriedigung für sie die höchste Bedeutung hat. Bleibt ihnen ein Überschuss, so werden sie denselben der Befriedigung derjenigen Bedürfnisse zuführen, welche im Grade der Bedeutung jenen obigen Bedürfnissbefriedigungen zunächst stehen, und so fort den allfälligen Rest der Befriedigung der dem Grade nach nächst wichtigen Bedürfnisse.» (Menger 1871, 97 f.) Da Menger ein allgemeines Zahlenschema verwendet, um den Grad der Befriedigung verschiedener Bedürfnisse darzustellen, ist dem Leser klar, daß jedes Bedürfnis (womöglich) bis zum selben «Zahlenwert» befriedigt wird (Menger 1871, 93). Die Marktpreiskonsequenz wird bei Menger nur für den isolierten Tausch zweier Tauschpartner gezogen: Dieser wird so weit getrieben, bis «sich keine Güterquantität mehr in dem Besitze des einen der beiden Contrahenten befindet, die für ihn einen geringeren Werth hätte, als eine Quantität eines anderen in der Verfügung des zweiten Contrahenten befindlichen Gutes« (Menger 1871, 168, dort gesperrt gedruckt).

Menger ist freilich unter den drei «Revolutionären» insofern «the odd man out» (Blaug 1962/1985, 306), als er gerade diesen seinen neuen Aspekt nicht betont. Er schien ihm z. B. nicht wichtig genug, um ihn dem Kronprinzen Rudolf vorzutragen.[2] In seinem Werk schwächt er ihn vielmehr in mannigfaltiger Weise ab: Er stellt seine Preistheorie vom isolierten Tausch her dar, bei dem es im Regelfall bei unteilbaren Gütern nicht zum vollen Grenznutzenausgleich kommt; der volle Ausgleich bei beiderseitiger Konkurrenz ist ihm nur ein extremer Grenzfall, dem freilich die Entwicklung zustrebt. Er hebt Verhandlungsspielräume, das Feilschen, den «Preiskampf» (Menger 1871, 177) ebenso hervor wie Informationsmängel (ebd. 169) und Transaktionskosten (ebd. 170) des Tausches. In all diesen Dingen ist er sehr modern und hätte zu Fragen Anlaß geben können, die in den letzten zwei Jahrzehnten intensiv behandelt wurden. Menger ist interessiert an der Skizzierung von Kräften hinter ökonomischen Prozessen, am Abstecken oft weit gefaßter Grenzen der Entscheidungsmöglichkeit, nicht aber an statischen Punktgleichgewichten. Die Theorie der strategischen Spiele hat durch ihn wesentliche Anregungen erhalten. Sie geht auf den im Seminar seines Sohnes vortragenden ungarischen Mathematiker John von Neumann und auf das habilitierte Mitglied der Österreichischen Schule, Oskar Morgenstern, zurück (Neumann, Morgenstern 1944). In all diesen Abschwächungen, Einschränkungen, realistischen Aufweichungen entspricht er aber wieder Ansätzen der dargestellten deutschen Lehrbuchliteratur seit Hermann.

Was bei Menger weit neuer war, von ihm auch stark herausgestrichen wird und als Kerngedanke der Neoklassik zu gelten hat, ist die Bestimmung aller Kostenwerte nach Maßgabe der Nutzwertschätzung ihres produktiven Beitrages. Hier ist Jevons der «odd man out», der diesen Gedanken nicht kennt. Menger formuliert ihn am allgemeinsten von den dreien, Walras hingegen am präzisesten, aber nur an einem Spezialfall. Die deutsche Nationalökonomie um die Mitte des 19. Jahrhunderts hatte eine einheitliche Preistheorie: die durchexerzierte Nachfrage-Angebots-Paradigmatik. Angebotsseitig werden die Preise jeweils durch die Kosten bestimmt. Was aber bestimmt die Kosten der Kosten? Im endlosen Regreß stößt man hier schließlich auf ein nicht mehr ökonomisch erklärbares Element, auf ein letztes a priori. Dieser einheitlichen Preistheorie setzt Menger eine noch einheitlichere entgegen: Alle Kosten erhalten ihren Preis letztlich auch über Nutzwertschätzungen, nämlich als indirekte Nutzen; letztes Angebotselement bleibt nur die Höhe des momentanen Vorrates. Die Konsumgüter nennt Menger Güter erster Ordnung, die zu deren Erzeugung dienenden Güter solche höherer Ordnung, um so höher, je konsumferner sie sind. Er formuliert den «allgemeine(n) Grundsatz», *«dass der ökonomische Charakter der Güter höherer Ordnung durch jenen der Güter niederer Ordnung bedingt ist, zu deren Hervorbringung sie dienen»* (Menger 1871, 68). Kostenaufwendungen sind bei kurzfristiger Preisbetrachtung immer irrelevante Aspekte der Vergangenheit (ebd. 120). Wohl um seine strikte Nutzwertlehre besonders rein darzustellen, liefert uns Menger – entgegen der deutschen Lehrbuchtradition, in der er steht – keinerlei Angebotstheorie. Implizit nimmt er somit das Angebot als gegeben an. Gegeben ist das Angebot jedoch höchstens kurzfristig, weshalb Menger genaugenommen uns nur eine kurzfristige Preistheorie liefert.

Menger entwickelt hingegen so wie kein anderer im revolutionären Dreigestirn den zentralen Gedanken, daß Wirtschaftsveränderungen notwendig zu Faktorpreisänderungen führen. Er formuliert diesen Schlüsselgedanken ganz allgemein für alle Faktoren als «allgemeines Gesetz der Werthbestimmung einer concreten Qualität eines Gutes höherer Ordnung»: «Der Werth derselben (ist) gleich der Differenz zwischen der Bedeutung jener Bedürfnisbefriedigungen, welche im Falle unserer Verfügung über die Quantität des Gutes höherer Ordnung, dessen Werth in Frage ist, und jener, welche im entgegengesetzten Falle, bei jedesmaliger ökonomischer Verwendung der Gesammtheit der uns verfügbaren Güter höherer Ordnung, erfolgen würde» (Menger 1871, 142). Er fügt als weiteren Grundsatz hinzu, «dass der Werth eines Gutes höherer Ordnung um so grösser ist, je grösser der voraussichtliche Werth des Productes bei gleichem Werthe der übrigen zur Hervorbringung desselben erforderlichen complementären Güter» (ebd.). Damit bestimmt Menger als einziger im Dreigestirn auch allgemein die Grenzproduktivitätsbewertung der Faktoren, ausgedrückt in Nutzen: Der Wert des Faktors bestimmt sich nach Maßgabe des Beitrages seiner letzten Einsatzeinheit zum Erzeugnis bzw. zum Nutzen des Erzeugnisses. Als einziger formuliert Menger auch das Opportunitätskostenprinzip: Alles kostet letztlich so viel, wie der Nutzenentgang bei seinem Wegfall ausmachen würde. Mit diesem Gedanken verwandelte Menger die halbe subjektive Preisbestimmung der deutschen Nationalökonomie seiner Zeit in eine ganze. Wir wissen zwar heute aufgrund des Nichtsubstitutionstheorems,[3] daß eine Kostenwerttheorie durchaus haltbar sein kann, jedoch nur unter Bedingungen, die Menger ablehnte und die zudem für die zweite Hälfte des 19. Jahrhunderts unhistorisch waren: entweder nämlich der Existenz nur eines Primärfaktors (z. B. homogener Arbeit) oder vieler solcher in festem Preisverhältnis.

Mengers Gedanken zur indirekten Grenznutzenbestimmtheit aller Faktorpreise sind so fundamental und auch vor dem Hintergrund der deutschen Nationalökonomie der Jahrhundertwende so überraschend, daß Roscher sie nicht gleich zitierte. Sie wurden von der Österreichischen Schule immer wieder rekapituliert; insbesondere von Wieser, der sie geringfügig vertiefte und dann die Theoriegeschichte glauben ließ, sie stammten von ihm. Der Grenznutzen als solcher ist andererseits keineswegs besonders wichtig, obwohl Wieser später die Schule die «Grenznutzenschule» nannte. Das tat er aber vornehmlich in unbewußter Selbstverherrlichung; denn erst Wieser schuf den Begriff «Grenznutzen», den Menger nicht gebrauchte.[4]

Ab den 1890er Jahren wird in allen neoklassischen Schulen die Grenznutzen- und auch die Grenzproduktivitätsbetrachtung geübt. Die spezifische Note der Österreichischen Schule geht hingegen auf zwei Akzentsetzungen Mengers zurück, die auch auf dem Hintergrund der deutschen Nationalökonomie neu waren und im wesentlichen auch österreichisch-eigenständig blieben. Diese Akzentsetzungen sind am besten mit der Mengerschen Bezeichnung «subjektive Wertlehre» zusammenzufassen, die Lehre des «seiner Natur nach durchaus subjectiven Güterwerthes» (Menger 1871, 96); sie stellen eine neue und spezifisch österreichische Variante der Subjektivität dar.

Aus der Verschiedenheit der Menschen und ihrer Zwecke folgt die Verschiedenheit aller Wirtschaftserscheinungen. Diese Erkenntnis führt bei Menger zu dem, was man als das strukturelle Denken Mengers und nach ihm der Österreichischen Schule bezeichnen kann (Streissler 1969). Alles wird bei Menger unendlich aufgefächert. Es gibt nicht Konsum und Kapital, sondern ein unendliches Spektrum von Gütern erster und höherer Ordnung. Die Qualitätsunterschiede der Güter werden betont. In bezug auf die Marktformen entfaltet er ein Kontinuum von Zuständen, vom isolierten Tausch zweier Tauschpartner über das Monopol (auf der einen Marktseite eine Person, auf der anderen viele) bis zum Grenzfall der Konkurrenz, die entsteht, wenn auf beiden Marktseiten die Zahl der Tauschpartner mehr und mehr zunimmt. Schließlich gibt es mehr oder weniger «absatzfähige» Waren bis hin zum Geld, der absatzfähigsten Ware (Menger 1871, 253), wir würden heute sagen: Geld als liquidestem Gut. Die Absatzfähigkeit selbst wird wieder auf die verschiedensten Bestimmungsstücke zurückgeführt. Man könnte zusammenfassen: Menger interessiert sich nie für ein Aggregat, immer hingegen für seine Struktur. Ihm folgend haben daher die Österreicher den Keynesianismus schon deswegen abgelehnt, weil er Aggregate verwendete; am deutlichsten hat ihn v. Hayek verworfen, der durch Menger so stark geprägte Denker der letzten Generation der Österreichischen Schule. Wo die Österreicher Aggregate verwenden, gehen diese auf Böhm von Bawerk zurück: nämlich Kapital und Zins. Aber gerade diese Denkweise in Aggregaten nahm

Menger selbst Böhm bitter übel und polemisierte gegen sie.[5] Für Menger selbst gab es im Grunde kein Kapital, sondern eben nur die mannigfaltigsten Güter höherer Ordnung; keinen einheitlichen Zins, sondern nur die verschiedenen intertemporalen Preisstrukturen der Kapitalgüter.

Während Mengers strukturelles Denken eine theoretische Figur bleibt, die er seiner Schule einprägte, ist sein «Zeit-Irrthum»-Topos (Menger 1871, 21) mehr. Er ist eine zentrale Aussage über die soziale Wirklichkeit, auf die die Neufassung der Österreichischen Schule als «Austrian Economics» in den USA heute besonderen Wert legt (O'Driscoll/Rizzo 1985). Zuerst einmal ist Mengers ökonomisches Denken außerordentlich stark informationstheoretisch ausgerichtet. Gleich am Anfang der *Grundsätze* werden wir belehrt, daß Voraussetzung für die Güterqualität «3. Die Erkenntniss (eines) Causal-Zusammenhanges (mit der Bedürfnisbefriedigung) Seitens der Menschen» ist (Menger 1871, 3). Auch den wirtschaftlichen Fortschritt charakterisiert Menger wie folgt: «Die den Menschen verfügbaren Quantitäten (der Producte) finden ihre Grenzen nur in den Grenzen ihrer Einsicht in den ursächlichen Zusammenhang der Dinge und in dem Umfang ihrer Macht über diese letzteren. Die fortschreitende Erkenntnis des ursächlichen Zusammenhanges der Dinge mit ihrer Wohlfahrt und die fortschreitende Bemächtigung der entfernteren Bedingungen derselben haben demnach die Menschen aus dem Zustande der Rohheit und des tiefsten Elendes emporgeführt zu der gegenwärtigen Stufe ihrer Cultur und Wohlfahrt» (Menger 1871, 29). Fortschritt ist also vor allem Erkenntnis. Dies war wohl der Keim, der, verbunden mit dem Wieserschen Führermythos, bei Schumpeter zu der Theorie der wirtschaftlichen Entwicklung, der Theorie der «Neuerungen» (anglisiert: Innovationstheorie) reifte.[6]

Diese menschliche Erkenntnis ist bei Menger jedoch gleichzeitig höchst fehleranfällig, dem Irrtum ausgesetzt. Die wichtigste Quelle für Irrtümer in Wirtschaftsentscheidungen ist für ihn die Zeitdauer des Produktionsprozesses – ein seinerzeit ganz neuer und dann 100 Jahre lang als typisch österreichisch empfundener Gedanke.[7] Menger identifiziert geradezu in einer Kapitelüberschrift Zeit und Irrtum. Dieser Gedanke faszinierte seine ganze Schule, sei es im einzelnen in der Frage der Abstimmung zukunftsträchtiger Entscheidungen verschiedener Entscheidungsträger aufeinander (Morgenstern 1934), die in die Spieltheorie mündete, sei es im großen in der Kapitaltheorie. Bei Menger ansetzend wurde den Österreichern die Kapitaltheorie zur Theorie der Zeitstruktur der Produktion. Und von Böhm-Bawerk versuchte sogar, Kapital durch Zeit zu messen, nämlich die durchschnittlich verstreichende Ausreifungszeit der eingesetzten Produktionsmittel bis zur Produktionsreife. Ebenso lieferte gerade die Wahrscheinlichkeit menschlicher Fehlkalkulation einen Ansatzpunkt für die Konjunkturtheorie der Österreicher. Sich mit Konjunkturtheorie überhaupt zu befassen, erschien in der akademischen

Ökonomie nach 1900 und vor etwa 1925 durchaus als ungewöhnlich und als typisch österreichische Spezialität. Auch hier setzten freilich die Österreicher die Lehrbuchtradition der deutschen Nationalökonomie um 1850 nur fort, für die ausführliche Kapitel über «Handelskrisen» charakteristisch sind.[8] Ja, die spätere, sogenannte «Österreichische» Konjunkturtheorie der Überinvestition infolge einer Kreditexpansion findet sich vorgeprägt bei Roscher (1861), Schäffle (1867, 214–219) und bei Mengers älterem Kollegen Lorenz von Stein (1878, 431 ff.).

Mengers Interesse an der Geldtheorie steht ebenfalls im Gegensatz zur angloamerikanischen Nationalökonomie seiner Zeit, aber in Übereinstimmung mit der deutschen um die Mitte des 19. Jahrhunderts. Und seine Schule folgt ihm. Auch die Geldtheorie wird von ihm unsicherheitstheoretisch gesehen: »Die Geldmenge, welche bei Zahlungen jeweilig zur Verwendung gelangt, (bildet) nur einen Teil der einem Volke nötigen Baarmittel, ein anderer dagegen (muß bereitgehalten werden) in der Form von Reserven mancherlei Art, für die Sicherstellung ungewisser, in zahlreichen Fällen thatsächlich überhaupt nicht stattfindende(r) Zahlungen» (Menger 1892 a, 754). Menger sieht Geld somit vornehmlich als Reservemedium und leugnet ausdrücklich die Stabilität der Umlaufsgeschwindigkeit des Geldes. Ihm zufolge ist ein zeitvariables Vorsichtsmotiv die Hauptquelle der Geldnachfrage. Damit entzieht er aber auch der Geldpolitik jeden klaren Ansatzpunkt der Vorhersehbarkeit ihrer Wirkungen.

IV. Aspekte der Wirkungsgeschichte

Damit sind wir bei den wirtschaftspolitischen Attitüden der Österreichischen Schule angelangt. Ihr einigendes Band war ein mehr oder minder ausgeprägter Wirtschaftsliberalismus. Sozialisten wurden nie als Mitglieder der Österreichischen Schule angesehen; nicht einmal Sozialpolitiker wie Eugen Philippovich von Philippsberg, obwohl dieser maßgeblicher Popularisator von Mengers Ideen und – in der Nachfolge von Stein – sein jüngerer Wiener Kollege wurde. Der Liberalismus der Schule geht wieder auf Menger zurück. Theoretisch fußt er auf Mengers Variante des Subjektivismus, verkörpert im Zeit-Irrtum-Topos. Denn irrt sich der Mensch in seiner Voraussicht der Zukunft, so tut dies vor allem auch der Wirtschaftspolitiker. Die Konsequenzen wirtschaftspolitischer Eingriffe sind nicht vorhersehbar. Daher sind solche Eingriffe zu unterlassen. Diese Argumentationslinie lehnt sich im übrigen sehr eng an die von Adam Smith[9] an.

Aus Mengers Schriften wissen wir freilich recht wenig über seine wirtschaftspolitischen Prinzipien. Die umfangreichen Arbeiten zur Währungsreform von 1892 sind technischer Art und bestenfalls auf die richtige Kaufkraftfeststellung, auf, wie Menger sagte, einen «gerechten Gulden» (1892b/1970 IV, 307) ausgerichtet. Nur einmal nahm er zu grundsätzlichen Fragen der Wirtschaftspolitik Stellung, 1891 in dem Pressebeitrag *Die Social-Theorien der classischen National-Oekonomie und die moderne Wirtschaftspolitik*. Hier betont er, daß die deutschen Angriffe auf «A. Smith und die Wirtschaftspolitik der Klassik auf Mißverständnis, ja Unkenntnis beruhen». Menger fährt fort: «A. Smith stellt sich in allen Fällen des Interessen-Conflicts zwischen den Starken und den Schwachen *ausnahmslos* auf die Seite der Letzteren.» Er sei überall dort für staatliche Eingriffe, «... wo es sich um die Beseitigung (einer die) Armen oder Schwachen ... bedrückenden Gesetzgebung oder Gesetzanwendung handelt» (Menger 1891/1970 III, 223). «Es ist nicht wahr, es ist eine Geschichtsfälschung, dass A. Smith ein Doctrinär des ‹Laisser faire, laisser aller› ist und ausschließlich von dem völlig freien Spiele der individuellen Interessen das ökonomische Heil erwartet.» (ebd. 230) Schließlich weist Menger auf John Stuart Mill als «die letzte Ausgestaltung des Classicismus» hin (ebd. 232). Bedenkt man Mills stark sozialreformerische Haltung, so entsteht der Eindruck, Menger selbst sei ein sehr gemäßigter, durchaus auch interventionistischer Liberaler, ein Sozialliberaler.

Ein ganz anderes Bild gewinnt man, wenn man die unter Menger geschriebenen, unpublizierten Vorlesungshefte des Kronprinzen Rudolf betrachtet.[10] Nun hört man einen anderen Ton aus den oben zitierten Passagen heraus, die sich allein auf Gesetzgebung und -anwendung beziehen, einschränkend vom «Doctrinär» sprechen, ein «ausschließlich» hervorheben etc. Den Kronprinzen wies er gerade auf die sehr begrenzten Möglichkeiten staatlicher Eingriffe hin. Außerdem hemmten Staatseingriffe die Privatinitiative (die «Selbstbestimmung»), weswegen Sozialismus und Kommunismus abzulehnen seien. Die Verschiedenheit der individuellen Eigenheiten der Staatsbürger ließen eine – notgedrungen immer vereinheitlichende – Staatsversorgung als nicht bedarfsgerecht erscheinen. Es sei eine Hauptaufgabe der Regierung, Sparsamkeit und Fleiß zu unterstützen und dabei selbst mit gutem Beispiel voranzugehen. Als ausschließlichen «Eingriffsgrund» des Staates arbeitet Menger (oder der Schüler, der achtzehnjährige Kronprinz Rudolf) externe Effekte heraus. Nur «anormale Fälle ... gestatten das Einschreiten des Staates, in den normalen Situationen des volkswirtschaftlichen Lebens werden wir so ein Verfahren stets für schädlich erklären müssen». Diese «anormalen» Fälle sind in heutiger Terminologie stets externe Effekte, andernfalls wäre «das Eingreifen des Staates ... hindernde Bevormundung der eigenen Interessen der Bürger». So muß der Staat Maßnahmen zur Bekämpfung von Viehseuchen, das Überhandnehmen der Reblaus oder des Borkenkäfers ergreifen, weil sich diese Schäden über «einen Besitz» hinaus erstrecken. Der Staat hat Handelsverträge abzuschließen, weil dies die Kraft des einzelnen nicht vermag. Weiters ist es keine Bevormundung, wenn der Staat

Einrichtungen schafft, die die Mittel der einzelnen übersteigen (positive externe Effekte): der Bau von Landstraßen, Eisenbahnen, Kanälen und Schulen. Insbesondere Landwirtschafts- und Gewerbeschulen sind wegen der positiven externen Effekte praktischer Bildung zu fördern. Schließlich sind negative Eingriffe einzelner auf andere zu bannen: Arbeiterschutzgesetzgebung, Arbeitszeitregelung (die z.B. 15 Arbeitsstunden täglich in der Fabrik verbieten) und Beschränkung der Kinderarbeit. Neben den obligaten «Maßregeln zur Beseitigung der Hindernisse einer blühenden Volkswirtschaft» ist das alles. Aus den Heften des Kronprinzen Rudolf sieht man somit, daß Menger doch eine sehr strikte liberale Position vertrat. Kein Wort von sozialer Kranken- oder Altersvorsorge! Man könnte in der Begriffsfassung von Musgrave sagen: Menger billigte dem Staat nur eine Allokationsabteilung zu, die Verbesserung der Allokation angesichts externer Effekte. Weder eine Distributionsabteilung noch eine – durchaus in deutscher Tradition zu seiner Zeit bedachte[11] – Stabilitätsabteilung des Staates existieren für ihn. Diese Sicht vermachte er dem Großteil seiner Schule.

Wie Menger theoretisch in gewissem Sinne ein verspäteter Epigone der von 1825–1875 blühenden deutschen Nationalökonomie ist – vielleicht können wir sagen, der für Jahrzehnte letzte deutsche Nationalökonom der jüngeren historischen Schule, ein Wissenschaftler, der gerade der deutschen Nationalökonomie eine neue Blüte in der Österreichischen Schule brachte –, so ist er auch ein letzter Nachzügler der Liberalen der 1848er Generation. Der deutsche Liberalismus ging durch Bismarck unter; der österreichische endete politisch bereits, knapp nachdem Menger Ordinarius geworden war, durch den Antritt der Regierung Taaffe 1879. Aber auch in England siechte der Liberalismus am Ende des 19. und Anfang des 20. Jahrhunderts dahin. Über Menger wurde seine Schule ein Gefäß des ökonomischen Liberalismus. Sie nahm sich einer damaligen «lost cause» an und pflegte den Liberalismus zur Zeit seiner tiefsten Ebbe, insbesondere in der Zwischenkriegszeit. Die Ironie der Geschichte wollte es, daß sich daher heute klassisch-liberale Deregulierungsbewegungen in England und den Vereinigten Staaten auf «Austrian Economics» als ihre intellektuelle Basis, auf die Österreichische Schule als einen letzten Hort und eine theoretische Fundierung des Liberalismus berufen statt auf ihre eigene, jahrhundertealte Tradition.

Heinz Rieter

ALFRED MARSHALL
(1842–1924)

«... every dogma that is short and simple is false ...»
A. Marshall

I. Ein moderner Klassiker oder ein Klassiker der Moderne?

Mißt man die «Wettbewerbsfähigkeit» des Forschers ganz modisch daran, wie oft jemand zitiert und wieviel über ihn geschrieben wird, so steht Marshall ausgesprochen gut da. Nach einer Studie von Stigler und Friedland (1979, 10ff.) über die wirtschaftswissenschaftliche Zitierpraxis nimmt der Gelehrte aus Cambridge nicht nur in der Liste der zwischen 1886 und 1925 am häufigsten angerufenen Ökonomen einen beachtlichen fünften Platz ein. Er ist von den Autoren, deren Hauptwerk vor 1900 erschien, überhaupt der einzige, der zu den 50 Vielzitierten im Zeitraum 1925 bis 1969 gehört – und zwar an achter Stelle. Daran hat sich bis heute kaum etwas geändert. Mit entsprechenden Referenzen pflegt man Marshall die schuldige Reverenz zu erweisen; er gehört zu den meistzitierten Wirtschaftswissenschaftlern aller Zeiten. Wem dies noch kein wirklicher Beleg für Marshalls bleibende Bedeutung ist – vielleicht weil er dem Positivismus der emsigen «Erbsenzähler» mißtraut –, den mag etwas anderes überzeugen: Die wissenschaftliche Auseinandersetzung mit Marshall ist nie abgerissen. Nach seinem Tode wurde sogar fortlaufend mehr über ihn publiziert.[1] Und seit den 70er Jahren erleben wir geradezu eine Marshall-Renaissance, die in dieser Form für andere «Klassiker des ökonomischen Denkens» (noch) aussteht. Man sichtet Marshalls Nachlaß gründlicher, beschäftigt sich wieder mehr mit seinem Früh- und Spätwerk, verfolgt genauer die Spuren seines Lebens, vergleicht akribisch die verschiedenen Auflagen seiner Bücher, gräbt tiefer nach den Wurzeln seiner Ansichten, wertet seine Korrespondenz aus und sammelt die weit verstreute Sekundärliteratur. Manche beschäftigt sogar der Gedanke, wie rasch und wofür er den Nobelpreis erhalten hätte, wenn die Wirtschaftswissenschaft schon zu seinen Lebzeiten dieses Preises für würdig befunden worden wäre.[2]

Die anscheinend dauerhafte Aktualität von Marshalls Werk verblüfft insofern, als Schumpeter schon vor bald fünfzig Jahren den größten Teil davon im Museum der Nationalökonomie am besten aufgehoben sah: «In einer Hinsicht ist die Ökonomie Marshalls bereits in Vergessenheit gera-

Alfred Marshall (1842–1924)

ten. Seine Vorstellung vom Wirtschaftsablauf, seine Methoden und seine Ergebnisse sind nicht mehr die unsrigen» (1941/1954, 285). Zwar sei er ein «Wirtschaftshistoriker ersten Ranges» gewesen, doch das «theoretische Gerüst» seiner Lehre fände sich im Grunde schon bei Cournot, Thünen, Jevons und «weit vollständiger» natürlich bei «dem größten aller Theoretiker, Walras» (ebd. 288 ff.). Viele nicht minder kompetente Zeitgenossen des eigenwilligen Österreichers haben das ganz anders gesehen. Für Keynes (1924 a, 15) zum Beispiel war Marshall in seinem Fach «the greatest in the world for a hundred years», weil er jene ideale Vielseitigkeit besaß, die den guten Ökonomen auszeichne: «... he was conspicuously historian and mathematician, a dealer in the particular and the general, the temporal and the eternal, at the same time.» Und Marshalls *Principles of Economics* (1890) hätten «a new age of economic thought» eingeleitet (ebd. 36) – eben *The Age of Marshall* (Jha 1973). Worin die epochale Leistung Marshalls nun konkret bestand, ist viel schwerer zu sagen. Weder ein genialer Einfall wie Quesnays *Tableau économique* noch ein revolutionärer Handstreich wie Keynes' *General Theory* haben sein Werk unsterblich gemacht. Dies besorgte indes ein ruhiger und vielarmiger Gedankenfluß, der gleichermaßen die großen wie die kleinen Schriften durchströmt. Man empfindet ihn als ein Ganzes, das zudem mehr ist als die Summe seiner Teile. So gilt Marshall als der Architekt eines monumentalen Lehrgebäudes, der verschiedene Stilelemente virtuos zu kombinieren verstand. Es ist ein komfortabler Neubau, errichtet auf alten Fundamenten. Überraschenderweise können sich konträre Schulen der Nationalökonomie darin zu Hause fühlen. Im Werk Marshalls scheint Widersprüchliches aufgehoben zu sein – in der doppelten Bedeutung des Wortes: Es bewahrt klassische Traditionen, bahnte der neoklassischen Orthodoxie den Weg und leistet heterodoxen Ansätzen intellektuellen Beistand. Betrachten wir kurz diese Aspekte nacheinander.

Als im letzten Drittel des 19. Jahrhunderts das überlieferte, auf die Produktionskosten fixierte Erklärungsmuster der Spätklassik für die Bildung der Preise und die Verteilung der Einkommen von den Grenznutzentheoretikern radikal verworfen wurde und damit die immer noch junge Politische Ökonomie in eine schwere Orientierungskrise geriet, gab ihr Marshall neuen Halt: Er schlug Brücken zwischen den feindlichen Lagern. Und dies war mehr als der bloße Versuch, das Neue mit dem Alten unter einem Dach zu versammeln, es war ein Akt der Versöhnung, der das Neue aus dem Alten zu rekonstruieren gedachte, um so dem ökonomischen Denken «Kontinuität» (Marshalls Lieblingswort) zu geben. Zweifellos beflügelte dies die Bestrebung, die Volkswirtschaftslehre als eigenständige Wissenschaft zu etablieren, was nur jene verdroß, die sie lieber in der noch jüngeren Soziologie aufgehen lassen wollten (vgl. Kirzner 1960, 16). Über den Wert des Marshallschen Lehrsystems selbst gehen die Meinungen stark auseinander. Für die einen besteht es aus damals zeitgemäßen Theorien, mit denen Marshall «Jevons' Versprechen von einer neuen Ökonomie einlösen sollte» (Blaug 1968/1975, 28). Andere «mutet (es) heute archaisch an», weil sein Schöpfer «... brennenden Fragen der modernen Industriegesellschaft... aus dem Wege gegangen (ist)» (Seligman 1962/1967, 212f., s. auch J. Robinson 1960, 240). Durchweg positiver werden die konstruktiven Elemente des Systems bewertet. Marshall habe den Baukasten der Ökonomen vergrößert und verbessert. Viele sehen in seinem Analyse-Instrumentarium (Angebots- und Nachfragefunktionen, Elastizitäten, Partialanalyse, Ceteris-Paribus-Klausel und anderes mehr) sogar ein universelles Rüstzeug, das theorie- und systemindifferent immer und überall dort eingesetzt werden könnte, wo es gilt, ökonomische Probleme zu lösen. Methodologisch wird diese Position zu Recht mit dem Hinweis attackiert, alle Werkzeuge der ökonomischen Analyse seien untrennbar mit bestimmten inhaltlichen Vorstellungen von Struktur und Ablauf der Wirtschaft verbunden.

Völlig unstreitig ist hingegen, daß Marshalls Lehren im wahrsten Sinne des Wortes «Schule gemacht» haben. Marshall selbst figuriere als die «gestaltgewordene Tradition» (Seligman 1962/1967) der von ihm (mit)begründeten Neoklassischen Schule, die in der akademischen Volkswirtschaftslehre unvermindert eine tragende Rolle spielt. Insofern könne «... fast das ganze Gebäude modernen Wirtschaftsdenkens auf Hinweise und Anregungen Marshalls zurückgeführt werden...» (ebd. 191). Diese Ansicht wird durch den «Familienstammbaum der Ökonomik» hübsch illustriert, den Samuelson der jüngsten Auflage seiner vielgelesenen *Economics* (1985, nach 950) beigefügt hat. Marshall fungiert dort, neben Walras und dem wiederum von Marshall beeinflußten Keynes, als Vater sowohl der «Modern Mainstream Economics» als auch der hier zum Nebenstrom degradierten neo-neoklassischen Richtungen («Chicago Libertarianism», «Rational Expectations Macroeconomics»). Die Verknüpfung dieses Traditionalismus mit Marshalls Traditionsbewußtsein erzeugt fast zwanglos das womöglich trügerische Bild eines stetigen und kumulativen Erkenntnisfortschritts in der Volkswirtschaftslehre seit der Zeit der Klassik über Marshall bis zur Gegenwart.

Der saloppe Spruch, daß «eigentlich alles schon bei Marshall steht» (Corry 1968, 25; Fry 1976, 293), gibt nicht nur Neoklassikern das beruhigende Gefühl, in den «richtigen» Bahnen zu denken; er ermuntert auch deren Widersacher, bei Marshall das zu suchen, was sie gerne finden möchten. Joan Robinson (1960, 23) zufolge dürften sie allemal fündig werden: «... any view of what Marshall *really meant* can always be countered by quotations from the *Principles* which show conclusively that he meant just the opposite.» Zur Ehrenrettung der Marshall-Exegese muß allerdings hinzugefügt werden, daß sie keineswegs nur auf die Kunst der geschickten Zitatwahl baut. Insbesondere die jüngere Forschung war bemüht, bislang unerschlossene Quellen heranzuziehen und Marshalls

Beitrag zur Wirtschaftswissenschaft in differenzierter Weise aus dem Zusammenhang seines gesamten Lebens und Wirkens zu bestimmen. So entsteht allmählich ein anderes Marshall-Bild, das manche unvertraute Züge trägt. Aber wenden wir uns zunächst Marshalls Lebensweg zu.[3]

II. Ein Gelehrtenleben in viktorianischer Zeit

Alfred Marshall wurde am 26. Juli 1842 in Bermondsey, dem Zentrum der Londoner Lederindustrie, inmitten der «beißenden Gerüche der Gerbereien» (Coase 1984, 520 f.) in bescheidenen Verhältnissen geboren. Er hatte keine fröhliche Kindheit und Jugend. Sein Vater, ein Kassenbeamter der Bank von England, war ein Haustyrann, der mit unbarmherziger Strenge über seine Familie herrschte. Nach seiner Pensionierung schrieb er Gedichte in einem selbsterfundenen Altenglisch und verfaßte moralisierende Schriften. Eines der Traktate soll Keynes (1924 a, 7) zufolge *Man's Rights and Woman's Duties* geheißen haben. Den jungen Alfred hatte der Vater zum Geistlichen bestimmt. Daher zwang er ihn, auch außerhalb der Schule vor allem Latein, Griechisch und Hebräisch zu büffeln, während ihm die Lieblingsbeschäftigungen, das Schachspiel und die Mathematik, verboten waren. Der schmale, bleich aussehende und überarbeitete Junge hatte als Schüler kaum Freunde. Mit 19 Jahren setzte er sich über den Willen des Vaters hinweg und begann, am St. John's College in Cambridge Mathematik zu studieren. Das dazu nötige Geld lieh ihm ein Onkel. Als er 1865 das Studium mit einem glänzenden Examen abschloß, brachte ihm dies eine Fellowship ein. Abgesichert durch die damit verbundenen Einkünfte sowie durch Nebeneinnahmen aus Mathematikstunden, fand er nun Zeit, sich weltanschaulich zu orientieren und nach einem wissenschaftlichen Betätigungsfeld Ausschau zu halten. Er studierte Kant und Hegel, las Darwin und Spencer und interessierte sich sehr für Ethik und Psychologie. Seine wissenschaftlichen Neigungen festigten sich, als der zurückhaltende und fast menschenscheue junge Akademiker 1867 in den Cambridger Grote Club, einen kleinen Diskussionskreis einflußreicher Persönlichkeiten, eingeführt wurde. Besonders beeindruckte ihn dort der Philosoph und Ökonom Henry Sidgwick – «my spiritual father and mother», wie sich Marshall später dankbar seiner erinnerte (Keynes 1924 a, 11). Beflügelt vom viktorianischen Zeitgeist, lagen diesen Intellektuellen die sozialen Probleme ihrer Landsleute wirklich am Herzen. Marshall kannte sie aus eigener Anschauung nur allzu gut, denn abgesehen von den Eindrücken seiner Kindheit durchwanderte er während der Ferien gezielt die Slums der großen Städte. Um die Ursachen der Armut besser zu verstehen und um helfen zu können, die sozialen Mißstände zu beheben, begann er, sich eingehender mit Politischer Ökonomie zu befassen. Er machte sich mit den Lehren von Smith und

Ricardo vertraut und übertrug dazu für sich die *Principles* ihres kongenialen Interpreten J. St. Mill, soweit es ging, in die Sprache der Mathematik. Das antiklassische Zentrum des Historismus nahm er sozusagen vor Ort in Augenschein: Ende der 60er und Anfang der 70er Jahre besuchte er zweimal Deutschland und begegnete dabei Vertretern der Historischen Schule.

Marshalls förmlicher Einzug in die Wirtschaftswissenschaft erfolgte 1868, als er in Cambridge eine Lehrtätigkeit im Studiengang Moral Science aufnahm. Neun Jahre lang sollte er nun über Logik, Ethik und Politische Ökonomie dozieren – mit bemerkenswerter Resonanz. Daneben war er bemüht, «to get into closer contact with practical business and with the life of the working classes» (zit. n. Whitaker 1975 I, 12). Auch zu diesem Zweck unternahm er 1875 eine Reise in die USA. Er besuchte die wichtigsten Industriestandorte und informierte sich über protektionistische Handelspraktiken. Bereits in diesem Abschnitt seines Lebens konzipierte Marshall sein Opus magnum, jene *Principles of Economics*, die er dann erst gut 20 Jahre später als Buch veröffentlichte. Rückblikkend legte er (1908/1909, 221) größten Wert darauf, daß «the whole skeleton of my present system in mathematics though not in English» bereits entwickelt war, als 1871 Jevons' *Theory of Political Economy* erschien. Daher berief sich Marshall auch nicht auf seinen Landsmann, sondern wiederholt auf Cournot und Thünen, wenn es um die marginalistische Abkunft seiner Lehre ging (siehe bes. Whitaker 1975 I, 37 ff.; II, 240 ff.). Ob er damit eine dogmengeschichtliche Legende schuf, bleibe dahingestellt (vgl. Howey 1960, Chap. X).

Marshall publizierte in diesen frühen Cambridger Jahren wenig. Er arbeitete an einem Buch über *The Theory of Foreign Trade*, das jedoch unvollendet blieb. Kollegen, die Teile des Entwurfs zu Gesicht bekamen, beeindruckte vor allem die konsequente graphische Methodik: Marshall analysierte die Güterwertbildung und den internationalen Güteraustausch Schritt für Schritt mit Hilfe von Angebots- und Nachfragekurven. Dieser symmetrische Ansatz diente ihm schon damals nicht nur als ein Hilfsmittel anschaulicher Lehre, sondern auch als ein vielseitig anwendbares Werkzeug der Forschung (vgl. Whitaker 1975 I, 41 f.). Wohl in der Sorge, Marshall könne um den Prioritätslohn für diese Leistung gebracht werden, ließ sein väterlicher Freund Henry Sidgwick 1879 einige Kapitel des Manuskripts unter den Titeln *The Pure Theory of Foreign Trade* und *The Pure Theory of Domestic Values* privat drucken[4] und verbreiten. Die Texte erregten Aufsehen und verschafften Marshall auch außerhalb von Cambridge, wo er schon seit 1877 der dominierende Volkswirt war, einen Namen. Ebenfalls dank einer Initiative Sidgwicks gab es ab 1868 gesonderte Lehrveranstaltungen für Frauen. Marshall wurde als Dozent gewonnen, er las Politische Ökonomie. Unter den ersten Studentinnen, die 1874 das Examen ablegten, war Mary Paley – sie sollte drei Jahre darauf

Alfred Marshalls Frau werden. Die Heirat zwang Marshall, seine Fellowship niederzulegen, da an den Universitäten Cambridge und Oxford die Gelehrten damals noch (bis 1881) priestergleich im Zölibat zu leben hatten. Marshall mußte sich nach einer anderen bezahlten Tätigkeit umsehen. 1877 übernahm er eine Professur am neugegründeten University College in Bristol und avancierte zugleich zu dessen Principal. Seine Frau bereitete zu dieser Zeit ein kleines Lehrbuch vor, das an der Universität Cambridge eingeführt werden sollte. Marshall legte selbst mit Hand an und machte es mehr und mehr zu seinem eigenen Werk: *The Economics of Industry* erschien 1879 unter beider Namen. Im Mittelpunkt stand die Preis- und Verteilungstheorie, die, wie es im Vorwort zur 2. Auflage (1881) hieß, einheitlich aus einem fundamentalen Prinzip entwickelt wurde – dem Gesetz von Angebot und Nachfrage. Das Buch hatte als Lehrtext Erfolg und erntete viel Lob. Edgeworth (1925, 66) etwa entdeckte darin «a new power of mathematical reasoning», Taussig (1924, 1) hielt es schlicht für «bahn-brechend». Marshall hingegen mochte das Gemeinschaftswerk im Laufe der Zeit immer weniger – «you can't afford to tell the truth for half-a-crown», pflegte er zu sagen (M. P. Marshall 1947, 22) – und ließ die restliche Auflage mit Erscheinen der *Principles* einstampfen.

Anfang der 80er Jahre verschlechterte sich Marshalls Gesundheitszustand wegen eines Nierenleidens bedrohlich. Er legte sein Amt als Rektor nieder und verbrachte einen längeren Genesungsurlaub auf dem Kontinent. Als er im August 1882 nach England zurückkam, hatte er ein neues Manuskript im Gepäck – den Rohentwurf der *Principles*. 1883 verließen die Marshalls Bristol. Er nahm einen Ruf der Universität Oxford an, um dort als Dozent für Politische Ökonomie am Balliol College die Arbeit des im gleichen Jahr verstorbenen Arnold Toynbee (vgl. Kadish 1986) fortzusetzen. Er blieb nur ein Jahr, denn 1885 konnte Marshall an die Universität Cambridge zurückkehren, und zwar als Nachfolger von Henry Fawcett auf den Lehrstuhl für Politische Ökonomie. In dieser Stellung blieb er bis zu seiner Entpflichtung im Jahre 1908.

Für seine zweite Cambridger Zeit nahm sich Marshall zwei große Dinge vor. Zum einen wollte er endlich sein Hauptwerk fertigstellen und zum anderen der Wirtschaftslehre zu wissenschaftlicher Autonomie verhelfen. Dazu hielt er es zunächst einmal für erforderlich, die Political Economy aus der Fakultät für Moral Science herauszulösen und einen spezifischen Studiengang Economics mit eigenem Abschluß zu schaffen. Wie sehr er beide Aufgaben im Zusammenhang sah, bezeugte seine stark beachtete Antrittsvorlesung *The Present Position of Economics* (1885 a), über die sogar die *Times* ausführlich berichtete. Deutlich setzte er darin die Position, welche die Wirtschaftslehre einnehmen sollte, von der klassischen, der historischen und der sozialistischen Doktrin ab. Der neue Standpunkt, argumentierte er, werde nicht von anderen Forschungsmethoden erzwungen, sondern sei durch den Wandel der ökonomischen Probleme bedingt, wie er sich aus den habituellen und institutionellen Veränderungen der Industriegesellschaft ergeben habe. Das Hauptproblem sei die «Armut der Armen». Charakteristisch für die Position moderner Ökonomen müsse aber das Vertrauen auf die Veränderbarkeit der Verhältnisse sein, «in the possibility of a vast improvement in the condition of the working classes» (Marshall 1885 a, 155). Um dies zu erreichen, bedürfe es eines vertieften Studiums der Wirtschaft. Die öffentliche Bekundung solcher grundsätzlichen Überzeugungen geschah im Vorgriff auf die *Principles,* wie fast alles, was Marshall damals schrieb. So trug er im gleichen Jahr (1885 b) z. B. das Konzept der Nachfrage-Elastizität erstmals vor. Dennoch verzögerte sich der Abschluß der *Principles* abermals, denn 1887/88 hatte sich Marshall ganz auf seinen Auftritt vor der Gold and Silver Commission zu konzentrieren. Sie war mit dem Ziel eingesetzt worden, Schwankungen im Außenwert der englischen Währung zu untersuchen. Marshall entwickelte in seinen dem Ausschuß vorgelegten *Memoranda* (1887) wesentliche Elemente einer monetären Ökonomik (u. a. die Kaufkraftparitätentheorie), die er erst viel später in seinem Geld-Buch (1923) systematisiert zusammenfassen sollte. Die mit der Vorbereitung der Papiere und der Anhörung verbundenen Anstrengungen führten zu einem gesundheitlichen Zusammenbruch. Von ihm hat sich Marshall, wie er später selbst bekundete, nie mehr vollständig erholt.

Im Juli 1890 war es endlich soweit: Der erste Teil der zunächst auf zwei Bände veranschlagten *Principles of Economics* kam auf den Markt. Sie wurden vor allem in England als das lang erhoffte moderne Handbuch der Volkswirtschaftslehre begrüßt, das geeignet erschien, Mills *Principles* abzulösen, die seit 1848 den Ton angegeben hatten. Eine Pionierstellung auf dem englischen Buchmarkt erlangten Marshalls *Principles* auch noch in anderer Hinsicht: Der Verleger Macmillan setzte, vom Autor unterstützt, mit diesem Werk die vertikale Preisbindung im Buchhandel durch (vgl. Grether 1934; Macmillan 1942; Guillebaud 1965). Fachlich bestand die Sensation allein im Erscheinen des Buches, nicht aber in seinem Inhalt.[5] Ihn hatten bereits mehrere Studentengenerationen in Marshalls Vorlesungen kennengelernt und ihrerseits längst weitergegeben. Doch nun gab es diese Lehre schwarz auf weiß. Auf 750 Seiten ließ sich nachlesen, worin nach Marshalls Meinung die Aufgabe der Wirtschaftswissenschaft besteht, welcher Methoden sie sich bedienen soll und welchen Erkenntnisstand sie erreicht hat: Unverändert bestimme das «Problem der Armut» ihr Forschungsprogramm. Das «Studium der Ursachen der Armut» müsse Fakten liefern und Zusammenhänge entschlüsseln, um, so gut es geht, die Frage beantworten zu können, «ob es wirklich unmöglich sei, daß ein jeder ein kulturgemäßes Leben führe, frei von den Kümmernissen der Armut und dem stagnierenden Einfluß der bloßen mechanischen Arbeit» (Marshall 1905, 2 f.). Dabei, so versicherte Marshall nachdrücklich, gibt es «keine Forschungsmethode, welche als eigentliche national-ökonomische Methode bezeichnet werden kann» (ebd. 76). Vielmehr sei in einer anwendungsorientierten Wissenschaft wie der Wirtschaftslehre jede Methode recht, die den Forscher nicht dazu verleite, die realen Gegebenheiten des Wirtschaftslebens aus den Augen zu verlieren. Für den Anfang stünde ein einheitlicher Ansatz parat – die «allgemeine Gleichgewichtstheorie von Nachfrage und Angebot», die «als Grundidee durch den Bau aller verschiedenen Teile des Zentralproblems von Verteilung und dem Austausch (geht)» (ebd. IX).

Die klaren Grundsätze des Marshallschen Hauptwerks sind umhüllt von spröder Gelehrsamkeit. Die Prosa des Buches schillert in vielen Farben, aber funkelt selten. Sie ist oft langatmig, weil der Verfasser darauf bedacht war, sich möglichst nach allen Seiten hin abzusichern. Überdies wirkt der Aufbau des Werkes labyrinthisch; obwohl tief gegliedert, fehlt es an Übersichtlichkeit. Leicht verfängt sich der Leser im Gestrüpp der Sonderfälle und Spezialprobleme, in den Details zahlloser praktischer Beispiele sowie in den Fallstricken unscharfer Definitionen und moralischer Belehrungen. Der Lesefluß wird zudem gestört durch lange Fußnoten sowie 13 Anhänge. In beiden «versteckte» Marshall allerlei graue Theorie samt ihrer mathematischen Technik. Diese Darstellungsweise hatte die unerwartete Wirkung, das Lager seiner Anhänger dauerhaft zu spalten. Die einen halten Marshalls «Formalismen» für eine überflüssige Zutat, während die anderen umgekehrt glauben, den Haupttext entbehren zu können, weil im Kleingedruckten die bewahrenswerte und wegweisende Quintessenz seines theoretischen Beitrages stehe. Für Marshall selbst gehörte beides zu einer Medaille, wenn er auch bemüht war, die beiden Seiten auseinanderzuhalten. Denn sein Buch sollten nicht nur Wissenschaftler, sondern auch und gerade Geschäftsleute lesen und verstehen. Trotzdem: Die *Principles* vermochten nicht so volkstümlich zu werden wie etwa Smith's *Wealth of Nations,* sie waren einfach zu kompliziert. Um so größer und nachhaltiger gestaltete sich der Erfolg des Werkes in der Welt der Wissenschaft. Schon zu Marshalls Lebzeiten achtmal aufgelegt, war und blieb das Buch, immer wieder nachgedruckt, ein Bestseller bis heute.[6] Nicht zuletzt diente es der Lehrbuch-Literatur späterer Generationen wie kein anderes als Vorbild. Noch heute folgt nahezu jeder Lehrtext zur Mikroökonomik den von Marshall vorgezeichneten Bahnen.

Schließlich sind die *Principles* in engem Zusammenhang mit der zweiten Hauptaufgabe zu sehen, die sich Marshall bei seinem Neubeginn in Cambridge gestellt hatte. Er wollte die Professionalisierung seines Faches vorantreiben (Maloney 1985), um auch auf diese Weise das beschädigte Ansehen der englischen Ökonomik wiederherzustellen (vgl. z. B. Haney 1949, 862 ff.). Bereits die Wahl des Titels – *Principles of Economics* – sollte ein Zeichen setzen. Wie schon bei seinem ersten Buch vermied Marshall bewußt den eingeführten Begriff Political Economy und sprach stattdessen von Economics – eine Namensgebung, bei der nicht zufällig so respektable Wissenschaften wie Mathematics, Physics oder Ethics Pate standen. Mit Marshalls Werk bürgerte sich die neue Fachbezeichnung allgemein ein (Cannan 1929/1964, 43 f.). Einen weiteren Schritt in die gleiche Richtung stellte der *Proposal to Form an English Economic Association* dar, den Marshall in Abstimmung mit einigen Fachgenossen im Oktober 1890 unterbreitete. Er führte noch im gleichen Jahr zur Gründung der Royal Economic Society mit einem eigenen wirtschaftswissenschaftlichen Organ, dem *Economic Journal.* Dessen erster Herausgeber wurde Marshalls Freund und Fachkollege Francis Ysidro Edgeworth. Schließlich erreichte Marshall das schon lange verfolgte Ziel, das wirtschaftswissenschaftliche Studium von Grund auf zu reformieren. 1902 legte er dem Senat der Universität Cambridge *A Plea for the Creation of a Curriculum in Economics and Associated Branches of Political Science* vor (Marshall 1902). Diesem ausgefeilten Konzept und Marshalls großer Autorität war es zuzuschreiben, daß trotz starken Widerstandes historisch-soziologisch orientierter Fachvertreter bereits 1903 ein selbständiger wirtschaftswissenschaftlicher Studiengang eingerichtet wurde. «Thus in a formal sense Marshall was Founder of the Cambridge School of Economics» (Keynes 1924 a, 48; s. auch Fry 1976, Wright 1986). Mehr noch: Endlich war damit der Weg frei für die gesellschaftliche Anerkennung der Ökonomik als eine den klassischen Universitätsfächern ebenbürtige Wissenschaft.

Marshalls Wirken in der Zeit von 1890 bis 1908, also zwischen dem Erscheinen der *Principles* und seinem Ausscheiden aus dem Universitätsdienst, war weitgehend durch den Rang bestimmt, den er mittlerweile im öffentlichen Leben einnahm. Der hoch angesehene Cambridge-Professor und führende Kopf der englischen Nationalökonomie war ein gefragter Mann. Nicht zuletzt die Regierenden suchten seinen Rat. So stand er mehreren staatlichen Kommissionen Rede und Antwort zu aktuellen sozial-, geld- und finanzpolitischen Fragen. Aufgeschlossen gegenüber drängenden Themen wie Armenfürsorge, Arbeitslosigkeit, Gewerkschaften und Mindestlöhne, engagierte er sich besonders in der Royal Commission on Labour. An diese intensive Tätigkeit zwischen 1891 und 1895 erinnerte sich Marshall später (1920, VII) voll dankbarer Gefühle: «...I received from working men and other witnesses, and from members of the Commission, the most valuable education of my life.» Praktisch wie theoretisch besonders bedeutsam war Marshalls Beteiligung an der Tariff-Reform Campaign, der öffentlichen Kontroverse über das Zollsystem im British Empire (vgl. Wood 1980). Auf Wunsch des Schatzkanzlers verfaßte er 1903 ein *Memorandum*, das in einer überarbeiteten Fassung 1908 publiziert wurde (Keynes 1926, 365 ff.). In diesem weithin gerühmten Gutachten, das der Außenwirtschaftstheorie neue Impulse gab, wandte er u. a. «sein» Elastizitätskonzept auf den Außenhandel an, um die ökonomischen Wirkungen von Zolländerungen zu untersuchen.

Viel Mühe – zu viel Mühe, wie seine Frau und seine Freunde meinten – gab sich Marshall mit der ständigen Revision seiner *Principles*. Schon 1891 war die 2. Auflage fällig, der in relativ kurzen Abständen weitere folgten. Sein Hang zur Perfektion und seine Empfindlichkeit gegenüber Kritik ließen ihn unermüdlich daran arbeiten, das Werk zu vervollkommnen (vgl. Marshall/Guillebaud 1961; Taussig 1924, 6 ff.). So schwoll es auf bald 900 Seiten an. Ob die *Principles* durch die laufende Bearbeitung auch in der Substanz verändert wurden, ist umstritten.[7] Gleichzeitig destillierte Marshall aus den *Principles* ein Anfänger-Lehrbuch von immerhin noch über 400 Seiten. Unter dem Titel *Elements of Economics of Industry* (1892/1913) wurde es ebenfalls ein Erfolg. Aus den vermischten kleineren Arbeiten dieser Zeit, darunter vielen Leserbriefen und Diskussionsbeiträgen, ragt ein Vortrag heraus, den Marshall zur Eröffnung des Cambridge Economic Club hielt: *The Old Generation of Economists and the New* (1897). Nachdrücklich verlangte er darin von den jungen Ökonomen, sich ihrer besonderen Verantwortung als Wissenschaftler in einer modernen Gesellschaft bewußt zu sein, in der Wissen und Wohlstand zunähmen. Sie hätten die ökonomischen Bedingungen zu erforschen, unter denen so viele Menschen wie möglich in den Genuß der «opportunities of a noble life» (ebd. 311) kommen könnten. Dazu müsse nicht nur die qualitative Wirtschaftstheorie des 19. Jahrhunderts durch eine quantitative Analyse ergänzt werden, sondern «... from what *is* we have to learn what is *becoming*; from das *Sein* we have to learn das *Werden*» (ebd. 300).

Nachdem Marshall die Weichen für seine Nachfolge auf dem Cambridger Lehrstuhl so gestellt hatte, daß die Wahl auf seinen Starschüler A. C. Pigou fiel (vgl. Coase 1972, Coats 1972, Jones 1978), ließ er sich 1908 von den Lehrverpflichtungen entbinden. Er trat mit der Zuversicht in den Ruhestand, nun endlich Zeit und noch genügend Kraft zu haben, die Ökonomie auf den angekündigten «neuen» Pfaden ein gutes Stück voranbringen zu können. Nachdem er im ersten Band der *Principles* in extenso die (statische) Lehre von den Gleichgewichtszuständen einer Volkswirtschaft mit freiem Unternehmertum entwickelt hatte, wollte er nun im lange angekündigten zweiten Band sein System mit einer (dynamischen) Theorie der wirtschaftlichen Anpassungs- und Entwicklungsprozesse krönen. Doch es erwies sich als äußerst schwierig, das reichlich gesammelte Material in einer Theorie zu bändigen, die das deduktive Niveau des ersten Bandes halten würde und dennoch geeignet wäre, die tatsächlichen Veränderungen im Wirtschaftsleben zu interpretieren. Surànyi-Unger (1927, 214) beschrieb das Ringen um die selbstgestellte Aufgabe so: «Marshalls geistiger Kampf um die Fortsetzung seines Werkes kann am besten vielleicht mit dem verglichen werden, den Goethe um den zweiten Teil des ‹Faust› kämpfte.» Dieser Vergleich hinkt nur hinsichtlich des Ausgangs beider Kämpfe. Während Goethe sein Alterswerk zur Bühnenreife vollenden konnte, sah sich Marshall gezwungen, seinem Verleger vorzuschlagen, ab der 6. Auflage (1910) der *Principles* den Zusatz *Volume I* zu streichen. Der Plan, den Band II – und vielleicht noch weitere Bände – in den beabsichtigten Dimensionen zu schreiben, scheiterte schließlich auch an Marshalls angegriffener Gesundheit. Doch obwohl die Kräfte nachließen, rettete er einen Teil des Stoffes hinüber in ein anderes Werk, das 1919 fertig und noch einmal ein Publikumserfolg wurde: *Industry and Trade* (1920). Sein Hauptthema war «the technical *evolution* of industry, and its influences on the conditions of man's life and work» (ebd. V, Hervorhebung durch mich). Verglichen mit dem *Principles*-Band fehlte dem Buch freilich die innere Geschlossenheit, es stellte eher «eine Sammlung von Monographien» dar (Guillebaud 1961 b, 184). Der erste Teil erklärte die führende industrielle Stellung Großbritanniens, Frankreichs, Deutschlands und der USA in der zweiten Hälfte des 19. Jahrhunderts, der zweite Teil zeichnete die organisatorische Entwicklung der Wirtschaft im gleichen Zeitraum nach, und der dritte Teil erörterte Monopolisierungstendenzen und ihre Wirkungen auf die allgemeine Wohlfahrt.

Bemüht, die unvollendet gebliebenen *Principles of Economics* wenigstens thematisch abzurunden, brachte der inzwischen Achtzigjährige ein letztes Buch heraus: *Money Credit and Commerce* (1923). Es war ein Sammelband seiner bis zu 50 Jahre alten Ansichten zur Geld-, Kredit-, Außenwirtschafts- und Konjunkturtheorie, die im wesentlichen längst verbreitet und von der Fachwelt absorbiert waren, aber zum Teil erstmals hier veröffentlicht wurden. Im Vorwort beschwor Marshall die Kontinuität seines Schaffens in der Abfolge seiner Bücher, ihrer Thematik und einheitlichen Zweckbestimmung. Er glaubte, mit dieser Trilogie das Feld der Wirtschaftswissenschaft, wie er es vor Augen hatte, hinlänglich bestellt zu haben. Marshalls Kritiker wenden indes ein, daß seine Spätwerke einem Vergleich mit dem einzigen «echten» *Principles*-Band schwerlich standhalten, da sie dessen hohen theoretischen Standard nicht mehr erreichten. Insbesondere gilt das Geld-Buch, um Joan Robinson (1960, 15) zu zitieren, als «a pale ghost of the third volume of the *Principles* which he originally intended it to be». Marshalls Wunschtraum, mit einem Buch zum Thema *Progress: its Economic Conditions*, gleichsam einen vierten Band der *Principles*, in der Erklärung des wirtschaftlichen Geschehens endlich den Schritt «vom Sein zum Werden» zu vollziehen, blieb gänzlich unerfüllt; er starb am 13. Juli 1924 in Cambridge.

III. Marshalls Wirtschaftslehre und ihre Wirkung

Marshalls Ökonomik ist wieder und wieder dargestellt und gedeutet worden – in stattlichen Monographien (von Davenport 1935 bis Reisman 1986) und stets auch in den dogmengeschichtlichen Lehrtexten aller Kaliber.[8] Von keinem der Interpreten darf jedoch erwartet werden, daß er sich Marshalls Wirtschaftslehre unbefangen durch ein freies Studium seiner Schriften aneignen konnte. Denn die Disziplin hat zu viele Ideen Marshalls aufgesogen, mit anderen Ansätzen verflochten und – oft in verwandelter Form – zum Allgemeingut des Faches gemacht. Die Hoffnung auf das wirklich authentische Marshall-Bild mußte und wird wohl weiterhin eine Illusion bleiben. Immerhin lassen sich mittlerweile drei Perspektiven unterscheiden: die traditionelle der neoklassischen Schule, die der Opponenten der Neoklassik und die der «modernen» Rezipienten. Skizzen müssen hier genügen.

1. Neoklassischer Marshallismus

Augenfällig ist ein ziemlich uniformes Marshall-Porträt, dessen Züge im Laufe der Zeit mehr und mehr geglättet wurden. Als bewahrenswert an Marshalls Wirtschaftslehre erscheint danach der Entwurf zu einer (ab)geschlossenen marginalanalytischen Gleichgewichtstheorie, der Beitrag zur «positiven» (wertfreien) und «reinen» (abstrakt-deduktiven) Ökonomik optimaler Marktzustände, dem zufolge rational handelnde Wirtschaftssubjekte bestrebt sind, ihre individuelle materielle Wohlfahrt zu maximieren. Dieser neoklassische Marshallismus wird fast ausschließlich aus den *Principles* gefiltert. Häufig reduziert sich der «ganze Marshall» sogar nur auf jene Mikroökonomik, die ihren krönenden Abschluß im Buch V der *Principles* erfuhr, also auf «Nutzen und Nachfrage» sowie «Kosten und Angebot» (Blaug 1985, Chap. 9 u. 10). Schon Taussig hatte darin das Herzstück der Marshallschen Botschaft gesehen – «crystallizations of trains of reasoning and substantive conclusions which have become imbedded in the structure of economics» (1924, 6).

Das zielt unmittelbar auf Marshalls Grundmodell der Wirtschaft, an dem er «allgemeine Beziehungen» für das Zusammenspiel von Angebot und Nachfrage auf einzelnen Märkten aufweisen wollte. Dieser Ansatz war insofern neuartig, als er die Gesamtheit miteinander verwobener Vorgänge in einer Volkswirtschaft in Teilstücke zerlegt zu erfassen sucht (Partialanalyse im Gegensatz zur Totalanalyse à la Walras). Das Denkschema von Angebot und Nachfrage hingegen war längst verbreitet. Für jedermann erkennbar florierte Englands Handel und expandierten seine Märkte: »The law of supply and demand attained an authority which the Ten Commandments never had« (Condliffe 1951, 359). Auch die graphische Darstellung von Angebot und Nachfrage «erfand» nicht Marshall, sondern Cournot, von Mangoldt, Jenkin und andere zeichneten vor ihm schon derartige Kurven. Gleichwohl kam ihm das Verdienst zu, diese Kurven-Technik wissenschaftlich durchgesetzt zu haben. Dies konnte ihm nur deshalb gelingen (vgl. Blaug 1985, 350; Schefold 1981, 71), weil er die Konzeption, Gütermengen und Güterpreise funktional aufeinander zu beziehen, mit dem Nutzenkalkül verband. So wurde plausibel, warum sich ein Wirtschaftssubjekt simultan überlegen kann, zu welchem Nachfrage- bzw. Angebotspreis es jede denkbare Menge alternativ kaufen respektive verkaufen möchte. Was damit gewonnen war, rühmte Keynes (1924 a, 37) später emphatisch: «The general idea, underlying the proposition that Value is determined at the equilibrium point of Demand and Supply, was extended so as to discover a whole Copernican system, by which all the elements of the economic universe are kept in their places by mutual counterpoise and interaction.» Das Diagramm der sich schneidenden Angebots- und Nachfragekurven (Marshallsches Kreuz) hat sich in den Köpfen der Ökonomen buchstäblich zu einer Gestalt-Vorstellung verfestigt und gehört seit Marshall zum kleinen wie zum großen Einmaleins ihrer Kunst: «Es ist nicht zu hoch gegriffen, wenn wir behaupten, daß fast alles, was wir über das Verhalten des Wirtschaftssystems wissen, unter Bezugnahme auf jene Grundlage, das Kreuz von Angebot und Nachfrage, untersucht werden kann», schwärmt Blaug (1968/1975, 105; vgl. auch Bharadwaj 1978).

Eine solche Universalität hätte Marshall «seiner» Methode nie zugemutet. Er warnte ständig vor den Tücken des Erkenntnisobjektes, dem sich Ökonomen gegenübersehen. Wie soll auch, gab Marshall zu bedenken (1920/1949, 306), ein schlichtes Kurvenpaar verwickelte Wert- und Preisbildungsprozesse und die damit verquickten Verteilungsvorgänge wiedergeben können; schließlich sei die Position eines jeden Elementes in dem komplizierten verkehrswirtschaftlichen System, ähnlich «schwimmenden Bällen in einem Wasserbassin» (ebd. 269), durch die Lage aller anderen Elemente in unterschiedlichster Weise mitbestimmt. Einer seiner Lieblingssprüche, dem Werk *Industry and Trade* als Motto vorangestellt, beschwor diese allgemeine Interdependenz ökonomischer Größen: «The many in the one, the one in the many.» Das war für Marshall nicht nur ein Wortspiel. Der tiefere (ganzheitliche) Sinn der Metapher (vgl. Hornung 1971, 247 ff.) beeindruckte ihn offenbar stärker, als üblicherweise angenommen wird: Da die komplexe Wirtschaftswelt nicht mit einem Blick zu erfassen ist, bedarf es einer ganz besonderen Lupe, mit der jeweils das «Eine» genau betrachtet werden kann, ohne das «Viele» aus den Augen zu verlieren, das verborgen auch in ihm steckt.

Die partielle Gleichgewichtsanalyse mit Hilfe statischer Verhaltensfunktionen schien Marshall für den Anfang das rechte Werkzeug zu sein. Sie führt zu einem Gesamtbild, indem der Einfluß jedes wirtschaftlichen

Faktors für sich untersucht wird – freilich um den Preis, die jeweils «übrigen Faktoren» in ihrem Einfluß als «gleichbleibend» behandeln zu müssen (Ceteris-Paribus-Klausel). Diese Isolationsmethode muß umsichtig gehandhabt werden, zumal es dem Forscher obliegt, die vielen Einflußfaktoren nach endogenen und exogenen Größen vorab zu ordnen. So darf er nicht etwa die «falschen», sprich: die im jeweiligen Untersuchungsfeld besonders einflußreichen Variablen in den «Ceteris-Paribus-Pferch» (Marshall 1920/1949, 304) sperren. Um die relevanten Faktoren ermitteln und ihre Bedeutung gewichten zu können, forderte Marshall eine sorgfältige Detailforschung. Diese sollte sich, so gut es geht, quantitativer Verfahren bedienen. Große Hoffnungen setzte Marshall hierbei auf die von ihm verfeinerte Elastizitätsanalyse – die Berechnung von Maßzahlen für die relative Stärke beliebiger funktionaler Beziehungen. Erst wenn die verknüpften Größen auf eine derart kontrollierte Weise «wirklichkeitsnah» bestimmt sind, könne die mit einfachen Modellen beginnende Analyse schrittweise zu einer allgemeinen Erklärung vorangetrieben werden, in die sich alle bis dahin erreichten spezielleren Ergebnisse nahtlos einfügen lassen.

Marshall untersuchte auf diese systematische Weise vorrangig das Marktgeschehen. Dabei war sein Nahziel bescheiden: Er wollte zeigen, unter welchen Bedingungen in einer stationären Wirtschaft eine Tendenz zum Marktgleichgewicht besteht. Die Gleichgewichtswerte von Angebot und Nachfrage nannte er (1905, VIII bzw. 1920/1949, VI) insofern «normal», als sie «schließlich erreicht werden würden, wenn die (betrachteten, H. R.) wirtschaftlichen Bedingungen Zeit hätten, ungestört ihre volle Wirkung auszuüben». Ob eine Variable als normal oder als abnormal anzusehen ist, hängt folglich vom gewählten Zeithorizont ab. Die Fristigkeit der Analyse ist dann streng genommen keine Frage der Kalenderzeit, sondern Ausdruck einer methodischen Zeitvorstellung (operational time): Es kommt allein darauf an, welche Anpassungsvorgänge auf beiden Marktseiten und zwischen ihnen zugelassen bzw. ausgeschlossen werden. Nach diesem Prinzip unterschied Marshall u. a. zwischen kurzfristigen Produktionsprozessen, die im Rahmen einer gegebenen Kapazität variable wie (quasi-)fixe Kosten aufweisen, und langfristigen Prozessen, in denen wegen des veränderbaren Produktionsrahmens alle Kosten variabel werden. Zudem stellte sich Marshall die Angebotsseite jeder «Industrie» gleichsam en miniature vor, als «repräsentative Firma». Je nachdem, ob eine «Industrie» annahmegemäß mit konstanten, steigenden oder fallenden Kosten produziert, ließ sich nun mit Hilfe von Marktkurven ableiten, ob die angebotene Menge langfristig auf Preisänderungen gleichsinnig, gegenläufig oder gar nicht reagiert. Auf der Nachfrageseite haben die Akteure in Marshalls Modellwirtschaft – einzeln wie als Gruppe – einem «allgemeinen Gesetz der Nachfrage» (1905, 144) zu gehorchen, demzufolge ceteris paribus ein inverses Verhältnis zwischen

Preis und Menge besteht. Dazu stellte sich Marshall einen gut informierten Verbraucher vor, der seine ökonomischen «Wünsche» bestmöglich erfüllen möchte, indem er einer «bekannten und fundamentalen Tendenz der menschlichen Natur» Rechnung trägt – «dem Gesetz von der Befriedigungsfähigkeit der Bedürfnisse oder von der abnehmenden (marginalen, H. R.) Nützlichkeit» (ebd. 138).

Darin stecken Denkfiguren aus bestem neoklassischen Holz, die Marshall unsterblich gemacht haben. Es gibt weitere, beispielsweise zur Lohn- und Zinsbildung, zum Arbeits- und Kapitalangebot, zum Investitionsverhalten, zur Einkommensverteilung, zum internationalen Handel oder zur Geldwertveränderung. Die Mehrzahl seiner «neuklassischen Prinzipien» schien jedoch selbst denen, die sie begrüßten, «ungenügend klar formuliert» und «von übertriebener Einfachheit» zu sein. Deshalb wurden «Erweiterungen und Verfeinerungen der Marshallschen Analyse» gefordert, um «Einwänden» besser begegnen zu können. Diese Worte Viners aus einem einflußreichen Artikel (1932/1965, 195 f.), der «Ordnung» schuf unter Marshalls Kosten- und Angebotskurven, bezeichnen anschaulich die jahrzehntelange Kärrnerarbeit dieser «normalwissenschaftlichen Forschung» (Thomas S. Kuhn): Mit Kuhn gesprochen, ging es darum, die Lehrstube des Meisters «aufzuräumen» und die hinterlassenen «Rätsel zu lösen». Das «Puzzlespiel» trug reichlich Früchte.[9] Sowohl die Mikrotheorie als auch die empirische Wirtschaftsforschung wurden stimuliert, und mit der Theorie des unvollkommenen Wettbewerbs, den Welfare Economics und der Lehre von den externen Effekten ergaben sich neue Forschungsfelder. Doch durch die Verschmelzung Cambridger Gedanken mit der Lausanner Doktrin (Walras, Pareto) zu einer einheitlichen neoklassischen Theorie des Marktgleichgewichts verwandelte sich Marshalls praxisnahe Marktanalyse in eine glatte «Demand and Supply Mechanics» fiktiver Märkte (Davenport 1935, Chap. III). Die klassisch-mechanischen Kategorien von Ruhe, Bewegung und Kraft wurden unmittelbar auf das Tauschgeschehen angewandt (Waffenschmidt 1915, 456f. u. 797; Frisch 1950). Und lagen mit den «Grundgesetzen von Angebot und Nachfrage» nun nicht Erklärungen vor, die hinsichtlich Strenge und Allgemeingültigkeit dem «Schwergewichtsgesetz» oder den mechanischen «Bewegungsgesetzen» in der Physik durchaus vergleichbar waren? So sah es jedenfalls Henderson (1935, 16ff.) im ersten Band der *Cambridge Economic Handbooks*, die dem Marshallismus gleichsam den letzten Schliff geben sollten. Dabei verlor Marshalls Lehre auch ganz ihre ethische Färbung, die so manchen neoklassischen Jünger besonders gestört hatte, denn: «Its pious asides and prim moralizings are ... not in the modern taste ...» (Shove 1942, 316).

2. *Das oppositionelle Marshall-Bild*

Wirkt die neoklassische Ausformung der Marshallschen Ökonomie fein strukturiert, so gleicht das Bild, das die wissenschaftlichen Widersacher aus den historistischen, institutionalistischen und sozialistischen Lagern von ihr gezeichnet haben, eher einem groben Holzschnitt. Marshalls Cambridger Kollege William Cunningham etwa, ein Wirtschaftshistoriker von Rang, verübelte Marshall nicht nur, wie zielstrebig und erfolgreich jener die Trommel für einen selbständigen wirtschaftswissenschaftlichen Studiengang rührte. Er erblickte in Werken wie den *Principles* zudem eine schlimme *Perversion of Economic History* (1892) und monierte dreierlei: Ihre unrealistischen Annahmen, namentlich die Unveränderlichkeit der Motive menschlichen Handelns; den Anspruch, mit ökonomischen Gesetzen die Wirkursachen zu allen Zeiten und an jedem Ort erklären zu wollen; die Anmaßung, diesen pauschalen Ansatz ungeniert mit allzu dürftigen wirtschaftshistorischen Fakten zu garnieren. Marshall (1892), der Kritik nie gut vertrug, reagierte verstört und fand sich gründlich mißverstanden.

Der amerikanischen Schule des Institutionalismus erschien Marshall als einer der Propheten jener «konventionellen Marktwirtschaftslehre» (vgl. z. B. Gruchy 1972, 8 f., 28 ff., 52, 229), die die falsche Vorstellung verbreite, der Kapitalismus sei ein effizientes und letztlich gerechtes System, das dank seiner selbstregulativen Konkurrenzmechanismen zu Stabilität und Gleichgewicht neige. So vermutete schon Thorstein Veblen hinter dieser Lehre gefährliche *Preconceptions of Economic Science* (1899/1900), die (auch Marshall) den Blick gründlich verbaut hätten auf das «volle» Wirtschaftsleben – seine Wellenbewegungen, den institutionellen Wandel sowie die komplexe, von Instinkten, Attitüden und Gewohnheiten geprägte Natur des Menschen.

Tatsächlich erwuchsen der Marshallschen Lehre entschiedene Gegner und Feinde. Marxistisch geschulte Ökonomen machen gewöhnlich mit Marshall kurzen Prozeß. Ihnen bereits wegen «seiner Abneigung gegen den Sozialismus» hinreichend verdächtig, verurteilen sie seine «vulgären» Lehren als «‹wert›-los» in der doppelten Bedeutung des Wortes (Behrens 1981, 49). Ihr genaueres Studium erübrige sich eigentlich – handle es sich doch um «Bürgerliche Ökonomie ohne Perspektive» (Meißner 1976).

Aber auch in den kontinentaleuropäischen Hochburgen der «Bürgerlichen Ökonomie» waren die Meinungen über Marshalls Werk geteilt. Während es in Italien vor allem durch Pantaleonis frühe und einfühlsame Rezeption (1889) schnell bekannt wurde und Maßstäbe setzte, blieb die Aufnahme im deutschsprachigen Raum überwiegend reserviert. Sogar die österreichischen «Grenznutzler» gingen auf Distanz (Craver 1986, 11 f.): Marshall war ihnen – trotz aller Hingabe an die gemeinsame liberale Sache – aufs ganze zu mathematisch und in der (psychologischen) Fundierung der Wert- und Preisbildung zu oberflächlich. Zur gleichen Zeit lehnte die deutsche Historische Schule das neue «insulare Dogma» (Katzenstein 1893, 254) ziemlich einmütg ab – schon aus Prinzip. Gustav von Schmoller, Oberhaupt der Historisch-Orthodoxen, verkündete hochgemut die «feststehende Wahrheit», außerhalb der eigenen Schule gäbe es nur noch «absterbende, überlebte Richtungen und Methoden» (1897, 27). Das zielte auch auf Marshalls Lehre. Katzenstein (1893, 254) mutmaßte sogar, Marshall habe seine *Principles* nur geschrieben, um Ricardo – und mit ihm die ganze «altenglische Schule» – «vor dem Ikonoklasmus der Gegenwart zu retten» – und dies zudem mit untauglichen Mitteln: Die «Genesis, Entwickelung und ethische Natur (der Nationalökonomie) wird aber verkannt, wenn der Hauptteil ihres Gebietes mit Definitionen, bei denen jeder etwas anderes denkt, mit den algebraischen Gleichungen von Angebot und Nachfrage und mit Theorien, welche das Ethos im Menschen ignorieren, ausgefüllt wird. Unsere Zeit und die Wissenschaft, welche sie begreifen soll, ist zu ernst, um mit solchen nichtssagenden Dingen kostbare Augenblicke zu verschwenden. Dem eigentlichen Kernpunkt der Fragen, die mit dem Wohl und Weh der Menschen zu thun haben, bringen sie uns nicht näher. Wenn man von wirtschaftlichem Thun und Denken redet und dabei unterläßt, den Staat und sein Recht überhaupt zu erwähnen, so ist das eben ein anderes Zeichen der bösen Gewohnheit, welche die Hauptsache über Kleinigkeiten vergißt» (ebd. 264). An solcher Selbstgefälligkeit sollte sich wenig ändern, nachdem die *Principles* ab 1905 in deutscher Übersetzung zu lesen waren. Bezeichnend sind einige Akzente, die Lujo Brentano in seinem Geleitwort setzte. Der Münchner Kathedersozialist empfahl «dieses Werk eines Ausländers» auch deshalb, weil darin das gut nachzulesen sei, was der deutsche Ökonom, der nimmermüde «Neues bringt», notgedrungen vernachlässigen müsse – das Alte! Darüber hinaus gebühre dem braven Engländer Dank und Anerkennung, weil er «das, womit die Volkswirtschaftslehrer der nicht englischen Völker und zwar insbesondere die deutschen der letzten Dezennien das volkswirtschaftliche Wissen bereichert haben, sorgfältig berücksichtigt»! Obwohl die Historische Schule nach dem Ersten Weltkrieg ihre Führungsrolle in Deutschland einbüßte, blieb es überwiegend dabei: Marshalls Ökonomik wurde ignoriert oder nur oberflächlich rezipiert. Dies bestätigt schon ein kurzer Blick in die deutschsprachige Fachliteratur der 20er und 30er Jahre.

3. Der «andere Marshall»

In den Cambridger *Marshall Lectures* des Jahres 1952 stellte sich Pigou (1953, 4) die rhetorische Frage, «... what, if he could return to earth, Marshall would think of our present goings-on». Er beantwortete sie im großen und ganzen zur Zufriedenheit der eigenen Zunft – wenigstens damals: Ihre Arbeit würde wohl den Segen des Olympiers erhalten. Ein frommer Wunsch sei dies, finden jene, die Marshall «ganz anders» sehen. Denn der Altmeister habe allen Grund, den Irdischen die Leviten zu lesen, weil sie vom Pfad wissenschaftlicher Tugenden, wie er sie verstand, längst abgekommen seien: Statisches Gleichgewichtsdenken, heroische Abstraktionen, mathematische Modelle, mechanistische Analogien, strikte Werturteilsfreiheit, der «ökonomische Mensch» und ein stationäres Weltbild sind schließlich Konzepte, denen Marshall eher distanziert gegenüberstand. Um so mehr war er dafür, die Ökonomik als Moralwissenschaft zu begreifen, sie dynamisch anzulegen und praxisorientiert zu betreiben. «Es sind wirkliche ökonomische Probleme des Kapitalismus, nicht fiktive Probleme einer fiktiven Wirtschaft überhaupt», die Marshall beschäftigten: «Ihn interessiert, wie die vorhandene Marktwirtschaft unter wechselnden konkreten Bedingungen funktioniert» (Sering 1937, 522 f.). Das dürfte eine Einschätzung sein, die Marshalls eigentlichen Absichten recht nahe kommt – zumal dann, wenn sein Frühwerk in die Betrachtung einbezogen wird. Die neuere Marshall-Rezeption verdankt hier viel den Arbeiten von J. K. Whitaker (1972, 1974, 1975, 1977).

Keine Frage, Marshalls Wirtschaftslehre reicht weit über die *Principles* und besonders über jene Kapitel hinaus, in denen vorgeführt wird, wie die «ökonomische Maschine» unter statischen Bedingungen laufen könnte. Die *Principles* waren in der Tat «nur» *An introductory volume*, wie ihr Untertitel ab der 6. Auflage lautete. Eine entwickelte Wissenschaft von der Ökonomie hat hingegen – was Marshall immer betonte (Jenner 1964/1965) – den Wirtschaftsprozeß selbst zu erklären, also die dynamischen Anpassungs- und Ungleichgewichtsvorgänge fernab der Friedhofsruhe gewinn- und rentenloser Marktgleichgewichtszustände bei vollkommener Konkurrenz. Folgerichtig standen auch nicht statische Wettbewerbsprobleme, sondern Rentenphänomene (vor allem im Konsumbereich) und Skaleneffekte der Produktion im Brennpunkt des Marshallschen Interesses. Er verabscheute geradezu den Ausdruck «Konkurrenz», einerseits wegen seines «üblen Beigeschmacks» von «Selbstsucht und Gleichgültigkeit gegen das Wohlbefinden anderer» (1905, 5), andererseits, weil er «nicht gut geeignet (ist), die besonderen Charaktermerkmale des modernen Wirtschaftslebens zu kennzeichnen». Dieses sei eher geprägt «durch größere Selbständigkeit, mehr Vorbedachtsamkeit, größere Freiheit in überlegter Entschließung» (ebd. 6). Seine Stichworte dafür hießen: «Freiheit der Erwerb- und Unternehmertätigkeit» oder, noch kürzer, «wirtschaftliche Freiheit» – eine Freiheit aber ohne die altliberale Tönung des Laissez-faire. Marshall (vor allem 1907) wünschte sich ein Unternehmertum, das von schrankenloser Gewinnsucht kuriert ist und im ökonomischen Wettstreit zunehmend «ritterliche Tugenden» beherzigt, letztlich sogar Gemeinsinn bezeugt, indem es selbstlos und umsichtig handelt (vgl. Birch 1985). Daran erweise sich dann die wahre «unternehmerische Freiheit». Im Zusammenhang damit begrüßte Marshall ausdrücklich kooperative Wirtschaftsformen. Auf diesem Wege den Arbeitnehmern Mitwirkungsrechte zu sichern, zog er einer gewerkschaftlichen Interessenvertretung vor (Petridis 1973). In der Verteilungsfrage sympathisierte er sogar mit den Zielen der Sozialisten, ohne jedoch mit ihrer rigorosen Verdammung des Kapitalismus und ihren radikalen Rezepten einverstanden zu sein (McWilliams-Tullberg 1975). Eine private Unternehmerwirtschaft sei fraglos jeder staatlichen Wirtschaftsbürokratie überlegen: «A Government could print a good edition of Shakespeare's works, but it could not get them written» (Marshall 1907, 339).

All das ist bei Marshall in eine komplexe Wirtschaftsanthropologie eingebettet. Er sah den wirtschaftenden Menschen nicht gefangen im Sperrkreis von utilitaristischer Ethik und hedonistischer Psychologie, obwohl er selbst in dieser Denktradition aufgewachsen war. Dem Postulat eines unbändig rationalen Homo oeconomicus traute er ebenso wenig wie dem universalen Erklärungsanspruch des Marginalismus. Wie Sidgwick begrüßte und verwendete er zwar das Grenznutzenkonzept, machte aber daraus kein Dogma wie Jevons. Das ist schon erkennbar an seinem versöhnlichen Scheren-Gleichnis (1920/1949, 290), wonach der Grenznutzen und die Produktionskosten – zusammenwirkend wie die Schneiden einer Schere – den Güterwert bestimmen, und wird bestätigt durch nichtmarginalistische Ansätze, u. a. das Vollkostenprinzip sowie das Konzept der repräsentativen Firma in seiner Preis- und Unternehmenstheorie (vgl. Hirsch 1965, 4. Kap.; Levine 1983).

Das wirtschaftliche Verhalten ergab sich für Marshall aus dem Zusammenspiel sozialer, moralischer und technologischer Umstände sowie einer Vielzahl von Motiven, von denen die wenigsten bloß eigennützig und rational sind. Von der Wirtschaftswissenschaft kaum beachtet, hatte der amerikanische Soziologe Talcott Parsons schon früh (1931/1932a u. b) dargetan, welche Schlüsselrolle *Wants and Activities* in Marshalls ökonomischer Analyse spielen. Erst in neuerer Zeit ist Parsons' Ansatz wieder aufgegriffen und kritisch fortgeführt worden (Whitaker 1977, Chasse 1984). Treibende Kräfte für die ökonomische Aktivität freier Menschen sind Marshall zufolge insbesondere die «Pflichterfüllung», das «Verlangen nach Bestätigung» sowie – zivilisations- und kulturbedingt – der «Wunsch nach Abwechslung», sogar «um seiner selbst willen». Die Palette menschlicher Bedürfnisse erschien ihm bunt und – wichtiger noch – differenzierbar nach solchen «niederen» und «höheren» Ranges. Anscheinend stand hier Hegels (1833/1981, 226ff.) System der «Vervielfältigung» und «Verfeinerung» menschlicher Bedürfnisse in der «bürgerlichen Gesellschaft» Pate (vgl. Chasse 1984, 384f.). Idealistischen Geist jedenfalls verriet Marshalls Vision vom wirtschaftlichen Fortschritt: Ihn sah er erst dann gesichert, wenn es gelänge, das Niveau der individuellen Bedürfnisse anzuheben und damit die Bedürfnisstruktur der Gesellschaft zu verbessern. Dies erfordere eine Evolution des menschlichen Charakters, ein «ethisches Wachstum» (1875, 375), das in Wechselbeziehung mit den wirtschaftlichen Bedingungen des Lebens steht. Dabei beschäftigte ihn die Frage sehr, ob ein System der «Industrie- und Unternehmensfreiheit» von sich aus die menschlichen Ressourcen hervorbringt, die es braucht, um qualitativ zu wachsen. Der Ökonom habe als Wissenschaftler nicht nur die Bedingungen dieses Entwicklungsprozesses zu erforschen, sondern müsse sich möglicherweise auch in der Rolle des Erziehers bewähren, «... in helping the people to educate themselves and rise to a higher level; to become not only more efficient producers but also wiser consumers ...» (1885 a, 173). Der Staat sei ebenso mit einer entsprechenden Wirtschafts- und Gesellschaftspolitik gefordert (vgl. Fry 1976, Hutchison 1978, 105 ff.).

Derart «in den Menschen zu investieren», gewissermaßen moralisches Humankapital zu bilden, hielt Marshall für die denkbar wertvollste Investition.[10] Nur auf diese Weise bekämen auch die sozial Deklassierten über ihre notwendige materielle Sicherstellung hinaus eine wirkliche Chance, in Zukunft sorgenfrei das «kultivierte» und «noble Leben» eines englischen «Gentleman» führen zu können – just dies war Marshalls Credo als Philanthrop und Sozialreformer. Aber auch als Ökonom hatte er sich schon früh in seinem Vortrag *The Future of the Working Classes* (1873) zu diesem (normativen) Lebensstandard-Konzept bekannt, um es dann sein Leben lang zu verfechten.

Deutlich zeigt sich: Marshalls sozialphilosophische und -psychologische Ansichten standen weder isoliert neben seinen wirtschaftswissenschaftlichen Anschauungen, noch waren sie bloß schmückendes Beiwerk, wie es manche neoklassische Ausdeutungen seiner Lehre nahelegten (z. B. Viner 1941). Sie bildeten vielmehr eine untrennbare Einheit, die Marshalls Ökonomik durchgängig geformt hat. Zum Beispiel wollte Marshall Wohlstand und Wachstum nicht nur am numerischen Wert der «Nationaldividende» (so nannte er das Volkseinkommen) gemessen sehen, sondern es kam ihm – entsprechend seiner Bedürfnislehre – zugleich auf die Art der erzeugten Güter und ihre Verteilung an, ja letztlich sogar darauf, ob der Güterberg in einer Weise erwirtschaftet wird, die moralisch zu rechtfertigen ist. Solche qualitativen Aspekte des Wirtschaftens kommen gerade in Marshalls Mikroökonomik zum Vorschein, wenn man die neoklassische Brille beiseite legt. Die Nationalökonomen müßten in ihren Theorien, verlangte Marshall (1905, 74), den Menschen so «... behandeln, wie er ist: nicht als abstrakten oder ‹wirtschaftlichen› Menschen, sondern als solchen von Fleisch und Blut». Etwa die menschliche Arbeit modellgerecht auf eine austauschbare «Faktorleistung» wie jede andere zu reduzieren, widerspräche «der Tatsache, daß freie menschliche Wesen nicht nach gleichen Grundsätzen wie eine Maschine, ein Pferd oder ein Sklave zur Arbeit herangezogen werden» (ebd. 487). Folgerichtig betonte Marshall in seiner Faktortheorie die «Besonderheiten der Arbeit» (vgl. Blaug 1985, 416ff.) und analysierte das kurz- wie das langfristige Arbeitsangebot sorgfältig im Kontext anthropologischer, kultureller und ökonomischer Einflüsse (Walker 1974 u. 1974/1975). In ähnlicher Weise wandte er sich dagegen, private Haushalte als homogene «Wirtschaftseinheiten» anzusehen. Seine Haushaltstheorie konzentrierte sich auf das ökonomische Verhalten der Familie, wobei er der Rolle der Frau in der kapitalistischen Wirtschaft sein besonderes Augenmerk schenkte (Pujol 1984).

Im Einklang mit diesen Überzeugungen entwickelte Marshall seine methodologischen Grundsätze (u.a. 1885a; 1920/1949, Book I u. App. C; 1920, App. A). Um die Politische Ökonomie als Wissenschaft zu etablieren, müsse sie die «wirtschaftlichen Tatsachen» – nach dem Vorbild der exakten Naturwissenschaften – mit rationalen Forschungsmethoden aufzudecken suchen. Aber anders als in der Physik seien ökonomische Erkenntnisse weder durch «lange Ketten deduktiver Schlüsse» (1905, 77) zu gewinnen noch in Form «allgemeiner Gesetze» fixierbar. Marshall betonte, «daß jede Zeit und jedes Land seine eigenen Probleme hat, und daß jeder Wechsel in sozialen Verhältnissen wahrscheinlich eine neue Ausbildung der wirtschaftlichen Lehrsätze verlangt« (ebd. 90; s. auch 1892). Der Mathematiker Marshall warnte zudem die Ökonomen eindringlich davor, sich zuviel vom Gebrauch der Mathematik zu erhoffen: Sie sei ein beschränktes Erkenntnismittel, das überdies zu Spielereien verleite und möglicherweise von den eigentlichen ökonomischen Problemen ablenke.[11] Hilfreich hingegen seien gewisse mechanistische Analogien (Pendel, Kreisel, Fahrrad), jedoch nur in einer elementaren Volkswirtschaftslehre, wie sie die mikro-statischen Teile seiner *Principles* boten, denn: «Die statische Gleichgewichtstheorie ist nur eine Einleitung in wirtschaftswissenschaftliche Forschungen...» (1905, 463; s. auch Gordon 1973), die sich auf höherem Niveau dem immerwährenden wirtschaftlichen Wandel zu widmen haben. Deshalb müsse sich das Fach an einem anderen als dem mechanisch-dynamischen Leitbild ausrichten: «The Mecca of the economist lies in economic biology rather than in economic dynamics» (1920/1949, XII; 1898, 318). Marshall erkannte, wie sehr es beide Disziplinen mit komplexen, irreversiblen, zeitbeanspruchenden und offenen Systemen zu tun haben. Die Biologie liefere daher eine Reihe passender Analogien – etwa die Volkswirtschaft als «sozialer Organismus» (1905, 72), «organisches Wachstum» (ebd. 436; 1898, 317), die «Arbeitsteilung» als «gesteigerte Funktionsverteilung» (1905, 269f.), «Gleichgewicht» als Balance zwischen den «Kräften des Lebens und des Zerfalls» (1898, 318). Während die ältere Literatur diese «Biologismen» bei Marshall nur ausnahmsweise beachtete (z.B. Vito 1934) und eher für Lippenbekenntnisse hielt, setzt sich seit Glassburners Beitrag (1955) mehr und mehr die Auffassung durch, Marshalls organizistisches Denken habe in seinem Werk tiefe Spuren hinterlassen (vgl. z. B. O'Brien 1981). Sie zeigen sich u. a. in Marshalls Hypothese vom Lebenszyklus der «repräsentativen Firma» oder in seiner Produktionstheorie, die den Faktor «Organisation» besonders heraushebt. Und *in the age of DNA* (Foa 1982, Gowdy 1983) ist es sogar interessant geworden zu fragen, ob Marshalls Lehre der wirtschaftlichen Evolution stärker von den Mutations- und Selektionsprinzipien Darwins und Spencers oder mehr von Lamarcks Theorie der Vererbung erworbener Eigenschaften beeinflußt worden ist.

4. Ein Fazit

Dreh- und Angelpunkt der Marshallschen Ökonomik war gar nicht die (statische) Wert- und Preislehre, sondern es war von Anfang an[12] sein Ziel, eine Wachstums- und Entwicklungstheorie des Industriekapitalismus zu entwerfen. Obwohl ihm daran sehr viel lag, ist ihm dies nur in Umrissen gelungen. Mit seinem Ansatz stand er den Schulen des Historismus und des Institutionalismus viel näher, als diese es wahrhaben wollten. Alles in allem ist Marshalls Werk ein Glanzstück jener *Kultur der Moderne* (Münch 1986), die sich erst im vergangenen Jahrhundert in ihrer ganzen «Entwicklungsdynamik» entfaltete. Wie der Soziologe Richard Münch gezeigt hat, ist die «Allgegenwart des Wandels« (ebd. I, 13) das eigentlich «Moderne». Dessen Kulturmuster bestünde aus vier Elementen (ebd. 24 ff.): dem Vernunftglauben, wonach «jedes Handeln auf gültige kulturelle Konstrukte zurückgeführt werden muß...»; den Ideen, «daß alle Menschen gleiche Rechte und Pflichten haben» sowie «jedes Individuum das Recht der freien Verfügung über sein Denken und Handeln hat, zugleich aber auch die Pflicht, seine Freiheit mit der Freiheit der anderen Menschen in Übereinstimmung zu bringen»; und schließlich «eine(r) Disposition zur aktiven Umgestaltung der bestehenden Welt nach kulturellen Ideen». Marshalls Vision einer reifen Wirtschaftswissenschaft enthält genau diese Elemente. Manchen Ökonomen erscheint seine Vorstellung widersprüchlich und daher unerfüllbar, andere lehnen sie grundsätzlich ab. Für einige aber begründet Marshalls Vermächtnis – gegenwärtig wohl mehr denn je – die Hoffnung auf eine neue, dem Humanismus und der Ethik besonders verpflichtete Volkswirtschaftslehre. So gesehen ist Marshall unter den ökonomischen Denkern nicht nur deshalb ein wahrhaft Großer, weil er ein einflußreicher Klassiker der Moderne war, sondern weil er sich in vielem als ein Klassiker erweist, der allem Anschein nach noch lange modern bleiben wird.

Gottfried Eisermann

VILFREDO PARETO
(1848–1923)

I. Zur Biographie

Die wissenschaftliche Leistung Vilfredo Paretos allgemein, seine wirtschaftswissenschaftliche speziell, werden in Deutschland noch immer weniger gewürdigt, als sie es verdienten. Indes wuchs sein Ruhm, von der Legende umwoben, bereits bei Lebzeiten als der des Maestro, des «savant de Céligny», weit über die Schweiz, die er als freiwilliger Emigrant nicht mehr verließ, und seines Vaterlandes hinaus, um heute, ähnlich wie der Max Webers, rund um den Globus Widerhall zu finden. Fritz Wilfried Pareto – so sein eigentlicher Name, die Gründe für diese deutschen Namen sind unbekannt – wurde am 15. Juli des Revolutionsjahres 1848 in Paris als Sproß einer der Genueser Handelsbourgeoisie entstammenden Familie geboren, die einst im *Libro d'Oro* der Republik Genua eingetragen war. Seine Mutter war Französin, sein Großvater, von Napoleons Gnaden seiner Verdienste um die Cisalpinische Republik wegen in den Stand eines Marchese di Parigi erhoben,[1] hatte als eingefleischter Liberaler, also Anhänger der liberal-nationalen Einheitsbewegung, mit deren Zusammenbruch nach Frankreich fliehen müssen. Wenn sein Enkel späterhin in der Schweiz gefragt wurde, wie er gern angeredet werden möchte, ob Marquis oder Professor, pflegte er zu antworten, da er «nur durch Zufall» Professor geworden sei, am liebsten «monsieur». Er zögerte aber nicht, seine mit einer Grafenkrone verzierte Visitenkarte vorzuzeigen, wenn es ihm angebracht erschien.

Über Paretos Kindheitsjahre wissen wir nichts. Erst mit elf Jahren verließ er, zusammen mit seinen Eltern und zwei Schwestern, Paris, da sein Vater amnestiert worden war. Nach Absolvierung des Gymnasiums schlug er den Ingenieurberuf seines Vaters ein und studierte am Polytechnikum in Turin, wo er mit 21 Jahren den akademischen Grad eines Ingenieurs erwarb. Seine Dissertation, *Principî fondamentali della teoria della elasticità de' corpi solidi,* hat man für die ökonomische Theorie als derart wichtig angesehen, daß sie von kundiger Hand in die Sammlung seiner theoretischen Schriften aufgenommen wurde (1952, 593 ff.). Er selbst hat uns geschildert, er habe bereits mit 16 Jahren Bossuet gelesen, der ihm aber mißfallen habe; die Lektüre von Bastiat habe sein individualistisches Unabhängigkeitsgefühl aufs Höchste befriedigt, während Buckle ihm als das «non plus ultra» erschienen sei. Er wandte sich daraufhin begeistert der liberalen Wirtschaftslehre als einer «fast vollkommenen Wissenschaft» zu. Volkssouveränität und Freiheit wurden ihm, wie einst seinem Vater und seinem Großvater, für lange Zeit die höchsten Ideale und zugleich die Allheilmittel für alle sozialen Schäden. Fast 20 Jahre übte Pareto erfolgreich seinen Ingenieurberuf aus, verwandte aber mindestens ebensoviel Energie und womöglich Zeit darauf, um als intransigenter Liberaler, der er damals war, für die Verwirklichung seiner Ideale einzutreten. Die leitenden Funktionen, die er bald ausfüllte, verflochten ihn überdies in die Problematik und den Widerstreit der ökonomischen und politischen Tagesfragen. Es war charakteristisch für ihn, daß er sich nicht mit der Betrachtung seines eigenen jeweiligen Spezialfalls beruhigte, sondern mit Hilfe der einschlägigen fachwissenschaftlichen Werke versuchte, sich ein zusammenhängendes Bild des wirtschaftlichen, gesellschaftlichen und politischen Lebens zu verschaffen. Allmählich wurde er kritischer gegenüber diesen Schriften, so daß er schließlich, wie er später formulierte, dort, wo er Wissenschaft gesucht hatte, nur «Literatur» vorfand.

Nach dem Tod seines Vaters ließ sich Pareto mit Mutter und Schwestern 1874 in Florenz nieder. Nicht nur berufliche Reisen nach England, Frankreich, Österreich und Deutschland förderten seine geistige Entwicklung, sondern auch der Freundeskreis, den er im Hause des Florentiner Bürgermeisters Peruzzi und seiner Frau gewann. Vor allem aber wurde er im selben Jahr 1874, mit noch nicht ganz 26 Jahren, zum ordentlichen Mitglied der ehrwürdigen R. Accademia Economico-Agraria dei Georgofili di Firenze gewählt, der 1753 gegründeten ältesten Italiens, die von Anfang an auch Nichtfachleute aufnahm. Vor diesem Gremium hielt er in den Jahren 1877 bis 1887 vier wirtschaftswissenschaftliche Vorträge und griff auch einige Male in die Diskussion anderer Vorträge ein. In diese Zeit fiel auch der Sturz der «Rechten» in Italien und der Machtantritt der «Linken». Als radikaler «Freihändler» nach damaligem Sprachgebrauch oder Vertreter der Marktwirtschaft, wie wir heute sagen würden, kandidierte Pareto 1882 im Wahlbezirk Pistoia-Prato, jedoch ohne Erfolg. Dies Ereignis wurde zu einer einschneidenden Erfahrung für ihn. Als sein späterer enger Freund Maffeo Pantaleoni, damals der führende italienische Nationalökonom, ihn viele Jahre später aufforderte, sich abermals zur Wahl zu stellen, erhielt er zur Antwort, dieser Vorschlag habe ihn lachen gemacht, da diese Dinge nicht zu ihm paßten. Jener Mißerfolg offenbarte seiner Auffassung nach, daß – ähnlich wie es später Max Weber in seinen berühmten Untersuchungen über Wissenschaft und Politik als Beruf dargetan hat – die Eigenschaften eines Politikers und eines Gelehrten einander ausschlössen. Hinzu kam die berufliche Enttäuschung – wohlgemerkt die ideelle, nicht die materielle. Das innere Ringen um die Gelehrtenexistenz geriet immer mehr in Kontrast zu seiner Position als Ingenieur und Wirtschaftsführer, so daß er geneigt war, seinen Posten bei den Ferriere Italiane aufzugeben und sich ganz der Wissenschaft zu widmen. In diese Zeit fällt auch, mit 41 Jahren, seine

Vilfredo Pareto (1848–1923)

Heirat mit der 29jährigen Alessandra («Dina») Bakounine.[2] Gleichzeitig veröffentlicht er eine Reihe von Artikeln im *Giornale degli Economisti,* dem italienischen *Volkswirt.* Im August 1890 erscheint dort ein Artikel von Maffeo Pantaleoni, der für ihn zum Anlaß wird, sich an den «Hochverehrten Herrn Professor» um Erläuterungen zu wenden. Damit wurde eine Beziehung angeknüpft, die in eine lebenslange Freundschaft münden sollte. Entscheidend ist, daß Pantaleoni ihn an Léon Walras empfiehlt und durch sein Gutachten bewirkt, daß Pareto als dessen Nachfolger auf den Lehrstuhl der jungen Universität Lausanne berufen wird.

So kommt es, daß Pareto am 12. Mai 1893 die erste Vorlesung in seinem Leben hält, wofür man ihm, Walras nicht ausgenommen, geraten hatte, seine Veranstaltungen soweit als irgend möglich frei von Mathematik zu halten. Bald muß er indes erfahren, daß die Empfehlung, die Walras gegenüber den Behörden des Waadtlandes gegeben, ihm mehr geschadet als genützt hatte; denn «der gute Walras hatte schließlich nur noch sechs Studenten in seinen Vorlesungen», während Pareto sogleich 21 anzieht und bald 46 haben sollte, ein Lehrerfolg, der ihm sein ganzes Leben lang treu blieb. Während äußerlich sich derart sehr bald der Erfolg seiner Lehrtätigkeit abzeichnete, deren schönste Frucht der zweibändige *Cours d'économie politique* (1896/97) bildet, diese glänzende Darstellung der neoklassischen Lehren, reich an Gelehrsamkeit und Scharfsinn, spitzt sich sein persönliches Verhältnis zu Walras sehr bald bis zum unvermeidlichen Bruch zu.[3] Zum letztenmal tritt er aber auch als betont Liberaler in der wissenschaftlichen Arena auf; danach ist er ausschließlich nach «logisch-erfahrungsmäßiger» Richtigkeit strebender Gelehrter.

In diesem Sinne strebt er bereits fünf Jahre nach seiner Berufung, durch eine reiche Erbschaft unabhängig geworden, danach, sich von seinen Lehrverpflichtungen entbinden und sich ganz der Wissenschaft widmen zu können. Er wird noch zwei explizit ökonomische Bücher verfassen, das *Manuale di economia politica* (1906), dessen französische Übersetzung er leicht verändert und abwandelt *(Manuel d'économie politique, 1909),* im Grunde nur zwei kurzgefaßte Zusammenfassungen seines Hauptwerkes, das man zu deren Verständnis, von ihm als selbstverständlich vorausgesetzt, stets heranziehen muß. Hatte er in seine ökonomischen Schriften von Anfang an seine jeweiligen soziologischen Auffassungen und Theorien eingearbeitet, so wird meist übersehen, daß sein soziologisches Hauptwerk, der umfangreiche *Trattato di sociologia generale* (1916), seinerseits wichtige nationalökonomische Einsichten und Theorien enthält. Überhaupt blieb Pareto bis zum Tode seiner Auffassung treu, daß Nationalökonomie und Soziologie als eine gemeinsame durchgängige Sozialwissenschaft für die Erklärung der sozialökonomischen Realität unerläßlich und aufeinander angewiesen seien. So umfaßt die noch vor seinem Tod von ihm veranstaltete Sammlung seiner wichtigsten Beiträge[4] sowohl ökonomische als auch soziologische Artikel (*Fatti e teorie,* 1920).

Nachdem ihn seine erste Frau verlassen hatte, zog er sich in seine «Villa Angora» in Céligny am Genfer See zurück, wohin ihm bald nach Beginn des Jahrhunderts die fast 40 Jahre jüngere Französin Jeanne («Jane») Régis folgen sollte. Von privaten Komplikationen blieb indes seine wissenschaftliche Produktion ganz unberührt. 1901/02 erschien sein Werk *Les systèmes socialistes* (2 vols.), das nicht allein eine glänzende, mit profundem Wissen ausgestattete Auseinandersetzung mit den sozialistischen Theorien darstellt,[5] sondern auch bereits die sich anbahnende Synthese von ökonomischer und soziologischer Analyse dokumentiert.[6] Im folgenden Jahr versucht Pantaleoni noch einmal, wenn auch vergeblich, seinen Freund ausschließlich für die Nationalökonomie zurückzugewinnen. Rückblickend hat Pareto 1917 seine Haltung erläutert: «Etwa im *Cours* begann ich diesen Weg einzuschlagen, auf dem es mich im *Manuale* weiterdrängte und der zu dem in der *Sociologia* betretenen geworden ist. Es hatten sich mir einige ökonomische Probleme in den Weg gestellt, die ich ausschließlich mit der Volkswirtschaftslehre in keiner Weise lösen konnte. Überdies wurde ich bei diesem Studium gewahr, daß ich viele soziologische Prinzipien verwandte, die in der Luft beheimatet blieben, da sie nicht die Konsequenz eines erfahrungsmäßigen Studiums waren.«

Dennoch fuhr er vorerst fort, in vielbeachteten Artikeln auch rein ökonomische Fragen zu erörtern. Einer Anekdote zufolge soll sich Pareto bei einem Kongreß – selten genug besuchte er solche Veranstaltungen – im schäbigen Anzug, den er angeblich während der jahrelangen Arbeit am *Trattato di Sociologia* getragen hatte, unerkannt an Geheimrat Prof. Dr. Gustav Schmoller herangemacht haben, nachdem dieser des Langen und Breiten ausgeführt hatte, in der Volkswirtschaftslehre gäbe es keine Gesetze, um ihn zu fragen, ob er ihm ein Lokal nennen könne, wo er umsonst speisen könnte. Auf die Antwort Schmollers: «Eins, wo Sie umsonst speisen können, nicht, guter Mann, aber eins, wo Sie sehr preiswert essen können», habe sich Pareto lachend abgewandt mit dem Ausruf: «Sehen Sie, Professor Schmoller, es gibt doch Gesetze in der Volkswirtschaft!»

Paretos Universitätsjubiläum im Jahre 1917 wurde zu einer Feier, zu der in- und ausländische Fachkollegen herbeieilten. Seine Dankesrede bei diesem Anlaß zeichnete anschaulich den Weg seiner geistigen Entwicklung nach. Seine Haltung gegenüber dem bald nach dem Krieg zur Macht in Italien gelangten Faschismus blieb unerschütterlich die eines «logisch-erfahrungsmäßigen», d. h. objektiven und distanzierten Beobachters, der keine besonderen nationalen Bindungen für einen unabhängigen Gelehrten anerkannte. Außer wissenschaftlicher Arbeit, guter Lektüre und einer Schachpartie dann und wann, dies alles zunehmend erschwert durch ein sich verschlimmerndes Herzleiden, kannte er keine Vergnügungen. Er starb am 19. August 1923 in Céligny, wo nur noch ein schmuckloses

Grab, das seinem Wunsch entsprechend die Inschrift Vilfredo Pareto samt Geburts- und Sterbejahr trägt, von ihm zeugt.

II. Die wissenschaftliche Leistung

Entscheidend erschien Pareto vor allem das Herangehen an das Erfahrungsobjekt, d.h. die «logisch-erfahrungsmäßige Methode», also die durch Erfahrung und Beobachtung gesicherte Feststellung relevanter Tatsachen, womöglich in ihrem prozessualen Verlauf, um daraus «Gleichförmigkeiten», d.h. Regeln, «Gesetze»[7] abzuleiten, deren Relativität darin besteht, daß sie einzig und allein durch Erfahrung und Beobachtung gesichert sind. Unbeschadet ihrer Gültigkeit können deshalb sog. «Ausnahmen», die es bekanntlich auch in der Mathematik gibt, durchaus nachgewiesen werden, da die «Gleichförmigkeiten» einzig und allein durch neue Tatsachen bzw. deren zu große Frequenz korrigiert oder widerlegt werden können. Diese Methode war ihm derart wichtig, daß er sie sogar im Vorwort einer von ihm herausgegebenen Auswahl vorwiegend wirtschaftshistorischer Werke abschließend als essentiell unterstrich: «Die Tatsachen beobachten und die Gleichförmigkeiten entdekken, die in ihnen (sic) zusammentreffen, ist der Zweck jeder beliebigen Wissenschaft und deshalb auch der politischen Ökonomie und der Soziologie» (1903, letzter Satz). Dies bedeutet, wie er späterhin hinsichtlich der «reinen Wirtschaftstheorie» erläutert: «Auf die gleiche Weise, wie das reine Recht die Konsequenzen aus gewissen Hypothesen zieht, zieht auch die reine Wirtschaftstheorie die Folgerungen aus gewissen Hypothesen. So gelten beide Wissenschaften für die konkreten Phänomene nur (sic) insofern, als die gemachten Hypothesen in diesen Phänomenen überwiegen» (1916, § 2011). Aus diesem Grunde verwarf er, wie es auch heute noch die Psychologie tut, das pseudopsychologische Konzept des «Grenznutzens», das mit der neoklassischen Schule,[8] in deren Umkreis sich auch Paretos erstes Auftreten vollzog, aufgekommen war, mitsamt der Theorie der Meßbarkeit der Gefühlsgrößen (1906, III, § 29).

1. Die Theorie der Wahlakte

Damit hatte Pareto eigentlich formuliert, was «fairer Weise als das Fundament der modernen Werttheorie betrachtet werden muß» (J. Schumpeter). Denn Paretos Rückgriff auf die menschlichen Handlungen als das einzig «logisch-erfahrungsmäßige» Reale – er nahm dabei eine Konzeption von Edgeworth auf, der freilich die Existenz des meßbaren Nutzens vorausgesetzt hatte, um daraus seine «Indifferenz-Kurven», also mathematische Kurven, die verschiedene Proportionen zweier Güter als für ein Individuum gleichwertig erachten, abzuleiten – stülpte dieses Konzept um, indem er die Indifferenz-Kurven als Ausdruck individuell gleichwertig betrachteter Wahlakte (curve di scelte eguali) begriff. Damit hatte er die Basis für ein von pseudopsychologischen Hypotheken freies Gebäude immanent-ökonomischer Werttheorie gelegt.[9] Die Originalität Paretos beruhte, um mit Karl Marx zu sprechen, gerade darin, daß er die Konzeption von Edgeworth sozusagen «vom Kopf auf die Füße» stellte und ihre Technik als Instrument für den eleganten und strikten Ausdruck der lange in ihm herangereiften Theorie der Wahlakte erkannte. Aus ihr vermochte er «alles Erforderliche für die (ökonomische) Gleichgewichtstheorie ohne Rückgriff» abzuleiten (1906, III, § 54, A.) Auf dem von ihm gewiesenen Weg weiterschreitend haben dann Slutsky, Allen und Hicks die moderne Werttheorie errichtet, ohne den für Pareto entscheidenden Gesichtspunkt immer im Auge zu behalten. Dies war indes für die Nachfolgenden um so leichter, als Pareto bereits eine andere Voraussetzung dafür erfüllt und die Kategorien der substitutiven, komplementären und unabhängigen Güter geklärt hatte (ebd., IV, §§ 6 ff.).

Freilich hatte er damit zugleich auch das eingeleitet, was man die immanente Dauerkrise der modernen Werttheorie nennen könnte. Hat man sich nämlich mit Pareto einmal von der Unmeßbarkeit des «Nutzens» (zugleich mit seiner Vieldeutigkeit) überzeugt, so konnte es in der Folge nicht ausbleiben, daß man früher oder später das damit aufgeworfene Problem in seiner ganzen Tiefe und Breite erkannte. Denn nach und nach mußte man sich zwangsläufig dessen bewußt werden, daß es keinerlei Methode gibt, um sich über die Präferenzen des Verbrauchers gegenüber bestimmten Gütern zu vergewissern, wenn man nicht stets bei gewissen apriorischen «Annahmen» (Hypothesen) verharren will, es sei denn vermittels der effektiven Wahlakte selbst, die sich in seiner Nachfrage nach gewissen Gütern manifestieren oder – was auf dasselbe hinausläuft – vermittels seines Marktverhaltens. Daraus folgt aber, daß man, wollte man dieses Marktverhalten aus dem (mit Hilfe von Indifferenz-Kurven dargestellten) Präferenzsystem des Verbrauchers ableiten, in Gefahr gerät, in einen Zirkelschluß zu verfallen.

2. Die Theorie des allgemeinen volkswirtschaftlichen Gleichgewichts

Aber die Theorie der Wahlakte war für Pareto ja nur der Ausgangspunkt seiner Theorie des allgemeinen volkswirtschaftlichen Gleichgewichts, die fraglos eine noch bedeutendere Leistung darstellt. Um sie recht würdigen zu können, muß man sie mit den Ergebnissen seiner Vorgänger auf diesem Gebiet vergleichen. Tatsächlich läßt sich die Konzeption des ökonomischen Gleichgewichts «in nuce», wie Pareto klar war, bereits in den Theorien der Klassiker erkennen, wonach in einem System vollkommenen Wettbewerbs ein stabiles Gleichgewicht vermittels Gleichsetzung von Preisen und Kosten erzielt wird. Wenn es gestört wird, so werden

Kräfte ausgelöst, die dazu tendieren, das Gleichgewicht wieder herzustellen; diese Kräfte sind nichts anderes als die Verluste oder Gewinne der Produzenten.

Auf diese Weise hatten die grenznutzlerischen Erneuerer der Klassiker dem größten Mangel der Klassischen Schule, als den man vom modernen Standpunkt aus das Fehlen der Marginalanalyse betrachten muß, abzuhelfen gesucht. Eine erste Zusammenschau der utilitaristischen Marginaltheorie mit derjenigen der Klassiker lieferte dann Alfred Marshall (1842–1924) mit seinen beiden bekannten Werken *The Economics of Industry* (1879) und *Principles of Economics* (1890). Die von Marshall konzipierte Gleichgewichtstheorie ist jedoch immer nur die Theorie eines Teilgleichgewichts gewesen, bei dem der Preis eines Gutes ausschließlich von der Nachfrage nach dem betreffenden Gut und den Produktionskosten dieses selben Gutes abhing. Nun ist aber ohne weiteres einsichtig, daß, will man im Rahmen der Theorie von Marshall die Nachfragekurve eines Verbrauchers nach einem bestimmten Gut konstruieren, man im Grunde den «Grenznutzen» kennen muß, den das Geld für diesen Verbraucher besitzt, wodurch ein Bindeglied zwischen der Nachfrage nach dem betreffenden Gut und derjenigen nach allen anderen Gütern geschaffen wird. Es ist fernerhin gleicherweise richtig, daß die Produktionskosten einer Gütereinheit sich auflösen in die Preise der Produktionsfaktoren, multipliziert mit dem Produktionskoeffizienten, wodurch ein Zusammenhang zwischen allen Produktionen der betreffenden Volkswirtschaft konstruiert wird. Indes bleiben diese jeweiligen Bindungen im Werk von Marshall noch fast völlig im Dunkeln. Jedenfalls hielt Marshalls Konzeption hinsichtlich der Theorie eines allgemeinen volkswirtschaftlichen Gleichgewichts – ebensowenig wie die irgend eines anderen Zeitgenossen bis zum Auftreten von Pareto – einen Vergleich aus mit dem Gleichgewichtstheorem, das Léon Walras (1843–1910) in seinen *Éléments d'économie politique pure* (2 Bde. 1874/77) bereits geschaffen hatte. Walras operierte dabei im wesentlichen mit denselben Konzeptionen wie Stanley Jevons und Carl Menger, mit denen er deshalb immer in einem Atemzug als Begründer der modernen Wirtschaftstheorie genannt zu werden pflegt; er suchte jedoch fortwährend nach Lösungen viel allgemeineren Charakters. Auf diese Weise gelang es ihm, den Allzusammenhang der relevanten ökonomischen Gegebenheiten einer Volkswirtschaft mathematisch als determinierte Lösung des Problems des allgemeinen Gleichgewichts darzustellen.

Es sei dahingestellt, ob es «beinahe tragisch» ist, wenn Walras, durch den Angriff eines Saint-Simonisten herausgefordert, den Nachweis des «maximalen Nutzens» vermittels freier Konkurrenz «schon dadurch gefunden zu haben glaubte, daß er gerade den Gedankeninhalt, der ihm in gewöhnlicher Sprache ausgedrückt ungenügend erschien, bloß in eine mathematische Formel einkleidete» (Wicksell 1913, 127; vgl. Fossati

1957, 44, Demaria 1952, 656ff., und Wald 1936). Wichtiger ist zweifellos, daß die theoretische Analyse von Walras in einem bestimmten Stadium ihrer Entwicklung in eine bloße Beschreibung eines unter gewissen Prämissen und Hypothesen eintretenden Zustands umschlägt. Vor diesem Hintergrund haben wir jedenfalls die Theorie des allgemeinen Gleichgewichts von Pareto zu sehen, um besser erkennen zu können, in welchen Punkten sie sich von der von Walras unterscheidet. Deshalb werden wir auch ihren Entwicklungsstufen größere Aufmerksamkeit widmen müssen.

Die immer genereller werdende Konzeption des allgemeinen Gleichgewichtstheorems von Pareto ist dabei, wie schon angedeutet, eng mit seiner Theorie der Wahlakte verknüpft, die bereits das Hinausgreifen über die Auffassungen von Walras involvierte. Auf diese Weise gelang es ihm, das Theorem des allgemeinen Gleichgewichts einer Volkswirtschaft, die dadurch zugleich als ein ökonomisches System begriffen wird – was weiterreichende Konsequenzen hat –, ausschließlich auf der Konzeption von «gusti» und «ostacoli» aufzubauen. Die «gusti» sind dabei nichts anderes als die den Wahlhandlungen zugrunde liegenden Geschmacksrichtungen, «Bedürfnisse» und Strebungen, wobei zu beachten ist, daß «für ein Wirtschaftssubjekt die Wünsche anderer Menschen, mit denen es in Verbindung steht, zu der Anzahl von Hindernissen (für die Erfüllung dieser Wünsche, G. E.) gehört» (1906, III, § 25). Denn die Wahlhandlungen der Menschen sind nicht frei in ihren Bewegungen, sondern treffen auf bestimmte Hindernisse («ostacoli»), die von Pareto in zwei Gruppen klassifiziert werden.

Die erste Gruppe von Hindernissen leuchtet unmittelbar ein, während die zweite weniger evident ist (ebd., III, § 68). Zur ersten Gruppe gehören a) die bereits erwähnten «gusti» anderer Personen, mit denen Kontakt besteht, b) die Begrenzung (Knappheit) einer Gütermenge, die man mit anderen teilen muß, c) die Tatsache, daß man zur Produktion eines gewünschten Gutes andere Güter benötigt, d) die Tatsache, daß ein begehrtes Gut nicht zu dem Zeitpunkt und an dem Ort verfügbar ist, an dem man es wünscht, und schließlich e) die Hindernisse, die von der jeweiligen Gesellschaftsordnung abhängen, woraus man erkennen mag, daß Pareto die von ihm selbst entwickelten Konsequenzen seiner Analyse der *Systèmes socialistes* (1901/02) theoretisch voll zu nutzen wußte. Die Hindernisse der zweiten Gruppe, die nicht sofort in die Augen fallen, begrenzen offenbar die Preisveränderungen während oder gerade vor den einzelnen Tauschakten. Die Hypothese variabler Preise ist dabei nächst der Eliminierung der Meßbarkeit des Nutzens zunächst zweifellos die interessanteste Neuerung gegenüber Walras. Das allgemeine volkswirtschaftliche Gleichgewicht stellt sich demnach als Zustand der Balance von «gusti» und «ostacoli» dar. Um diesen Gleichgewichtszustand bestimmen zu können, braucht dann nur die Bedingung gestellt zu werden, daß in dem Moment, in dem er sich herstellt, die durch die «Hindernisse» ermöglichten Bewegungen innerhalb des ganzen Systems durch die menschlichen Wünsche, Bedürfnisse und Strebungen oder, was auf dasselbe hinausläuft, daß die von den Wünschen, Bedürfnissen und Strebungen ausgehenden potentiellen Bewegungen von den «Hindernissen» blockiert werden; zugleich kann man diesen Zustand dann als volkswirtschaftliches Gleichgewicht definieren (1906, III, § 27).

Pareto hat später diesen Punkt nochmals aufgegriffen und unterstrichen, daß nicht nur der Nutzen verschiedener Individuen inkomensurabel ist, sondern daß es demnach auch eine unendliche Anzahl von Gleichgewichtslagen gibt, was dann von John M. Keynes und denen, die ihm folgten, als eigene große Entdeckung gefeiert wurde. «Die Nutzen der verschiedenen Individuen», erläutert Pareto (1916, § 2127), «sind heterogene Quantitäten, und eine Summe solcher Quantitäten besitzt keinerlei Sinn, sie existiert nicht, man kann sie nicht in Erwägung ziehen. Wenn man eine Summe haben will, die in Beziehung zu den Nutzen der verschiedenen Individuen steht, muß man zuerst einen Weg finden, wie man diese Nutzen von homogenen Quantitäten abhängen lassen kann, die man dann zu addieren vermag»; aber dennoch, wenn man Nutzenmaximierung unterstellt, «würde mit den vorgenannten Bedingungen des größten individuellen Nutzens eine unendliche Anzahl von Gleichgewichtslagen vereinbar werden» (ebd. § 2132; vgl. § 2128). Angebot und Nachfrage hängen dabei im allgemeinen von allen Umständen des jeweiligen volkswirtschaftlichen Gleichgewichts ab, und die Preise oder «Tauschwerte» werden zu gleicher Zeit determiniert wie das Gleichgewicht selbst, das aus der Opposition von menschlichen Wünschen und Hindernissen resultiert (1906, III, §§ 187, 225). Die verblüffende Einfachheit dieser Lösung des Gleichgewichtstheorems stellt in der Tat, wie man in aller Zurückhaltung sagen darf, «einen der Höhepunkte der wirtschaftstheoretischen Forschung dar» (E. Schneider 1956, 249).

Das ganze Theorem wurde in dieser Form von Pareto bereits in seinem Artikel *Sunto di alcuni capitoli di un nuovo trattato di economia pura* (1900) entwickelt, sodann im *Manuale* (1906) übernommen, ferner im *Manuel* (1909) in dessen erweitertem Anhang, der die Aufmerksamkeit Schumpeters erregte, und in seiner *Economie mathématique* (1911), der bis zur Unkenntlichkeit erweiterten Neufassung seiner einzigen noch zu Lebzeiten in deutscher Sprache erschienenen Untersuchung *Anwendungen der Mathematik auf Nationalökonomie* (1902) weiterentwickelt, indem er ihm einen immer allgemeineren und vollkommeneren Ausdruck verlieh. Jedoch wurde die Mathematik, wie er wiederholt hervorhob, nur zu Hilfe gerufen, um die Interdependenz zwischen den verschiedenen Gegebenheiten, der verbal nur schwer adäquat Ausdruck verliehen werden kann, leichter darstellen zu können. Der wichtigste Fortschritt war indes die ausdrückliche Einbeziehung von Preisschwankungen in dieses ganze System interdependenter Variablen, die auch, wie später in der Soziologie, die Kausalanalyse bewußt hinter sich läßt, wodurch freilich dem einzelnen Preis geradezu die Rolle des «letzten Elements» zugewiesen wurde.

Die beiden Sphären der Produktion und Zirkulation könne man, als zwei Teilsysteme, zuerst getrennt voneinander betrachten, sie dann aber durch Gleichungen, die lediglich im Gleichgewichtszustand gelten, zu einem übergeordneten System miteinander verbinden (1906, App. §§ 31–42). Der «interessanteste Fall», wie Pareto hervorhebt, ist der, bei dem die Anzahl der gesuchten Gleichungen geringer ist als die Anzahl der gesuchten Unbekannten. «Das System ist dann beweglich und kann seinen Gleichgewichtszustand suchen.» Aber der Ausweis eines Gleichgewichtszustandes als solcher genügte Pareto nicht; er prüfte vielmehr, ob er stabil oder instabil ist, womit er abermals über Walras hinausgriff, dessen Schriften ihm wegen des «so großen metaphysischen Teils», den wir mit Schumpeter wohl als die «Philosophie eines kleinbürgerlichen Radikalismus» bezeichnen können, derart mißfallen hatte, daß er sie nicht einmal beendete. Jedenfalls warf er Walras mit Recht vor, er glaube, daß die Tauschenden, von einem bestimmten Punkt ausgehend, sich immer dem Gleichgewichtszustand nähern müßten. «Sie entfernen sich vielmehr davon, wenn das Gleichgewicht instabil ist» (*Economie mathématique*, § 54 A.).

Um so mehr wird man es bedauern, daß es ihm nicht vergönnt war, sein System, wie er es wünschte, völlig zu dynamisieren. Wir wissen nicht, inwiefern sein beabsichtigter *Trattato di economia dinamica*, von dem er in seinem Briefwechsel wiederholt spricht, in dieser Hinsicht seinen und unseren Ansprüchen genügt hätte. Aber niemand, der die erkenntnistheoretische Einheit seines ökonomisch-soziologischen Werkes begriffen hat, kann daran zweifeln, daß die außerökonomischen Wurzeln des Geschehens eine systematische Einschaltung in die Gleichungen seines dynamischen Gleichgewichts gefunden hätten.[10] Auch dürfen wir ihm glauben, daß er, wenn er gewollt hätte, seine Gleichgewichtstheorie derart hätte präsentieren können, als habe sie nichts mit der von Walras gemein, denn dieselben Gleichungen könnte man, wie es Irving Fisher tat, in gänzlich andere Form kleiden. Pareto aber hätte das als unehrenhaft emfunden, weil er glaubte, es gereiche jedem zur Ehre, anzuerkennen, was er seinen Vorläufern schulde.

Wie immer jedenfalls der Vergleich seines Gleichgewichtstheorems mit dem von Walras ausfallen mag, Pareto griff in einer Fülle von Einzelheiten darüber hinaus, hielt er sich doch immer so eng als möglich an die «Tatsachen», d. h. an die Realität, und wollte keine sozialphilosophische Doktrin verkünden. Der unbezweifelbare theoretische Fortschritt Paretos gilt besonders für eine seiner verschiedenen Gleichgewichtslagen, die berühmt geworden ist: «Wir können sagen, daß die Mitglieder einer Gesellschaft («collettività») in einer gewissen Lage das Maximum an Ophelimität (Nutzen, G. E.) genießen, wenn es unmöglich ist, sich von dieser Lage auch nur geringfügig zu entfernen, ohne allen Mitgliedern dieser Gesellschaft zu nutzen oder zu schaden; jede geringfügige Verlagerung aus dieser Position muß notwendigerweise dazu führen, einem Teil der Gesellschaftsmitglieder förderlich zu sein und einem anderen zu schaden» (1906, VI, § 33), woran sich dann die mathematische Demonstration anschließt (ebd. § 35).

Diese Lage mitsamt ihrem mathematisch demonstrierbaren Punkt hat man das «Pareto-Optimum» genannt, das wirtschaftstheoretisch sowohl als auch wirtschaftspolitisch den Anstoß zu den modernen «Welfare Economics» geliefert hat, ja Roger Dehem hat sogar verkündet, diese Theorie habe seinem Erfinder die «Unsterblichkeit» verliehen.[11] Dessenungeachtet war Pareto bewußt, daß das Theorem des allgemeinen Gleichgewichts in seiner praktischen Anwendbarkeit zunehmend «Einschränkungen» dulden müsse, da neben dem vollkommenen Wettbewerb in wachsendem Maße Marktformen auftreten, die monopolistische Einschränkungen in ihrem Funktionieren mit sich bringen. Dies gilt vor allem für den Arbeitsmarkt und mithin für die wichtige Proportion des Lohnes an den gesamten Produktionskosten durch das Auftreten, Erstarken und Operieren der Gewerkschaften, durch die auch von dieser Seite her ein ganz neuer Funktionsmechanismus in das «reine» Marktgeschehen hineingebracht werde (1906 II, § 50; VI, § 63; IX, §§ 4, 6, 10–18, 25–26, 31). Das ökonomische System wird eben generell in seinem Funktionieren durch die umfassenderen Gegebenheiten des «sozialen Systems» bedingt, so daß zu berücksichtigen ist, daß das Wirtschaftsleben teilweise durch «nichtlogisch-erfahrungsmäßige», lies: nichtrationale Handlungen (im Sinne der «reinen» Wirtschaftstheorie) bestimmt wird (1916, §§ 37, 50, 110, 144, 1415, 1592, 1731, 1732, 1786, 2208, 2214), wodurch die «reine» Wirtschaftstheorie in ihrem Anwendungsbereich begrenzt wird (ebd. §§ 61, 263, 824, 825, 2107, 2207, 2208). Dies nicht gesehen zu haben, war der fundamentale Fehler der klassischen Ökonomen (ebd. § 2016). Jedenfalls war Pareto der Auffassung, daß die «reine» Wirtschaftstheorie im Grunde nur für wettbewerblich angebotene Güter tauglich sei, und man beim Auftreten von Oligopolen, Kartellen und Trusts auf Annahmen zurückgreifen müsse, die mehr den «Tatsachen» entsprechen und die daher über die «reine» Theorie hinausreichen (1906, App. §§ 75–76). Diese fundamentale Erkenntnis zu mißachten, muß in der Tat zu fatalen Konsequenzen führen.

Schließlich hat die von Pareto aufgewiesene Wahrheit in der Entwicklung der «modernen» Oligopol- und Monopol-Theorien, wie immer man ihren Realitätsgehalt beurteilen mag, ihre Bestätigung gefunden. Ja, er selber definiert den Unterschied zwischen vollkommenen und unvollkommenen bzw. «monopolistischen» Märkten in einer wahrhaft modern anmutenden Weise (ebd. III, §§40–48, 160–164; V, §§8–9, 71; App. §67). So mag es auch nicht überraschen, daß Pareto bereits eine klare Konzeption dessen besaß, was wir uns später «Produktdifferenzierung» zu nennen gewöhnt haben, und in seine generelle Gleichgewichtsanalyse integriert hat (ebd. App. §76).[12] Es muß deshalb befremden, daß man gemeinhin in der wirtschaftstheoretischen Literatur keinen Hinweis findet auf «die Tatsache, daß der wesentliche Gehalt der Theorien des monopolistischen Wettbewerbs in der Paretianischen Analyse bereits vorhanden ist» (Triffin 1956, 53 f.).[13] Freilich wußte er, daß er auf diesem Weg nur die ersten Schritte getan hatte, so daß «hier noch enorm viel zu tun übrig bleibt» (ebd. App. §130). Auch verschmolz er im Gegensatz zu Marshall, der den Monopolisten noch von der übrigen Volkswirtschaft isoliert hatte, die Monopoltheorie mit der allgemeinen Theorie (ebd. §141).

3. Die Paretianische Gleichförmigkeit

Wenn aber von Paretos Verdiensten gesprochen wird, so wird man nicht vergessen dürfen, vor allem auch seine «Kurve der Einkommensverteilung» sive Gesetz der Einkommenspyramide (1896)[14] hervorzuheben. Er legt dar, daß das Einkommen erstens abhänge von der Natur der Menschen, zweitens von der gesellschaftswirtschaftlichen Ordnung, dem System, in dem sie sich jeweils bewegen, und drittens schließlich von einer Reihe von Faktoren, denen wir aus Unkenntnis den Namen «Zufall» geben können. Aufgrund umfassender statistischer Untersuchungen, auf die er immer wieder zurückgriff und die er zu erweitern trachtete, also aufgrund dessen, was man heutzutage in der Soziologie eine «Sekundäranalyse» nennt, kommt Pareto zu dem Schluß, daß die Einkommensverteilung gesetzmäßig im Sinne einer bestimmten Kurve bzw. stets in Form einer Pyramide erfolge. Die Gestalt dieser Kurve bzw. die logisch-erfahrungsmäßige Gleichförmigkeit («Gesetzmäßigkeit») der Einkommensverteilung hänge, wie Pareto konstatiert, weder etwa bloß vom Zufall noch von den verschiedenen wirtschaftlichen und generell gesellschaftlichen Verhältnissen, also der jeweiligen Gesellschaftsordnung ab, wobei die sehr vorsichtige Formulierung auffällt (1896/97, II, §960). Daher müsse in der Natur der Menschen selbst der hervorragende Grund für die sich aus den statistischen Erhebungen und historischen Überlieferungen ergebende Gleichförmigkeit der jeweiligen Einkommensverteilung, die durchgängig die Gestalt einer Pyramide aufweise, gesucht werden. Es bedarf keiner Erwähnung, daß bis auf diesen Tag diese Theorie immer wieder auf heftigen Widerspruch gestoßen ist, und auch versucht wurde, sie zu widerlegen.

Der knappe gesetzmäßige Ausdruck, den Pareto für diese mit seinem Namen verknüpfte «Gleichförmigkeit» gefunden hat, beruht indes auf einer solchen Fülle von empirischem Material, daß man behauptet hat, es gäbe kein zweites Wirtschaftsgesetz, das auf einem so umfangreichen Erfahrungsmaterial aufgebaut sei. Wenn man mit X ein bestimmtes Einkommen, mit N die Anzahl der Einkommensbezieher, die ein höheres Einkommen als X beziehen, und mit A und α von Fall zu Fall zu bestimmende Parameter bezeichnet, so kann man diese Paretianische Gleichförmigkeit folgendermaßen formulieren: $\log N = \log A - \alpha \log X$. Pareto, der dabei gewissermaßen individuellen Modifikationen Rechnung trägt, schließt aus dieser von ihm festgestellten Konstanz, daß eine Steigerung der niedrigsten Einkommen oder eine Verminderung der Ungleichheit der Einkommensverteilung generell getrennt oder in Verbindung miteinander nur erreicht werden können, wenn die Gesamtgröße der Einkommen rascher wächst als die Bevölkerung. Von der bezeichneten Verminderung der Einkommensungleichheit will Pareto nur sprechen, wenn die «Zahl der Unbemittelten im Verhältnis zur Gesamtzahl der Gesellschaftsmitglieder zurückgeht» (1896/97, II, § 964).

Auf die durch dieses «Gesetz» – das aus der Erfahrung stammt und nur durch die Erfahrung und nicht etwa durch einzelne «Ausnahmen» widerlegt werden kann – ausgelöste wissenschaftliche Kritik können wir hier im einzelnen nicht eingehen.[15] Andererseits hat man, wie es stets in solchen Fällen zu geschehen pflegt, ihm sogar die Originalität seiner Erkenntnis zu entreißen gesucht (vgl. Hagstroem 1925, 65–88). Wichtiger ist in unserem Zusammenhang, daß Pareto, der stets die fundamentale Einheit des sozialwissenschaftlichen Erkenntnisobjekts im Auge hat, sich Gedanken macht über die tieferen Ursachen dieses Phänomens, wie es bereits in der Einleitung seiner Analyse der sozialistischen Doktrinen zum Ausdruck kommt (1901/02 Introduction). Er erblickt hier nämlich nur den Sonderfall eines allgemeinen «Gesetzes» der sozialen Pyramide, daß nämlich die Menschen, nach welcher Eigenschaft man sie immer anordne, stets eine Pyramide bildeten, so z. B. Studenten gemäß ihren Examensnoten (1906, VII, § 14).[16]

Die Gestalt der Pyramide, so meint er, hänge wahrscheinlich jeweils von der Verteilung der physiologischen und psychologischen Charaktere der Menschen ab. Die Tatsache, daß sich je nachdem, welches Merkmal man zugrunde lege, immer andere Gruppen von Menschen an der Spitze der betreffenden Pyramide befänden, habe zu endlosen Erklärungen geführt. Selbst er hat wohl nicht gewagt, dies der Öffentlichkeit mitzuteilen, sondern vertraute seinem engsten Freund an, daß sich dieselbe Gliederung ergäbe, wenn man die Menschen nach ihrer Befähigung, logisch zu denken und zu handeln, anordne. Freilich zögerte er auch nicht einzuräumen, daß die Menschen, wenn man sie nach dem Grad ihres politischen Einflusses und ihrer gesellschaftlichen Macht gliedere, in den meisten Fällen dieselben seien, die den Platz an der Spitze der Einkommenspyramide einnähmen. Er sah den Fortschritt der Nationalökonomie für die Zukunft jedenfalls abhängig von der Erforschung solcher, auf Empirie und Statistik beruhender «Gleichförmigkeiten», die sich entweder mit den bisherigen theoretischen Gesetzen als übereinstimmend erwiesen oder neue entdecken ließen.

Mit Fug und Recht können wir Pareto daher auch als den Begründer der Ökonometrie ansehen, weil «die Suche nach und die Interpretation von solchen Gesetzmäßigkeiten die Grundlage für einen völlig neuen Typ der Theorie» (J. Schumpeter) zu legen vermag – auch wenn wir wissen, daß sich die betreffenden Forscher selten dessen bewußt sind. Er hat sich damit nicht begnügt und seinen Namen ein weiteres Mal als den eines einzigartigen Pioniers in die Geschichte der Nationalökonomie eingetragen. Den Fall einer Vergesellschaftung der Produktionsmittel oder einer sozialistischen Wirtschaftsgesellschaft (société socialiste, capital collectif) hat Pareto nämlich in die wirtschaftstheoretische Analyse einbezogen und nachgewiesen, daß eine sozialistische Gesellschaft ihre Aufgaben theoretisch ebenso gut wie eine kapitalistische zu lösen befähigt sei (1896/97, II, §§ 714–724), vermittels derselben mathematischen Gleichungen; sein Vorbehalt gegen sie lag im gesellschaftlichen, nicht im wirtschaftlichen Bereich. Friedrich von Wieser (1851–1926) war ihm mit seinem Buch *Der natürliche Wert* (1889) darin nur umrißweise vorangegangen, von dem Pareto im übrigen kaum Kenntnis gehabt haben dürfte.

Auf dieser Grundlage konnte dann Enrico Barone (1859–1924) weiterbauen (vgl. 1908, vielfach übersetzt). Hiervon jedenfalls – und nicht etwa von der marxistischen Wirtschaftstheorie, die sich noch immer mit diesen Problemen sehr schwer tut – sind dann «moderne» sozialistische Theoretiker wie Oskar Lange und A. P. Lerner ausgegangen. Wiederum mutet es ihnen gegenüber freilich noch «moderner» an, wenn Pareto hervorhebt, daß zur Beurteilung einer sozialistischen Wirtschaftsordnung noch ganz andere als ökonomische Faktoren hinzutreten müßten. Dessenungeachtet muß aber festgehalten werden, daß er «mehr Anrecht als irgend ein anderer darauf besitzt, als der Urheber der modernen reinen Theorie einer sozialistischen Volkswirtschaft betrachtet zu werden» (Schumpeter 1954, 987). Andere Leistungen mögen daneben weniger ins Auge fallen, obschon auch sie erwähnt zu werden verdienen.

So hat man neuerdings im Zusammenhang mit der Wiederentdeckung der «langen Wellen» der Konjunktur, die einst von dem Russen N. D. Kondratieff in seinem gleichnamigen Buch (1928) in die wirtschaftstheoretische Diskussion eingeführt wurden, daran erinnert, daß Pareto auch hierin vorangegangen war (1896/97, II, §§ 925–949; vgl. 1906, IX, §§ 1 ff.; 1916, §§ 1558–1563; § 1723). Das entscheidende Moment ist hierbei wiederum, daß Pareto richtig den Zusammenhang des dynamischen Prozesses der ökonomischen Phänomene mit den «anderen sozialen Phänomenen» gesehen hat. In seinem Buch *Konjunkturzyklen* (1939; dt. 2 Bde. 1961) nahm Schumpeter selbst eine Haltung ein, die er gern an anderen tadelte, nämlich «weniger als großzügig». Denn dort, wo er Pareto sehr viel verdankt, erwähnt er ihn nur dreimal und spricht davon, Pareto habe in bezug auf Konjunkturwellen «von einer Verfolgungskurve» gesprochen, auch wenn er ihn gegen ungerechtfertigte Angriffe anderer Autoren in Schutz nimmt.[17] Auch hat Pareto lange vor J. M. Keynes und seiner Schule mit Nachdruck die weitreichende Unabhängigkeit des Sparens von der Zinsrate hervorgehoben und darauf zwei soziologische Typen aufgebaut, unterschiedlich beherrscht von den Gefühlsstrukturen des «Instinkts der Kombinationen» oder der «Beharrlichkeit der Aggregate», die auch für die Konjunkturtheorie große Bedeutung besitzen (vgl. 1906, VIII, §§ 9–21; VII, § 10; 1916, §§ 2187, 2228, 2232, 2234, 2254, 2306–2319). In diesem Zusammenhang muß auch seine scharfsinnige Kritik der Quantitätstheorie erwähnt werden (1896/97, I, §§ 290–332).

III. Die Rezeption Paretos

Überblickt man seine Leistungen, so ist Pareto trotz aller Bemühungen, seine Verdienste hintanzuhalten oder gar zu übergehen, in aller Stille unaufhaltsam zu einem Klassiker der Sozialwissenschaften geworden. Wie er äußerlich zunehmend mehr dem Philosophenkaiser Marc Aurel glich, so teilte er auch dessen Lebensmaximen: «Ausdauer, Bedürfnislosigkeit und Selbstzugreifen, Meiden der Vielgeschäftigkeit und Unzugänglichkeit gegenüber Verleumdung» (Med. I, 5). Diese stoische Haltung machte Pareto unabhängig; er verwirklichte sie in harter Arbeit, im ungeheuren Fleiß, den er auf seine Forschung wandte. Man muß lange in dem bescheidenen Pantheon der Wirtschafts- und Sozialwissenschaften Umschau halten, um eine Gestalt zu entdecken, die als Charakter und Persönlichkeit mit ihm einen Vergleich aushält.

Die vielen Beiträge Paretos, die meist übersehen werden – zur Finanzwissenschaft, zur Rententheorie oder zur Lehre von den Marktformen –, können hier nur kurz erwähnt werden (vgl. Eisermann 1961 und 1987). Auch ist die Frage nach Abhängigkeiten und Schülerschaften in bezug auf ihn nicht leicht zu beantworten.[18] Freilich haben die hervorragendsten italienischen Nationalökonomen von Luigi Amoroso, Alfonso de Pietri Tonelli und Giorgio Mortara, Enrico Barone, Guido Sensini bis zu Giovanni Demaria und Giorgio Palomba niemals gezögert, sich direkt oder indirekt zu dieser «Schülerschaft» zu bekennen; eine Reihe französischer Ökonomen wie Gaetan Pirou, der Nobelpreisträger Maurice Allais und dessen Schüler Boiteux, der Nobelpreisträger Debreu, Malinvaud, Lesourne, Nataf, Verhulst und der Belgier Tommissen müssen ebenfalls hinzugerechnet werden. Aber es bedarf eines um Objektivität bemühten Organs wie der *International Encyclopaedia of the Social Sciences* (Vol. XI [1968] 407; vgl. Chipman), um bestätigt zu erhalten, daß im angelsächsischen Sprachraum offenkundig auch Hotelling, Oskar Lange, Lerner, Paul Samuelson und T. Koopmans, beides Nobelpreisträger, Dorfman «und andere» unter dem Einfluß von Pareto stehen und daß sie allesamt «durch sein Werk beeinflußt worden sind», «obwohl kein englischsprechender Ökonom Pareto als seinen Lehrer anerkennt» – ausgenommen J. R. Hicks und Jan Tinbergen.[19] Im deutschen Sprachraum wären hier vor allem der unvergessene Otto Weinberger, Erich Schneider und neuerdings Jürgen Backhaus zu erwähnen. Auch sollte nicht versäumt werden, auf Vincent Tarascio, den Japaner Atushige Matushima und seinen Landsmann Miyoji Hayakawa hinzuweisen. Ohne die Verdienste dieser und anderer, nicht erwähnter Ökonomen schmälern zu wollen, muß doch konstatiert werden, daß insbesondere in Deutschland Pareto noch immer weithin ein Unbekannter, der Schatz seiner Einsichten und seines Scharfsinns noch immer weithin ungehoben ist.

Klaus Hinrich Hennings

EUGEN VON BÖHM-BAWERK
(1851–1914)

I. Kapital, Zins und Soziale Frage

Die zweite Hälfte des 19. Jahrhunderts war eine Zeit des beschleunigten Wandels. Durch die Industrialisierung veränderten oder verschlechterten sich die Arbeitsbedingungen; zwar hatte sie die Produktion erhöht, doch waren die Einkommen oft ungerecht verteilt. Schon um die Mitte des Jahrhunderts hatte J. H. von Thünen (1850) die Frage nach dem «gerechten» Lohn gestellt, und nicht nur Sozialisten fragten nach der Berechtigung und der Höhe der Unternehmergewinne und Kapitaleinkommen (v. Mangoldt 1855). Die überkommene klassische Theorie bot keine Basis mehr für eine befriedigende Antwort auf solche Fragen. Dies war ein wesentlicher Impuls für die Entwicklung neuer theoretischer Ansätze im letzten Drittel des 19. Jahrhunderts. Innerhalb kurzer Zeit wurde die im bewußten Gegensatz zur klassischen Theorie stehende und dennoch später «neoklassisch» genannte Theorie zum dominierenden theoretischen Paradigma der Nationalökonomie – dies vor allem in der österreichischen Variante, die von Carl Menger geschaffen worden war.

Böhm-Bawerks Name ist eng verknüpft mit einer besonderen Weiterentwicklung, der sogenannten österreichischen Kapitaltheorie. Sie beinhaltet wesentlich mehr als der Name nahelegt. Böhm-Bawerk versuchte, die Bestimmung der Lohnhöhe, die Höhe des Unternehmergewinnes und des Kapitalertrages in einer einheitlichen Theorie zu erklären, in der der Gebrauch von Kapitalgütern eine wesentliche Rolle spielte. Sie war ein genialer Wurf, aber so heftig umstritten, daß sie nicht Bestandteil der allgemein akzeptierten neoklassischen Theorie wurde. Nichtsdestoweniger ist die Sichtweise wirtschaftlicher Phänomene, die ihr zugrunde liegt, die heute allgemein anerkannte Basis der Zins- und Kapitaltheorie geworden. Schärfer als die meisten Ökonomen vor ihm erkannte Böhm-Bawerk die Bedeutung des Zeitablaufs für wirtschaftliches Verhalten und für die sich daraus ergebenden Zusammenhänge zwischen Lohnhöhe, Kapitalgüter benutzender Produktion und Kapitalertrag und rückte sie in den Mittelpunkt seiner Betrachtungen. Die Form, in der er dies tat, war und ist kontrovers. Daß er es tat, macht seine Bedeutung aus.

II. Leben

Böhm-Bawerks Leben fällt in die Periode der letzten Blüte des Habsburgerreiches zwischen dem Fast-Zusammenbruch in den revolutionären Wirren des Jahres 1848 und dem endgültigen Zerfall im Ersten Weltkrieg. Er gab einige seiner besten Jahre an den Versuch, als Finanzminister das drohende Unheil abzuwenden. Sein wissenschaftliches Werk war Teil jener ungewöhnlichen Blüte der Künste und Wissenschaften, die den Wiener Jugendstil, die Psychoanalyse Freuds, Machs Positivismus, den Austro-Marxismus und nicht zuletzt die Wiener Schule der Nationalökonomie hervorbrachte. Durch Geburt und Erziehung gehörte Böhm-Bawerk einer Schicht an, der er sich sein Leben lang verbunden und verpflichtet fühlte, der liberalen «staatserhaltenden» deutschsprachigen Österreicher, die seit jeher die Mehrzahl aller Beamten und Akademiker des Habsburgerreiches stellten. Das Ethos dieser Schicht prägte gleichzeitig ihn und sein Werk.

Eugen Böhm Ritter von Bawerk[1] wurde am 12. Februar 1851 in Brünn, dem heutigen Brno, in Mähren geboren.[2] Sein Vater Johann Carl Böhm (1798–1857) war, wie viele seiner Vorfahren, Beamter geworden. Aus einfachen Anfängen hatte er es in der österreichischen Zentralverwaltung bis zum mährischen Statthalterei-Vicepräsidenten und k.k. Hofrat gebracht, also dem Leiter der Verwaltung einer der wichtigsten Provinzen des Kaiserreichs, und war 1854 für seine Tüchtigkeit, seine Tatkraft und seine staatserhaltende Gesinnung in revolutionären Zeiten in den Ritterstand erhoben worden. Nach seinem frühen Tod zog die Witwe nach Wien, um den Kindern – Eugen war der jüngste von drei Söhnen – eine bessere Ausbildung zu ermöglichen. Dort besuchte Böhm-Bawerk das renommierte Schottengymnasium und wurde im Geiste des liberalen, staatserhaltenden Ethos der gehobenen Mittelschicht erzogen. Zu seinen engsten Klassenkameraden gehörte Friedrich Freiherr von Wieser, wie Böhm Sohn eines hohen Beamten, der für seine Verdienste geadelt worden war. Den Wunsch, theoretische Physik zu studieren, mußte er sich aus finanziellen Rücksichten versagen. So studierte er zusammen mit Wieser an der Wiener Universität Rechts- und Staatswissenschaften, die übliche Vorbereitung für die Beamtenlaufbahn. Beide traten danach in den österreichischen Finanzdienst ein, der nur den besten Absolventen eines jeden Jahrganges offenstand. 1875 unterzogen sich Böhm-Bawerk und Wieser den für den Doktorgrad nötigen Prüfungen und bewarben sich unmittelbar danach um eines der Stipendien für ein Auslandsstudium, die die österreichische Regierung neu geschaffen hatte, um einheimischen Nachwuchs für die österreichischen Universitäten heranzuziehen. Vermutlich angeregt von den Vorlesungen A. E. F. Schäffles, eines brillanten jüngeren Wissenschaftlers voll neuer Ideen, der von 1868 bis 1872 an der Wiener Universität gelehrt hatte, entschieden sie sich für Po-

Eugen von Böhm-Bawerk (1851–1914)

litische Ökonomie. Auf Empfehlung Carl Mengers, Schäffles Nachfolger, erhielten sie das Stipendium und studierten ein Jahr lang bei Karl Knies in Heidelberg sowie je ein Semester in Leipzig und Jena.

Nach Wien in den Finanzdienst zurückgekehrt, wurde Böhm-Bawerk 1878 ins Finanzministerium versetzt. Man sagte ihm eine steile Karriere voraus, doch Böhm-Bawerk habilitierte sich Anfang 1880 an der Wiener Universität, wurde nur wenig später mit der Vertretung der gerade freigewordenen Lehrkanzel der Nationalökonomie an der Innsbrucker Universität betraut und verließ daraufhin das Finanzministerium.

In Innsbruck, einer kleinen Provinzuniversität, an der er das gesamte Gebiet der Nationalökonomie zu vertreten hatte, verbrachte Böhm-Bawerk die wissenschaftlich fruchtbarsten Jahre seines Lebens. 1881 veröffentlichte er eine Umarbeitung seiner Habilitationsschrift (*Rechte und Verhältnisse vom Standpunkt der volkswirtschaftlichen Güterlehre*, geschrieben 1876), 1884 den ersten Band seines Hauptwerkes *Kapital und Kapitalzins;* 1886 folgte eine Monographie über die *Grundzüge der Theorie des wirthschaftlichen Güterwertes* und 1889 der zweite Band seines Hauptwerkes. Diese Arbeiten etablierten den jungen Gelehrten als erstklassigen Theoretiker und einen der hervorragendsten Vertreter der Gruppe um Carl Menger, die gerade zu jener Zeit die Aufmerksamkeit der Fachwelt auf sich zog. In den Jahren 1883–84 trug Menger seinen vielbeachteten Methodenstreit mit Schmoller aus; fast gleichzeitig erschienen die ersten Schriften von Wieser und Emil Sax (1845–1927), einem weiteren Schüler Schäffles. Diesen Schriften wurde um so mehr Beachtung geschenkt, als Mengers *Grundsätze der Volkswirthschaftslehre* (1871) nur in kleiner Auflage gedruckt worden waren und Menger sich Zeit seines Lebens gegen eine weitere Auflage sperrte.

Böhm-Bawerk war 1881 zum außerordentlichen Professor ernannt worden und 1884, nach einem Ruf an die Prager Universität, zum ordentlichen Professor. 1889 gab man ihm zu verstehen, daß seine Berufung an die Wiener Universität als Nachfolger Lujo von Brentanos und damit Kollege Mengers so gut wie sicher sei. Doch wiederum nahm seine Karriere eine überraschende Wendung. Der damalige Finanzminister Julian von Dunajewski, ein einflußreicher Politiker und Fachgenosse (er lehrte Nationalökonomie an der Krakauer Universität) holte Böhm-Bawerk ins Finanzministerium zurück und betraute ihn mit der lange überfälligen Reform des Systems der direkten Besteuerung. Er erledigte diese Aufgabe in so glänzender Weise, daß er schon 1891 zum Sektionschef aufstieg, im folgenden Jahr als Vicepräsident mit der Leitung der Regierungskommission betraut wurde, die Österreichs Übergang zur Goldwährung vorbereiten sollte, und 1893 die Leitung des Ministeriums in einem vorübergehenden Beamtenkabinett übernahm. Als dieses einem neugebildeten politischen Kabinett Platz machte, wurde Böhm-Bawerk zum Geheimrat und Präsidenten eines der drei Senate des österreichischen Verwaltungsgerichtshofs ernannt. 1896–97 war er nochmals Finanzminister in einem Beamtenkabinett und kehrte danach zum Verwaltungsgerichtshof zurück. Als 1900 ein sogenanntes «unpolitisches» Kabinett gebildet wurde, übernahm Böhm-Bawerk abermals das Finanzministerium. Diesmal dauerte seine Amtszeit vier Jahre. In diesem Kabinett, das den immer mehr um sich greifenden Nationalitätenkonflikt in der österreichisch-ungarischen Monarchie durch ein großzügiges Investitionsprogramm in den bisher vernachlässigten Teilen des Reiches zu bekämpfen suchte, wurde er schnell zur dominierenden Figur. Selbst politische Gegner respektierten seine wirtschaftspolitischen Erfolge. Wenn er im Parlament sprach, unterblieb die sonst übliche lautstarke Obstruktion. Doch auch er konnte nicht verhindern, daß, wie er einmal sagte, «die Finanzen zum Prügelknaben der Politik» gemacht wurden (Schumpeter 1925, 79). Als das Parlament gegen seinen Rat die Militärausgaben erhöhte, sah er die finanzielle Stabilität seiner Politik gefährdet, trat zurück – und brachte damit das ganze Kabinett zu Fall.

Sein Rücktritt bewirkte eine erneute Wendung in seiner Karriere. Obwohl ihm einige der lukrativsten Positionen angeboten wurden, die der österreichische Staat zu vergeben hatte, zog er es vor, nach fünfzehnjähriger Tätigkeit als Staatsdiener zur Wissenschaft zurückzukehren. Schon seit 1891 war er Honorarprofessor der Wiener Universität; nun wurde ein persönlicher Lehrstuhl für ihn geschaffen. Menger hatte sich 1902 pensionieren lassen. Sein Nachfolger war Friedrich von Wieser, der 1880, als Böhm-Bawerk Paula von Wieser heiratete, sein Schwager geworden war. Den Lehrstuhl Lorenz von Steins hatte Eugen von Philippovich (1858–1917) inne, ein Schüler Mengers und Verfasser des damals meistbenutzten deutschsprachigen Lehrbuchs der Nationalökonomie (*Grundriß der Politischen Ökonomie*, 1893–1899). Auch in diesem Kreise spielte Böhm-Bawerk bald die erste Geige. Sein Seminar zog die besten Ökonomen der jüngeren Generation an: Joseph Schumpeter (1883–1950), Ludwig von Mises (1881–1973), Emil Lederer (1882–1939) und Richard von Strigl (1891–1944) sind ebenso aus seinem Seminar hervorgegangen wie Rudolf Hilferding (1877–1943) und Otto Bauer (1881–1938).

In den Jahren seiner öffentlichen Tätigkeit hatte Böhm-Bawerk die wissenschaftliche Arbeit zwar nicht aufgegeben, er fand jedoch immer weniger Zeit dafür. Das änderte sich nun nicht grundlegend, denn er war jetzt ‹elder statesman› mit vielen Verpflichtungen. Seit 1899 Mitglied des Herrenhauses des österreichischen Parlaments, wurde er immer wieder mit öffentlichen Aufgaben betraut. Auch im akademischen Bereich wurde er bald zum ‹elder statesman›. Seit 1902 Mitglied der österreichischen Akademie der Wissenschaften, wurde er 1907 ihr Vicepräsident und 1911 ihr Präsident. So konnte er sich «der drückenden Last seines öffentlichen Amtes» (Wieser in Böhm-Bawerk 1921, III, V.) auch nach 1904 kaum entziehen.

In seiner wissenschaftlichen Arbeit knüpfte Böhm-Bawerk in Wien an das an, was ihn schon in Innsbruck und den Jahren seiner öffentlichen Tätigkeit beschäftigt hatte. Die erste Auflage von *Kapital und Kapitalzins* hatte Böhm-Bawerk nur in größter Eile fertigstellen können. Eine unveränderte zweite Auflage war 1900 und 1902 erschienen. Nun entstand eine dritte Auflage (1909–1914), die er durch «Exkurse» so sehr erweiterte, daß ein weiterer Band entstand.[3] Wer jedoch eine Neufassung der Theorie erwartet hatte, die den Einwänden der Kritik standhielt, sah sich getäuscht. Es ist oft argumentiert worden, daß Böhm-Bawerk nicht mehr die Kraft hatte, die zu einem solchen Unterfangen notwendig gewesen wäre. Er fühlte sich sicherlich älter, als er an Jahren zählte, aber er hatte durchaus die Kraft zu neuen Ansätzen. Noch im Jahr seines Todes erschien eine vielbeachtete Auseinandersetzung über die Rolle, die «Macht und ökonomisches Gesetz» im Marktgeschehen spielen.[4] So ist wohl anzunehmen, daß Böhm-Bawerk eher die Notwendigkeit der Klarstellung als der Neufassung sah. Das brachte ihm zwar den Ruf eines «literarischen Raufboldes» ein, entsprach aber seinem Ethos. Er sah es als seine Pflicht an, jeden Einwand zu prüfen, und jedem Kritiker in klaren, wenn auch höflichen Worten nachzuweisen, an welchem Punkt genau er in die Irre gegangen war. Er fühlte sich der Öffentlichkeit und der Professionalität der Wissenschaft verpflichtet, um so mehr, als die in Deutschland noch dominierende Historische Schule immer wieder die Beliebigkeit theoretischer Aussagen betonte. Darüber hinaus war Böhm-Bawerk juristischen Denkkategorien verhaftet und fand es schwierig, anders als monokausal und in eindeutig geschiedenen «Fällen» zu denken. Der Gedanke der gegenseitigen Abhängigkeit war ihm ebenso suspekt wie Einteilungen, die ineinander übergehen. Das machte es ihm oft schwer, den Sinn hinter den Buchstaben zu erkennen und damit Autoren, die sich anderer Kategorien bedienten als er, Gerechtigkeit widerfahren zu lassen. So war er manchmal überkritisch, was dazu führte, daß auch sein eigenes, keineswegs perfektes Werk teilweise äußerst kritisch beurteilt wurde.

Böhm-Bawerk starb am 27. August 1914 in Rattenberg-Kramsach in Tirol auf dem Wege zu einem internationalen Kongreß in der Schweiz, an dem er als offizieller Beauftragter seines Landes hätte teilnehmen sollen.

III. Werk

1. Die Problemstellung

Der Kern der theoretischen Bemühungen Böhm-Bawerks war der Versuch, auf der Basis der österreichischen Werttheorie eine Theorie zu entwickeln, mit der das Problem der Einkommensverteilung und die Behauptungen der Sozialisten, also die sogenannte soziale Frage, theoretisch diskutiert werden konnten. Bei der Diskussion des Kapitaleinkommens unterscheidet Böhm-Bawerk zwischen dem theoretischen und dem sozialpolitischen Zinsproblem: «Während das theoretische Problem fragt, warum der Kapitalzins da ist, fragt das sozialpolitische Zinsproblem, ob der Kapitalzins da sein *soll*; ob er gerecht, billig, nützlich, gut und ob er darum beizubehalten, umzugestalten oder aufzuheben ist. Während das theoretische Problem sich ausschließlich für die Ursachen des Kapitalzinses interessiert, interessiert sich das sozialpolitische hauptsächlich für seine Wirkungen. Während das theoretische Problem sich nur um die Wahrheit kümmert, achtet das sozialpolitische Problem vor allem auf die Zweckmäßigkeit» (1921 I, 2).

Mit diesem Programm nahm Böhm-Bawerk Überlegungen von Schäffle auf, der immer wieder auf die Notwendigkeit einer theoretischen Diskussion sozialistischer Behauptungen hingewiesen hatte. So war Böhm-Bawerk, sieht man von seinen Lehrern Schäffle (1870) und Knies (1873–79) ab, einer der ersten professionellen Ökonomen, die sich mit der ökonomischen Gedankenwelt von Lassalle und Marx auseinandersetzten.[5] Niemand hat versucht, ihr eine so geschlossene Theorie entgegenzusetzen wie Böhm-Bawerk. Insofern kann man (mit Schumpeter 1954, 846) Böhm-Bawerk durchaus als einen «bürgerlichen Marx» bezeichnen, obwohl diese Einschätzung keineswegs allen Aspekten seines Werkes gerecht wird.

Von diesem Ausgangspunkt her konzentrierte sich Böhm-Bawerk auf die Erklärung des Kapitalertrags und bestand darauf, daß diese Erklärung auf der Basis einer einheitlichen Werttheorie zu erfolgen habe. Das stellte ihn vor eine schwierige Aufgabe: Einerseits hing der Kapitalertrag offensichtlich mit der Tatsache zusammen, daß in der Produktion Kapitalgüter benutzt wurden, andererseits gab es einen Kapitalertrag aus der Vermietung dauerhafter Güter, seien es nun Kapitalgüter oder Konsumgüter. Schließlich gab es auch noch einen Kapitalertrag aus Darlehen, die nichts mit der Produktion oder mit dauerhaften Gütern zu tun hatten.

2. *Intertemporales Konsumentenverhalten*

Seinem Grundansatz entsprechend argumentierte Böhm-Bawerk, daß der Kapitalertrag in allen drei Fällen auf eine Bewertung zurückgeht, die Rücksicht nimmt auf die Verfügbarkeit von Gütern zu verschiedenen Zeitpunkten. Schon in seiner Schrift über *Rechte und Verhältnisse vom Standpunkte der volkswirthschaftlichen Güterlehre* (1881) hatte Böhm-Bawerk gezeigt, daß dauerhafte Güter anhand des Gegenwartswertes der Nutzleistungen bewertet werden, die sie im Laufe der Zeit abgeben, gegebenenfalls korrigiert um die Wahrscheinlichkeit, mit der diese eintreten. In *Kapital und Kapitalzins* präzisierte Böhm-Bawerk diesen Gedanken dahingehend, daß Gütern, die erst in der Zukunft verfügbar sind, ein um so geringerer Wert beigemessen wird, desto weiter entfernt diese Zukunft ist. Aus der Verschiedenheit der Bewertung von Gütern, die in der Gegenwart, und solchen, die in der Zukunft verfügbar sind, entsteht ein «Agio», auf dem der Kapitalertrag bzw. der Kapitalertrags- oder Zinssatz beruht. Da der Kapitalzins in der Regel positiv ist, mußte Böhm-Bawerk zeigen, daß Güter, die in der Gegenwart verfügbar sind, in der Regel höher bewertet werden als Güter, die erst in der Zukunft verfügbar sind. Er tat dies, indem er durch vielfältige Beispiele zu belegen suchte, daß es zwei Gründe dafür gäbe.

Einen ersten Grund sah Böhm-Bawerk «in der Verschiedenheit des Verhältnisses von Bedarf und Deckung in den verschiedenen Zeiträumen», ... «insbesondere ... erstens in allen Fällen momentaner Bedrängnis und Notlagen, und zweitens bei Personen, die mit Zuversicht einem wirtschaftlich aufsteigenden Lebenslauf entgegensehen» (1921 II, 328). Damit meinte er, daß der augenblickliche Bedarf – wegen aktueller Notlagen oder in der Erwartung eines höheren zukünftigen Einkommens – dringlicher als der zukünftige erscheint. Den zweiten Grund formulierte er so: «Wir unterschätzen systematisch unsere künftigen Bedürfnisse und die Mittel, die zu ihrer Befriedigung dienen» (1921 II, 332). Während die erste Ursache ein durchaus rationales Verhalten beschreibt, stellt die zweite eine Mischung aus rationalem und irrationalem Verhalten dar. Zur Begründung führte Böhm-Bawerk an, daß die Vorstellung der zukünftigen Bedürfnisse selten vollständig sei, daß viele Menschen willensschwach seien und oft auch «die Rücksicht auf die Kürze und Unsicherheit unseres Lebens» (1921 II, 334) eine Rolle spiele.

Der Unterschied zwischen diesen beiden Gründen ist der, daß der erste auf das Einkommen abhebt, der zweite hauptsächlich auf die Bedürfnisse, also den anderen der beiden Bestimmungsgründe der subjektiven Wertschätzung eines Gutes, die die von Carl Menger entwickelte und von Böhm-Bawerk übernommene österreichische Wertlehre (ebenso wie die moderne mikroökonomische Theorie) in den Mittelpunkt ihrer Analyse stellen. Wirken sie zusammen, so führen sie in der Tat dazu, daß ein Gut um so geringer geschätzt wird, desto später in der Zukunft es verfügbar wird. Allerdings gibt es Ausnahmen, wie Böhm-Bawerk durchaus zugab. Es handelt sich bei den angeführten zwei Gründen also um empirische Aussagen, von denen Böhm-Bawerk behauptete, daß sie zwar nicht immer, aber in der Regel zuträfen. Darüber hinaus läßt sich zeigen, daß sie in einer (Tausch-)Wirtschaft, die aus mehr als zwei Personen besteht, nicht für alle Tauschpartner gelten müssen. Es genügt, daß die meisten, und insbesondere diejenigen mit den größeren Einkommen, so handeln, wie Böhm-Bawerk annahm. Das haben die Kritiker Böhm-Bawerks nicht immer gesehen, die seine Theorie schon durch den Hinweis auf solche Ausnahmen widerlegt glaubten. Denn es ist eine Stärke dieser Theorie, daß sie die Entwicklung des Zinssatzes erklären kann, wenn Böhm-Bawerks empirische Annahmen zutreffen, und auch, wenn sie nicht zutreffen. Die empirischen Annahmen sind nur nötig, um zu zeigen, daß der Zinssatz positiv ist. Liegen sie nicht vor, gibt es keinen positiven Zinssatz. Allerdings werde die Möglichkeit, Güter und insbesondere Geld zu lagern, dafür sorgen, daß der Zinssatz nie negativ sein wird, was richtig ist, wenn man von eventuellen Lagerkosten absieht.

3. Intertemporales Produzentenverhalten

Diese Erklärung der Existenz und der Höhe des Kapitalertrags- oder Zinssatzes gilt allerdings nur für eine Tauschwirtschaft, in der ausschließlich Konsumenten (d. h. Endverbraucher) Güter bewerten und miteinander tauschen. Denn nach der von Böhm-Bawerk vertretenen Version der Mengerschen Wertlehre können nur Konsumenten Güter direkt schätzen. Produzenten hingegen schätzen Kapitalgüter indirekt. Diese Schwierigkeit seiner Theorie formulierte Böhm-Bawerk folgendermaßen: «Ich halte es ... für einen vollkommen richtigen Gedanken, daß der Zins seine letzte Wurzel in einer verschiedenen Schätzung gegenwärtiger und künftiger Güter hat; ich halte es ferner für vollkommen richtig, daß an dieser verschiedenen Schätzung ... Gründe rein psychologischer Natur ... einen sehr wesentlichen Anteil nehmen; aber ich halte es für ebenso zweifellos, daß diese Gründe die Erklärung der tatsächlichen Zinsphänomene nicht erschöpfen können ... Die Erfahrungstatsachen lassen nämlich keinen Zweifel darüber, daß auf den Gang und Stand des Zinsfußes nicht bloß die rein psychologischen Rücksichten auf die Kürze und Unsicherheit unseres Lebens und unserer Genußfähigkeit und auf die größeren Lockreize des Augenblicks, sondern daß auch Tatsachen der Produktionstechnik hier ihren Einfluß üben: diejenigen Tatsachen und Erfahrungen, welche eine ... bekannte theoretische Richtung auf die Idee einer selbständigen ‹Produktivität des Kapitales› geführt haben. Die Schwierigkeit – und zwar, wie ich glaube, zugleich die größte und die pikanteste Schwierigkeit des ganzen Zinsproblems – ist nun darzulegen, in welcher Weise und durch welche Mittelglieder hindurch jene heterogenen, teils objektiv technischen, teils höchst subjektiv psychologischen Teilursachen ineinander und zum Schlußergebnis unseres erfahrungsmäßigen einheitlichen Kapitalzinses wirken» (1921, I, 301 f.).

Böhm-Bawerk brauchte also einen weiteren «Grund», der dafür sorgt, daß Produzenten sich der (unbestrittenen) Produktivität des Kapitals wegen genau so verhalten, wie Konsumenten dies aufgrund der beiden oben diskutierten «Gründe» tun. Man beachte: Es geht nicht um die Produktivität des Kapitals oder, wie Böhm-Bawerk formulierte, die «größere technische Ergiebigkeit der zeitraubenden Produktionsumwege», sondern um die darauf basierende Bewertung von Gütern durch Produzenten: «Ich bemühe mich darzulegen, daß die Tatsachen der Produktionstechnik, die ich unter den Gesichtspunkt einer größeren technischen Ergiebigkeit der zeitraubenden Produktionsumwege bringe, selbst einen Teilgrund dafür abgeben, daß gegenwärtige Güter, deren Besitz uns das Einschlagen jener ergiebigen zeitraubenden Umwege gestattet, höher geschätzt werden als künftige. Nach dieser Auffassung wirken die produktionstechnischen und die psychologischen Tatsachen schon zu allem Anfang koordiniert, indem sie ihre Wirksamkeit zunächst zu dem gemeinsamen Ergebnisse vereinigen, daß gegenwärtige Güter höher geschätzt werden als künftige: dieses Ergebnis steht dann allein als erklärendes Zwischenglied zwischen den Teilursachen, die es selbst hervorbringen, und dem Kapitalzins, der aus ihm als weitere Folge hervorgeht» (1921 I, 302). Die Kapitalproduktivität ist also nur ein mittelbarer Grund; der eigentliche Grund ist für Böhm-Bawerk das Verhalten der Produzenten.

Folgerichtig formulierte Böhm-Bawerk eine Theorie des Produzentenverhaltens. Dabei griff er auf die klassische Vorstellung zurück, die in der Produktion einen zeitraubenden, durch Kapitalgüter ermöglichten Prozeß gesehen hatte. So hatte Quesnay auf die Notwendigkeit von «avances» (Vorschüssen) für die landwirtschaftliche Produktion – der Prototyp einer zeitraubenden Produktion – hingewiesen. Derselbe Gedanke findet sich bei Adam Smith und bei Ricardo – bei letzterem charakteristischerweise als Modifikation einer nur auf dem Produktionsfaktor Arbeit basierenden Werttheorie. Longfield (1834) und Rae (1834) hatten diesen Gedanken weiter ausgebaut, doch waren ihre Schriften unbeachtet geblieben.[6] Senior (1836) und endlich Jevons (1871) hatten ihn in ihren vielbeachteten Schriften diskutiert. So war, was Böhm-Bawerk als Produktionstheorie anbot, keineswegs neu, aber sehr viel stringenter formuliert. Böhm-Bawerk zeigte zunächst, daß in dieser Sichtweise alle Kapitalgüter Zwischenprodukte sind. Sie werden ja nicht um ihrer selbst willen produziert, sondern nur, um die Produktion von Konsumgütern zu erleichtern oder überhaupt erst möglich zu machen. Sie sind Produkte, in die einerseits die Leistungen der originären Produktionsfaktoren Arbeit und Boden schon eingegangen sind, und die andererseits «unfertige» Konsumgüter darstellen, weil sie helfen, in der Zukunft solche Konsumgüter herzustellen. Kapitalgüter sind insofern Indikatoren eines Umweges in der Produktion.

Ein Teil der in einer Periode zur Verfügung stehenden Ressourcen wird nicht direkt zur Produktion von Konsumgütern verwendet, sondern in der Form von Kapitalgütern gebunden, weil auf diese Art die Ergiebigkeit des Produktionsprozesses gesteigert werden kann. Eine solche «Umwegproduktion» ist notwendig zeitraubend. Longfield und Rae, Senior und Jevons hatten argumentiert, daß die Produktivität eines Produktionsprozesses um so mehr steigt, je mehr Kapitalgüter benutzt werden. Böhm-Bawerk präzisierte diesen Gedanken, indem er ihn auf «klug gewählte» (in moderner Terminologie: effiziente) Produktionsprozesse beschränkte und in der Form einer Produktionsfunktion formulierte, in der das Produktionsergebnis je Periode und Produktionsfaktoreneinheit um so größer ist (wenn auch mit abnehmenden Ertragszuwächsen), je länger die «Produktionsperiode» ist. Die Produktionsperiode diente ihm also als Maß für die gesamtwirtschaftliche Kapitalintensität der Produktion. Bei der Definition der Produktionsperiode allerdings kam Böhm-Bawerk in Schwierigkeiten. Wenn Kapitalgüter ihrerseits mit Hilfe von Kapitalgütern hergestellt werden, reicht der Anfang des Produktionsprozesses, mit dem heute Konsumgüter hergestellt werden, bis in die graue Vorzeit zurück, und die Produktionsperiode ist immer unendlich groß. Folglich versuchte er, eine durchschnittliche Produktionsperiode zu definieren. Dabei mißachtete er allerdings, daß Produktionsprozesse, die sich dadurch unterscheiden, daß Arbeits- und Bodenleistung zu unterschiedlichen Zeitpunkten benötigt werden, durchaus dieselbe durchschnittliche Produktionsperiode haben können; auch kann sich die Rangfolge der nach seiner Definition errechneten durchschnittlichen Produktionsperioden sogar umkehren, wenn die Produktionsfaktoren nicht in einem festen Verhältnis zueinander stehen und es infolgedessen notwendig ist, sie zu ihren Preisen zu bewerten, um sie vergleichbar zu machen.

Diese Schwierigkeiten waren die Quelle endloser Debatten. Lassen wir sie hier beiseite und nehmen wir an, daß man eine eindeutige Definition der Produktionsperiode finden kann, die es erlaubt, eine Produktionsfunktion zu formulieren, wie Böhm-Bawerk sie sich vorstellte, in der eine längere Produktionsperiode mehr Konsumgüter je Periode und Produktionsfaktoreneinheit herzustellen ermöglicht. Dann ist die Tatsache, daß gesamtwirtschaftlich ein solches Produktionssystem existiert, für einen einzelnen Produzenten durchaus ein Grund, Konsumgüter, die erst in der Zukunft verfügbar sind, niedriger zu bewerten als solche, die heute verfügbar sind, und zwar um so niedriger, je später sie in der Zukunft verfügbar werden. Es gibt also einen technischen Grund, warum Produzenten sich so verhalten wie Konsumenten. Allerdings ist dieser «dritte» Grund nicht eine empirische Annahme wie die beiden ersten, sondern eine Schlußfolgerung aus einer Theorie der Produktion für das Verhalten von Produzenten. Insofern sind die Einwände gegen die Definition der Produktionsperiode, die in der nachfolgenden Diskussion keineswegs ausgeräumt wurden, ernst zu nehmen. Allerdings besagen diese Einwände nur, daß der von Böhm-Bawerk eingeschlagene Weg nicht immer gangbar ist; sie besagen nicht, daß er überhaupt nicht gangbar wäre.

Entsprechend kann man mit Böhm-Bawerk annehmen, daß Produzenten sich bei der Bewertung von Gütern, die zu unterschiedlichen Zeitpunkten verfügbar sind, genauso verhalten wie Konsumenten. Für eine Tauschwirtschaft mit Produktion, in der Konsumenten untereinander und mit Produzenten handeln, gelten dann dieselben Aussagen wie für eine reine Tauschwirtschaft, in der nur Konsumenten miteinander handeln. Alle drei Gründe zusammengenommen lassen die Schlußfolgerung zu, daß in einer Wirtschaft, in der mit zeitraubenden Produktionsmethoden produziert wird, notwendigerweise ein Kapitalzins existieren muß; die Bestimmungsgrößen des Zinssatzes liegen dann in den intertemporalen Präferenzen bzw. der «Zeitpräferenz» der Konsumenten einerseits und in der intertemporalen Produktionsstruktur andererseits. Böhm-Bawerk sah also im Kapitalzins nicht den Preis für irgendeinen Produktionsfaktor, wie dies immer wieder vorgeschlagen worden war; sei es als Preis für die Benutzung von Kapitalgütern, als Belohnung für die «Abstinenz» von möglichem Konsum beim Sparen, das erst die Existenz von Kapitalgütern möglich macht, oder als Preis für das «Warten» auf die noch nicht hergestellten oder «ausgereiften» Konsumgüter. Bei Böhm-Bawerk ist der Kapitalzins nichts weiter als der Unterschied zwischen dem Preis einer bestimmten Menge eines bestimmten Gutes zu verschiedenen Zeitpunkten, der sich immer dann einstellt, wenn Gegenwart und Zukunft unterschiedlich bewertet werden und die Produktion zeitraubend ist.

In den Rahmen dieser Überlegungen fügt sich die Diskussion des Kapitalertrages aus dauerhaften Gütern leicht ein. Der Kauf eines dauerhaften Gutes impliziert den Kauf der Nutzleistungen, die dieses Gut im Zeitablauf abzugeben vermag. Der Preis eines dauerhaften Gutes ist folglich der Gegenwartswert dieser Nutzleistungen, die um so niedriger bewertet werden, je später in der Zukunft sie anfallen. Wer ein solches Gut ausleiht, erzielt also einen Kapitalertrag, der wiederum auf der Unterschiedlichkeit der Bewertung von Nutzleistungen beruht, die in der Gegenwart verfügbar sind, im Verhältnis zu solchen, die in der Zukunft verfügbar sind. Insofern war Böhm-Bawerk durchaus berechtigt zu argumentieren, daß in allen Fällen der Kapitalertrag auf der Tatsache beruht, daß «gegenwärtige Güter höher geschätzt werden als zukünftige» (1921 I, 302).

4. *Folgerung*

Die Schlußfolgerung, die Böhm-Bawerk aus dieser Argumentation zog, ist offensichtlich: Kapitalertrag ist nicht Ausbeutung, sondern die notwendige Folge der unterschiedlichen Bewertung von Gegenwart und Zukunft. Selbst in einem Gemeinwesen, in dem «alles Privateigentum an Boden und Kapital aufgehoben (ist), alle Produktivmittel in der Hand der Gesamtheit vereinigt (sind), alle Volksglieder als Arbeiter im Dienste der Gesamtheit tätig (sind) und das Nationalprodukt an Alle nach Maßgabe der geleisteten Arbeit aufgeteilt» wird (1921 II, 431), würde er entstehen – als «Ausbeutung» «Aller» durch die «Gesamtheit». Der Kapitalertrag ist also für Böhm-Bawerk nicht eine «zufällige ‹historisch-rechtliche› Kategorie..., die gerade in unserer individualistisch-kapitalistischen Gesellschaft zum Vorschein kommt und mit ihr wieder verschwinden würde»; sondern er stellt sich als eine ökonomische Kategorie heraus, die elementaren ökonomischen Ursachen entspringt und darum ohne Unterschied der Gesellschaftsorganisation und Rechtsordnung überall dort zum Vorschein kommt, wo «Gegenwart und Zukunft unterschiedlich bewertet werden» (1921 II, 347). Von diesem Blickwinkel aus kritisierte Böhm-Bawerk in eindrucksvoller Weise die ökonomischen Lehren von Karl Marx (Böhm-Bawerk 1896) und bestand in einer nicht minder einflußreichen Schrift auf der Dominanz ökonomischer Gesetzmäßigkeiten gegenüber dem nach seiner Meinung immer nur kurzfristig wirkenden Phänomen der wirtschaftlichen Macht (Böhm-Bawerk 1914).

IV. Wirkung

Böhm-Bawerk gab nicht nur eine theoretische Antwort auf eine der großen Fragen seiner Zeit. Er entwickelte auch die Theorie, die den Gesamtzusammenhang wirtschaftlicher Phänomene berücksichtigt und die Bedeutung der Gegenwart und der Zukunft für wirtschaftliches Handeln in den Mittelpunkt stellt.

Die Wirkung, die Böhm-Bawerks Schriften auf seine Zeitgenossen hatte, war immens. Seine Darstellung der österreichischen Werttheorie verhalf der neoklassischen Theorie zum Durchbruch. Seine Darlegungen zum Verhältnis von Grenznutzen und Grenzkosten und zur Ableitung der Faktorpreise aus den Güterpreisen wurden zum festen Bestandteil der österreichischen Version der neoklassischen Theorie. Böhm-Bawerks Marx-Kritik galt und gilt immer noch als unübertroffen. Böhm-Bawerks Kapital- und Zinstheorie wurde immer wieder Anlaß kritischer Auseinandersetzungen. Nur wenige hielten, wie Menger, Böhm-Bawerks Theorie für «einen der größten Irrtümer, die je begangen wurden» (Schumpeter 1954, 847), oder schrieben, wie Sax (1916), ein ganzes Buch gegen sie. Aber viele hatten Vorbehalte, darunter so enge Kollegen wie Wieser und Schumpeter. Allerdings kritisierten sie immer nur einzelne Teile der Theorie und nur selten die Gesamtkonzeption. So wurde Böhm-Bawerks Sichtweise der Kapital- und Zinstheorie als einer intertemporalen Werttheorie zum akzeptierten Bestand der neoklassischen Theorie, nicht jedoch jeder einzelne Bestandteil seiner Theorie.[7]

Böhm-Bawerk verband in seiner Theorie drei Modelle miteinander: ein Tauschmodell, ein Produktionsmodell und ein Nutzungsmodell. Das Tauschmodell zeigt, wie die Existenz und Höhe des Kapitalertrages aus dem intertemporalen Verhalten der Konsumenten abgeleitet werden kann. Das Produktionsmodell versucht zu zeigen, daß das intertemporale Verhalten der Produzenten dem der Konsumenten ähnlich ist; das Nutzungsmodell zeigt, daß die intertemporale Nutzung dauerhafter Güter ebenfalls einen Kapitalertrag abwirft. Das Tauschmodell entwickelt Mengers Werttheorie weiter, indem es intertemporales Verhalten betrachtet. Ebenso wie das Nutzungsmodell stellt es in typisch neoklassischer Weise individuelles Verhalten in den Mittelpunkt. Das Produktionsmodell dagegen basiert stark auf klassischen Vorstellungen, die eher gesamtwirtschaftliche Verhältnisse als individuelles Verhalten in den Mittelpunkt stellen.

Während das Nutzungsmodell kaum diskutiert wurde, wurde über das Tauschmodell zwar debattiert, es wurde aber in seinen Grundzügen akzeptiert. Die beiden ersten der drei Gründe Böhm-Bawerks wurden immer wieder bestritten, nicht jedoch die Idee, den Kapitalertrag (in einer Wirtschaft ohne Produktion) auf das intertemporale Verhalten der Konsumenten zurückzuführen. In seiner einflußreichen Zinstheorie verwarf Irving Fisher (1907, 1930) die Unterscheidung von Konsumenten- und Produzentenverhalten und ersetzte Böhm-Bawerks dritten Grund (und damit sein Produktionsmodell) durch das etwas farblose Konzept gegebener «Investitionsgelegenheiten», das annimmt, was Böhm-Bawerk zu beweisen suchte. Fisher übernahm die beiden ersten Gründe, bezog sie allerdings auf Nutzenfunktionen, während Böhm-Bawerk sie auf Angebots- und Nachfragefunktionen bezogen hatte. In dieser Form wurde Böhm-Bawerks Gedankengang zur Grundlage einer intertemporalen Wahlhandlungstheorie, die fester Bestandteil der neoklassischen und neoneoklassischen Theorie geworden ist.

Das Produktionsmodell war der Teil des Böhm-Bawerkschen Werkes, der am stärksten kritisiert wurde. Im Mittelpunkt der Diskussion standen Böhm-Bawerks Kapitalbegriff, das Konzept der durchschnittlichen Produktionsperiode und die Frage, wie sich der Kapitalertragssatz zur Grenzproduktivität des Kapitals verhalte. Böhm-Bawerk hatte die Heterogenität der Kapitalgüter sehr betont und damit die Unmöglichkeit, sie zu einer physischen Größe («Kapitalstock») zusammenzufassen. Er war sich auch klar darüber, daß Veränderungen der Preisstruktur zu veränderten Bewertungen der Kapitalgüter führen. Gerade das wurde vor allem von J. B. Clark (1899) bestritten, der wie viele neoklassische Theoretiker «Kapital» als eine Geldsumme ansah. Böhm-Bawerks Bedenken gegen einen solchen Begriff drangen nicht durch – ebensowenig wie später die Argumente v. Hayeks (1936) durchdrangen, der dieses Konzept als «Mythologie des Kapitals» angriff. Erst in jüngster Zeit hat sich die Ansicht durchgesetzt, daß es nur ausnahmsweise möglich ist, heterogene Kapitalgüter zu einer Größe zusammenzufassen, die sich bei Preisänderungen nicht ebenfalls verändert (Harcourt 1972). Damit hat sich Böhm-Bawerks Sichtweise durchgesetzt – allerdings ging unterdessen das Wissen verloren, daß ein so neoklassischer Autor wie Böhm-Bawerk diese Position vertreten hat (vgl. etwa Garegnani 1960).

Gerade weil Böhm-Bawerk einen physischen Begriff des gesamtwirtschaftlichen Kapitalstocks ablehnte, war er gezwungen gewesen, den Begriff der durchschnittlichen Produktionsperiode als Maß für die Kapitalintensität der Produktion zu verwenden. Daß seine Definition dieses Begriffs unzulänglich war, ist bereits gesagt worden. Böhm-Bawerk (1921 III) versuchte ohne Erfolg, sie zu verbessern; andere folgten ihm in dem Versuch (Eucken 1934; Strigl 1934; Hicks 1939). Das führte in den 30er Jahren zu einer ausgedehnten Debatte (Kaldor 1937; Reetz 1971), während der sich herausstellte, daß eine durchschnittliche Produktionsperiode in einer stationären Wirtschaft unter gewissen Umständen sinnvoll definiert werden kann, nicht jedoch in einer Wirtschaft, die Veränderungen unterworfen ist. Das schränkte die Aussagekraft der Böhm-Bawerkschen Theorie erheblich ein und ist einer der Hauptgründe dafür, daß sie nicht in den Kanon der allgemein akzeptierten neoklassischen Theorie aufgenommen wurde.

Die Frage schließlich, wie sich der Kapitalertrag in Böhm-Bawerks Modell zum Grenzprodukt des Kapitals verhalte, beschäftigte vor allem Wicksell (1893, 1913). Wicksell gab eine eingängige Darstellung der Böhm-Bawerkschen Überlegungen, in der er dessen Produktionsmodell als Grenzproduktivitätstheorie formulierte, dabei allerdings einen von Böhm-Bawerk abweichenden Kapitalbegriff verwendete. Wicksells Version fand als Darstellung der Böhm-Bawerkschen Theorie weite Verbreitung. Das änderte jedoch wenig an der Ablehnung der Theorie als solcher, zumal Wicksells Version sie in die Nähe der Überlegungen von Jevons (1871) und der klassischen Lohnfondstheorie rückte. Das verbarg eher die innovatorische Leistung Böhm-Bawerks. Bei dieser Ablehnung blieb es trotz der Bemühungen v. Hayeks (1931, 1941), die Theorie so zu formulieren, daß sie für die Diskussion kurzfristiger Probleme der 30er Jahre brauchbar wurde. Die Ablehnung bedeutete nicht nur das Ende der klassischen, auf dem Begriff der Produktionsperiode aufbauenden Kapitaltheorie, sondern auch das (vorläufige) Ende aller Versuche, die temporale Struktur der Produktion einer Wirtschaft theoretisch zu erfassen. Die neoklassische (und neo-neoklassische) Theorie der Produktion ist zeitlos. Wenn Verzögerungen auftreten, sind sie technisch gegeben und nicht das Ergebnis wirtschaftlicher Wahlhandlungen. Erst in allerjüngster Zeit ist versucht worden, die temporale Struktur einer Wirtschaft wieder zu thematisieren. Die Beiträge v. Weizsäckers (1971) und Fabers (1979) gehen zwar nicht über Darstellungen der Böhm-Bawerkschen Theorie im Rahmen der modernen Kapitaltheorie hinaus, doch bieten sie Ansatzpunkte für eine Weiterführung der Überlegungen. Hicks (1973) ist demgegenüber ein ungewöhnlich innovativer Versuch gelungen, einige der für Böhm-Bawerk wesentlichen Ideen, insbesondere seine Analyse der intertemporalen Struktur der Produktion als Ergebnis wirtschaftlicher Entscheidungen, mit den Mitteln der modernen Theorie neu zu formulieren. Dieser Ansatz ist noch nicht ausdiskutiert, bezeugt jedoch die fortwirkende Kraft der Böhm-Bawerkschen Überlegungen bis in unsere Tage hinein.

V. Würdigung

Böhm-Bawerks überragende Leistung besteht darin, ein Problem formuliert und Wege zu seiner Lösung gewiesen zu haben. Klarer als die meisten Ökonomen vor ihm sah er die Notwendigkeit, den Kapitalertrag gleichzeitig auf das Verhalten der wirtschaftenden Menschen und auf die technischen Gegebenheiten der Produktion zurückzuführen und dabei zu bedenken, daß der Kapitalertrag seinerseits eine Rolle spielt bei der Wahl der jeweiligen Produktionsmethoden. *Kapital und Kapitalzins* konstituierte diesen Bereich ökonomischen Denkens als Problem der ökonomischen Theorie und zeigte, daß die Lösung im Rahmen einer Werttheorie zu geben war. Böhm-Bawerks eigener Lösungsversuch verband Elemente der klassischen Theorie mit solchen der neoklassischen Theorie, deren entschiedener Verfechter und Verbreiter er war. Diese Verbindung hatte Schwächen, wie sich jedoch erst nach längeren Diskussionen herausstellte – Diskussionen, die ihrerseits die Wirtschaftstheorie voranbrachten. Insbesondere die neoklassischen Elemente der Böhm-Bawerkschen Theorie sind zum festen Bestandteil des ökonomischen Denkens geworden. Dazu gehören – um nur drei zu nennen – der Begriff der Zeitpräferenz, der Nachweis, daß der Kapitalertrag in einer Wirtschaft ohne Produktion auf unterschiedlichen Zeitpräferenzen beruht, und die Einsicht, daß er nicht der Preis für irgendeine besondere Dienstleistung ist, sondern die Konsequenz intertemporaler Bewertungsunterschiede. Die eher klassischen Elemente seiner Theorie waren (und sind) kontrovers.

Erst in jüngster Zeit fand ein Begriff des Kapitals allgemein Anerkennung, der die Heterogenität physischer Kapitalgüter und ihre Bewertung anhand zukünftiger Nutzleistungen in den Mittelpunkt stellt. Daß Böhm-Bawerk einen solchen Begriff vertrat, ist weitgehend unbekannt. Die Theorie der Produktion, die Böhm-Bawerk darauf aufbaute, konnte in der von ihm vorgeschlagenen Form keine Anerkennung finden. Über den Grundgedanken, die intertemporale Struktur der Produktion in den Mittelpunkt zu stellen, ist allerdings das letzte Wort noch nicht gesprochen.

So wirken nicht nur Böhm-Bawerks Sichtweise, sondern auch ein wesentlicher Teil seiner Ideen fort. Die Zeitgenossen stellten ihn auf eine Ebene mit Ricardo und Marx. Das ist vielleicht ein wenig zu hoch gegriffen. Doch zu den Großen Ökonomen, die das Gesicht der modernen Wirtschaftstheorie geprägt haben, gehört er sicherlich – trotz oder vielleicht gerade wegen der Kontroversen, die er auslöste und austrug.

Heinz Grossekettler

JOHAN GUSTAV KNUT WICKSELL
(1851–1926)

I. Leben

1. Biographische Daten, besondere Ereignisse[1]

Knut Wicksell wurde am 20. 12. 1851 als Sohn eines Lebensmittelhändlers in Stockholm geboren. Nach dem Besuch der Marien-Volksschule und des Stockholmer Gymnasiums bis zum Abitur im Jahre 1869 begann er seine wissenschaftliche Laufbahn mit einem Studium in Uppsala, bei dem er Mathematik als Hauptfach und Latein, Griechisch und Physik als Nebenfächer belegte. Zum Studium der Nationalökonomie fühlte er sich erst später hingezogen, einerseits «durch sein gutes Herz..., das warm für die ökonomisch und sozial Bedrückten schlug» (Sommarin 1931, 222), andererseits als Folge eines Vortrags, den er 1880 vor Antialkoholikern und später auch vor einem größeren Auditorium hielt. Hierin machte er die Überbevölkerung für die Trunksucht verantwortlich und trat für Geburtenbeschränkung und die Zwei-Kinder-Ehe ein. Der Vortrag wurde als skandalös empfunden und trug ihm u. a. den Vorwurf ein, mit der Geschichte der Nationalökonomie, mit Malthus zumal, nicht genügend vertraut zu sein.

Da Nationalökonomie in Schweden im 19. Jahrhundert noch kein selbständiges Studienfach war, schloß Wicksell seine mathematische Ausbildung 1884 mit dem Lizentiatenexamen ab und studierte in den nächsten fünf Jahren in England, Frankreich, Deutschland und Österreich Volkswirtschaftslehre, wobei ihn besonders die Grenznutzenschule und die Kapitaltheorie Böhm-Bawerks (1884, 1889) faszinierte. Neben diesem Autor dürften Malthus, J. St. Mill und Ricardo sowie Jevons, Menger und Walras damals den größten Einfluß auf sein Denken ausgeübt haben. 1889 heiratete Wicksell in Paris Anna Bugge (1862–1928), eine Frau, die später eine führende Rolle in der Emanzipationsbewegung spielte, Völkerbundsabgeordnete und einziges weibliches Mitglied der Völkerbundmandatskommission war (1921) und mit ihm zwei Söhne hatte, von denen einer ebenfalls Wissenschaftler wurde, und zwar Professor für Statistik in Lund[2].

Seine ersten ökonomischen Schriften veröffentlichte Wicksell 1890 *(Überproduktion – oder Überbevölkerung?)*, 1892 *(Kapitalzins und Arbeitslohn)* und 1893 *(Über Wert, Kapital und Rente)*. Die Aufnahme insbesondere des letztgenannten Buches war kühl, obwohl Stigler (1941, 261 ff.) ihn damit zu den Gründern der Grenznutzenschule rechnete und ihn später (1965, 105 f.) in einem Atemzug zusammen mit Böhm-Bawerk, Wieser, J.B. Clark und Wicksteed zitierte. Die Annahme von *Über Wert, Kapital und Rente* als Dissertation an der Universität Lund wurde verwehrt, weil Wicksell noch kein juristisches Examen hatte. Dies war im damaligen Schweden normalerweise eine Voraussetzung für die Annahme einer nationalökonomischen Dissertation. Er erhielt jedoch eine Sondergenehmigung für ein Examen in der philosophischen Fakultät und konnte 1895 mit der Schrift *Zur Lehre von der Steuerinzidenz* promovieren, in der er den theoretischen Apparat aus *Über Wert, Kapital und Rente* auf das Problem der Besteuerungswirkungen anwandte. Um eine Dozentur in Nationalökonomie erhalten zu können, mußte er (im Alter von 45 Jahren!) gleichwohl aber noch ein Studium der Rechte absolvieren, das er 1899 mit dem «Kandidatexamen juris utriusque» abschloß. Daraufhin wurde er von seiner Universität sofort zum Dozenten für Volkswirtschaftslehre und Finanzrecht ernannt.

Der weitere Lebensweg fiel weniger aus dem Rahmen als sein bisheriger. Im Jahre 1900 wurde in Lund ein Extraordinariat für Nationalökonomie und Finanzrecht in der dortigen juristischen Fakultät eingerichtet, um das sich Wicksell unter anderem gegen Gustav Cassel bewarb. Die Entscheidung fiel seines größeren Œuvres wegen zu seinen Gunsten, aber auch, weil Cassel über keine juristischen Examina verfügte. 1904 wurde das Extraordinariat in ein Ordinariat umgewandelt. Bis zu seiner Emeritierung im Jahre 1916 las Wicksell nun als ordentlicher Professor Nationalökonomie für Juristen. Neben seinen zahlreichen Fachveröffentlichungen verzichtete er dabei jedoch nicht auf Vorträge bevölkerungspolitischer und religionskritischer Art, Vorträge, die manchmal – wie der oben erwähnte von 1880 – zu Skandalen führten und ihm einmal sogar eine Gefängnisstrafe von zwei Monaten wegen Gotteslästerung einbrachten[3].

Nach seiner Emeritierung (1916) zog Wicksell an seinen geliebten Geburtsort Stockholm zurück. Zehn Jahre später, im gleichen Jahr wie Edgeworth und v. Wieser, starb er dort am 3. 5. 1926, als Forscher hochgeehrt – ihm wurde der Bd. 12 (1921) der *Ekonomisk Tidskrift* gewidmet, er war Ehrendoktor der Universität Oslo (1911) und Ehrenmitglied der American Economic Association (1923) –, politisch aber als «links» und «enfant terrible» verschrien.

2. *Einflüsse aus dem politischen und sozialen Umfeld*

Während der Lebenszeit Wicksells war die politische Entwicklung Schwedens durch drei Strömungen gekennzeichnet (Andersson 1950, 357 ff.): Seit der Verfassung von 1809 und dem Regierungsantritt des Hauses Bernadotte (1810) war Schweden eine konstitutionelle Monarchie und entwickelte sich mehr und mehr zu einer Demokratie im heutigen

Johan Gustav Knut Wicksell (1851–1926)

Sinn. Das Leitbild der Gesamtpolitik war liberal und etwa ab 1880 (ähnlich wie in Deutschland und nach dessen Vorbild) zunehmend sozialreformerisch. Seit dem Regierungsantritt Oskar II. (König von 1872–1907) und bis etwa 1910 war die Stimmung insgesamt sehr deutschfreundlich. Im kulturellen Bereich überwogen ebenfalls die Einflüsse aus Deutschland. Wohl auch deshalb hat Wicksell seine Werke sehr schnell oder gar nur auf deutsch veröffentlicht.

In wirtschaftsgeschichtlicher Hinsicht bezeichnet Heckscher (1954, 209) die Periode von 1815–1914 als die der «great transformation», und Wicksell (1896, 247) schreibt rückblickend: «Die zuletzt verflossenen fünfeinhalb Jahrzehnte haben unserem wie den meisten europäischen und vielen außereuropäischen Ländern eine ökonomische Entwicklung gebracht, welche diejenige nicht nur der zunächst vorangehenden, sondern überhaupt aller früheren Zeiten weit in den Schatten stellt.» Schweden vollzog den Übergang zum Industrieland unter insgesamt recht günstigen Bedingungen – es war Rohstofflieferant eines sich industrialisierenden Europas – und bei geordneten monetären Verhältnissen: 1873 erfolgte der Übergang zum Goldstandard und die Gründung einer Währungsunion mit Dänemark, der 1875 auch (das mit Schweden von 1814–1905 in Personalunion verbundene) Norwegen beitrat; diese skandinavische Währungsunion bestand bis 1914 (Heckscher 1954, 253).

Die Industrialisierung hatte aber natürlich auch ihre Schattenseiten, vor allem die mit ihr zeitweilig einhergehende Proletarisierung der Landbevölkerung, die damals auftretende Trunksucht (Andersson 1950, 385) und das geradezu dramatische Bevölkerungswachstum (Heckscher 1954, 254). Trotz des rapiden Wirtschaftswachstums resultierte aus diesen Umständen für viele ein Klima des Beengtseins und der Hoffnungslosigkeit, das zum Entstehen einer gesellschaftliche Probleme thematisierenden Literatur beitrug (Andersson 1950, 421). Symptomatisch dafür ist A. Strindbergs 1879 erschienener Roman *Das Rote Zimmer.* Vermutlich besteht zwischen der Stimmung dieses Romans und Wicksells politischer Einstellung mehr als eine nur äußerliche Verwandtschaft: A. Strindberg gehörte zusammen mit H. Branting, dem späteren Chefredakteur der Zeitschrift *Social-Demokraten* und ersten Regierungschef einer rein sozialdemokratischen Regierung, zu jenem «Kreis junger Feuerköpfe» (Sommarin), dem sich der an Literatur sehr interessierte Wicksell bereits als Mathematikstudent in Uppsala angeschlossen hatte (Sommarin 1931, 222).

II. Werk

Die Liste der ökonomischen Schriften Wicksells ist recht umfangreich[4]. Ein nahezu vollständiges, von A. Amundsen angefertigtes Inventar findet man in Wicksell (1954, 169 ff.), das umfassendste, mehr als 800 (!) Einträge enthaltende Verzeichnis stammt von Knudtzon und Hedlund-Nyström (1976). Die wichtigeren Schriften hat Uhr (1960, 538 ff.) im Literaturverzeichnis der überarbeiteten und erweiterten Fassung seiner Dissertation aufgeführt. Die größeren Monographien sind *Über Wert, Kapital und Rente* (1893), *Finanztheoretische Untersuchungen* (1896), *Geldzins und Güterpreise* (1898), *Vorlesungen 1* (1913) und *Vorlesungen 2* (1922). Die *Vorlesungen* sind zuerst in schwedischer Sprache erschienen (1901 und 1906). Die weiteren Monographien und die Aufsätze weisen eine breite Streuung auf. Die in theoretischer Hinsicht wichtigsten sind inhaltlich aber in die *Vorlesungen* und die *Finanztheoretischen Untersuchungen* eingearbeitet. Uhr (1960, 29 f.) berichtet, daß sich Wicksell einen dreiteiligen Arbeitsplan gemacht habe. Dieser enthielt als Basis die theoretische Analyse, darauf aufbauend und unter Hinnahme der vorhandenen Institutionen, die angewandte Analyse und, wiederum darauf aufbauend, institutionelle Reformvorschläge. Systematisch ist ihm leider nur die Realisation des ersten Teiles dieses Plans geglückt.

Will man die wichtigsten Beiträge Wicksells herausarbeiten, empfiehlt sich eine Einteilung nach denjenigen Sachgebieten, auf denen seine hervorragenden Leistungen liegen. Die weiteren Ausführungen werden deshalb in Beiträge zu den Bereichen Wert-, Preis- und Verteilungstheorie, Kapital- und Zinstheorie, Geld- und Konjunkturtheorie und Finanzwissenschaft gegliedert.

1. Beiträge zur Wert-, Preis- und Verteilungstheorie

Ist man – wie heute fast alle Nationalökonomen – der Meinung, daß Produzenten beim Herstellen und Anbieten von Gütern zumindest auch (oder gar nur) systematisch nach Gewinnmaximierung streben und daß Konsumenten zumindest auch (oder gar nur) systematisch danach trachten, ein Befriedigungsmaximum zu erreichen, so erscheint es plausibel, daß man das Produzenten- und Konsumentenverhalten unter Verwendung von Grenzgrößen beschreiben muß: Man muß fragen, ob sich durch eine kleine Variation im Niveau und/oder in der Struktur der Faktornutzung bei der Güterproduktion und der Güternutzung bei der «Befriedigungsproduktion» (gleich Konsum) unter den gegebenen institutionellen und technischen Beschränkungen ein höherer Gewinn bzw. Nutzen erzielen ließe. Kombiniert man die Antwort auf diese Frage mit der Hypothese, daß Chancen für Gewinn- bzw. Nutzenmehrungsmöglichkeiten rasch erkannt werden und daß sich entsprechende Informationen schnell ausbreiten, erhält man Prognosen über Reaktionen auf institutionelle und/oder technische Änderungen, Reaktionen, die sich formal als Annäherungstendenzen an stabile Gleichgewichtspositionen darstellen lassen.

Heute ist das leicht einsichtig und auch für einen ökonomischen Laien schnell begreifbar. Ende des 19. Jahrhunderts aber war dies eine neue, revolutionäre Einsicht, die von drei Zentren der Grenznutzenschule ausging: Cambridge/GB (A. Marshall), Lausanne (L. Walras) und Wien (C. Menger)[5]. In diesen Zentren konzentrierte man sich nun aber auf verschiedene Aspekte und Anwendungsgebiete der Grenznutzentheorie (Uhr 1960, 18 f.). Deshalb war die Zeit gleichsam reif für eine (bis dato allenfalls unvollkommen vollzogene) Synthese, für einen Mann, «(dedicating his life-work) to integrating general equilibrium theory, the Austrian theory of capital and interest and the marginal productivity theory of distribution» (Blaug 1986, 272).

Wicksell (1913) vollbringt diese Integration und arbeitet heraus, daß und wie in einer Wettbewerbswirtschaft bei gegebener Anfangsausstattung und zunächst gegebenem Wissen eine optimale Nutzung des Faktorbestandes (ein Pareto-Optimum) erreicht wird. Er betont jedoch, daß die funktionelle und die personelle Einkommensverteilung unter diesen Umständen zwar vom Markt bestimmt sind, daß die personelle Verteilung aber gleichwohl nicht als gegeben hingenommen und das resultierende Pareto-Optimum nicht als Optimum optimorum betrachtet werden müsse. Letzteres verlange vielmehr eine (via Erbschaftsteuer herstellbare) gerechte Anfangsausstattung und eine (via Einkommensbesteuerung erzielbare) gerechte Einkommensverteilung.

Gleichsam en passant weist er dabei auf eine Reihe von Sachverhalten hin, die sich später als bedeutsam erweisen sollten. So findet man:

- Ansätze zu einer Analyse des Problems der Fixkostenverrechnung im Einzelhandel, der unvollkommenen Konkurrenz in diesem Bereich und der potentiellen Rolle, die Konsumgenossenschaften («Konsumvereine») aufgrund dieser Problematik spielen könnten (1913, 140 ff.);
- eine Vorwegnahme der Unterscheidung von Preis- und Einkommenseffekten im Rahmen der Indifferenzkurvenanalyse (Blaug 1985, 547 f., m. w. N.);
- eine Vorwegnahme des Euler-Wicksteedschen Ausschöpfungstheorems (d. h. des Nachweises, daß die Entlohnung der Produktionsfaktoren nach der Grenzproduktivität auch dann zu einer restlosen Aufteilung des Sozialprodukts führen kann, wenn es keine Bezieher von Residualeinkommen gibt) und die erstmalige Anwendung einer Produktionsfunktion vom Cobb-Douglas-Typ[6]; und schließlich
- die Vorwegnahme eines wesentlichen Grundgedankens der negativen Einkommensteuer: Man soll Arbeiter auch dann nach ihrem Grenzprodukt entlohnen, wenn dieses unter dem Existenzminimum liegt; den erforderlichen Rest soll man lieber aus einem steuerfinanzierten Wohltätigkeitsfonds zuschießen, als Mindestlöhne einzuführen und damit Arbeitslosigkeit und Abweichungen vom Allokationsoptimum in Kauf nehmen zu müssen (1913, 203 ff.). Eine solche Trennung von

Allokations- und Redistributionsentscheidungen zu fordern, ist heute unter Ökonomen common sense (Gröbner 1970, 104ff.); trotz der Tatsache, daß sich dadurch der «verteilbare Kuchen» vergrößern ließe, wird von Politikern aber immer wieder gegen dieses Postulat verstoßen.

Insgesamt wird man Wicksell mit v. Hayek (1965, 355) attestieren müssen, daß er das Beste aus den Ansätzen der Grenznutzenschule zusammenfügte, und Stigler (1941, 294) recht geben, wenn er ihn mit zu den Begründern dieser Schule rechnet.

2. *Beiträge zur Kapital- und Zinstheorie; Wicksell-Effekt*

Wie schon erwähnt, war Wicksell von Böhm-Bawerks Kapitaltheorie fasziniert. Dies hatte zur Folge, daß er sich sein ganzes Leben als Wissenschaftler mit dieser Theorie auseinandersetzte: In *Über Wert, Kapital und Rente* (1893) – einer seiner ersten Arbeiten – hat er Böhm-Bawerks Theorie formalisiert, von unnötigen Umwegen befreit und inhaltlich erweitert; und in seiner letzten, postum veröffentlichten Arbeit (1928) befaßt er sich mit Böhm-Bawerks «Drittem Grund» für die Existenz eines Zinses. Es ist deshalb durchaus richtig, wenn Stigler (1941, 195) sagt, Wicksell sei ein selbsternannter Schüler Böhm-Bawerks – und noch dazu dessen fähigster.

Ausgehend von der Tatsache, daß in einer Volkswirtschaft aus den unterschiedlichsten Gründen gespart und damit Produktionspotential für die Produktion von Gütern freigesetzt wird, die nicht unmittelbar verbraucht werden sollen, könnte man «Kapital» folgendermaßen definieren: «Kapital» (gleich «Vermögen») entspricht der Summe aller Güter, die in Volkswirtschaften in Produktions- und/oder Konsumprozessen zur Steigerung der Ergiebigkeit dieser Prozesse eingesetzt werden, ohne unmittelbar verbraucht zu werden[7].

Im Lichte dieser Definition kann man den Zins nach seinen Ermittlungsmöglichkeiten auffassen

- als einen Preis, der erforderlich ist, um die durch freiwilliges Sparen freigesetzte volkswirtschaftliche Produktionskapazität entsprechend der Grenzproduktivität vollständig auf die verschiedenen Möglichkeiten zur Produktion von Kapitalgütern zu verteilen, d. h. um das Spar- und das Investitionsvolumen einander anzugleichen und gleichzeitig zu entscheiden, welche Investitionen zum Zuge kommen sollen; oder
- als ein Maß für die Steigerung der Ergiebigkeit von Produktions- oder Konsumprozessen, die durch die Kapitalanreicherung dieser Prozesse bewirkt wird (die Grenzleistungsfähigkeit des Kapitals); oder
- als einen Diskontierungsfaktor, der den (von der zukünftigen Leistungsabgabe bestimmten) Kapitalnutzungs- und den (letztlich von

den Produktionskosten determinierten) Kapitalbestandspreis in Übereinstimmung zu bringen hat (Schumann 1980, 326 ff.).

Stellt man diesen Definitionen (welche der heutigen Problemsicht entsprechen) die Wicksellschen gegenüber, ergeben sich zunächst Verständigungsschwierigkeiten. Wicksell definiert:

– «Das Kapital ist ersparte Arbeitskraft und ersparte Bodenkraft; der Kapitalzins macht den Unterschied zwischen der Grenzproduktivität der ersparten (aufgespeicherten) Arbeits- und Bodenkraft und der Grenzproduktivität der laufenden (gegenwärtigen) aus» (1913, 218).
– Und [nach einem Hinweis darauf, daß «das Zeitmoment ... der eigentliche Kern des Kapitalbegriffes ist» (1913, 238)]: «Der Kapitalzinsfuß ... (ergibt sich in aller Reinheit) ... als Grenzproduktivität des ‹Wartens›» (ebd. 244).

Wer mit der Geschichte der temporalen Kapitaltheorie nicht vertraut ist, wird diese Definitionen vermutlich eher verwirrend finden. Man muß zu ihrem Verständnis beschreiben, welche Bilder die Nationalökonomen zur Zeit Wicksells vor Augen hatten, wenn sie von «Kapital» sprachen. Das waren

– der frisch gepflanzte Wald oder der diesjährige Wein, die ja beide durch Stehen- bzw. Lagernlassen mit abnehmenden Grenzerträgen wertvoller werden (daher «Grenzproduktivität des Wartens»);
– Robinson, der zuerst Arbeit aufwendet, um Bodenfrüchte zu sammeln, und nach dieser Vorratsbildung ein Netz knüpfen und dadurch die Grenzproduktivität seiner zukünftigen Arbeit erhöhen kann (daher Kapital als Subsistenzfonds und aufgespeicherte Menge von Arbeit und Boden); oder
– der Handwerker, der sich selbständig machen will und einen Geldbetrag anspart, um damit während der Anlaufphase seines Betriebes seine Familie unterhalten und Löhne für angestellte Arbeitskräfte zahlen zu können (daher Kapital als Lohnfonds).

Man betrachtete Kapital also gleichsam genetisch und stellte sich zwei «ursprüngliche» Produktionsfaktoren – Boden und Arbeit – vor, deren Grenzproduktivität durch den Einsatz produzierter Produktionsmittel oder auch einfach durch das Reifenlassen gesteigert werden könne. Da mit diesen Kapitalgütern letztlich aber wieder Güter geschaffen werden, die dem unmittelbaren Konsum dienen, führt die geschilderte Betrachtungsweise zur Vorstellung von «Produktionsumwegen»: Auf dem Weg vom Einsatz ursprünglichen Bodens und ursprünglicher Arbeit zu konsumierbaren Fischen macht Robinson den «Umweg», zunächst ein Netz herzustellen; dadurch «verlängert er die Produktionsperiode», d. h. die Zeit, die es dauert, bis die ursprünglich eingesetzten Primärfaktoren über die Leistungsabgabe des Netzes zu konsumierbaren Fischen werden. Dieses Warten hat bei «klugen Produktionsumwegen» erfahrungsgemäß zur Folge, daß die Ergiebigkeit des Faktoreinsatzes insgesamt steigt. Dabei wird die Existenz sinnvoller Produktionsumwege ebenso vorausgesetzt (und nicht etwa erklärt), wie das heute noch mit dem technischen Fortschritt in der makroökonomischen Wachstumstheorie geschieht.

Dies ist die Böhm-Bawerksche, durch Wicksell geklärte Sicht der Dinge. Sie macht verständlich, warum es auch in einer Wirtschaft, in der Vermögens- und Verbrauchsgüter ja ganz offensichtlich gleichzeitig produziert werden, sinnvoll sein kann, von «klugen Produktionsumwegen» und einer «Grenzproduktivitätstheorie des Wartens» zu sprechen. Aufgabe dieser Theorie ist es zu zeigen, daß und wie bestimmte technische Fortschritte sowie das Wachsen des verfügbaren Kapitalstocks und Zinssatzsenkungen zu einer relativen Vergrößerung des Anteils der Vermögensgüter am Sozialprodukt führen (einer «Verlängerung der Produktionsperiode») und damit zu einer stärkeren Arbeitsteilung («Stufung der Produktion»).

Die grundlegend unterschiedlichen Auffassungen über die Natur einer auf Privateigentum beruhenden Marktwirtschaft und die Art der Produktionsfunktion, die für Volkswirtschaften als typisch betrachtet werden kann, haben vor allem in den 60er und 70er Jahren zu einer Diskussion zwischen neoklassischen und neokeynesianischen (auch: neoricardianischen) Vertretern der Kapitaltheorie geführt. Sie ist als «Cambridge-Kontroverse» bekanntgeworden, weil sie ursprünglich zwischen Vertretern von Cambridge/USA und Cambridge/GB ausbrach. In ihr spielt der sogenannte «Wicksell-Effekt» eine Rolle (Männer 1978, 352ff.). Hierunter verstand man nach Uhr (1951, 850ff.), von dem die Bezeichnung stammt, die Tatsache, daß ein Kapitalintensivierungsprozeß (wie er unter bestimmten Umständen z.B. von einer Lohnerhöhung ausgelöst wird, s.u.) zu einem Auseinanderfallen der Grenzproduktivität des Kapitals aus einzelwirtschaftlicher Sicht einerseits und gesamtwirtschaftlicher Sicht andererseits führt: Die Kapitalintensivierung bewirkt einen Anstieg der Produktivität des Einsatzes von Arbeit und Boden. Dies erhöht die Nutzungspreise dieser Produktionsfaktoren, und dieser Faktorpreisanstieg hat nun wiederum zur Folge, daß ein Teil des laufend gebildeten Geldkapitals (Ersparnis) nicht zur Sachkapitalbildung verwendet werden kann, sondern zur Vorfinanzierung vor allem der Löhne benötigt wird. Das aber bedeutet, daß der Zinssatz nicht nur darüber entscheidet, welche Möglichkeiten zur Vergrößerung des Realkapitalstocks genutzt werden, sondern sich so einstellt, daß auch noch die Höherdotierung des Lohnfonds berücksichtigt wird. Er ist deshalb höher als die gesamtwirtschaftliche Grenzproduktivität des Realkapitals, obwohl die einzelnen Unternehmer aus ihrer Sicht den Zinssatz und die (einzelwirtschaftliche) Grenzproduktivität des Kapitals (einschließlich Umlaufvermögen) aneinander angleichen.

Die Wicksellsche Sicht dieser Zusammenhänge vereinfacht das Problem allerdings wohl zu stark. Im Zuge der Cambridge-Kontroverse wurde nämlich deutlich, daß es nicht nur um das Auseinanderfallen einzel- und gesamtwirtschaftlicher Grenzproduktivität geht, sondern um sehr viel grundlegendere Probleme: einerseits die Möglichkeit, den Produktionsprozeß einer Volkswirtschaft überhaupt mit einer (neoklassischen) Produktionsfunktion – wie etwa der bereits genannten Cobb-Douglas-Funktion – zu beschreiben (was vor allem bedeutet, daß die Unternehmer auf jede Lohnerhöhung mit einer gleichgerichteten Veränderung der Kapitalintensität reagieren), andererseits die Bewertung des Produktionsfaktors Kapital. Die Lösung dieser Probleme setzt nämlich – darauf war allerdings auch Wicksell schon gestoßen – voraus, daß man Kapitalmengen unterschiedlicher Art zu einer gesamtwirtschaftlichen Wertgröße aggregieren kann. Das aber erfordere, so wird gesagt, die Verwendung eines Gleichgewichtszinssatzes als Gewichtungsfaktor, eines Zinssatzes also, der seinerseits erst mit Hilfe der Grenzproduktivitätstheorie und unter Verwendung einer gesamtwirtschaftlichen Produktionsfunktion und einer Aggregatgröße «Kapital» bestimmt werden soll[8]. Die Debatte hat noch nicht zu einem endgültigen Ergebnis geführt. Immerhin aber hat sich gezeigt, daß Wicksells Sicht als Spezialfall eines allgemeineren Modells aufgefaßt werden kann (L. Samuelson 1982) und daß sie den Beginn einer Debatte markiert, die nützliche Einsichten vermittelt und die neoklassische Theorie relativiert hat.

Wie ist Wicksells Bedeutung im Rahmen der Kapital- und Zinstheorie zu würdigen? Die Antwort lautet ähnlich wie im Falle der Preis- und Wertlehre: Wicksell hat keine völlig neue Theorie geschaffen; aber er hat die Forschung durch die im besten Sinne «abgeklärte» Darstellung der Böhm-Bawerkschen Theorie stark befruchtet und stellt sich aus heutiger Sicht als «produktiver Vermittler» in der geistigen Kette jener Zinstheoretiker dar, die den Zins als ein überwiegend real bestimmtes Phänomen begreifen. Diese Kette verläuft von Smith über J. St. Mill und Walras einerseits sowie Böhm-Bawerk andererseits zu Wicksell und von dort über Åkerman und Eucken (beide teilen mit Wicksell den Gedanken der Mehrergiebigkeit von Produktionsumwegen) weiter zu v. Hayek sowie Fisher und Hicks und schließlich nach Cambridge/USA; ihr gegenüber stehen Theoretiker keynesianischer Prägung, die den Zins nicht als reales, sondern überwiegend monetäres Phänomen auffassen (vgl. Lutz 1954, Xff., sowie Männer 1978, 357). Gleichzeitig wird eine zweite Verbindungslinie deutlich: Da Wicksell den Zins mit technischem Fortschritt in Verbindung bringt (denn dieser stellt ja eine Verlängerung der Produktionsumwege dar), führt von ihm auch eine Entwicklungslinie zur neoklassischen Wachstumstheorie. Stichwort und Anknüpfungspunkt ist hier der sogenannte «Harrod-neutrale technische Fortschritt». Dies ist ein Fortschrittstypus, der auch dann ein Wachstums- und Akkumulationsgleichgewicht bei konstanten Kapitalkoeffizienten ermöglicht, wenn der Kapitaleinsatz schneller als der Arbeitseinsatz wächst (im einzelnen hierzu E. Helmstädter 1986, 236 ff. und 253 ff.). Das kann hier allerdings nicht nachgewiesen, sondern lediglich angedeutet werden.

3. Beiträge zur Geld- und Konjunkturtheorie; Wicksellscher Prozeß

Würde man unter Volkswirten eine Repräsentativerhebung durchführen, um festzustellen, was ihnen beim Namen «Wicksell» spontan einfällt, so würde der «Wicksellsche Prozeß» vermutlich den ersten Platz in der Häufigkeitsrangfolge der Antworten einnehmen. Glaubt man nun aber, die Beschreibung dieses Prozesses sei im Wicksellschen Werk leicht auffindbar und nehme etwa im Band 2 der *Vorlesungen* oder in *Geldzins und Güterpreise* einen von anderen Problemen deutlich getrennten Platz ein, so erlebt man eine herbe Enttäuschung: Wicksell hat – wie Uhr (1960, 198 f.) das sehr plastisch ausdrückt – «his presentation of his own new ideas ... ‹sandwiched in› between long sections on currency systems, earlier monetary theory, monetary history, history of price level fluctuations, and the like». Da die Darstellung noch dazu auf *Geldzins und Güterpreise* und *Vorlesungen 2* verteilt ist, empfiehlt sich für den speziell hieran interessierten Leser die Lektüre der zusammenfassenden Darstellung bei Uhr (1960, 198 ff.), in der auch zusätzliche Erklärungen und eine gute Kritik enthalten sind. Zusätzlich ist Meyer (1981, 21 ff.) zu empfehlen, der herausgearbeitet hat, daß v. Hayeks monetäre Überinvestitionstheorie als Erweiterung des kumulativen Prozesses angesehen werden kann.

Wicksell unterscheidet die gleichen Funktionen des Geldes, die auch heute üblicherweise genannt werden: die Tauschmittel-, die Wertaufbewahrungs- und die Recheneinheitsfunktion (1922, 1 ff.). Er definiert dann aber nicht funktional, daß «Geld» der Inbegriff all dessen sei, was in einer Volkswirtschaft diese Funktionen erfüllt, sondern setzt «Geld» in einer ersten Kurzdefinition mit «Bargeld» gleich[9]. Später äußert er sich ausführlicher und legt dar, «daß das Geld, wirtschaftlich gesehen, eine Quantität in zwei Dimensionen sei, Wertmenge einerseits und Umsatz- oder Umlaufsgeschwindigkeit andererseits» (ebd. 20). Die (für seine weiteren Überlegungen sehr wichtige) Umlaufgeschwindigkeit hänge hauptsächlich von der Bedeutung des Kredits in einem Lande ab. Man könne sich die Geldordnung eines Landes nämlich aus zwei extremen Systemen zusammengesetzt denken: einem reinen Bargeldsystem (in dem die Umlaufsgeschwindigkeit durch die Wirtschaftsstruktur und die Zahlungsgewohnheiten fixiert sei) und einem reinen (d. h. bargeldlosen) Kreditsystem[10]. Je mehr die tatsächliche Ordnung sich dem zweiten System annähere, desto stärker steige die Umlaufgeschwindigkeit. In der reinen Bargeldwirtschaft gelte die Quantitätstheorie; in der Realität aber müsse die Bedeutung der variablen und trendmäßig steigenden Umlaufgeschwindigkeit berücksichtigt werden. Deshalb ist es richtig, wenn Uhr

(1960, 224) davon spricht, daß «Wicksell transformed the quantity theory into an income velocity theory of money».

Damit sind wir von der Frage nach dem Geldwesen zur Theorie des Geldwertes übergegangen. Wicksell sieht die Aufgabe dieser Theorie folgendermaßen: «Jede Geldwerttheorie, die diesen Namen verdienen soll, muß ... imstande sein nachzuweisen, wie und aus welchem Grunde die monetäre oder pekuniäre Nachfrage nach Waren unter gegebenen Umständen das Warenangebot übersteigen oder, umgekehrt, darunter bleiben wird» (1922, 181). Mit anderen Worten: Die Geldwerttheorie hat zu zeigen, wieso es eine Abweichung vom Sayschen Theorem geben kann, wieso Gesamtangebot und Gesamtnachfrage also auseinanderfallen können. Wicksell ist der Auffassung, daß die klassische Quantitätstheorie «sich im wesentlichen bewährt ... hat» (1922, V) und daß seine eigene Theorie davon nur «eine Modifikation oder Spielart bildet» (ebd.). Er bemängelt an der Quantitätstheorie aber, daß sie nicht den modus operandi zeige, der das Einschleusen einer größeren Geldmenge in den Wirtschaftskreislauf bewirke und zum Preisanstieg führe; man könne ja nicht – wie Hume – mit der Fiktion arbeiten, daß alle Welt plötzlich mit einem verdoppelten Geldvorrat aufwache (ebd. 182). Außerdem sei die Theorie zumindest kurzfristig nicht mit der Erfahrung verträglich: Goldfunde müßten nach ihr ja eigentlich zunächst die Darlehensmöglichkeiten der Banken vergrößern, dadurch die Zinsen senken und erst über eine hierdurch erhöhte Nachfrage zu einem Preisanstieg führen; empirisch korreliere ein Preisanstieg aber mit hohen Zinsen (ebd. 186 ff.).

Wicksells eigene Theorie – der bekannte kumulative Prozeß – hat die Aufgabe, diese Mängel zu heilen. Ein «kompaktes» Sequenzmodell dieses Prozesses in Anlehnung an die Darstellung in *Geldzins und Güterpreise* (1898, 124 ff.) findet man wie gesagt bei Uhr (1960, speziell 235 ff.). Abgekürzt dargestellt, funktioniert dieses Modell folgenderma-

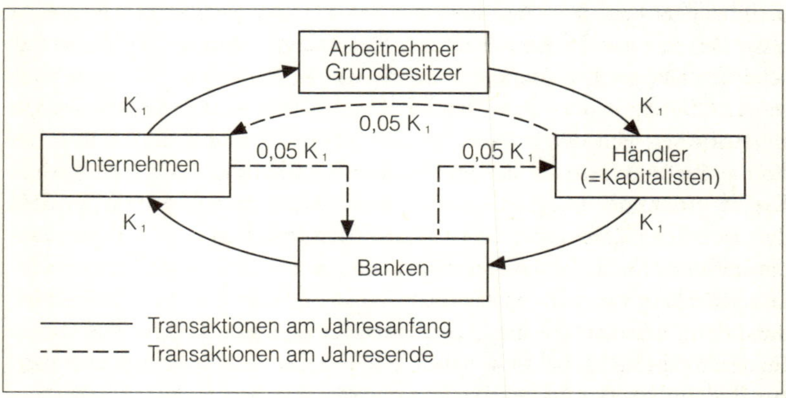

Abb.: Der Wicksellsche Kreislaufprozeß

ßen: Eine geschlossene, vollbeschäftigte und vollkommen wettbewerbliche Volkswirtschaft mit reinem Kreditgeldsystem befinde sich zunächst in einem stationären Zustand mit totalem Gleichgewicht. Die Unternehmen nehmen Kredite in Höhe von K_1 auf, um die periodenweise im voraus geschuldeten Einkommen der Arbeitnehmer und Grundbesitzer bezahlen zu können, und diese geben K_1 für Konsumzwecke aus. Die Kapitaleigentümer, die gleichzeitig die Rolle der Händler innehaben, nehmen diesen Betrag ein und deponieren ihn als Einlage bei den Banken (siehe Abbildung).

Da die Unternehmen eine interne Rendite von 5 % erwirtschaften, gleichzeitig am Ende des Jahres aber für die aufgenommenen Kredite einen Geldzins in Höhe von 0,05 K_1 an die Banken zahlen müssen, da weiter die Banken (die in erster Näherung als kostenlos arbeitend betrachtet werden) am Ende des Jahres diesen Geldzins an ihre Einleger (die Händler = Kapitalisten) weitergeben müssen und diese sich schließlich mit Konsumgütern in Höhe von 0,05 K_1 für den eigenen Bedarf im Jahr 2 eindecken, sind am Ende des Jahres 1 alle Konten ausgeglichen.

Unter den vorstehenden Umständen gliche der «natürliche» (d. h. in bezug auf das Preisniveau neutrale) Zins der internen Rendite der Unternehmen, und der Prozeß könnte endlos weiterlaufen[11]. Im Jahr 2 tritt jedoch eine exogene Änderung ein: Aufgrund technischen Fortschritts steigt der natürliche Zins auf 6 %, während der Geldzins auf 5 % verharrt. Diese Zinsdifferenz (derentwegen man zuweilen auch von der «Wicksellschen Zinsspannentheorie» spricht) ist erklärungsbedürftig. Wicksell (1898, 109 ff.; 1922, 231) verweist vor allem auf Anpassungsverzögerungen im Bankenbereich, in dem das Verhalten aufgrund von Risikofurcht typischerweise traditionell sei. Man könnte sich aber auch vorstellen, daß der Fortschritt (und damit auch ein erhöhter interner Zins) zunächst nur bei einigen Spitzenunternehmen anfällt, und daß die Banken deshalb als Opportunitätskosten lediglich den Geldzins haben (der ja dem bis dato allgemein und für das Gros der Unternehmen auch weiterhin gültigen internen Zins entspricht) und ihr Kreditpotential nicht ausschöpfen könnten, wenn sie den Geldzins sofort erhöhten. Wie dem auch sei: Die Sonderprofite der (Spitzen-)Unternehmen induzieren jedenfalls Investitionen und damit einen Expansionsprozeß, der sich wegen der Vollbeschäftigungsannahme und fehlender Liquiditätsengpässe (reines Kreditsystem) als kumulativer Inflationsprozeß darstellt. Er zeigt, daß der natürliche Zins gestiegen ist, und endet erst, wenn der Geldzins auf die Höhe des natürlichen Zinses angehoben wird. Nach der obigen Zusatzerklärung wäre dies zu erwarten, wenn der Fortschritt diffundiert ist, denn dann würden sich die Opportunitätskosten der Banken ja erhöhen. In der Realität, in der es ja (noch) kein reines Kreditgeldsystem gibt, würden zudem Liquiditätsengpässe für den Anstieg des Geldzinses sorgen. Erhöhen die Banken den Geldzins über den natürlichen Zins hinaus (was als «Überschießen» gedeutet werden könnte) und/oder sorgt der Kapazitätseffekt der Investitionen nach Verstreichen der Ausreifungszeit für einen Fall des natürlichen Zinses, ergibt sich ein Deflationsprozeß.

Das Sequenzmodell verdeutlicht die wichtige gesamtwirtschaftliche Rolle, die dem Bankensystem mit der Aufgabe zufällt, einem Regler gleich dafür zu sorgen, daß Differenzen zwischen dem natürlichen und dem Geldzins schnell ausreguliert werden. In einer wachsenden Wirtschaft zeigt sich hier allerdings ein Problem: Sollen die Preise stabil bleiben, muß das Geldangebot mit dem für die wachsende Wirtschaft typischen Produktivitätsfortschritt steigen; der hierfür erforderliche Geldzins liegt nun aber unter dem Zins, der Sparen und Investieren ausgleicht, denn sonst käme es ja nicht zu dem erforderlichen Geldmengenwachstum. Wicksells Empfehlungen lassen sich in der Realität also nicht ohne weiteres umsetzen (Blaug 1985, 642). Hinzu kommt, daß das Modell auch wegen der Voraussetzung «reines Kreditsystem», der implizit unterstellten Geldillusion und der unzureichend spezifizierten Erwartungs- und Reaktionsstruktur unbefriedigend ist. Wicksell hat es selbst aber auch nur als eine sehr stark vereinfachte Erklärungsskizze angesehen und vielfache Erweiterungsmöglichkeiten angedeutet. Man wird deshalb wohl zugestehen müssen, daß hier erstmals ein Weg zur Aufhellung des modus operandi von Preisniveauschwankungen gezeigt wurde: Liegt der natürliche Zins über dem Geldzins, kommt es auch bei einem Geldzins, der im historischen Vergleich als «hoch» bezeichnet werden muß, zu einem Preisniveauanstieg; liegt ersterer unter letzterem, resultiert auch bei historisch niedrigen Zinsen wegen Investitionszurückhaltung ein Preisniveauverfall. Worauf es bei der Erklärung der Preisniveauschwankungen ankommt, ist also nicht das historische Niveau der Geldzinsen, sondern das Verhältnis von natürlichem und Geldzins (Wicksell 1898, 99). Bezieht man Zins- und Lohnrigiditäten sowie Überreaktionen in die Überlegungen ein, ist damit nicht nur ein Weg zur Erklärung von Preisniveauschwankungen gezeigt, sondern auch eine Möglichkeit zur Mit-Erklärung der Dynamik von Konjunkturschwankungen im heutigen Sinne, d. h. von Schwankungen im Auslastungsgrad des Produktionspotentials.

Das macht die Popularität des kumulativen Prozesses unter den Fachkollegen vielleicht verständlich und erklärt, warum Blaug (1986, 274) Wicksell als Gründer der modernen Makroökonomik ansieht und Keynes (1930, 186) ihn bezüglich des *Treatise* als seinen Vorläufer betrachtete. Den später entstandenen Streit darüber, ob die auf Wicksell aufbauende «Stockholmer Schule» – vor allem E. Lindahl, G. Myrdal und B. Ohlin – auch als Vorläufer der «General Theory» anzusehen ist, wird man dagegen wohl als im Sinne von Patinkin (1978) entschieden ansehen müssen: Diese Schule hat mit der «General Theory» einige Ideen gemeinsam und ergänzt sie in mancher Hinsicht, legt aber die Schwerpunkte anders und vor allem nicht auf die Rolle des Einkommensmechanismus als Regulator der Beschäftigung, sondern auf den Preismechanismus und die Bestimmung des Preisniveaus (z. T. anderer Ansicht ist B. Ohlin 1978). Hinzu kommt, daß Wicksell sich in einer Hinsicht grundlegend von Keynes unterscheidet: Sein Denken entspricht ganz dem Optimismus der zweiten Hälfte des vorigen Jahrhunderts (Fortschrittshoffnung), Keynes' Denken dagegen dem Pessimismus der ersten Hälfte des gegenwärtigen (Stagnationsfurcht).

4. Beiträge zur Finanzwissenschaft; Wicksellsche Einstimmigkeits- und Wicksellsche Grenzkostenpreisregel

Ist Wicksells «kumulativer Prozeß» ohne Zweifel der bekannteste aller seiner Beiträge zur Wirtschaftstheorie, so gehören die Beiträge zur Finanzwissenschaft – eine oberflächliche Erinnerung an die Einstimmigkeitsregel vielleicht ausgeschlossen – wohl zu denjenigen, die von den meisten Fachkollegen am gründlichsten vergessen worden sind. Ausnahmen bilden vor allem Buchanan (1967, 1968, 1987), Buchanan/Tullock (1962) und Gröbner (1970). Im folgenden werden Wicksells Steuerinzidenzlehre sowie die Einstimmigkeits- und die Grenzkostenpreisregel beschrieben.

Wicksells Beiträge zur Lehre von der Steuerüberwälzung oder – etwas allgemeiner – Steuerlastverteilung (Inzidenz) waren beim Erscheinen der *Finanztheoretischen Untersuchungen* grundlegend und in ihrer konsequenten Anwendung des Marginalprinzips neu. Sie müssen heute noch in weiten Teilen als auf der Höhe der Zeit betrachtet werden. Wicksell behandelt zunächst die Monopolbesteuerung (wobei er auch auf ihre Relevanz für die Theorie der unvollkommenen Konkurrenz hinweist), und zwar ganz im heutigen Sinne: Er vergleicht eine Gewinnsteuer (T_G) mit aufkommensgleichen Steuern auf den Absatzwert (T_W) bzw. die Absatzmenge (T_M) und erklärt, daß sie einander in der Reihenfolge $T_G \triangleright T_W \triangleright T_M$ vorzuziehen seien, weil durch T_W und T_M im Gegensatz zu T_G störende Preis- und Mengenverzerrungen ausgelöst würden. Anders als bei der Monopolbesteuerung und auch anders als heute üblich, geht er bei der Analyse der Konkurrenzfälle dann jedoch nicht partial-, sondern totalanalytisch vor. Das ist ein Ansatz, dessen Ergebnisse hier zwar nicht dargestellt werden können, der aber jedenfalls nach Wicksell lange Zeit nicht mehr verfolgt wurde. Erst in den 50er Jahren ist er wieder aufgegriffen und vor allem von Harberger (1962) und ab etwa 1970 dann im Rahmen der sogenannten «AGE-Modelle» – applied general equilibrium models (angewandte Totalmodelle) – weiterentwickelt worden[12]. Er dürfte besonders zukunftsträchtig sein.

Auch im Rahmen der Inzidenzdiskussion fallen – man ist fast schon geneigt zu sagen: natürlich – Nebenergebnisse ab. So unterscheidet Wicksell (1896, 6 f.) der Sache (nicht dem Namen) nach zwischen der Budgetniveau- und der Differentialwirkung einer Steuer. Budgetniveauwirkungen sind Effekte einer Steuer, die sich ergeben, wenn man mit Hilfe der Steuereinnahmen zusätzliche Staatsausgaben tätigt; Differentialeffekte sind dagegen solche, die daraus resultieren, daß man vorgegebene und konstante Staatsausgaben statt mit einer Steuer A nunmehr mit einer aufkommensgleichen Steuer B finanziert. Diese Unterscheidung wird heute als grundlegend betrachtet; sie wurde nach Wicksell aber – vor allem bei manchen Überwälzungs«beweisen» – lange Zeit vergessen. Außerdem bespricht er der Sache nach die Existenz einer Zusatzlast (excess burden) der Besteuerung, die vor ihm allerdings auch schon J. Dupuit (1952, 90) erwähnt hatte: Wird ein bestimmter Steuerbetrag mittels einer speziellen statt einer allgemeinen Steuer erhoben, so «erfolgt für die Mitglieder der Volkswirtschaft eine gewisse Einbuße an Nutzen, welche aber weder dem Staat noch irgendeinem anderen zugute kommt» (1896, 61). Besteuert der Staat also z. B. aus rein fiskalischen Gründen speziell den Bierkonsum (statt etwa eine allgemeine Einkommensteuer zu erheben), so ergibt sich nicht nur ein Einkommenstransfer von den Privaten zum Staat (die Transferlast der Besteuerung), sondern es wird auch die Struktur der relativen Preise verzerrt und der Bierkonsum deshalb in einem Maße eingeschränkt, der nicht der natürlichen Knappheit dieses Gutes entspricht (Zusatzlast). Im Extremfall einer prohibitiv hohen Steuer erhält der Staat auf diese Weise überhaupt keine Einnahmen, und der Bierverbrauch sinkt auf den Wert Null: Der Nutzeneinbuße der Privaten steht kein Vorteil des Staates mehr gegenüber (Gesamtlast gleich Zusatzlast).

Gehen wir nun zur Einstimmigkeitsregel über. Diese und die Grenzkostenpreisregel sind normativ-institutionelle Empfehlungen für die Praxis, zu denen Wicksell auf der Basis von Annahmen gelangt ist, die wir heute als der Ökonomischen Theorie der Politik bzw. der Theorie des Marktversagens zugehörig betrachten würden. Zum Einstimmigkeits- und Freiwilligkeitsprinzip kommt er, indem er von der Kritik am Leistungsfähigkeitsprinzip (1896, 77 ff.) und an einem absolutistischen Grundverständnis in der Finanzwissenschaft (ebd. 101 f.) ausgeht. Dieses läuft seiner Meinung nach auf ein «Alles für, nichts durch das Volk» hinaus (ebd. 102). Werde im Sinne dieser Denkweise über Ausgaben und Einnahmen getrennt abgestimmt und die Finanzierungslast nach der Leistungsfähigkeit verteilt, werde jedermann versuchen, Steuern zu sparen, gleichwohl aber möglichst viel aus dem Staat «herauszuholen» und möglichst viel politische Macht zu erringen (ebd. 100 ff.). Politische Macht aber sei gefährlich, denn weder Regierung noch Parlament bestünden aus selbstlosen Treuhändern der Gesamtheit und puren Verfechtern des Allgemeinwohls (ebd. 109).

Hieraus zieht Wicksell nun aber nicht den naiven Schluß, daß man erst den Menschen ändern und anschließend die Macht in den Händen einer dann ja benevolenten Regierung konzentrieren müsse; statt dessen entwickelt er einen faszinierenden Grundgedanken für die Änderung von Institutionen: Analog zum marktwirtschaftlichen Teil muß auch der staatswirtschaftliche Teil einer Volkswirtschaft so organisiert werden, daß aus dem Egoismus der Individuen und Klassen kollektives Wohl entspringt (1896, 92 und 159). Das Schaffen gesamtwirtschaftlich orientierter Institutionen als Aufgabe zu betrachten, ist *der* Grundgedanke der ordoliberalen Ordnungspolitik Böhmscher und Euckenscher Prägung. Diese hatten vor allem den marktwirtschaftlichen koordinierten Teil der Volkswirtschaft vor Augen, Wicksell (und im Anschluß an ihn heute vor allem Buchanan) dagegen den staatswirtschaftlich gelenkten. Wie man sieht, ist die entscheidende Idee, daß Benevolenz der Regierung und Weitsichtigkeit der Regierten organisiert werden müssen, bei Wicksell aber schon angelegt. Deutlich wird dieses ordnungspolitische Denken, dieser theoretisch fundierte und gesamtwirtschaftlich orientierte Institutionalismus, auch in Wicksells (1896, 89) Kritik an Sax: «Sein Hauptfehler aber ist m. E., daß er sich niemals darüber klare Rechenschaft ablegt, ob denn für jene ökonomisch geforderte Wertung der diversen Bedürfnisse auch im aktuellen Staatsleben die *nötigen Organe,* die erforderlichen Einrichtungen da sind» (Hervorhebung: H. G.).

Die Institution, mit deren Hilfe und durch deren verfassungsmäßige Verankerung die geschilderten Mißstände vermieden werden sollen, ist das Einstimmigkeits- und Freiwilligkeitsprinzip (1896, 113 ff.): Die Regierung möge Ausgabenvorschläge machen und ihre Vor- und Nachteile fachmännisch erläutern; ausgeführt werden diese Vorschläge aber nur, wenn man auch einen Finanzierungsmodus hierfür findet, der nahezu einstimmig (d. h. z. B. mit neunzigprozentiger Mehrheit) angenommen wird. Das wird dann der Fall sein, wenn sich nahezu jedermann (vertreten durch seinen Vertrauensmann im Parlament) in der Rolle eines Käufers befindet, der zusammen mit anderen freiwillig ein Kollektivgut zur gemeinsamen Nutzung kauft, weil er sich dadurch eine Hebung seiner individuellen Wohlfahrt verspricht. Diese Kopplung von Ausgaben- und Finanzierungsvorschlägen und hohen Mehrheitserfordernissen beseitigt die demokratietypische Neigung zum «Schwarzfahren» und «rent seeking» (also, sich vorrangig um einen möglichst großen Anteil am «gegebenen Kuchen» zu bemühen, statt das «Backen eines möglichst großen Kuchens» in den Vordergrund zu stellen). Diese wichtige soziale Folge käme in einer Bezeichnung wie «Kopplungs- (oder Affektations-) und Einstimmigkeitsprinzip» vielleicht etwas deutlicher zum Ausdruck.

Wicksell glaubte aus verschiedenen Gründen (1896, 117 ff. u. 157 ff.), daß sein Vorschlag eine Realisierungschance hätte und funktionieren würde. Angesichts unserer zwischenzeitlich gesammelten Erfahrungen mit dem Mißbrauch des Einstimmigkeitsprinzips zu taktischen Zwecken («Erpresserhaltungen» etwa in der EG, aber z. B. auch in Universitätsgremien mit hohen Mehrheitserfordernissen) wird man heute skeptischer sein. Der Hinweis auf das Gebot einer institutionellen Kanalisierung des individuellen Glücksstrebens behält aber ebenso seine Gültigkeit wie Wicksells Auffassung, daß Nationalökonomie in diesem, der «Wohlfahrt des Ganzen» verpflichteten, ordnungspolitischen Sinne ein «revolutionäres Programm» sei (1913, 4)[13]. Außerdem bleibt das Einstimmigkeitsprinzip als gedanklicher Beurteilungstest weiterhin wichtig: Würde die öffentliche Maßnahme x auch durchgeführt, wenn man gemäß der Kopplungs- und Einstimmigkeitsregel abstimmte und Erpresserverhalten ausgeschlossen werden könnte?

Wenden wir uns nun der Grenzkostenpreisregel zu. Wicksell erläutert sie am Beispiel natürlicher Monopole wie Landstraßen, Brücken oder auch der Post (1896, 130ff.) und in Frontstellung gegen die Erhebung von «Gebühren» (womit Durchschnittskostengebühren gemeint sind). Er weist mit Hilfe einer Beispielrechnung nach, daß Durchschnittskostengebühren einen Wohlfahrtsverlust mit sich bringen (ebd. 131f.) und fordert bei Grenzkostenfreiheit eine reine Beitragsfinanzierung, bei positiven Grenzkosten dagegen einen gespaltenen Tarif mit einer Grenzkostengebühr und einem Grundbeitrag, den er allerdings in der Regel in Steuerform erhoben und zur Finanzierung öffentlicher Unternehmen verwendet wissen will (ebd. 133). Die Behandlung des Themas ist in dieser Geschlossenheit für die damalige Zeit vollkommen neu; sie ist auch heute noch modern und greift mit einem Hinweis darauf, daß gespaltene Tarife eine Vereinsstruktur voraussetzen (nur so können von der aktuellen Nutzung unabhängige Beiträge erhoben werden) und daß hierin nicht nur eine Rechtfertigung für eine öffentliche, sondern auch für eine genossenschaftliche Bereitstellung von Kollektivgütern liegt (ebd. 130), über den Stand der meisten modernen Lehrbücher hinaus.

Daß die Grenzkostenpreisregel (allerdings nicht unter diesem Namen) auf Wicksell zurückgeht, ist in der Geschichte des Faches weitgehend vergessen worden; üblicherweise nennt man Hotelling (1938, 242ff.) als Stammvater[14]. Wicksell (1896, 137) glaubte, daß man den Tätigkeitsbereich des Staates ausweiten werde, wenn nur erst einmal die (Vertrauen schaffende) Einstimmigkeitsregel verfassungsmäßig verankert und der Vorteil von gespaltenen Tarifen erkannt sei. Hier kann man allerdings auch anderer Meinung sein (Grossekettler 1984, 57ff.): Anhänger eines marktwirtschaftlichen Subsidiaritätsprinzips werden betonen, daß gespaltene Tarife oft lediglich irgendeine Vereinsstruktur erfordern, nicht aber einen öffentlich-rechtlichen Verband, und daß es z.B. die Möglichkeit gäbe, kommunale Tätigkeiten via Verlagerung auf Genossenschaften zu reprivatisieren.

Versucht man eine Wertung, so muß man die Beiträge Wicksells zur Finanzwissenschaft wohl mit zu seinen bedeutendsten rechnen: Er kann als ein Vorläufer der totalanalytischen Steuerwirkungslehre (AGE-Modelle) und – vor allem über Buchanan[15] als produktiven Vermittler – als

Vorläufer der Ökonomischen Theorie der Politik (Public Choice), der Klubgütertheorie und wichtiger Grundgedanken der finanzwissenschaftlichen Föderalismustheorie sowie der «Constitutional Economics» aufgefaßt werden.

Neben den schon aufgeführten Erkenntnissen fallen in Wicksells *Finanztheoretischen Untersuchungen* (1896) natürlich auch wieder Nebenergebnisse an. So finden wir auf S. 153 eine Vorwegnahme des zuweilen als «Friedman-Regel» bezeichneten Satzes, daß eine gewinnbringende Spekulation immer stabilisierend und damit volkswirtschaftlich sinnvoll sei (allgemein hierzu Hochgesand 1977) und auf S. 181 einen Hinweis darauf, daß die Staatsverschuldung nicht unmittelbar die personelle, sondern die funktionelle Einkommensverteilung beeinflußt: Die Kapitalbesitzer machen über Zinserhöhungen auch dann einen Zusatzgewinn, wenn eine Generation den Kapitaldienst für eine interne (d. h. innerhalb der eigenen Volkswirtschaft aufgenommene) Staatsverschuldung «an sich selbst» zahlt (allgemein hierzu Gandenberger 1981, 38 ff.).

III. Wirkungen auf die Entwicklung der Theorie, Zeitgenossen und Politik

Lindahl (1965, 418) bemerkt in der Lebensbeschreibung Wicksells, daß dieser zwar zu den großen Nationalökonomen der Jahrhundertwende gehört, lange Zeit aber nur geringen Einfluß gehabt habe. Das gilt wohl auch heute noch. Die Erklärung hierfür muß man in drei Ursachen suchen: Wicksell schrieb erstens auf deutsch und war damit für die meisten Angelsachsen – die Amerikaner zumal – bis zu seiner Übersetzung ins Englische (1934) nicht existent[16]. In Deutschland aber herrschte zweitens Schmollers Jüngere Historische Schule und brach der (ältere) Methodenstreit aus. Damit war der Boden für Lehren eines Theoretikers Wicksellschen Formats denkbar schlecht bereitet. Und drittens wurde die englischsprachige Welt zunächst von den Werken A. Marshalls und dann J. M. Keynes' gefesselt. Nur in Schweden war Wicksell bereits zu Lebzeiten Erfolg beschieden: Hier galt er in Fragen der ökonomischen Theorie als Autorität und hat eine Generation von Forschern wie E. Heckscher, E. Lindahl, G. Myrdal und B. Ohlin geprägt (Gårdlund 1968, 543) sowie die Politik der Zentralbank nicht unwesentlich beeinflußt (ebd. 548).

Die internationale Fachwelt seiner Zeit hat ihn wohl gekannt, gründlich auseinandergesetzt haben sich mit ihm aber nur wenige. Von Marshall weiß man, daß er eine Ausgabe von *Geldzins und Güterpreise* besaß und sie – ausweislich der Anmerkungen – auch sorgfältig durchgearbeitet hat; zitiert hat er sie jedoch nicht (Jacobsson 1952, 467). Keynes hat ihn lobend erwähnt, ebenfalls v. Hayek. Schumpeter (1927, 238), der von ihm begeistert war, bezeichnete ihn als «schwedischen Marshall» und «größten Namen der nordischen Nationalökonomie». Er betrachtete ihn als Ideal eines Wissenschaftlers (Recktenwald 1965, 22). Cassel war sein Konkurrent und wissenschaftlicher Gegner[17]. Von seinen Kollegen in Lund stand ihm wohl D. Davidson am nächsten, der 1899 die *Ekonomisk Tidskrift* gegründet hatte (Lindahl 1965, 425). Im Gegensatz dazu nahm Wicksell an den Schriften seiner Zeitgenossen regen Anteil. Er hat Rezensionen zu Paretos *Cours d'économie politique* und seinem *Manuel d'économie politique,* zu Böhm-Bawerks *Kapitaltheorie* sowie zu Mengers *Grundsätzen* und einen Nachruf auf Menger verfaßt (alle wiederabgedruckt in Wicksell 1958). Außerdem hat er Mises' *Theorie des Geldes und der Umlaufsmittel* besprochen (Wicksell 1914 a) und Nachrufe auf Lexis und Böhm-Bawerk veröffentlicht (Wicksell 1914 b).

Als Professor und Prüfer soll Wicksell zwar freundlich, doch nicht eben nachsichtig gewesen sein (Lindahl 1965, 425). Auf seine Studenten dürfte der «nicht sehr große und ziemlich korpulente Mann» (ebd. 628), der nicht selten ein Einkaufsnetz neben dem Vortragspult abzustellen pflegte, in dem Lebensmittel sich bunt unter Fachbücher mischten, wohl zuweilen liebenswert schrullig gewirkt haben – zumal, wenn er sich zusammen mit seiner Frau in öffentlichen Diskussionen hitzig engagierte, wobei man durchaus nicht sicher sein konnte, daß beide die gleichen Ansichten vertraten (ebd.).

Politisch stand Wicksell den Sozialdemokraten nahe. Seine liberale und ordnungspolitisch fundierte Grundhaltung hätte ihn in unserer Zeit vermutlich in die Nähe Karl Schillers und des Godesberger Programms der SPD von 1959 gerückt. In mancher Beziehung war er jedoch recht radikal. Obwohl seine berufliche Existenz auf dem Spiel stand, weigerte er sich z. B., den König in einem Gesuch mit der üblichen Floskel «ergebenst» zu grüßen, und stimmte gegen den Vorschlag, die Universität Lund möge zum Begräbnis Oskars II. einen Kranz schicken (Lindahl 1965, 434). In der sozialdemokratischen Partei war er einflußreich und beliebt. Dies zeigte sich u. a. bei seinem Begräbnis, das – gegen seinen Willen – dem eines Staatsmannes glich und auf dem die roten Fahnen der Sozialdemokraten und Gewerkschaften überwogen (Gårdlund 1968, 543).

Wicksells Einfluß auf die Entwicklung der Theorie wurde im Rahmen der Darstellung des Gesamtwerks bereits gewürdigt. Zusammenfassend wird man Wicksell als Vater der Neoklassik in Schweden, als Vorläufer ordnungspolitischen Denkens und als einen herausragenden Theoretiker bezeichnen können. Als solcher hat er den Stand unseres Wissens durch die Synthese bis dato unverbundener Zweige der Grenznutzenschule und die Klärung der Kapitaltheorie in vielen Einzelheiten bereichert. Darüber hinaus hat er in der Geldtheorie (Makroökonomik) und in der Finanzwissenschaft Grundsteine gelegt, ist aber vor allem in letzterer – außer von Buchanan und Gröbner – zu wenig gewürdigt worden.

Hans G. Monissen

IRVING FISHER
(1867–1947)

«In der Tat sind praktische ökonomische Probleme nur selten auf die eigentlichen Wirtschaftswissenschaften beschränkt, sondern werden in die großen Bereiche von Gesetz, Politik und Moral hineingetragen.»

Fisher 1918, 3514

I. Leben

1. Zur Biographie

Irving Fisher wurde am 27. Februar 1867 in Saugerties, New York, als drittes von vier Kindern des Ehepaars George Whitefield und Ella Fisher geboren. Vater George Fisher war Priester der Kongregationskirche. Mutter Ella entstammte der Familie Wescott, die bereits in der achten Generation in den USA lebte. Kurz nach Irvings Geburt zog die Familie nach Peace Dale, Rhode Island, wo der Vater zwölf Jahre Pastor war. Irvings zwei ältere Geschwister starben als Kinder; Herbert, sieben Jahre jünger als Irving, sollte später seinem berühmten Bruder bei einigen Buchpublikationen assistieren.

Im Jahre 1881 verlegte die Familie Fisher ihren Wohnsitz nach New Haven, wo Irving sich an der Hillhouse High School auf seine Collegezeit vorbereitete. Später zogen die Fishers nach St. Louis, wo Irving die Smith Academy besuchte. Es stand außer Frage, daß Irving, wie zuvor sein Vater, das Yale College besuchen sollte. Der frühe Tod des Vaters – er starb an Tuberkulose – beschleunigte die Entscheidung. Die Familie zog zurück nach New Haven, wo sich Irving, früher als geplant, am Yale College immatrikulierte. Die finanzielle Situation der Familie war äußerst ungünstig. Zwar konnte Irving auf ein Legat seines Vaters von $ 500 zurückgreifen, doch mußte er vom ersten Semester an als Tutor zum Unterhalt der Familie beitragen. Bereits im ersten Semester zeichnete sich eine brillante Studienkarriere ab, als er einen Ehrenpreis für Mathematik erlangte. Hier lag seine besondere Begabung. Ernsthaftigkeit, Zielstrebigkeit und Fleiß waren die herausragenden Charaktereigenschaften des jungen Studenten.

Fisher war nicht nur im akademisch-wissenschaftlichen Bereich erfolgreich. In seinem dritten Studienjahr gewann er als Ruderer im Einer das Cleveland-Rennen. *Yale Literary Magazine* publizierte eines seiner Gedichte, und kurz darauf bewarb er sich für die Position des Herausgebers dieses Magazins. In einem öffentlichen Redewettstreit belegte er den zweiten Platz. Bei seinen universitären Aktivitäten ging es ihm auch um soziale Anerkennung bei seinen Kommilitonen, doch mehr noch um die für ihn so notwendigen pekuniären Vorteile. Die soziale und politische Atmosphäre sowie das allgemeine kulturelle Umfeld eines amerikanischen Colleges um die Jahrhundertwende ist für die Nachwelt von Yales scharfsinnigem Literaturkritiker Henry Seidel Canby (1936) eingefangen worden.

Es war eine ganz besondere Ehre für Irving Fisher, als er 1888 die akademische Abschiedsrede seines Jahrgangs halten durfte. Gleichzeitig erlangte er ein Stipendium in Höhe von $ 500 für ein Graduiertenstudium. Sein breites wissenschaftliches Interesse dokumentierte sich in der Beschäftigung mit Mathematik, Naturwissenschaften, Sozialwissenschaften im weitesten Sinne und Philosophie. In den Wirtschaftswissenschaften belegte er alle angebotenen Lehrveranstaltungen. Er wurde der Lieblingsschüler des berühmten Mathematikers und Physikers J. William Gibbs. Sein Mentor in den Sozial- und Wirtschaftswissenschaften war William Graham Sumner, ein liberaler Wissenschaftler, dessen Arbeiten heute insbesondere noch dem Soziologen geläufig sind.

Als Fisher seine Dissertation plante, suchte er Sumners Rat. Einerseits hatte er zwar die Hälfte seines Studiums der Mathematik gewidmet, wo sich seine wissenschaftliche Begabung am deutlichsten zeigte, andererseits lag ihm jedoch nicht viel daran, sich ganz in die esoterische Welt der reinen Mathematik zurückzuziehen. Sumner empfahl dem überraschten Fisher, sich mit «mathematischer Ökonomik» zu beschäftigen, ein Gebiet, in das er den aufstrebenden jungen Wissenschaftler nur über einige Literaturhinweise einführen konnte.

Das Ergebnis seiner Promotionsbemühungen legte er 1891 in seiner inzwischen klassischen Arbeit *Mathematical Investigations in the Theory of Value and Prices* (1892) vor, die erste Dissertation in reiner ökonomischer Theorie, die in Yale eingereicht wurde. Bereits vor Abschluß seiner Promotion war Fisher zeitweilig Lehrbeauftragter für Mathematik und übernahm sogar einmal eine Lehrveranstaltung in Astronomie. Als sich ihm 1895 eine Position am Fachbereich für Politische Ökonomie bot, entspann sich ein Streit zwischen den beiden betroffenen Dekanen, da sich die Mathematiker ebenfalls stark an dem jungen Wissenschaftler interessiert zeigten. Bereits 1898 wurde er ordentlicher Professor für Ökonomie mit dem für die damalige Zeit beachtlichen Jahresgehalt von $ 3000.

1893 heiratete er Margaret Hazard, die Tochter einer wohlhabenden Familie aus Peace Dale. Das Ehepaar Fisher hatte drei Kinder, von denen zwei die Eltern überlebten. 1898 erkrankte Fisher so schwer an Tuberkulose, daß ihn die Universität Yale beurlaubte. Drei Jahre verbrachte er in Sanatorien, um seine Gesundheit mit fast übermenschlicher Selbstdisziplin wiederherzustellen. Die Tuberkulose in seiner Familie war letztlich

Irving Fisher (1867–1947)

wohl der entscheidende Auslöser dafür, daß Fisher, selbst überzeugter Vegetarier, der alle Genußmittel völlig ablehnte, sich zeit seines Lebens stark für ernährungs- und gesundheitswissenschaftliche Belange engagierte.

2. *Aktivitäten außerhalb der Universität*

Starkes soziales und politisches Engagement, ein hartnäckiger, nicht zu unterdrückender Reformeifer, getragen von hohen moralischen Ansprüchen, sowie erfolgreiche kommerzielle Aktivitäten sind in der Folgezeit untrennbar mit seinen rein wissenschaftlichen Arbeiten verknüpft, die wiederum mit einer Vielzahl von mehr populärwissenschaftlichen Veröffentlichungen verwoben sind. Somit bleibt die Herauslösung seines wissenschaftlichen Werks, das in einem gesonderten Abschnitt dargestellt wird, notwendigerweise etwas willkürlich.

1904, auf der Rückkehr von der Tagung der American Economic Association, besuchte Fisher Dr. Kellogg vom Battle Creek Sanatorium, um dessen System der biologischen Lebensweise kennenzulernen. Er selbst hatte sich bereits mit einigen Experimenten zum Zusammenhang zwischen fleischloser Kost und Ausdauer beschäftigt, deren Ergebnisse er 1907 in einem kleinen Buch, *The Effect of Diet on Endurance*, zusammengetragen hatte. Es ist interessant anzumerken, daß die amerikanischen Soldaten des Ersten Weltkriegs einen Neudruck (1918) des Bändchens im Marschgepäck trugen. Sein Streben nach der wahren Gesundheitslehre war von einem fast religiösen Eifer getragen. Gesunde Ernährung und strenge Lebensführung waren ihm konstitutive Lebensregeln, die er jedoch konsequent ökonomisch anwendete, um nur ja keine kostbare Zeit zu vergeuden. Im Gegensatz zu vielen seiner berühmten späteren Kollegen lehnte er Golfspielen als zu zeitaufwendig ab und bevorzugte das Fahrrad, um sich körperlich fit zu halten. Das Fahrrad war nur in zweiter Linie Fortbewegungsmittel, da ihm bereits in den 20er Jahren ein Luxuswagen mit Chauffeur zur Verfügung stand.

Um den medizinischen Fortschritt ohne die üblichen Zeitverzögerungen therapeutisch nutzbar zu machen, gründete er mit Ley 1913 das Life Extension Institute, dem der frühere US-Präsident Taft als Vorsitzender des Verwaltungsrates vorstand. Mit dem Direktor des Instituts Dr. Fisk schrieb er das populäre Buch *How to Live* (1915), das sich weniger mit der Krankheit, als vielmehr mit der Gesundheit beschäftigte. Das Buch erreichte 1946 die 21. Auflage und wurde über 500 000 mal verkauft. Das Honorar kam dabei ausschließlich den Belangen seines Instituts zugute. 1907 führte sein Reformeifer zur Gründung eines Komitees mit dem Ziel der Einrichtung eines Staatlichen Gesundheitsministeriums. «Economic Aspect of Lengthening Human Life» war in dieser Zeit eines seiner typischen Vortragsthemen. Als er Mitglied von Roosevelts National Conservation Commission wurde, publizierte er 1909 seinen berühmten *Report on National Vitality*.

Unermüdlich machte er auf die Gefahren von Genußmitteln allgemein und Alkohol im besonderen aufmerksam. Das argumentative Vakuum der Prohibitionsgesetze suchte er durch mehrere Bücher zu schließen: *Prohibition at Its Worst* (1926), *Prohibition Still at Its Worst* (1928) sowie *The Nobel Experiment* (1930). Wie in all seinen Arbeiten bemühte er sich auch hier, seine Argumente empirisch zu belegen, wobei allerdings Kritiker ihm vorwarfen, daß er, sicherlich unbeabsichtigt, seine Daten entsprechend seiner Argumentation wählte. Aufwendige statistische Überlegungen führten ihn zu dem Ergebnis, daß die Produktivität der Arbeit um 10–20 % erhöht werden könne, wenn nur Prohibition allumfassend verwirklicht werde.

Fishers Schaffenskraft machte es nötig, zunächst zwei bis drei Stenographen in seinem Privathaus zu beschäftigen, bis sich schließlich bis zu zwanzig Mitarbeiter auf zehn Arbeitszimmer verteilten. Weitere größere Büros unterhielt er unter anderem in New York und Washington. Neben seinen vielen Aktivitäten innerhalb und außerhalb der Universität legte er eine bemerkenswerte Zahl von Erfindungen vor, die von einem frühen Vorschlag zur Verbesserung des Mechanismus eines Klaviers, über eine Luftkammer, die er während seines Klinikaufenthaltes entwickelte, bis hin zu einer äußerst präzisen Sonnenuhr reichten. 1918 entwickelte er das bis heute noch überall verwendete System des Visible-Card-Index, das sich kommerziell als überaus erfolgreich erwies. Mit einer weiteren Firma wurde Index Visible von Remington Rand übernommen. In dieser sowie in sechs weiteren größeren Unternehmungen hatte Fisher bis zu seinem Tode Direktorenposten inne.

1914 hielt er auf dem International Race Betterment Congress seinen berühmten Vortrag «A League for Peace», ein Thema, das ihn bereits 1890 in einem Vortrag vor dem Yale Political Science Club beschäftigt hatte. Später war er unter den vielen, die im Rahmen eines $ 25 000-Wettbewerbs Vorschläge für ein institutionelles Arrangement zur Sicherung eines dauerhaften Weltfriedens unterbreiteten. Als seine Lösung nicht gewürdigt wurde, publizierte er 1923 sein Buch *League or War?*, das ein Jahr später als *America's Interest in World Peace* erschien.

Kernpunkt seiner reformerischen Aktivitäten war jedoch die Lösung des weltweiten Problems des schwankenden Geldwerts, das er mit einem überaus einfachen, doch genialen Vorschlag, dem Plan eines kompensierten Dollars, zu lösen versuchte. Er akzeptierte den damals herrschenden Goldstandard, kritisierte jedoch, daß dieser keine Geldwertstabilität garantiere. Gold sei ein gutes Tauschmittel, doch kein guter Wertstandard. Empirische Grundlage für seine Stabilisierungsvorschläge waren seine Pionierarbeiten über Indexmaße. 1923 gründete er das Index Number Institute, das einen wöchentlichen Großhandelspreisindex zur Erfassung der Kaufkraft des Geldes herausgab. Dies war der erste publizierte Index dieser Art.

Kommerzielle und wissenschaftliche Erfolge entwickelten sich parallel. Allein der Marktwert seiner Aktien in der neugegründeten Remington Rand Gesellschaft verzehnfachte sich. Seinen außeruniversitären Verpflichtungen konnte er allerdings nur durch drastische Reduktionen seines Lehrangebots nachkommen, das sich auf einige Veranstaltungen im Hauptstudium beschränkte. Schließlich hielt er nur noch eine Vorlesung pro Semester für eine kleine Gruppe ausgewählter Studenten, wobei die Thematik ganz von seinen laufenden Forschungen bestimmt war.

Fisher glaubte uneingeschränkt an die Neue Ökonomische Ära der 20er Jahre. Er sah nicht voraus, daß das System schließlich wie ein Kartenhaus zusammenfallen mußte (1929). Sein Ansehen als Wissenschaftler war in Frage gestellt und seine geschäftlichen Erfolge wurden als die eines skrupellosen Spekulanten diskreditiert. Der Fairneß halber sollte aber festgehalten werden, daß keiner der Experten seiner Zeit die tragische Entwicklung zu antizipieren vermochte. Die Große Depression bleibt auch für den modernen Wirtschaftswissenschaftler ein im wesentlichen ungelöstes ökonomisches Phänomen. Nach Informationen seines Sohnes verlor der Vater auf dem Höhepunkt der Depression ungefähr acht bis zehn Millionen Dollar, was ihn aber auch in der Folgezeit nicht davon abbrachte, Finanzanlagen in Stammaktien als die einzig gesunde Investition zu empfehlen. Der Ökonom Fisher reagierte auf die Depression mit der Publikation eines neuen Buches, *The Stock Market Crash and After* (1930). Erklärung von Konjunkturschwankungen und insbesondere von Depressionen standen in der Folgezeit im Vordergrund seiner ökonomischen Studien.

Auch nach seiner Emeritierung im Jahre 1935 blieb seine Schaffenskraft ungebrochen. *100 % Money* (1935) war der Titel eines neuen Buches, das eine weitere propagandistische Phase einleitete. Probleme monetärer Stabilität und die «Lehren, die aus den monetären Erfahrungen» zu ziehen seien, war dann auch konsequenterweise das Thema einer Festschrift für Fisher anläßlich seines 70. Geburtstages, mit der ihm ein auserlesener Kreis internationaler Ökonomen Reverenz erwies (Gayer [Hg.] 1937). Noch im hohen Alter von 74 Jahren engagierte er sich für eine radikale Änderung des Steuersystems (*Constructive Income Taxation*, 1942). Selbst die Vielseitigkeit und Breite seiner wissenschaftlichen Interessen blieb ungebrochen. Zwei Jahre später legte er noch das Buch *World Maps and Globes* (1944) mit interessanten Neuerungen vor, das er engagiert der Öffentlichkeit zu vermitteln versuchte. Fisher starb am 29. April 1947 in New York City, zwei Monate nach seinem 80. Geburtstag.

II. Werk

1. Die wissenschaftliche Leistung

Fishers Lebenswerk, das in viele Sprachen übersetzt wurde, umfaßt ungefähr 30 Bücher, Hunderte von Aufsätzen und theoretischen Studien sowie eine Vielzahl populärwissenschaftlicher Schriften, die sich von ökonomischen und sozialen Fragen über engere politische Probleme bis hin zu Medizin, Ernährungswissenschaft und Gesundheitsökonomik erstrecken. Die zentralen Ergebnisse seiner ökonomischen Bemühungen lassen sich indessen acht bedeutenden Büchern – alle pädagogische Meisterwerke der Fachliteratur – entnehmen, von denen sechs aus der Sicht des modernen Ökonomen besonders herausragen: 1. *Mathematical Investigations in the Theory of Value and Prices* (1892), 2. *Appreciation and Interest* (1896), 3. *The Nature of Capital and Income* (1906), 4. *The Rate of Interest* (1907), revidiert als *The Theory of Interest* (1930), 5. *The Purchasing Power of Money* (1911), 6. *Booms and Depressions* (1932). *Stabilizing the Dollar* (1920) und *Constructive Income Taxation* (1942) sind dabei lesenswerte Ergänzungen. Viele Artikel, die vorher in Fachzeitschriften publiziert wurden, sind in die größeren Arbeiten eingeflossen, so daß auf deren gesonderte Behandlung verzichtet werden kann.

Irving Fisher ist neben Ökonomen wie Jevons, Menger, Walras, Edgeworth, von Böhm-Bawerk, Wicksell, Pareto und Clark einer der Begründer und ein bedeutender Vermittler der neoklassischen Theorie, deren Programm sich auf die Anwendung der Marginalanalyse mit ihrem formalen Maximierungskalkül stützt, wobei Grenznutzen, subjektive Werttheorie, Grenzproduktivität und Gleichgewicht die theoretischen Ingredienzen sind. Fishers ökonomisches Werk, das vor dem Hintergrund der modernen Naturwissenschaften in den USA entstand, läßt sich als eine moderne Abhandlung über Wirtschaftstheorie und Wirtschaftspolitik zusammenstellen. Selbst auf die Gefahr hin, wichtige Details zu vernachlässigen oder komplexere Zusammenhänge zu trivialisieren, soll im folgenden diese Synthese versucht werden.

Preis und Wert: Die temporale Theorie

In den *Investigations* präsentiert Fisher einen theoretischen Ansatz, der klar die weitere Entwicklung durch Pareto, Johnson, Slutsky, Allen/Hicks, Samuelson und Arrow/Debreu vorzeichnet. Als Fisher seine Dissertation schrieb, waren ihm *The Theory of Political Economy* von Jevons (1871) und die *Untersuchungen über die Theorie des Preises* der bemerkenswerten Wiener Bankiers Auspitz und Lieben (1889) bekannt. Die Verallgemeinerung der Bedingungen eines Tauschgleichgewichts für zwei Akteure und zwei Güter auf ein solches für eine beliebige Anzahl von Akteuren und Gütern ist formal äquivalent der von Walras, dessen *Élé-*

ments d'économie politique pure (1874–77) ihm damals unbekannt waren. Doch Fishers Vorgehensweise ist didaktisch geschickter und klarer formuliert. Das von ihm in Kapitel 4, § 10, vorgestellte Gleichungssystem ist formal identisch mit dem von Walras, mit dem Unterschied, daß er von Grenznutzen ausgeht, die von den Gütermengen abhängen, während Walras die Gütermengen als Funktionen der Güterpreise ausdrückt. Erst kurz vor Fertigstellung seiner Dissertation entdeckte er Edgeworths *Mathematical Psychics* (1881). In den *Investigations* widmet er zunächst der Frage Aufmerksamkeit, wie die einzelnen ökonomischen Akteure ein gegebenes Geldeinkommen auf die einzelnen Verwendungsarten aufteilen. Elementare Produktionsbeziehungen ergänzen die Ausgangslage zu einem allgemeinen Gleichgewichtsmodell. Wie alle Neoklassiker argumentiert Fisher konsequent auf der Basis des inzwischen für den Ökonomen verbindlichen Paradigmas, das subjektive Präferenzen (Wünsche) von den objektiven Restriktionen (Ausstattung und marktbedingte Tauschverhältnisse) trennt. Das Zusammenwirken von Präferenzen und Restriktionen, in der Ökonomie mit Nutzenmaximierung umschrieben, bestimmt dabei das beobachtbare Verhalten. Im ersten Teil seiner Dissertation geht Fisher der Einfachheit halber davon aus, daß der Nutzen, den ein bestimmtes Güterbündel stiftet, als Summe der Nutzen der einzelnen Güter ausdrückbar ist, d. h. der Nutzen, der einem Akteur aus einer bestimmten Menge eines Gutes erwächst, ist unabhängig von der Menge der anderen Güter. Fisher unterstellt, daß der Nutzen eines Akteurs, wie im Beispiel der Temperatur, durch einen kardinalen Index ausgedrückt werden kann. Der Nutzenzuwachs bezogen auf die letzte (marginale) Einheit eines jeden Gutes wird als Grenznutzen eingeführt. Der Grenznutzen ist positiv, nimmt aber mit wachsender Gütermenge ab, ein Tatbestand, der im 1. Gossenschen Gesetz seinen Niederschlag gefunden hat. Fisher schließt sich hier implizit oder explizit den drei Begründern der Nutzentheorie (der subjektiven Wertlehre), nämlich Jevons, Walras und Menger an. Die Annahme abnehmenden Grenznutzens impliziert, daß die für die ökonomische Analyse so wesentlichen Nachfragekurven (die die mathematische Beziehung zwischen dem Preis eines Gutes und der nachgefragten Menge pro Zeiteinheit bei Konstanz aller weiteren Bestimmungsfaktoren ausdrücken) eindeutig eine negative Steigung aufweisen.

Im zweiten Teil der *Investigations* geht Fisher dann wie Edgeworth von interdependenten Nutzenfunktionen aus, bei denen der Grenznutzen eines Gutes auch von den Mengen aller anderen Güter abhängig ist. Diese Verallgemeinerung erlaubt die Unterscheidung in komplementäre und rivalisierende Güterbeziehungen. Ein wesentlicher Fortschritt in der Arbeit Fishers ist die Überwindung der psychologischen Konnotation des Nutzens, wie sie für den frühen Edgeworth charakteristisch ist. Nutzen ist so eingeführt, daß er nur von den objektiven Gütercharakteristika abhängt. Seine Annahme, «Jedes Individuum handelt nach seinen Wünschen» (Fisher 1892, 11), öffnete die moderne Perspektive, die Benthams problematischen «Calculus of Pleasure and Pain» (1823, Chap. 1) überwand. Fisher vollzog zwar noch nicht den letzten Schritt zur modernen Wahlhandlungstheorie durch den Übergang zu einer ordinalen Nutzenmessung, bei der es nur darauf ankommt, eine konsistente Rangfolge oder Ordnung zu postulieren, doch es war ihm bewußt, daß Kardinalität und die logisch unabhängige, doch häufig assoziierte, intersubjektive Vergleichbarkeit für die meisten Probleme zu starke Annahmen sind. Fisher sollte somit als der eigentliche Begründer der modernen Wahlhandlungstheorie angesehen werden. Sein Interesse an der kardinalen Meßbarkeit war von empirischen und sozialpolitischen Erwägungen getragen, die sich in seinen berühmten Überlegungen zur Ermittlung von kardinalen Nutzenskalen niederschlugen (Fisher 1927). Motiviert war er zweifellos von der damals verbreiteten Idee, ein Einkommensteuersystem so zu gestalten, daß die Belastung zu «gerechten Nutzenopfern» bei den betroffenen Akteuren führt.

Für einen modernen Ökonomen mag es sicherlich trivial zu lesen sein, daß die Akteure in einem interdependenten dezentralisierten System dann ihr Gleichgewicht gefunden haben, wenn die Nutzen, bezogen auf die letzte Geldeinheit (etwas irreführend als Grenznutzen des Geldes bezeichnet), in allen Verwendungen gleich sind oder, allgemeiner, wenn das Verhältnis der Grenznutzen der Güter gleich dem ihrer Preise ist. Nicht trivial hingegen ist der Nachweis der Allgemeingültigkeit für den Fall vieler Güter bei einer großen Zahl von Produzenten und Konsumenten, eine Problemstellung, die noch heute den modernen mathematischen Ökonomen beschäftigt. Die ökonomischen Zusammenhänge vermochte Fisher durch raffinierte hydraulisch-mechanische Modelle zu illustrieren, ein Vorgehen, das nicht nur die Bewunderung seiner Zeitgenossen fand, sondern als Pionierleistung für weitere Arbeiten über allgemeine Gleichgewichtssysteme gilt. Wie üblich, gab sich Fisher auch hier nicht mit reinen Illustrationen zufrieden, sondern konstruierte mehrere höchst komplizierte hydrostatische Mechanismen zur Demonstration von gleichgewichtigen Preisbewegungen.

Preis und Wert: Die intertemporale Theorie

Zwar wurde zu Fishers Lebzeiten *The Purchasing Power of Money* (1911 a) als sein Meisterwerk gepriesen, doch nimmt diesen Platz heute sein Werk *The Theory of Interest* (1930 b, eine Revision von *The Rate of Interest*) ein, das eine konsequente Erweiterung seiner Dissertation ist. In beispielhafter intellektueller Redlichkeit verweist Fisher auf Rae und von Böhm-Bawerk, die wichtige Grundlagen seiner Theorie vorweggenommen haben.

Fisher erweiterte seine allgemeine Gleichgewichtstheorie auf Wahlhandlungen, Budget- und Produktionsbeziehungen über die Zeit. Anders als Walras, der seine Mehrgüterwelt auf intertemporale Zusammenhänge ausdehnt, führt Fisher, ohne wesentliche Einschränkung der Allgemeingültigkeit seiner Überlegungen, ein allumfassendes Gut ein, das in den einzelnen Perioden sowohl konsumiert als auch produziert werden kann. Es läßt sich mit voller Berechtigung behaupten, daß Fisher in klarer, eleganter und einsichtiger Weise das dargestellt hat, was man von Böhm-Bawerk in seinem Werk *Positive Theorie des Kapitals* (1888) hätte erwarten können. Einer Analyse des Zinsproblems muß nicht die fast metaphysische qualitative Frage nach dem Wesen des Zinses vorgeschaltet sein. Es geht nur um die quantitative Frage nach der Höhe und dem Zeitverlauf des Zinssatzes, den Preis für die frühere Verfügbarkeit von Gütern. Die Zinstheorie ist somit integraler Teil einer allgemeinen Wert- und Verteilungstheorie. Unter normalen Bedingungen erfahren gegenwärtig verfügbare Güter einen Aufpreis (ein «Agio») relativ zu später verfügbaren Gütern. In Fishers Analyse lassen sich die berühmten Gründe Böhm-Bawerks für einen positiven Zinssatz simultan integrieren: 1. Systematische «subjektive Zeitpräferenz» bedeutet, daß ein Güterbündel mit einer bestimmten Menge an Gütereinheiten «morgen» und einer bestimmten größeren Menge an Gütereinheiten «heute» immer der Konstellation vorgezogen wird, die die gleichen Mengen in umgekehrter Folge anbietet. 2. Die relative Ausstattung an Gütern «heute» ist im Vergleich zu der von «morgen» im allgemeinen ungünstiger. 3. Gegenwärtig verfügbare Güter sind gegenüber zukünftigen durch «technische Überlegenheit» charakterisiert, da sie produktiv verwendet werden können.

Fishers graphische Darstellung des Zusammenhangs für den Zwei-Perioden-Fall wurde eines der Standarddiagramme der modernen Ökonomik überhaupt. Betrachten wir einen typischen Produzenten-Konsumenten, der Ausgangspunkt für eine allgemeine Betrachtung ist. Durch die Aufgabe von Gütern heute läßt sich über «Tausch mit der Natur» die Ausstattung an Gütern morgen erhöhen. Für die letzte aufgegebene Gütereinheit heute erhält man die gleiche Einheit und «etwas mehr» zurück. Dieses Mehr, eine Prozentgröße – Fisher nennt es die Grenzrate des Ertrags über die Kosten – nimmt ab, je mehr von den laufenden Gütern aufgegeben wird. Später verfügbare Güter lassen sich über eine Diskontierung mit dem Marktzinssatz in heutigen Verfügbarkeiten ausdrücken, eine Vorgehensweise, die das Vermögen als Marktwert der laufenden und zukünftigen Güterausstattungen ausweist. Offensichtlich ist der Wert des laufenden Vermögens maximiert, wenn die angeführte Grenzrate gleich dem Marktzinssatz ist. Den einzelnen Akteuren in ihrer Konsumentenrolle bleibt es nun unbenommen, ihre maximierte Güterposition (ihr Vermögen) so auf beide Perioden aufzuteilen, daß ihr Nutzen maximiert wird. Dies ist der Fall, wenn der Zinssatz gleich der subjektiven Zeitpräferenzrate ist. Dabei tauschen die Akteure ihre Güterverfügbarkeiten auf einem (vollkommenen) Kreditmarkt, der sowohl Aufnahme als auch Vergabe von Krediten erlaubt. Diese Beschreibung ist der Kernpunkt seiner Erklärung des «Zinssatzes» für eine komplexe Volkswirtschaft. Deutlich werden sollte auch, daß es keinen verhaltenstheoretischen Widerspruch zwischen sog. «Vermögensmaximierung», dem Ziel eines Unternehmens unter Wettbewerbsbedingungen, und «Nutzenmaximierung», dem Ziel eines Konsumenten, geben muß, ein Ergebnis, das als Fisher-Separation Eingang in die moderne Theorie der Unternehmung gefunden hat.

Bezieht man Fishers frühere Arbeit *Appreciation and Interest* (1896/1961) in den Zusammenhang ein, so erhalten wir einen geschlossenen konzeptionellen und analytischen Rahmen für die Lösung zentraler kapitalmarkttheoretischer Probleme. Fisher behandelt stetige und diskrete Verzinsung. Er trennt den nominalen von dem realen Zinssatz, deren Differenz die erwartete Inflationsrate ausweist, eine Beziehung, die als Fisher-Gleichung in die Dogmengeschichte eingegangen ist. Fisher diskutiert das Zusammenspiel von Zinssätzen, die in verschiedenen Gütereinheiten gemessen werden, Fristenstrukturprobleme, erwartete und unerwartete Preisänderungen und ihre Wirkungen auf die Zinssätze, die Bedeutung von steigenden und hohen Preisen usw. All dies wird mit der von ihm gewohnten analytischen Exaktheit ausgearbeitet und – für die damalige Zeit äußerst ungewöhnlich – mit zum Teil von ihm selbst entwickelten statistisch-ökonometrischen Verfahren empirisch überprüft. Nur am Rande sei festgehalten, daß Fishers intertemporale Analyse des Konsumentenverhaltens die Grundlage für das Lebenszyklusmodell liefert, das mit dem Nobelpreis an Modigliani als Meilenstein der modernen Konsumtheorie gewürdigt wurde.

Monetäre Makroökonomik und Konjunkturtheorie

Die konzeptionelle Verbindung zwischen der Analyse des Verhaltens spezifischer Akteure auf einzelnen Märkten und der Behandlung gesamtwirtschaftlicher (aggregativer) Phänomene liefert das volkswirtschaftliche Rechnungswesen. Auch auf diesem Gebiet hat Fisher Pionierarbeit geleistet. Seine bahnbrechende, noch heute lesenswerte Arbeit, *The Nature of Capital and Income* (1906), wurde in der Absicht verfaßt, die häufig widersprüchlichen Konzepte und Verfahren der Rechnungslegungspraxis und der Besteuerung theoretisch zu begründen und für eine gesamtwirtschaftliche Analyse nutzbar zu machen. Die zentralen Größen «Kapital» (eine Bestandsgröße) und «Einkommen» (eine Stromgröße) werden zum ersten Mal in der Dogmengeschichte rigoros definiert; beide sind über den Zinssatz konzeptionell verknüpft. Etwas verwirrend für den Praktiker bleibt Fishers Definition von «Einkommen», das nicht als Einkünfte aus allen produktiven Ressourcen, sondern als Konsum im breitesten Sinne verstanden wird. Sparen als Nichtkonsum des konventionell gefaßten Einkommens verschiebt den Konsum nur auf spätere Perioden. Als eine wichtige steuerpolitische Lektion folgt, daß die in den meisten Ländern übliche Einbeziehung der Zinseinkünfte in das zu versteuernde «Einkommen» zu einer ineffizienten Doppelerfassung führt, die einseitig das Sparen diskriminiert und daher unter allokativen Aspekten problematisch ist. In seinem letzten ökonomischen Werk über *Constructive Income Taxation* (1942) hat sich Fisher ganz diesen Problemen gewidmet. Die theoretischen Grundlagen (die Mikrofundierung) für seine Makroökonomik wurden indessen nur angedeutet. Die Lösung dieser Probleme blieb der sog. Neoklassischen Synthese der späten 50er und 60er Jahre überlassen.

Fishers (monetäre) Makroökonomik ist eine subtil ausformulierte Quantitätstheorie, die er in seiner *Purchasing Power of Money* (1911) präsentiert. Sein inspirierender Mentor hier ist der große Simon Newcomb. Die Essenz der Fisherschen Ideen fand ihren analytischen Niederschlag in seiner berühmten Verkehrsgleichung:

$MV + M'V' = \sum pQ$ bzw. PT

M bezeichnet dabei die durchschnittliche Geldmenge (Münzen und Noten), V mißt ihre durchschnittliche Umlaufgeschwindigkeit, die angibt, wie oft M pro Zeiteinheit für Käufe von (neuproduzierten und bereits existierenden) Gütern und Dienstleistungen verwendet wurde, M' ist der Teil der gesamten Geldmenge, über den mit Scheck (Sichteinlagen) verfügt werden kann, und V' die entsprechende Umlaufgeschwindigkeit. Die Summe aller über Geld abgewickelten einzelnen Transaktionen ($\sum pQ$) ist die gütermäßige Gegenposition zu den Geldbewegungen. Fishers Arbeiten über Indexgrößen erlauben die Aufspaltung der monetären Transaktionen durch zwei Indizes, einen Preisindex P und einen Index für das Mengengerüst T. Empirischen Gehalt bekommt die Verkehrsgleichung erst dann, wenn sie z. B. quantitätstheoretisch interpretiert wird: Bei Konstanz der Umlaufgeschwindigkeiten und der realen Transaktionen (und damit des laufenden Sozialprodukts und der Beschäftigung) führen Geldmengenänderungen zu proportionalen Preisänderungen.

Außer Fisher ist als Zeitgenosse nur Wicksell zu erwähnen, wenn es darum geht, eine klare Beschreibung der preistheoretischen Grundlagen des quantitätstheoretischen Zusammenhangs zu finden: Eine Erhöhung der Geldmenge stört die optimale Beziehung zwischen Geldhaltung und geplanten Ausgaben (breit verstanden). Diese Störung bewirkt eine Erhöhung der Ausgaben, was wiederum zu einem Druck auf die einzelnen Preise führt. Schließlich findet das System bei einer proportionalen Änderung aller Preise (oder des Preisniveaus) sein neues Gleichgewicht (Fisher 1911, 153 f.). In vielen seiner Schriften hat Fisher diesen Mechanismus beschrieben, so daß die hier stellvertretend angeführte Kritik von Keynes (1911, 393 ff.) irrelevant bleibt. Keynes schreibt, daß ihm zwar die Wirkung selbst einleuchte, er jedoch die Beschreibung der Übertragung vermisse. Zumindest über längere Fristen bleibt Fishers Quantitätstheorie der Schlüssel zum Verständnis inflatorischer Prozesse. Fishers Zusammenfassung der technischen und institutionellen Bestimmungsfaktoren der beiden Umlaufsgeschwindigkeiten, die die Nichtsynchronisation von Ein- und Auszahlungen erklären, ist erschöpfend. V und V' selbst hat er dabei über raffinierte statistische Verfahren empirisch zu messen versucht.

Besonders hervorzuheben ist seine wenig bekannte Analyse der ungleichgewichtigen Übergangsperioden, während derer sowohl das reale Transaktionsvolumen und damit Einkommen und Beschäftigung als auch die Umlaufgeschwindigkeiten variabel sind. In Anpassungsprozessen, die unter Umständen recht lange dauern können, werden Preisänderungsraten nur unvollkommen im Marktzinssatz antizipiert. Somit wird der erwartete reale Zinssatz, der das Investitionskalkül bestimmt, im Aufschwung zu niedrig und im Abschwung zu hoch sein, wie es ganz besonders deutlich während der Großen Depression der Fall war. Er weist darauf hin, daß die Preise unterschiedlich flexibel seien und insbesondere der Nominallohn sich nicht unverzögert anpasse. Der vieldiskutierte Trade-off zwischen Unterbeschäftigung und Inflation, der die Keynesianische Diskussion seit den späten 50er Jahren dominiert, wurde von Fisher bereits indirekt 1925 und direkt 1926 statistisch aufgezeigt, allerdings mit dem wesentlichen Unterschied, daß er die Ursachen in Geldbewegungen verankert sah. Die Erfahrungen der Großen Depression führten zu einer speziellen Variante seiner Erklärung eines immer drohenden, sich selbst verstärkenden Abschwungs, den er in *The Debt-Deflation Theory of Great Depressions* (1933 a) behandelte. Struktureller Verstärker und Ursache für starke zyklische Amplituden ist die Streuung und Verteilung der monetären Verschuldung in einer Volkswirtschaft und zwischen den Volkswirtschaften, die bei unvollständiger Antizipation zukünftiger Ereignisse und institutionellen Preis- und Lohnrigiditäten den monetären Ausgangsimpuls tragen. Eine breitere Auseinandersetzung mit diesen Problemen liefert sein Buch *Booms and Depressions* (1932), das insbesondere eine detaillierte Behandlung typischer konjunkturauslösender Faktoren liefert.

Ökonomische Stabilisierung

Die Ursachen für Schwankungen der gesamtwirtschaftlichen Aktivität und besonders Schwankungen des Geldwerts sind nach Fisher, wie später bei den Monetaristen, letztlich in Schwankungen der Geldmenge zu sehen. Der Konjunkturzyklus ist im wesentlichen ein *Tanz des Dollars,* wie er einen seiner zentralen Aufsätze überschrieb (1923 a).

Fisher argumentiert meist vor dem Hintergrund des Goldstandards, doch lassen sich seine Überlegungen ohne Schwierigkeiten auch auf eine fiduziäre Papierwährung übertragen. Der Dollar wird im System des

Goldstandards durch ein fixes Gewicht an Gold definiert, was jedoch nicht gewährleistet, daß die Kaufkraft stabil bleibt. Sein «kompensierter Dollar», der Instabilitäten beseitigen soll, wird dadurch realisiert, daß der Goldgehalt des Dollars (das Gewicht des Goldes) proportional zur Änderung des Preisniveaus oder zumindest in die gleiche Richtung angepaßt wird. Notwendige Voraussetzungen für die Wirksamkeit seines Vorschlags sind, daß Gold auch aus nichtpekuniären Gründen gewünscht und damit gehalten wird und eine zentrale Politikinstanz zum stipulierten Goldpreis ohne Beschränkungen Gold kauft oder verkauft. Steigt z. B., aus welchen Gründen auch immer, das Preisniveau, so erhöht die zentrale Instanz das Gewicht, d. h., der Preis des Dollars in Gold steigt bzw. der Preis des Goldes, in Dollar ausgedrückt, sinkt. Selbst wenn man Effekte einer reduzierten Goldproduktion oder eines Goldabflusses über steigende Importe vernachlässigt, die den Mechanismus unterstützen, wird der Nichtbankensektor verstärkt Gold kaufen. Die wirksame Geldmenge sinkt, und die ursprüngliche Preiserhöhung wird konterkariert. Nützliche Einzelhinweise zum Verständnis des Planes liefern seine Bücher *Stabilizing the Dollar* (1920) oder *Stabilised Money, A History of the Movement* (1935). Fisher hat damit bereits lange vor Friedman eine wirksame geldpolitische Regel formuliert, die den diskretionären Spielraum der Geldpolitik beschneidet. Er war kein Apologet des Goldstandards, der für ihn nur eine zweckmäßige Alternative zu einer damals nicht realistischen kontrollierten Papierwährung bedeutete.

Bankenkrisen und steigende Geldhortung während größerer Depressionen veranlaßten ihn zu einer Erweiterung seiner geldpolitischen Reformvorschläge. In *Stamp Scrip* (1933) plädierte er für die Einführung von Schwund- oder Stempelgeld als mögliche Maßnahme, um während größerer Deflationen die steigende Tendenz zur Hortung zu brechen. Die ursprüngliche Idee hierzu stammt von Gesell, dem es in grundsätzlicher Unkenntnis elementarer ökonomischer Zusammenhänge nur darum ging, über eine Beseitigung des Zinssatzes das aus seiner Sicht «unverdiente» Zinseinkommen zum Verschwinden zu bringen. Von Ökonomen der Universität Chicago übernahm Fisher den allerdings schon vorher bei Walras und von Mises zu findenden Vorschlag, die Geldschöpfung der Banken über eine 100 %-Deckungsvorschrift zu beseitigen. Sein Buch *100 % Money: Designed to Keep Checking Banks 100 % Liquid; To Prevent Inflation and Deflation; Largely to Cure or Prevent Depressions, and to Wipe Out much of the National Debt* (1935), dokumentiert seine geldpolitischen Ziele.

Techniken der Analyse – Mathematik und Statistik

Fisher entwickelte die Grundlagen der Ökonometrie und ist einer der Väter der mathematischen Ökonomie (vgl. im einzelnen Sasuly 1947). Seine Beschäftigung mit Indexfragen, die er in seinem Buch *The Making of*

Index Numbers (1922) systematisch dargestellt hat, wurde bereits angesprochen. So sind der Zeitumkehrtest, der Faktorumkehrtest und der «ideale» Index als geometrisches Mittel aus Paasche- und Laspeyres-Indizes Fishers eigene Konstruktionen, die Bestandteil moderner Statistik wurden. Allerdings hat die moderne Forschung eine andere, weniger induktivistisch angelegte Ausrichtung genommen, indem sie empirische Restriktionen über Märkte oder mathematische Eigenschaften von Funktionen zu berücksichtigen sucht, wie dies u. a. in der modernen Aggregationstheorie der Fall ist. Die Theorie der zeitlich verteilten Verzögerungen (distributed lags) wurde von Fisher entwickelt und z. B. in seinen empirischen Arbeiten zur Bestimmung des Marktzinssatzes nutzbar gemacht: Der nominale Zinssatz ist gleich der Summe aus erwarteter Inflationsrate und realem Zinssatz. Die Inflationserwartung wird zeitlich verzögert über die realisierten zurückliegenden Inflationsraten bestimmt. Die Theorie der zeitlich verteilten Verzögerungen hat sich heute zu einem eigenständigen Spezialgebiet der Ökonometrie entwickelt.

Bereits 1896 hatte Fisher mit einem Kollegen zusammen ein Buch über Geometrie *(Elements of Geometry)* verfaßt, dem er im folgenden Jahr eine *Brief Introduction to the Infinitesimal Calculus* folgen ließ, wobei die Zielgruppe seine Wirtschaftsstudenten waren. Mit ausgewählten mathematisch-statistischen Propädeutika bietet das Werk Fishers einen geschlossenen modernen Lehrkanon für den Studenten der Wirtschaftswissenschaften, sicherlich ein einmaliges Phänomen in der Dogmengeschichte.

2. *Bezüge zu Zeitgenossen*

«...für Dr. Fisher können wir zumindest den Grad von Unsterblichkeit voraussagen, der dem gebührt, der die Grundlagen der reinen ökonomischen Theorie vertieft hat». Diese fast überschwengliche Bestätigung einer außergewöhnlichen wissenschaftlichen Begabung erfolgte in der Besprechung der Dissertation Fishers durch Edgeworth (1893, 112), einen der führenden Ökonomen seiner Zeit. Zwischen Fisher und Edgeworth entwickelte sich eine lebenslange Freundschaft, wobei Fisher Oxford besuchte und Edgeworth wie viele andere berühmte Wissenschaftler Besucher in Fishers gastfreundlichem Haus in New Haven war. 1894 verbrachte Fisher ein Jahr in Europa, wobei er unter anderem in Berlin und Paris studierte. Dort allerdings beschäftigte er sich weniger mit Wirtschaftswissenschaften als vielmehr mit Mathematik und Naturwissenschaften. In Berlin faszinierten ihn von Helmholtz und Frobenius, in Paris wiederum Poincaré. Die deutsche historische Schule der Ökonomie mit ihren vagen, weitschweifigen und prätentiösen Exegesen vermochte den mathematisch geschulten jungen Wissenschaftler wenig zu begeistern. Frühe Anerkennung fand der damals 27jährige Fisher durch führende Ökonomen, wie Edgeworth in Oxford, Pantaleoni in Rom, Barone in Florenz, Menger und von Böhm-Bawerk in Wien, Walras und Pareto in Lausanne, mit denen er korrespondierte oder persönliche Kontakte aufnahm. Sicherlich brachte Fisher neue Impulse nach Yale, doch wußte die Gruppe der dort wirkenden Ökonomen die außergewöhnlichen Qualifikationen Fishers für eine Neuausrichtung der Wirtschaftswissenschaft nicht zu nutzen. Allerdings wäre es zu einfach zu behaupten, daß Yale die einmalige Chance verpaßt hätte, mit Fisher zum führenden amerikanischen Zentrum für moderne analytische Ökonomie zu werden. Historische Beschreibungen von Institutionen und klassifikatorische Politikexegese und nicht so sehr mathematisch-statistisch orientierte ökonomische Theorie standen damals im Mittelpunkt der Forschungen. Fishers Einfluß innerhalb der Universität sank immer mehr, nicht zuletzt als Folge seiner vielen politischen, sozialen und kommerziellen Interessen außerhalb der Universität. Er liierte sich zwar, meist kurzfristig, mit den führenden Persönlichkeiten seiner Zeit, doch umfaßten die Kontakte weniger den Kreis seiner Fachkollegen. So berichtet der Sohn, daß sein Vater sich in den 30er Jahren mit Einstein in dessen Sommerhaus in Rhode Island traf, um gemeinsam einige Aspekte der Relativitätstheorie zu diskutieren (I.N. Fisher, 1956, 38).

Bereits 1912 versuchte Fisher eine Gesellschaft zu organisieren, deren Ziel die Förderung der mathematischen und statistischen Methoden in den Wirtschaftswissenschaften sein sollte. Mangelndes Interesse ließ das Projekt zunächst scheitern, bis er sich Ende der 20er Jahre von Frisch, dem späteren ersten Nobelpreisträger für Wirtschaftswissenschaften, und Roos davon überzeugen ließ, den Plan noch einmal aufzugreifen. Am 29. Dezember 1930 wurde die Econometric Society in Cleveland gegründet. Fisher wurde ihr erster Präsident, *Econometrica* ihr Publikationsorgan, eine Zeitschrift, die neben der *American Economic Review* eine der renommiertesten der Wirtschaftswissenschaften wurde. Fisher war einer der ganz wenigen Ökonomen, die in ihren Arbeiten den programmatischen Ansprüchen dieser Gesellschaft in hohem Maße zu genügen vermochten. 1932 überredeten Fisher und seine bereits erwähnten Mitstreiter den Verleger Alfred Cowles, die berühmte ‹Cowles Commission in Economics› zu gründen und finanziell zu unterstützen. Mitglieder dieser Commission entwickelten in der Folgezeit die Grundlagen eines eigenständigen Lehr- und Forschungsgebiets, nämlich der Ökonometrie.

Der Gründung der American Economic Association im Jahre 1895, die heute weltweit über 18 500 Mitglieder zählt, stand er äußerst zurückhaltend gegenüber, obwohl er sich nicht wie sein früher Mentor Sumner der Mitgliedschaft widersetzte. Das an der historischen Schule orientierte Ökonomieverständnis, das über Ely und andere in der Association wirksam wurde, vermochte er nicht zu teilen. Dennoch wurde er 1918 ihr Präsident. Seine Antrittsrede sprengte die Konvention. Weniger aus Arroganz als vielmehr aus moralischer Entrüstung widerspricht er nicht der früheren Meinung vieler führender US-Ökonomen, die «...die jungen Schwärmer, die gerade aus Deutschland heimgekehrt waren, als Emporkömmlinge, Naseweise und Propagandisten, unwürdig für einen Rang in der Hierarchie der wahren ökonomischen Wissenschaft» bezeichneten. Fisher führt weiter aus «...die deutsche Ökonomik brachte uns einen neuen und altruistischen Impuls»; «...aus Deutschland bekamen wir die Idee, ...Ökonomik in den Dienst des ‹Staates› zu stellen». Aber, so klagte er an: «...der ‹Staat› war die Dynastie der Hohenzollern» (1918, 6f.).

Vielfältige kommerzielle Interessen und sein häufig überspannter Reformeifer in Politik und Gesundheitsfragen, allerdings vor dem Hintergrund einer Fülle von streng wissenschaftlichen Arbeiten, die weit über das Verständnis seiner Zeitgenossen hinausgingen, stempelten ihn bald zum Exzentriker und Außenseiter, und dies trotz vieler akademischer Ämter und Ehrenbezeugungen. Hochgeschätzt wurde er uneingeschränkt in Europa, wo er z. B. in Athen und Lausanne (1937) sowie in Oslo (1946) durch Ehrenpromotionen gewürdigt wurde.

III. Wirkung

1. Ideen- bzw. theoriegeschichtliche Wirkung

«Ich wage die Voraussage, daß sein Name einmal in die Geschichte als der des größten wissenschaftlichen Ökonomen dieses Landes eingehen wird.» Schumpeters Würdigung (1948, 219) umfaßt Fishers Lebenswerk und bestätigt eindrucksvoll die frühe Prognose von Edgeworth (1893). Die heute fast ehrfürchtige Bewunderung Fishers wurde von seinen damaligen Kollegen nicht geteilt. Homans Buch *Contemporary Economic Thought* (1928), das Fisher völlig ignoriert, scheint typisch zu sein. Heute übertrifft Fisher seine Zeitgenossen in der Zahl der relevanten Zitate in den Fachzeitschriften bei weitem. Wo liegen die Ursachen für die zeitgenössische Vernachlässigung? Die Antwort ist sicherlich nicht frei von Spekulationen. Das angeführte Zitat aus seiner Präsidentenrede ist untypisch, denn der Grund für die Isolation lag nicht in seinem Charakter begründet: Freundlichkeit, Toleranz und Selbstkritik gehörten zu seinen positiven Eigenschaften. Fisher und die Gruppe der Ökonomen, denen er sich intellektuell verpflichtet fühlte, standen außerhalb der damals herrschenden Lehre. Klassische und neoklassische Ökonomen machten nur kleine Fortschritte, die amerikanischen Wirtschaftswissenschaften aus einer konzeptionellen und theoretischen Sackgasse herauszuführen. Hinzu kommt, daß Fisher mit seinen theoretischen und empirischen Analysen seiner Zeit um Jahrzehnte voraus war. Sicherlich ist dies einer der Gründe dafür, daß Fisher keine Schule bildete, die die Ideen des Meisters ausformulierte, entwickelte, interpretierte und weitertrug. Fishers starkes politisches und soziales Engagement und sein immer wacher Reformeifer, durch die er im Lauf seines Lebens immer stärker aus der Welt der Universität herauswuchs, mögen weitere Gründe für die Isolation gewesen sein. Eine Rolle spielt sicherlich auch so etwas wie Neid auf den überaus erfolgreichen Geschäftsmann, der aus der typischen Rolle des Wissenschaftlers ausbrach. Viele seiner Kampagnen stießen auf Unverständnis, wodurch schließlich seine wissenschaftliche Reputation betroffen wurde.

Wenn Schumpeter (1948, 237) einräumt, daß die Werke Fishers «die Säulen und Bögen eines Tempels, der nie fertiggestellt wurde» seien, beklagt er gleichzeitig, daß Fisher nie eine umfassende Synthese der Wirtschaftswissenschaften geschrieben habe. Dieser Vorwurf bleibt unverständlich. Fishers Forschungsprogramm war von einem gigantischen Ausmaß und es bleibt dennoch keine Anhäufung von fragmentarischen, unverbundenen Ansätzen. Bei all seinen Arbeiten fühlte Fisher sich dem einleitend angeführten Motto einer breiten, anwendungsorientierten Wirtschaftswissenschaft verpflichtet. Implizit übernimmt er das methodologische Prinzip von Adam Smith in dessen *Essay on the History of Astronomy*, nämlich «verknüpfende Prinzipien» aufzuzeigen. Der zu seiner Zeit noch vorherrschende dogmatische Positivismus eines Comte oder Spencer, der darauf abstellt, eine vollständige und endgültige Darlegung des gesamten wissenschaftlichen Universums zu liefern, lag ihm fern. Ihn charakterisierte auch nicht die fast beflissene Einstellung vieler Ökonomen vor ihrem dogmenhistorischen Erbe, wie sie selbst bei einem John Stuart Mill deutlich wird, wenn er in bezug auf die traditionelle Ricardianische Werttheorie festhält (1909, 436) «...in den Wertgesetzen verbleibt nichts ... was es zu klären gilt...» Diese apodiktische Festlegung vermochte selbst ein Jevons nicht einfach zu ignorieren. Neoklassiker wie Jevons, Walras oder Fisher sprengten dann in ihren Arbeiten allerdings die ererbte Perspektive, wobei Endgültigkeit und Geschlossenheit als forschungsstrategische Ziele aufgegeben wurden.

Es wäre reizvoll zu untersuchen, welcher Ökonom der letzten 100 Jahre eine umfassende Synthese hinterlassen hat. Sicherlich nicht Keynes, dem wohl die Sympathien fast aller damaligen Kommentatoren in ungeteilterem Maße zuflossen als Fisher. Fishers bemerkenswertes und heute noch lesenswertes Lehrbuch *Elementary Principles of Economics* (1911) kommt den Ansprüchen einer Synthese recht nahe, da er seine eigenen Forschungsarbeiten systematisch integriert hat.

Die Nobelpreisträger Frisch (1947) und Samuelson (1967) haben den Stellenwert seiner *Investigations* sicherlich zu hoch angesetzt. Frisch sprach von einem Werk von geradezu monumentaler Bedeutung, Samuelson pries die Arbeit als die beste wirtschaftswissenschaftliche Dissertation überhaupt. Von zeitloser Bedeutung bleiben jedoch unbestritten Fishers kapital- und zinstheoretische Arbeiten. Hier erwies er sich als Pionier, und sein Name steht für eine ganze theoretische Spezialisierung. In seinem Buch *Investment, Interest, and Capital* hat Hirshleifer (1970), einer der führenden zeitgenössischen Theoretiker auf diesem Gebiet, die Fishersche Perspektive in Charakter, Inhalt und Form aufgegriffen und weiterentwickelt (modernisiert). In Ergänzung zu Fisher werden Unternehmungen allerdings explizit eingeführt. Das Fisher-Separationstheorem wird endgültig präzisiert, der Akkumulationsprozeß über die Zeit wird ergänzend analysiert, und nicht zuletzt werden Ergebnisse der modernen Unsicherheitstheorie einbezogen: Ein klares Indiz dafür, wie modern Fishers Analyserahmen angelegt ist.

Wie bereits angeführt, liegen Schwächen in der Mikrofundierung seiner makroökonomischen Theorie der *Purchasing Power.* Auch hier hat er die spätere neoklassische Synthese antizipiert. Die monetaristische Revolution wurde von Fisher analytisch und politisch vorweggenommen, anzuführen wäre in diesem Zusammenhang auch Alexander Del Mar (1836–1926), ein fast vollständig vernachlässigter amerikanischer Ökonom, dessen Name in Schumpeters sonst so breit dokumentierter *History of Economic Analysis* (1954) nicht einmal erwähnt wird. Eine späte Anerkennung hat er in einem 1985 publizierten Artikel von Tavlas und Aschheim gefunden, die Del Mars und Fishers geldtheoretische Vorstellungen vergleichen. Allerdings erfuhr die Quantitätstheorie dann durch Milton Friedman eine «Neu»-Formulierung (er interpretierte sie eng als eine Nachfragetheorie nach Geld), die keineswegs der Vorstellung Fishers oder Wicksells entsprach: Die Quantitätstheorie wird hier als Erklärung des gesamten makroökonomischen Prozesses verstanden, die nicht nur langfristige Preisgleichgewichte, sondern auch zyklische Schwankungen von Preisen und Output zu erfassen vermag. Es ist nur dem quantitätstheoretischen Vorurteil vieler zeitgenössischer Keynesianischer Ökonomen anzulasten, wenn sie Lösungsansätze für aktuelle wirtschaftspolitische Probleme weniger bei Fisher als vielmehr bei Keynes zu finden hoffen.

2. *Politische und soziale Um- und Nachwelt*

Fisher war von der Bedeutung und Leistungsfähigkeit der modernen Ökonomie bei der Lösung sozialer und politischer Aufgaben überzeugt. Diese Auffassung wurde keineswegs von seinen führenden Zeitgenossen geteilt. Fisher ebnete, fast allein gelassen, den Weg hin zu einer empirisch relevanten, an den Naturwissenschaften orientierten Ökonomie, die wirtschaftspolitisch nutzbar gemacht werden kann. Diese Forschungsperspektive findet sich auch in all seinen nichtökonomischen und populärwissenschaftlichen Arbeiten.

Die Interaktionen Fishers mit seiner politischen und sozialen Umwelt seien durch einige typische Aktivitäten illustriert: Am Anfang war es die Gründung der Anti-Tuberculosis Association, die dann in der Folgezeit zu einer Vielfalt gesundheitspolitischer Bemühungen führte. Sein heute noch lesenswerter *Report on National Vitality* war bahnbrechend und den Vorstellungen seiner Zeit weit voraus. Er gründete das Life Extension Institute, wo er sich u. a. für Vorsorgeuntersuchungen einsetzte. Zu Beginn des Ersten Weltkrieges führte ein Aufsatz von ihm zur Gründung der League to Enforce Peace, durch die Präsident Wilson am Projekt eines Völkerbundes interessiert wurde. Als Wilson nach dem Kriege seine Landsleute von der Nützlichkeit einer amerikanischen Mitgliedschaft überzeugen wollte, publizierte Fisher nicht nur zwei Bücher, sondern opferte sechs Monate seiner kostbaren Zeit für landesweite Kampagnen.

Monetäre Instabilität war ein ernstes Problem seiner Zeit. Nach eigenen Informationen verwendete er $ 100 000 aus seinem Privatvermögen – für die damalige Zeit fürwahr eine gewaltige Summe – um seine Ideen zu verbreiten. In einem kurzen autobiographischen Anhang zu seinem Buch *Stabilized Money, A History of the Movement* (1935, 377) schreibt er, daß seine Bemühungen in den Jahren zwischen 1912 und 1934 «...99 Reden, daneben 37 Briefe an die Presse und 161 Spezialartikel, außerdem 9 Expertenstellungnahmen bei Anhörungen vor Gremien der Regierung und 12 privat gedruckte Rundschreiben zusammen mit 13 Büchern über das Sachgebiet...» umfaßten. Auch seine populärwissenschaftlichen Arbeiten waren durch seinen charakteristischen Stil geprägt. Er verwendete kurze Sätze mit einfachen Worten, ging von einfachen Vergleichen und Beispielen aus, nutzte Zusammenfassungen für den eiligen Leser und als Kontrolle für den weitergehend interessierten. Anhänge bringen zusätzliche Informationen über Details und statistische Informationen; überhaupt faßte er seine mathematischen Argumentationen meist in Anhängen zusammen. Wie wohl kaum einem anderen ist es ihm dabei gelungen, eine Brücke von der akademisch strengen Analyse hin zur wirtschaftspolitischen Anwendung und politischen Verbreitung zu schlagen.

Dieter Cansier

ARTHUR CECIL PIGOU
(1877–1959)

I. Werdegang

Arthur Cecil Pigou wurde 1877 in Ryde auf der Isle of Wight geboren. Als Primus der traditionsreichen «Harrow School» gewann er ein Stipendium für das King's College in Cambridge. Er studierte zunächst Geschichte und ab 1899 Moralwissenschaften, zu denen (bis 1903) auch die Nationalökonomie gehörte. Seine Lehrer waren Henry Sidgwick (1838–1900) und Alfred Marshall (1842–1924), die absolute Autorität der englischen Wirtschaftswissenschaft. Seit 1901 hielt er selbst Lehrveranstaltungen ab. Ein Jahr später erlangte er die «fellowship» des King's College. Als sich Marshall 1908 von der Lehrtätigkeit zurückzog, wurde Pigou mit gerade erst 30 Jahren sein Nachfolger.

Pigou war zeit seines Lebens ein leidenschaftlicher Bewunderer Marshalls. Er führte die Marshallsche Tradition fort und wurde nach dem Tod des Meisters die führende Gestalt der englischen Neoklassik und der von Marshall gegründeten Cambridge School of Economics, die bis zum Auftreten der ersten «nachmarshallianischen» Generation seit Ende der 20er Jahre (Piero Sraffa, Richard Kahn, Joan Robinson und John Hicks) und vor allem bis zum Erscheinen der *General Theory* (1936) von John Maynard Keynes der orthodoxen Lehre eng verhaftet geblieben war. Pigous Ausspruch «It's all in Marshall» wurde zum geflügelten Wort für viele Studentengenerationen in Cambridge. Als Pigou den berühmten Lehrstuhl übernahm, beendete Keynes (1883–1946) gerade am King's College seine Promotion. Wie Marshall stellte Pigou ihn als Lektor ein. 1909 wurde Keynes Mitglied des Lehrkörpers. Während Pigou die Studenten im präzisen theoretischen Denken schulte, war es vor allem Keynes, der ihr Interesse an wirtschaftspolitischen Fragen weckte. Im Gegensatz zu Keynes war Pigou außerhalb der Lehrveranstaltungen eher scheu. Er hatte wenig Kontakt mit Studenten und Kollegen. Dabei war er noch als Student den Kommilitonen als die führende Figur der «Union Debating Society» bekannt gewesen. Für Harry G. Johnson steht außer Zweifel, daß es die Eindrücke des Ersten Weltkrieges waren – an dem Pigou aus moralischer Überzeugung nicht als Soldat, sondern in den Semesterferien als freiwilliger Sanitätshelfer teilgenommen hatte –, die Pigou von einem freundlichen, vergnügten und umgänglichen Dozenten zu einem exzentrischen Einzelgänger werden ließen (1960, 153).

Pigou fehlte im Gegensatz zu Keynes auch das Gespür, wirtschaftliche

Entwicklungen in ihrer wahren Dimension zu erkennen. Als wirtschaftspolitischer Berater hatte er keine glückliche Hand. Er war Mitglied des Cunliffe- und Chamberlain-Committees (1918–1919 und 1924–1925), die beide aus «blindem Traditionalismus» (Johnson 1960, 152) der Wiedereinführung des Goldstandards auf Basis der Vorkriegsparität den Weg bereiteten und England damit erheblich schadeten. Keynes hatte die Empfehlungen in seinen *Economic Consequences of Mr. Churchill* (1925) scharf kritisiert. Überraschend ist auch, daß sich Pigou in der Weltwirtschaftskrise nicht für staatliche Arbeitsbeschaffungsmaßnahmen eingesetzt hat, obwohl er konjunkturpolitische Maßnahmen dieser Art in seinen Schriften schon frühzeitig propagiert hatte (*Industrial Fluctuations,* 1927, 314ff.). Vom Macmillan-Ausschuß in der Phase der tiefsten Depression befragt, «warum die Arbeitslosenziffern so hoch seien, wußte der berühmte Cambridge-Professor der politischen Ökonomie seinen Bürgern keine nützlichere Hilfe anzubieten als die Diagnose: ‹Der relative Arbeitskräftebedarf in den verschiedenen Berufssparten hat sich verändert, aber eine diesen Veränderungen entsprechende Umschichtung von Arbeitskräften fand nicht statt.›» Bei mehr Mobilität und niedrigeren Löhnen wäre die Arbeitslosigkeit bald überwunden (Lekachman 1970, 72).

Der Bruch, den Keynes unter dem Eindruck der Weltwirtschaftskrise mit der Neoklassik vollzog und der ihn berühmt gemacht hat, wurde auch für Pigou zum Wendepunkt seiner Forschungstätigkeit: Während er in den ersten Jahrzehnten seines langen Schaffens die klassische Theorie des freien Wettbewerbs einer eingehenden Kritik unter Effizienz- und Verteilungsgesichtspunkten unterwarf und Möglichkeiten für eine Steigerung der gesellschaftlichen Wohlfahrt durch staatliche Eingriffe aufzeigte, konzentrierte er sich später auf die Auseinandersetzung mit Keynes. Keynes hatte Pigou und Marshall in der *General Theory* scharf attackiert. Pigous *Theory of Unemployment* (1933) wurde – weil sie die einzige ausführliche Behandlung der klassischen Beschäftigungstheorie war – Zielscheibe seiner Kritik. Pigou war die führende Gestalt in den «classical economics», die durch die keynesianische Revolution ausdrücklich überwunden werden sollte. Keynes' Abkehr vom Meister und die Kritik an seiner Person haben ihn so empfindlich getroffen, daß er in einer frühen Besprechung der *General Theory* in der Zeitschrift *Economica* (1936) kräftig gegen «dieses Sammelsurium von falschen Darstellungen» zurückschlug und dem Buch keine sonderlichen Verdienste zusprach («Wir haben einem Künstler zugesehen, der Pfeile zum Mond schoß»). Er verurteilte die polemische und überhebliche Art von Keynes: «Einstein tat für die Physik tatsächlich das, was Herr Keynes selber für die Wirtschaftswissenschaft getan zu haben glaubt. Er entwickelte eine weitreichende Verallgemeinerung, unter der Newtons Ergebnisse als ein Spezialfall subsumiert werden können. Als er seine Entdeckung verkündete, gab er aber nicht durch sorgsam gesetzte Sticheleien zu verstehen, daß New-

Arthur Cecil Pigou (1877–1959)

ton und diejenigen, die ihm gefolgt waren, eine Bande inkompetenter Stümper wären» (1936, 115; Übersetzung der Zitate vom Verf.).

Später hat Pigou sein Urteil revidiert. Er gab zu, die Bedeutung der *General Theory* verkannt zu haben. Er stellte nun fest: «... Die Konzeption ... ist eine äußerst fruchtbare, entwicklungsfähige Idee ... Soweit ich weiß, hatte niemand vor ihm. (Keynes, D. C.) alle relevanten Faktoren – sowohl reale als auch monetäre – in einem einzigen formalen Schema zusammengefaßt, durch das ihr Zusammenspiel geschlossen untersucht werden konnte. Seine Tat stellt meiner Ansicht nach keine Revolution dar. Diese Bezeichnung wäre nur angemessen, wenn wir den Mythos, wie ich es sehe, akzeptieren würden, daß frühere Wissenschaftler die Rolle des Geldes vernachlässigt hätten und daß sie, selbst wenn sie Schwankungen in der Beschäftigung erörterten, stillschweigend annahmen, daß keine vorhanden wären» (1950/1952, 65). Die Zeit hatte die Wunden geheilt. Die große gegenseitige Achtung, die Keynes und Pigou immer voreinander gehabt haben, hat mitgeholfen, die Kluft zu überwinden. Austin Robinson kann dazu berichten: «... sie respektierten einander außerordentlich. Und Keynes, ängstlich darauf bedacht, seine Theorie akzeptiert zu sehen, war fast genauso ängstlich darauf bedacht, daß Pigous Ansehen erhalten bleibt: Er war sich sehr bewußt, daß er mit seinem Angriff auf Pigou Ideen attackierte, die er selber noch vor ein paar Jahren vertreten hatte ...» (1968, 96).

Umfang und Spannweite des Werks von Pigou sind beeindruckend. Er hat etwa 30 Bücher und über 100 Aufsätze geschrieben. Nach seiner Dissertation über *Robert Browning as a Religious Teacher* (1901), folgten die ersten ökonomischen Arbeiten über die Entwicklung der britischen Landwirtschaft, die Schutzzolldiskussion um die Jahrhundertwende – Pigou war erklärter Freihändler – sowie über Fragen des industriellen Friedens und der Arbeitslosigkeit. Die großen Themen seines Hauptwerks sind die Wohlfahrtsökonomik, die Steuertheorie und die Beschäftigungstheorie. Pigou war Wirtschaftstheoretiker und Finanzwissenschaftler. Sein bekanntestes Werk ist die umfangreiche Monographie *Wealth and Welfare* (1912), die 1921 unter dem Titel *The Economics of Welfare* erschien und bis 1960 mehrfach neu aufgelegt und neu abgedruckt worden ist. Die *Economics* begründete seinen Ruf als führender englischer Neoklassiker. Sie stellt die erste Grundlegung einer Theorie der staatlichen Wirtschaftspolitik dar, die die Entwicklung der Nationalökonomie über lange Zeit ganz außerordentlich beeinflußt hat. In seinem Lehrbuch *A Study in Public Finance* (1928, 3. Aufl. 1947, letzter Neudruck 1956) dehnt Pigou die wohlfahrtstheoretische Analyse auf den öffentlichen Haushalt aus. *Public Finance* war für die angelsächsische Finanzwissenschaft bis in die 50er Jahre hinein von größtem Einfluß. Ihre Nachfolge hat das Lehrbuch von Richard A. Musgrave *The Theory of Public Finance* (1959) angetreten. Musgrave ist wesentlich durch Pigou beeinflußt worden. Nicht zuletzt ist seine berühmte Unterscheidung der Finanzpolitik in die drei Bereiche Allokation, Distribution und Stabilisierung auf Pigou zurückzuführen (*Wealth and Welfare*, 1912, *Economics*, 1920, *Public Finance*, 1928). Als wichtigste Arbeiten Pigous auf dem Gebiet der Beschäftigungstheorie sind die noch in der orthodoxen Lehre verhaftete, mikroökonomisch orientierte *Theory of Unemployment* (1933) und die moderne, formal-modelltheoretisch ausgerichtete Monographie *Employment and Equilibrium* (1941, 1949, Neudruck 1952) hervorzuheben.

Pigou ist immer in Cambridge geblieben. Mit seiner Emeritierung im Jahre 1943 wurde er für die nachfolgenden Studentengenerationen zu einer lebenden Legende (Johnson 1960, 150).

II. Werk

1. Die wohlfahrtstheoretische Grundkonzeption

In seiner *Economics* vereinigte und verfeinerte Pigou ältere, partielle wohlfahrtsökonomische Ideen zu einer originellen und fruchtbaren Theorie der staatlichen Interventionen. Während die Hauptrichtung der theoretischen Forschung nach Entdeckung des modernen marginaltheoretischen Instrumentariums der Aufgabe nachging, den Harmonieglauben der Klassiker theoretisch zu fundieren und nachzuweisen, daß eine freie Marktwirtschaft automatisch zum Gleichgewicht führe und die bestmögliche Güterversorgung garantiere – bekannteste Theoretiker auf diesem Gebiet waren Léon Walras (1834–1910) und dessen Lehrstuhlnachfolger Vilfredo Pareto (1848–1923) –, setzte sich Pigou kritisch mit den Grenzen des Laissez-faire-Systems auseinander und untersuchte systematisch die Möglichkeiten einer Steigerung der gesellschaftlichen Wohlfahrt durch staatliche Maßnahmen.

Wie Marshall sah er die Aufgabe der ökonomischen Theorie darin, die Lebensbedingungen der Menschen, insbesondere der sozial Schwachen, zu verbessern, so daß er auch mit seiner *Economics* einen «essentiell praktischen» Zweck verfolgte. Er hoffte, den Politikern die theoretische Grundlage für Maßnahmen zur Steigerung der gesellschaftlichen Wohlfahrt zu liefern. Seine neue Erkenntnis, daß zur Maximierung der gesellschaftlichen Wohlfahrt wichtige staatliche Eingriffe erforderlich seien, bedeutete für den Allokations- und Distributionsbereich der Volkswirtschaftslehre einen ähnlichen Bruch mit der Harmoniedoktrin – diese war zwar von keinem der englischen Klassiker expressis verbis vertreten worden, sie beherrschte aber die öffentliche Diskussion der damaligen Zeit –, wie ihn Keynes für die Beschäftigungstheorie vollzogen hat. Die *Economics* ist das Standardwerk der älteren Wohlfahrtsökonomik, aus dem die anglo-amerikanische «new welfare economics» hervorgegangen ist.

Kernpunkte seiner Wohlfahrtsökonomik sind der neue Wohlfahrtsbegriff, die Betonung der Rolle der Einkommensverteilung und die Abkehr von der orthodoxen Vorstellung, daß das, was für das Individuum gut ist, notwendigerweise auch für die Gesellschaft gut sei. Diese Ideen gehen zurück auf Jeremy Bentham (1748–1822), Henry Sidgwick und Alfred Marshall. An Benthams Prinzip «des größten Glücks der größten Zahl» lehnt sich der Wohlfahrtsbegriff an. Sidgwick hatte bereits – und mit diesen Worten – auf Divergenzen zwischen privaten und sozialen Nutzen und Kosten hingewiesen, die ein vollkommenes Laissez-faire nicht als politischen Idealzustand erscheinen ließen (1883). Marshall hatte mit seinem (problematischen) Konzept der Subventionierung und Besteuerung von Branchen mit «external economies» and «external diseconomies» – unternehmerische Vor- und Nachteile aus der langfristigen Expansion eines Wirtschaftszweigs – erstmals die Strategie der Internalisierung externer Effekte durch finanzwirtschaftliche Maßnahmen angedeutet. Alle drei Autoren maßen der Verteilungsfrage neben dem Ziel der Maximierung der Güterproduktion große Bedeutung bei. Auf Bentham geht schließlich auch die Idee des abnehmenden Grenznutzens des Geldes zurück, die die theoretische Grundsäule für die verteilungspolitischen Aussagen Pigous bildet.

Bei Bentham ist die gesellschaftliche Wohlfahrt gleich der Summe der individuellen Lust- bzw. Glücksgefühle. Wird die Summe maximiert, dann ist gleichzeitig die erstrebenswerte höchstmögliche Wohlfahrt erreicht. Das ist der Grundsatz des «größten Glücks der größten Zahl». Bentham nimmt außerdem an, daß der Zuwachs an «happiness» mit steigender individueller Güterversorgung abnimmt, so daß die Wohlfahrt erst bei einer Gleichverteilung der Einkommen maximiert wird, sofern dann nicht – wie zu erwarten – alle Anreize zur Erstellung des Sozialproduktes verlorengehen (Bentham, in: Stark 1952, 79 ff., Bohnen 1964). Pigou stellte dieses Konzept mit Hilfe der modernen Nutzentheorie neu dar. Als Ökonom beschränkte er seine Betrachtung auf die wirtschaftliche Wohlfahrt, d. h. den Teil der Gesamtwohlfahrt, der sich direkt oder indirekt in Geld messen läßt. Als Methode zur Messung des Nutzens rekurriert er auf den in der Marshallschen Theorie der Konsumentenrente angelegten Begriff der marginalen Zahlungsbereitschaft. Maßstab ist der Preis, den ein Wirtschaftssubjekt für ein Gut zu zahlen bereit ist, nicht der Preis, den es tatsächlich zahlt. Das materielle Substrat der ökonomischen Wohlfahrt ist das Sozialprodukt.

Da das Sozialprodukt bei Pigou eine Schlüsselrolle spielt, verwundert es nicht, daß er sich sehr detailliert mit den Fragen der richtigen theoretischen und statistischen Ermittlung des Sozialproduktes auseinandersetzte (1960, Kap. III–VII). Er entwarf einen nutzentheoretischen Sozialproduktsbegriff. Von einer Erhöhung der «national dividend» spricht er dann, wenn eine Produktionsänderung bei gegebener Einkommensverteilung mit einer Zunahme der summierten Zahlungsbereitschaften verbunden ist. Er befaßte sich außerdem ausführlich mit der Vermeidung von Doppelzählungen und anderen Fehlerquellen und mit dem Grad der Zuverlässigkeit von Volkseinkommensmessungen. Zur Klärung des Volkseinkommensbegriffs hat er wesentlich beigetragen.

Die ökonomische Wohlfahrt ist nach Pigou eine Funktion der Höhe, Verteilung und Stabilität des Sozialprodukts. Die Maximierung des Sozialprodukts bei gegebener Verteilung erfordere zweierlei: Die Grenzerträge eines Produktionsfaktors müssen in den alternativen Verwendungen gleich hoch sein, und die privaten Grenzerträge müssen mit den sozialen Grenzerträgen übereinstimmen. Mängel des Marktsystems im Sinne des ersten Kriteriums werden in der *Economics* eingehend für den Güter- und Arbeitsmarkt untersucht. Pigous Ausführungen zum Oligopol und Dyopol, zur Preisdiskriminierung und zur richtigen Bestimmung des Preises im regulierten Monopol – bei langfristig fallenden, steigenden und konstanten Grenzkosten – haben mitgeholfen, der erst in den 30er Jahren aufblühenden Theorie der unvollkommenen Konkurrenz den Weg zu bereiten. Unvollkommenheiten auf den Arbeitsmärkten werden hauptsächlich auf Informationsbegrenzungen zurückgeführt. Pigou spricht sich für die Förderung der Arbeitsmobilität aus (ebd. 512 ff.).

Auf schärfste methodologische Kritik ist später sein Versuch gestoßen, wissenschaftliche Aussagen über das Verhältnis von Wohlfahrt und Einkommensverteilung zu machen. Dabei vertritt er eine sehr vorsichtige Position: Eine Umverteilung der Einkommen von reich zu arm erhöhe die gesellschaftliche Wohlfahrt, sofern das Sozialprodukt konstant bleibt. Wissenschaftliche Aussagen über Situationen, in denen eine höhere Produktion zu Lasten der Verteilung oder eine gleichmäßigere Verteilung zu Lasten der Produktion geht, seien dagegen nicht möglich (ebd. 89). Die Effizienz steht also vor der Verteilung. Im Gegensatz zu Bentham grenzt er das Verhältnis von Effizienz und Verteilung genau ab. Er erkennt an, daß die individuellen Nutzen nicht meßbar und direkt vergleichbar und addierbar sind. Mit Marshall hält er aber zwischen Personen derselben Umwelt (des gleichen Landes oder Kulturkreises) eine Vergleichbarkeit durch Analogieschluß, Beobachtung und Meinungsaustausch für möglich. Nach seiner Auffassung sind die Menschen gleich und haben deshalb auch im großen und ganzen die gleichen Bedürfnisse. Die Theorie könne vereinfachend von einer einheitlichen Einkommens-Nutzenfunktion ausgehen, wobei allerdings nur für deutlich voneinander abweichende Einkommensniveaus Aussagen über Nutzenunterschiede möglich seien. Da bei einer Umverteilung zugunsten der Armen der Grenznutzen der Armen größer als der der Reichen sei, könnten die Empfänger die Betroffenen kompensieren und behielten dennoch einen Vorteil. Ebenso gilt ein Sozialprodukt nur dann als größer, wenn es ein anderes «auszahlen» könnte. Hier taucht der Gedanke von Kompensationstests auf, der später zu einem wesentlichen Bestandteil der «new welfare economics» werden sollte.

Ganz im Sinne seiner Abgrenzung des Verhältnisses von Effizienz und Verteilung lehnt Pigou die Festsetzung von Mindestlöhnen als ineffizient ab. Der Effekt wäre nur, daß die am wenigsten qualifizierten Arbeitskräfte entlassen werden würden und das Sozialprodukt zurückginge. Statt dessen plädiert er für staatliche Transferzahlungen. Die Transfers müssen zwar durch Steuern finanziert werden, die «disincentives» ließen sich aber durch geeignete Wahl der Besteuerung gering halten. Außerdem würden die Armen bei höherem Lebensstandard mehr für ihre und ihrer Kinder Ausbildung tun, so daß brachliegende volkswirtschaftliche Ressourcen erschlossen würden. Auf lange Sicht verliert der Konflikt zwischen Effizienz und Verteilung für Pigou viel von seiner Bedeutung. Die produktive Wirkung von Maßnahmen zugunsten der Armen wird von ihm stark betont (1960, 613 ff. und 705 ff.; 1956, 63 ff.).

Auch wenn Pigous Ansatz durch Lionel Robbins (1932) wegen des impliziten interpersonalen Nutzenvergleichs als unwissenschaftlich abqualifiziert wurde und die Wohlfahrtsökonomik als Disziplin gescheitert schien, so war es doch eine zumindest teilweise Bestätigung Pigous, daß als Gegenbewegung vor allem mit dem Ziel der Rehabilitierung der alten Theorie Ende der 30er Jahre die «new welfare economics» entstand, die eine Um- und Neuformulierung der alten Theoreme brachte, allerdings auch mit der Übernahme des Pareto-Kriteriums die Einkommensverteilung aus ihrem Gedankengebäude verbannte. Pareto hatte bereits Wohlfahrtsaussagen über Verteilungsänderungen ausgeschlossen. Auf eine Steigerung der gesellschaftlichen Wohlfahrt könne man nur dann sicher schließen, wenn mindestens eine Person besser gestellt ist, ohne daß zugleich der Nutzen einer anderen Person geschmälert wird (Pareto-Kriterium). Jedoch auch wenn diese Position zweifellos vernünftig ist, bleibt ein Unbehagen, denn da es ebenso viele Pareto-Optima wie denkbare Einkommensverteilungen gibt, werden die Aussagen der Theorie völlig unverbindlich, und als Theoretiker den Verteilungsvorstellungen der Politiker blind zu folgen, kann auch nicht der Weisheit letzter Schluß sein. Nicht zuletzt schleicht sich mit den Versuchen der Konstruktion einer sozialen Wohlfahrtsfunktion bzw. mit der Bestimmung des Optimum optimorum erneut die Vorstellung ein, daß wissenschaftliche Aussagen über Verteilungsänderungen möglich seien. Bis heute ist nicht entschieden, ob die zentrale Pigousche Annahme einer einheitlichen Einkommens-Nutzenfunktion eine unwissenschaftliche Wertung oder eine plausible empirische Hypothese ist. Daß Pigous Ansatz keineswegs überholt ist, ersieht man aus der Forschungsausrichtung anderer Theoriegebiete, insbesondere der Finanzwissenschaft: Auch in Untersuchungen über die Steuerwirkungen unter Unsicherheit (Risikonutzenansatz) wird mit der Annahme eines repräsentativen Investors eine einheitliche Einkommens-

Nutzenfunktion unterstellt. Vor allem aber basiert die vorherrschende – allerdings nicht unstrittige – opfertheoretische Rechtfertigung der Einkommensbesteuerung auf diesem Konzept.

2. *Optimale Steuer- und Budgettheorie*

Der öffentliche Haushalt und die Besteuerung stehen bei Pigou ganz im Dienste der gesellschaftlichen Wohlfahrtsmaximierung. Ähnlich wie vor ihm Albert Schäffle (1880), Emil Sax (1887) und Ugo Mazzola (1890) in der deutschen und italienischen Literatur formuliert er zwei Regeln für das optimale Budget: Die Bereitstellung öffentlicher Leistungen ist soweit auszudehnen, bis die letzten eingesetzten Produktionsfaktoren den gleichen Nutzenzuwachs wie bei der privaten Produktion stiften. Bestimmt wird durch diese Regel die optimale Steuer- und Staatsausgabenquote. Hinzu kommt als Regel für die optimale Struktur der Staatsausgaben, daß die Grenzerträge der in den verschiedenen staatlichen Aufgabenbereichen eingesetzten Faktoren übereinstimmen müssen. In der modernen Theorie sind diese Bedingungen mit Hilfe der Begriffe der Grenzrate der Substitution und der Grenzrate der Transformation neu formuliert worden (Samuelson und Musgrave). In abgewandelter Form ist dieser Ansatz auch von der Neuen Politischen Ökonomie mit der Konzeption des stimmenmaximalen Budgets übernommen worden. Für praktische Zwecke leitet sich aus der abstrakten Budgetregel die Aufforderung an Gesetzgeber und Administrative ab, der Budgetplanung Kosten-Nutzen-Analysen zugrunde zu legen. Als Methode zur Messung der Nutzen öffentlicher Güter, für die es keine Preise gibt, liefert Pigou den Zahlungsbereitschaftsansatz, der auch von der modernen Theorie propagiert wird.

Das Kernstück der *Public Finance* befaßt sich mit der Steuertheorie. Die Steuern sind so zu wählen, daß die Wohlfahrtseinbußen minimiert werden: «Was die politische Theorie betrifft, so wird die maximale Gesamtwohlfahrt überall als das richtige Ziel einer Regierung anerkannt... Auf dem Gebiet der Besteuerung ist dieser allgemeine Grundsatz identisch mit dem Prinzip des geringsten Opfers» (1956, 43). In statischer Form impliziert dieses Prinzip des minimalen Gesamtopfers – das auf Thomas Carver und Francis Edgeworth zurückgeht – eine Nivellierung der Einkommen, so daß der Grenznutzen des Einkommens für alle Steuerzahler übereinstimmt. Da auf diese Weise aber die Leistungsanreize für die höheren Einkommensschichten verlorengingen und das Sozialprodukt entscheidend geschmälert werden würde, schlagen die Anhänger dieses Konzepts anstelle der bei einer bestimmten Einkommenshöhe eintretenden Einkommenskonfiskation eine progressive Besteuerung vor, die auch untere und mittlere Einkommensschichten trifft. Pigous besonderer Beitrag besteht darin, die beiden divergierenden Aspekte, die Verteilungs- und Effizienzwirkungen der verschiedenen Steuern, systematisch untersucht und die Lösung des Zielkonflikts als ein Optimierungsproblem herausgehoben zu haben. Das Verteilungspostulat verlangt ein gleiches Grenzopfer, das Ziel der Allokationsneutralität die Erhebung einer Pauschalsteuer. Beide Ziele sind nicht miteinander vereinbar. Die konfiskatorische Besteuerung verletzt die Effizienz, und als Pauschalsteuer käme praktisch nur eine für arm und reich gleich hohe Kopfsteuer in Frage. Die Steuerpolitik muß versuchen, den rechten Mittelweg zu finden.

In der Gegenüberstellung mit einer regressiven oder proportionalen Einkommensteuer spricht sich Pigou aus Verteilungsgründen für eine (gemäßigt) progressive Steuer aus, auch wenn von ihr nachteilige Wirkungen auf die Spar- und Investitionsbereitschaft ausgehen sollten. Negative Auswirkungen auf das Arbeitsangebot hält er angesichts der geringen Elastizität des Arbeitsangebots in bezug auf Reallohnänderungen für nicht gravierend. Als zentralen prinzipiellen Nachteil der Einkommensteuer hebt er die Diskriminierung des Sparens gegenüber dem Konsum hervor, wodurch intertemporale Wohlfahrtsverluste entstehen, die nach seiner Vorstellung ebenfalls das Ziel der Opferminimierung verletzen (1956, 118 ff.). Eine direkt progressive Konsumausgabensteuer – die auch heute immer wieder diskutiert und vorgeschlagen wird – würde diesen Nachteil zwar vermeiden, sei aber nicht praktikabel. Pigou untersuchte außerdem eingehend die Wohlfahrtsverluste durch spezielle Verbrauchsteuern. Die für die Minimierung der Effizienzeinbußen (excess burden) notwendige Konsequenz – hohe Belastung der Güter mit unelastischen Angebots- und Nachfrageverhältnissen und vergleichsweise niedrige Besteuerung der Güter mit elastischen Angebots- und Nachfragebedingungen – hielt er aber vor dem Hintergrund der regressiven Verteilungswirkungen für nicht akzeptabel.

Wegweisend sind Pigous steuertheoretische Arbeiten vor allem insoweit gewesen, als sie die Besteuerung stets im Spannungsfeld zwischen distributiven und allokativen Zielen betrachten und den Auswirkungen auf die Faktorallokation – auf das Arbeitsangebot, die Spar- und Investitionsanreize und die Verbrauchsstrukturen – große Bedeutung beigemessen haben. Er hat wie kein anderer zur Grundlegung einer nutzenorientierten Steuertheorie beigetragen. Die Klärung der Bedingungen, unter denen bei fallendem Grenznutzen ein progressiver Tarif aus den verschiedenen opfertheoretischen Konzepten folgt, umfaßt dabei nur Teilaspekte. Seine Arbeiten liefern der Steuertheorie auch heute noch wertvolle Anregungen. Indem Pigou wesentliche Grundgedanken einer allokationsneutralen und investitions- und wachstumsfreundlichen Besteuerung vorweggenommen hat, weist ihn seine *Public Finance* als profilierten modernen Angebotstheoretiker aus. Aber auch der antizyklischen Finanzpolitik spricht er ihre Berechtigung zu. In die dritte Auflage seines Buches

(1947) ist ein Kapitel über dieses Thema neu aufgenommen worden. Nicht zuletzt sei erwähnt, daß von Pigou die für die makroökonomische Analyse grundlegende Unterscheidung der Staatsausgaben in Realausgaben (Ausgaben für Güter und Dienste) und Transferzahlungen stammt.

3. *Internalisierung externer Effekte*

Die wichtigste Abweichung von der orthodoxen Lehre stellt die Unterscheidung zwischen privaten und sozialen Kosten und Erträgen dar. Wie Sidgwick und Marshall sah Pigou in Divergenzen zwischen den sozialen und privaten Erträgen eine wichtige Ursache für die mangelnde Optimalität des Marktergebnisses. Ihm kommt das Verdienst zu, die Relevanz des Problems für die Wohlfahrtsökonomik zuerst voll erkannt und systematisch untersucht zu haben. Aus den partiellen Ansätzen seiner Vorgänger entwickelt er eine geschlossene Theorie. Bei ihm findet sich erstmals eine präzise Beschreibung des politischen Konzepts der Internalisierung externer Effekte durch finanzwirtschaftliche Maßnahmen zur Steigerung der gesellschaftlichen Wohlfahrt. Externe Effekte sind für ihn neben der Werbung – die sich teilweise kompensiere und daher gesamtwirtschaftlich unproduktiv sei – der wichtigste Grund für Divergenzen zwischen privatem und sozialem Grenzprodukt. Seine Definition der externen Effekte ist klassisch: «... der Kern der Sache ist, daß eine Person A, indem sie gegen Bezahlung Leistungen an eine andere Person B erbringt, sie nebenher auch Vor- und Nachteile (services or disservices) für andere Personen stiftet, ohne daß eine Bezahlung von den begünstigten Parteien verlangt oder eine Entschädigung der benachteiligten Parteien durchgesetzt werden kann» (1960, 183).

Der Anbieter eines Gutes kommt also nicht in den vollen Genuß seiner Leistung, oder er hat nicht die gesamten Kosten zu tragen. Das Angebot ist zu gering bzw. zu groß. Begünstigte Dritte lassen sich nicht durch den Preismechanismus von der Nutznießung ausschließen, ebenso wie die Betroffenen vom Urheber für die «disservices» keine Preise verlangen können. Der Ausschluß scheitert an technischen Schwierigkeiten (ebd. 183 f.). Der Staat muß im Prinzip darauf bedacht sein, die externen Erträge durch Zuschüsse auszugleichen und die externen Grenzkosten durch Steuern anzulasten, um die Urheber anzuregen, das Angebot so weit auszudehnen bzw. einzuschränken, bis die sozialen und privaten Grenzerträge übereinstimmen. Die Korrektur kann durch ordnungsrechtliche Vorschriften oder als die «most obvious forms» durch «taxes and bounties» erfolgen (ebd. 192). Pigou versteht unter «bounties» nicht nur Zuschüsse an Private, sondern auch die vollständige staatliche Finanzierung gewisser öffentlicher Güter. Seine Strategie der optimalen Internalisierung externer Effekte durch Steuern und Subventionen beschreibt er wie folgt: «... Unter den Bedingungen der vollkommenen Konkurrenz wird es für jede Industrie, in der das soziale Nettogrenzprodukt größer ist als das private Nettogrenzprodukt, bestimmte Prämiensätze geben, deren Gewährung durch den Staat die Ausbringungsmenge derart verändern würde, daß der Wert des sozialen Nettogrenzproduktes dort dem Wert des sozialen Nettogrenzproduktes der Ressourcen im allgemeinen stärker angeglichen werden würde, wodurch – vorausgesetzt, die Mittel für die Zuschüsse können durch einen bloßen Transfer ohne indirekte Produktionsbeschränkungen aufgebracht werden – das Volkseinkommen (national dividend) und die gesamte ökonomische Wohlfahrt vergrößert werden; und es wird einen einzigen Prämiensatz geben, dessen Gewährung die optimale Wirkung in dieser Hinsicht haben würde. Ebenso wird es für jede Industrie, in der das soziale Nettogrenzprodukt geringer ist als das private Nettogrenzprodukt, bestimmte Steuersätze geben, deren Auferlegung durch den Staat die Höhe des Volkseinkommens und die Wohlfahrt vergrößern würde; und einen einzigen Steuersatz, der den optimalen Effekt in dieser Hinsicht haben würde» (ebd. 224).

In den Beispielen, die Pigou anführt, unterscheidet er noch nicht zwischen öffentlichen Gütern, meritorischen und demeritorischen Gütern und pekuniären und technologischen externen Effekten, was aber nicht verwunderlich ist, da die Theorie der externen Effekte noch ganz in den Anfängen steckte. Die Unterscheidung in pekuniäre externe Effekte – bei denen es sich nur um gesamtwirtschaftliche Umverteilungsvorgänge handelt – und technologische – allokationspolitisch relevante – externe Effekte stammt von Jakob Viner (1932). Die wichtigsten Beispiele für externe Erträge sind bei Pigou die wissenschaftliche Grundlagenforschung, deren Ergebnisse sich nicht patentieren und geheimhalten lassen, und die Stadtplanung (öffentliche Güter), Bodenwertsteigerungen durch Straßenbau und durch öffentliche Verkehrseinrichtungen (pekuniäre externe Effekte) sowie die Aufforstung und Privatparks in Städten, die Luft und Klima verbessern (technologische externe Effekte). Die Beispiele für externe Kosten reichen von der Hasenplage durch Wildparks über den Funkenflug von Eisenbahnen und die Beeinträchtigung der Annehmlichkeiten in Wohngebieten durch den Bau von Fabriken (technologische externe Kosten) über die Abnutzung der Straßen durch Kraftfahrzeuge (Straßen als öffentliches Gut) bis hin zum Verkauf von Rauschmitteln (demeritorische Güter) und zur Frauenarbeit vor und nach der Schwangerschaft (1912/1960, 183 ff.). Als mögliche Internalisierungsmaßnahmen nennt Pigou Beispiele aus der Praxis. Er erwähnt die Besteuerung von Alkohol, die Kraftfahrzeugbesteuerung, Bauvorschriften und Städteplanung, das Polizeiwesen, die kostenlose Arbeitsvermittlung und Innovationsvermittlungsstellen zur Gewerbeförderung. Nähere theoretische Untersuchungen stellt Pigou nicht an. Es bleibt bei einer beispielhaften Aufzählung. Einzige Ausnahme ist die ausführliche Beschäftigung mit Marshalls langfristigen «external economies» und «external diseconomies», die, da es sich um pekuniäre externe Effekte handelt, keineswegs staatliche Korrekturmaßnahmen erfordern, was Pigou aber nicht wahrhaben wollte (Johnson 1960, 153).

Mit der Umweltproblematik hat Pigous Konzeption der Internalisierung externer Effekte durch Steuern und Subventionen hohe Aktualität gewonnen. Sein Name fehlt in kaum einer Veröffentlichung zur Umweltökonomik. Auf Pigou wird das Verursacherprinzip und speziell die Erhebung von Schadstoffsteuern (Pigou-Steuer) zurückgeführt. Man bezieht sich dabei allerdings mehr auf seinen konzeptionellen Ansatz als auf seine konkreten Ausführungen zu Umweltfragen. Pigou erwähnt zwar das klassische Beispiel der Luftverschmutzung durch Fabrikrauch. Er betrachtet das Phänomen jedoch aus der entgegengesetzten Perspektive, wenn er von der Rauchverhütung aus Fabrikschornsteinen spricht und diesen Fall als ein Beispiel für externe Ersparnisse einstuft. Folgt man seiner Internalisierungsregel, so müßten die Verursacher von Umweltbelastungen durch Subventionen angeregt werden, Vermeidungsmaßnahmen zu ergreifen. Nimmt man Pigou wörtlich, so ist er der Vater des Gemeinlastprinzips. In der Literatur ist dieser Widerspruch – außer von Ronald Coase (1960/1978) – nicht bemerkt worden. Anscheinend hat sich – wie Coase betont (ebd. 192) – die auf ihn folgende Lehrmeinung weitgehend aus mündlicher Überlieferung gebildet. Pigou nimmt zwar die Zurechnung der externen Effekte auf die Verursacher vor, er macht sich aber noch keine Gedanken darüber, wer als Verursacher gelten soll, der Emittent von Schadstoffen oder der Vermeider von Emissionen.

Es ist schwer verständlich, weshalb Pigou nicht auch die näherliegende Möglichkeit der Internalisierung externer Umweltkosten bei den Emittenten beschrieben hat. Ähnlich gelagerte Beispiele wie die Ansiedlung einer Fabrik in einem Wohngebiet, die er zu den Aktivitäten zählt, die externe Kosten verursachen, hätten dies eigentlich nahegelegt. Für die spätere wissenschaftliche Diskussion ist interessant, wie deutlich aus den Beispielen Pigous bereits hervorgeht, daß es immer zwei prinzipielle Möglichkeiten für umweltpolitische Korrekturen gibt. Entweder ersetzen die Benachteiligten dem Verursacher von Umweltschäden die Vermeidungskosten oder der Verursacher zahlt den Betroffenen bzw. der Gemeinschaft einen Preis für die Umweltnutzung.

In gezielter Auseinandersetzung mit Pigou hebt später Coase diesen reziproken Charakter von Externalitäten hervor. Coase kritisiert vehement die Eindimensionalität des Pigouschen Lösungsansatzes: «Es ist sonderbar, daß eine Lehrmeinung, die so fehlerhaft wie die von Pigou entwickelt ist, solch großen Einfluß gehabt haben sollte ...» (1960/1978, 192). Er versucht, einen systemtheoretischen Ansatz zu entwickeln, der die Gesamtwirkungen alternativer sozialer Arrangements erfaßt und hilft, die optimalen Ausgangsbedingungen zu bestimmen. Coase zufolge besteht für beide Parteien ungeachtet der gesetzlichen Rahmenbedingungen immer ein Anreiz, über Kompensationszahlungen die externen Effekte auf ein Optimum zu reduzieren, sofern die Transaktionskosten null sind. Entweder zahlt der Betroffene dem Verursacher einen Preis, damit er die Emissionen einschränkt, oder der Verursacher entschädigt die Betroffenen dafür, daß sie Umweltbelastungen zustimmen. Nach dem Coase-Theorem führt die Verhandlungslösung in beiden Fällen zum gleichen Allokationsergebnis, nur die Auswirkungen auf die Einkommensverteilung sind unterschiedlich. Für die Bestimmung optimaler sozialer Arrangements erhalten daher Verteilungsaspekte eine Schlüsselfunktion. Die Lösung der Umweltprobleme könnte sehr viel mehr dem freien Wettbewerb überlassen bleiben, als es der Pigousche Interventionismus zulasse.

So interessant diese Verallgemeinerung des Pigou-Ansatzes aus theoretischer Sicht auch ist, neue Einsichten für die praktische Politik werden damit kaum gewonnen. Die Hauptverantwortung für die Umweltpolitik muß beim Staat liegen. Das Verursacherprinzip ist als fundamentale marktwirtschaftliche Rahmenbedingung unersetzbar. Praktische Beispiele für private Verhandlungen über Externalitäten sind selten. Mit Coase in Verbindung bringen läßt sich das gelegentlich für die Lösung von Einzelproblemen vorgeschlagene «Nutznießerprinzip», nach dem die Verursacher für Vermeidungsmaßnahmen Subventionen erhalten, die von den Nutznießern durch öffentliche Abgaben finanziert werden.

In Anlehnung an Pigou plädieren die meisten Umweltökonomen heute dafür, neben Auflagen auch Abgabenlösungen im Umweltschutz einzusetzen. Die «Pigou-Steuer» – im strengen Sinne einer Pareto-Optimalität sichernden Steuer – kommt dabei allerdings nicht in Frage. Pigou selbst hatte bereits auf die Erhebungsschwierigkeiten und auf die Notwendigkeit von «second best»-Lösungen hingewiesen, ebenso wie er betont hatte, daß Abgaben bei falscher Dosierung mehr schaden als nützen (1928/1956, 99 f.). Pigou wird zu eng interpretiert, wenn man ihn nur mit der Optimalsteuer in Verbindung bringt. Bemerkenswert ist auch, daß sich die Internalisierung externer Effekte für ihn nicht nur als Allokationsproblem darstellte, sondern daß er auch die Verteilungswirkungen hervorhob: «... da die verschiedenen Güter in unterschiedlichen Proportionen von den reichen und armen Leuten gekauft werden, könnte kein Steuer-Subventions-Schema in der Praxis funktionieren, ohne die Verteilung zu verändern. Diese Erwägungen müßten in Betracht gezogen werden, bevor ein endgültiges Urteil über irgendein Schema abgegeben werden könnte» (1956, 100).

Ein prinzipielles Problem der Marktwirtschaft entsteht – so sagt Pigou – als Folge der Einstellungen der Menschen zur Zukunft. Die Menschen handeln kurzsichtig, sie unterschätzen die zukünftigen Bedürfnisse. Die Minderschätzung habe nichts mit Rationalität zu tun, sondern «... impliziert nur, daß unsere teleskopische Fähigkeit gestört ist und daß wir daher künftige Annehmlichkeiten ... in einem verkleinerten Maßstab sehen. Daß dies die richtige Erklärung ist, wird durch die Tatsache bewiesen, daß genau dieselbe Verkleinerung auftritt, wenn wir, abgesehen von unserer Neigung, unerfreuliche Vorfälle zu vergessen, über die Vergangenheit nachdenken» (1960, 25). Das Marktsystem weise einen grundlegenden Defekt auf: Die zukünftigen Erträge dürften von den Sparern und Investoren nicht abdiskontiert werden. Es werde zu wenig gespart, investiert und für den Umweltschutz getan, die Bodenschätze würden zu schnell – ohne Rücksicht auf zukünftige Generationen – ausgebeutet. Die Aufgabe, die dem Staat im Umweltbereich zukommt, beschreibt Pigou so: «Es ist die eindeutige Pflicht einer Regierung, die Treuhänder sowohl der ungeborenen Generationen als auch der gegenwärtigen Bürger ist, die erschöpfbaren natürlichen Ressourcen eines Landes zu überwachen und sie – falls erforderlich durch Gesetz – vor überstürzter und rücksichtsloser Ausbeutung zu schützen» (ebd. 29f.). Auch diese Fragen sind angesichts der Ressourcenverknappung und der Langfristigkeit der Umweltprobleme höchst aktuell. Die moderne Umwelt- und Ressourcentheorie teilt die Ansicht, daß der Markt eine zu schnelle Ausbeutung der natürlichen Ressourcen fördert und der Staat gegensteuern sollte.

4. *Konjunkturelle Arbeitslosigkeit und langfristiges Vollbeschäftigungsgleichgewicht*

Pigous Ausgangspunkt bei seinen umfangreichen Beiträgen zur Beschäftigungstheorie ist ebenfalls die Auseinandersetzung mit der klassischen Nationalökonomie. Er macht auf die zentrale Bedeutung der Lohnflexibilität für das Funktionieren der Arbeitsmärkte aufmerksam. Immobilität der Arbeitskräfte und monopolistische Elemente in der Lohnpolitik vermindern auf kurze Sicht die Lohnflexibilität, so daß sich konjunkturelle Schwankungen in kurzzeitiger Arbeitslosigkeit niederschlagen. Pigou geht über den klassischen Ansatz hinaus, der die Möglichkeit kurzfristiger Beschäftigungsungleichgewichte nicht enthielt. Seine Grundauffassung hatte er bereits früh in *Wealth and Welfare* (1912) und in dem kleinen Buch *Unemployment* (1913) niedergelegt. In seiner *Economics* hebt er hervor, daß die ökonomische Wohlfahrt auch eine Funktion der Stabilität des Volkseinkommens ist und die Löhne flexibel reagieren sollten. Bei festen Löhnen sind Beschäftigung und Sozialprodukt in guten und schlechten Zeiten stets geringer als bei flexiblen Löhnen.

Die konjunkturellen Aspekte hat Pigou in seinen *Industrial Fluctuations* (1927) vertieft. Er versuchte hier, für die Zeit von 1857–1908 nachzuweisen, daß die Löhne langfristig hinreichend flexibel gewesen waren, um einen hohen Beschäftigungsgrad bei geringen kurzfristigen Schwankungen zu sichern. Insbesondere mit Blick auf die konjunkturelle Arbeitslosigkeit spricht er sich für die Förderung der Lohnflexibilität, aber auch für expansive finanzpolitische Maßnahmen (öffentliche Aufträge und Zuschüsse an private Investoren) aus. Zweifellos war der Einfluß der Gesamtnachfrage auf den Beschäftigungsgrad kein Thema, das bei Pigou im Mittelpunkt stand, dennoch hat er sich hierzu sehr klar geäußert, insbesondere in einem kurzen, nur dieser Frage gewidmeten Kapitel in der *Theory of Unemployment* (1933). Er unterscheidet im Sinne Marshalls zwischen der kurzen und der langen Periode. Marshall hatte folgende Abgrenzung vorgenommen: «Für kurze Perioden ist der Vorrat an Produktionsmitteln praktisch feststehend, aber die Beschäftigung derselben wechselt mit der Nachfrage... In langen Perioden wird der Zufluß der Produktionsmittel angepaßt der Nachfrage nach den Produkten derselben» (1905, 375 f.). Auf kurze Sicht kann nach Pigou der Reallohn unabhängig von der Gesamtnachfrage sein. Eine Verminderung der Gesamtnachfrage führt zur Freisetzung von Arbeitskräften. Die Politik kann durch Steigerung der Gesamtnachfrage den Beschäftigungsgrad in Zeiten der Depression erhöhen. Man brauche nicht nur an konjunkturelle Abschwächungen zu denken, wesentlich sei, daß es sich um kurzfristige Phänomene handle. Zwar hat sich Pigous Einschätzung der Ursachen der Weltwirtschaftskrise nicht grundlegend geändert, aber er betont jetzt, daß eine expansive Nachfragepolitik ein geeignetes Mittel zu ihrer Bekämpfung hätte gewesen sein können: «... Obwohl die schwere Arbeitslosigkeit, die in diesem Land in dem Jahrzehnt nach dem Boom der Nachkriegszeit vorherrschte – die ‹intractible million› –, nicht mit einer zyklischen Depression im engen Sinn verbunden war, gab es trotzdem Gründe, an eine kurzfristige Krankheit zu glauben, die eine Behandlung nur für einige wenige schwierige Jahre benötigte» (1933, 250).

Auf lange Sicht dagegen seien die Reallöhne abhängig von der gesamtwirtschaftlichen Nachfrageentwicklung. Eine ständige Erhöhung der Gesamtnachfrage durch den Staat bleibe wirkungslos. Die Reallöhne würden ansteigen und die Nachfrage nach Arbeitskräften zurückgehen, so daß sich der Beschäftigungsgrad wieder auf sein normales Niveau einpendelt und Arbeitslosigkeit bei gesamtwirtschaftlicher Stabilität nur infolge von Friktionen und begrenzter Mobilität in Verbindung mit sektoralen und regionalen Nachfrageverschiebungen auftritt. Es kommt also zu einem lohnbedingten «crowding out»: «... daraus folgt, daß langfristige politische Maßnahmen, die absichtlich oder zufällig die Arbeitsnachfrage dauernd erhöhen oder vermindern, weder Ursache für, noch Heilmittel gegen Arbeitslosigkeit sind» (ebd. 249), und «... wenn sich der Staat dafür entscheidet, im Interesse der Beschäftigung dauerhaft pro Jahr 100 Millionen mehr auszugeben, dann wird sich die Beschäftigung einige Zeit nach Einsetzen dieser Politik zwar entsprechend erhöhen, aber es kann erwartet werden, daß sich die Lohnsätze schließlich an die neue Nachfragesituation anpassen und – sobald sie dies getan haben – der Beschäftigungsvorteil aufgebraucht sein wird» (ebd., 249 f.). Dies ist nichts anderes, als die später von Milton Friedman mit großer Resonanz vertretene These vom natürlichen Unterbeschäftigungsgleichgewicht.

Pigou wollte zeigen, daß der Marktmechanismus langfristig zum Gleichgewicht bei Vollbeschäftigung tendiert. In seiner *Employment and Equilibrium* (1941/1952) weist er darauf hin, daß Lohnstarrheiten und durchschnittliche Arbeitslosigkeit nach dem ersten Weltkrieg als Folge der Segmentierung der Arbeitsmärkte, der gewerkschaftlichen Lohnpolitik und der neuen gesetzlichen Arbeitslosenversicherung zugenommen haben. Er war sich also der vielen Unvollkommenheiten auf dem Arbeitsmarkt bewußt, vertrat aber dennoch die Auffassung, daß der Marktmechanismus auf längere Sicht gut funktioniere. Diese Einstellung bringt auch der Titel seines letzten Buches über Beschäftigungsfragen *Lapses from Full Employment* (1945) deutlich zum Ausdruck (Solow 1980, 6).

Was die Einschätzung der konjunkturellen Arbeitslosigkeit anbetrifft, so lagen Pigou und Keynes also im Grunde gar nicht so weit auseinander. Pigou hatte jedoch keine voll ausgebaute Theorie. Er schätzte auch das Ausmaß der kurzfristigen Arbeitslosigkeit geringer ein. Außerdem handelte es sich für ihn um einen Ungleichgewichtszustand, während Keynes eine Theorie entwarf, die zeigt, daß gesamtwirtschaftliches Gleichgewicht bei Unterbeschäftigung möglich ist und hohe allgemeine Arbeitslosigkeit längere Zeit andauern kann. Keynes übernahm von der Klassik die Annahme der Reallohnorientierung der Arbeitsnachfrage, ging aber davon aus, daß das Arbeitsangebot vom Geldlohn abhängt, der nach unten starr sei. Er war offensichtlich der Auffassung, daß die Geldlöhne auch bei hoher längerfristiger Arbeitslosigkeit nicht sinken. Um aber die Relevanz seiner Theorie nicht nur von den empirischen Verhältnissen abhängig sein zu lassen, entwickelte er die weitergehende Aussage, daß selbst dann, wenn die Löhne flexibel sind, Lohnsenkungen den Beschäftigungsgrad nicht erhöhen (sogenannter Keynes-Effekt). Niedrigere Löhne vermindern zwar die Transaktionskasse, die Geldnachfrage sei jedoch relativ zinselastisch und die Investitionsgüternachfrage relativ zinsunelastisch, so daß es nicht zu einer Erhöhung der Gesamtnachfrage komme. Eine nachgiebige Lohnpolitik sei ebenso ohnmächtig wie eine expansive Geldpolitik (Keynes 1936/1955, 225). Löhne und Preise verminderten sich proportional und Realeinkommen und Produktion blieben konstant.

Diese Kritik an der Wirksamkeit der Lohnflexibilität stellte den eigentlichen Angriff gegen Pigous Gedankengebäude dar, so daß Pigous spätere Veröffentlichungen wesentlich darauf abzielen, Keynes in diesem Punkt zu widerlegen. Gegen die Schlußfolgerungen von Keynes läßt sich viel einwenden, bahnbrechend war aber seine neue makroökonomische Analyse der Wirkungen von Lohnänderungen. Pigou übernimmt diesen Ansatz. In einer Debatte mit Nicholas Kaldor erkennt er an, daß die Wirkungen von Lohnsenkungen im wesentlichen von den monetären Bedingungen abhängen (Pigou, *Real and Money Wage Rates* 1937b und *Money*

Wages 1938; Kaldor 1937). Er teilt aber den Elastizitätspessimismus von Keynes nicht und vertritt die Auffassung, daß eine Verminderung der Geldlöhne in aller Regel über Zinssenkungen die Beschäftigung steigert. Pigou wird mit seinen Vorstellungen über die Zinselastizität der Geldnachfrage und der Investitionen zum Vorläufer des Monetarismus.

Die Liquiditätspräferenzfunktion von Keynes war für Pigou nicht neu. Sie war für ihn identisch mit der Geldnachfragefunktion der Marshallschen Tradition, die er selbst mitgeformt hatte. Allerdings zog er es vor, weiterhin von der Umlaufsgeschwindigkeit des Geldes zu sprechen. Marshall hatte die Theorie vertreten, daß die Wirtschaftssubjekte kurzfristig einen bestimmten Teil ihres Einkommens als Kasse halten möchten (sogenannter Kassenhaltungsansatz der Quantitätstheorie). Pigou hat diesen Zusammenhang erstmals in eine Formel gefaßt (1917–18/1952), die als Cambridge-Gleichung allgemein bekannt geworden ist: $p = kY/M$ (p = Preisniveau, Y = nominelles Sozialprodukt, k = gewünschte Kassenhaltung bezogen auf das Volkseinkommen, M = Geldmenge). Die Formel beschreibt bei konstantem k ein monetäres Gleichgewicht bei ausschließlich einkommensabhängiger Kassenhaltung. Die neueren Quantitätstheoretiker wie Marshall, Pigou und Irving Fisher betrachteten den Kassenhaltungskoeffizienten k bzw. die Umlaufsgeschwindigkeit des Geldes aber auch als abhängig vom Zinssatz. Neu ist bei Keynes der sicher vorteilhafte getrennte Ausweis der beiden Kassenhaltungen für Transaktions- und Vermögensanlagezwecke.

Vor dem Hintergrund der anderen Beurteilung der monetären Bedingungen verwundert es nicht, daß Pigou die Wirksamkeit der Fiskalpolitik zurückhaltender einschätzte als Keynes. Erhöhungen der Staatsausgaben zur Rezessionsbekämpfung hatte er schon in jungen Jahren befürwortet, so daß er in seiner *Public Finance* die Originalität des Keynesschen Konzepts der antizyklischen Politik etwas herunterspielt (1928/1956, 231 ff.). In sachlicher Hinsicht wendet er ein, daß eine Erhöhung der Staatsausgaben bei gegebener Geldmenge in aller Regel zu Zinssteigerungen und zu einer gewissen Verdrängung privater Investitionen führt. Dadurch wird die Durchschlagskraft der Politik geschmälert. Eine wirksame Ausgabenpolitik müsse mit einer Ausweitung der Geldmenge einhergehen. Die Geldmenge spielt für ihn eine wichtige permissive Rolle, sie ist jedoch niemals der «prime mover».

In *Employment and Equilibrium* (1941/1952) entwickelt Pigou ein Zwei-Sektoren-Makromodell, das sich auf drei Gleichungen mit vier Unbekannten reduzieren läßt. Er weist auf das Problem der «missing equation» hin (mangelnde Determiniertheit des Modells). Das Modell läßt sich schließen, indem man entweder den Beschäftigungsgrad oder den Lohnsatz als Datum einführt. Wie Keynes unterstellt Pigou für die kurzfristige Analyse ein gegebenes Lohnniveau. Anders als bei Keynes wird aber das Preisniveau nicht konstant gesetzt. Pigous Modell ist allgemeiner. Es erklärt die Preise in der Konsumgüter- und Investitionsgüterindustrie, das allgemeine Preisniveau, das Sozialprodukt und den Beschäftigungsgrad. Außerdem erfaßt es unterschiedliche geldpolitische Strategien (Stabilisierung der Konsumgüterpreise, Konstanthaltung des Zinssatzes und «normale» Bankenpolitik mit Ausdehnung der Geldmenge bei steigendem Zins). Anhand mehrerer Modellvarianten (vollständige Konkurrenz und Monopol sowie unterschiedliche geldpolitische Strategien) ermittelt Pigou komparativ-statisch eine Reihe von Einkommens- und Beschäftigungsmultiplikatoren, wobei die von Keynes unterstellte Situation nur einen Spezialfall darstellt. Samuelson (1941, 178) hat in einer Besprechung das Buch als eines der wichtigsten der letzten Jahre bezeichnet. Die Analyse von Multiplikatoren sei längst überfällig gewesen. Collard schreibt in diesem Zusammenhang: «In a sense Pigou was the first post-Keynesian.» (1981, 131)

Die zweite Neuerung in *Employment* dient der Untermauerung der Grundthese, daß auf längere Sicht der freie Wettbewerb zum Gleichgewicht bei Vollbeschäftigung führt. Sie richtet sich gegen die langfristige Version des Keynes-Effekts. Die kurzfristige Betrachtung wird auf eine langfristige Gleichgewichtsanalyse für eine stationäre Wirtschaft ausgedehnt. Neu ist die Hypothese, daß Sparen und Investieren auch eine (abnehmende) Funktion des Sachkapitalstocks sind. Das Problem der «missing equation» löst Pigou nun, indem er Vollbeschäftigung als gegeben annimmt. Das Modell ist aber auf dieser Stufe noch nicht sinnvoll determiniert, da es Lösungen mit negativem Zins und negativem Kapitalstock nicht ausschließt. Pigou beseitigt diesen Mangel, indem er als weitere Determinante des Sparens (Konsums) neben dem Zinssatz, dem Volkseinkommen und dem Kapitalstock die reale Kassenhaltung einführt. Damit kommt der nach ihm benannte «Pigou-Effekt» ins Spiel. Der modelltheoretische Zusammenhang ist folgender: In einer Situation mit positivem Zins kann die Ersparnis größer als die Investition sein, so daß ein deflationäres Ungleichgewicht besteht. Das Angebot ist größer als die Nachfrage. Bei flexiblen Preisen erhöht sich der Realwert der Kassenhaltung, wodurch die Konsumnachfrage angeregt wird und die Kontraktionskräfte aufgehalten werden. Die Ersparnis kann sich der Investition – die im stationären Zustand null beträgt – bei nicht negativem Zinssatz anpassen. Da Pigou von gegebener Vollbeschäftigung ausgeht, hat der «Pigou-Effekt» die Funktion zu zeigen, daß sich langfristig ein Gleichgewicht auf den Gütermärkten einspielt. Eine Verbindung zum Beschäftigungsgrad läßt sich auf dieser Ebene nicht herstellen. Pigou setzt diese Prämisse, weil nach seiner Auffassung der Lohnmechanismus auf lange Sicht Vollbeschäftigung garantiert.

Populärer ist die kurzfristige Version des Pigou-Effektes. Selbst wenn im Zuge fallender Löhne und Preise der Reallohn konstant bleibt, erhöht sich der Realwert des privaten Vermögens, und die Konsumnachfrage steigt. Theoretisch kann die Deflation so lange anhalten, bis Vollbeschäftigung herrscht. Pigou blieb allerdings, ebenso wie seine Kritiker, skeptisch gegenüber der Bedeutung dieses Effektes. Es ist aber sein Verdienst, erstmals Vermögenseffekte in die makroökonomische Analyse eingebaut zu haben. Einflüsse von Vermögensänderungen auf das Volkseinkommen gehören heute zum festen Bestandteil makroökonomischer Modelle. So hat Don Patinkin (1948) den Ansatz erweitert, in dem er das gesamte Finanzvermögen (Nettoforderungen der Privaten gegenüber Staat und Ausland) als relevante Vermögensgröße in die Analyse eingeführt hat. Neu hinzugekommen sind Vermögenseffekte auf die Geldnachfrage. Lloyd Metzler (1951) hat erstmals den Einfluß zinsbedingter Vermögensänderungen geldtheoretisch untersucht. Milton Friedman und James Tobin/William Brainard (1963) sowie Karl Brunner (1970) haben geldmengeninduzierte Vermögenseffekte hervorgehoben. Schließlich sind auch die Vermögenseffekte der öffentlichen Verschuldung ausführlich berücksichtigt worden. Interessant ist in diesem Zusammenhang, daß das vielbeachtete Modell von Alan Blinder und Robert Solow (1973) zur Analyse der Wirkungen der Fiskalpolitik große Ähnlichkeiten mit dem langfristigen Modell Pigous aufweist.

III. Wirkung

Pigou ist eine der großen Persönlichkeiten der Nationalökonomie in der ersten Hälfte dieses Jahrhunderts. Er hat mit seiner Kritik und Weiterentwicklung der Klassik und der *General Theory* von Keynes die moderne Theorie wesentlich mitgeprägt. Er hat auf breitester Front ganz entscheidende Vorstöße erzielt. Seine Ideen stellen heute vielfach allgemeines Gedankengut dar. Auch seine Vorstellung vom langfristigen Vollbeschäftigungsgleichgewicht in der Marktwirtschaft dürfte für die meisten Ökonomen nicht kontrovers sein, bedeutet sie doch nur eine Absage an die Stagnationsthese. Seine Fragestellung, welche Form der Umverteilung mit der marktwirtschaftlichen Allokation vereinbar sei, weist auf das Konzept der Sozialen Marktwirtschaft hin, wonach die freie Entfaltung auf dem Markt mit dem sozialen Ausgleich verbunden werden soll (Müller-Armack). Pigou hat grundlegend zur Entwicklung der Wohlfahrtsökonomie, der Steuertheorie, der Beschäftigungstheorie und der makroökonomischen Modellanalyse beigetragen. In der Umweltökonomie hat sich sein Konzept der externen Effekte als machtvolles theoretisches Instrument erwiesen. Daß Abgabenlösungen im Umweltschutz wichtige Funktionen übernehmen können, ist heute allgemein anerkannt.

Eduard März

JOSEPH ALOIS SCHUMPETER
(1883–1950)

I. Stationen seines Lebens und frühe geistige Einflüsse

1883 ist das Geburtsjahr von J. A. Schumpeter und John Maynard Keynes, der zwei Männer, die die sozialwissenschaftlichen Disziplinen sowie die praxisbezogene Wirtschaftspolitik in diesem Jahrhundert – wenn auch auf recht unterschiedliche Weise – entscheidend inspiriert und geprägt haben. Ihre Laufbahn weist gewisse Parallelen auf, da beide Männer akademische und öffentliche Funktionen ausübten und darüber hinaus auch publizistische Verpflichtungen übernahmen, die die Quintessenz ihrer wissenschaftlichen Erkenntnisse einem breiteren Kreis von Lesern zugänglich machen sollten.[1]

1. Ausbildung

Schumpeter wurde am 8. Februar 1883 in Triesch (Mähren, Kronland der Österreichisch-Ungarischen Monarchie) als einziges Kind des Tuchfabrikanten Alois Schumpeter und dessen Frau Johanna geboren. Nach dem Tode ihres Mannes im Jahre 1887 zog Joseph Alois' Mutter nach Wien und heiratete im September 1893 in Kalksburg Feldmarschall Sigismund von Kéler, der einer deutsch-ungarischen Familie entstammte. Dieser übte bis zur Scheidung von «Joschis» Mutter im Jahre 1906 einen bestimmenden Einfluß auf die Erziehung seines Stiefsohnes aus. Wie es altösterreichischen aristokratischen Traditionen entsprach, wurde Schumpeter im Jahre 1893 Zögling des im 18. Jahrhundert gegründeten Theresianums, das allgemein als Vorstufe für eine Karriere im Staatsdienst galt. Der begabte, wenn auch mitunter recht eigenwillige Student legte die Reifeprüfung 1901 mit Auszeichnung ab (Haberler 1951, 25).

Im selben Jahr inskribierte Schumpeter an der Juridischen Fakultät der Universität Wien, die ihm im Jahre 1906 den Titel eines Doktors beider Rechte verlieh. In Österreich war das Studium der Volkswirtschaftslehre bis zur Universitätsreform im Jahre 1974 nur im Rahmen dieser Fakultät möglich, wobei auf die sorgfältige Ausbildung in den juridischen Fächern besonders geachtet wurde.[2] Schumpeter machte von allem Anfang an die Nationalökonomie zum Schwerpunkt seiner Studien und kam so schon sehr früh mit den berühmten Exponenten der österreichischen Schule der Nationalökonomie in Berührung, mit Friedrich von Wieser, Eugen von Philippovich und Eugen von Böhm-Bawerk, der allerdings erst 1904 Ordinarius an der Wiener Universität wurde, nachdem er aus der Regierung, der er vier Jahre als Finanzminister angehört hatte, ausgeschieden war. Im Studienjahr 1905/06 leitete Böhm ein Seminar, an dem neben Schumpeter eine Reihe vielversprechender junger Ökonomen teilnahm, darunter Ludwig von Mises, Felix Somary, Otto Bauer, Rudolf Hilferding und Emil Lederer. Die Wurzeln für das lebenslange Interesse Schumpeters an Fragen des Marxismus und der sozialistischen Bewegung dürften in diesen frühen Begegnungen mit so profunden Kennern dieser Materie wie Bauer, Hilferding und Lederer zu suchen sein (Haberler 1951, 26).

2. Der historische Kontext und die zeitgenössische wissenschaftliche Diskussion

Die spannungsreichen kulturellen, sozialen und ökonomischen Signaturen der Zeit haben in Schumpeters Werken ihre Spuren hinterlassen. Die sogenannte «Gründerzeit» fand im Börsenkrach des Jahres 1873 ihr unrühmliches Ende. Die fieberhaften Jahre des wirtschaftlichen Aufschwungs wurden nun insbesondere in Österreich von einer lang anhaltenden lähmenden Depressionsphase abgelöst, die bis zum Beginn der 80er Jahre anhielt. In dieser Zeit, in der der städtischen Bevölkerung das Los der Massenarbeitslosigkeit und existentieller Not beschieden war, gerieten das kapitalistische Wirtschaftssystem und sein geistig-politischer Reflex, der Liberalismus, in tiefen Mißkredit. Die lange Depression, vor deren Hintergrund sich neue soziale Kräfte zu formieren begonnen hatten, machte zu Anfang der 80er Jahre einem fühlbaren wirtschaftlichen Aufschwung Platz. Nach einer kurzen, aber heftigen Rezession im Jahre 1884 setzte eine konjunkturelle Schönwetterperiode ein. Von einigen kurzen Rückschlägen unterbrochen, dauerte sie bis zum Vorabend des Ersten Weltkriegs. In den drei Jahrzehnten 1885–1914 erlebte die österreichische Wirtschaft eine der längsten und dynamischsten Blütezeiten ihrer Geschichte. Über Ausmaß, Tempo und Rhythmus dieser ökonomischen Belle Epoque ist viel geforscht, geschrieben und auch gestritten worden.[3]

Für die Verflechtung von Industrie und Bankwesen, die den Industrialisierungsprozeß während der letzten Jahrzehnte der Monarchie charakterisierte, hat Rudolf Hilferding bekanntlich den Begriff des «Finanzkapitals» (1910) geprägt. Es waren insbesondere zwei Ursachen, die zur engen Verschränkung zwischen den beiden Wirtschaftssektoren führten. Auf der einen Seite nahm die Ergiebigkeit des Finanzierungsgeschäftes mit dem Staat zusehends ab, da dieser in den 80er Jahren in eine Phase der Konsolidierung des öffentlichen Haushalts eingetreten war. Auf der anderen Seite intensivierte sich der Wettbewerb unter den Banken um das sogenannte laufende industrielle Kreditgeschäft und veranlaßte sie, sich

Joseph Alois Schumpeter (1883–1950)

an den Großunternehmen der Industrie in immer stärkerem Maße zu beteiligen (März 1968, 279). Das finanzielle Engagement der Mobilbanken im industriellen Sektor mündete sehr bald in ein so enges Verhältnis zwischen Industrie und Finanzwelt, daß der «jüdische Bankier» im Bewußtsein weiter Bevölkerungsschichten zum Archetypus des kapitalistischen Systems schlechthin avancierte. Hier lagen die Wurzeln für den Erfolg eines Volkstribuns vom Schlage Karl Luegers, der Antisemitismus und Antikapitalismus zu einem brisanten populistischen Aufputschmittel zu verbinden verstand.

In diesen Jahrzehnten des nur von kurzen Rückschlägen unterbrochenen raschen wirtschaftlichen Aufstiegs bildete sich ein Bürgertum heraus, das einige spezifisch «österreichische» Züge trug: Es hatte ein deutlich kosmopolitisches Gepräge, da es zu einem sehr wesentlichen Teil deutsche, jüdische und slawische Elemente enthielt. Dem sogenannten «bodenständigen» Österreicher, der noch in einer halbfeudalen Umwelt aufgewachsen war, standen andere, finanziell besser abgesicherte Karrieren offen: der Staatsdienst, die Militärlaufbahn, der Priesterberuf und die Verwaltung der Güter der Aristokratie. Der «Zugereiste» war in der Regel von diesen traditionellen Berufen ausgeschlossen und versuchte notgedrungen eine risikoreiche, aber auch erfolgsträchtige kommerzielle und industrielle Karriere. Dieser neuen Bourgeoisie entsprach eine sogenannte «zweite Gesellschaft», die so gut wie keine Beziehung zur etablierten, aristokratischen «ersten Gesellschaft» unterhielt. Aber sie entfaltet sehr bald ihr eigenes geistiges Leben, das den Nährboden für die reiche kulturelle Ernte des Fin des siècle bildete. Schriftsteller wie Franz Kafka, Arthur Schnitzler, Robert Musil, Karl Kraus, Hugo von Hofmannsthal und Stefan Zweig stellen in ihren Werken diese Stimmung des Untergangs, diese letzten Jahre der Monarchie, dar (Streissler 1981, 61).

Den Treibstoff für die wirtschaftliche Dynamik der Belle époque gab das «Bankgeld» ab (März 1981, 63 f.). Die Mobilbanken steuerten das Gros der liquiden Mittel bei und lieferten so den bei weitem größeren Teil der finanziellen Mittel für die spektakuläre Expansion der Volkswirtschaft in einer Entwicklungsphase, die man als die zweite österreichische Gründerzeit bezeichnen könnte. Die bekannte Kredittheorie Schumpeters, nach der das Kapital als ein «Fonds von Kaufkraft» (1926, 170) und der Kredit als Motor der industriellen Entwicklung zu betrachten ist, resultiert aus seiner scharfsinnigen Interpretation der wirtschaftlichen Triebkräfte der damaligen Wachstumsphase. In der Tat, der «Fonds von Kaufkraft», der es den österreichischen Unternehmern ermöglichte, die Produktionsmittel aus ihren bisherigen Verwendungen zu ziehen und so die Volkswirtschaft in neue Bahnen zu lenken, wurde in dieser Periode in der Hauptsache von den Großbanken in der Form des industriellen Kredits bereitgestellt.

Schumpeter war ein genußfreudiger Kenner der mannigfaltigen kulturellen Strömungen des Fin de siècle in seiner Wiener Ausprägung. Er hatte eine gute, wenn auch lückenhafte Kenntnis der Freudschen Psychoanalyse. In den wenigen Stunden, in denen er auf die versunkene Welt der Donaumonarchie zu sprechen kam, verriet er erstaunliche Vertrautheit mit den literarischen und künstlerischen Strömungen dieser letzten glanzvollen Blütezeit einer sterbenden Kultur. Aber in erster Linie war es die österreichische Schule der Nationalökonomie, die ihn in diesen Studien- und Experimentierjahren gefangennahm. Mit Carl Menger, der zu seiner Zeit nicht mehr lehrte, scheint es nur zu wenigen persönlichen Begegnungen gekommen zu sein. Aber Böhm-Bawerk und Wieser übten auf ihn eine Faszination aus, die tiefe Spuren in seinem Schaffen hinterließ. Besonders mit Wieser verband ihn, wie er es selbst ausdrücklich bezeugt, die engste intellektuelle Beziehung (Streissler 1981, 66). Mit den wichtigsten theoretischen Konzepten Wiesers hatte sich Schumpeter schon während seiner Studienjahre gründlich vertraut gemacht. So kommen wir zu einem der entscheidenden Impulse in Schumpeters theoretischem Lebenswerk. In seinem brillanten Aufsatz *Arma virumque cano, Friedrich von Wieser, der Sänger als Ökonom* hat Streissler (1986, 60) unsere Aufmerksamkeit auf eine Stelle in einem Lehrbuch von Wieser gelenkt, das 1914, also drei Jahre nach Schumpeters *Theorie der wirtschaftlichen Entwicklung* (1911) veröffentlicht wurde. «Die großen Erfolge, die sie in ihrem Aufstiege erreicht hat, dankt die kapitalistische Großunternehmung nicht ihrem großen Kapital allein, sie dankt sie diesem nicht einmal in erster Linie, denn sie hat nicht mit großem Kapital begonnen, sondern sie hat dieses in der Hauptsache erst aus ihrem Gewinne gebildet. In den Anfängen war es vielmehr die hochgespannte Führeraufgabe, welche der kapitalistischen Unternehmung den spezifischen Charakter einer bevorzugten Marktstellung gab. Die Männer, die als Pioniere die neuen Wege eröffneten, mußten Leute von auserlesener Begabung sein, die technisches Können mit Markterfahrung und organisatorischer Kraft vereinigten und noch dazu die Kühnheit des Neuerers besitzen mußten, die freilich oft in die rücksichtslose Härte des Kampfes ausartete» (Wieser 1914, 252). Die «Kühnheit des Neuerers» ist eine Phrase, der wir auch im Werk Schumpeters wiederholt begegnen.

Fritz Redlich hat auf die «Geschichtsphilosophie des Helden» verwiesen, die in der zweiten Hälfte des 19. Jahrhunderts eine «jüngere Generation deutscher Gelehrter» gegen den Einfluß von Mill und Comte «immunisierte» (1955 a, 290). In Diltheys Geschichtsphilosophie, fügt Redlich ergänzend hinzu, «wurde dann das große Individuum geradezu zum Grundstein des historischen Prozesses» (ebd. 291). Jeder, der Schumpeter persönlich kannte, kann bezeugen, daß dieser ein gründlicher Kenner der Elitetheorien des ausgehenden 19. Jahrhunderts (Nietzsche, Mosca, Michels, Le Bon, Pareto und Tarde) war. Insbesondere Vilfredo Pareto hat auf ihn einen großen Einfluß ausgeübt. Schumpeters Theorie der sozialen Klassen weist eine unverkennbare Affinität zu der von Pareto auf (März 1983, 44). Auch ein anderer berühmter Zeitgenosse, Werner Sombart, hat – zweifellos unter dem Einfluß dieser elitären Zeitströmungen – in einem schon 1909 erschienenen Aufsatz den Wieser-Schumpeterschen Unternehmerbegriff weitgehend vorweggenommen; er bezeichnet darin den Unternehmer als «Erfinder neuer Formen der Produktion, des Transportes und Absatzes, Entdecker neuer Absatzmöglichkeiten, Eroberer und Organisator».[4]

Dem Einfluß Wiesers ist in Schumpeters theoretischer Gesamtkonzeption zweifellos ein hoher Stellenwert zuzuordnen. Aber es sind zwei weitere Autoren, Eugen von Böhm-Bawerk und Karl Marx, die vielleicht noch tiefere Spuren in seinem Lebenswerk hinterlassen haben. Schumpeter hat bald nach dem Tode Böhms dessen theoretische Leistung in einem systematisch angelegten und glänzend formulierten Artikel eingehend gewürdigt (1914a). Er ist in dieser Studie zu wiederholten Malen auf die verwandtschaftliche Beziehung zwischen Böhm und Marx eingegangen. Die Leistung seines verehrten Lehrers hebt er in geradezu olympische Dimensionen, meint aber dann, daß sich ihm in diesem Zusammenhang immer ein Vergleich mit Marx aufgedrängt habe. Dies, so fügt er hinzu, mag seltsam erscheinen, aber wohl nur deshalb, weil der Name Marx von der Ausstrahlung politischer Leidenschaft umgeben ist, die seine wissenschaftliche Bedeutung verdunkelt hätte.

Worin besteht nun das nach Schumpeters Meinung verbindende Moment in dem Werk der beiden großen Theoretiker? Böhm sowie Marx sind bemüht, auf dem Fundament ihrer Vorgänger – Carl Menger in dem einen Fall und David Ricardo in dem anderen – das Gebäude einer geschlossenen, logisch plausiblen und prognostisch verwertbaren Theorie einer arbeitsteiligen Volkswirtschaft zu errichten. Der wichtigste Baustein eines solchen ökonomischen Systems ist, wie Schumpeter darlegt, eine tragfähige Werttheorie, denn der Wert ist nicht bloß das treibende Element des wirtschaftlichen Kosmos, sondern auch die Form, in der die wichtigsten Phänomene vergleichbar und meßbar gemacht werden können. Das Wertphänomen ist so der Schlüssel zum theoretischen Verständnis jedweder wirtschaftlicher Ordnung. Und er fügt in diesem Kontext hinzu, daß sich die zweite grundlegende Aufgabe auf die Erarbeitung einer Theorie von Kapitalzins und Profit beziehe (1914a und 1951).

Schumpeter erweckt in diesem Aufsatz zum *Wissenschaftlichen Lebenswerk Eugen von Böhm-Bawerks* den Eindruck, er sei der loyale Gefolgsmann und Exekutor des geistigen Erbguts von Böhm-Bawerk. Aber zwei Jahre vor diesem Nachruf war sein theoretisches Hauptwerk, *Die Theorie der wirtschaftlichen Entwicklung,* erschienen. Dieses Werk, das nur in einer entfernten geistigen Beziehung zur österreichischen Schule der Nationalökonomie steht, hatte zu einer langatmigen und mitunter recht polemisch geführten Kontroverse mit Böhm-Bawerk geführt, die Gottfried Haberler eine der «großen Auseinandersetzungen in unserer Wissenschaft» genannt hat (1951, 30). Schumpeters Versuch der Dynamisierung der statischen Theorie seines Lehrers hatte ein durchaus eigenständiges und originelles theoretisches System zu Tage gefördert, das den – zum Teil allerdings nicht unberechtigten – Widerspruch der älteren Generation hervorrief. Haberler hat mit Recht gemeint, daß Schumpeter niemandes Schüler war, und in diesem Zusammenhang das bekannte Wort von Nietzsche über Schopenhauer zitiert (1951, 30): «Seht ihn nur an – Niemandem war er untertan.»

Schumpeters Verhältnis zu Marx war vielleicht noch komplexer und widersprüchlicher als das zu Böhm. Er verfehlte es niemals, weder im Klassenzimmer noch in seinen Essays, Marx seinen Respekt, ja seine Bewunderung zu zollen. Bei aller Abgrenzung gegenüber vielen Aspekten der Marxschen Lehre (insbesondere gegenüber der Arbeitswerttheorie und den Theorien der Ausbeutung, Verelendung und zunehmenden Funktionsunfähigkeit des kapitalistischen Systems), hob er immer die Genialität der dynamischen Gesamtkonzeption hervor: «A system which changes under its own steam», sagte er einmal in einer Vorlesung, «will forever attract more attention than the Keynesian system of comparative Statics».[5] Bekannt ist auch seine tiefe Verbeugung vor der Theorie des Historischen Materialismus. Er nannte sie «one of the greatest individual achievements of sociology to this day» (1942, 10). Seinen Respekt drückt vielleicht noch stärker die Tatsache aus, daß er viele Marxsche Bestandteile (Akkumulation, Konzentration, wirtschaftliche Entwicklung im Wege zyklischer Schwankungen usw.) in das eigene System einbaute. Die verwandtschaftliche Beziehung seines Systems zu dem von Marx geht jedoch viel weiter, als er es im Anfang geahnt haben mag. Selbst sein Grundgedanke, daß dem Kapitalismus ein Hang zur Neuerung immanent ist und daß der Neuerer sich eine temporäre Monopolstellung kraft seiner Leistung erkämpft, die zur Quelle von – der Erosion durch Nachahmer unterliegenden – Gewinnen wird, ist von Marx wiederholt ausgesprochen worden, wobei sich auch dieser auf ältere Autoren stützt (Marx 1867/1955, 334). Daher werden wir auf Schumpeters Beziehung zu Marx bei der kritischen Würdigung der *Theorie der wirtschaftlichen Entwicklung* nochmals eingehen.

Dies waren die stärksten, wenn auch keineswegs die einzigen Einflüsse, die auf den jungen Schumpeter im Wien des Fin de siècle einwirkten.[6] Er hat Marx «the most bookish of all men» genannt. Aber diese Charakterisierung galt in hohem Maße auch für ihn selbst. Das Frühwerk, *Wesen und Hauptinhalt der theoretischen Nationalökonomie,* zeigt bereits seine profunde Kenntnis der theoretischen Hauptströmungen und auch seine spielerische Neigung, auf Detailfragen seiner Disziplin einzugehen. Das monumentale, postum veröffentlichte Werk, *History of Eco-*

nomic Analysis, dokumentiert, daß ihn sein rastloses Interesse an der Weiterentwicklung seiner wissenschaftlichen Domäne sowie seine Liebe zum (manchmal belanglosen) Detail bis an sein Lebensende begleitet haben.

3. Stationen der frühen Schaffensperiode

Schumpeter hat das dritte Lebensjahrzehnt wiederholt als das «sacred age of fertility» bezeichnet. Es sei dahingestellt, ob dieses Wort auf alle großen schöpferischen Naturen zutrifft, aber der wissenschaftliche «output» Schumpeters in diesem Lebensabschnitt ist in der Tat erstaunlich. Hinzu kommt, daß er bereits zu einem frühen Zeitpunkt die «Vision» (wie er es gerne nannte) von der Funktionsweise einer kapitalistischen Wirtschaft in groben Umrissen entwarf und dann, noch vor Vollendung seines 30. Lebensjahres, zu einer breit angelegten und vielschichtigen Analyse des marktwirtschaftlichen Gesamtprozesses erweiterte. Kurz nachher veröffentlichte er seinen langen Essay *Epochen der Dogmen- und Methodengeschichte* (1914), der als eine weitere wichtige Etappe auf dem Wege zu seinem oben erwähnten Werk *History of Economic Analysis* bezeichnet werden muß. Auch sein früh erwachtes Interesse an der Anwendung mathematischer Methoden in der Nationalökonomie, das sich auch literarisch niederschlug, darf nicht übergangen werden. Schon im Jahre 1906 erschien, wie Haberler vermerkt, sein erster größerer Artikel *Über die mathematische Methode der theoretischen Ökonomie.*[7]

Ein umfassendes Werk zu Schumpeters Biographie existiert bisher nicht.[8] Hier sollen wichtige Stationen seiner frühen Schaffensperiode erwähnt werden. Schumpeter erwarb 1906 den «Doktor beider Rechte» und besuchte dann Oxford und Cambridge. Dort heiratete er seine erste Frau, eine zwei Jahre jüngere Engländerin. 1907 und 1908 war er als Anwalt beim Internationalen Gerichtshof in Kairo tätig. In dieser Zeit vollendete er seine schon erwähnte Studie *Das Wesen und der Hauptinhalt der theoretischen Nationalökonomie* (1908), die er als Habilitationsschrift an der Wiener Rechts- und Staatswissenschaftlichen Fakultät einreichte. Nach Erlangung des akademischen Titels eines «Privatdozenten» im Frühjahr 1909 wurde er noch im gleichen Jahr als Professor der «Politischen Ökonomie» – auf Betreiben seines Lehrers und Freundes Böhm-Bawerk – an die Universität Czernowitz, im östlichen Teil der Donaumonarchie, berufen. Er soll dort durch ein gewisses exzentrisches Auftreten manche seiner Kollegen schockiert haben. 1911 erhielt er «Zufolge Allerhöchster Entschließung» und gegen den Widerstand der Fakultät eine Berufung an die Universität Graz, der er mit Unterbrechung bis zum Jahre 1921 angehörte.

Der junge Schumpeter hatte vor dem Kriege in einem längeren Essay seine Kollegen davor gewarnt, sich mit Tagesfragen zu eingehend zu beschäftigen, «denn die ausschließliche oder vorwiegende Beschäftigung mit praktischen Tagesfragen droht das Interesse an der Arbeit nach lediglich wissenschaftlichen Gesichtspunkten zu erdrücken und damit den Fortschritt der Wissenschaft zu gefährden» (1910). Doch haben wohl die nicht enden wollenden, teilweise blutigen politischen Auseinandersetzungen seiner Zeit einen radikalen Sinneswandel herbeigeführt. Aus Briefen und Memoranden ist zu ersehen, daß er um den Bestand der Monarchie fürchtete und auch eine Vorherrschaft Deutschlands in Mitteleuropa, wie sie in dem bekannten Buch *Mitteleuropa* (1915) von Friedrich Naumann propagiert wurde, leidenschaftlich ablehnte. Insbesondere sein Bestreben, die Friedensbemühungen des jungen Kaisers Karl, der 1916 auf den österreichischen Thron gelangt war, zu unterstützen, brachte ihn in Verbindung mit einigen profilierten Vertretern des öffentlichen Lebens wie Heinrich Lammasch, dem letzten Premierminister der österreichischen Reichshälfte, dem Industriellen und Großkaufmann Julius Meinl, dem renommierten Generalmajor Dr. Carl Bardolff und dem Rechtslehrer und Politiker Josef Redlich (Verosta 1976).

Die ins Riesenhafte gewachsenen finanzpolitischen Probleme des Ersten Weltkriegs forderten Schumpeters Kompetenz heraus. Seine 1918 publizierte kleinere Studie *Die Krise des Steuerstaats* (1918) war in erster Linie als Kritik und Würdigung von Goldscheids bahnbrechendem, finanzsoziologischem Werk *Staatssozialismus oder Staatskapitalismus* gedacht. Im Gegensatz zu Goldscheid sah er in einer einmaligen, großen Vermögensabgabe primär ein Mittel zur Sanierung des durch die hemmungslose Ausgabenpolitik der österreichischen Regierung in fast heillose Unordnung geratenen öffentlichen Haushalts. Schumpeters *Krise des Steuerstaats* enthält jedoch auch eine Reihe von Betrachtungen, die weit über den Tagesanlaß hinausgehen und in geradezu prophetischer Weise den kritischen Weg der Finanzpolitik in späteren Jahrzehnten vorwegnehmen. Böhm-Bawerk hatte kurz vor seinem Lebensende im Jahre 1914 drei Zeitungsartikel geschrieben, in welchen er den gesellschaftlichen Mechanismus der zunehmenden Abgabenlast eines demokratischen Gemeinwesens in der lebendigsten Weise beschrieb (1914). Schumpeter als professioneller Beobachter der finanzpolitischen Szene in Österreich hat die von seinem Lehrer Böhm-Bawerk skizzierte Entwicklung mit zunehmender Skepsis verfolgt. Seine hauptsächliche Sorge galt, sofern man sie auf ihre einfachsten Elemente zurückführt, der wachsenden Diskrepanz zwischen den traditionellen Einnahmequellen des bürgerlichen Steuerstaates einerseits und den ausufernden Bedürfnissen, Erwartungen und Forderungen seiner individuellen Träger andererseits. Der Begriff der «revolution of rising expectations», der erst in neuerer Zeit geprägt worden ist, ist in dieser genialen Studie weitgehend vorgebildet. «Die finanzielle Leistungsfähigkeit des Steuerstaats», schreibt Schumpeter in der oben erwähnten Studie, «hat ihre Grenzen, nicht nur in dem Sinn, in dem das eine Selbstverständlichkeit ist und auch vom sozialistischen Gemeinwesen gelten würde, sondern in einem viel engeren, für den Steuerstaat fataleren Sinn. Wenn nun der Wille des Volkes nach immer höheren gemeinwirtschaftlichen Ausgaben geht und immer größere Mittel für Zwecke verwendet werden, für die sie der Private nicht geschaffen hat, wenn immer größere Macht hinter jenem Willen steht und schließlich ein Umdenken über Privateigentum und Lebensformen alle Kreise des Volkes ergreift – dann ist der Steuerstaat überwunden und die Gesellschaft auf andere Triebfedern der Wirtschaft angewiesen als die der Individualegoismen. Diese Grenze – und damit die Krise, die er nicht überleben könnte – kann gewiß erreicht werden. Kein Zweifel der Steuerstaat kann zusammenbrechen» (1918/1976, 351).

Diese Stelle ist aus zweierlei Gründen beachtenswert: Erstens deutet Schumpeter hier zum ersten Mal an, daß der Steuerstaat auf historische Schranken stoßen könnte. Diese könnten eine gesellschaftliche Neukonstruktion erforderlich machen, die eine Überwindung der «Individualegoismen» zur Voraussetzung hätte. Dieses Thema beschäftigte Schumpeter auch in den nächsten Jahrzehnten häufig – fast könnte man sagen: selbst in seinen Sterbestunden (Schumpeter 1950); zum zweiten apostrophiert er hier ein Phänomen, für das sich in der neueren finanzpolitischen Literatur der Begriff der «Strukturkrise» eingebürgert hat. So meint Christian Seidl, daß Schumpeters Erklärung für die explosive Erweiterung der Ausgabenseite des Staatshaushalts soziologischen Charakter besitze, während die Stagnation der steuerlichen Einnahmen auf das – allerdings historisch bedingte – Faktum einer Höchstgrenze der ökonomischen Belastbarkeit der Steuerträger zurückgeführt werden muß. In Anlehnung an Jonathan Swift, Adam Smith und nicht zuletzt auch an das in jüngster Zeit so viel diskutierte Konzept der Laffer-Kurve stellt Seidl fest, daß jeder Versuch, die fiskalischen Einnahmen über diese Höchstgrenze anzuheben, in eine Verringerung des steuerlichen Aufkommens münden muß (1984, 91).

4. *Politisches und unternehmerisches Wirken*

Schumpeter wurde bald nach Kriegsende eingeladen, an den Beratungen der deutschen Sozialisierungskommission in Berlin teilzunehmen. Er begegnete dort zwei alten österreichischen Bekannten, Hilferding und Lederer. Den in Berlin geführten Gesprächen maß er keinerlei praktische Bedeutung bei (Haberler 1951, 31). Bald nach seiner Rückkehr nach Wien wurde er – vermutlich auf Betreiben Otto Bauers, der in ihm einen potentiellen linksbürgerlichen Verbündeten sah – zum Finanzminister, oder in der damaligen Diktion: zum Staatssekretär für Finanzen, bestellt. Er trat sein Amt am 19. März 1919 an, und schon in seiner ersten öffentlichen Erklärung kündigte er die Durchführung der «einmaligen großen Vermögensabgabe» an (März 1981, 324).

Aber die schwierige und ungeklärte Lage des neuen Österreich – der Friedensvertrag von St. Germain wurde erst im September 1919 von den Alliierten unterzeichnet –, machte die Exekution jeder einschneidenden finanzpolitischen Sanierungsmaßnahme, die auf eine langfristige Konsolidierung des Staatshaushalts abzielen sollte, so gut wie unmöglich. Schumpeter trat schließlich im Oktober dieses Jahres mit einem umfassenden Sanierungsprogramm vor die Öffentlichkeit, aber zu diesem Zeitpunkt war sein politisches Schicksal bereits besiegelt.[9] Bald nach seinem Amtsantritt war es zu ernsten Differenzen mit seinem ursprünglichen Mentor, Otto Bauer, gekommen. Dieser forcierte in seiner Funktion als Außenminister eine Politik des Anschlusses an das benachbarte Deutschland, wobei er sich auf das von Wilson proklamierte «Selbstbestimmungsrecht der Nationen» und auf die angebliche Lebensunfähigkeit von «Rest-Österreich» berief, gemäß dem vielzitierten Wort von Clemenceau: «Österreich ist das, was übrig bleibt». Schumpeter entpuppte sich bald als geharnischter Anschlußgegner und zog so den Unmut seines mächtigen sozialdemokratischen Kabinettskollegen auf sich (März 1981, 333). Noch gravierender sollte sich der Konflikt um die Sozialisierung der Schlüsselindustrien erweisen, die von den Sozialdemokraten im Frühjahr 1919 angestrebt wurde. Schumpeter war kein prinzipieller Gegner des Sozialisierungsgedankens, aber er empfahl in der kritischen Lage, in der sich Österreich im Frühjahr 1919 befand, die Steuerung eines vorsichtigen, moderaten Kurses. Ein Passus aus einer programmatischen Rede Schumpeters, die er zu dieser Zeit vor Universitätskreisen hielt, macht das deutlich: «Wir stehen vor der Aufgabe des Wiederaufbaues. Es wäre möglich, wenngleich mit ungeheuren Friktionen und Widerständen, die ganze Volkswirtschaft zu sozialisieren. Ich persönlich muß gestehen, ich bringe einem solchen Schritt fachlich viel Verständnis entgegen. Die andere Alternative besteht darin, daß eine radikale, energische, aber beschränkte Sozialisierungsmaßregel manche Industriezweige oder Betriebe zur Verfügung der Gesamtheit unterstellt, daß aber im übrigen das Privateigentum weiter arbeitet, wie es früher gearbeitet hat. Für diese letztere Modalität sprechen in unserer Lage gewisse Gründe, die man als zwingend höchstwahrscheinlich anerkennen muß, insbesondere die Notwendigkeit des Imports ausländischen Kapitals, das für eine sozialisierte Wirtschaft nicht oder nicht in ausreichendem Maß erhältlich wäre...» (März 1981, 326).

Schließlich kam es zum offenen Eklat zwischen Schumpeter und seinen sozialdemokratischen Kollegen, als bekannt wurde, daß ein vom Finanzminister kommissionierter Börsenmakler den Verkauf des großen österreichischen Hüttenwerkes, der Alpine-Montangesellschaft, an eine italienische Finanzgruppe bewerkstelligt hatte. Schumpeter hatte gegen diese

Transaktion nicht votiert, obwohl er über den etappenweisen Abverkauf der Aktien unterrichtet worden war. Man kann ihm nicht den Vorwurf machen, daß er diese Transaktion initiiert hätte, wie dies von sozialdemokratischer Seite behauptet worden ist; dennoch kann nicht geleugnet werden, daß er den Transfer der industriellen Großanlage in ausländische Hände toleriert hat, wobei es ihm klar sein mußte, daß damit das sozialistische Sozialisierungsprogramm endgültig zu Fall gebracht war (März 1981, 339 f.).

Man hat die recht kurze Amtstätigkeit Schumpeters im allgemeinen negativ beurteilt. Mit dem Ausspruch «Krone ist Krone», den er in einer Zeit der sich stetig beschleunigenden Inflation geprägt haben soll – einen direkten archivarischen Nachweis dafür konnte ich allerdings nicht eruieren –, hat er sich auch um die Gunst weiter Bevölkerungskreise gebracht. Als professioneller Nationalökonom war er freilich gezwungen, die Hoffnung der großen Zahl von Kriegsanleihezeichnern auf eine Valorisierung der gigantischen Staatsschuld klar und eindeutig als Wunschdenken zu charakterisieren. Sein finanzpolitisches Sanierungsprogramm, das er, wie bereits erwähnt, knapp vor seiner Demission der Öffentlichkeit vorlegte, enthielt eine Reihe von Reformvorschlägen – Vermögensabgabe, Einführung einer Umsatzsteuer, Aufnahme einer großen Auslandsanleihe und, last not least, Einstellung der hemmungslosen Ausgabe von ungedeckten Banknoten –, die auch vom Standpunkt jedes weitsichtigen sozialistischen Politikers diskussionswürdig, wenn nicht akzeptabel waren. Aber es ist kein Geheimnis, daß es gerade Otto Bauer war, der den Kopf Schumpeters nachdrücklich verlangte (März 1981, 343).

Nach seinem Ausscheiden aus der Regierung ist Schumpeter nicht mehr in das provinzielle Graz zurückgekehrt. 1921 übernahm er das Amt des Präsidenten der Biedermann-Bank, einer Aktiengesellschaft, die im selben Jahr aus einer Umwandlung des alten Privatbankhauses Biedermann & Co entstanden war. Die Bank mußte drei Jahre später liquidiert werden. Dies war eine der ersten in einer Reihe von Bankzusammenbrüchen, die das österreichische Wirtschaftsleben in der Zwischenkriegszeit schwer erschütterten. Eine parlamentarische Untersuchungskommission stellte 1925 fest, daß als Folge der engen Beziehungen zwischen dem Vizepräsidenten der Bank, Kunwald, und den konservativen Politikern Seipel und Mataja die Biedermann-Bank durch Veranlagung öffentlicher Gelder vom Finanzministerium ungebührlich stark bevorzugt worden war. Auch hatte die Bank dem damaligen Außenminister Mataja erhebliche finanzielle Begünstigungen im Zuge einer Kapitalerhöhung gewährt (Ausch 1968, 192–196). Welche Rolle Schumpeter dabei spielte, ist bis heute ungeklärt geblieben.

5. *Forschungstätigkeit in Bonn und Harvard*

Im Jahre 1925 verließ Schumpeter Wien, um eine Professur für Finanzwissenschaft in Bonn anzutreten. Bald darauf starb seine zweite, um viele Jahre jüngere Frau, was ihn in eine tiefe Schaffenskrise gestürzt haben dürfte. Auch wurde er in dieser Zeit von schweren Geldsorgen geplagt. Dennoch stand auch die Bonner Lebensphase im Zeichen einer unablässigen Forschungs-, Schreib- und Vortragstätigkeit.[10] Er kehrte niemals wieder nach Österreich zurück, wie er auch nach seiner Übersiedlung nach Cambridge/Mass. im Jahre 1932 nie wieder Deutschland besuchte, obwohl er während der Sommermonate der Jahre 1932–1935 in Europa weilte.

Die Jahre von 1932–1950 verbrachte er in intensiver geistiger Tätigkeit in Harvard oder in seinem Landhaus in Taconic, Connecticut. Nach 1935 verließ er die Vereinigten Staaten nur zweimal, um Vorlesungen in Mexico bzw. Montreal zu halten. 1937 heiratete er Elizabeth Boody, die nach seinem Tode die noch unvollendete *History of Economic Analysis*, unterstützt von Paul Sweezy, einem ehemaligen Asisstenten Schumpeters, sorgfältig ediert der Öffentlichkeit übergab. Während des Zweiten Weltkriegs geriet Schumpeter in eine gewisse persönliche Isolierung, da er sich gegenüber Deutschland und Japan in einer ambivalenten, manchmal apologetischen Haltung gefiel. «Ohne Sympathie für die Politik seiner Wahlheimat und ohne Verbindung mit vielen seiner Freunde vergrub sich Schumpeter in seine wissenschaftliche Arbeit, während er bedrückt den Niedergang von vielem beobachtete, das ihm im Westen wertvoll schien» (Haberler 1951, 37). In den Jahren 1937–1941 war er Präsident der «Econometric Society» und 1948 Präsident der «American Economic Association». Er starb in der Nacht vom 7. auf den 8. Januar 1950 in seinem Landhaus in Taconic.

II. Das wissenschaftliche Werk

Während man Böhm-Bawerk als «reinen» Ökonomen bezeichnen darf, waren Friedrich von Wieser sowie andere artverwandte Begründer von «Elite-Theorien», besonders aber auch Karl Marx, um eine theoretische Konzeption des gesellschaftlichen Entwicklungsprozesses schlechthin bemüht. Auch dem jungen Schumpeter, den keine dieser Theorien völlig zu befriedigen vermochte, schwebte die Verbindung von wirtschaftlichen, historischen und politischen Elementen vor, wobei er der Ökonomie, dem Beispiel Marx' folgend, «the pride of place» zuwies. Wie, so lautete seine Fragestellung, kann es zu periodischen Erschütterungen eines stationären Gleichgewichtszustandes kommen? Zu dieser Zeit entlehnte er den Begriff des «Gleichgewichts» primär der Österreichischen

Schule, während er Léon Walras nur einige wenige, beiläufige Bemerkungen widmete. Seine Bewunderung für den Begründer der Lausanner Schule stammt erst aus einer späteren Lebensphase.

1. Theorie der wirtschaftlichen Entwicklung

In seiner *Theorie der wirtschaftlichen Entwicklung* (1911/1926) (im folgenden als *Theorie* zitiert) ist er jedoch von einem Modell einer stationären Wirtschaft ausgegangen, das sich in einem gravierenden Punkt von dem seines Lehrers Böhm-Bawerk unterscheidet. Unter den Bedingungen des Schumpeterschen Gleichgewichts kann es gelegentlich zur parasitären Form des Konsumtivzinses kommen und es ist auch möglich, daß Gewinne und Verluste auftreten, die akzidentiellen Charakter haben. Das aber, was Böhm als den Hauptquell des «produit net» ansieht, nämlich den Umstand der Mehrergiebigkeit längerer Produktionsumwege, sei deshalb nicht gegeben, weil in der von Schumpeter konzipierten statischen Wirtschaft eine Wahl überhaupt nicht stattfindet. «Die Wirtschaft», schreibt er wörtlich, «geht ihren bestimmten Weg. Sie ist auf gewisse Produktionen einmal eingerichtet. Der laufende Produktionsprozeß muß jedenfalls zu Ende geführt werden ... Eine Wahl zwischen Gegenwart und Zukunft haben die Wirtschaftssubjekte gar nicht» (1911/1926, 54). In dem von ihm beschriebenen statischen Modell sind Entrepreneur und Kapitalist wesensfremde Erscheinungen. Es ist so klar, wie Böhm in der oben erwähnten Rezension der *Theorie* resümierend feststellt, «daß der statische Produzent die Produktionsmittel, die er zur Fortführung seines statischen Produktionsprozesses benötige, bzw. die Kaufkraft, durch die er sich jene Produktionsmittel verschaffen kann, grundsätzlich stets schon besitze und sich nicht erst zu verschaffen brauche; denn sie werde ihm im Erlöse der Produkte aus der vorhergegangenen Wirtschaftsperiode automatisch dargeboten» (1913, 8). Böhm meint im Anschluß an diese Stelle: «Das Fazit aller dieser Darlegungen ist, daß es in der statischen Wirtschaft keinen Kapitalzins geben könne» (1913, 9).

Es ist hier nicht der Ort, auf die verschiedenen Argumente Böhms einzugehen, mit welchen dieser Schumpeters statisches Modell als realitätsfremd abzuqualifizieren versucht. Der gravierendste Einwand war wohl der, daß unter der Annahme eines Null-Zinssatzes Grundstücke oder andere Güter von praktisch unendlicher Lebensdauer den Wert «unendlich» erfordern würden (1913, 50). Schumpeter hat nur einen einzigen, nicht überzeugenden Versuch gemacht, in seiner Entgegnung auf Böhms Kritik, sich dieses Konstruktionsfehlers dadurch zu entledigen, daß er vorgab, es würde in einer statischen Wirtschaft nur ausnahmsweise zu Grundstückstransaktionen kommen. Dies provozierte Böhm zu der vielleicht schärfsten Zurechtweisung seines Schülers: «Ich halte das für keinen Ausweg, sondern für eine einfache Gewaltsamkeit. Es werden, um einen Anstoß der Theorie an den Tatsachen zum Verschwinden zu bringen, mit einem Federstrich die unbequemen Tatsachen selbst wegzustreichen versucht» (1913, 50).

Schumpeter hat auch in späteren Jahren sein zuerst in der *Theorie* dargelegtes statisches Modell nicht zu modifizieren versucht. Er hielt zeitlebens an seiner früh konzipierten These fest, daß Profit und Zins nur als dynamische Phänomene zu verstehen seien und daß die relativ hohe Wertschätzung gegenwärtiger Güter gegenüber zukünftigen Gütern – also das Wertagio, das Böhm zum Angelpunkt seiner Zinstheorie macht – aus der Existenz eines dynamisch gewachsenen Kapitalzinses abzuleiten sei. Gegenüber einem Modell wie dem Marxschen, das Profit und Zins auf statische sowie auf dynamische Weise zu erklären versucht, hat er zwar niemals seinen Respekt verleugnet, zugleich aber auch seine kritische Distanz zum Ausdruck gebracht.[11] Die klarste und dezidierteste Formulierung seiner Zinstheorie findet sich so – man ist versucht zu sagen: folgerichtig – bereits in seinem genialen Frühwerk: «Diese drei Sätze, daß der Zins als großes soziales Phänomen ein Produkt der Entwicklung sei, daß er aus dem Unternehmergewinn fließe und daß er nicht an konkreten Gütern hafte, sind die Basis unserer Zinstheorie» (1911/1926, 261).

Welches ist nun die von Schumpeter ins Auge gefaßte Entwicklung, die zum sporadischen Auftreten des Zinsphänomens führt? Er glaubt, daß die Quintessenz dieses Mechanismus in dem Einwirken des schöpferischen Unternehmers auf den wirtschaftlichen Kreislauf zu suchen ist – der Begriff «schöpferischer Unternehmer» ist streng genommen ein Pleonasmus, da nach Schumpeter Kriterium der unternehmerischen Tätigkeit ihr schöpferischer Impuls ist. Gleichgewichtsstörungen, die nach einem mehr oder weniger langen Zeitraum relativer Ruhe – charakterisiert durch eine relative Konstanz von Preisen und Kosten – einzutreten pflegen, gehen von der Einführung neuer produktiver Kombinationen aus. Er unterscheidet in der *Theorie* zwischen fünf Arten von Kombinationen: erstens die Erzeugung neuer Güter (oder neuer Qualitäten von Gütern), zweitens die Einführung neuer (oder praktisch noch nicht bekannter) Produktionsmethoden und neuer Absatzmethoden, drittens die Erschließung neuer Märkte, viertens die Auffindung neuer Bezugsquellen von Rohstoffen oder Halbfabrikaten und fünftens die Durchführung einer Neuorganisation wie die Schaffung einer Monopolstellung (1911/1926, 100f.). Der Unternehmer (oder Entrepreneur) ist nicht notwendigerweise auch der Erfinder von neuen Produkten, Produktionsverfahren usw. Worauf es Schumpeter ankommt, ist der innovatorische Akt, durch welchen das Althergebrachte zerstört und durch Neues ersetzt wird. Die «schöpferische Zerstörung» steht so im Mittelpunkt der erfolgreichen unternehmerischen Leistung. Er hat natürlich nicht geleugnet, daß ein Gleichgewichtszustand auch durch einen äußeren Schock (etwa durch einen Krieg) erschüttert werden könnte, aber seine Theorie basiert primär auf dem endogenen Charakter des innovatorischen Aktes. Man hat ihm wiederholt vorgeworfen, daß es ihm nicht gelungen sei, eine Innovationstheorie zu entwickeln (Tichy 1984, 91). Aber er hat in seinem monumentalen Werk *Business Cycles* (1939/1962) auf akribische Weise den deterministischen sowie den stochastischen Charakter dieses Phänomens nachgewiesen. Im übrigen ist es auch keinem seiner Kritiker bislang gelungen, eine plausible Innovationstheorie auch nur anzudeuten.

Ein geglückter Innovationsakt regt in der Regel zur Nachahmung an. Auf diese Weise wird der Gleichgewichtszustand nicht durch einen einzigen Stoß erschüttert, sondern durch eine Reihe von ähnlich gearteten Stößen, die zu einer generellen Veränderung der Preis- und Kostenrelationen führen. Schumpeter unterstrich deshalb schon in seiner *Theorie* das «schwarmweise» Auftreten von Unternehmern (oder unternehmerischer Leistungen) (1911/1926, 320), das zum Ausgangspunkt einer konjunkturellen Aufschwungsphase wird. Da die ursprünglich hohen Unternehmergewinne einem allmählichen Erosionsprozeß unterliegen – durch die Konkurrenz der Nachahmer einerseits und durch die Verteuerung der Kostenelemente andererseits, um zwei der wichtigsten rezessiven Tendenzen zu nennen – verliert die wirtschaftliche Schönwetterphase zunehmend an Stoßkraft. Schließlich wird ein oberer Wendepunkt erreicht, der zu einer Beruhigung und damit verbundenen Schrumpfung der geschäftlichen Transaktionen führt. Wir treten in eine Phase der Rezession ein, die, wenn man Schumpeter folgen will, nicht notwendigerweise von einer Depressionsphase abgelöst wird (1939/1962, 158–159). Die Phase des Aufschwungs wird von einem Inflationsprozeß begleitet, der von der wachsenden Nachfrage nach personellen und materiellen Ressourcen getragen wird. In der Rezession kommt es dann zu einer gegenläufigen Bewegung der Preise.[12]

In Schumpeters Modell hängen also die zyklischen Schwankungen aufs engste mit dem Innovationsprozeß zusammen. «Konjunkturzyklen zu analysieren», so heißt es im Vorwort zu den *Business Cycles*, bedeutet nicht mehr und nicht weniger, als den wirtschaftlichen Prozeß des kapitalistischen Zeitalters zu analysieren...». Der Untertitel der *Business Cycles* lautet somit folgerichtig: *A Theoretical, Historical, and Statistical Analysis of the Capitalist Process*. Mit einem gewaltigen Aufwand an theoretischem Rüstzeug, historischem, illustrativem Material und statistischer Methodologie – wobei letztere relativ stiefmütterlich wegkommt, wie manche seiner Kritiker festgestellt haben (Kuznets 1940) – hat Schumpeter versucht, in der *Theorie* das von ihm errichtete Ideengebäude mit einem soliden Fundament zu untermauern. Aber dem in der *Theorie* dargelegten kapitalistischen Entwicklungsprozeß fehlt noch ein wichtiges Teilstück. Ich wende mich damit der Schumpeterschen Kredit- und Kapitaltheorie zu.

2. *Pionier- und Finanzkapital*

Im Gleichgewichtszustand, wie er von Schumpeter beschrieben wird, sind industrielle Kapazitäten und Arbeitsreserven weitgehend ausgeschöpft, während bei den meisten anderen Konjunkturmodellen davon ausgegangen wird, daß am unteren Wendepunkt Arbeitsmittel und Arbeitshände unterbeschäftigt sind. Der Unternehmer – der eine neue oder schon bestehende Firma innehaben kann – ist so genötigt, sich der geldschöpferischen Potenz der Banken zu versichern. Wie oben bereits festgestellt, betrachtet Schumpeter als «Kapital» einen «Fonds von Kaufkraft», den die Mobilbanken für neue Investitionsvorhaben flüssig machen, um materielle und personelle Ressourcen den alten Verwendungszwecken zu entziehen. «Das Kapital», meint er wörtlich, «ist nichts anderes als der Hebel, der den Unternehmer in den Stand setzen soll, die konkreten Güter, die er braucht, seiner Herrschaft zu unterwerfen, nichts anderes als ein Mittel, über Güter zu neuen Zwecken zu verfügen oder als ein Mittel, der Produktion ihre neue Richtung zu diktieren» (1911/1926, 165).

Auch diese These war nicht plötzlich vom Himmel gefallen, sondern entsprang, wie ich bereits oben erwähnt habe, der genauen Beobachtung der österreichischen – und darüber hinaus der mitteleuropäischen – Praxis. Schon knapp zwei Jahre vor ihm hatte Rudolf Hilferding in seinem bekannten Werk *Das Finanzkapital* (1910) die neue Entwicklungsetappe der kapitalistischen Gesellschaft, in der die Mobilbanken die Kommandobrücken der Wirtschaft betreten, als die Periode des Finanzkapitals bezeichnet. Er definierte dieses als das Kapital, das in der Verwendung der Industrie und in der Verfügung der Banken steht (1910, 283). Anhand eines eindrucksvollen Tatsachenmaterials demonstrierte Hilferding, wie die Mobilbanken den Umbau der Personengesellschaften in Aktiengesellschaften durch die Zuführung von neuem Kapital vorantreiben; wie sie durch die Übernahme von Positionen in den Führungsgremien der neuen Gesellschaften eine Ära der innigen Verflechtung zwischen Industrie- und Bankkapital in die Wege leiten; wie sie schließlich durch die Gründung von Kartellen und Syndikaten an die Stelle der Konkurrenz die «friedliche» Zusammenarbeit zwischen den einzelnen Unternehmungen setzen.[13] Schumpeter spricht – in offensichtlich intendierter Übereinstimmung mit Hilferding – von einer «Entmündigung» des Kapitalisten durch den Bankier: Dieser steht, wie Schumpeter ausführt, «zwischen jenen, die neue Kombinationen durchsetzen wollen, und den Besitzern von Produktionsmitteln. Er ist im Kerne eine Erscheinung der Entwicklung, allerdings nur dort, wo keine Befehlsgewalt den sozialen Wirtschaftsprozeß leitet. Er ermöglicht die Durchsetzung der neuen Kombinationen, stellt gleichsam im Namen der Volkswirtschaft die Vollmacht aus, sie durchzuführen. Er ist der Ephor der Verkehrswirtschaft» (1911/1926, 110).

Es ist an dieser Stelle notwendig, dem Schumpeterschen Unternehmerbegriff einige weitere Worte zu widmen. Schumpeter hatte den Begriff des Unternehmers schon bei J.-B. Say, Walras und einigen anderen Autoren vorgebildet gefunden (1911/1926, 113). Aber er unterlegte diesem in Anlehnung an die zu seiner Zeit modischen Elitetheorien einen spezifisch Schumpeterschen Sinn, indem er den Unternehmer «Revolutionär der Wirtschaft» und «Pionier sozialer und politischer Revolution» nennt (1911/1926, 130). Die Pionierleistung ruft sehr bald Nachahmer auf den Plan, denen Schumpeter einen weit geringeren Stellenwert in der Hierarchie unternehmerischer Leistung zuschreibt. Schon Böhm-Bawerk hatte in der oben zitierten Rezension die strenge begriffliche Unterscheidung zwischen Pionieren und Nachahmern einer negativen Kritik unterzogen. Später haben Fritz Redlich u. a. auf die bedeutsame Rolle hingewiesen, die auch dem «Nachahmer» im Prozeß der wirtschaftlichen Entwicklung zufallen kann: «Die Verpflanzung einer originären Neuerung im Schumpeterschen Sinne in eine andere Gegend oder in eine andere Industrie... erfordert in vielen, wenn auch nicht in allen Fällen ebenso große Fähigkeiten wie die Primärleistung (Redlich 1955, 62). Das Konzept von der «Pionierleistung des Unternehmers» wird einigermaßen problematisch, wenn man die von Schumpeter aufgerichteten starren Grenzen zwischen Führern und Nachahmern relativiert. (Marx spricht übrigens der «Pionierleistung» jeden heroischen Charakter ab, indem er sie in den Kontext des kapitalistischen Konkurrenzkampfes und der daraus resultierenden Sachzwänge stellt.[14]) Mit der «Entmündigung» des Unternehmers durch den Bankier rückt der letztere in den Mittelpunkt des wirtschaftlichen Kreislaufs, denn ihm fällt die letzte Entscheidung über die Realisierung einer der vielen an ihn herangetragenen neuen Kombinationen zu. Als «Ephor der Verkehrswirtschaft», wie ihn Schumpeter bezeichnet, nimmt er an dem unternehmerischen Inkubationsakt in seiner entscheidenden Phase teil. Der Schumpetersche Unternehmer, dem eine gesellschaftliche Führerrolle kraft seiner Fähigkeit des «Entscheidens, Befehlens, Durchsetzens und Vorangehens» zufällt, ist so auch in seinem Modell einer höheren Kontrollinstanz unterworfen, die man als einen Teilaspekt der unternehmerischen Gesamtleistung werten muß.

3. Konjunkturelle Schwankungen

Schumpeters Werk *Business Cycles* ist ein neuerlicher Versuch, das in der *Theorie* dargelegte statische Konzept (das man weder mit dem von Böhm noch dem von Walras völlig identifizieren darf) zu dynamisieren. Da die Konjunkturschwankungen ein organischer Bestandteil des kapitalistischen Entwicklungsprozesses sind, wird ihr Mechanismus, ihre Frequenz und ihre Lebensdauer einer umfassenden Analyse unterworfen. Schumpeter unterscheidet in den *Business Cycles* in Anlehnung an andere prominente Theoretiker des Konjunkturgeschehens zwischen drei Zyklen mit verschieden langer Lebensdauer: zwischen dem 60jährigen Kondratieff, dem 10jährigen Juglar und schließlich dem kurzen etwa 40 Monate währenden Kitchin. Wir haben es so mit etwa 18 mehr oder minder langen Gleichgewichtsstörungen innerhalb eines Kondratieff-Zyklus' zu tun. Da Schumpeter alle Erschütterungen des Gleichgewichtszustandes auf die Einführung neuer Kombinationen zurückführt, müssen wir annehmen, daß auch der kürzesten aller Konjunkturwellen, der Kitchinwelle, der gleiche Kausalitätskonnex zugrundeliegt. Es handelt sich also, dem ersten Anschein nach, um einen rein monokausalen Erklärungsansatz. Die Schumpetersche Theorie mag im Falle des langen Kondratieff und des immerhin 10jährigen Juglar zutreffen, da radikale Änderungen in der Produktionsfunktion vom Typ Postkutsche-Eisenbahn notwendigerweise zu großen Umschichtungen in der Preis- und Kostenstruktur führen. Er hat jedoch selbst eingeräumt, daß ein solcher Erklärungsmodus sich nicht auf den kurzlebigen Kitchin bezieht. Hier dürfte es sich eher um Anpassungsvorgänge in Folge von «Sekundärwellen» handeln (1939/1962, 545). Auch äußere Schockeinwirkungen, wie Kriege, Mißernten oder Goldfunde, werden von ihm als krisenauslösende Momente identifiziert, die mitunter zu langandauernden Oszillationen im Wirtschaftsablauf führen (ebd. 185).

Es ist demnach kaum angebracht, Schumpeter den Vorwurf einer rein monokausalen Betrachtungsweise zu machen. Auch die Dauer der Kondratieff- und Juglar-Zyklen wird von ihm als empirisches Phänomen gewertet. Er hätte sich auch gewiß nicht gegen die heute häufig registrierte Beobachtung gewendet, daß der Ablauf der Juglar-Zyklen – möglicherweise infolge der eskalierenden innovatorischen Vorgänge – in den letzten Jahrzehnten kürzer geworden ist. Schließlich hätte er sich auch kaum gegen den Vorwurf zur Wehr gesetzt, daß ihm keine lückenlose Verbindung zwischen Statik und Dynamik gelungen sei. Er wußte nur allzu gut, daß die Realität komplizierter ist als jedes noch so hochgestochene Modell. Und so schrieb er in den *Business Cycles* – und so dozierte er auch in seinen Vorlesungen – über das «chronic disequilibrium of reality».

Schumpeter sah sein Buch *Business Cycles* als die Krönung seines Lebenswerkes an. Aber nur wenige Jahre vor dieser «tour de force» war die *General Theory of Employment* von John Maynard Keynes erschienen und die Ökonomen sprachen über kaum ein anderes Thema als über das der Keynesschen «Revolution». Schumpeter wäre kaum ein normaler Sterblicher gewesen, wenn er auf diese Mauer der Gleichgültigkeit, die seinem Opus magnum begegnete, nicht mit Enttäuschung und Bitterkeit reagiert hätte. Man würde ihm jedoch unrecht tun, wenn man seine Kritik an der Keynesschen Theorie bloß als Ausfluß der gekränkten Eitelkeit und des Konkurrenzneids auffassen würde. Er stand dem ganzen System der «Comparative Statics» mit äußerster Skepsis gegenüber. Für ihn galten die Mechanismen, die von einem Zustand des Gleichgewichts zum anderen führten – oder führen sollten, und die von Keynes und der Keynesschen Schule mit einigen griffigen Formeln von trügerischer Eleganz beschrieben worden waren, als die eigentliche Crux des Konjunktur- und Wachstumsprozesses. Nur eine wirklich «dynamisch» angelegte Theorie konnte diesem einigermaßen gerecht werden.

4. Spätwerk

In dieser Stimmung begann Schumpeter an einem neuen Werk zu arbeiten, das auf seinen zwei ersten großen Studien, *Theorie* und *Business Cycles,* aufbaut, in dem aber die soziologischen und politologischen Elemente noch stärker betont werden als in seinen früheren Werken. *Capitalism, Socialism, and Democracy* (1942), das der größte Bucherfolg Schumpeters werden sollte, war der erste (und bisher letzte) Versuch eines großen modernen Ökonomen, fast 100 Jahre nach dem Erscheinen des *Kapital* von Karl Marx die zukünftige Entwicklung des kapitalistischen Systems zu prognostizieren. Das Buch beginnt bekanntlich mit einem Tribut an das theoretische Werk von Karl Marx. Insbesondere die Marxsche sozialwissenschaftliche Methodik, den «historischen Materialismus», feiert er als eine der größten Leistungen auf dem Gebiete der Soziologie. Indes, nach einer nicht unkritischen Würdigung der Marxschen Gedankenwelt, unterwirft er die monopolistische Wirtschaft Amerikas einer Analyse, die als geharnischte Absage an die säkularen Stagnationstheorien marxistisch-linkskeynesianischer Observanz verstanden werden muß. Dem Kapitalismus in seiner neuen, von den großen monopoloiden Konzernen geprägten Lebensform schreibt der Autor eine Dynamik zu, welche sich von der des Kapitalismus der freien Konkurrenz so dramatisch abhebt wie ein Kanonenschuß vom Zuschlagen einer Tür. Hatte er in seiner *Theorie* den kleinen, selbständigen, von einem unbändigen Willen zum Erfolg motivierten Unternehmer als den «primum agens» des kapitalistischen Wirtschaftssystems betrachtet, so sah er nun im Riesenkonzern den Quell des technisch-materiellen Fortschritts.

Nach der Weissagung eines goldenen Zeitalters des Kapitalismus kommt ein für die Schumpetersche Denkweise bezeichnender dialektischer Gedankensprung. Der Kapitalismus, so meint er, werde zugrundegehen und von einem sozialistischen System abgelöst werden, nicht etwa seiner Gebrechen und Verbrechen wegen, wie Marx es angenommen hatte, sondern – ganz im Gegenteil – wegen seiner gewaltigen historischen Leistungen. Er beschreibt einige Einzelheiten dieses Auflösungsprozesses. Die entscheidende Ursache der Ablösung des einen Systems durch das andere ist in letzter Instanz im Absterben der unternehmerischen Funktion zu suchen, die von einem manageriellen Team – der Technostruktur im Sinne J. K. Galbraith – übernommen wird. Mit dem Dahingehen des alten kapitalistischen Unternehmers stirbt auch eine Menschheitsepoche, die im Zeichen des schöpferischen Individuums und der liberalistischen Ideenwelt gestanden hatte.

Ähnlich wie Karl Marx hat auch Schumpeter die Wandlungs- und Anpassungsfähigkeit des kapitalistischen Systems unterschätzt. Die jüngste monopoloide Phase des Kapitalismus, die von den manageriellen Teams der Großkonzerne getragen wird, hat bislang noch keinen fundamentalen Systemwandel signalisiert. Die Figur des auf sich gestellten, gleichsam heroischen Unternehmers, die ein früheres Entwicklungsstadium des Kapitalismus symbolisiert, mag in der Tat der Vergangenheit angehören, aber die Institutionen des Eigentums, der Marktwirtschaft und des am Profit orientierten Unternehmens haben sich als genügend tragfähig erwiesen, um die Fortdauer der kapitalistischen Produktionsweise auch in der absehbaren Zukunft zu gewährleisten.

III. Wirkung

Obwohl sich Schumpeters schon in seinen Frühwerken ankündigende Vision der Transformation des kapitalistischen Systems nicht bewahrheitet hat, ist seinen Studien oder denen eines Marx ein höherer Erkenntniswert zuzubilligen als engen, formalen und (gewöhnlich) mit unrealistischen Annahmen operierenden Analysen der neueren Schule der Nationalökonomie. Auch ihren bekanntesten Exponenten mag es eines Tages so ergehen wie den Ökonomen der 30er Jahre, als sie von Keynes (1936, 28) mit den folgenden Worten abgekanzelt wurden: «Aber obschon die Doktrin (gemeint ist die post-Ricardosche Doktrin, d. V.) selbst bis vor kurzem von den orthodoxen Ökonomen unangefochten blieb, hat ihr ausgesprochenes Versagen für Zwecke wissenschaftlicher Voraussagen im Laufe der Zeit das Ansehen ihrer Adepten sehr geschmälert. Denn die Berufsökonomen nach Malthus wurden offenbar von der mangelnden Übereinstimmung zwischen den Schlußfolgerungen aus ihrer Theorie und den Erfahrungstatsachen nicht berührt: ein Widerspruch, der den gewöhnlichen Menschen nicht entging, mit der Folge, daß sie den Ökonomen mehr und mehr die Achtung verweigern, die sie anderen Gelehrten zollen, deren theoretische Schlußfolgerungen durch die Beobachtung bestätigt werden, wenn man sie auf die Wirklichkeit überträgt.»

Schumpeter war in den drei ersten Jahrzehnten der Nachkriegszeit, während der die Keynessche Lehre und Wirtschaftspolitik wahre Triumphe zu feiern schien, so gut wie vergessen. Erst in jüngster Zeit hat sich eine Schumpeter-Renaissance angebahnt. Insbesondere in den 80er Jahren, in welche sein 100. Geburtstag fiel, ist eine Reihe von Symposien abgehalten worden, in denen u. a. die Notwendigkeit einer stärkeren Einbindung von soziologischen und politologischen Elementen in die Wirtschaftstheorie im Sinne Schumpeters von manchen Teilnehmern betont worden ist. Gesellschaftswissenschaft und Erfahrungstatsachen sollen so wiederum einander näher gebracht werden. Und so meint Starbatty folgerichtig, daß «Schumpeters methodischer Ansatz, sein Augenmerk auf die Aktionen einzelner herausragender Persönlichkeiten im Rahmen eines gegebenen institutionellen Arrangements zu richten und die daraus resultierenden Konsequenzen für das System, die Gesellschaft, die wirtschaftliche Entwicklung abzuschätzen», sich auch in der Analyse der Demokratie als außerordentlich fruchtbar erweist (1985, 95).

Im letzten Jahrzehnt, das im Zeichen der «supply-side economics» steht, ist auch der Einfluß Schumpeters auf die Wirtschaftspolitik zusehends gewachsen. Insbesondere in den westlichen Industrieländern, wo der Konkurrenzdruck und der Zwang zur Innovation sich immer deutlicher manifestieren, sieht sich die Wirtschaftspolitik vor die Aufgabe gestellt, der unternehmerischen Tätigkeit Hilfestellungen, Anreize und Erleichterungen zu bieten.

Ich habe oben gezeigt, daß Schumpeter der Mobilbank einen besonderen Stellenwert im Prozeß von Innovation und Investition zugeschrieben hat. Im Zeitalter des Großkonzerns, der seinen Investitionsbedarf teilweise aus den eigenen Erträgen finanziert, nimmt die Bank jedoch nicht mehr die Position des «Ephors» im Wirtschaftsleben ein. Ihre Funktion wird zunehmend von neuartigen Finanzierungsträgern übernommen, denen der Staat mit Risikokapital zu günstigen Bedingungen behilflich ist. Streissler unterstreicht die Bedeutung des relativ einfachen Zugangs zu diesen bankähnlichen Institutionen, die das unternehmerische Risiko mitzutragen bereit sind (1981, 80f.). Auch die gegenwärtigen Debatten um zulässige – d.h. der Allgemeinheit zumutbare – Maßnahmen der «Deregulierung» sind ein Ausfluß dieser intensiven Bemühung um eine stärkere Belebung der innovatorischen Tätigkeit. Natürlich steht auch die weltweite Diskussion um eine zeitgemäße Steuerreform primär unter dem gleichen Vorzeichen.

So ist es kein Zufall, daß viele der Diskussionen über «Schumpeterian economics» mit der Feststellung abgeschlossen wurden, daß Schumpeter, der in der Vergangenheit ein halb vergessenes literarisches Dasein führen mußte, mit einer an Gewißheit grenzenden Wahrscheinlichkeit der führende Ökonom des kommenden Jahrzehnts sein werde.

Harald Scherf

JOHN MAYNARD KEYNES
(1883–1946)

I. Sein Leben

Obwohl seine Schriften noch gar nicht vollständig veröffentlicht sind und viele seiner Zeitgenossen noch leben – er starb 1946, und 40 Jahre sind eine vergleichsweise kurze Zeitspanne der Wirkungsgeschichte – ist eines schon deutlich: Über keinen der großen Nationalökonomen außer über Karl Marx ist so viel geschrieben worden wie über John Maynard Keynes und die Folgen seiner Theorien – in Großbritannien ist er fast eine legendäre Gestalt. Kaum kann verständlich gemacht werden, daß über einen bedeutenden Wissenschaftler so unterschiedliche Urteile von Freunden und Analytikern gleichzeitig Geltung beanspruchen können: «Grundhäßlich» (L. Strachey), «Gesicht eines Schweins» – «Seele einer Ziege» (L. Woolf), «sehr attraktiv» (Bell), «unbarmherzig» (Holroyd), «Mischung aus Gutmütigkeit und schuljungenhaftem Egoismus» (M. Forster), «extrem liebenswürdig» (Schumpeter), «Käfer», «done for – erledigt» (D.H. Lawrence), «intelligentester Mensch, den ich getroffen habe» (Bertrand Russell). Und die sich scheinbar ausschließenden Urteile über sein Wirken als Ökonom: «Befreier von lähmenden Dogmen», «Apologet des Monopolkapitals», «sein Rat für die Welt ist immer Rat zu Gunsten Englands», «das Individuum, das seinem Land am schlimmsten geschadet hat» und so fort in nicht abreißender starker Parteinahme. Obwohl 40 Jahre tot, ist Keynes immer noch eine Figur der Zeitgeschichte, an der sich die Geister zu scheiden scheinen.

John Maynard Keynes hat als Schüler in Eton seine Familiengeschichte erforscht und seine Vorfahren bis auf einen normannischen Raubritter William de Cahagnes zurückgeführt, der 1066 mit William the Conqueror nach England kam[1]. Einige Vorfahren machten im 17. und 18. Jahrhundert auch literarisch auf sich aufmerksam, ehe die Familie «passed into respectable obscurity». Keynes' Großvater betrieb das Bürstenmachergeschäft, ehe er sich auf die Blumenzucht verlegte. Der Vater, John Neville Keynes, war ein Aufsteiger, schaffte über Stipendien den Sprung nach Cambridge, wurde Fellow des Pembroke College, später für lange Zeit Registrary der Universität, also leitender Verwaltungsbeamter. Ganz hat er seine glänzenden Examensresultate nicht eingelöst; obwohl er mit *Studies and Exercises in Formal Logic* (1884) und *Scope and Method of Political Economy* (1891) zwei Standardlehrbücher schrieb, ist seine wissenschaftliche Karriere praktisch nach 1892 zu Ende. Er scheint seinen

John Maynard Keynes (1883–1946)

Ehrgeiz auf die Karrieren seiner Kinder zu übertragen, vermittelt ihnen aber auch seinen großen Respekt vor den etablierten Standards der englischen Meritokratie, vor der Wichtigkeit von Examensresultaten und den in der englischen intellektuellen Oberschicht fast familiär abgesicherten Chancen, Leistungspflichten und Verdiensten. Kennzeichnend für ihn und das Cambridger Lebensgefühl, das seine Person umgibt, ist ein Brief, den H. S. Foxwell an ihn schrieb, als seine Bewerbung um eine Professorenstelle in Oxford 1888 zur Debatte stand: «Pray don't go. It is much better that a study should be concentrated in a particular place. There arise many of the same advantages as in the localisation of an industry. Think of the effect your move may have on your son ... instead of emulating his father's noble example, becoming an accurate clear headed Cambridge man, spending a life in valuable and unpretentious service to his kind, dying beloved of his friends, venerated by the wise, and unknown to the mass as true merit and worth mostly are».

Florence Ada Keynes, Keynes' Mutter, war die Tochter des baptistischen Geistlichen Dr. John Brown, der ein Standardwerk über John Bunyan schrieb und seine Tochter als eine der ersten Studentinnen nach Cambridge (Newnham) schickte. Florence Ada Keynes war im Hinblick auf ihre Kinder womöglich noch ehrgeiziger als ihr Mann und hat die Stationen von Maynards Leben mit unablässiger Aufmerksamkeit verfolgt. 34 dicke Alben mit Zeitungsausschnitten über Leben und Wirken ihres berühmten Sohnes hat sie hinterlassen. Sie selbst war später Bürgermeisterin von Cambridge. Ihre starken sozialen Überzeugungen gab sie an ihre Kinder weiter. Zweifellos hat aber die von Maynard in *Economic Consequences of the Peace* (1919) geäußerte Ansicht, daß jeder nur den Durchschnitt überragende Mensch in der englischen Gesellschaft in die Mittel- und Oberklasse aufsteigen könnte, ihre Wurzeln in der elterlichen Erziehung. Maynards jüngerer Bruder Geoffrey wurde ein bekannter Chirurg und berühmter Bibliophile, der 1955 geadelt wurde (knighthood). Maynards Schwester Margret heiratet den späteren Nobelpreisträger für Medizin, A. V. Hill. «We're really a wonderful family, take us all around, at examinations. Probably the finest in the kingdom, I expect. If only the examination system lasts another two or three hundreds years, we shall end, I'm sure, by being the Royal Family», schrieb Maynard 1910 an seinen Vater, als er vom Erfolg seines Bruders im Scholarship-Examen hörte. John Maynards Karriere löst dann in besonderer Weise die Hoffnungen des Vaters Neville ein: Sie ist für kontinentale Verhältnisse beinahe undenkbar, aber auch für die englische Meritokratie ganz ungewöhnlich.

John Maynard Keynes, geboren am 5. Juni 1883, ist von 1897 bis 1902 Schüler von Eton College. 1902 bis 1905 studiert er an King's College, Cambridge, Mathematik; nach dem Bachelor-Examen bereitet er sich auf das Civil Service-Examen vor, bei dem Ökonomie eines von vielen Gebieten ist. Er studiert dafür (praktisch im Privatunterricht) bei Marshall und Pigou und geht nach bestandenem Examen 1906 ins India Office nach London (Junior clerk). 1908 wird Maynard Lecturer in economics an der Cambridge University – er hat noch keine ökonomische Arbeit publiziert, natürlich auch kein ökonomisches Examen bestanden. 1909 wird er auf Grund seiner Arbeit zur Wahrscheinlichkeitstheorie zum «fellow» von King's College gewählt, die weiterentwickelt schließlich 1921 als *Treatise on Probability* veröffentlicht wird. Schon 1911 bestellt man Keynes zum Editor des *Economic Journal,* damals wie heute eine der weltweit führenden wissenschaftlichen Zeitschriften der Nationalökonomie.

1913 wird Maynard zum Mitglied einer Royal Commission «On Indian Finance and Currency» gewählt, gleichzeitig erscheint sein erstes Buch, *Indian Currency and Finance.* Anfang 1915 tritt Keynes ins englische Schatzamt als Assistent von G. Paish ein, einem der «adviser» des Schatzkanzlers; nach zwei Jahren ist er Abteilungsleiter, verantwortlich für alle Fragen des «External Finance», praktisch für Devisenmanagement und externe Kriegsfinanzierungen – in einer Zeit, in der London immer noch der zentrale Finanzplatz der Welt ist! 1919 ist Keynes als Vertreter des Schatzkanzlers in Versailles Beteiligter und Zeuge der Friedenskonferenz[2]. Es gelingt ihm nicht, seinen Vorstellungen Gewicht zu verschaffen und dazu beizutragen, daß der Friedensvertrag ein «just and expedient document» wird. Enttäuscht verläßt er Paris und das Schatzamt und schreibt in wenigen Wochen *The Economic Consequences of the Peace* (1919), das Buch, das ihm unmittelbar Weltruhm verschafft.

Die Botschaft des Buches, daß der Friedensvertrag ungerecht sei, daß er den Waffenstillstandsvertrag verletzt habe und schlimmes wirtschaftliches Elend nicht nur für die besiegten Mittelmächte, sondern für ganz Europa hervorrufen würde, ist Grund genug für das Aufsehen, das das Buch eines ehemaligen hohen Funktionärs der Friedenskonferenz auslöste. Die Autorität, mit der die ökonomischen Urteile ausgesprochen sind, und die schriftstellerische Meisterschaft, mit der die Konferenz und ihre führenden Teilnehmer charakterisiert sind, begründen gleichermaßen Keynes' Nachkriegskarriere: Er lebt zwischen Cambridge und London, ist eine Figur der City, sitzt in den «boards» großer Versicherungsgesellschaften, verwaltet Investmentfonds, ist gesuchter Ratgeber von Politikern und in der Finanzwelt, ein geachteter und gefürchteter Publizist (er schreibt in den nächsten 15 Jahren mindestens einen Presseartikel pro Woche!) – und bleibt doch Wissenschaftler. Obwohl ihn die vielen Aktivitäten auch immer überlasten – er ist «nebenbei» ja auch noch Editor des *Economic Journal* und Bursar des King's College – widmet er sich doch auch mit Energie der Forschung, darunter auch ganz unspektakulären biographischen Untersuchungen, wie dies z. B. seine Essays über Alfred Marshall und Thomas Malthus aufs schönste zeigen. Eine Reihe von kleineren Büchern *The Revision of the Treaty* (1922), *A Tract on Monetary Reform* (1923), *The Economic Consequences of Mr. Churchill* (1925), *A Short View on Russia* (1925), *The End of Laissez-Faire* (1926), *Can Lloyd George do it?* (1929), *Essays in Persuasion* (1932), *Essays in Biography* (1933), *The Means to Prosperity* (1933), gipfeln in der monumentalen *Treatise on Money* (1930) und der *General Theory of Employment, Interest and Money* (1936). Keynes ist jetzt der große Ökonom seiner Zeit, er gilt als Revolutionär des ökonomischen Denkens – und bezeichnet nun selbst seine Vorgänger als «Klassiker».

Betrachtet man die zahlreichen Aktivitäten, seine Berufungen und Ernennungen zwischen 1920 und 1937, so hat man den Eindruck, als habe John Maynard Keynes viele Leben gelebt – all diese vielen verschiedenen Lasten, Selbstverpflichtungen und Interessen bei einer von Jugend an gefährdeten Gesundheit. 1937 überlebt er eine Thrombose der Herzkranzgefäße, bleibt aber in einem gefährdeten Zustand bis an sein Lebensende. Der beginnende Krieg gibt ihm nicht die Ruhe, Rücksicht auf seine angeschlagene Gesundheit zu nehmen. Mit *How to Pay for the War* schaltet er sich schon 1940 in die Geschäfte der Regierung wieder ein, wird Advisor to Chancellor of the Exchequer, Director of the Bank of England und steht seinem Land mit Rat und als Architekt und Verhandlungsführer der so schwierigen Regulierung der Kriegs- und Nachkriegsfinanzierung zur Verfügung: die Leih-Pacht-Verträge mit den USA, der «Keynes-Plan», der nach zähen Verhandlungen in Bretton Woods schließlich zum IMF und zur Weltbank, zu einem neuen Weltwährungssystem führt, und endlich die Verhandlungen über die große Nachkriegsanleihe haben das überanstrengte Leben buchstäblich aufgezehrt. Am 21. April 1946 findet in Westminster Abbey unter Anteilnahme der Größen seines Landes der Memorial Service für Lord Keynes statt – er war 1942 geadelt worden. Die nationale und internationale Reaktion ist eindeutig: Der bedeutendste Ökonom des 20. Jahrhunderts ist gestorben.

Der zwiespältige Eindruck, den die Persönlichkeit Keynes' bei seinen Zeitgenossen hinterließ, stellt sich auch beim Betrachten der vielen Bilder von Maynard Keynes ein, die veröffentlicht vorliegen. Immer dominieren die Augen mit den buschigen Brauen, manchmal funkeln sie schlau, manchmal wirken sie stechend und aggressiv, und daneben gibt es von Jugend auf Bilder, in denen sie ruhig auf den Betrachter blicken, freundlich und zuversichtlich. Man bemerkt einen dicklippigen, sinnlichen Mund, der schon früh durch einen kräftigen Oberlippenbart verdeckt wird, der aber das eher fliehende Kinn nicht übersehen läßt – und dann sind da noch die langen Beine, die den Karikaturisten immer wieder ihr Futter gaben. Maynard selbst hielt sich für häßlich, wußte aber auch von seiner Attraktivität und liebte seine Familie und Freunde doch mit einem «touch of humility» (Milo Keynes 1975). Besonders die Freunde aus dem Apostle-Bund in Cambridge und dem künstlerisch-avantgardistischen «Bloomsbury-Kreis» waren ihm sehr wichtig, darunter vor allem Lytton Strachey, Virginia Stephen (Woolf), Vanessa Stephen (Bell), Duncan Grant, Katherine Mansfield, David Garnett, Leonard Woolf, Bertrand Russell und Ludwig Wittgenstein. Die Intensität dieser Freundschaften war sicherlich zum Teil auf das homoerotische Klima des Apostle-Kreises zurückzuführen, die freundschaftlichen Beziehungen hielten jedenfalls durchweg für sein ganzes Leben. Die Freunde konnten seiner Fürsorge sicher sein, nachdem er eine öffentliche Figur und durch erfolgreiche Spekulationen und hohes Einkommen aus Publikationen ein reicher Mann geworden war.

Tragend erwies sich der Einfluß des Philosophen G. E. Moore, dessen *Principia Ethica* die Abkehr von viktorianischer Moral und das Vertrauen in die eigene Rationalität sehr stärkte, die Keynes und seine Freunde charakterisierten. Moore, von der Behauptung ausgehend, daß das Gute undefinierbar sei, sah das «Summum bonum» in der Perzeption großer Kunst und in der menschlichen Begegnung, der Liebe zwischen liebenswerten Menschen. Nicht zuletzt auf diese Einsicht, sein *early belief* (Keynes 1949b), ist zurückzuführen, daß Maynard Keynes sein Herz nie ganz an seine gesellschaftlichen und ökonomischen Erfolge verlor. Er war ein großer Bibliophile, seine Sammlung seltener Bücher ist noch in King's College zu bewundern. Er brachte es außerdem zu einer beachtlichen Gemäldesammlung und liebte das Ballett. Lydia Lopokowa, die Primaballerina des berühmten Diaghilew Balletts, wurde 1925 seine Frau. Keynes gründete und finanzierte in Cambridge ein Theater und fand selbst im Zweiten Weltkrieg die Kraft, als «Chairman of the Committee for the Encouragement of Music and the Arts» (dem späteren Arts Council) und als «Trustee der National Gallery» für Künstler und Kunst zu wirken. Neben dem gutwilligen Keynes mit den amüsierten Augen aber gibt es den ungeduldigen und bösartigen, der seine formidable Intelligenz ohne Skrupel einsetzt und mit schneidendem Witz seine Gegner zerstört. Gegner, das sind vor allem Politiker, Banker und andere in der Öffentlichkeit mit pompösem Gehabe auftretende Menschen, die er weder in der öffentlichen Debatte noch mit der Feder schont. Selbst in den persönlichen Briefen an ihm nahestehende Menschen findet man nicht selten vernichtende Urteile über andere Menschen in einer fast brutalen Sprache. Dazu konnte er das Bonmot, auch wenn es verletzte, kaum unterdrücken – wie viele Intellektuelle, die der Sprache mächtig sind.

Schon früh zeigt sich Keynes' Freude am Sammeln von Büchern und Bildern. Als Schüler in Eton und als Undergraduate am King's College beginnt Maynards Liebe zu schönen und alten Büchern. Er sammelt Bücher der berühmten Baskerville-Press, Elzeviers und Aldines, und kauft trotz beschränkter Mittel in erheblichem Umfang. Später konzentriert er sich auf die Geschichte des Denkens; er bringt es zu einer eindrucksvollen Sammlung von Erst- und Frühausgaben europäischer Philosophen, vor allem der englischen Philosophen Locke, Hume, Berkeley, Newton, Bacon, aber auch seine Erstausgaben von Leibniz, Kant und Hegel müssen deutsche Sammler angesichts der heutigen Seltenheit und Marktenge dieser Werke beeindrucken. Keynes war sich früh dessen bewußt, daß die von ihm gesammelten philosophischen Klassiker vom Markt in Relation zu ihrer objektiven Seltenheit unterbewertet wurden – seine Käufe sind daher auch «spekulativ», obwohl er durchaus Sammelleidenschaft besitzt. Er meint zu wissen, daß seine Generation die letzte ist, die eine hinreichend «vollständige» Sammlung erreichen kann – und er tritt den Beweis dafür auch an. In den letzten zehn Jahren seines Lebens dehnte er seine Käufe aus und suchte das «schöne» Exemplar. Es gibt ein reizvolles Foto von Maynard Keynes in seiner Bibliothek mit einem Buch in der Hand, das den ästhetischen Genuß ausstrahlt, der Maynards Umgang mit den alten Büchern kennzeichnet.

Diese Seite des Menschen John Maynard Keynes enthüllt sich am besten durch seine eigenen Worte, die er in einer Radiosendung «On Reading Books» am 1.6. 1936 findet: «Ein Leser sollte eine breite allgemeine Bekanntschaft sozusagen mit Büchern als solchen erwerben. Er sollte sich ihnen mit allen seinen Sinnen nähern; er sollte ihren Geruch kennen und wissen, wie sie sich anfühlen. Er sollte lernen, sie in die Hand zu nehmen, ihre Seiten umzublättern und in einigen Sekunden einen ersten intuitiven Eindruck von ihrem Inhalt erfahren zu können. Er sollte mit mehr Büchern leben, als er liest, umgeben von einer Aura ungelesener Seiten, deren allgemeiner Charakter und Inhalt ihm doch bewußt ist.» Diesen Geist atmet seine «Rare Book Collection» in King's College mit den schön eingebundenen Manuskripten und Autographen, den frühen englischen Dramen im Quartformat, den Baskervilles und Elzeviers. Und jeder Bibliophile freut sich, wenn er liest, daß der vielbeschäftigte große Mann selbst in den aufreibenden Verhandlungen von Bretton Woods Zeit findet, einen neuen Antiquariatskatalog von Quaritch zu studieren, den er (mitten im Krieg!) in die diplomatische Post hatte einschmuggeln lassen!

Zu seinen Bildern kam Keynes über seine Freunde. Besonders Vanessa Stephen (Bell), Virginia Woolfs Schwester, und Duncan Grant, mit dem ihn eine sehr intime Beziehung und durchaus leidenschaftliche Liebe verbunden hat, haben seine Augen für die Malerei geöffnet. Er kaufte ihre Bilder, unterstützte Ausstellungen und ließ sich zum Erwerb von Gemälden anstiften. So kam er auch zu seinem Lieblingsbild, einem Stilleben von Cézanne («Pommes»), die Geschichte wirft aber gleichfalls Licht auf das englische Establishment und Maynards Umgang mit ihm. Maynard erfuhr von Duncan Grant 1918, daß der Nachlaß von Edgar Degas in Paris versteigert würde – eine Gelegenheit für die National Gallery. Keynes überredete seinen Schatzkanzler Bonar Law, ihn zusammen mit dem Direktor der National Gallery nach Paris fahren zu lassen, um die gute Gelegenheit zu nutzen – «die Franzosen werden ihre Kriegsschulden sowieso nicht bezahlen, warum nicht für einen kleinen Teil von ihnen Bilder kaufen?» Bonar Law amüsierte dies, und so fuhr Keynes nach Paris und kaufte während des Beschusses von Paris durch die Dicke Berta für sich die ersten wertvollen Bilder, eine Zeichnung von Ingres, zwei Delacroixes und die «Pommes» von Cézanne!

Keynes hat neben vielen Bildern seiner Freunde und anderer junger englischer Künstler später weitere wertvolle und bedeutende Bilder zu heute unvorstellbar niedrigen Preisen erworben. Seine Sammlung enthält u. a. Gemälde von Braque (2), Cézanne (4), Delacroix (3), Derain (2), Picasso (2), Renoir, Courbet, Seurat, Matisse, Signac, Modigliani und zahlreiche Zeichnungen. In der Gedächtnisausstellung im Fitzwilliam's Museum in Cambridge 1983[3] waren viele von ihnen zu bewundern; er selbst hatte sie zu seinen Lebzeiten auf seine Wohnungen in London, Cambridge und Tilton (seinem «Landsitz», er war «Baron Keynes of Tilton») verteilt.

II. Das wissenschaftliche Werk

Will man die wissenschaftliche Leistung des John Maynard Keynes verstehen und bewerten, so ist ihr spezifisch politischer Charakter immer im Bewußtsein zu halten: Keynes' ökonomisches Denken ist auf die Lösung praktischer Probleme gerichtet, ist nicht «theoretisch» im Sinne eines wissenschaftlichen Systems. Viele Mathematiker haben sich der ökonomischen Wissenschaft zugewandt, nur wenige unter ihnen sind wie Keynes Ökonomen geworden. Ihn haben die Subtilitäten der mathematischen Ökonomie nicht gereizt – er hatte einen stets wachen Sinn für die Gefahren einer zu weitreichenden Formalisierung ökonomischer Wissenschaft: «Economics ist eine Wissenschaft des Denkens in Modellen, verbunden mit der Kunst, Modelle zu wählen, die für die gegenwärtige Welt relevant sind. Das muß so sein, weil, anders als in den typischen Naturwissenschaften, das Material, auf das Economics angewandt wird, in zu vieler Hinsicht nicht im Zeitablauf homogen ist. Das Ziel eines Modells liegt in der Trennung der semi-permanenten oder relativ konstanten Faktoren von den transitorischen oder fluktuierenden Faktoren, um über diese in einer logischen Form nachdenken zu können und die Zeitsequenzen, die sie in bestimmten Fällen bewirken, verstehen zu können. Gute Ökonomen sind selten, weil anscheinend die Begabung, durch aufmerksame Beobachtung gute Modelle ausfindig machen zu können, sehr rar ist, obwohl dazu keine hochspezialisierte intellektuelle Technik erforderlich ist.»[4] Schon in *Indian Currency and Finance* wird eine Einsicht deutlich: Die Geldpolitik kann durch geeignete Regulierungen das ökonomische Wohl der Bürger erhöhen, aber auch durch ihre Entscheidungen unnötiges Elend produzieren. Die Erfahrung der Versailler Verhandlungen und ihr Resultat, der Friedensvertrag, haben diese Einsicht gestärkt und gleichzeitig Keynes' Aktivität, geeignete Lösungen zu ersinnen, zu propagieren und durchzusetzen, wesentlich vergrößert. *A Revision of the Treaty* ist ein erster Versuch, zur Lösung von Problemen beizutragen, die durch den Versailler Vertrag drängend geworden sind.

Der *Tract on Monetary Reform* enthält eine weitere Eigenart Keynesschen Denkens: Er knüpft, so weit es geht, an vorhandene «Theorien» an, hat aber klar gestellte Fragen in bezug auf Handlungsalternativen für die Geldpolitik: Abwertung oder Deflation? Interne Preisstabilität oder Stabilität der Wechselkurse? Goldstandard oder Geldmanagement? Und er beantwortet diese Fragen unter Benutzung von empirischen Prämissen bis zu den Konsequenzen für die geldpolitische Technik. Hier ist die praktisch-empirische Prämisse die Gültigkeit der Quantitätstheorie, die zusammen mit sehr direkt analysierten Folgen von Änderungen des Preisniveaus (Inflation und Deflation) zu der Konsequenz führt, die Stabilisierung des internen Preisniveaus zu präferieren, entsprechend Änderungen der Wechselkurse hinzunehmen und die Kredite (Sichtguthaben) so zu steuern, daß das interne Preisniveau stabilisiert werden kann. Der Staat (die Bank of England) ist gefragt, durch diese Stabilisierungspolitik das unternehmerische Risiko zu senken, dessen unnötige Höhe er schon hier als mögliche Gefahr für Beschäftigung und Wohlstand ansieht. *Economic Consequences of Mr. Churchill* konkretisiert die im *Tract* angesprochenen Gefahren für Großbritannien, falsche oder der Situation nicht entsprechende Theorien werden als Ursache verderblicher Wirtschaftspolitik ausgemacht: So auch in *The End of Laissez-Faire*, einem meisterhaften politisch-ökonomischen Pamphlet, das staatlichen Handlungsbedarf proklamiert – und damit das Ende der Idee des «Nachtwächterstaates».

Für die wirtschaftlichen Agenda des Staates braucht man nicht nur aktuelle Anknüpfungspunkte, Forderungen des Tages und Opportunität, sondern auch Wirtschaftstheorie. Diese suchte Keynes in seinem magnum opus, der *Treatise on Money*, zu entwickeln. Das zweibändige Werk in sieben Büchern (Die Natur des Geldes, Der Wert des Geldes, Die fundamentalen Gleichungen, Die Dynamik des Preisniveaus, Monetäre Faktoren und ihre Schwankungen, Die Investitionen und ihre Schwankungen, Das Geldmanagement) war das Produkt fünfjähriger Arbeit und sollte offensichtlich beides zugleich sein, Standardwerk der Geldtheorie und Durchbruch zu neuer Erkenntnis. Zweifellos war es beides, das ist heute besser zu erkennen als 1930, zur Zeit der Veröffentlichung, denn die Terminologie der *Treatise* stiftete Verwirrung. Bekannte, «sichere»

Erkenntnis schien dadurch verdunkelt, Keynes' neue Botschaft wurde nicht verstanden. Keynes selbst scheint bei Fertigstellung des Buches gewußt zu haben, daß sein Denken schon weiterführte. Er schrieb an seine Mutter über das Buch: «Artistically it is a failure – I have changed my mind too much during the course of it for it to be a proper unity. But I think it contains an abundance of ideas and material.» Es ist diese Fülle an Ideen, Urteilen und Tatsachen, die die *Treatise on Money* auch nach über 50 Jahren noch zu einem Standardwerk der Geldlehre macht, unabhängig von ihrem unschätzbaren Wert für die Dogmengeschichte und für die Entwicklungsgeschichte des Keynesschen Denkens.

Keynes ist in der *Treatise* noch Gefangener der Quantitätstheorie, die er logisch transformiert in seinen berühmten fundamentalen Gleichungen. Sie analysieren die Beziehung zwischen Produktionskosten und Marktpreis einer Standardgütereinheit. Keynes bestimmt die Differenz zwischen Produktionskosten und Marktpreis als Ursache für Ausdehnung und Kontraktion der Produktion. Diese bewirkt Arbeitslosigkeit, die durch Geldpolitik, durch Senkung des Zinssatzes, also durch Erleichterung der Investitionen bekämpft werden kann. Erst wenn die Investitionen die Höhe der Ersparnis erreicht haben, herrscht wieder Gleichgewicht, und die Produktionskosten (einschließlich eines «Normalprofites») gleichen dem Preis. Keynes glaubt, daß seine truistischen Ableitungen aus den Fundamentalgleichungen den «clue» zeigen «zu dem Entstehungsweg der Preisfluktuationen, ob sie nun durch Oszillationen um ein stabiles Gleichgewichtsniveau oder durch einen Übergang von einem Gleichgewicht zu einem anderen erzeugt sind» (1971–82, V, 137). Daher hält er seine Theorie für anwendbar, gibt Schätzungen für relevante Größen der entscheidenden Variablen in Geschichte und Gegenwart und analysiert auch den institutionellen Apparat und seine Eignung und Lenkung für die gestellte Aufgabe des Geldmanagements.

Im Vorwort zur deutschen Ausgabe von 1931 sind er und die Ereignisse schon weiter: Die von ihm nicht ästimierte Goldwährung ist praktisch zusammengebrochen, und Keynes spielt mit dem Gedanken einer Währungsunion (Großbritannien, Südamerika, Mitteleuropa, Skandinavien) mit gemeinsamer Währungseinheit und fester Schwankungsbreite (± 5 %) der nationalen Währungen der Mitgliedsländer zu dieser gemeinsamen Währungseinheit! Keynes stellt dazu nach den ersten Rezensionen des Buches klar: Nach seiner Ansicht gibt es keine «direkte, notwendige oder unabänderliche Beziehung zwischen der Kreditmenge und der Differenz zwischen Ersparnis und Wert der Investitionen, die aus einer noch so vollständigen Kenntnis der Bank- und Währungsstatistik abgeleitet werden könnte». Keynes hat also die Quantitätstheorie hinter sich gelassen – in einem Buch, das scheinbar in den fundamentalen Gleichungen den Höhepunkt ihrer Aussagekraft erreicht.

Die Bände XIII, XIV und XXIX der *Collected Writings* dokumentieren den mühsamen Weg, den Keynes noch bis zur *General Theory* und ihrer Durchsetzung zurückzulegen hatte. Daß der Staat als öffentlicher Auftraggeber gefragt war, daß die Zinspolitik der *Treatise* nicht zur Überwindung der Weltwirtschaftskrise und ihrer Folgen ausreichte, war am Tage und für viele Zeitgenossen offensichtlich. Die dafür verbreitet akzeptierten Gründe aber überzeugten Keynes nicht. 1933 schreibt er in der *Spiethoff-Festschrift:* «In my opinion the main reason why the problem of crises is unsolved, or at any rate why this theory is so unsatisfactory, is to be found in the lack of what might be termed a monetary theory of production».

Eine neue Theorie war also nötig, und entsprechend adressierte er die aus qualvollen, aber auch erregten und hochgestimmten Überlegungen resultierende *General Theory of Employment, Interest and Money* «to my fellow economists». Er meint zu wissen: «I cannot achieve my object of persuading economists to reexamine critically certain of their basic assumptions except by a highly abstract argument and also by much controversy.» (Englisches Vorwort). Er weiß aber auch: «The matters at issue are of an importance which cannot be exaggerated.»

Was macht Keynes so sicher, daß er einen ganz wichtigen Schritt für die Wirtschaftstheorie getan hat? Keynes schreibt 1936 an R.F. Harrod: «Historisch betrachtet ist für mich das vollständige Verschwinden der Nachfrage- und Angebotstheorie für das Gesamtprodukt, also der Beschäftigungstheorie, nachdem sie für ein Vierteljahrhundert die Diskussion beherrscht hatte, von ganz außerordentlicher Bedeutung. Es war eine der wichtigsten Veränderungen für mich, als mir dies plötzlich nach der Veröffentlichung meiner *Treatise on Money* bewußt wurde. Dies geschah erst, nachdem ich für mich selbst das psychologische Gesetz formuliert hatte, daß die Lücke zwischen Einkommen und Konsum wächst – eine Schlußfolgerung, die weitreichende Bedeutung für mein Denken hat, aber offensichtlich in dieser Formulierung für das Denken anderer nicht. Deutlich später kam die Vorstellung, daß der Zinssatz das Maß der Liquiditätspräferenz ist. Sie war mir sofort voll einsichtig, nachdem mir der Gedanke kam. Und erst zuletzt, nach langem wirrem Gewühl und vielen Entwürfen, gelang die Verbindung der beiden Elemente durch die geeignete Definition der ‹marginal efficiency of capital›.»

Keynes' *Allgemeine Theorie* ist ihrem Wesen nach eine Ungleichgewichtstheorie und benutzt doch Methoden komparativer Statik. Dieses Mißverhältnis von Zielsetzung und Gehalt einerseits und den angewandten Analysemethoden andererseits hat Verständnis, Durchsetzung und Ablehnung der Keynesschen Botschaft mitbestimmt. Die allgemeine Theorie von Beschäftigung, Zins und Geld ist erstaunlich simpel: Bei gegebenen Preisen bzw. Geldlöhnen ist die Höhe der Beschäftigung eine direkte Funktion der effektiven Gesamtnachfrage, die die Produktionshöhe bestimmt. Da durchschnittliche und marginale Konsumquoten kleiner als eins sind, reicht die Konsumnachfrage nicht aus, um die gesamte Produktion abzunehmen, es kommt für die Produktions- und Beschäftigungsentwicklung auf die Investitionen an: Y = C + I. Investitionen aber verbinden Gegenwart und Zukunft – erwartete Erträge, die «marginal efficiency of capital», bestimmen die Höhe der Investitionen.

Ersparnisse und Investitionen werden nicht durch den Zins ins Gleichgewicht gebracht, vielmehr bestimmt sich der Zinssatz auf dem Geldmarkt durch die Liquiditätspräferenz der Vermögensbesitzer. Die erwarteten Erträge für heute zu treffende Investitionen sind aber mit Unsicherheit belastet – durch keinen Trick in den Bann sicherer Kalkulationen zu rücken –, das Wissen um die Zukunft ist so ungewiß wie das zukünftige Wissen! Zukunftserwartungen sind daher «konventionell», erratischen, unvorhersehbaren Stimmungen unterworfen – entsprechend gefährdet ist mit der Investitionshöhe die effektive Gesamtnachfrage, also die Beschäftigungshöhe. Den bei zu geringer effektiver Gesamtnachfrage zu Arbeitslosen gewordenen Erwerbspersonen steht nicht das Mittel «Reallohnsenkung» zur Sicherheit ihrer Beschäftigung zur Verfügung: Sie verhandeln in einer Geldwirtschaft über Geldlöhne, deren «Realwert» unbestimmt ist, wenn potentielle Arbeitgeber allgemeine Lohnsenkungen erwarten müssen – entsprechend kann der Geldlohnverzicht mit höherer allgemeiner Unsicherheit sogar wachsende Arbeitslosigkeit hervorbringen.

Solche Einsichten waren für die traditionelle Theorie unverdaulich, die Arbeitslosigkeit am Ende nur auf zu hohe Löhne bzw. auf Lohnstarrheit nach unten zurückführen konnte (und mochte). Geld hatte für diese Theorie ja nur eine Wirkung, Gütertransaktionen zu erleichtern, im übrigen sollte man hinter den «Geldschleier» gucken, und die «reale» Welt der Produktion und Allokation als Ergebnis von Präferenz und Knappheiten verstehen. Die *General Theory* nahm dagegen den Unterschied zwischen «Kornwirtschaft» und einer Geldwirtschaft ernst, nahm diese als die «allgemeine» an, und wies der neoklassischen Gleichgewichtstheorie einen Sonderplatz als Spezialfall zu, der intellektuell reizvoll, aber für die wirkliche Welt selten relevant ist. Wenn der Arbeitslose in einer «Kornwirtschaft» einen «Kornlohn» verlangt, der unter seinem realen Korngrenzprodukt liegt, kann seine Anstellung erwartet werden. In einer Geldwirtschaft verlangt der Arbeitslose einen Geldlohn, ohne daß sein prospektiver Arbeitgeber Signale des Marktes in Form zusätzlicher Nachfrage empfängt. Die aus dem zusätzlichen Geldeinkommen des zusätzlich einstellbaren Arbeitnehmers resultierende zusätzliche Nachfrage ist nur «notional», nicht effektiv. Auf der anderen Seite sind Ersparnisse der privaten Haushalte eine unspezifizierte Nachfrage in unspezifizierten Zukunftsperioden – entsprechend groß ist das unvermeidliche Risiko der zu spezifizierenden Investitionen in den Produktionsapparat für festzulegende Perioden. Keynes sieht deshalb die Gefahr, daß die «marginal efficiency of capital» zu niedrig sein kann – vor allem in einer Periode hartnäckiger Unterbeschäftigung –, um Investitionen zu stimulieren, die ein «Vollbeschäftigungsgleichgewicht» (das er für möglich hält) herbeiführen würden.

Die von Keynes vorsichtig gezogenen wirtschaftspolitischen Folgerungen: eine Geldpolitik, die auf niedrige Zinssätze zielt und bei drohendem «Unterbeschäftigungsgleichgewicht» (richtiger als persistente Arbeitslosigkeit aufzufassen) autonome Nachfrageerhöhungen durch den «Staat» fordert (deficit spending), die geeignet erscheinen, die effektive Gesamtnachfrage über «Multiplikatorprozesse» auf Vollbeschäftigungsniveau zu bringen – diese Folgerungen waren in der Weltwirtschaftskrise wenig umstritten, hatten aber keine «theoretische» Basis. Keynes glaubte, die theoretische Begründung geliefert zu haben, und ließ zu ihrer Durchsetzung zu, daß die Hickssche Deutung (Hicks 1937), die die Keynessche Makroökonomie ganz in ein Gleichgewichtsschema zurückführte, in die Lehrbücher als Keynessche Theorie einging. Diese Interpretation beraubte die Keynessche Makroökonomie des für sie so charakteristischen und fundamentalen Unsicherheitsmoments, marginal efficiency of capital und Liquiditätspräferenz wurden zu handhabbaren Funktionen, die neoklassische Synthese war damit vorprogrammiert. Es war wohl nicht nur der komparativ-statische Analyseapparat der *General Theory*, sondern auch Keynes' vorsichtiger Wille, seine Theorie möglichst nahe an die gewohnte neoklassische Theorie heranzuführen, an das verbreitete und in ihm selbst wirkende Verständnis der Marktvorgänge anzuknüpfen, das ihn nur die Gültigkeit des Sayschen Gesetzes aufkündigen ließ, nicht aber die Annahme, «der Lohn ist gleich dem Grenzprodukt der Arbeit». In dem Kontext seiner Unsicherheitsanalyse ist dieses erste «klassische Postulat» letztlich nicht begründbar. Es führte Keynes zu Schwierigkeiten, deren er sich offenbar erst bewußt wurde, als empirische Überprüfungen von Dunlop (1938, 413) und Tarshis (1939, 150–154) zeigten, daß sehr wohl Produktionserhöhungen und entsprechende Beschäftigungserhöhungen ohne Senkung des Reallohns möglich sind: «Wenn wir der Vollbeschäftigung näherkommen können, als ich früher angenommen hatte, ohne ernsthaft die realen Stundenlöhne oder die Gewinne pro Produktionseinheit zu beeinflussen, brauchen uns die Warnungen der Gegner einer Expansionspolitik weniger zu kümmern» (Keynes 1939, 41).

Es ist jedoch immer zu erinnern, daß Keynes in der *General Theory* nicht unterstellt, niedrigere Reallöhne bewirkten höhere Beschäftigung, sondern daß die höhere effektive Nachfrage höhere Beschäftigung und damit, wegen der strengen Gültigkeit des Ertragsgesetzes, niedrigere Reallöhne erzeuge. In sehr vielen Keynes-Exegesen ist dieser Tatbestand unzureichend beachtet worden. Eine Konsequenz ist dann die Vorstellung, Keynes habe zur Erklärung des «Unterbeschäftigungsgleichgewichts» rigide Reallöhne vorausgesetzt oder voraussetzen müssen – mit dieser falschen Exegese ist dann die Keynessche Theorie wieder in die herrschende Lehrmeinung zurückgeholt worden! Mit solcher Exegese korrelierende Vorstellungen behaupten, daß Keynes in seiner Theorie unterstelle, die Geldlöhne seien «zu hoch», daß aber die Arbeitnehmer und ihre Vertreter an Geldillusion litten und deshalb eine (inflationäre) versteckte Reallohnsenkung den Trick tue und höhere Beschäftigung ermögliche. Diese Interpretationen finden ebensowenig durch die *General Theory* Deckung wie die Behauptung, Keynes habe eine zu geringe Zinselastizität der Investitionen angenommen oder unterstellt, das Sparen sei zinsunelastisch. Dagegen erkennt Keynes die Möglichkeit von «Real Balance Effekten» an, er hält aber ihre Wirkung für zu schwach, um die Hoffnung auf eine hinreichend schnelle Erholung aus tiefer Rezession darauf gründen zu können. Im übrigen ist der von Keynes wahrgenommene reale Anpassungsprozeß an Ungleichgewichte von Nachfrage und Angebot dadurch charakterisiert, daß Mengen schneller reagieren als Preise.

Trotz der formal unbefriedigenden Darstellung der Dynamik wirtschaftlicher Entwicklung, der Entwicklung von Investitionen und Beschäftigung in der *General Theory*, hat Keynes vorsichtig wirtschaftspolitische Konsequenzen seiner Theorie einer geschlossenen Wirtschaft gezogen: Eine Sozialisation der Investitionen könne notwendig werden im Interesse einer hohen Beschäftigung, verstanden im Sinne der Sicherung einer entsprechend hohen effektiven Gesamtnachfrage durch geeignete staatliche Maßnahmen (staatliche Investitionen, Zinspolitik). Der Allokationseffizienz durch den Markt bei effektiver «Vollbeschäftigungsnachfrage» glaubt er trauen zu dürfen – vor allem aber verläßt er sich auf die Sicherung der politischen Freiheit durch dezentrale Marktallokation und der mit ihr verbundenen Variabilität gesellschaftlichen Lebens.

Wie in Maynards Leben kann auch hier sein gelehrtestes Buch, die 1921 erschienene *Treatise on Probability*, nur am Rande gewürdigt werden. Schon als er ihre frühere Fassung als Fellow-Preisschrift präsentierte (1908), wurde sie nicht so geschätzt, wie es ihrem Verfasser angemessen schien. Er konzentrierte zwischen 1906 und 1911 fast seine ganze wissenschaftliche Arbeit auf sie. Wie eine Habilitationsschrift war dies der ehrgeizige Versuch eines begabten jungen Wissenschaftlers, durch eine grundlegende Arbeit einen ehrenvollen Platz in der wissenschaftlichen Welt zu erringen. Nachdem sie durch die Kriegsereignisse und Keynes' neue Verpflichtungen «hängenblieb», hatte sie 1921, trotz positiver Kritiken (z. B. durch Bertrand Russell), nicht das Echo, das sich Keynes erwarten mochte. Und doch wirkt auch nach 70 Jahren Keynes' Wahrscheinlichkeitsbuch wie ein offenes Forschungsprogramm, das nach ernsthafter Fortsetzung verlangt. Die Häufigkeitsinterpretation des Wahrscheinlichkeitsbegriffs von Richard von Mises und die Axiomatisierung der Wahrscheinlichkeitsrechnung durch Kolmogoroff haben die

Wirkung von Keynes' Buch ebenso gestört wie die von Keynes' Schüler, Kritiker und Freund Ramsey und de Finetti ausgehende Grundlegung des subjektiven Wahrscheinlichkeitsbegriffs durch «betting coefficients». Keynes' *Treatise* versuchte den Wahrscheinlichkeitsbegriff aus der Mathematik in die Philosophie zurückzuholen, indem er, an Leibnizsche Ideen anknüpfend, Wahrscheinlichkeit als eine logische Relation zwischen Sätzen interpretiert.

Es geht ihm dabei um die Fundierung eines Grads partiellen Wissens, das nicht Unwissen, aber auch nicht volles Wissen ist. Wahrscheinlichkeit ist also für ihn eine logische Relation, die schwächer ist als strenge logische Abhängigkeit und ihrem Wesen nach keine Aussage über relative Häufigkeiten. Keynes wollte so auch die umgangsprachliche Bedeutung des Begriffs «wahrscheinlich» in seiner Theorie einfangen und gleichzeitig eine logische Grundlegung der Induktion vorlegen. Technisch ist sein Versuch an vielen Stellen fehlerhaft oder höchst problematisch, und doch ist die *Treatise* (auch in der Fülle der verarbeiteten Literatur) immer noch eine Fundgrube für Ideen und Auseinandersetzungen um den Wahrscheinlichkeitsbegriff und «partielles Wissen». Für die Keynessche Einstellung zur Ökonomie als Wissenschaft und zur Ökonometrie, aber auch für seine theoretische Haltung zur utilitaristischen Ethik ist seine lange Beschäftigung mit der Wahrscheinlichkeitstheorie von größerer Bedeutung als allgemein unterstellt. Er weiß, wenn er über ökonomische Theorie redet, handelt es sich um unvollständiges Wissen; entsprechende Reserven hat er auch gegenüber seinen eigenen Modellen (und empirischen Annahmen und Aussagen) «in the back of his head».

Zur Revue der Keynesschen Werke gehört auch eine Betrachtung seiner biographischen Schriften – obwohl Keynes' *Essays in Biography* eher seinen Rang als Schriftsteller begründen als seiner Geltung unter den großen Nationalökonomen etwas hinzuzufügen. Natürlich sind die großen biographischen Essays über Malthus, Jevons und Alfred Marshall auch von dogmenhistorischem Interesse, insbesondere insofern sie auch Keynes' Selbsteinordnung als ökonomischer Theoretiker beleuchten – vor allem aber sind sie Meisterwerke ihres Genres, «mit Bedeutung auch gefällig», wie die Kunst es verlangt. Beim Lesen und Wiederlesen der liebevollen und geistreichen Portraits von Maynard persönlich oder geistig nahestehenden Menschen drängt sich der Gedanke auf, daß diese biographischen Bemühungen – auch die scharf-pointierten Charakterskizzen von Politikern – den eigentlichen Ehrgeiz des Maynard Keynes enthüllen: Es den Freunden von Bloomsbury gleichzutun, auf schöpferisch-künstlerischem Feld mit Lytton Strachey und Virginia Woolf und den anderen Künstlerfreunden zu konkurrieren, sich ihnen nicht immer nur bescheiden-beschämt als der in dem «schlechten», moralisch minderwertigen politisch-ökonomischen Konkurrenzkampf Erfolgreiche zu nähern, sondern zu ihnen aus gleichem Grunde zu gehören. Trotz ihrer freundschaftlichen Nähe ist bei den «Mitgliedern» des Bloomsbury-Kreises der gerade auch gegeneinander gerichtete Ehrgeiz nicht zu übersehen, dieser immer eifersüchtig gehegte Anspruch auf Geltung, der bei den auch biographisch tätigen Lytton Strachey und Virginia Woolf besonders hervortritt. Es ist kein Zufall, daß er den Freunden seine Portraits der großen Drei der Versailler Konferenz, aber auch seine *Memoirs (My early beliefs; Dr. Melchior, a defeated enemy)* vorliest – sie zielen auf literarische Wirkung.

Überraschend ist die gewissermaßen «visuelle» Qualität seiner Skizzen, die viele «gesehene» Details der Personen mitteilen, aber auch die Atmosphäre der Beobachtung, die Umwelt und Aura vermitteln. Ein Beispiel dafür ist die Situationsbeschreibung im Salonwagen des Marschall Foch während der Verhandlungen über die Ausführung der 1918 vereinbarten Waffenstillstandsbedingungen im Frühjahr 1919. «Erzberger, fat and disgusting in a fur coat, walked down the platform to the Marshal's saloon. With him were a General and a Sea-Captain with an iron cross round his neck and an extraordinary resemblance of face and figure to the pig in Alice in Wonderland. They satisfied wonderfully, as a group, the popular conception of Huns. The personal appearance of that race is really extraordinary against them. Who knows but that it was the real cause of the war! ... A sad lot they were in those early days, with drawn, dejected faces and tired staring eyes, like men who had been hammered on the stock exchange» (Keynes 1949, 19 f.)[5].

Unvergeßlich ist auch Maynard Keynes' Schilderung von Clemenceau, Wilson und Lloyd George und der in ihren Charakteren angelegten verhängnisvollen Konstellation der Versailler Verhandlungen. Clemenceau erscheint darin als «Man of the World», instinkt- und erfahrungssicher, der gegen den amerikanischen Präsidenten Wilson, diesen mit der «Moral und Geistesart eines protestantischen Geistlichen» ausgestatteten welt- und lebensunerfahrenen Toren aus der Neuen Welt, zynisch seinen Willen durchsetzt. Möglich wird in Keynes' Darstellung dieser Coup durch die heuchlerische moralische Oberfläche, die Lloyd George den unheilvollen Arrangements zu geben weiß; dem Charme dieser walisischen Hexe «ohne Charakter und Grundsätze», dieser intelligenten und anschmiegsamen «femme fatale» muß der unerfahrene Wilson unterliegen.

III. Keynes' Wirkung

Versucht man die einzigartige Wirkung John Maynard Keynes' zu verstehen, so muß man sich stets des politischen Charakters des Keynesschen ökonomischen Denkens bewußt bleiben: Von *Indian Currency and Finance* und den *Economic Consequences of the Peace* an ist Keynes' Frage immer, wie die Wirtschaftspolitik auf das Wohlergehen der betroffenen

Menschen wirkt und wirken könnte. Deshalb ist der politisch-gesellschaftliche Niederschlag der Keynesschen Veröffentlichungen nicht verwunderlich. Er stützt seine «theoretischen» Arbeiten durch die umfangreiche publizistische Tätigkeit bis hin zu den vielen Leserbriefen in der *Times* und der direkten Einwirkung auf Politiker und Wirtschaftsmandarine über persönliche Kontakte[6].

Sein politischer Sinn geht so weit, dem deutschen Kanzler über seinen Freund Melchior («a defeated enemy») Handlungshinweise zu übermitteln, wie die britische Regierung zur Revision des Versailler Vertrages gebracht werden könnte – und er bereitet in London publizistisch den Boden für eine solche Bewegung vor! *How to pay for the war,* der «radikale Plan» für den Schatzkanzler, ist ein treffendes Beispiel Keynesscher Wirkungen, er überredet, überzeugt und zwingt durch publizistisch hervorgerufenen öffentlichen Druck die Regierung zu einer inflationsfreien Kriegsfinanzierung – gleichzeitig ist *How to pay for the war* aber Beginn und Fundierung einer Inflationstheorie auf den Bahnen der Keynesschen Einkommensanalyse – und beherrscht dann die Inflationstheorie der nächsten 25 Jahre. So war es auch mit der «Keynesschen Revolution»: Die *General Theory* war eine Botschaft an seine «fellow economists». Keynes glaubte an seine neue *Allgemeine Theorie*, die er durchaus systematisch auf ihre Wurzeln in der Theoriegeschichte bezog. Gleichzeitig beabsichtigte er aber die Veränderung der wirtschaftlichen Verhältnisse, die nur dadurch zu erreichen war, daß seine Botschaft in der Gesellschaft gehört und internalisiert wurde. «I believe myself to be writing a book on economic theory which will largely revolutionise – not, I suppose, at once but in the course of the next ten years – the way the world thinks about economic problems. When my new theory has been duly assimilated and mixed with politics and feelings and passions, I can't predict what the final upshot will be in its effect on action and affairs. But there will be a great change», schrieb er schon 1935 an Bernard Shaw. Die Rezeption war dann, vielleicht durch den Krieg begünstigt, überraschend schnell und weitreichend. Nicht nur die britische Regierung verpflichtete sich zu einer «Vollbeschäftigungspolitik» auf den in der *General Theory* skizzierten Bahnen (1944), auch die USA beschlossen 1946 die Full Employment Act, und selbst die Charta der Vereinten Nationen legte die Mitgliedsstaaten auf eine Vollbeschäftigungspolitik fest. In der Bundesrepublik wurde 1967 das Stabilitäts- und Wachstumsgesetz als eine Realisation Keynesscher Theorie begriffen. Diese hatte einen beinahe vollständigen Siegeszug durch die akademische Fachwelt gehalten und war fast zu einer neuen Orthodoxie stilisiert worden. Unter den vielen Lehrbüchern, die dies ermöglichten und dokumentierten, ist vor allem P. Samuelsons *Economics* im angelsächsischen und E. Schneiders *Einführung in die Wirtschaftstheorie* im deutschen Sprachraum zu nennen. Die starke öffentliche Wirkung der Keynesschen Botschaft trug aber möglicherweise den

Keim ihrer Aufhebung in sich: 1977 gibt Skidelsky *The End of the Keynesian Era* heraus, und Titel und Inhalt der kleinen Aufsatzsammlung scheinen durchaus dem Zeitgeist zu entsprechen.

Man kann zu dem Ergebnis kommen, daß dieses Ende der Keynesschen Revolution erst das richtige Verständnis des Keynesschen Beitrags zur Wirtschaftstheorie freigelegt hat, indem die Grenzen des Theorieentwurfs und die Wirkungsbedingungen einer auf ihm basierenden Wirtschaftspolitik deutlich wurden. Der enge und hochaggregative Charakter des Keynesschen Modells hatte den Blick dafür verstellt, daß schon lange vor Erreichung von «Vollbeschäftigung» in einer Volkswirtschaft Angebotsengpässe entstehen, die durch monetäre Politik, vor allem durch «deficit spending» nicht aufgehoben werden können. Solche Engpässe betreffen nicht nur die Ausstattung mit realen Ressourcen und Arbeitskräften mit speziellen Qualifikationsniveaus, sondern auch Devisenbestände, wie dies besonders Großbritannien bei seinen sog. «stop and go-policies» immer wieder schmerzhaft erfuhr. Darüber hinaus ließen sich die Keynesschen Rezepte aber auch politisch nicht vollständig verwirklichen: Zwar kam es bei Unterbeschäftigung zu einer Fiskalpolitik, die zusätzliche Nachfrage und staatliche Defizite erzeugte. Diese wurden im Konjunkturaufschwung aber nicht abgebaut, wie es die Keynessche Rezeptur vorsah, und die Staatsverschuldung nahm rapide zu. Da sich auch die Tarifpartner, vor allem die Gewerkschaften, zunehmend auf die staatliche Beschäftigungspolitik verließen, nahmen sie immer weniger Rücksicht auf das Beschäftigungsrisiko bei den Lohnabschlüssen. Die Folge waren inflationäre Entwicklungen, deren Bekämpfung, fast ausschließlich der Geldpolitik überlassen, über Stagnation zu massiven Beschäftigungseinbrüchen führte. Keynes hatte bei seinen Überlegungen bzw. seinen Veröffentlichungen dem Lohn-Preis-Problem zu wenig Aufmerksamkeit geschenkt und ebenso die Folge von unvollkommenem Wettbewerb und steigenden Skalenerträgen nicht genug beachtet.

Es läßt sich auch gut begründen, daß der Begriff «Vollbeschäftigung» selbst zu Fehlurteilen führte, als sei für eine Volkswirtschaft ein wohldefiniertes, der Vollbeschäftigung korrespondierendes Niveau monetärer Nachfrage bestimmbar. In Wahrheit erwies sich das Arbeitskräfteangebot relativ elastisch, gespeist aus innerregionalen und ausländischen Quellen – entsprechend groß war der Spielraum für eine sog. «Vollbeschäftigungspolitik». Auf der anderen Seite veränderte die Rezeption der Keynesschen Theorie ihre wirtschaftspolitischen Erfolgschancen, wenn z.B. die Tarifparteien das staatliche Handeln in ihren Entscheidungen schon antizipierten, was oft geschah. Schließlich wurde deutlich, daß Keynes' Rezepte Politiker nach seinem Bilde voraussetzten, die nach dem Ethos einer echten Meritokratie als wirkliche «public servants» nur das langfristige Wohl des Volkes anstrebten. Die Desillusion war allerorten groß: Politiker erwiesen sich als eine durchaus an eigenen ökonomischen

Interessen und Machtzielen ausgerichtete Kaste, die die neuen Politikmittel, die ihnen die Fiskalpolitik verfügbar machte, skrupellos zur kurzfristigen Machterhaltung nutzten und «öffentliches Wohl» fast beliebig manipulierten.

Keynes selbst hatte eigentlich keine Illusion über Intelligenz und Moral von Politikern, er hatte sie vielfältig kennengelernt und ziemlich offen über sie geurteilt – und doch hatte er den technisch geschulten, verantwortlichen Ökonomen vor Augen, hatte er ihm den lenkenden Einfluß auf die Politik zugetraut, den seine Theorie verlangt. Die Desillusionierung über das «Zeitalter der Ökonomen» ist Mitte der 80er Jahre überall groß – in diesem Sinne kann man wirklich vom Ende der Keynesschen Ära sprechen, ohne daß sich die Keynessche Theorie als obsolet, überholt oder gar falsch erwiesen hätte. Keynes war kein Keynesianer, wie Marx kein Marxist war. Das Ende der «Keynesschen Ära» ist deshalb begleitet von einer neuen Aufmerksamkeit für die theoretischen Beiträge von Keynes. Die Wirtschafts- und Bevölkerungsentwicklung seit 1930, als sich Maynard Keynes in den *Economic Possibilities for our Grandchildren* (1930) einen Traum nach vorn gestattete, in eine Zukunft, in der das ökonomische Problem für die Menschheit gelöst sein würde, hat aber bewirkt, daß Maynard Keynes heute ernüchtert als Theoretiker in der Geschichte der ökonomischen Theorie wahrgenommen werden kann und daß seine wirtschaftspolitischen Botschaften und Visionen der gesellschaftlichen Wirklichkeit seiner Zeit in Großbritannien zugeschrieben werden können.

Hans Otto Lenel

WALTER EUCKEN
(1891–1950)

I. Leben, Lehrtätigkeit und Umwelt

Walter Eucken wurde am 17. Januar 1891 in Jena als Sohn des Philosophen und Nobelpreisträgers Rudolf Eucken geboren. Er besuchte das Gymnasium in Jena und studierte danach in Kiel, Bonn und Jena Nationalökonomie. Schon durch sein Elternhaus erwarb er aber eine weit über sein Fach hinausgehende Allgemeinbildung. Er promovierte 1913 bei dem der jüngeren historischen Schule der Nationalökonomie zugehörigen Hermann Schumacher mit der Arbeit *Die Verbandsbildung in der Seeschiffahrt.* Von 1914 bis 1918 nahm er als Frontoffizier am Ersten Weltkrieg teil, 1920 heiratete er Edith Erdsiek. Ein Jahr später habilitierte er sich in Berlin mit der Arbeit *Die Stickstoffversorgung der Welt. Eine volkswirtschaftliche Untersuchung.* Nach der Habilitation war Eucken bis 1925 in Berlin als Privatdozent und als stellvertretender Geschäftsführer der Fachgruppe Textilindustrie des Reichsverbands der Deutschen Industrie tätig. 1925 wurde er auf einen Lehrstuhl für Nationalökonomie nach Tübingen berufen. Schon nach zwei Jahren folgte ein Ruf an die Universität Freiburg i. Br., wo er bis zu seinem Tod lehrte und wirkte. Er starb am 20. März 1950 in London, wohin er zu Gastvorlesungen eingeladen war. Walter Eucken war nicht nur ein hervorragender Nationalökonom, sondern auch eine beeindruckende, durch Mut und Verantwortungsbewußtsein gekennzeichnete Persönlichkeit. Diese Eigenschaften prägten auch sein Verhalten nach 1933. Edgar Salin, ein Gegner von Euckens wirtschaftspolitischer Konzeption, schrieb später, Euckens Name leuchte «hell aus einer Zeit heraus, die den moralischen Bankerott breiter Intellektuellenschichten und gerade auch an den Universitäten erlebte» (1950, 2). Trotz aller Erfolge blieb Eucken bescheiden, Eitelkeit war ihm fremd.

Auf der Kombination eines hohen wissenschaftlichen Niveaus mit hervorragenden menschlichen Eigenschaften beruhte ein erheblicher Teil seiner Wirkung auf die Personen, die ihm begegneten, insbesondere auf seine Studenten. Ihnen widmete er in den ersten Jahren seiner hauptberuflichen Tätigkeit an der Universität den größten Teil seiner Arbeitskraft. Eucken machte es sich zur Aufgabe, seine Studenten für ihre spätere berufliche Tätigkeit so gut wie möglich auszubilden, nicht zuletzt auch deshalb, weil er sich davon eine Verbesserung der wirtschaftlichen und politischen Verhältnisse versprach. Obwohl er kein großer Redner war, beeindruckte sein Vortrag, denn er ließ den Hörer an der Formung

Walter Eucken (1891–1950)

seiner Gedanken teilnehmen. Eucken beschränkte sich den Studenten gegenüber nicht auf die übliche fachliche Ausbildung. Da er die Kenntnis der wirtschaftlichen Wirklichkeit für außerordentlich wichtig hielt, führte er sie in Betriebe, bisweilen zusammen mit Vertretern anderer Fächer. Er lud sie in seine Wohnung ein, wo stundenlang diskutiert wurde, zum geringeren Teil über Fachfragen im engeren Sinn. Hier lernten die Besucher seine und seiner Frau umfassende Bildung kennen. Für eine Erweiterung des Horizonts über die engen Fachgrenzen hinaus sorgten anregende Gemeinschaftsseminare mit Juristen und Betriebswirten, insbesondere mit den Juristen Franz Böhm und Hans Grossmann-Doerth.

Walter Adolf Jöhr knüpfte in seinem Nachruf (1950) an Ferdinand Hodlers Bild «Aufbruch der Jenenser Studenten» zum Befreiungskrieg gegen Napoleon an: «Zwischen den Pferden steht als Zentralfigur ein schlanker Jüngling, der mit elastischer Bewegung in den Soldatenrock schlüpft, aber zugleich besinnlich zu Boden blickt» (1950, 257). Dieser Jüngling ist niemand anderer als der siebzehnjährige Walter Eucken. Hodler hatte ihn gefragt, ob er ihm Modell stehen wolle. Jöhr merkte an, daß die im Bild dargestellte Situation des Aufbruchs zugleich Euckens Haltung als Nationalökonom und als Mensch charakterisiere. In dreierlei Hinsicht brach er auf: Zur Überwindung des Historismus, zur Neubegründung der theoretisch-ökonomischen Arbeit in Deutschland und zur Gestaltung der Wirtschaftsordnung. Mit dem letzten Aspekt schlägt Jöhr eine weitere Brücke zu dem Bild: Euckens «Dienst an der Nationalökonomie wird immer mehr zu einem Kampf für die Freiheit» (ebd. 259), zu dessen Kennzeichnung Jöhr Euckens Frage in seinen *Grundsätzen der Wirtschaftspolitik* zitiert, wie es überhaupt möglich sei, «in der industrialisierten Wirtschaft die Freiheit der Person zu retten».

Eucken war kein bequemer, sich seiner jeweiligen Umgebung möglichst anpassender Mann. Er trat auch der Mehrheit entgegen, wenn er ihren Weg für falsch hielt. Sein Engagement für das als richtig Erkannte schaffte ihm Gegner, die nicht selten seine Konzeption mißverstanden. Als er 1918 aus dem Krieg zurückgekehrt war, kam er – vor allem auch durch seine Tätigkeit in einem Industrieverband – mit den wirtschaftlichen und politischen Problemen der Weimarer Republik in Berührung. Er sah bald, daß man falsche Wege einschlug, und er erkannte, daß die deutsche Nationalökonomie, von der historischen Schule beherrscht, sehr schlecht gerüstet war, hier durch Analyse und wirtschaftspolitischen Rat zu helfen. Er war aber zugleich davon überzeugt, daß sie helfen könne, wenn sie von ihren Möglichkeiten Gebrauch machen würde. Voraussetzung dafür war ein Neubeginn der theoretischen Arbeit und die Abwendung vom Historismus und vom Glauben an die Zwangsläufigkeit der Entwicklung.

II. Euckens wissenschaftliche Leistungen

1. *Veröffentlichungen vor 1934*

Die beiden ersten, schon genannten Veröffentlichungen Euckens, seine Dissertation und seine Habilitationsschrift, sind noch durch die historische Schule geprägt. Die Wendung zur Theorie vollzog er mit seinen bemerkens- und auch heute noch sehr lesenswerten *Kritischen Betrachtungen zum deutschen Geldproblem* (1923). Nirgends war die theoretische Forschung unter dem Einfluß der historischen Schule so sehr vernachlässigt worden wie in Deutschland. So kam es, daß die Mehrzahl der deutschen Nationalökonomen die Ursachen der Inflation nach dem Ersten Weltkrieg nicht erkannte. Sie erklärte sie mit der passiven Zahlungsbilanz. Eucken befriedigte das nicht. Die Wirklichkeit war für ihn als einen von der historischen Schule der Nationalökonomie Gebildeten jedoch zunächst «stumm geblieben; aller Fleiß und aller Sammeleifer hatten sie nicht bewegen können, ihm ... die Fragen zu beantworten, von denen er erfüllt war» (Miksch 1950, 283 f.), so auch die Frage nach den Ursachen der Inflation. Deshalb wandte er sich der Theorie zu. Sie war für ihn «ein Mittel zum Verständnis und zur Gestaltung der wirtschaftlichen Realität». Die durch sie aufgeworfenen Fragen «bedrängten ihn wirklich, er kämpfte mit ihnen, ihre Lösung war ihm ein Anliegen, für das er seine ganze Kraft einsetzte» (ebd. 283).

In seiner Schrift stellte Eucken die sogenannte Zahlungsbilanztheorie der Inflation erst in ihrer naiven, dann in ihrer verfeinerten Form dar, nach der die Geldschöpfung der Reichsbank nicht Ursache der Inflation war, sondern Wirkung des erhöhten Geldbedarfs durch die Entwertung der Mark. Die Vertreter dieser Theorie meinten, Ursache dieser Entwertung sei der Papiergeldexport, als dessen Ursache sie die Überlastung Deutschlands mit Zahlungsverpflichtungen gegenüber dem Ausland und die daraus erwachsenden Zahlungsbilanzprobleme betrachteten. Ausländer veräußerten das von ihnen empfangene Papiergeld. Dadurch sinke der Kurs der Mark, und dies führe zu einer Erhöhung zunächst der Einfuhr- und dann auch aller übrigen Preise.

Eucken bezweifelte zunächst die Richtigkeit der Ermittlung des Defizits der Handelsbilanz, eines wichtigen Teils der Zahlungsbilanz, weil bedeutsame Bewertungsprobleme unzureichend gelöst seien. Auch sei 1922 der Papiergeldexport nicht sonderlich groß gewesen, der Zufluß ausländischen Geldes an Deutsche erheblich größer. Er beginnt also – für ihn typisch – mit der Auswertung der Fakten. Erst danach folgen allgemeine theoretische Überlegungen. Ihr Ergebnis ist: «Die Zahlungsbilanztheorie krankt an einem Fehler in ihrer Wurzel; sie erklärt die Warenpreis- und Wechselkursentwicklung letzten Endes aus einer Erscheinung, die selbst von den Warenpreisen und Wechselkursen abhängig ist, nämlich der Zahlungsbilanz» (1923, 19). Das Angebot von zuvor exportiertem Papiergeld und sein Druck auf den Wechselkurs könne durch deutsche Zahlungsverpflichtungen auch deshalb nicht hinreichend erklärt werden, weil ein nicht zahlungskräftiger Bedarf keine Einfuhr bewirken könne. Ähnliches gelte für die Behauptung der Zahlungsbilanztheoretiker, die Passivität der Zahlungsbilanz sei ein Symptom des Überwiegens des Verbrauchs über die Produktion (ebd. 22 ff.). Nach einer Auseinandersetzung mit den währungspolitischen Vorschlägen der Zahlungsbilanztheorie folgt Euckens inflationstheoretische Analyse: Ursache der Inflation sind die Defizite in den öffentlichen Haushalten und der künstliche Druck auf die Zinssätze. Zu Unrecht betrachteten die Zahlungsbilanztheoretiker jene Defizite nur als Wirkungen. Die Geldmenge wird nicht nur durch die Finanzierung der Defizite, sondern auch durch Bankkredite erhöht, welche durch zu geringe Zinssätze angeregt werden. Diese Erhöhung wirkt sowohl auf den Devisen- wie auf den Warenmärkten preissteigernd; die Preissteigerungen vergrößern die Defizite der öffentlichen Haushalte und die Nachfrage nach Krediten und treiben damit die Inflation weiter. Daraus ergeben sich ganz andere währungspolitische Folgerungen als die der Zahlungsbilanztheorie: Die Haushaltsdefizite müssen verschwinden. Dem Staat muß «überhaupt die Macht genommen werden, die Menge des Geldes zu bestimmen» (ebd. 80). Die Zinsen müssen steigen, um die Nachfrage nach Krediten zu mindern.

In grundsätzlich ähnlicher Weise benutzte Eucken die Theorie in seinem Aufsatz *Das Übertragungsproblem. Ein Beitrag zur Theorie des internationalen Handels* (1925), in einer im selben Jahr veröffentlichten Schrift über das internationale Währungsproblem, in einem weiteren geldtheoretischen Aufsatz (1926) und in zwei Arbeiten über Reparationsprobleme (1926 und 1928). Unmittelbar vor und während der Weltwirtschaftskrise folgten drei Arbeiten aus dem Gebiet der Konjunkturtheorie und -politik und mehrere Veröffentlichungen in der von seiner Frau redigierten philosophischen Zeitschrift *Die Tatwelt.*

Mit dem heute viel zu wenig beachteten Aufsatz *Staatliche Strukturwandlungen und die Krisis des Kapitalismus* erschien 1932 die erste Veröffentlichung mit starkem Bezug zu Ordnungstheorie und -politik. Sie zeigt, daß Euckens Wendung zur Theorie sein Interesse und sein Verständnis der Geschichte nicht beeinträchtigte. Er beendete seine Kritik an den planwirtschaftlichen Ideen mit den Worten: «Es fehlt der Sinn für geschichtliche Tatsachen, es fehlt das strenge ökonomische Denken: Was läßt sich von wirtschaftspolitischen Ideen erwarten, die bei einer Verbindung solcher Mängel entstanden sind?» (1932, 321). Zuvor analysiert er die für das Funktionieren einer Marktwirtschaft ungünstige Wirkung des Übergangs vom starken liberalen Staat mit beschränkten Zielsetzungen, der «die Sphären von Staat und Wirtschaft eindeutig voneinander trennte» (ebd. 302), zu einem Staat, der zunehmend mehr Aufgaben übernimmt, dabei jene Sphären vermengt und dadurch wie auch unter dem Einfluß der Interessenten schwach geworden ist. Erstmals arbeitet er die Interdependenz der Ordnungen (hier der staatlichen und der Wirtschafts-Ordnung) heraus. Schon damals betont er, wie wichtig ein funktionsfähiges Preissystem, der Wettbewerb und eine brauchbare, stabile Ordnung der außenwirtschaftlichen Beziehungen für eine zweckmäßige Koordination der Pläne der einzelnen Wirtschaftssubjekte in einer Marktwirtschaft seien. Die Interventionen des mit Aufgaben überlasteten Staates beeinträchtigen diese Koordination in gefährlicher Weise. Sie dienen nicht systematisch der Verwirklichung einer politischen Idee, sondern den Wünschen einzelner Wirtschaftszweige und Unternehmen, insbesondere der großen, und zeichnen sich durch Systemlosigkeit aus.

2. Die kapitaltheoretischen Untersuchungen

Die zweite größere Veröffentlichung Euckens, die *Kapitaltheoretischen Untersuchungen* (1934/1954) wurde durch drei Aufsätze ergänzt: *Vom Hauptproblem der Kapitaltheorie* (1937), *Der Wirtschaftsprozeß als zeitlicher Hergang* (1940) und *Die zeitliche Lenkung des Wirtschaftsprozesses und der Aufbau der Wirtschaftsordnungen* (1944); besonders der letztgenannte hat wiederum einen starken Bezug zur Ordnungstheorie. Das Buch beginnt mit einer umfangreichen Einleitung «Was leistet die nationalökonomische Theorie», die Gedanken enthält, die Eucken in *Nationalökonomie wozu?* (1938) etwas später weiterentwickelt hat. Beide können als Vorarbeiten zu seinem theoretischen Hauptwerk *Die Grundlagen der Nationalökonomie* betrachtet werden.

Der Hauptteil des zuerst genannten Buches (1934/1954) besteht aus drei Untersuchungen; die umfangreichste erste, «Kapital und Kapitalzins», baut auf der zweiten, von Böhm-Bawerk nicht voll erledigten Fragestellung in dessen gleich betiteltem Buch auf, bei der die Zeit zwischen dem Einsatz der Produktionsfaktoren und dem Anfall konsumreifer Produkte (die sog. Ausreifungszeit) nicht – wie bei der ersten Fragestellung – als Datum, sondern als Problem aufgefaßt wird. Nur so, meint Eucken, können Quelle und Höhe des Zinses geklärt werden. Ergebnis der Untersuchung ist, daß zwischen Lohn, Zins und Ausreifungszeit funktionelle Beziehungen bestehen. Mit einer Verlängerung der Ausreifungszeit steigt die Tagesproduktion je Arbeiter, nach Überschreitung eines Maximums jedoch nur noch degressiv. Für die Verlängerung benötigt der Unternehmer jeweils zusätzliches Kapital. Ceteris paribus steigt der Zins durch die so entstehende Kapitalnachfrage. Die Kapitalnachfrage wächst jedoch nicht weiter, wenn der Wert der durch das letzte zusätzliche Kapitalteilchen ermöglichten Mehrproduktion auf den dafür zu entrichtenden Zins abgesunken ist. Die Lohnhöhe ist vom Wert des Grenzprodukts des Arbeiters abhängig, das Grenzprodukt aber von der gewählten Ausreifungszeit und damit auch vom Zins. Die Untersuchung endet mit der Antwort auf die Frage «Was ist Kapital?»

Bei der zweiten Untersuchung, «Theorie des Sparens», beginnt Eucken wie bei der ersten mit der einfachen Wirtschaft, um dann zur gesellschaftlichen überzugehen. Für sie analysiert er die vom Sparen ausgelösten Veränderungen; sowohl die uneingeschränkten Freunde als auch die uneingeschränkten Feinde des Sparens haben nicht recht: Die letzteren sehen einseitig mögliche nachteilige Wirkungen (u. a. Mangel an entsprechenden Investitionen, Störungen des Absatzes aus den zusätzlichen Produktionskapazitäten), die ersteren übersehen sie.

Die dritte Untersuchung, «Das Maschinenproblem», leitet Eucken mit der Darstellung der Problemlösungen der klassischen Nationalökonomie ein: Nach der Kompensationstheorie bietet niemand an, der nicht nachfragen will. Deshalb werde «die Erfindung und Einführung neuer Produktionsmethoden nach anfänglicher Freisetzung der Arbeiter Wirkungen» auslösen, «die diese Schädigung der Arbeiterschaft» kompensieren und überkompensieren (1934/1954, 168). Die Gegner dieser Theorie erwarten dagegen als Folge der Einführung neuer Maschinen meist eine allgemeine Überproduktion; Ricardo fürchtet nicht dies, sondern einen Rückgang der Produktion, weil das für ihre Finanzierung erforderliche Kapital nunmehr in zusätzlichen Maschinen gebunden ist. Er fragt mit Recht, ob und wie es so ersetzt werden kann, daß die Finanzierung der Löhne der bisherigen Arbeiter möglich bleibt. Seine uneingeschränkt negative Antwort auf diese Frage ist aber nicht haltbar. Er übersieht nämlich wichtige Möglichkeiten für eine positive Antwort: Erstens kann zusätzliches Kapital durch freiwilliges Sparen bereitgestellt werden. Es kann zweitens auch anfallen, wenn Lohnsenkungen die Gewinne steigern. Geringere Löhne mindern andererseits den Anreiz zur Einführung der neuen Maschinen, regen vielmehr an, wieder arbeitsintensiver zu produzieren. Der durch die neuen Maschinen ausgelöste Umstellungsvorgang muß «*von Anfang bis Ende* verfolgt werden, wenn die Ergebnisse nicht einseitig bleiben sollen» (ebd. 188, Hervorhebung im Original). Ricardo verfolgte nur eine Gruppe von Möglichkeiten, und die Kompensationstheoretiker interessierten sich nur für den Zustand nach beendeter Anpassung und nicht für den Weg dorthin. Im ersten kapitaltheoretischen Aufsatz (1937) schreibt Eucken: «Die Bedürfnisse, die heute, morgen, übermorgen, in 2 oder 3 Monaten und in Jahren Tag für Tag auftreten, kämpfen alle miteinander, und zwar um die produktiven Kräfte, die *heute* da sind. Auch dieser Kampf muß entschieden werden. Wie? *Das ist das Hauptproblem der Kapitaltheorie.*»[1] Im Buch wie in den Aufsätzen erweist sich Eucken erneut als ein klarer, plastisch formulierender Analytiker.

3. Die Grundlagen der Nationalökonomie

Bald nach Beginn des Zweiten Weltkriegs weckte Eucken mit seinen *Grundlagen der Nationalökonomie* große Aufmerksamkeit. Heinrich von Stackelberg, einer der bedeutendsten Theoretiker seiner Generation, lobte in einer Besprechung des Buches dessen guten Stil, die Klarheit der Gedankenführung und die Bedeutsamkeit des Inhalts (1940, 245). Wenige Monate nach Euckens Tod erschien die sechste Auflage (1950), zu deren Einführung Erich Preiser unter anderem schrieb: Euckens «entschiedene Ablehnung des Begriffsrealismus wie des Historismus hat die Wissenschaft befreit, die Betonung des Ordnungsgedankens hat sie befruchtet, und die Leistungen der Theorie sowohl für die Erkenntnis der historischen Wirklichkeit wie für die Gestaltung des sozialen Lebens haben nirgends eine bessere Formulierung gefunden als in diesem klassischen Werk...»

Damit sind schon wichtige Ergebnisse dieses Werkes genannt. Sie gelangen Eucken, weil er – wie er selbst schreibt – an die relevanten Probleme völlig neu heranging (1950, 67). Dabei vernachlässigte er die bisherigen Leistungen anderer nicht. Er geht von der Alltagserfahrung aus und zeigt schon zu Beginn seines Buches wichtige für die Nationalökonomie daraus erwachsende Fragen und ihr erstes Hauptproblem: «Wie erfolgt die Lenkung dieses gewaltigen arbeitsteiligen Gesamtzusammenhangs, von dem die Versorgung jedes Menschen mit Gütern, also jedes Menschen Existenz abhängt?» (1950, 2). Darauf wendet er sich kritisch den bisherigen Lösungsversuchen zu. Der klassischen Nationalökonomie kommt das Verdienst zu, «den Gesamtzusammenhang des ökonomischen Geschehens entdeckt und die Methode wirtschaftstheoretischen Denkens in umfassender Weise entwickelt zu haben» (ebd. 24). Es mangelt ihr entgegen anderslautenden Behauptungen auch keineswegs an geschichtlichen Kenntnissen. Aber die Lösung der Probleme mißlang ihr, weil sie «in der geschichtlichen Mannigfaltigkeit... die *eine* natürliche Ordnung» suchte (ebd. 25) und weil sie sich dabei auf die Analyse *eines* Falls, der allgemeinen, vollständigen Konkurrenz beschränkte. Ihre Suche nach jener natürlichen Ordnung ließ sie die aus dieser Beschränkung erwachsende «Distanz zwischen Theorie und geschichtlicher Realität», die später zu erörternde «große Antinomie», «nicht so stark» empfinden (ebd. 26). Die «Begriffsnationalökonomie» suchte «durch Begriffsanalysen zum Wesen der Wirtschaft vorzudringen, dieses Wesen in Definitionen zu fassen, Systeme von Begriffen... zu schaffen und von da aus durch Deduktion zu Einzelergebnissen zu gelangen» (ebd. 27). «Man merkt nicht, daß durch Deduktionen aus Definitionen nur Erkenntnisse gewinnbar sind, die vorher in die Definitionen hineingelegt wurden» (ebd. 28). Man studiert nicht die Fakten und erarbeitet nicht das theoretische Werkzeug zu ihrer Analyse. Das Verfahren muß scheitern.

Gelingt die Lösung, wenn die Arbeit geteilt wird, wenn der Theoretiker sich mit dem Generellen befaßt und dem historisch arbeitenden Nationalökonomen das Historisch-Individuelle überläßt? Bei seiner Antwort auf diese Frage setzt sich Eucken auch mit einem Teil der modernen Theoretiker auseinander. «Der Stachel konkreter Probleme und die Wucht geschichtlicher Tatsachen werden» von ihnen «nicht mehr empfunden» (ebd. 34). Damit will er sich nicht gegen die Arbeitsteilung unter den Nationalökonomen als solche wenden. Aber der Theoretiker sollte seine Arbeit auf die Lösung konkreter Probleme konzentrieren; das kann er aber nur bei hinreichender Beobachtung der heutigen und früherer Fakten. «Gegen intellektuell faszinierende, mit der Wirklichkeit kaum mehr Kontakt haltende Analysen hatte Eucken, für den die Wissenschaft eine lebensgestaltende Macht war, eine im Laufe seines Lebens immer stärker wachsende Abneigung», schreibt Euckens Schüler Friedrich A. Lutz (1961, 355). Die vom Theoretiker gewonnenen Werkzeuge kann andererseits der historisch arbeitende Nationalökonom nur verwenden, wenn er die Theorie beherrscht.

Bei seiner Kritik an der (vor allem deutschen) historischen Schule der Nationalökonomie unterscheidet Eucken zwei Forschungsrichtungen: Verhältnismäßig kurz behandelt er den Empirismus Schmollers, sehr viel eingehender die Lehren von den Wirtschaftsstufen und -stilen. Schmollers Programm hält Eucken für verfehlt: Materialsammlung ohne Fragestellung führt nicht zu brauchbaren Ergebnissen. Um aber Fragen beantworten zu können, bedarf man der Theorie. Deshalb kann die Theorie nicht das Ergebnis der Materialsammlung sein.

Wirtschaftsstufen und -stile wurden mit zwei verschiedenen Zielsetzungen erarbeitet: Eine Gruppe von Gelehrten wollte mit der Stufenbildung zugleich eine positive Entwicklung in einer Richtung nachweisen, beispielsweise Hildebrand die Entwicklung von der Natural- über die Geld- zur Kreditwirtschaft. Daß dieses Ziel unerreichbar ist, ergibt sich schon aus der faktischen Entwicklung, die eben nicht in einer Richtung verlief. Kreditwirtschaft gab es z. B. schon im ptolemäischen Ägypten und im römischen Reich; nach dessen Verfall kehrte man jedoch weitgehend zur Naturaltauschwirtschaft zurück. Eine zweite Gruppe will keine einheitliche Entwicklung nachweisen, sondern sich auf «Querschnitte des geschichtlichen Wirtschaftslebens» (Spiethoff) beschränken: «Sie sollen das Fundament theoretischer Analyse bilden» (1950, 39). Zeitgebundene Theorien sollen entwickelt werden.

Eucken fragt nicht nur, ob das möglich ist, sondern auch, ob man mit Hilfe solcher Stufen und Stile die geschichtliche Wirklichkeit «abbilden» kann. Beide Fragen verneint er. Bei der Beantwortung der ersten Frage führt Eucken erstmals die für ihn entscheidende Wirtschaftsordnung ein: «Wir können nichts Sinnvolles über» das Zusammenspiel der Wirtschaftssubjekte in einer arbeitsteiligen Wirtschaft «aussagen, wenn uns die *Ordnung* unbekannt bleibt» (ebd. 50). Eine Ordnung ist in wenigen geschichtlichen Situationen, insbesondere an der Wende vom 18. zum 19. Jahrhundert in Westeuropa, durch Verwendung rational ersonnener Ordnungsgrundsätze bewußt geschaffen worden; meist ist sie aber ohne solche Grundsätze spontan gewachsen. Im ersten Fall spricht Eucken von einer Wirtschaftsverfassung. Die Grundsätze einer marktwirtschaftlichen Ordnung – auch der bewußt geschaffenen – wurden, insbesondere seit Ende des 19. Jahrhunderts, häufig mißachtet. Die Wirtschaftsordnungen sind nicht mit den jeweiligen Rechtsordnungen identisch. Es kommt auf die «wirtschaftlichen Ordnungstatsachen» an, «auf die Formen, in deren Rahmen der alltägliche Wirtschaftsprozeß vor sich geht, nicht auf die Rechtsnormen» (ebd. 54, vgl. auch 167). Wegen der Komplexität der Wirtschaftsordnung ist die «naive, vor-wissenschaftliche Erfahrung ... außerstande», sie zu erkennen (ebd. 56; dort kursiv). Deshalb muß die Wissenschaft die Antwort geben, die wegen der häufig zu beobachtenden Kombination vieler Ordnungsformen nicht einfach ist: «Sie muß die konkreten Wirtschaftsordnungen in ihrem Gefüge erkennen. Darin besteht das andere Hauptproblem der Nationalökonomie» (ebd. 58; dort kursiv), das zu dem oben genannten ersten hinzutritt.

Die Vertreter der Wirtschaftsstufen und -stile, die keine historische Entwicklung in einer Richtung aufzuzeigen versuchen, fragen nicht nach den Ordnungen, sondern nach dem «‹Wesen› oder nach dem ‹Normalen› der wirtschaftlichen Wirklichkeit» (ebd. 58). Dies ist jedoch viel zu unbestimmt. Da «jede Theorie Aussagen über notwendige Zusammenhänge bei bestimmten Bedingungskonstellationen enthält, ist ihre Gewinnung unmöglich, wenn keine klaren Bedingungskonstellationen als Grundlagen geboten werden» (ebd. 66). Eine zeitgebundene Theorie für diese Stufen und Stile kann es auch deshalb nicht geben, weil diese über das jeweils verschiedene Ordnungsgefüge nichts aussagt. Auch seine zweite Frage, ob Stufen oder Stile die Wirklichkeit abbilden können, verneint Eucken, weil man bestimmte Epochen ihrer Vielfalt wegen nicht einheitlich kennzeichnen kann.

Nach der Kritik an diesen Konzeptionen wendet sich Eucken in den *Grundlagen* dem von ihm gewählten Weg zu. Im Gegensatz zu den Stufen- und Stilbildern will er sich nicht von der Wirklichkeit distanzieren, sie gewissermaßen nur aus der Vogelschau betrachten, sondern mitten in sie hineingehen und sie dabei denkend durchdringen (ebd. 69). Er stellt auch mit Hilfe zahlreicher Beispiele aus Gegenwart und Vergangenheit fest, daß die jeweilige Zusammensetzung der Ordnungsformen zwar sehr verschieden, die Zahl ihrer Elemente, ihrer «reinen Ordnungsformen» aber übersehbar ist (ebd. 72). Die Wissenschaft soll durch «pointierend-hervorhebende Abstraktion» alle diejenigen Formen herausfinden, «aus denen sich in Gegenwart und Vergangenheit die konkreten Wirtschaftsordnungen zusammensetzten und zusammensetzen» (ebd. 72). So sind Idealtypen zu gewinnen.

Bevor er sich eingehender mit ihnen beschäftigt, behandelt Eucken in mehr als einem Drittel seines Buches die Wirtschaftssysteme. Weil jedes Wirtschaftssubjekt aufgrund eines Wirtschaftsplanes handelt, gliedert er sie nach der Art der Aufstellung dieser Pläne. So kommt er zu den beiden idealtypischen Wirtschaftssystemen «zentralgeleitete Wirtschaft» (nur ein Plan) und «Verkehrswirtschaft», «Marktwirtschaft» (viele Pläne).

Die von den vielen Betrieben und Haushalten aufgestellten Pläne eines marktwirtschaftlichen Systems sind im Gegensatz zum einzigen Plan der zentralgeleiteten Wirtschaft unvollständig. Sie müssen koordiniert werden. So entsteht ein neues Problem, das über die Märkte durch den Preisbildungsprozeß gelöst wird. Wie die Lösung vor sich geht, hängt von den Geldsystemen und von den Machtpositionen der einzelnen Wirtschaftssubjekte ab. Diese Positionen will Eucken mit den Marktformen erfassen. Er unterscheidet offene und geschlossene Märkte; bei den ersten kann «jeder Einzelne so viel anbieten oder nachfragen ..., wie er für richtig hält» (ebd. 91), bei den zweiten nicht. Eucken stellt seine Abgrenzung der offenen Formen nach der Verhaltensweise der Marktteilnehmer vor. Die für ihn und die spätere Diskussion wichtigste und oft mißverstandene Form ist die, welche er «vollständige Konkurrenz» nennt (vgl. den nächsten Abschnitt). Eucken nennt noch vier weitere Marktformen; da die Form auf der Angebots- und Nachfrageseite verschieden sein kann, ergeben sich 25 mögliche Kombinationen. Unvollkommenheiten der Märkte berücksichtigt er nicht; das hat von Stackelberg mit Recht kritisiert. Bei den Geldsystemen ist Unterscheidungskriterium, ob das Geld gleichzeitig allgemeines Tauschmittel und Recheneinheit ist oder nicht und wie das Geld entsteht und verschwindet. Das heutige Giralgeld der Geschäftsbanken entsteht z.B. bei der Gewährung von Krediten und verschwindet bei deren Rückzahlung. Unter diesem Gesichtspunkt unterscheidet Eucken drei Geldsysteme.

Das Ergebnis der bisherigen Analyse ist ein morphologischer Apparat von Wirtschaftssystemen mit zahlreichen Formen (Eucken spricht von Ausprägungen). Für Eucken sind es Idealtypen. Sie «sind aus der konkreten Wirklichkeit gewonnen, und sie dienen der Erkenntnis konkreter Wirklichkeit» (ebd. 123, dort kursiv), insbesondere der Lösung der beiden oben formulierten Hauptprobleme der Nationalökonomie. Da sie alle Elemente enthalten, aus denen die konkreten Wirtschaftsordnungen aufgebaut waren und sind, sind sie «haltbare Verbindungsglieder zwischen der *Anschauung der geschichtlich-individuellen Wirklichkeit ... und der allgemein-theoretischen Analyse* ... zur Erkenntnis der Zusammenhänge ...» (ebd. 124). Von Stackelberg schreibt darüber (1940, 246), Eucken löse «eine Aufgabe, die bisher unlösbar erschien». Seine Morphologie werde zum verbindenden Glied zwischen Theorie und Historie.

Sie sei «in ihrem systematischen Aufbau und in ihrem heuristischen Wert den bisherigen morphologischen Versuchen überlegen».[2]

Während bei der Gewinnung der Idealtypen pointierend abstrahiert wird, abstrahiert man bei der Einordnung einer faktischen Wirtschaftsordnung mit Hilfe dieser Typen generalisierend (ebd. 168). Damit werden Realtypen gewonnen. Bei dieser Einordnung ist zu beachten, daß die Wirtschaftsordnung ein «Teilstück des gesamten geistigen und politisch-sozialen Lebens» (ebd. 170) der jeweiligen Zeit und Region ist. Zwei Arten von Synthesen sind nötig: die «Verbindung mannigfacher reiner Formelemente zur Einheit der Wirtschaftsordnung und zweitens die Einfügung der Wirtschaftsordnung in die jeweilige natürlich-geistig-politisch-soziale Umwelt» (ebd. 169). Dafür bedarf es der Arbeit des Wirtschaftshistorikers. Er ist aber hilflos, wenn er den von Eucken vorgestellten morphologischen Apparat nicht beherrscht (vgl. das Bild des Baumeisters, ebd. 170). Eucken vergleicht (ebd. 166) die von ihm empfohlene Methode mit der eines Komponisten: Auch er verfügt nur über eine beschränkte Zahl von Elementen, nämlich von Tönen; dennoch gibt es in den Musikstücken eine Unzahl von Kombinationen dieser Elemente. Etwas später (ebd. 169) spricht er in ähnlichem Sinn vom Alphabet. Manche Buchstaben sind in bestimmten Fällen nicht «aktuell». Immer wieder sind plastische Beispiele aus der Wirtschaftsgeschichte eingefügt.

«Übersehbare Bedingungskonstellationen, auf deren Grundlage allein eine Theorie» für den Wirtschafts*ablauf* erarbeitet werden könnte, bietet eine mit dem geschilderten Verfahren gefundene Wirtschaftsordnung nicht (ebd. 171 f.). Hierfür sind wiederum die reinen, mit den Buchstaben verglichenen Formen zu benutzen, mit deren Hilfe die Wirtschaftsordnung gewonnen wurde. Die ökonomische Theorie als Ganzes ist für Eucken ein «Kasten voller gedanklicher Instrumente» (ebd. 173).

Mit dynamischen Theorien kann man die wirtschaftliche Entwicklung nicht analysieren. Das ergibt sich für Konjunkturtheorien mit Anspruch auf Allgemeingültigkeit schon daraus, daß es keinen «Normal-Zyklus» gibt (ebd. 182). Jeder Zyklus ist vielmehr ein individuelles Phänomen. Ähnliches gilt für die Entwicklung über längere Zeit, den Trend. Man muß in die jeweiligen, individuellen Erscheinungen eindringen und diese theoretisch untersuchen. Die «Variationsmethode», d. h. «hypothetische Urteile über die Wirkungen von Datenänderungen (ebd. 188) und komparativ-statische Untersuchungen gewinnen hier besondere Bedeutung. Diese allein genügen aber nicht, weil der jeweilige Weg der Veränderung von großer Bedeutung ist.

Eucken stellt fest, daß auf dem von ihm vorgeschlagenen Weg die Überwindung der großen Antinomie gelingt. Diese ist dadurch gekennzeichnet, daß das Wirtschaften «zu verschiedener Zeit und an verschiedenen Orten in verschiedenen Formen durchgeführt» (ebd. 178) wird, Teil des geschichtlichen Geschehens ist und sich wandelt. Um seine jeweilige Eigenart zu verstehen, bedarf es der Anschauung. Die Zusammenhänge der Wirtschaft können jedoch nicht durch Anschauung, sondern nur durch theoretische Analyse aufgedeckt werden (ebd. 178). Die Antwort auf die früher deshalb gestellte Frage: «Wie soll beides, lebendige Anschauung» des historisch Individuellen «und theoretisches Denken, zu faktischem Zusammenwirken gebracht werden?» ist nun gefunden (ebd. 23). Keines von beiden genügt allein.

Kurz vor dem Schluß seines Buches leitet Eucken – vielleicht unbeabsichtigt – auf sein von ihm nicht mehr vollendetes wirtschaftspolitisches Werk über. Er merkt an, daß eine funktionsfähige und menschenwürdige Ordnung verwirklicht werden müsse; hier ist die Ordnung also ein wirtschaftspolitisches Ziel, nicht das Ergebnis der Analyse der Fakten. Eucken verneint die Frage, ob sich jene Ordnung «aus der Entwicklung heraus spontan» herausbilden werde (ebd. 241). Die heute von manchen Liberalen bejahte Frage, ob die einmalige Setzung eines rechtlichen Rahmens auf der Grundlage von liberalen Prinzipien für die von Eucken erstrebte Ordnung genügt, beantwortet er hier nicht. Aus der Beschäftigung mit seinem wirtschaftspolitischen Werk ergibt sich jedoch, daß er sie ebenfalls verneint.

4. *Die Grundsätze der Wirtschaftspolitik*

Die Wendung zur systematischen wissenschaftlichen Arbeit über Wirtschaftspolitik vollzog Eucken unmittelbar nach dem Erscheinen der *Grundlagen.* Sie ergab sich aus den theoretischen Überlegungen in diesem Buch. Freilich hatte er sich schon zuvor mit wirtschaftspolitischen Problemen beschäftigt. Das wissen nicht nur seine Schüler aus den Lehrveranstaltungen, es ergibt sich auch aus seinen Veröffentlichungen. 1942 erschien in dem von Günter Schmölders herausgegebenen Band *Der Wettbewerb als Mittel volkswirtschaftlicher Leistungssteigerung und Leistungsauslese* der Aufsatz *Wettbewerb als Grundprinzip der Wirtschaftsverfassung* – in der damaligen Zeit ein Zeichen des Mutes sowohl des Autors als auch des Herausgebers. Mehrere wirtschaftspolitische Aufsätze in Zeitungen und Zeitschriften folgten nach 1945; einen Teil der Ergebnisse seiner Arbeit an den *Grundsätzen* hat Eucken vorweg in den Bänden I bis III des Jahrbuchs *Ordo* veröffentlicht, das, von dem Verleger Helmut Küpper angeregt und, vor allem von Eucken vorbereitet, 1948 erstmals erschien und seitdem mit einer Ausnahme jährlich erschienen ist. Als Frucht der Arbeit an den *Grundsätzen* können auch die nach seinem Tode (1951) veröffentlichten Londoner Vorträge *Unser Zeitalter der Mißerfolge* angesehen werden (vgl. Lenel 1951, 423–425).

In den erst nach seinem Tod von seiner Frau und seinem Schüler K. Paul Hensel herausgegebenen *Grundsätzen* knüpfte Eucken – wie eben angedeutet – an eine der letzten Fragestellungen in den *Grundlagen* an,[3] deren Ergebnisse teilweise in die *Grundsätze* übernommen wurden. Dem anderen Thema entsprechend wird die Fragestellung etwas verändert: Wie «kann der modernen industrialisierten Wirtschaft eine funktionsfähige und menschenwürdige Ordnung gegeben werden?» (1952, 14). Sehr viel später wendet er sich – ähnlich wie in den *Grundlagen* – der Rolle der Wissenschaft bei der Antwort auf diese Frage zu: Die «bewußte Gestaltung der Ordnung wälzt dem wissenschaftlichen Denken eine neue Verantwortung zu» (ebd. 341). Der wissenschaftlich Gebildete muß bei der Suche nach einer solchen Ordnung helfen. Entzieht er sich dieser Aufgabe, so wird sie an «politische und wirtschaftliche Machtgruppen, an ihre Funktionäre und Ideologien» ausgeliefert (ebd. 342). Damit ist das Programm des Buches entworfen.

Eucken kritisiert ähnlich wie in den *Grundlagen* zunächst andere Konzeptionen, bevor er sich der eigenen zuwendet. Er beginnt mit der «Wirtschaftspolitik des Laissez-faire», die «auf der Überzeugung basiert», daß sich «eine zweckmäßige Wirtschaftsordnung ... von unten her aus den spontanen Kräften der Gesellschaft von selbst entfalten» werde, wenn Freiheit bestehe und das Rechtsprinzip gewahrt werde. Nur an einzelnen Stellen ... suchte man Teile der Wirtschaftsordnung zu gestalten. Aber im ganzen überließ der Staat die Formen, in denen gewirtschaftet wurde, den Privaten» (ebd. 27). Der Interventionismus, der Ende des 19. Jahrhunderts einsetzte, war keine «grundsätzliche Abkehr» (ebd. 28) von dieser Politik.[4] Euckens Verzicht auf eine systematische Auseinandersetzung mit dem Interventionismus läßt in seinem Buch eine Lücke, die er – wie anderes – vielleicht noch ausgefüllt hätte, wenn es ihm vergönnt gewesen wäre, sein Werk zu vollenden. Keineswegs ist dieser Verzicht dadurch zu erklären, daß Eucken den Interventionismus und das ihm zugrunde liegende wirtschaftspolitische Denken für relativ harmlos hielt. Das zeigen spätere Bemerkungen. Er bezeichnet das punktuelle Denken, das für die Interventionisten typisch ist, als die «vielleicht ... stärkste Kraft, die das wirtschaftspolitische Ordnungsproblem verdunkelt» (ebd. 195) und die daraus entspringende Wirtschaftspolitik als «eine Hauptursache der jetzigen wirtschaftspolitischen Not» (ebd. 251).

Die Wirtschaftspolitik des Laissez-faire war trotz ihrer Mängel erfolgreich. Als ersten Mangel stellt Eucken den «Hang zur Monopolbildung» vor, der sich auch in der Bildung von Kartellen äußert. Die später einsetzende interventionistische Politik hat diesen Hang unterstützt, nicht geschaffen (ebd. 31). Auf die damit zusammenhängende, schon in den *Grundlagen* dargestellte Problematik der wirtschaftlichen Macht kommt Eucken später (ebd. 169 ff.) ausführlich zurück und schildert auch ihre politischen Folgen: «Die Machtkörper gewinnen ... großen politischen Einfluß in einem Staat, in dem sie zu wuchern beginnen. Der Staat wird dadurch selbst unfähig, die Monopolkontrolle wirksam durchzuführen» (ebd. 172). Auch deshalb sollte man sich gegen das Entstehen der Macht wenden, nicht nur gegen ihren Mißbrauch.

Als weiteren Mangel erörtert Eucken Fehlentwicklungen auf den Arbeitsmärkten: «Marx hat den Schwerpunkt der an sich notwendigen Kritik auf eine falsche Stelle gelegt» (ebd. 45). Das Problem war und ist nicht, daß dem Arbeiter die Maschinen nicht gehören, sondern vielmehr, daß die Nachfrage nach Arbeit monopolistisch war und bisweilen noch ist. Kollektiveigentum an den Produktionsmitteln kann das Problem deshalb nicht lösen. Dagegen halfen Gewerkschaften, Arbeitsvermittlung und Verkehrsverbesserungen bei dieser Lösung, indem sie die Nachfragemacht minderten oder verschwinden ließen.

Nach der Laissez-faire-Politik schildert Eucken die «Wirtschaftspolitik der Experimente». So verschieden diese Politik in den einzelnen Ländern war, hatte sie doch eines gemeinsam: Sie entstand aus dem Druck der Tagesprobleme und war meist «nicht vorher im einzelnen durchdacht, um später konsequent durchgeführt zu werden» (ebd. 56). Die «Politik zentraler Leitung des Wirtschaftsprozesses» ist «insofern das Gegenstück des Laissez-faire, als in ihr beides (dort keines von beiden) geplant werden soll: Wirtschaftsordnung und Wirtschaftsprozeß (ebd. 58). Eucken schildert das Verfahren der Planung einer zentral geleiteten Wirtschaft, in welcher die Investitionen maximiert werden sollen, und kritisiert die notwendigerweise globalen Bewertungsmethoden sowie die institutionellen und anderen Schwächen. Es kann deshalb kein Optimum, wohl aber wegen der Lenkungsbefugnis der zentralen Stellen und der Entmachtung der Konsumenten ein Maximum an Investitionen erreicht werden (ebd. 87). Es ist nicht zu erwarten, daß die Investitionen zweckmäßig aufeinander abgestimmt werden. Als Beispiel erwähnt Eucken eine neue Kohlenzeche, der die Waggons für den Abtransport der Kohle fehlen. Die Beschäftigungsprobleme können zwar gelöst, aber eine sinnvolle Beschäftigung kann nicht erreicht werden: «Alle Kräfte sind beschäftigt, aber die Versorgung der Bevölkerung ist schlecht» (ebd. 109).

Anders als in der Marktwirtschaft sind Entstehung und Verteilung des Sozialprodukts getrennte Vorgänge. Auch die Verteilung ist aber nur mit globalen Verfahren möglich. Eine gerechte Verteilung braucht nicht angestrebt zu werden und wurde meist auch faktisch nicht angestrebt (vgl. ebd. 124). Grundsätze des Rechtsstaates können in einer zentral geleiteten Wirtschaft nicht verwirklicht werden (ebd. 128 f.). Ähnlich wie in den *Grundlagen* werden hier – wie auch an vielen anderen Stellen des Buches – immer wieder plastische Beispiele, insbesondere aus den 40er Jahren in Deutschland angeführt.

Die übrigen Typen der «Wirtschaftspolitik der Experimente» faßt Eucken als «Wirtschaftspolitik der Mittelwege» zusammen. Die Vollbeschäftigungspolitik, mit der er beginnt, krankt teilweise an den gleichen Übeln wie die Politik zentraler Leitung: Sie schafft zwar Beschäftigung, aber ohne sinnvolle Ergebnisse der Produktion und überdies um den Preis der Inflation, die die Wirtschaftsrechnung verzerrt. «Das Übel der Arbeitslosigkeit wurde durch das Übel der Unterversorgung ersetzt» (ebd. 142). Wegen des globalen Denkens der Vollbeschäftigungspolitiker werden die «richtigen Proportionen der ökonomischen Quantitäten», insbesondere der Investitionen, nicht gefunden (ebd. 142). Das Experimentieren verstärkt die Konjunkturschwankungen, statt sie zu glätten. Man versucht nicht, «Fehler der Lenkungsmechanik» (ebd. 310) zu beseitigen, sondern kuriert an den Symptomen. Eucken meint, bei Befolgung seiner noch zu erörternden Prinzipien seien wahrscheinlich keine zusätzlichen konjunkturpolitischen Maßnahmen erforderlich (ebd. 311). Als nächstes wird die «Politik partiell zentraler Leitung des Wirtschaftsprozesses» diskutiert: Die Grundstoffproduktion soll zentral geplant werden, die Weiterverarbeitung nicht. Das Koordinationsproblem wird dabei übersehen. Es ist so, «als ob zwei Dirigenten mit zwei Kapellen in einem Raum spielen, bis die eine sich der anderen unterordnet» (ebd. 144). Zuletzt befaßt sich Eucken mit der «Politik der ständischen Ordnung» (ebd. 145 ff.) in mehreren Varianten, die alle an der ordnungspolitischen Aufgabe scheitern.

Damit ist die Kritik an anderen wirtschaftspolitischen Konzeptionen beendet. Das wichtigste Problem der Ordnungspolitik einer Marktwirtschaft, die Koordination der arbeitsteilig selbständig Wirtschaftenden, diskutiert Eucken zu Beginn der Vorstellung seiner eigenen Konzeption unter dem Titel «Das Lenkungsproblem». In den *Grundlagen* hatte er es schon theoretisch bearbeitet. Nun kritisiert er seine Vernachlässigung durch die Wirtschaftspolitiker. Er schildert, warum die Preise ihre Lenkungsfunktion nicht erfüllen konnten. Funktioniert das Lenkungssystem nicht, sind Störungen des Wirtschaftsablaufs die Folge. In diesem Zusammenhang behandelt Eucken auch Probleme der Ordnung außenwirtschaftlicher Beziehungen und des Geldes. Die Freiheit und ihre Bedrohung sind für Eucken ein zentraler Punkt. Die Frage, ob es überhaupt möglich ist, «in der industrialisierten Welt die Freiheit der Person zu retten», ist zu bejahen, wenn die Lösung des Ordnungsproblems gelingt.[5] Dabei ist zu berücksichtigen, daß die Ordnungen interdependent sind; insbesondere gilt das auch für die Wirtschafts- und Gesellschaftsordnung. «Die Gesamtordnung sollte so sein, daß sie den Menschen das Leben nach ethischen Prinzipien ermöglicht» (ebd. 199, dort kursiv). Wegen des Gesamtzusammenhangs des Wirtschaftsprozesses hat die *«ordnungspolitische Gesamtentscheidung* ... vor den einzelnen wirtschaftspolitischen Handlungen zu stehen» (ebd. 250). Auch die Rechtsprechung und die Exekutive haben die Gesamtentscheidung zu beachten.

In einem Abschnitt über die soziale Frage schildert Eucken deren Wandel. Für ihn ist die soziale Frage «heute in ihrem Kern die Frage nach der Freiheit des Menschen» (ebd. 193). Ich meine, daß sie *auch* diese Frage ist. Sehr viel später folgt ein von K. Paul Hensel nach Notizen von Eucken formulierter größerer Abschnitt über Sozialpolitik. Dort heißt es unter anderem, wer «soziale Interessen vertreten will, sollte... sein Augenmerk vor allem auf die Gestaltung der Gesamtordnung richten» (ebd. 313) – auch für die Verwirklichung der sozialen Gerechtigkeit, die «nicht ernst genug genommen werden» kann (ebd. 315). Aber soziale Hilfsmaßnahmen sind nichtsdestoweniger nötig, «denn vollkommene Lösungen gibt es hier nicht».[6]

Warum ist die Lösung der ordnungspolitischen Probleme bisher nicht gelungen? Eucken erwidert: wegen des Verfalls des Denkens. Die klassische Nationalökonomie hatte das Lenkungsproblem klar gesehen, wenn auch nicht befriedigend gelöst. Sie vertraute zu sehr auf die spontane Verwirklichung der Ordnung. Insbesondere seit Marx verbreitete sich dann der Glaube an die zwangsläufige Entwicklung. Mit ihm setzt sich Eucken ausführlich auseinander; denn wäre er gerechtfertigt, wäre es hoffnungslos, eine Ordnung gestalten zu wollen. Die Wirtschaftspolitik ist weder durch Zwangsläufigkeiten gebunden,[7] noch schlechthin frei, zu tun oder zu lassen, was sie will. Jede wirtschaftspolitische Maßnahme kann Tendenzen auslösen, die dann in eine bestimmte Richtung drängen. Deshalb muß sie rechtzeitig in ihrer «unmittelbaren Wirkung auf Wirtschaftsordnung und Wirtschaftsprozeß», in «ihren Tendenzen zur Veränderung der Wirtschaftsordnung» und in ihrer «Weiterwirkung auf andere Ordnungen gesehen werden» (ebd. 221). Sonst macht man sich selbst unfrei. Das punktuelle Denken hat erheblich dazu beigetragen, daß die Problematik der Ordnungspolitik weder gesehen noch gelöst werden konnte; dann entstehen unstabile Ordnungen.

Eucken vertraut darauf, daß die vollständige Konkurrenz wegen des bei ihr gegebenen «eigenartigen Arbeitens des Lenkungssystems der Preise» (ebd. 198) eine stabilisierende Wirkung hat, und entscheidet sich für eine Ordnung, in der diese Marktform dominiert. Konkurrenz muß auch verwirklicht werden, um «die Kräfte, die aus dem Eigeninteresse entstehen, in solche Bahnen zu lenken, daß hierdurch das Gesamtinteresse gefördert wird, daß also eine sinnvolle Koordination der Einzelinteressen stattfindet» (ebd. 360). Man kann sich nicht darauf verlassen, daß das durch die «unsichtbare Hand» Adam Smiths spontan geschieht. Wo vollständige Konkurrenz «nicht möglich ist, sind besondere wirtschaftspolitische Maßnahmen erforderlich» (ebd. 246). Vollständige Konkurrenz kennzeichnet Eucken – wie schon in den *Grundlagen* – positiv dadurch, daß die Marktteilnehmer den Preis als Datum vom Markt nehmen und Leistungswettbewerb betreiben, negativ durch das Fehlen von Marktstrategie und Behinderungswettbewerb. Läßt sie sich in diesem Sinne heutzutage verwirklichen? Der These, die Entwicklung der Technik lasse es nicht zu, setzt Eucken die These entgegen, sie verstärke durch Verkehrsverbesserungen, durch Substitute und durch die Vergrößerung der Anpassungsfähigkeit die Konkurrenz. Wichtigstes Kennzeichen des die Konkurrenz mindernden Konzentrationsprozesses sei nicht – wie Marx meint – das Wachstum der Betriebe, sondern das Wachstum der Unternehmen durch Zusammenfassung vieler Betriebe. Eine solche Entwicklung lasse sich jedoch verhindern.

Der Tendenz nach ist zwar das von Eucken zugunsten der Möglichkeit der Konkurrenz Vorgetragene richtig. Aber die Hoffnung, deshalb könne auf der Mehrzahl der Märkte vollständige Konkurrenz im Sinne Euckens verwirklicht werden, läßt sich aus heutiger Sicht nicht aufrechterhalten. Das gilt insbesondere für das oben genannte Kennzeichen (Übernahme des Preises vom Markt). Wir sehen heute den Wettbewerb als einen Prozeß des Vorstoßes mit neuen Gütern und neuen Verfahren und deren Nachahmung an, in dessen Verlauf die Marktform sich ändern muß. Es gilt, einen zweckmäßigen Prozeß zu sichern (Lenel 1975, 71–75). Dies ist unvereinbar mit dem Streben nach einer bestimmten Marktform im Sinne Euckens; der Verwirklichung der Essenz von Euckens wirtschaftspolitischer Konzeption steht es aber nicht im Wege. Um die von ihm erstrebte Ordnung zu verwirklichen, dabei aber doch den Unterschieden der jeweiligen historischen Situation genügend Rechnung zu tragen, empfiehlt Eucken, zwischen den unabhängig von dieser Situation zu befolgenden konstituierenden und regulierenden Prinzipien und dem jeweiligen historischen Moment zu unterscheiden, dessen Eigenheiten bei der Anwendung der Prinzipien zu beachten sind. Durch die konstituierenden Prinzipien soll die Wettbewerbsordnung geschaffen, durch die regulierenden sollen Märkte ohne vollständige Konkurrenz gelenkt und «Schäden und Unvollständigkeiten» (ebd. 253) behoben werden, mit denen trotz der vollständigen Konkurrenz noch zu rechnen ist. Zu den konstituierenden Prinzipien gehören das Grundprinzip «Herstellung eines funktionsfähigen Preissystems vollständiger Konkurrenz», das Primat der Währungspolitik (zur Stabilisierung des Geldwerts), die Offenhaltung der Märkte für neue Marktteilnehmer, Privateigentum, Vertragsfreiheit, volle Haftung und «eine gewisse Konstanz der Wirtschaftspolitik» (ebd. 288). *Alle* diese Prinzipien sind zu verwirklichen.

Die regulierenden Prinzipien beinhalten in erster Linie das, was wir heute Wettbewerbspolitik nennen, bei Eucken freilich mit einer klaren Tendenz: Es soll möglichst erreicht werden, daß die Märkte wie bei vollständiger Konkurrenz funktionieren. Verstaatlichung ist dafür nicht geeignet. «Staatliche Monopole ... treiben regelmäßig ebenso monopolistische Politik wie private Monopole» (ebd. 293). Vielmehr soll ein staatliches Monopolaufsichtsamt Monopole möglichst auflösen, notfalls ein Verhalten durchsetzen, «als ob vollständige Konkurrenz bestünde».[8] Eucken hofft auf die prophylaktische Wirkung der Aufsicht nicht nur bei Monopolen, sondern auch gegenüber dem Kampf von Oligopolisten um die Monopolstellung. Mit je einem weiteren regulierenden Prinzip will

Eucken Umwelt- und Umverteilungspolitik betreiben. Was er (ebd. 302 f.) über Umweltprobleme geschrieben hat, sollten insbesondere auch diejenigen lesen, die meinen, solche Gedanken in den 60er und 70er Jahren neu entdeckt zu haben.

Wird der Staat aber überhaupt in der Lage sein, eine solche Ordnung zu schaffen? Er ist es nicht, «aber er könnte es werden» (ebd. 338). Heute steht dafür «kein fest gefügter Staat zur Verfügung» (ebd. 331). Mit der Zunahme des Umfangs der Staatstätigkeit ging eine Abnahme der staatlichen Autorität einher. Aber andererseits ist für einen «klar bezeichneten Tätigkeitsbereich» (ebd. 329) der Staat heute unentbehrlich. Deshalb muß mit der Änderung der Wirtschaftsordnung eine Änderung der Staatsordnung einhergehen. Es gehört zu den Aufgaben der Wissenschaft, sie vorzubereiten.

Mit seinen wirtschaftspolitischen Gedanken steht Eucken nicht allein. Gleichzeitig mit ihm verfolgten Wilhelm Röpke und Alexander Rüstow, nach dem Zweiten Weltkrieg auch Alfred Müller-Armack, ähnliche, wenn auch nicht durchweg gleiche Ziele. In einem anregenden wissenschaftlichen Austausch stand Eucken mit den beiden Juristen Franz Böhm und Hans Grossmann-Doerth.

III. Euckens Wirkung

Euckens Beitrag zur Wiederbelebung der theoretischen Arbeit in Deutschland ist erheblich. Seine Schüler betätigten sich auf fast allen vom Lehrer bearbeiteten Gebieten. Manche von ihnen haben, Euckens Anregungen folgend, Teile der Außenwirtschaftstheorie behandelt, mit denen sich Eucken nur wenig befaßt hatte. Den mit den *Grundlagen* eingeschlagenen Weg hat jedoch – soweit ich sehe – bisher niemand in systematischer Weise weitergeführt, abgesehen von der Arbeit Hensels und seiner Schüler an der Theorie der Zentralverwaltungswirtschaft.

Euckens Einfluß auf die Lehre von der Wirtschaftspolitik war noch größer. Er nahm als einziger nicht emigrierter Deutscher 1947 an der Tagung auf dem Mont Pelerin am Genfer See teil, die zur Gründung der Mont Pelerin Gesellschaft führte. Einer der amerikanischen Teilnehmer, John Davenport, berichtete vor wenigen Jahren in der Zeitschrift dieser Gesellschaft von dem großen Eindruck, den Euckens wirtschaftspolitische Gedanken damals auf die übrigen Teilnehmer, darunter viele angesehene Gelehrte, machten. Euckens Konzept der Ordnungspolitik hat sich auch späterhin als sehr fruchtbar erwiesen. Ähnliches gilt für seinen ordnungspolitisch und -theoretisch ausgerichteten Vergleich der Wirtschaftssysteme. Wie bezüglich der Wiederbelebung der Theorie läßt sich allerdings Euckens Wirkung auch hier nicht klar abschätzen. Spätere Untersuchungen dieses Gebiets haben manches aus Veröffentlichungen angelsächsischer Gelehrter nach Euckens Tod, insbesondere über property rights und institutional choice, übernommen. Ein mehr oder weniger großer Teil dieser Gelehrten kannte vermutlich Euckens Schriften nicht; jedenfalls finden sich nur selten Hinweise auf ihn.

Die praktische deutsche Wirtschaftspolitik ab 1948 beeinflußte Eucken sehr weitgehend. Im Vorwort zum ersten Band der Schriftenreihe *Ordnung der Wirtschaft* schrieben die Herausgeber Böhm, Eucken und Grossmann-Doerth: «Wie kann der Geist die Tatsachen gestalten, wenn er sich selbst vor dem Gang der Tatsachen verneigt?»[9] Eucken hat gezeigt, wie die Tatsachen gestaltet werden können. Er wirkte auf die Politiker unmittelbar und über den wissenschaftlichen Beirat bei der Verwaltung für Wirtschaft, später Bundeswirtschaftsministerium, in dem er nach dem Urteil anderer Mitglieder eine sehr bedeutsame Rolle spielte. Er stand, wie Jöhr am Schluß seines Nachrufs schreibt, ab 1942 «in der vordersten Reihe der Kämpfer» (1950, 278) für einen völligen Umbau der Wirtschaftsordnung und konnte bei der «Realisierung seiner Ideen... mit Rat und Tat» mitwirken. «Wohl nur ganz wenigen Nationalökonomen wurde ein ähnlicher *unmittelbarer wirtschaftspolitischer Erfolg* zuteil» (ebd. 277). Wilhelm Röpke schrieb 1950 in der *Neuen Zürcher Zeitung* (Nr. 748 vom 5. April 1950): «Wenn heute Westdeutschland mit solcher Entschiedenheit und Zielsicherheit und zugleich mit solchem Erfolg den Ausweg aus dem kollektivistischen Chaos gefunden ... hat, so ist das Verdienst, das dabei Walter Eucken zuzumessen ist, nicht hoch genug zu veranschlagen ...» Vermutlich wäre dieses Verdienst noch gewachsen, wenn Eucken nicht so frühzeitig abberufen worden wäre.

Sicher hätte er sich darum bemüht, daß der im Juni 1948 eingeschlagene Weg konsequenter weiterverfolgt wird, als das faktisch geschah. Euckens Konzeption entsprachen die Währungsreform und die Aufhebung des Preisstopps in jenem Monat. Die späteren Maßnahmen waren leider nicht selten das Ergebnis von Kompromissen, die zu Euckens Konzeption nur beschränkt paßten. Agrar-, Verkehrs- und Sozialpolitik blieben von Euckens Ideen fast unberührt. Ohne die Standhaftigkeit von Ludwig Erhard, später unterstützt von Alfred Müller-Armack, wäre die deutsche Wirtschaftspolitik ab Sommer 1948 von Euckens Konzeption noch stärker abgewichen. Interessenvertreter und die sich oft so überlegen dünkenden sogenannten Pragmatiker hätten sich noch mehr durchgesetzt.

Anhang

ANMERKUNGEN

R. D. Collison Black: William Stanley Jevons

1 Zur Darstellung im einzelnen vgl. W. Mays und D. P. Henry (1953, 484–505).

2 Zur weiteren Diskussion über das Konzept der Handel treibenden Einheiten und seine Probleme vgl. die Einleitung des Autors zur *Pelican Classics Edition* der *Theory of Political Economy* (1970, 21 f., u. 267 Anm.).

3 Vgl. C. Garcia-Mata und F. I. Shaffner, *Solar and Economic Relationships: A Preliminary Report,* Quarterly Journal of Economics, 49 (1934–35, 1–51). In einem unveröffentlichten Aufsatz, den er kurz vor seinem Tode schrieb, stellte Garcia-Mata fest, daß «Jevons' Untersuchung aus den Jahren 1875–79 ein typisches Beispiel für ein ‹Experiment vor der Zeit› in der Wissenschaft sei» und daß «Jevons durchweg die richtige Intuition besaß». Der Verfasser dankt Mrs. L. A. Garcia-Mata für die Erlaubnis, diesen Aufsatz lesen und daraus zitieren zu dürfen. Zur gängigeren kritischen Stellungnahme vergleiche S. M. Stigler, *Jevons as Statistician,* The Manchester School 50 (1982, 363 f.).

4 Dieses kleine Buch bringt eine nützliche Zusammenfassung der Diskussion über dieses Thema.

5 Zur Zusammenfassung jener Fälle, in denen Jevons überlegte, ob entweder die staatliche Regelung der privaten wirtschaftlichen Tätigkeit oder Staatsunternehmen selbst angebracht wären, vgl. R.D. Collison Black (1981) *W. S. Jevons, 1835–82,* Kapitel I in: *Pioneers of Modern Economics in Britain.*

Erich Streissler: Carl Menger

1 Ausführlicher zu den Strömungen der deutschen Nationalökonomie und ihrer Bedeutung für Menger siehe E. Streissler, «Carl Menger, der deutsche Nationalökonom», im Druck.

2 Abgesehen von der bereits traditionellen deutschen subjektivistischen Güterlehre trägt Menger 1876 dem Kronprinzen so gut wie ausschließlich Adam Smith vor, vor allem die ersten drei Kapitel des *Wealth of Nations* zu Arbeitsteilung, Tausch und Geld. Keinerlei marginalistische Überlegung wird eingeführt! Das unten zu nennende Mengersche Irrtumsparadigma – eine Weiterführung von Smith – klingt hingegen ganz entschieden an.

Auf den reichen theoriegeschichtlichen Schatz der Vorlesungsnachschriften des Kronprinzen Rudolf aus dem Jahre 1876, die im handschriftlichen Original im Österreichischen Staatsarchiv liegen, verwies mich Frau Dr. Brigitte Hamann. Ich verwende eine Rohabschrift, die sie mir dankenswerterweise zur Verfügung stellte.

3 Zum Nichtsubstitutionstheorem siehe P. A. Samuelson, *Abstract of a Theorem Concerning Substitutability in Open Leontief Models* (ursprünglich 1951) und *A New Theorem on Nonsubstitution* (ursprünglich 1961), beide abgedruckt in: *The Collected Scientific Papers of Paul A. Samuelson,* J.E. Stieglitz (Hrsg.), Vol. I., Cambridge, Mass. und London 1966, 515 ff. und 520 ff.; weiters Arrow/Starrett 1973, 137 ff.

4 Siehe Wieser 1884, 128, zur erstmaligen Verwendung des Ausdruckes. Sein «Patent» auf den Ausdruck meldet Wieser 1889, 12, an.

5 Menger 1888, 47 (abgedruckt in Menger 1970, Bd. III., 181), spricht mit einer Spitze gegenüber Böhm von «einer langen Reihe von Bearbeitern unserer Wissenschaft…, welche an die Stelle einer universellen Theorie des Vermögensertrages eine bloße Kapitalzinstheorie setzen und… (damit) das viel umfassendere Problem der Erklärung des Vermögensertrages überhaupt – der verschiedenen Kategorien desselben – zu lösen glauben». In seinem Nachruf auf Böhm-Bawerk (Menger 1970, Bd. III., 293 ff.) hält Menger ihm «augenfällige Künstlichkeit der theoretischen Konstruktion» (ebd. 301) vor und erklärt verurteilend: «Böhm hat in seine Darstellung der Wertlehre zahlreiche Elemente der älteren Doktrin aufgenommen!» (ebd. 303).

6 Zu der Herleitung von Schumpeters Neuerungsbegriff aus Wieser und seiner späteren Anglisierung, als Schumpeter Professor in Harvard wurde, siehe Streissler (1981, 66 f.).

7 Borch (1973, 61 f.), betont, daß noch heute die Verbindung von Unsicherheit mit dem Zeitablauf als typisch österreichisch erscheint.

8 Roscher widmet Handelskrisen in seinen verschiedenen Auflagen drei Paragraphen, in denen er u.a. das Saysche Gesetz zurückweist. Ausführlich hierzu der lange Aufsatz Roschers (1861). Besonders ausführlich zu Handelskrisen vor allem die in Wien lehrenden, vor-Mengerschen Ökonomen Schäffle und Stein.

9 Zu der Argumentation bei Smith siehe Streissler (1973, 1400 ff.).

10 Zu den Heften des Kronprinzen Rudolf (1876) siehe FN 2.

11 Siehe z. B. die ausführlichen Überlegungen in Roscher (1861).

Heinz Rieter: Alfred Marshall

Herzlich danke ich Herrn Hauke Janssen für wertvolle Vorarbeiten sowie den Herren Horst Georg Koblitz und Joachim Starbatty für die kritische Durchsicht des Manuskripts.

1 Von den 123 englischsprachigen *Critical Assessments*, die Wood (1982) aus dem Zeitraum 1887 bis 1978 zusammengetragen hat, sind 110(!) zwischen 1928 und 1978 entstanden, wovon fast Dreiviertel auf die Zeit ab 1955 und davon wiederum 41 auf die Zeit ab 1968 entfallen. In den letzten zehn Jahren ist der Output eher noch gewachsen. Um sich einen repräsentativen Eindruck von der Flut und Vielseitigkeit der Beiträge zu verschaffen, braucht man nur die letzten Jahrgänge einschlägiger Periodika (History of Political Economy, History of Economics Society Bulletin, History of Economic Thought Newsletter) durchzublättern.

2 Nach Bodkin/West (1983, 156) hätte zwar 1885 Walras und 1890 Schmoller vor Marshall den Preis gewonnen, doch verweisen sie (ebd., 164, Fn. 1) auf Samuelson, für den Marshall 1902 «dran gewesen» wäre.

3 Siehe vor allem Bonar (1925), Coase (1984), Guillebaud (1961 a, 1971), Keynes (1924 a, 1944), M.P. Marshall (1947), McWilliams (1969), A. Robinson (1972, 1980), Taussig (1924), Whitaker (1972, 1975 a).

4 Der preistheoretische Teil wurde zum Kernstück der *Principles* (1890), den außenwirtschaftstheoretischen Teil fügte Marshall später auszugsweise als Appendix J seinem Werk *Money Credit and Commerce* (1923, 330–360) bei. Allgemein zugänglich wurden die vollständigen Privatdrucke erst 50 Jahre nach ihrer Entstehung durch einen Reprint 1930. In neuerer Zeit hat Whitaker (1975 I, Abschn. I. 4; 1975 II, Abschn. III. 5 u. 6) die Texte veröffentlicht und kommentiert. Das erste Kapitel der *Pure Theory of Domestic Values* liegt seit kurzem in einer deutschen Übersetzung vor: Marshall (1879/1986).

5 Blaugs (1968/1975, 181 ff., bzw. 1985, 396 ff.) «Hinweise für den Leser der *Princip-*

les of Economics» verschaffen rasch einen guten Überblick. Siehe ferner Wood (1982, Vol. II).

6 Bis Mitte 1942 wurden bei einer Gesamtauflage von rund 70 000 Exemplaren insgesamt 65 381 Stück verkauft (Macmillan 1942, 292 f.). Leider liegen für die knapp 30 Jahre bis 1970 keine Zahlen vor. Für den Zeitraum danach hat mir der Verlag Macmillan dankenswerterweise eine Verkaufsstatistik zur Verfügung gestellt, aus der hervorgeht, daß in der Zeit von 1971 bis 1986 weitere 24 785 Exemplare der *Principles* weltweit verkauft worden sind. Bei der Beurteilung der Verkaufsziffern ist ferner zu berücksichtigen, daß ab 1892 zusätzlich von einer verkürzten Studienausgabe der *Principles* unter dem Titel *Elements of Economics of Industry* in mehreren Auflagen insgesamt 81 000 Stück abgesetzt worden sind (Keynes 1924 b, 504).

7 Siehe insbes. die Diskussion über die Variorum Edition der *Principles of Economics* (Marshall/Guillebaud 1961): Wood (1982, Vol. I, XXIV, bzw. Vol. II).

8 Vgl. z. B. Backhouse (1985, Chap. 10), Blaug (1985, Chap. 9 u. 10), Ekelund u. Hébert (1983, Chap. 15), Hutchison (1953, Chap. 4), Mitchell (1969, Chap. X), O'Brien (1981), Pribram (1983, Chap. 19), Routh (1975, Chap. 4), Spiegel (1983, 563 ff.).

9 Kommentierte Dokumentationen wichtiger Forschungsergebnisse finden sich u. a. bei Blaug (1968/1975, 131–133 u. 219–223, bzw. 1985, 368–370 u. 421–424), Ekelund u. Hébert (1983, 365–367), Spiegel (1983, 804–806), Wood (1982, Vol. I, XIV–XXXIII).

10 Marshall (1920/1949, 469). Siehe auch Tu (1969, 705 ff.) sowie die Diskussion zwischen Kiker (1966, 1968) und Blandy (1967).

11 Siehe insbes. Marshalls Briefe an Flux und Bowley, in: Pigou (1925, 406 f. u. 419 ff.) sowie Whitaker (1975 II, 265 ff.) und Brems (1975).

12 Siehe außer den Beiträgen von Whitaker (1972 ff.) auch Youngson (1956) und Stigler (1969).

Gottfried Eisermann: Vilfredo Pareto

1 Durch Dekret aus dem Jahr 1911 erhielt er den typisch napoleonisch phantasievollen Titel eines Marchese di Parigi – auch dies seltsam und rätselhaft –, also im Grunde den gleichen, den der heutige französische Thronprätendent, der Graf von Paris, trägt. Späterhin sprach man sogar in diesem Zusammenhang von einem «Pair de France», worin man, wenn es zutreffen sollte, das Ausmaß der Verdienste von Paretos Großvater in französischen Augen ermessen könnte.

2 Die Legende behauptete später unzutreffend, sie sei eine Tochter oder zumindest eine Verwandte des berühmten russischen Revolutionärs und Anarchisten gleichen Namens gewesen.

3 Die tiefere Ursache dafür war, daß Walras mit den Bekehrungsversuchen seiner kleinbürgerlich-radikalen Sozialphilosophie gegenüber Pareto, der mit den Jahren gegenüber jedem ideologischen Mystizismus immer allergischer wurde und immer mehr in die wissenschaftliche Haltung «logisch-erfahrungsmäßiger» Objektivität hineinwuchs, nicht aufhören wollte. Pareto hat dennoch trotz zahlreicher späterer Rankünen und Intrigen ihm die für ihn selbstverständliche Dankbarkeit und Loyalität gewahrt. Nur wenn man nicht ablassen wollte, ihn mit Walras wissenschaftlich in einen Topf zu werfen, offenbarte er die tiefreichenden und unüberbrückbaren Divergenzen.

4 Sie sind gerade auch für das Verständnis seiner wirtschaftstheoretischen Schriften ganz unerläßlich. Erwähnt sei hier auch die einzige deutsche Übersetzung einer seiner grundlegenden ökonomischen Schriften, später ins Italienische übersetzt von seinem

treuen Schüler und Kollegen Guido Sensini: *Anwendungen der Mathematik auf die Nationalökonomie* (1905, 1094–1120), die u. a. auch eine wichtige Auseinandersetzung mit A. Cournot enthält. Die französische Fassung erschien 1908/1909.

5 Er war darauf bereits dadurch vorbereitet, daß man ihn überraschenderweise gebeten hatte, ein Vorwort zu der vom Schwiegersohn von Karl Marx herausgegebenen Auswahl (1893) aus *Das Kapital* zu verfassen. Nun heißt es noch entschiedener: «Die Wissenschaft befaßt sich nur damit, die Beziehungen zwischen den Dingen, den Phänomenen zu konstatieren und die Gleichförmigkeiten festzustellen, die diese Beziehungen darbieten. Das Studium dessen, was man Ursachen nennt, wenn man darunter Tatsachen in Beziehung zu anderen Tatsachen versteht, gehört zur Wissenschaft und mithin zur vorgenannten Kategorie der Gleichförmigkeiten. Aber das, was man die causae primariae nennt, und generell alle Entitäten, die die Grenzen der Erfahrung überschreiten, befindet sich durch sich selbst jenseits des Bereichs der Wissenschaft» (I, 2).

6 Den Wert dieses klassischen Werkes ermißt man, wenn man es etwa mit dem mehr als 20 Jahre später, damals in Deutschland viel Beachtung erregenden Werk von Werner Sombart (1925) vergleicht.

7 Bekanntlich stammen Begriff und Kategorie des Gesetzes aus dem sog. geisteswissenschaftlichen Bereich – etwa des Biblischen: «Es ging ein Gebot (sc.: Gesetz, G. E.) aus des Kaisers Augustus, daß alle Welt geschätzet würde», womit wir auch gleich am Ursprung der Volkszählung und der Statistik wären – und wurden daraus auf die sog. Naturwissenschaften übertragen und nicht umgekehrt, wie vor allem das laienhafte Vorurteil immer noch meint.

8 Ihre wissenschaftliche Position ist in bezug auf das Gemeinsame und sie Trennende der ihr zuzurechnenden Vertreter so viele Male auseinandergesetzt worden, daß es ohne jedes Interesse wäre, hier nochmals darauf einzugehen. Erwähnt sei aber, daß Pareto sich nicht in Übereinstimmung mit Alfred Marshall hinsichtlich seiner Feststellung empfand, ein wissenschaftliches Gesetz sei «a statement of tendencies», was dieser sogar auf das Gravitationsgesetz bezog (1930, 31; vgl. auch S. 774 in bezug auf die «Schwierigkeit der Interpretation von Tatsachen»), sondern in privaten Äußerungen ebenso wie gegenüber Walras seinem unversöhnlichen Gegensatz gegenüber Marshall Ausdruck verlieh, wozu wohl insbesondere dessen glänzendste theoretische Leistung, die Teilgleichgewichtsanalyse, Veranlassung gab.

9 Der Sinn des vergeblichen Versuchs, ihm dieses Verdienst zu schmälern, wenn nicht gar zu entreißen, der darin liegt, es z. B. für Francis Ysidro Edgeworth (1845–1926) selbst zu vindizieren, der in seinen *Mathematical Psychics* (1881) vollkommen die Doktrin des «kardinalen» Nutzens akzeptiert hatte, oder für den Amerikaner Irving Fisher (1867–1947), dessen *Investigations into the Theory of Value and Prices* (1892) gleichfalls keinerlei Einwand gegen die angebliche Meßbarkeit des Nutzens erhoben hatten, indem man den entscheidenden Gesichtspunkt als beiläufig zu behandeln oder gar zu eskamotieren trachtet, ist in sachlicher Hinsicht daher schwer einzusehen und muß wohl auf den verschlungenen Wegen der Psychologie gesucht werden. Es handelt sich vermutlich um denselben Mechanismus, der so viele Ökonomen ihre Verbeugung vor dem Geßlerhut von Max Webers Idealtypus, Alfred Marshalls «statement of tendencies» und J. M. Keynes' «box of tools» machen läßt, um dann im Bann von Karl Marx' «Abbildtheorie», deren Urheber sie freilich zu ihrer Erleichterung nicht kennen, ihre vermeintlichen theoretischen Apfelschüsse beruhigt loszulasssen, wenn sie nur von einer soliden mathematischen Armbrust abgeschossen werden.

10 Das «soziale System», das er in seinem *Trattato* (cap. XII und XIII) entwickelt, stellt zweifellos das umfassendere dar, in dem das «ökonomische System» aufgeho-

ben wird. Mit Recht ist deshalb in jüngster Zeit das Verhältnis von ökonomischem und sozialem System Gegenstand wiederholter scharfsinniger und strittiger Untersuchungen gewesen.

11 Wir müssen hier auf eine Fülle von Literaturangaben verzichten, wollen aber darauf hinweisen, daß eine andere «Richtung» innerhalb der modernen Welfare Economics sich auf das Werk von Arthur Pigou (1877–1959) beruft (1924). Es steht jedoch fest, daß Pareto, «der zu Beginn dieses Jahrhunderts geschrieben hat, das Recht auf die Anciennität besitzt» (Bator, 57).

12 Edward H. Chamberlin war freilich der Meinung, Paretos Unterscheidung sei «irreführend» und reiche nicht bis an «die Wurzel der Sache» (1956,16, Anm.).

13 Triffin ist bekanntlich in dieser Hinsicht die große Ausnahme. Vgl. ebd. bes. S. 52–57, 61, 70–73. Unsere modernen Theoretiker kennen in der Regel die großen Autoren ihrer Disziplin äußerst schlecht, wofür kein Geringerer als John M. Keynes das Paradebeispiel liefert.

14 Diese und andere einschlägige Veröffentlichungen jetzt zusammengefaßt und eingeleitet in: Vilfredo Pareto (1965 a). Freilich hatte Pareto diese Theorie bereits früher in seinem *Cours* (II, §§ 950–989) geboten.

15 Als einer der ersten Kritiker wird F. Y. Edgeworth, dessen totale Unfähigkeit zu exakter wissenschaftlicher Argumentation bei dieser Gelegenheit in peinlicher Weise aufgedeckt wird, von Pareto abgefertigt (vgl. 1965 a, 40 f.: Ultima risposta al prof. Edgeworth).

16 Pareto, der noch nicht im Zeitalter des Sports lebte, hätte auf das glänzende Beispiel, das sämtliche Sportarten bieten, in denen klassifiziert wird, nicht zuletzt gerade beim Tennis oder beim Schach verweisen können. Auch hatte er früher bereits den inkorrekten Ausdruck «soziale Pyramide» im Zusammenhang mit der Einkommenskurve korrigiert und die entsprechende exakte Gestalt beschrieben und mathematisch dargestellt (vgl. 1896/97, II, § 961).

17 Das Verdienst von Pareto in bezug auf die Langen Wellen ebensowohl wie das von Kondratieff und des anderen Russen Parvus (1901) wird heutzutage allgemein anerkannt (vgl. z. B. Bruckmann 1983). Schumpeter erwähnt Pareto im Zusammenhang mit den Langen Wellen nicht, auch Kondratieff wird namentlich nur viermal hervorgehoben (vgl. 1961, Bd. I, 174, 178; Bd. II, 482, Anm., 489, Anm.), obschon er sich mit den Kondratieffzyklen auseinandersetzt (Bd. I, 179).

18 Schumpeter z. B., der fließend Italienisch zu lesen vermochte – hat man doch unlängst seinen Namen als Verballhornung von «Gianpietro» zu erkennen gesucht, wozu sein Phänotyp passen würde – hatte Pareto seinen berühmten Erstling *Das Wesen und der Hauptinhalt der theoretischen Nationalökonomie* (Leipzig 1908) zugesandt, der darüber die Meinung seines Freundes Pantaleoni einholte. Dieser fand das Buch etwas langatmig – «nach 115 Seiten Einleitung!» käme es erst zur Sache –, fand es aber «sehr nützlich für die Deutschen, von denen die meisten nichts von der Neuen Volkswirtschaftslehre wissen», aber sonst «nichts Neues, elementar, häufig auch inexakt (oder so elementar, daß es mangelhaft wird) für den, der dich (sic) gelesen hat». Schließlich meint er großmütig: «Er muß Dein *Manuale* nicht kennen. Aber er muß Italienisch verstehen, da er das *Giornale* (degli Economisti, G. E.) zitiert, freilich insgesamt alles ohne zu zitieren, indem er sich sein Gutes nimmt, wo er es findet und sich aus der Affäre zieht (‹cavandosela›), daß er sagt, wer etwas von der Sache versteht, wird das Seine von dem anderer Leute zu unterscheiden wissen: ein wenig wie Barone, aber ohne die Vorzüge von Barone» (Pareto 1960, 117 f., 358–360). Schumpeter hat übrigens später die französische Übersetzung des *Manuale* rezensiert und u. a. konstatiert: «Innerhalb der ökonomischen Theorie kommt diesem Buch eine außerordentliche Bedeutung zu. Es enthält näm-

lich die vollständigste, modernste und wissenschaftlich befriedigendste (sic) Darstellung der mathematischen Betrachtungsweise. Dieselbe bedeutet einen wesentlichen Schritt sowohl über L. Walras wie auch über Edgeworth und Marshall hinaus und beruht fast vollständig auf eigenen Untersuchungen des Autors... Das Buch ist für den Nichtmathematiker geschrieben.» Übrigens ist es auch schwer, in Schumpeters letztem Werk, *Kapitalismus, Sozialismus und Demokratie* (1946), wenn man nur den Ausdruck «Sozialismus» durch «Organisation» ersetzt, nur einen einzigen Gedanken zu entdecken, der nicht zuvor von Pareto geäußert worden wäre.

19 Von den zahlreichen einschlägigen Vertretern der Welfare Economics sehen wir hier ab, wollen jedoch erwähnen, daß soeben erst wieder zwei Beiträge erschienen sind, die sich mit dem Problem des Pareto-Optimums beschäftigen (Dierker, Lenninghaus 1986 und Mas-Colell 1986).

Klaus Hinrich Hennings: Eugen von Böhm-Bawerk

1 So die korrekte Form seines Namens. Im wissenschaftlichen Zusammenhang nannte er sich «Eugen von Böhm-Bawerk», im öffentlichen und täglichen Leben «Böhm».

2 Die Lebensskizze in diesem Abschnitt beruht auf Menger (1915), Schumpeter (1914, 1925), Archivmaterial und einer noch nicht veröffentlichten Monographie des Verfassers über Böhm-Bawerk.

3 Eine vierte Auflage, von F. von Wieser herausgegeben, erschien 1921 in drei Bänden. Diese wird hier zitiert.

4 Diese und andere Aufsätze sind abgedruckt in Böhm-Bawerk (1924 und 1926).

5 Bis in die 1880er Jahre hinein galt Lassalle als der weitaus wichtigere ökonomische Theoretiker des Sozialismus; nicht nur, weil er politisch wirksamer war, sondern auch, weil von Marx außer einigen kleineren Schriften nur der erste Band des *Kapitals* vorlag, der 1867 erschienen war. Der zweite erschien 1885, der dritte erst 1895.

6 Über die Entwicklung der Kapitaltheorie siehe Hennings (1985, 1987).

7 Einen Überblick über die umfangreiche Literatur, die Böhm-Bawerks Theorie darstellt und kritisiert, geben Kuenne (1971), Reetz (1971) und die in Fußnote 2 erwähnte Monographie.

Heinz Grossekettler: Johan Gustav Knut Wicksell

1 Wenn nichts anderes vermerkt, stützt sich der folgende Lebenslauf auf Lindahl (1965) und Schneider (1965). Letzterer führt auch die Hauptliteratur über Wicksell auf. Als Ergänzung hierzu empfiehlt sich allerdings der Sammelband zum einschlägigen Arne-Ryde-Symposion (s. Strøm-Thalberg 1979). Lindahl kannte Wicksell noch persönlich und empfand sich – ohne es formal zu sein – als dessen Schüler (Lindahl 1965, 628). Seine Originalarbeit ist in schwedischer Sprache erschienen. Die hier zitierte deutsche Fassung ist in den von Recktenwald (1965) herausgegebenen *Lebensbildern* abgedruckt; sie ist leicht gekürzt und um eine biographische Anmerkung aus Gårdlund (1968) ergänzt. Eine englische Fassung seines Aufsatzes findet man in einer von Lindahl herausgegebenen und eingeleiteten Sammlung von Aufsätzen (K. Wicksell 1958, 9 ff.). Ein neuerer Artikel stammt von Schmidt (1989). Während der Drucklegung des vorliegenden Bandes erschien in der Reihe «Klassiker der Nationalökonomie» eine Neuauflage von Wicksells *Finanztheoretischen Untersuchungen* (1896) und ein Kommentarband mit Beiträgen von Samuelson, Musgrave und Sandelin (Düsseldorf 1988). Diese Beiträge konnten nicht mehr berücksichtigt werden.

2 Der Ausdruck «Heirat mit Anna Bugge» ist nur bedingt richtig: Wicksell stammte zwar aus einem religiösen Hause, hat aber als junger Mann eine Glaubenskrise durchgemacht und lehnte seither bürgerliche Bräuche wie akademische Feierlichkeiten oder auch Hochzeits- oder Beerdigungsfeiern kategorisch ab. Weil es nun aber noch keine standesamtliche Heirat gab, ersetzte das Brautpaar die Hochzeit durch eine eigene Zeremonie (Lindahl 1965, 424, 434 u. 627 f.).

3 Dieser «Skandalvortrag» hieß: *Der Thron, der Altar, das Schwert und der Geldbeutel* und ist unter Wicksell (1909) aufgeführt. Im Gefängnis entstand Wicksell (1910). Diese Nachweise stammen aus Uhr (1960, 341).

4 Außer zu ökonomischen Fragen hat er sich auch zu gesellschaftspolitischen Problemen geäußert und in seiner Studienzeit Gedichte und Dramen geschrieben, von denen einige sogar veröffentlicht wurden (Lindahl 1965, 433). Hierauf wird im folgenden nicht eingegangen.

5 Als Gründer der Grenznutzenschule pflegt man – womit man Vorläufern wie vor allem dem unglücklichen H. H. Gossen (1810–1858) zum Teil Unrecht tut – W. St. Jevons (1835–1882), C. Menger (1840–1921) und L. Walras (1834–1910) anzusehen (Blaug 1985, 299 ff.). Zur Verbreitung der «Neuen Ökonomie» namentlich in der angelsächsischen Welt und zu ihrer Versöhnung mit der Klassik hat aber nicht so sehr Jevons mit seinem kühl aufgenommenen Buch als vielmehr Marshall (1842–1924) beigetragen (Blaug 1986, 101 u. 150 ff.).

6 Beides findet man erstmalig in Wicksell (1893, 121 f.). Zur Würdigung von Wicksells Beitrag zum Ausschöpfungstheorem vgl. Stigler (1941, 373 ff.) und Blaug (1985, 453 f.). Die Cobb-Douglas-Produktionsfunktion (die einer Funktion gleicht, die schon Thünen benutzt hatte, vgl. Blaug 1985, 449) hat sich als eine Funktion erwiesen, die sich recht gut zur Beschreibung des Zusammenhangs zwischen der Entwicklung des Faktorbestandes eines Landes und der seines Sozialprodukts eignet. Sie wurde erstmals von Cobb und Douglas (1928, 139 ff.) zur Erklärung der Höhe des US-amerikanischen Sozialprodukts benutzt. Zur heutigen Bedeutung und Verwendung der Funktion vgl. Linde (1981, 287 f.). Linde bezieht sich auf Wicksell, meint aber fälschlich, dieser habe die Funktion erst in Wicksell (1900, 98) erwähnt.

7 Diese Definition ist umfassender als die Definition: «‹Kapital› gleich Summe aller produzierten Produktionsmittel», weil sie auch Haushaltskapital (Gebrauchsgüter) und Humankapital (Fachwissen) umfaßt. Wie man aus *Geldzins* (1898, 118 f.) entnehmen kann, hätte Wicksell einen derart weiten Kapitalbegriff allerdings abgelehnt und außer von Kapital i. e. S. von «Rentengütern» bzw. «gelehrter Arbeit» oder «Reichtum sui generis» gesprochen.

8 Da Wicksell auf das Bewertungsproblem – das im einzelnen nicht ohne längere Erklärungen erläutert werden kann – im Rahmen der Besprechung eines Buches von Åkerman stieß, spricht man auch von «Åkermans Problem». Vgl. hierzu Pasinetti (1978, vor allem 182 f.). Die eben genannte Buchbesprechung Wicksells ist in der *Ekonomisk Tidskrift* erschienen (1923, 145–180); eine englische Übersetzung ist in Wicksell (1934, 258 ff.) abgedruckt. Weiterführende Literatur zum Wicksell-Effekt findet man in Blaug (1985, 560 f. und 568 f.).

9 Wicksell (1922, 2) benutzt den Ausdruck «Metallgeld»; da Schweden zur Zeit der Abfassung der *Vorlesungen 2* (1906) eine Goldwährung hatte (vgl. oben, S. 194), dürfte es aber legitim sein, heute allgemeiner von «Bargeld» zu sprechen.

10 Das reine Kreditsystem, das von Wicksell als extremes Denkmodell betrachtet wurde, als «ideelle Vervollkommnung des Bankwesens» (1922, 98), und das in der Literatur in Anlehnung an eine Kapitelüberschrift in den *Vorlesungen 2* auch unter der Bezeichnung «Wicksellsche Idealbank» figuriert, ist heute in greifbare Nähe ge-

rückt. Vgl. hierzu Godschalk (1982). Das bestätigt Wicksells Prognose, daß die reale Entwicklung sich dem Ideal immer mehr annähern werde (1922, 98).

11 Wicksell definiert den «natürlichen Zins» zum einen als denjenigen Zinssatz, der sich in einer Naturaltauschwirtschaft einstellen würde *und* das Preisniveau konstant hielte (1898, 93), zum anderen als denjenigen, der geplante Investitionen und Ersparnisse ausgleicht *und* dafür sorgt, daß der Zins der Grenzleistungsfähigkeit des Kapitals entspricht (1922, 220). Wenigstens logisch (und u. U. auch praktisch) können dies jedoch vier verschiedene Zinssätze sein. Vgl. hierzu auch Blaug (1985, 639 f.).

12 Ein Verzeichnis der für die Weiterentwicklung des Harberger-Modells wichtigen Literatur findet man in Break (1974, 129 ff.). Auf Wicksell wird hier nicht hingewiesen – vielleicht, weil dieser die intertemporale Kapitaltheorie angewandt hat, was heute ja weitgehend unüblich ist. Die Entwicklung der AGE-Modelle wird dargestellt in Borges (1986).

13 Wie gesagt, ist der Gedanke, daß wir eine Ordnungspolitik und damit eine gesamtwirtschaftlich orientierte Gestaltung von Institutionen benötigen, später von F. Böhm und W. Eucken aufgegriffen worden – allerdings ohne Rekurs auf Wicksell und vor allem mit Blick auf die Wettbewerbs-, nicht aber die Finanzpolitik (Starbatty 1984 u. Borchert/Grossekettler 1985, 132 ff.). Im angelsächsischen Sprachbereich – und hier speziell für die Staatswirtschaft – ist der Gedanke von Buchanan (1967, z. B. 292 f., sowie 1968 und 1987, passim) übernommen worden. Die mehr technische Seite der Konstruktion von Abstimmungsmechanismen, die in der Tradition des Wicksellschen Abstimmungsmodells stehen und zu einem Pareto-Optimum führen sollen, wird dargestellt in Mueller (1979, 21 ff. u. 72 ff.).

14 Die Zusammenhänge zwischen der Mautgebühr etwa einer Brücke und dem Nutzen solch eines Klubkollektivguts sind schon vorher dargelegt worden, und zwar von J. Dupuit (1952) in einer 1844 erstveröffentlichten Schrift. Dupuit verwies hierin auch auf die Möglichkeit der Preisdifferenzierung (ebd. 90) und – nahezu wörtlich – auf den von manchen Ökonomen fälschlich Laffer zugeschriebenen Lehrsatz, daß jede Steuer außer in ihrem Aufkommensmaximum bei zwei Sätzen das gleiche Aufkommen erbringt (ebd. 104). Letzteres war sogar schon vor Dupuit bekannt, wie etwa das berühmte «Swiftsche Steuereinmaleins» zeigt. Wicksell kannte diese Schrift Dupuits nicht, die auch heute noch schwer im Original zu beschaffen ist. Seine Ausführungen gehen außerdem über die Dupuits hinaus, denn er bleibt nicht bei der Nutzenseite stehen, sondern entwickelt die Grenzkostenpreisregel und baut sie in eine Finanzierungsregel für Infrastrukturprojekte ein. Zur Weiterentwicklung dieser Regel vgl. Bös (1980, 12 ff.) und Grossekettler (1985).

15 Buchanan hat Wicksell (1962) aus dem Deutschen ins Englische übersetzt und seine Denktradition fortgesetzt. Seine starke Verbundenheit mit Wicksell hat er wiederholt zum Ausdruck gebracht, zuletzt und besonders deutlich in seiner Nobelpreisrede (Buchanan 1987).

16 Die *Vorlesungen* wurden 1934 ins Englische, 1947 ins Spanische und 1950 ins Italienische übersetzt (Lindahl 1965, 628).

17 Cassel lehnte die Grenznutzenschule ab, die Wicksell (1900) verteidigte.

Eduard März: Joseph Alois Schumpeter

1 Dem Herausarbeiten von Parallelen und Verschiedenheiten in den Werken von Keynes und Schumpeter ist vor wenigen Jahren ein Symposium gewidmet worden. In dem von Bös und Stolper edierten Band *Schumpeter oder Keynes?* (1984) gehen

auf die oben angesprochene Thematik insbesondere die Aufsätze von Stolper und Krelle ein.

2 Im Jahre 1920 wurde allerdings eine staatswissenschaftliche Disziplin eingeführt, deren Studium mit dem akademischen Grad eines «Doctor rerum politicarum» abgeschlossen werden konnte. Dieser Disziplin hat sich jedoch nur eine geringe Zahl von Studenten zugewandt.

3 Ich habe versucht, die fast zwei Jahrzehnte währende Diskussion in einem kritischen Beitrag zusammenzufassen (1985).

4 Der Sombartsche Unternehmerbegriff lehnt sich, rein dogmenhistorisch betrachtet, an die älteren Konzepte von Say, Walras und Brentano an. In Wahrheit dürften zwei zeitgeschichtlich bedingte Umstände einen wesentlich größeren Einfluß auf die Wirtschaftswissenschaft ausgeübt haben: Das zunehmende Bedürfnis des Großbürgertums nach der «Heroisierung» der führenden Unternehmerpersönlichkeiten und die von dieser Zeit an immer häufiger werdenden Widerlegungsversuche der Marxschen Gesellschaftslehre (vgl. März 1964, 381).

5 Ich beziehe mich hier auf meine Aufzeichnungen während meiner Studienzeit an der Harvard Universität (vgl. 1983, 17).

6 Den Begriff der «Dynamik» hat Schumpeter schon relativ früh in den Werken des Amerikaners J. B. Clark gefunden und diesen Umstand in zwei im Jahre 1910 veröffentlichten Aufsätzen hervorgehoben (Schumpeter 1910 und 1910 a).

7 Haberler (1951, 27) verweist in seinem hier wiederholt zitierten Aufsatz über das Lebenswerk Schumpeters auf dessen schon 1906 veröffentlichte größere Abhandlung *Über die mathematische Methode der theoretischen Ökonomie*. Seltsamerweise hat dieses frühe Verständnis Schumpeters für die Verwendbarkeit des mathematischen Instrumentariums in der Nationalökonomie in seinen späteren Werken so gut wie keinen Niederschlag gefunden.

8 Wir besitzen noch immer kein umfassendes biographisches Werk dieser Art. Die beste Kurzbiographie bringt noch immer Haberlers Aufsatz (1950/1951). Interessante Einzelheiten, insbesondere über Schumpeters Tätigkeit an der Grazer Universität, kann man einem Aufsatz Seidls (1984 a) entnehmen. Eine eingehende Würdigung der Leistung Schumpeters als Finanzminister findet sich in März (1983).

9 Der Leser findet die wortgetreue Wiedergabe des Schumpeterschen Sanierungsprogramms *Grundlinien der Finanzpolitik für jetzt und die nächsten drei Jahre* (Wien 1919) in dem Anhang zu März (1981, 552–569).

10 Einen Einblick in die Probleme, Sorgen und Hoffnungn seiner Bonner Lehr- und Forschungstätigkeit gewähren seine zahlreichen Briefe, die im Anhang zu März (1983, 169–184) enthalten sind.

11 Schumpeters erste gründliche Auseinandersetzung mit der Arbeitswerttheorie ist in Schumpeter (1914/1924) enthalten. Schumpeter ist auch in seinen späteren Werken immer wieder auf dieses Thema zurückgekommen. Vgl. insbesondere seine beiden Werke *Capitalism, Socialism and Democracy* (1942) und *History of Economic Analysis* (1954).

12 Auf den inflatorischen Effekt des Schumpeterschen Konjunkturzyklus ist insbesondere Streissler (1981, 60–83) eingegangen.

13 Die These Hilferdings vom Primat des Bankkapitals, insofern sie sich auf das Wilhelminische Deutschland bezieht, ist im übrigen nicht unwidersprochen geblieben. So hat Riesser (1912) auf den geringen Einfluß der Banken insbesondere in der chemischen Industrie hingewiesen.

14 Der Konkurrenzkampf und die daraus resultierenden Sachzwänge, die den Pionier und seine Nachahmer zu immer neuer Anspannung der Kräfte zwingt, wird von Marx wiederholt beschrieben. Ich möchte hier eine Stelle aus seinem Essay *Lohnar-*

beit und Kapital (1849/1953, 86–88) zitieren: «Allein das Privilegium unseres Kapitalisten ist nicht von langer Dauer; andere wetteifernde Kapitalisten führen dieselben Maschinen, dieselbe Teilung der Arbeit ein, führen sie auf derselben oder größeren Stufenleiter ein, und diese Einführung wird so allgemein werden, bis der Preis der Leinwand nicht nur unter ihre alten, sondern unter ihre neuen Produktionskosten herabgesetzt ist... Wir sehen, wie so die Produktionsweise, die Produktionsmittel ständig umgewälzt, revolutioniert werden, wie die Teilung der Arbeit größere Teilung der Arbeit, die Anwendung der Maschinerie größere Anwendung der Maschinerie, das Arbeiten auf großer Stufenleiter Arbeiten auf größerer Stufenleiter notwendig nach sich zieht... Das ist das Gesetz, das die bürgerliche Produktion stets wieder aus ihrem alten Geleise herauswirft und das Kapital zwingt, die Produktionskräfte der Arbeit anzuspannen, weil es sie angespannt hat, das Gesetz, das ihm keine Ruhe gönnt und beständig zuraunt: Marsch! Marsch!»

Harald Scherf: John Maynard Keynes

1 J. M. Keynes' Mutter, Florence Ada Keynes, hat in einem Büchlein *Gathering up the Threads,* Cambridge 1950, ebenso wie ihr Sohn Geoffrey Keynes (*The Gates of Memory,* London 1981), über die Familiengeschichte geschrieben. Ich mache im folgenden freien Gebrauch von diesen und vielen anderen Mitteilungen über Keynes' Leben, die sich in den großen Biographien (R. Harrod *The Life of John Maynard Keynes,* London 1951; R. Skidelsky *John Maynard Keynes. Hopes Betrayed 1883–1920,* London 1983) und in vielen Aufsätzen über J. M. Keynes finden.

Die Bibliographie am Ende verweist auf die wichtigsten Beiträge. Das Spektrum der Ereignisse, Mitteilungen und Urteile ist deshalb so ungewöhnlich groß, weil sehr viele seiner Freunde, Gegner und auf den verschiedenen Ebenen seines vielfältigen Lebens ihm begegnenden Zeitgenossen selbst Erinnerungen veröffentlicht haben und man ohne Mühe mehrere Dutzend Biographien dieser in mehr oder weniger engem Kontakt zu J. M. Keynes lebenden Menschen aufzählen kann, die ein Bild von ihm vermitteln.

2 Keynes' genaue Aufgaben: Er ist Vertreter des Schatzkanzlers im Supreme Economic Council, Vertreter des Britischen Empires im Financial Committee der Peace Conference, Vorsitzender der Inter-Allied Financial Delegation in den Waffenstillstandsverhandlungen mit Deutschland und «Principal Treasury Representative in Paris».

3 Es gibt einen schönen Katalog dieser Ausstellung (Scrase 1983).

4 J. M. Keynes, Letter to Roy Harrod, 4. 7. 1938. *Collected writings* XIV, p. 296 (Übersetzung von mir, H. Sch.). – In der *General Theory* geht er noch weiter in seiner Warnung vor Tendenzen der mathematischen Ökonomie: «Es ist ein großer Fehler der symbolischen pseudomathematischen Methoden, die ein System wirtschaftlicher Analyse formalisieren, ... daß sie ausdrücklich strenge Unabhängigkeit zwischen den bezüglichen Faktoren voraussetzen und alle ihre zwingende Gewalt verlieren, wenn diese Hypothese ausgeschlossen wird; während im gewöhnlichen Verfahren, wenn wir nicht blind manipulieren, sondern jederzeit wissen, was wir tun und was die Worte bedeuten, wir die notwendigen Vorbehalte und Einschränkungen und die Anpassungen, die wir später machen werden, im Kopf behalten können in einer Art, in der wir nicht während mehrerer Seiten Algebra verwickelte Teil-Differentiale im Sinn halten können, die voraussetzen, daß sie alle verschwinden. Ein allzu großer Teil jüngster ‹mathematischer› Wirtschaftslehren ist ein bloßes Gebräu, so ungenau wie die anfänglichen Voraussetzungen, auf denen sie beruhen und welche dem Autor erlauben, die Verwicklungen und gegenseitigen

Abhängigkeiten der wirklichen Welt in einem Wust anmaßender und nutzloser Symbole aus dem Gesicht zu verlieren.» (1936, 297 f., hier zitiert nach der deutschen Übersetzung, Berlin 1936, 251 f.).

5 Es ist in Englisch zitiert worden, um einen Eindruck von der Keynesschen Prosa zu geben. In Deutsch (meine Übersetzung, H. Sch.): «Erzberger, fett und abstoßend, im Pelzmantel, kam den Bahnsteig entlang zum Salonwagen des Marschalls. Mit ihm gingen ein General und ein Marinekapitän mit einem Eisernen Kreuz um den Hals und einer außerordentlichen Ähnlichkeit von Gesicht und Figur mit dem Schwein aus Alice in Wonderland. Als Gruppe entsprachen sie wundervoll der populären Vorstellung von den ‹Hunnen›. Die persönliche Erscheinung dieser Rasse nimmt außerordentlich gegen sie ein. Wer weiß, ob das nicht der wirkliche Kriegsgrund war! ... Ein trauriger Haufen waren sie in diesen ersten Tagen, mit gezeichneten, niedergeschlagenen Gesichtern und müde starrenden Augen, wie Männer, die auf der Börse zerbrochen worden sind.»

6 Er kann das auch ironisieren. In *My early beliefs* schreibt er: «I still suffer incurably from attributing an unreal rationality to other peoples feelings and behaviour (and doubtless to my own, too). There is one small but extraordinary silly manifestation of this absurd idea of what is ‹normal›, namely the impuls to protest, to write a letter to *The Times,* call a meeting in the Guildhall, subscribe to some fund when my presuppositions as to what is ‹normal› are not fulfilled. I behave as if there really existed some authority or standard to which I can successfully appeal if I shout loud enough – perhaps it is some heridatary vestige of a belief in the efficacy of prayer» (*Two Memoirs,* 1949 b, 100).

Hans Otto Lenel: Walter Eucken

Irene Oswalt geb. Eucken bin ich für Kritik und Anregungen, dem Walter-Eucken-Institut für Hilfe bei der Literaturbeschaffung zu Dank verpflichtet.

1 Zitiert nach dem Abdruck in der 2. Auflage (1954) der *Kapitaltheoretischen Untersuchungen.*

2 In seiner Rezension äußert sich von Stackelberg zu Einzelheiten des Buches auch kritisch. Dagegen steht in der wohl ausführlichsten Rezension des Buches durch Weippert (1941/1942) die Kritik im Vordergrund. Ein erheblicher Teil dieser Kritik dürfte auf Mißverständnisse zurückzuführen sein. So ergibt sich die große Antinomie, die Weippert leugnet, nicht wegen einer «Kluft zwischen erkennendem Subjekt und Welt als Geschichte» (283), sondern wegen der Komplexität und des Wandels der wirtschaftlichen Wirklichkeit.

3 Vgl. das Ende des vorigen Abschnitts.

4 Freilich paßte er zu dieser Politik nicht.

5 Die Annahme Nawroths (1962, 125), «der betont starke Freiheitskult» diene «*in erster Linie* einer ausgesprochen ökonomischen Zwecksetzung» (Hervorhebung von mir), beruht auf einem bei sorgfältiger Lektüre vermeidbaren Mißverständnis.

6 Ebd. 313. Als Beispiel solcher Maßnahmen werden die Sicherung der Ausbildung Begabter und der Arbeiterschutz genannt.

7 Eucken begründet das sorgfältig (ebd. 206–209) und kritisiert u. a. die für den Nachweis der Zwangsläufigkeit verwandte Methode der Hypostasierung, durch die Begriffe wie Menschheit und Kapitalismus in handelnde Wesen verwandelt werden.

8 Ebd. 295. Bezüglich der Möglichkeit, das zuletzt Zitierte zu erreichen, sind wir inzwischen skeptisch geworden.

9 S. XIII der Einleitung «Unsere Aufgabe» der Herausgeber, dort hervorgehoben. Diese Einleitung wurde zusammen mit Franz Böhm (1937) veröffentlicht.

BIBLIOGRAPHIEN

Karl Marx

I. Schriften von Karl Marx

Marx, Karl u. Engels, Friedrich (1927–35), Gesamtausgabe (MEGA), 7 Bände (nicht vollständig erschienen), Moskau.

Marx, Karl u. Engels, Friedrich (1956–68), (MEW), 39 Bände und Ergänzungsband in 2 Teilen, Berlin-Ost.

Marx, Karl (1849/1964), Ökonomische Schriften, 3. Bd., hg. v. H.-J. Lieber u. B. Kautsky, Stuttgart, erschienen im Rahmen der Karl-Marx-Ausgabe, Werke – Schriften – Briefe, in sieben Bänden (acht Teilbände), hg. v. H.-J. Lieber, Bd. VI.

II. Schriften über Karl Marx

Adler, Max (1908), Marx als Denker, Berlin.

Adler, Max (1920), Engels als Denker, Berlin ^{2}1925.

Böhm-Bawerk, Eugen v. (1896), Zum Abschluß des Marxschen Systems, in: Staatswissenschaftliche Arbeiten, Festgabe f. Karl Knies, hg. von O. v. Boenigk, Berlin.

Bortkiewicz, Ladislaus v. (1906/1907), Wertrechnung und Preisrechnung im Marxschen System, in: Archiv für Sozialwissenschaften und Sozialpolitik. Bd. 23, 1–50, Bd. 25, 445–488.

Bortkiewicz, Ladislaus v. (1907), Zur Berichtigung der grundlegenden theoretischen Konstruktion von Marx im 3. Band des Kapitals, in: Jahrbücher für Nationalökonomie und Statistik, Bd. 34 = 89, 319–335.

Boudin, Louis B. (1909), Das theoretische System von Karl Marx (Übersetzung aus dem Französischen 1907) Stuttgart.

Burchardt, Fritz (1931 f.), Die Schemata des stationären Kreislaufs bei Böhm-Bawerk und Marx, Weltwirtschaftliches Archiv, Bd. 34, 525–564, Bd. 35, 116–176.

Fritsch, Bruno (1968), Die Geld- und Kredittheorie von Karl Marx, Eine Darstellung und kritische Würdigung, Wien.

Güsten, Rolf (1965), Bemerkungen zur Marxschen Theorie des technischen Fortschritts, in: Jahrbücher für Nationalökonomie und Statistik, Bd. 178, 109–121.

Hax, Karl (1958), Karl Marx und Friedrich Engels über den «Kapazitätserweiterungs-Effekt», in: Zeitschrift für Handelswissenschaftliche Forschung, Neue Folge, 10. Jahrgang, Köln, 222–227.

Kautsky, Karl (1887), Karl Marx' ökonomische Lehren, Stuttgart, Berlin ^{25}1930.

Klatt, Sigurd (1960), Wachstumstheoretische Beziehungen in der Akkumulationstheorie von K. Marx, in: Jahrbücher für Nationalökonomie und Statistik, Bd. 172, 240–248.

Lange, Oskar (1934 f.), Marxian Economics and Modern Economic Theory, Rev. of Economic Studies 2, 189–201.

Morishima, Michio (1973), Marx's Economics, Cambridge.

Ott, Alfred E. (1961), Marx und die moderne Verteilungstheorie, in: Annales Universitatis Saraviensis IX, 179–190.

Ott, Alfred E. (1967), Marx und die moderne Wachstumstheorie, in: Der Volkswirt, Nr. 16 vom 21. 4. 1967, 637–638, engl. Übers. in: The German Economic Review, Vol. 5, 185–195.

Ott, Alfred E. (1971), Zur Verallgemeinerung der Marxschen Wachstumstheorie, in: H. J. Niedereichholz (Hg.), Festschrift für Walter Georg Waffenschmidt zur Vollendung des 85. Lebensjahres, Meisenheim am Glan, 143–164.

Ott, Alfred E. (1984), Marx' Beitrag zur Wirtschaftstheorie, in: WISU Heft 10, 465–69, Heft 11, 517–525.

Preiser, Erich (1924/1970), Das Wesen der Marxschen Krisentheorie, in: Wirtschaft und Gesellschaft. Beiträge zur Ökonomik und Soziologie der Gegenwart. Festschrift für Franz Oppenheimer zu seinem 60. Geburtstag, Frankfurt am Main, 249–274. Neu erschienen in: Erich Preiser, Politische Ökonomie im 20. Jahrhundert, Probleme und Gestalten, München, 47–76.

Robinson, Joan (1966), An Essay on Marxian Economics, London 1942, Second Ed.

Rosdolsky, Roman (1968), Zur Entstehungsgeschichte des Marxschen ‹Kapital›, 2 Bde., Frankfurt a. M.

Samuelson, Paul A. (1974), Zum Verständnis des Marxschen Begriffs ‹Ausbeutung›: Ein Überblick über die sogenannte Transformation von Werten in Produktionspreise (Übers. aus dem Amerikanischen), in: Hans G. Nutzinger, Elmar Wolfstetter (Hg.), Die Marxsche Theorie und ihre Kritik I, Frankfurt, New York, 237–295.

Wood, John Cunningham (Hg.) (1982), Karl Marx's Economics. Critical Assessments, 4 Bde., Beckenham.

Artikel Marx (1961), (Friedrich Engels, Iring Fetscher, Hans Peter) in: Handwörterbuch der Sozialwissenschaften (HdSW), Bd. 7, Göttingen. Marx (I) F. Engels, Biographie, 185–188, Marx (II) I. Fetscher, Historischer Materialismus, 188–197, Marx (III), H. Peter, Ökonomisch-soziologisches System, 197–206; dort weitere Literaturangaben.

Artikel Marxismus (1980), (Nikolaus Wenturis) in: Handwörterbuch der Wirtschaftswissenschaft (HdWW), Bd. 5, Stuttgart, New York, Tübingen, Göttingen, Zürich, 166–189; dort weitere Literaturangaben.

III. Weiterführende Schriften

Aristoteles (1955), Politik. Übersetzt und herausgegeben von Olof Gigon, Zürich, München [5]1984.

Benz, Ernst (1974), Das Recht auf Faulheit oder Die friedliche Beendigung des Klassenkampfes, Stuttgart.

Bernstein, Eduard (1901), Wie ist wissenschaftlicher Sozialismus möglich?, Berlin.

Bródi, Andrús (1970), Proportions, Prices and Planning, New York.

Dobb, Maurice (1973), Theories of Value and Distribution since Adam Smith, Cambridge.

Fetscher, Iring (1962–65), Der Marxismus. Seine Geschichte in Dokumenten, 3 Bde., München; München-Zürich [3]1976–1977.

Hegel, Georg Wilhelm Friedrich (1958), Sämtliche Werke, 26 Bde., Stuttgart.

Hilferding, Rudolf (1910/1968), Das Finanzkapital, Wien; Frankfurt-Wien (Neudruck).

Keynes, John. M. (1926), Das Ende des Laissez-Faire, München.

Krelle, Wilhelm (1959), Volkswirtschaftliche Gesamtrechnung einschließlich Input-Output-Analyse mit Zahlen für die Bundesrepublik Deutschland, Berlin [2]1967.

Lenin, Wladimir J. (1959–65), Werke (LW), 40 Bde., Berlin-Ost.

Löwith, Karl (1941), Von Hegel zu Nietzsche. Der revolutionäre Bruch im Denken des 19. Jahrhunderts, Zürich, Hamburg [7]1978.

Lohmann, Martin (1949), Einführung in die Betriebswirtschaftslehre, Tübingen [2]1955.

Luxemburg, Rosa (1913/1923), Die Akkumulation des Kapitals, Berlin. Neudruck in den Gesammelten Werken VI.

Man, Hendrik de (1929), Au delà du marxisme, Paris.
Ott, Alfred E. (²1970), Einführung in die dynamische Wirtschaftstheorie, Göttingen.
Ott, Alfred E. (1972), Zur Geschichte der Input-Output-Analyse, in: Operations Research-Verfahren XIV, 140–145.
Ruchti, Hans (1953), Die Abschreibung, Stuttgart.
Schumpeter, Joseph A. (1950), Kapitalismus, Sozialismus und Demokratie, 2. erw. Aufl., Bern.
Seiffert, Helmut (1971), Marxismus und bürgerliche Wissenschaft, München.
Sraffa, Piero (1976), Warenproduktion mittels Waren. Einleitung zu einer Kritik der ökonomischen Theorie (Übers. aus dem Englischen 1960), Frankfurt a. M.
Sweezy, Paul (1959), Theorie der kapitalistischen Entwicklung (Übers. aus dem Amerikanischen 1942), Köln.
Stalin, Joseph V. (1950–1955), Werke (StW), 13 Bde., Berlin-Ost.
Tugan-Baranowsky, Michael J. v. (1905), Theoretische Grundlagen des Marxismus (Übers. aus dem Russischen 1905), Leipzig.
Turban, Manfred (1980), Marxsche Reproduktionsschemata und Wirtschaftstheorie, Berlin.
Wolff, Robert P. (1984), Understanding Marx. A Reconstruction and Critique of Capital, Princeton.

John Ruskin

I. Bibliographien

Ruskin, John (1903–1912), The Works (s. u.), 38 Bd. (das Schrifttum bis 1911).
Dearden, James S. (1970), Facets of Ruskin, London, Edinburgh, 149–157 (1911–1970).
The Ruskin Newsletter (1970 ff.).

II. Schriften von John Ruskin

(1903–1912) The Works (The Library Edition), hg. v. E. T. Cook u. A. Wedderburn, 38 Bde, London.
(1970) Unto this Last, hg. v. P. M. Yarker, London, Glasgow.
(1902) Diesem Letzten. Vier Abhandlungen über die ersten Grundsätze der Volkswirtschaft, übers. v. A. v. Przychowski, Leipzig.

III. Schriften über John Ruskin

Fain, J. T. (1956), Ruskin and the Economists, Nashville (Tenn.).
Hobson, John A. (1898), John Ruskin, Social Reformer, London.
Kemp, Wolfgang (1983), John Ruskin, Leben und Werk, München.
Shaw, Bernard (1921), Ruskin's Politics, London.
Sherburne, James Clark (1972), John Ruskin or the Ambiguities of Abundance, Cambridge (Mass.).
Spence, Margaret E. (1957), The Guild of St. George: Ruskin's Attempt to Translate His Ideas Into Practice, in: Bulletin of the John Rylands Library, Vol. 40, 147–201.

IV. Weiterführende Schriften

Cairnes, John Elliot (1857), The Character and Logical method of Political Economy, London.
Carlyle, Thomas (1833/34), Sartor Resartus, Boston 1835 (erschien ursprünglich in: Frasers Magazine).

Emerson, Ralph Waldo (1904), English Traits, London-New York.
Herkner, Heinrich (1912), Der Kampf um das sittliche Werturteil in der Nationalökonomie, in: Jahrbuch für Gesetzgebung, Verwaltung und Volkswirtschaft.
Hobsbawm, Eric J. (1969), Industry and Empire, Harmondsworth.
Marx, Karl (1969), Das Kapital, Frankfurt, Berlin.
Mill, John Stuart (1844), Essays on Some Unsettled Questions of Political Economy, London.
Ricardo, David (1951), The Works and Correspondence, hg. v. P. Sraffa u. M.H. Dobb, Cambridge, Bd. 1.

Léon Walras

I. Bibliographien

Dorow, F. (1963), Art. Walras, in: Staatslexikon, Recht-Wirtschaft-Gesellschaft, hg. von der Görres-Gesellschaft, 6., völlig neu bearb. u. erw. Aufl., 8. Bd., Freiburg i. B.
Jaffé, W. (1968), Art. Walras, Léon, in: International Encyclopedia of the Social Sciences, Bd. 16.
Waffenschmidt, W. G. (1961), Art. Walras, Léon, in: Handwörterbuch der Sozialwissenschaften, 11. Bd., Stuttgart, Tübingen, Göttingen.

II. Schriften von Léon Walras

(1874/1926) Eléments d'économie politique pure, 1re Edition; hier zit. aus 4iéme Edition, Edition définitive, Paris und Lausanne, Neudruck 1952; englische Übersetzung: Elements of Pure Economics, London 1954.
(1883) Théorie mathématique de la richesse sociale, Lausanne 1883.
(1896/1936) Etudes d'économie sociale. Théorie de la répartition de la richesse sociale, Paris, Neudruck.
(1898/1936) Etudes d'économie politique appliquée. Théorie de la production de la richesse sociale, Paris, Neudruck.
Jaffé, W. (Hg.) (1965), Correspondence of Léon Walras and Related Papers, Amsterdam.
Pantaleoni, M. (Hg.) (1908), Leone Walras – autobiografia, in: Giornale degli economisti.

III. Schriften über Léon Walras

Friedman, M. (1955), Walras and His Economic System, American Economic Review.
Harrod, R. F. (1956), Walras: A Re-Appraisal, Economic Journal.
Hicks, J. R. (1934), Léon Walras, in: Econometrica, Bd. 2.
Jaffé, W. (1935), Unpublished Papers and Letters of Léon Walras, in: Journal of Political Economy, Bd. 43.
Jaffé, W. (1967), Walras' Theory of Tâtonnement: A Critique of Recent Interpretations, in: Journal of Political Economy.
Kuenne, R. E. (1954), Walras, Leontief, and the Interdependence of Economic Activities, in: Quarterly Journal of Economics.
Kuenne, R. E. (1956), The Architectonics of Léon Walras, in: Kyklos, Bd. 9.
Morishima, M. (1977), Walras' Economics – A Pure Theory of Capital and Money, Cambridge.

IV. Weiterführende Literatur

Antonelli, Etienne (1939), L'Economie pure du capitalisme, Paris.

Benassy, J.-P. (1982), The Theory of Market Disequilibrium, New York.
Blaug, M. (1973), Economic Theory in Retrospect, 2nd Edition, London.
Debreu, G. (1959), Theory of Value, New York.
Hicks, J. R. (1939), Value and Capital, Oxford.
Kaldor, N. (1934), The Determinateness of Static Equilibrium, Review of Economic Studies.
Morgenstern, O. (1941), Professor Hicks on ‹Value and Capital›, in: Journal of Political Economy.
Patinkin, D. (1956), Money, Interest, and Prices, New York.
Samuelson, P. A. (1947), Foundations of Economic Analysis, Cambridge.
Schumpeter, J. (1954), History of Economic Analysis, New York.
Stigler, G. (1949), Theory of Price, New York.
Wald, A. (1936), Über einige Gleichungssysteme der mathematischen Ökonomie, Zeitschrift für Nationalökonomie, Vol. 7.
Weintraub, E. R. (1983), On the Existence of a Competitive Equilibrium: 1930–1954, Journal of Economic Literature, Vol. 21.

William Stanley Jevons

I. Bibliographie

Inoue, Takutoshi (1986), Bibliographical List of W. Stanley Jevons' Writings, etc., including the reviews and the translations of his writings, and obituaries on him, Nishinomiya, Kwansei Gakuin University.

II. Schriften von William Stanley Jevons

(1972–1981) Papers and Correspondence, ed. R. D. Collison Black and R. Könekamp, 7 Vols, 1972–1981.
(1865) The Coal Question, London.
(1870) Elementary Lessons in Logic, Deductive and Inductive, London.
(1874/1958) The Principles of Science, 2 Vols, London; Dover Publications edition, New York.
(1875) Money and the Mechanism of Exchange, London.
(1876/1905) The Future of Political Economy, in: Fortnightly Review, Vol 20, New Series, Nov. 1876; reprinted in: The Principles of Economics, London.
(1876 a) Primer of Logic, London.
(1878) Primer of Political Economy, London.
(1879/1970) Theory of Political Economy, 1st edition 1871; edition of 1879 in: Pelican Classics edition, ed. R. D. Collison Black, Harmondsworth.
(1880/1883) Experimental Legislation and the Drink Traffic, in: Contemporary Review, 37, reprinted in: W. S. Jevons, Methods of Social Reform, London.
(1882) The State in Relation to Labour, London.
(1884 a–d)Investigations in Currency and Finance, London 1884 (1884 a); The Solar Period and the Price of Corn, 1875 (1884 b); An Ideally Perfect System of Currency, 1875, first published in: Investigations ..., (1884 c); On the Study of Periodic Commercial Fluctuations, 1862, reprinted in: Investigations ..., (1884 d).
(1890) Pure Logic, and other Minor Works, London.

III. Schriften über William Stanley Jevons

Barucci, Piero (1967), I Primordi del Pensiero Economico di Jevons, in: Giornale degli Economisti, 26.

Black, R. D. Collison (1972), Jevons, Bentham and De Morgan, in: Economica, 39.

Black, R. D. Collison (1973), W. S. Jevons and the Foundation of Modern Economics, in: Black, Coats and Goodwin (eds.), The Marginal Revolution in Economics, Durham, North Carolina.

Black, R. D. Collison (1981), W. S. Jevons, 1835–82, Chapter I, in: Pioneers of Modern Economics in Britain, O'Brien and Presley (eds.), London.

Bostaph, S., and Yeung-Nan Shieh (1986), W. S. Jevons and Lardner's Railway Economy, in: History of Political Economy, 18.

Eckard, E. W. (1940), The Economics of W. S. Jevons, Washington, D.C.

Hennings, Klaus Hinrich (1979), George Darwin, Jevons and the Rate of Interest, in: History of Political Economy, 11.

Higgs, H. (1905), Editor's Preface to Jevons's Principles of Economics.

Hutchison, T. W. (1982), The Politics and Philosophy in Jevons's Political Economy, in: The Manchester School, 50.

Hutchison, T. W. (1978), The Jevonian Revolution and Economic Policy, in: Ders., On Revolutions and Progress in Economic Knowledge, Cambridge.

Keynes, John Maynard (1936/1972), William Stanley Jevons 1835–1882, A Centenary Allocution on his Life and Work as Economist and Statistician, in: Journal of the Royal Statistical Society, Vol 99, Part III; reprinted in: Essays in Biography, in: The Collected Writings, Vol X, London.

Konvitz, Milton R. (1948), An Empirical Theory of the Labor Movement: W. Stanley Jevons, in: Philosophical Review, 57.

Laidler, D. E. W. (1982), Jevons on Money, in: The Manchester School, 50.

La Nauze, John A. (1949), Jevons in Sydney, Chapter II, in: Political Economy in Australia: Historical Studies, Melbourne.

La Nauze, John A. (1953), The Conception of Jevons's Utility Theory, in: Economica, 20.

MacLennan, Barbara (1972), Jevons's Philosophy of Science, in: The Manchester School, 40.

de Marchi, N. B. (1973), The Noxious Influence of Authority: a Correction of Jevons's Charge, in: Journal of Law and Economics, 16.

Mays, W., and Henry, D. P. (1953), Jevons and Logic, in: Mind, Vol 62.

Mays, Wolfe (1962), Jevons's Conception of Scientific Method, in: The Manchester School, 30.

Reid, Gavin C. (1972), Jevons's Treatment of Dimensionality, in: The Theory of Political Economy, in: The Manchester School, 40.

Robbins, Lionel (1936), The Place of Jevons in the History of Economic Thought, in: The Manchester School, 7, 1936; reprinted ibid., 50, 1982, and in: Ders., The Evolution of Modern Economic Theory, London 1970.

Robertson, Ross M. (1951), Jevons and his Precursors, in: Econometrica, 19.

Schabas, M. (1985), Some Reactions to Jevons's Mathematical Program. The case of Cairnes and Mill, in: History of Political Economy, 17.

Steedman, Ian (1972), Jevons's Theory of Capital and Interest, in: The Manchester School, 40.

Stigler, S. M. (1982), Jevons as Statistician, in: The Manchester School, 50.

White, Michael (1982), Jevons in Australia: a Reassessment, in: The Economic Record, 58.

Wicksteed, P. H. (1892), Jevons, William Stanley, in: Palgrave's Dictionary of Political Economy, II.

IV. Weiterführende Schriften

Backhouse, Roger (1985), A History of Modern Economic Analysis, Oxford.

Bentham, Jeremy (1789), An Introduction to the Principles of Morals and Legislation, London. Neudruck Oxford 1948.

Cairnes, J. E. (1873), Essays towards a Solution of the Gold Question, 1858–60; reprinted in: Essays in Political Economy, Theoretical and Applied, London.

Foxwell, H. S. (1884), Introduction to Investigations in Currency and Finance.

Freeden, M. (1978), The New Liberalism, Oxford.

Garcia-Mata, C., and Shaffner, F. I. (1934/1935), Solar and Economic Relationships: A Preliminary Report, in: Quarterly Journal of Economics, 49.

Hutchison, T. W. (1981), The Politics and Philosophy of Economics, Oxford.

Petrella, F. (1977), Benthamism and the Demise of Classical Economic Ordnungspolitik, in: History of Political Economy, 9.

Pigou, Arthur Cecil (Hg.) (1925), Memorials of Alfred Marshall, London.

Taylor, A. J. (1972), Laissez-faire and State Intervention in Nineteenth Century Britain, London.

Gustav von Schmoller

I. Bibliographien

v. Beckerath, Erwin (1961), Schmoller, in: Staatslexikon; Recht, Wirtschaft, Gesellschaft, 6. Aufl., 6. Bd., Sp. 1146–1150.

Brinkmann, Carl (1956), Schmoller, Gustav, in: Handwörterbuch der Sozialwissenschaften, Bd. 9, 135 ff.

o. V. (1911), Schmoller, Gustav v., in: Handwörterbuch der Staatswissenschaften, Bd. 7, 311 ff.

II. Schriften von Gustav von Schmoller

(1860) Zur Geschichte der nationalökonomischen Ansichten in Deutschland während der Reformationsperiode, in: Zeitschrift f. die ges. Staatswiss., Bd. 16, 461 ff.

(1862) Der französische Handelsvertrag und seine Gegner, Frankfurt.

(1863) Die Lehre vom Einkommen in ihrem Zusammenhang mit den Grundprinzipien der Steuerlehre, in: Zeitschrift für die gesamte Staatswissenschaft, Bd. 19.

(1863) Systematische Darstellung des Ergebnisses der zu Zollvereinszwecken im Jahre 1861 in Württemberg stattgehaltenen Gewerbeaufnahme, in: Württemberg – Statistik und Topographie, Heft 2, Jg. 1862, Stuttgart.

(1864/1865) Die Arbeiterfrage, Art. I–III, in: Preußische Jahrbücher, Bd. 14, 393 ff. u. 523 ff.; Bd. 15, 32 ff.

(1870) Zur Geschichte der deutschen Kleingewerbe im 19. Jh., Statistische und nationalökonomische Untersuchungen, Halle.

(1874) Die soziale Frage und der Preußische Staat, in: Preußische Jahrbücher, Bd. 33, 323 ff.

(1874/1875) Über einige Grundfragen des Rechts und der Volkswirtschaft. Ein offenes Sendschreiben an Herrn Professor Dr. Heinrich v. Treitschke, in: Jahrb. f. Nationalökonomie u. Statistik, Bd. 23, 225 ff., Bd. 24, 81 ff.; 2. Aufl. Jena.

(1879) Die Straßburger Tucher- und Weberzunft. Urkunden und Darstellungen nebst Regesten und Glossar. Ein Beitrag zur Geschichte der deutschen Weberei und des deutschen Gewerberechts vom 13. bis 17. Jh., Straßburg.

(1888) Zur Litteraturgeschichte der Staats- und Sozialwissenschaften, Leipzig.

(1897) Wechselnde Theorien und feststehende Wahrheiten, Rektoratsrede von 1897, Berlin.
(1898) Umrisse und Untersuchungen zur Verfassungs-, Verwaltungs- und Wirtschaftsgeschichte besonders des preußischen Staates im 17. und 18. Jh., Leipzig.
(1900/1904) Grundriß der allgemeinen Volkswirtschaftslehre, I. u. II. Teil, Leipzig.
(1918) Meine Heilbronner Jugendjahre, in: Von schwäbischer Scholle, 53 ff.

III. Schriften über Gustav von Schmoller

Brinkmann, Carl (1937), Gustav Schmoller und die Volkswirtschaftslehre, Stuttgart.
Hintze, Otto (1928), Gustav von Schmoller, in: Deutsches Biographisches Jahrbuch, hg. vom Verband der deutschen Akademien, Überleitungsband II: 1917–1920, Berlin, Leipzig, 124 ff.
Lindenlaub, Dieter (1967), Richtungskämpfe im Verein für Socialpolitik, Teil I und II (Beiheft 52 und 53 der Vierteljahrschrift für Sozial- und Wirtschaftsgeschichte), Wiesbaden.
Menger, Carl (1884/1966), Die Irrthümer des Historismus in der deutschen Nationalökonomie, Wien, Neudruck Aalen.
Oppenheim H. B. (1871), Manchesterschule und Katheder-Sozialisten, in: Nationalzeitung v. 17. 12. 1871.
(1908) Reden und Ansprachen gehalten am 24. Juni 1908 bei der Feier von Gustav Schmollers 70. Geburtstag, Altenburg.
Salin, Edgar (1924), Zur Stellung Gustav Schmollers in der Geschichte der Nationalökonomie, in: Schmollers Jahrbuch, 307 ff.
Salin, Edgar (1967), Politische Ökonomie. Geschichte der wirtschaftspolitischen Ideen von Platon bis zur Gegenwart, 5. Aufl., Tübingen und Zürich.
Schüller, Richard (1895), Die klassische Nationalökonomie und ihre Gegner, Berlin.
Stamper, Georg (1901), Gustav Schmoller, in: Nord und Süd, Bd. 97, 307 ff.
Schumpeter, Joseph (1926), Gustav von Schmoller und die Probleme von heute, in: Schmollers Jahrbuch, 373 ff.
Treitschke, Heinrich von (1874/1875), Der Sozialismus und seine Gönner, nebst einem Sendschreiben an Gustav Schmoller, in: Preußische Jahrbücher, Bd. 34, 248 ff.; ferner Berlin.
Wilbrandt, Robert (1926 II), Das Ende der historisch-ethischen Schule, in: Weltwirtschaftliches Archiv, 24. Bd., 243 ff.
Winkel, Harald (1977), Die deutsche Nationalökonomie im 19. Jahrhundert, Darmstadt.
Winkel Harald (1986), Nationalökonomie und Gelehrtenpolitik im ausgehenden 19. Jahrhundert, in: Schmidt, G. u. Rüsen, Jörn (Hg.), Gelehrtenpolitik und politische Kultur in Deutschland 1830–1930, Bochum, 107 ff.
Zimmermann, Waldemar (1938), Gustav von Schmoller und der nationalökonomische Nachwuchs, in: Schmollers Jahrbuch, 733 ff.

Carl Menger

I. Bibliographie

Wieser, Friedrich (1923), Artikel «Karl Menger», in: Neue Österreichische Biographie, Bd. 1, Wien.

II. Schriften von Carl Menger

(1871) Grundsätze der Volkswirthschaftslehre, Wien.

(1883) Untersuchungen über die Methode der Sozialwissenschaften und der politischen Ökonomie insbesondere, Leipzig.
(1884) Die Irrthümer des Historismus in der Deutschen Nationalökonomie, Wien.
(1888) Zur Theorie des Kapitals, in: Jahrbücher für Nationalökonomie und Statistik, Bd. 17.
(1891/1970) Die Social-Theorien der Classischen National-Oekonomie und die moderne Wirtschaftspolitik, in: Neue Freie Presse, 6. und 7. Januar 1891, Nr. 9470 und 9472, zitiert nach: Hayek, F. A. v. (Hg.), Carl Menger – Gesammelte Werke, Bd. 3, 2. Aufl., Tübingen, 219 ff.
(1892 a/³1909) Artikel «Geld», in: Handwörterbuch der Staatswissenschaften, Bd. 3.
(1892 b/1970) Von unserer Valuta, in: Allgemeine Juristen-Zeitung, XV. Band, No. 12 und 13, 20. Januar und 1. Februar 1892, zitiert nach: Hayek, F. A. v. (Hg.), Carl Menger – Gesammelte Werke, Bd. 4, 2. Aufl., Tübingen, 287 ff.
Hayek, Friedrich August v. (1970), (Hg.), Carl Menger – Gesammelte Werke, 4 Bde., 2. Aufl., Tübingen.

III. Schriften über Carl Menger

Arrow, Kenneth und David A. Starrett (1973), Cost- and Demand-Theoretical Approaches to the Theory of Price Determination, in: Hicks J. R., Weber, W. (Hg.), Menger and The Austrian School of Economics, Oxford, 129–149.
Boos, Margarete (1986), Die Wissenschaftstheorie Carl Mengers, Wien.
Borch, Karl (1973), The Theory of Uncertainty in the Theories of the Austrian School, in: J. R. Hicks. W. Weber (Hg.), Menger and the Austrian School of Economics, Oxford, 61–75.
Hayek, Friedrich August v. (1961), Artikel «Wiener Schule», in: Handwörterbuch der Sozialwissenschaften, 12. Bd., Stuttgart, Tübingen, Göttingen, 68–71.
Hicks, John und W. Weber (Hg.) (1973), Carl Menger and the Austrian School of Economics, Oxford.

IV. Weiterführende Schriften

Blaug, Mark (1962/⁴1985), Economic Theory in Retrospect, Cambridge.
Cantillon, Richard (1755), Essai sur la nature du commerce en générale, Londres.
Condillac, Abbé de (1776), Le commerce et le gouvernement, considérés relativement l'un à l'autre, Amsterdam, Paris.
Frisch, Helmut (ed.) (1981), Schumpeterian Economics, New York.
Gossen, H. H. (1854), Entwicklung der Gesetze des menschlichen Verkehrs und der daraus fließenden Regeln für menschliches Handeln, Braunschweig.
Hermann, Wilhelm v. (1832/²1870), Staatswirthschaftliche Untersuchungen, München.
Hildebrand, Bruno (1848), Die Nationalökonomie der Gegenwart und Zukunft, Frankfurt.
Jevons, William St. (1871), The Theory of Political Economy, London.
Knies, Karl (1873/1879), Geld und Kredit, Bd. 1, Das Geld, Bd. 2, Der Kredit, Berlin.
Kuhn, T. S. (1962/²1970), The Structure of Scientific Revolutions, Chicago.
Mangoldt, Hans Carl Emil v. (1855), Die Lehre vom Unternehmergewinn, Leipzig.
Mangoldt, Hans Carl Emil v. (1863), Grundriß der Volkswirthschaftslehre, Stuttgart.
Marshall, Alfred (1930), Principles of Economics, London.
Marx, Karl (1867/1969), Das Kapital, Bd. 1, Berlin.
Mill, John Stuart (1848), Principles of Political Economy, 2 Bde., London.
Morgenstern, Oskar (1934), Das Zeitmoment in der Wertlehre, in: Zeitschrift für Nationalökonomie, Bd. 5.

Neumann, John v. und Oskar Morgenstern (1944), Theory of Games and Economic Behavior, Princeton.
O'Driscoll, jr., Gerald und Mario J. Rizzo (1985), The Economics of Time and Ignorance, Oxford, New York.
Phillippovich, Eugen v. (1893), Grundriß der politischen Ökonomie, 2 Bde., Freiburg.
Rau, Karl Heinrich (1826), Grundsätze der Volkswirthschaftslehre, Heidelberg, ^{4}1841, ^{6}1855.
Ricardo, David (1817), The Principles of Political Economy and Taxation, London.
Roscher, Wilhelm (1854), System der Volkswirthschaft, Bd. I: Grundlagen der Nationalökonomie, Stuttgart, ^{5}1864, ^{12}1875, ^{26}1922.
Roscher, Wilhelm (1861), Zur Lehre von den Absatzkrisen, in: ders., Ansichten der Volkswirthschaft aus dem geschichtlichen Standpunkte, Leipzig, Heidelberg, Abschn. VI, 279–398.
Roscher, Wilhelm (1874), Geschichte der National-Oekonomik in Deutschland, München.
Schäffle, Friedrich (1867), Das gesellschaftliche System der menschlichen Wirthschaft, 2. Aufl., Tübingen.
Stein, Lorenz v. (1878), Die Volkswirthschaftslehre, Wien.
Steuart, James (1805), An Inquiry into the Principles of Political Economy, London, Erstausgabe 1767.
Streissler, Erich (1969), Structural Economic Thought – On the Significance of the Austrian School Today, in: Zeitschr. f. Nationalökonomie XXIX, 237 ff.
Streissler, Erich (1973), Macht und Freiheit in der Sicht des Liberalismus, in: Macht und ökonomisches Gesetz, Schriften d. Ver. f. Socialpolitik, NF 74/II, 1391 ff.
Streissler, Erich (1981), Schumpeter's Vienna and the Role of Credit in Innovation, in: Frisch, Helmut (Hg.), Schumpeterian Economics, New York.
Walras, Léon (1874–1877), Eléments d'économie politique pure, Lausanne, Paris, Basel.
Wieser, Friedrich v. (1884), Über den Ursprung und die Hauptgesetze des wirtschaftlichen Werthes, Wien.
Wieser, Friedrich v. (1889), Der natürliche Werth, Wien.

Alfred Marshall

I. Bibliographien

Keynes, J. M. (1924 b), Bibliographical List of the Writings of Alfred Marshall, in: The Economic Journal, Vol. 34, 627–637; repr. in: Pigou 1925, 500–508.
Macmillan, Daniel (1942), The ‹Principles of Economics› – A Bibliographical Note, in: The Economic Journal, Vol. 34, 290–293; repr. in: Wood 1982, Vol. II, 127–131.

II. Schriften von Alfred Marshall

(1873/1925) The Future of the Working Classes, repr. in: Pigou 1925, 101–118.
(1875/1975) Some Features of American Industry, repr. in: Whitaker II, 352–377.
Marshall, Alfred, and Mary Paley Marshall (1879/1881), The Economics of Industry, 2. ed., London.
(1879/1986) Die reine Theorie der inländischen Werte, in: Schefold, Bertram (Hg.), Ökonomische Klassik im Umbruch, Frankfurt am Main, 35–61.
(1885 a/1925) The Present Position of Economics, repr. in: Pigou 1925, 152–174.
(1885 b/1925) The Graphic Method of Statistics, repr. in: Pigou 1925, 175–187.

(1887/1926) Memoranda and Evidence before the Gold and Silver Commission, repr. in: Keynes 1926, 17–196.

(1890) Principles of Economics, Vol. I, London.

(1892) [The Perversion of Economic History:] A Reply, in: The Economic Journal, Vol. 2, 507–519.

(1892/1913) Elements of Economics of Industry, 4. ed., London.

(1897/1925) The Old Generation of Economists and the New, repr. in: Pigou 1925, 295–311.

(1898/1925) Mechanical and Biological Analogies in Economics, in: Pigou 1925, 312–318, auszugsweiser Nachdruck von: Distribution and Exchange, in: The Economic Journal, Vol. 8, 1898, 38–59.

(1902/1961) A Plea for the Creation of a Curriculum in Economics and Associated Branches in Political Science, repr. in: Marshall und Guillebaud, Vol. II, 161–177.

(1905) Handbuch der Volkswirtschaftslehre, 1. Bd., nach der 4. engl. Aufl. übersetzt, Stuttgart, Berlin.

(1907/1925) Social Possibilities of Economic Chivalry, repr. in: Pigou 1925, 323–346.

(1908/1909) Brief an L. C. Colson, repr. in: Alfred Marshall the Mathematician as Seen by Himself, in: Econometrica, Vol. 1, 1933, 221–222.

(1920) Industry and Trade, A study of industrial technique and business organization, and of their influences on the conditions of various classes and nations (1919), 3. ed., London.

(1920/1949) Principles of Economics, An introductory volume, 8. ed. (1920), reset and reprinted, London.

(1923) Money Credit and Commerce, London.

Marshall, Alfred, and Guillebaud, C. W. (1961), Principles of Economics, 9. (Variorum) Ed., with Annotations by C. W. Guillebaud, Vol. I: Text; Vol. II: Notes, London.

Keynes, J. M. (Ed.) (1926), Official Papers by Alfred Marshall, London.

Pigou, A. C. (Ed.) (1925), Memorials of Alfred Marshall, London.

Whitaker, J. K. (Ed.) (1975 I bzw. II), The Early Economic Writings of Alfred Marshall, 1867–1890, Vol. 1 and Vol. 2, London, Basingstoke.

III. Schriften über Alfred Marshall und weiterführende Literatur

Backhouse, Roger (1985), A History of Modern Economic Analysis, Oxford.

Behrens, Fritz (1981), Grundriß der Geschichte der Politischen Ökonomie, Bd. 4, Berlin (Ost).

Bharadwaj, Krishna (1978), The Subversion of Classical Analysis: Alfred Marshall's Early Writing on Value, in: Cambridge Journal of Economics, Vol. 2, 253–271; repr. in: Wood 1982, Vol. III, 600–625.

Birch, Thomas D. (1985), Marshall and Keynes Revisited, in: Journal of Economic Issues, Vol. 19, 194–200.

Blandy, Richard (1967), Marshall on Human Capital: A Note, in: The Journal of Political Economy, Vol. 75, 874–875; repr. in: Wood 1982, Vol. III, 433–435.

Blaug, Mark (1968/1975), Systematische Theoriegeschichte der Ökonomie, Bd. 3, aus dem Englischen übersetzt, München.

Blaug, Mark (1985), Economic Theory in Retrospect, 4. ed., Cambridge et al.

Bodkin, Ronald G., and West, Edwin G. (1983), Conjectural Nobel Prizes in Economics: 1770 to 1890, in: Eastern Economic Journal, Vol. 9, 151–165.

Bonar, J. (1925), Alfred Marshall, in: The Journal of the Royal Statistical Society, Vol. 88, 152–156; repr. in: Wood 1982, Vol. I, 80–84.

Brems, Hans (1975), Marshall on Mathematics, in: The Journal of Law and Economics, Vol. 18, 583–588; repr. in: Wood 1982, Vol. I, 417–420.
Cannan, Edwin (1929/1964), A Review of Economic Theory, With a new introduction by B. A. Corry, London.
Chasse, John Dennis (1984), Marshall, the Human Agent and Economic Growth: Wants and Activities Revisited, in: History of Political Economy, Vol. 16, 381–404.
Coase, Ronald H. (1972), The Appointment of Pigou as Marshall's Successor: Comment, in: The Journal of Law and Economics, Vol. 15, 473–485; repr. in: Wood 1982, Vol. IV, 222–234.
Coase, Ronald H. (1984), Alfred Marshall's Mother and Father, in: History of Political Economy, Vol. 16, 519–527.
Coats, A. W. (1972), The Appointment of Pigou as Marshall's Successor: Comment, in: The Journal of Law and Economics, Vol. 15, 487–495; repr. in: Wood 1982, Vol. IV, 235–244.
Condliffe, J. B. (1951), The Commerce of Nations, London.
Corry, Bernard (1968), Marshall, Alfred, in: International Encyclopedia of the Social Sciences, Vol. 10, 25–33.
Craver, Earlene (1986), The Emigration of the Austrian Economists, in: History of Political Economy, Vol. 18, 1–32.
Cunningham, W. (1892), The Perversion of Economic History, in: The Economic Journal, Vol. 2, 491–506.
Davenport, H. J. (1935), The Economics of Alfred Marshall, repr. New York 1965.
Edgeworth, F. Y. (1925), Reminiscences, in: Pigou 1925, 66–73.
Ekelund, Jr., Robert B., and Hébert, Robert F. (1983), A History of Economic Theory and Method, 2. ed., Auckland et al.
Foa, Bruno (1982), Marshall Revisited in the Age of DNA, in: Journal of Post Keynesian Economics, Vol. 4, 3–16.
Frisch, Ragnar (1950), Alfred Marshall's Theory of Value, in: The Quarterly Journal of Economics, Vol. 64, 495–524; repr. in: Wood 1982, Vol. III, 223–250.
Fry, G. K. (1976), The Marshallian School and the Role of the State, in: The Bulletin of Economic Research, Vol. 28, 23–35; repr. in: Wood 1982, Vol. IV, 287–301.
Glassburner, Bruce (1955), Alfred Marshall on Economic History and Historical Development, in: The Quarterly Journal of Economics, Vol. 69, 577–595; repr. in: Wood 1982, Vol. I, 256–274.
Gordon, H. Scott (1973), Alfred Marshall and the Development of Economics as a Science, in: Giere, R. N., and Westfall, R. S. (Eds.), Foundations of Scientific Method: The Nineteenth Century, London, 234–258; repr. in: Wood 1982, Vol. IV, 253–272.
Gowdy, John M. (1983), Biological Analogies in Economics: a Comment, in: Journal of Post Keynesian Economics, Vol. 5, 676–678.
Grether, E. T. (1934), Alfred Marshall's Role in Price Maintenance in Great Britain, in: The Quarterly Journal of Economics, Vol. 48, 348–352; repr. in: Wood 1982, Vol. II, 58–61.
Gruchy, Allan G. (1972), Contemporary Economic Thought, The Contribution of Neo-Institutional Economics, Clifton.
Guillebaud, Claude W. (1961 a), Editorial Introduction, in: Marshall and Guillebaud, Vol. II, 3–30.
Guillebaud, Claude W. (1961 b), Marshall, Alfred, in: Handwörterbuch der Sozialwissenschaften, Bd. 7, 182–184.
Guillebaud, Claude W. (1965), The Marshall-Macmillan Correspondence over the Net

Book System, in: The Economic Journal, Vol. 75, 518–538; repr. in: Wood 1982, Vol. II, 252–277.

Guillebaud, Claude W. (1971), Some Personal Reminiscences of Alfred Marshall, in: History of Political Economy, Vol. 3, 1–8; repr. in: Wood 1982, Vol. I, 91–97.

Haney, Lewis H. (1949), History of Economic Thought, 4. ed., New York.

Hegel, G. W. F. (1833/1981), Grundlinien der Philosophie des Rechts oder Naturrecht und Staatswissenschaft im Grundrisse, Berlin (Ost).

Henderson, Hubert D. (1935), Angebot und Nachfrage, 2. Aufl., nach der 6. engl. Aufl., Wien.

Hirsch, Hans (1965), Alfred Marshalls Beitrag zur modernen Theorie der Unternehmung, Berlin.

Hornung, Erik (1971), Der Eine und die Vielen, Ägyptische Gottesvorstellungen, Darmstadt.

Howey, R. S. (1960), The Rise of the Marginal Utility School 1870–1889, Lawrence.

Hutchison, T. W. (1953), A Review of Economic Doctrines 1870–1929, Oxford.

Hutchison, T. W. (1978), On Revolutions and Progress in Economic Knowledge, Cambridge et al.

Jenner, R. A. (1964/1965), The Dynamic Factor in Marshall's Economic System, in: The Western Economic Journal, Vol. 3, 21–38; repr. in: Wood 1982, Vol. I, 300–320.

Jha, Narmadeshwar (1973), The Age of Marshall, Aspects of British Economic Thought 1890–1915, 2. ed., London.

Jones, T. W. (1978), The Appointment of Pigou as Marshall's Successor: The Other Side of the Coin, in: The Journal of Law and Economics, Vol. 21, 235–243; repr. in: Wood 1982, Vol. IV, 302–311.

Kadish, Alon (1986), Apostle Arnold, The Life and Death of Arnold Toynbee 1852–1883, o. O.

Katzenstein, L. (1893), Ein neues englisches Lehrbuch der Nationalökonomie, in: Jahrbuch für Gesetzgebung, Verwaltung und Volkswirtschaft, N. F., Bd. 17, 253–264.

Keynes, John Maynard (1924 a), Alfred Marshall, 1842–1924, in: The Economic Journal, Vol. 34, 311–372; u. a. repr. in: Wood 1982, Vol. I, 7–65.

Keynes, John Maynard (1944), Mary Paley Marshall [1850–1944], in: The Economic Journal, Vol. 54, 268–284; repr.in: The Collected Writings of J. M. Keynes, Vol. X: Essays in Biography (1933), London and Basingstoke 1972, 232–250.

Kiker, B. F. (1966), The Historical Roots of the Concept of Human Capital, in: The Journal of Political Economy, Vol. 74, 481–499.

Kiker, B. F. (1968), Marshall on Human Capital: Comment, in: The Journal of Political Economy, Vol. 76, 1088–1090; repr. in: Wood 1982, Vol. III, 441–443.

Kirzner, Israel M. (1960), The Economic Point of View, An Essay in the History of Economic Thought, Princeton, N. J.

Levine, A. L. (1983), Marshall and the Classical Tradition, in: Journal of Post Keynesian Economics, Vol. 5, 565–573.

Maloney, John (1985), Marshall, Orthodoxy and the Professionalisation of Economics, Cambridge et al.

Marshall, Mary Paley (1947), What I Remember, Cambridge.

McWilliams, Rita (1969), The Papers of Alfred Marshall Deposited in The Marshall Library, Sidgwick Avenue, Cambridge, in: History of Economic Thought Newsletter, No. 3, 7–13; repr. in: Wood 1982, Vol. IV, 193–203.

McWilliams-Tullberg, Rita (1975), Marshall's «Tendency to Socialism», in: History of Political Economy, Vol. 7, 75–111; repr. in: Wood 1982, Vol. I, 374–408.

Meißner, Herbert (Hg.) (1976), Bürgerliche Ökonomie ohne Perspektive, Berlin (Ost).

Mitchell, Wesley C. (1969), Types of Economic Theory, From Mercantilism to Institutionalism, ed. by Joseph Dorfman, Vol. II, New York.

Münch, Richard (1986), Die Kultur der Moderne, Bd. 1: Ihre Grundlagen und ihre Entwicklung in England und Amerika; Bd. 2: Ihre Entwicklung in Frankreich und Deutschland, Frankfurt am Main.

O'Brien, D. P. (1981), A. Marshall, 1842–1924, in: O'Brien, D. P., and Presley, John R. (Eds.), Pioneers of Modern Economics in Britain, London, Basingstoke, 36–71.

Pantaleoni, Maffeo (1889), Principii di Economia Pura, Firenze.

Parsons, Talcott (1931/1932 a), Wants and Activities in Marshall, in: The Quarterly Journal of Economics, Vol. 46, 101–140; repr. in: Wood 1982, Vol. I, 179–208.

Parsons, Talcott (1931/1932 b), Economics and Sociology: Marshall in Relation to the Thought of his Time, in: The Quarterly Journal of Economics, Vol. 46, 317–347; repr. in: Wood 1982, Vol. I, 209–231.

Petridis, Anastasios (1973), Alfred Marshall's Attitudes to and Economic Analysis of Trade Unions: A Case of Anomalies in a Competitive System, in: History of Political Economy, Vol. 5, 165–198; repr. in: Wood 1982, Vol. III, 480–507.

Pigou, A. C. (1953), Alfred Marshall and Current Thought, London.

Pribram, Karl (1983), A History of Economic Reasoning, Baltimore and London.

Pujol, Michèle (1984), Gender and Class in Marshall's ‹Principles of Economics›, in: Cambridge Journal of Economics, Vol. 8, 217–234.

Reisman, David (1986), The Economics of Alfred Marshall, London et al.

Robinson, Austin (1972), Alfred Marshall, in: History of Economic Thought Newsletter, No. 8, 10–13.

Robinson, Austin (1980), Alfred Marshall: An Autobiographical Note, in: History of Economic Thought Newsletter, No. 25, 7–8.

Robinson, Joan (1960), Collected Economic Papers, Vol. II, Oxford.

Routh, Guy (1975), The Origin of Economic Ideas, London, Basingstoke.

Samuelson, Paul A., and Nordhaus, William D. (1985), Economics, 12. ed., New York et al.

Schefold, Bertram (1981), Nachfrage und Zufuhr in der klassischen Ökonomie, in: Neumark, Fritz (Hg.), Studien zur Entwicklung der ökonomischen Theorie 1, Berlin, 53–91.

Schmoller, Gustav (1897), Wechselnde Theorien und feststehende Wahrheiten im Gebiete der Staats- und Socialwissenschaften und die heutige deutsche Volkswirthschaftslehre, Rede bei Antritt des Rectorats, Berlin.

Schumpeter, Joseph A. (1941/1954), Alfred Marshall's ‹Principles›: A Semi-Centennial Appraisal, in: The American Economic Review, Vol. 31, 226–248; repr. in: Wood 1982, Vol. II, 100–113; deutsche Übersetzung: Alfred Marshalls ‹Principles›: eine Würdigung nach einem halben Jahrhundert, in: Schumpeter, J. A., Dogmengeschichtliche und biographische Aufsätze, Tübingen, 285–303.

Seligman, Ben B. (1962/1967), Alfred Marshall: Die gestaltgewordene Tradition, in: Montaner, Antonio (Hg.), Geschichte der Volkswirtschaftslehre, Köln, Berlin, 191–216.

Sering, Paul [alias Richard Löwenthal] (1937), Zu Marshalls neuklassischer Ökonomie, in: Zeitschrift für Sozialforschung, 6. Jg., 522–541.

Shove, G. F. (1942), The Place of Marshall's ‹Principles› in the Development of Economic Theory, in: The Economic Journal, Vol. 52, 294–329; repr. in: Wood 1982, Vol. II, 132–165.

Spiegel, Henry William (1983), The Growth of Economic Thought, 2. ed., Durham.

Stigler, George J. (1950), The Development of Utility Theory, in: The Journal of Political Economy, Vol. 58, repr. in: Ders., Essays in the History of Economics, Chicago, London 1965, 66–155.

Stigler, George J., and Friedland, Claire (1979), The Pattern of Citation Practices in Economics, in: History of Political Economy, Vol. 11, 1–20.

Surányi-Unger, Theo (1927), Die Entwicklung der theoretischen Volkswirtschaftslehre im ersten Viertel des 20. Jahrhunderts, Jena.

Taussig, Fritz W. (1924), Alfred Marshall, in: The Quarterly Journal of Economics, Vol. 39, 1–14; repr. in: Wood 1982, Vol. I, 71–79.

Tu, Pierre N. V. (1969), The Classical Economists and Education, in: Kyklos, Vol. 22, 691–718.

Veblen, Thorstein (1900), The Preconceptions of Economic Science, III, in: The Quarterly Journal of Economics, Vol. 14, 240–269.

Viner, Jacob (1932/1965), Cost Curves and Supply Curves, in: Zeitschrift für Nationalökonomie, Bd. 3, 23–46; deutsche Übersetzung: Kosten- und Angebotskurven, in: Eugen, Alfred Ott (Hg.), Preistheorie, Köln, Berlin, 195–221.

Viner, Jacob (1932/1965), Cost Curves and Supply Curves, in: Zeitschrift für Nationalökonomie, Bd. 3, 23–46; deutsche Übersetzung: Kosten- und Angebotskurven, in: Ott, Alfred Eugen (Hg.), Preistheorie, Köln, Berlin, 195–221.

Vito, Francesco (1934), La Concezione Biologica dell' Economia, Considerazioni sul Sistema del Marshall, Milano.

Waffenschmidt, Walter G. (1915), Graphische Methode in der theoretischen Oekonomie, dargestellt in Anlehnung an das Tauschproblem, in: Archiv für Sozialwissenschaft und Sozialpolitik, 39. Bd., 438–481 u. 795–818.

Walker, Donald A. (1974), Marshall on the Long-Run Supply of Labor, in: Zeitschrift für die gesamte Staatswissenschaft, 130. Bd., 691–705; repr. in: Wood 1982, Vol. III, 527–542.

Walker, Donald A. (1974/1975), Marshall on the Short-Run Supply of Labor, in: The Southern Economic Journal, Vol. 41, 429–441; repr. in: Wood 1982, Vol. III, 543–561.

Whitaker, John K. (1972), Alfred Marshall: The Years 1877 to 1885, in: History of Political Economy, Vol. 4, 1–61; repr. in: Wood 1982, Vol. I, 98–147.

Whitaker, John K. (1974), The Marshallian System in 1881: Distribution and Growth, in: The Economic Journal, Vol. 84, 1–17; repr. in: Wood 1982, Vol. III, 508–526.

Whitaker, John K. (1975 a), The Evolution of Alfred Marshall's Economic Thought and Writings over the Years 1867–1890, in: Whitaker 1975 I, 1–113.

Whitaker, John K. (1977), Some Neglected Aspects of Alfred Marshall's Economic and Social Thought, in: History of Political Economy, Vol. 9, 161–197; repr. in: Wood 1982, Vol. I, 453–486.

Wood, John Cunningham (1980), Alfred Marshall and the Tariff-Reform Campaign of 1903, in: The Journal of Law and Economics, Vol. 23, 481–495; repr. in: Wood 1982, Vol. IV, 312–326.

Wood, John Cunningham (Ed.) (1982), Alfred Marshall, Critical Assessments, Vol. I, II, III, IV, London et al.

Wright, Jacqueline (1986), Bericht über: Alon Kadish «Schools of Economics at Cambridge, c. 1885», in: History of Economic Thought Newsletter, No. 36, 32–33.

Youngson, A. J. (1956), Marshall on Economic Growth, in: Scottish Journal of Political Economy, Vol. 3, 1–18; repr. in: Wood 1982, Vol. IV, 95–111.

Vilfredo Pareto

I. Schriften von Vilfredo Pareto

(1896) La courbe des revenues, Lausanne.

(1896/97) Cours d'économie politique.

(1900) Sunto di alcuni capitoli di un nuovo trattato di economia pura, in: Giornale degli Economisti.

(1901/02) Les systèmes socialistes, 2 vols.

(1902) Anwendungen der Mathematik auf Nationalökonomie, frz.: Economie mathématique, 1911.

(1903) Proemio, in: Biblioteca di Storia economica, vol. I, parte I, Arnaldo Forni, Milano.

(1920) Fatti e teorie, dt.: Anwendungen der Mathematik auf Nationalökonomie, in: Enzyklopädie der mathematischen Wissenschaften mit Einschluß ihrer Anwendungen, Bd. I, Leipzig 1905, S. 1094–1120, frz.: Economie mathématique, Encyclopédie des Sciences mathématiques, vol. IV, tôme I, Paris 1908/09.

(1906) Manuale di economia politica, frz.: Manuel d'économie politique, Milano 1909.

(1916) Trattato di sociologia generale, 3. ed., Milano 1964.

(1952) Scritti teorici, hg. v. Giovanni Demaria, Milano.

(1960) Lettere a Maffeo Pantaleoni, vol. III, Roma.

(1965 ff.) Œuvres complètes, 27 vols., Lausanne.

(1965 a) Ecrits sur la courbe de la répartition de la richesse, ed. G. Busino, Genève.

(1952 a) Demaria, Giovanni, L'opera economica di Vilfredo Pareto, in: Vilfredo Pareto, Scritti teorici, Milano.

II. Schriften über Vilfredo Pareto

Allais, Maurice (1975), The General Theory of Surplus and Pareto's Fundamental Contribution, in: Atti dei Convegni Lincei dell'Accademia dei Lincei, Roma.

Amoroso, Luigi (1938), Vilfredo Pareto, in: Econometrica, vol. 6.

Chipman, John S. (1976), The Paretian Heritage, in: Revue Européenne des Sciences Sociales, Lausanne, vol. XIV.

Demaria, Giovanni (1975), La stabilità nel sistema di Pareto, in: Atti dei Convegni Lincei dell'Accademia dei Lincei, Roma.

Dierker, E., J. Lenninghaus (1986), Surplus Maximization and Pareto Optimality, in: Contributions to Mathematical Economics in Honor of Gérard Debreu, ed. by W. Hildenbrand and A. Mas-Colell, North Holland, Amsterdam.

Eisermann, Gottfried (1961), Vilfredo Pareto als Nationalökonom und Soziologe, Tübingen.

Eisermann, Gottfried (1987), Vilfredo Pareto, Tübingen.

Eisermann, Gottfried (1989), Max Weber und Vilfredo Pareto, Tübingen.

Fossati, Eraldo (1949), Vilfredo Pareto dans son et notre temps, in: Revue d'économie politique, 59. année.

Hagstroem, H. G. (1925), La loi de Pareto et la réassurance, in: Skandinavisk Aktuarietidskrift, vol. 8.

Hicks, John R. (1961), Pareto Revealed, in: Economica, vol. 28.

Hicks, John R. (1975), Pareto and Economic Optimum, in: Atti dei Convegni Lincei dell'Accademia dei Lincei, Roma.

Mas-Colell, A. C. (1986), Valuation Equilibrium and Pareto Optimum Revisited, in: Contributions to Mathematical Economics in Honor of Gérard Debreu, ed. by W. Hildenbrand and A. Mas-Colell, North Holland, Amsterdam.

Nogaro, Bertrand (1949), Vilfredo Pareto, in: Revue d'économie politique, vol. 59.
Pirou, Gatean (1946), Les théories de l'équilibre économique, Walras et Pareto, 3.éd., Paris.
Schneider, Erich (1962), Neue Pareto-Literatur, in: Weltwirtschaftliches Archiv, Bd. 88.
Schumpeter, Joseph A. (1950), Vilfredo Pareto, in: Ten Great Economists, London.
Tommissen, Piet (1975), De economische epistemol gie van Vilfredo Pareto, Brussel.
Weinberger, Otto (1948), Vilfredo Pareto und seine Bedeutung für die Gegenwart, in: Schweiz. Zs. für Volkswirtschaft und Statistik, 84. Jg.

III. Weiterführende Schriften

Barone, Enrico (1908), Il ministero della produzione nello Stato collettivista, in: Giornale degli Economisti.
Bator, Francis M. (1957), The Simple Analysis of Welfare Maximization, in: The American Economic Review, vol. 47.
Bergson, Abram (1948), Socialist Economics, in: H. S. Ellis (ed.), A Survey of Contemporary Economics, Philadelphia and Toronto.
Bruckmann, Gerhart (1983), Die Wiederentdeckung der Langen Wellen, in: NZZ, 10. 12. 1983, Fernausg. Nr. 288, S. 19.
Chamberlin, Edward H. (1956), Theory of Monopolistic Competition, 7. Aufl., Cambridge/Mass.
Debreu, Gérard (1976), Werttheorie, Berlin, Heidelberg, New York.
Demaria, Giovanni (1952), Marcel Boson: Léon Walras, fondateur de la politique économique scientifique (Rez.), in: Giornale degli Economisti.
Demaria, Giovanni (1962), Trattato di logica economica, 3 vol., Padova 1962, 1966, 1974.
Edgeworth, Francis Y. (1881), Mathematical Psychics.
Eisermann, Gottfried (1983), Die Einheit der Sozialwissenschaften, in: Jb. der Ruhr-Universität Bochum.
Fisher, Irving (1892), Investigations into the Theory of Value and Prices.
Fossati, Eraldo (1957), The Theory of General Static Equilibrium (Elementi di economia razionale), Oxford.
Hicks, John R. (1950), Value and Capital, 3.ed., London.
Kondratieff, N. D. C. (1928), Die Wiederentdeckung der Langen Wellen.
Kühne, Otto (1928), Die mathematische Schule in der Nationalökonomie, 1. Teil, Berlin, Leipzig.
Marshall, Alfred (1879), The Economics of Industry.
Marshall, Alfred (1930), Principles of Economics, 1890, 8. Aufl., London.
Oulès, Firmin (1950), L'école de Lausanne, Paris.
Palomba, Giuseppe (1956), I fatti salienti della macro-economica e gli sviluppi di sistema paretiano, in: Giornale degli Economisti, Anno 15.
Pigou, Arthur (1924), The Economics of Welfare, 1920, 2. Aufl., London.
Schneider, Erich (1956), Einführung in die Wirtschaftstheorie, II. Teil, 4. A., Tübingen.
Schneider, Erich (1961), The Economist in the Light of his Letters to Maffeo Pantaleoni, in: Banca Nazionale del Lavoro, Quarterly Review, Nr. 58.
Schumpeter, Joseph A. (1908), Das Wesen und der Hauptinhalt der theoretischen Nationalökonomie, Leipzig.
Schumpeter, Joseph A. (1946), Kapitalismus, Sozialismus und Demokratie.
Schumpeter, Joseph A. (1954), History of Economic Analysis, New York.
Schumpeter, Joseph A. (1961), Konjunkturzyklen, 2 Bde., Göttingen.

Sombart, Werner (1925), Der proletarische Sozialismus, 2 Bde., Jena.

Triffin, Robert (1956), Monopolistic Competition and General Equilibrium Theory, Cambridge/Mass.

Wald, Abraham (1936), Über einige Gleichungssysteme der mathematischen Nationalökonomie, in: Zeitschrift für Nationalökonomie.

Walras, Léon (1874/1877), Eléments d'économie politique pure, 2 Bde., Paris, Lausanne.

Weinberger, Otto (1949), Grundriß der Volkswirtschaftslehre, Wien.

Wicksell, Knut (1913), Vorlesungen über Nationalökonomie, I. Bd., Jena.

Wieser, Friedrich von (1889), Der natürliche Werth, Wien.

Eugen von Böhm-Bawerk

I. Schriften von Eugen von Böhm-Bawerk

(1881) Rechte und Verhältnisse vom Standpunkte der volkswirthschaftlichen Güterlehre, Innsbruck.

(1884) Kapital und Kapitalzins. Erste Abteilung: Geschichte und Kritik der Kapitalzins-Theorien, Innsbruck.

(1886) Grundzüge der Theorie des wirthschaftlichen Güterwerthes, in: Jahrbücher für Nationalökonomie und Statistik, Bd. 13, 1–82, und 477–541.

(1889) Kapital und Kapitalzins. Zweite Abteilung: Positive Theorie des Kapitales, Innsbruck.

(1896) Zum Abschluß des Marxschen Systems, in: Otto von Boenigk (Hg.), Staatswissenschaftliche Arbeiten, Berlin, 58–205.

(1914) Macht oder ökonomisches Gesetz? in: Zeitschrift für Volkswirtschaft, Socialpolitik und Verwaltung, Bd. 23, 205–271.

(1921) Kapital und Kapitalzins, 4. Aufl., hg. von F. von Wieser, 3 Bde., Jena.

(1924) Gesammelte Schriften, hg. v. F. X. Weiss, Wien, Leipzig.

(1926) Kleinere Abhandlungen über Kapital und Zins, hg. v. F. X. Weiss, Wien, Leipzig.

II. Schriften über Eugen von Böhm-Bawerk

Hennings, Klaus Hinrich (1987a), Eugen von Böhm-Bawerk, in: John Eatwell, Murray Milgate, Peter Newman (eds.), The New Palgrave: A Dictionary of Economic Theory and Doctrine, London.

Hennings, Klaus Hinrich (1987b), Capital as a Factor of Production, in: John Eatwell, Murray Milgate, Peter Newman (eds.), The New Palgrave: A Dictionary of Economic Theory and Doctrine, London.

Hennings, Klaus Hinrich (1987c), John Rae, in: The New Palgrave, a.a.O.

Hennings, Klaus Hinrich (1987d), Roundabout Methods of Production, in: The New Palgrave, a.a.O.

Kuenne, Robert Eugene (1971), Eugen von Böhm-Bawerk, New York.

Menger, Carl (1915), Eugen v. Böhm-Bawerk, in: Almanach der Kaiserlichen Akademie der Wissenschaften in Wien, 3–17.

Reetz, Norbert (1971), Produktionsfunktion und Produktionsperiode, Göttingen.

Schumpeter, Joseph Alois (1914), Das wissenschaftliche Lebenswerk Eugen von Böhm-Bawerks, in: Zeitschrift für Volkswirtschaft, Socialpolitik und Verwaltung, Bd. 23, 454–528.

Schumpeter, Joseph Alois (1925), Eugen von Böhm-Bawerk, in: Neue österreichische Biographie 1815–1918, Bd. 2, 63–80.

Strigl, Richard von (1934), Kapital und Produktion, Wien.
Wicksell, Knut (1893), Über Wert und Kapital und Rente nach den neueren nationalökonomischen Theorien, Jena.

III. Weiterführende Schriften

Clark, John Bates (1899), The Distribution of Wealth, New York.
Eucken, Walter (1934), Kapitaltheoretische Untersuchungen, Tübingen.
Faber, Malte (1979), Introduction to Modern Austrian Capital Theory, Berlin.
Fisher, Irving (1907), The Rate of Interest, New York.
Fisher, Irving (1930), The Theory of Interest, New York.
Garegnani, Pierangelo (1960), Il capitale nelle teorie della distributione, Milano.
Harcourt, Geoffrey Colin (1972), Some Cambridge Controversies in the Theory of Capital, Cambridge.
Hayek, Friedrich August von (1931), Preise und Produktion, Wien.
Hayek, Friedrich August von (1936), The Mythology of Capital, in: Quarterly Journal of Economics, 50, 199–228.
Hayek, Friedrich August von (1941), The Pure Theory of Capital, London.
Hennings, Klaus Hinrich (1985), The Exchange Paradigm and the Theory of Production and Distribution, in: Mauro Baranzini and Roberto Scazzieri (eds.), Foundations of Economics, Oxford, 221–243.
Hicks, John Richard (1939), Value and Capital, Oxford.
Hicks, John Richard (1973), Capital and Time, Oxford.
Jevons, William Stanley (1871), The Theory of Political Economy, London.
Kaldor, Nicholas (1937), Annual Survey of Economic Theory: The Recent Controversies on the Theory of Capital, in: Econometrica, vol. 5, 201–233.
Knies, Karl (1873–79), Geld und Kredit, 3 Bde., Berlin.
Longfield, Mountifort (1834), Lectures on Political Economy, Dublin.
v. Mangoldt, Hans Karl Emil (1855), Die Lehre vom Unternehmergewinn, Leipzig.
Menger, Carl (1871), Grundsätze der Volkswirthschaftslehre, Wien.
Philippovich, Eugen von (1893–99), Grundriß der Politischen Ökonomie, 3 Bde., Tübingen.
Rae, John (1834), Statement of Some New Principles on the Subject of Political Economy, Boston.
Sax, Emil (1916), Der Kapitalzins, Berlin.
Schäffle, Albert Eberhard Friedrich (1870), Kapitalismus und Sozialismus, Tübingen.
Schumpeter, Joseph Alois (1954), History of Economic Analysis, New York.
Senior, William Nassau (1836), Outlines of the Science of Political Economy, London.
Thünen, Johann Heinrich von (1850), Der isolierte Staat. Zweiter Teil. Der naturgemäße Arbeitslohn und dessen Verhältnis zum Zinsfuß und zur Landrente, Rostock.
Weizsäcker, Carl Christian von (1971), Steady State Capital Theory, Berlin.
Wicksell, Knut (1913), Vorlesungen über Nationalökonomie auf Grundlage des Marginalprinzips, Bd. I, Theoretischer Teil, Jena.

Johan Gustav Knut Wicksell

I. Bibliographien

Amundsen, Arne (1954), Bibliography of Knut Wicksell's published works, in: Wicksell (1954), 169–175.
Knudtzon, E.J., T. Hedlund-Nyström (1976), Knut Wicksells trychta skrifter 1868–1950 (Die Veröffentlichungen Knut Wicksells 1868–1950), Lund.

Uhr, Carl G. (1960), Economic Doctrines of Knut Wicksell, Berkeley, Los Angeles, 538 ff.

II. Schriften von Knut Wicksell

(1890) Überproduktion oder Überbevölkerung?, in: Zeitschrift für die gesamte Staatswissenschaft, Bd. 46, 1–12.

(1892) Kapitalzins und Arbeitslohn, in: Jahrbücher für Nationalökonomie und Statistik, Bd. 59, 852–874.

(1893) Über Wert, Kapital und Rente. Nach den neueren nationalökonomischen Theorien, Neudruck der Ausg. Jena, Aalen 1969.

(1895) Zur Lehre von der Steuerinzidenz (Diss.), Uppsala.

(1896) Finanztheoretische Untersuchungen nebst Darstellung und Kritik des Steuerwesens Schwedens, Neudruck der Ausg. Jena, Aalen 1969.

(1898) Geldzins und Güterpreise. Eine Studie über die den Tauschwert des Geldes bestimmenden Ursachen, berichtigter Neudruck der Ausg. Jena, Aalen 1968.

(1900) Zur Verteidigung der Grenznutzenlehre, in: Zeitschrift für die gesamte Staatswissenschaft, Bd. 56, 577–591.

(1909) Tronen, altaret, svärdet, och penningp8sën (Der Thron, der Altar, das Schwert und der Geldbeutel), Stockholm.

(1910) Läran om befolkningen, dess sammansättning och förändringar (Theorie der Bevölkerung, ihrer Zusammensetzung und ihrer Veränderungen), Stockholm. Eine englische Übersetzung dieser Schrift findet man im Sammelband von Strøm und Thalberg (1979, 123–151).

(1913) Vorlesungen über Nationalökonomie auf Grundlage des Marginalprinzipes. Theoretischer Teil, 1. Bd., Jena, Neudruck Aalen 1969 (schwedische Erstveröffentlichung Lund 1901).

(1914a) Theorie des Geldes und der Umlaufsmittel (Rezension), in: Zeitschrift für Volkswirtschaft, Socialpolitik und Verwaltung, Bd. 23, 144–149.

(1914b) «Lexis och Böhm-Bawerk» (Lexis und Böhm-Bawerk), in: Ekonomisk Tidskrift, Bd. 16, 294–300 und 322–334.

(1922) Vorlesungen über Nationalökonomie auf Grundlage des Marginalprinzipes, 2. Bd.: Geld und Kredit, Jena, Neudruck Aalen 1969 (schwedische Erstveröffentlichung Stockholm 1906).

(1927) Mathematische Nationalökonomie, in: Archiv für Sozialwissenschaft und Sozialpolitik, 58. Bd., 252–281.

(1928) Zur Zinstheorie (Böhm-Bawerks Dritter Grund), in: Mayer, Hans (Hg.), Wirtschaftstheorie der Gegenwart, Bd. 3, Wien, 199–209.

(1934) Lectures on Political Economy, Vol. I: General Theory, London.

(1935) Lectures on Political Economy, Vol. II: Money, London.

(1954) Value, Capital and Rent, London.

(1958) Selected Papers on Economic Theory, Edited with an Introduction by Erik Lindahl, London.

(1962) A New Principle of Just Taxation, Übersetzung eines Auszugs aus Wicksell (1896) von J. M. Buchanan, in: Musgrave, Richard A., and Alan T. Peacock (Hg.), Classics in the Theory of Public Finance, London, New York, 72–118.

III. Schriften über Knut Wicksell

Blaug, Mark (1986), Great Economists before Keynes. An Introduction to the Lives & Works of One Hundred Great Economists of the Past, Brighton, 272–275.

Gårdlund, Torsten (1968), Artikel «Wicksell, Knut», in: Sills, D. L. (Hg.), International Encyclopedia of the Social Sciences, Bd. 16, New York, 538–544.

Gröbner, Gerhard J. (1970), Verteilung von Einkommen und Ressourcen. Knut Wicksells finanztheoretische Leistung in neuerer Sicht, Göttingen.

Jacobsson, Per (1952), Theory and Practice, Knut Wicksell and Sweden's Monetary Policy 1946–48, in: Schweizerische Zeitschrift für Volkswirtschaft und Statistik, 88. Jg., 467–485.

Lindahl, Erik (1965), nebst Torsten Gårdlund, Johan Gustav Knut Wicksell (1851–1926), in: Recktenwald, Horst Claus (Hg.), Lebensbilder großer Nationalökonomen, Köln, Berlin, 418–435 und 626–630.

Recktenwald, Horst Claus (1965), Über die Würdigung bedeutender Gelehrter in der Geschichte der ökonomischen Wissenschaft, in: ders. (Hg.), Lebensbilder großer Nationalökonomen, Köln, Berlin, 17–27.

Schmidt, Karl-Heinz (1989), Artikel «Wicksell», in: Görres-Gesellschaft (Hg.), Staatslexikon, Bd. 5, 7. Aufl., Freiburg, Basel, Wien.

Schneider, Erich (1965), Artikel «Wicksell, Knut», in: Beckerath, Erwin v., et al. (Hg.), Handwörterbuch der Sozialwissenschaften, Bd. 12, Stuttgart u. a. O., 62–66.

Schumpeter, Joseph (1927), Zur Einführung der folgenden Arbeit Knut Wicksells [d. i. Wicksell (1927), H. G.], in: Archiv für Sozialwissenschaft und Sozialpolitik, 58. Bd., 238–251.

Sommarin, Emil (1931), Das Lebenswerk von Knut Wicksell, in: Zeitschrift für Nationalökonomie, Bd. II, 221–267.

Strøm, Steinar, und Björn Thalberg (Hg.) (1978/79), The Theoretical Contributions of Knut Wicksell, London. Dieser Sammelband enthält die Referate, die auf dem «Arne Ryde Symposion on the Theoretical Contributions of Knut Wicksell» gehalten wurden (Frostavallen/Schweden 1977), und eine englische Übersetzung von Wicksell (1910). Da diese Aufsätze bereits 1978 in einer Sondernummer des Scandinavian Journal of Economics veröffentlicht wurden und dieses leichter zugänglich ist, werden sie hier nach dem «Journal» zitiert.

Uhr, Carl G. (1951), Knut Wicksell – A Centennial Evaluation, in: The American Economic Review, Vol. XLI, 829–860.

Uhr, Carl G. (1960), Economic Doctrines of Knut Wicksell, Berkeley, Los Angeles.

IV. Weiterführende Schriften

Andersson, Ingvar (1950), Schwedische Geschichte. Von den Anfängen bis zur Gegenwart, München.

Blaug, Mark (1985), Economic Theory in Retrospect, 4. ed., Cambridge/Mass. u. a.O.

Böhm-Bawerk, Eugen von (1884), Kapital und Kapitalzins. Bd. 1: Geschichte und Kritik der Kapitalzins-Theorien, Innsbruck.

Böhm-Bawerk, Eugen von (1889), Kapital und Kapitalzins. Bd. 2: Positive Theorie des Kapitals, Innsbruck.

Bös, Dieter (1980), Öffentliche Unternehmungen, in: Neumark, Fritz (Hg.), Handbuch der Finanzwissenschaft, 3., gänzlich neu bearb. Aufl., Bd. II, Tübingen, 3–113.

Borchert, Manfred, u. Grossekettler, Heinz (1985), Preis- und Wettbewerbstheorie. Marktprozesse als analytisches Problem und ordnungspolitische Gestaltungsaufgabe, Stuttgart u. a. O.

Borges, Antonio M. (1986), Applied General Equilibrium Models: An Assessment of their Usefullness for Policy Analysis, in: OECD Economic Studies, Nr. 7, 7–43.

Break, George, F. (1974), The Incidence and Economic Effects of Taxation, in: Blinder, Alan S., et al. (eds.), The Economics of Public Finance, Washington D. C., 119–237.

Buchanan, James M. (1967), Public Finance in Democratic Process. Fiscal Institutions and Individual Choice, Chapel Hill.

Buchanan, James M. (1968), The Demand and Supply of Public Goods, Chicago.

Buchanan, James M. (1987), The Constitution of Economic Policy, in: The American Economic Review, Vol. 77, 243–250.

Buchanan, James M. and Tullock, Gordon (1962), The Calculus of Consent, Ann Arbor.

Cobb, Charles W. u. Douglas, Paul H. (1928), A Theory of Production, in: The American Economic Review (Papers and Proceedings), Vol. 18, 139–165.

Dupuit, Jules (1952), On the Measurement of the Utility of Public Works, in: Alan T. Peacock, Lutz, Friedrich A., Turvey, Ralph, Henderson, Elisabeth (Hg.), International Economic Papers, No. 2: Translations Prepared for the International Economic Association, London, New York, 83–110. (Die französische Originalfassung ist 1844 unter dem Titel «De la Mésure de l'Utilité des Travaux Publics» in den «Annales des Ponts et Chaussées, 2e Série, Tôme 8» in Paris erschienen. Sie ist aber so schwer zugänglich, daß es mir nicht gelungen ist, sie zu beschaffen.)

Eucken, Walter (1954), Kapitaltheoretische Untersuchungen, 2. Aufl., Tübingen, Zürich.

Gandenberger, Otto (1981), Theorie der öffentlichen Verschuldung, in: Neumark, Fritz (Hg.), Handbuch der Finanzwissenschaft, 3., gänzlich neu bearb. Aufl., Bd. III, Tübingen, 6–49.

Godschalk, Hugo T. C. (1982), Computergeld. Entwicklung und ordnungspolitische Probleme des elektronischen Zahlungsverkehrs (Diss.), Münster.

Grossekettler, Heinz (1984), Ordnungspolitisch legitimierte Genossenschaftsaufgaben, in: Jäger, Wilhelm, Pauli, Hans (Hg.), Genossenschaften und Genossenschaftswissenschaft. Systematische, strukturelle und ordnungspolitische Aspekte des Genossenschaftswesens, Freundesgabe für Erik Boettcher zum 65. Geburtstag, Wiesbaden, 57–94.

Grossekettler, Heinz (1985), Options- und Grenzkostenpreise für Kollektivgüter unterschiedlicher Art und Ordnung. Ein Beitrag zu den Bereitstellungs- und Finanzierungsregeln für öffentliche Leistungen, in: Finanzarchiv, N. F., Bd. 43, 211–252.

Harberger, Arnold C. (1962), The Incidence of the Corporation Income Tax, in: The Journal of Political Economy, Vol. 70, 215–240.

Hayek, Friedrich August von (1965), Carl Menger (1840–1921), in: Recktenwald, Horst Claus (Hg.), Lebensbilder großer Nationalökonomen, Köln, Berlin, 348–364.

Heckscher, Eli F. (1954), An Economic History of Sweden, translated by Göran Ohlin with a Supplement by Gunnar Heckscher and a Preface by Alexander Gerschenkron, Cambridge/Mass.

Helmstädter, Ernst (1986), Wirtschaftstheorie, Bd. II: Makroökonomische Theorie, 3., überarb. Aufl., München.

Hochgesand, Helmut (1977), Artikel «Spekulation», in: Albers, Willi et al., Handwörterbuch der Wirtschaftswissenschaft, 7. Bd., Stuttgart u. a. O., 170–177.

Hotelling, H. (1938), The General Welfare in Relation to Problems of Taxation and of Railway and Utility Rates, in: Etra, Vol. VI, 242–269.

Keynes, John Maynard (1930), A Treatise on Money, Vol. 1: The Pure Theory of Money, London.

Linde, R. (1981), Artikel «Produktion, II: Produktionsfunktionen», in: Albers, Willi et al. (Hg.), Handwörterbuch der Wirtschaftswissenschaft, 6. Bd., Stuttgart u. a. O., 276–295.

Lutz, Friedrich A. (1954), Die Entwicklung der Zinstheorie seit Böhm-Bawerk, in: Eucken (1954), S. IX ff.

Männer, Leonhard (1978), Artikel «Kapital I: Theorie, volkswirtschaftliche», in: Albers, Willi et al. (Hg.), Handwörterbuch der Wirtschaftswissenschaft, 4. Bd., Stuttgart u. a. O., 347–359.

Meyer, Bernd (1981), Relative Preise, Produktionsstruktur und Konjunktur, Tübingen.

Mueller, Dennis C. (1979), Public Choice, Cambridge/Mass. u. a. O.

Ohlin, Bertil (1978), Keynesian Economics and the Stockholm School. A Comment on Don Patinkins Paper, in: Scandinavian Journal of Economics, Vol. 80, 144–147 (Arne-Ryde-Symposion).

Pasinetti, Luigi L. (1978), Wicksell Effects and Reswitchings of Technique in Capital Theory, in: Journal of Scandinavian Economics, Vol. 80, 135–143 (Arne-Ryde-Symposion).

Patinkin, Don (1978), On the Relation between Keynesian Economics and the «Stockholm School», in: Scandinavian Journal of Economics, Vol. 80, 135–143 (Arne-Ryde-Symposion).

Samuelson, Larry (1982), The Wicksell Effect in a Growing Economy, in: History of Political Economy, Vol. 14, 447–460.

Schumann, Jochen (1980), Grundzüge der mikroökonomischen Theorie, 3., neu bearb. u. erw. Aufl., Berlin, Heidelberg, New York.

Starbatty, Joachim (1984), Ordoliberalismus, in: Issing, Otmar (Hg.), Geschichte der Nationalökonomie, München, 187–203.

Stigler, George J. (1941), Production and Distribution Theories. The Formative Period, New York.

Stigler, George J. (1965), Essays in the History of Economics, Chicago, London.

Irving Fisher

I. Bibliographien

Fisher, Irving Norton (1956), My Father – Irving Fisher, New York.

Fisher, Irving Norton (1961), A Bibliography of the Writings of Irving Fisher, New Haven.

II. Schriften von Irving Fisher

(1892/1961) Mathematical Investigations in the Theory of Value and Prices, Ph. D. Thesis, in: Transactions of the Connecticut Academy of Arts and Sciences, Vol. 9, 1–124, wiederabgedruckt New York.

(1896/1961) Appreciation and Interest, in: Publications of the American Economic Association, Vol. 11, 331–424, wiederabgedruckt New York.

(1896 a) Elements of Geometry (with Prof. Andrew W. Phillips), New York.

(1897) A Brief Introduction to the Infinitesimal Calculus, New York.

(1906) The Nature of Capital and Income, New York.

(1907) The Effect of Diet on Endurance, in: Transactions of the Connecticut Academy of Arts and Sciences, Vol. 13, 11–46.

(1907 a) The Rate of Interest; its Nature, Determination and Relation to Economic Phenomena, New York.

(1909/1914) Economic Aspect of Lengthening Human Life, New York, wiederabgedruckt in: Lester W. Zartman (Ed.), Yale Readings in Insurance, New Haven.

(1909 a) Report on National Vitality, its Wastes and Conservation, Washington D. C.

(1911) Elementary Principles of Economics, New York.
(1911 a) The Purchasing Power of Money; its Determination and Relation to Credit, Interest and Crises (assisted by Harry G. Brown), New York.
(1914 a) A League for Peace, paper first read to the Yale Political Science Club, May 17, 1890, revised after start of World War: After the War, What? in: The New York Times, Aug. 16th.
(1915/1946) How to Live (with Eugene Lyman Fisk), New York, (21st edition with Haven Emerson).
(1918) The Effect of Diet on Endurance, New Haven (revision of May, 1907, booklet).
(1919) Economists in Public Service, in: American Economic Review, Vol. 9, 5–21.
(1920) Stabilizing the Dollar, New York.
(1922) The Making of Index Numbers, Cambridge, Mass.
(1923) League or War?, New York.
(1923 a) The Business Cycle Largely a «Dance of the Dollar», in: Journal of the American Statistical Association, Vol. 18, 1024–1028.
(1924) America's Interest in World Peace (revision and condensation of «League or War?»), New York.
(1925) Our Unstable Dollar and the So-Called Business Cycle, in: Journal of the American Statistical Association, Vol. 20, 179–202.
(1926) A Statistical Relation between Unemployment and Price Changes, in: International Labour Review, Vol. 13, 785–792.
(1926 a) Prohibition at its Worst, New York.
(1927) A Statistical Method for Measuring «Marginal Utility» and Testing the Justice of a Progressive Income Tax, in: Jacob H. Hollander (Ed.), Economic Essays in Honor of John Bates Clark, New York, 157–193.
(1928) Prohibition still at its Worst (assisted by H. Bruce Brougham), New York.
(1930) The Stock Market Crash – and After, New York.
(1930 a) The Nobel Experiment (assisted by H. Bruce Brougham), (revision of «Prohibition still at its Worst»), New York.
(1930 b) The Theory of Interest (extensive revision of «The Rate of Interest»), New York.
(1932) Booms and Depressions, New York.
(1933) Stamp Scrip, assisted by Hans R. L. Cohrssen and Herbert W. Fisher, New York.
(1933 a) The Debt-Deflation Theory of Great Depressions, in: Econometrica, Vol. 1, 1933, 337–357.
(1935) Stabilised Money, A History of the Movement, London. (British edition of: Stable Money, a History of the Movement (assisted by Hans R. L. Cohrssen), New York.
(1935 a) 100 % Money, New York.
(1942) Constructive Income Taxation (with Herbert W. Fisher), New York.
(1944) World Maps and Globes (with O. M. Miller), New York.

III. Schriften über Irving Fisher

Edgeworth, Francis Y. (1893), Review of Irving Fisher's Mathematical Investigations in the Theory of Value and Prices, in: Economic Journal, Vol. 3, 108–112.
Frisch, Ragnar (1947), Irving Fisher at Eighty, abgedruckt in: Econometrica, Vol. 15.
Keynes, John M. (1911), ‹Review›: The Purchasing Power of Money, in: Economic Journal, Vol. 21, 333–398.
Miller, John Perry (1967), Irving Fisher at Yale, in: William Fellner (Ed.), Ten Economic Studies in the Tradition of Irving Fisher, New York, 1–16.

Samuelson, Paul A. (1967), Irving Fisher and the Theory of Capital, in: William Fellner (Ed.), Ten Economic Studies in the Tradition of Irving Fisher, New York, 17–38.

Sasuly, Max (1947), Irving Fisher and Social Science, in: Econometrica, Vol. 15, 255–279.

Schumpeter, Joseph A. (1948/1952), Irving Fisher's Econometrics, in: Econometrica, Vol. 6, 219–231, wiederabgedruckt in: Joseph A. Schumpeter, Ten Great Economists, From Marx to Keynes, London, 222–238.

Tavlas, George S., u. Aschheim, Joseph (1985), Alexander Del Mar, Irving Fisher, and Monetary Economics, in: Canadian Journal of Economics, Vol. 18, 294–313.

Tobin, James (1985), Neoclassical Theory in America: J. B. Clark and Fisher, in: American Economic Review, Vol. 75, Number 6, 28–38.

IV. Weiterführende Schriften

Auspitz, Rudolf, u. Lieben, Richard (1889), Untersuchungen über die Theorie des Preises, Leipzig.

Bentham, Jeremy (1823), An Introduction to the Principles of Morals and Legislation, London.

Böhm-Bawerk, Eugen v. (1888/1961), Positive Theorie des Kapitals, 4. Aufl. Erster Band, Meisenheim/Glan, 1. Aufl. Jena.

Canby, Henry S. (1936), Alma Mater: The Gothic Age of the American College, New York.

Edgeworth, Francis Y. (1881), Mathematical Psychics – An Essay on the Application of Mathematics to the Moral Sciences, London.

Gayer, Arthur D. (Ed.) (1937), The Lessons of Monetary Experience: Essays in Honor of Irving Fisher, New York.

Hirshleifer, Jack (1970), Investment, Interest, and Capital, Englewood Cliffs.

Homan, Paul T. (1928), Contemporary Economic Thought, New York.

Jevons, William Stanley (1871), The Theory of Political Economy, London.

Mill, John Stuart (1909), Principles of Political Economy with some of Their Applications to Social Philosophy (1848), ed. with introduction by Sir W. J. Ashley, London.

Schumpeter, Joseph A. (1954), History of Economic Analysis, New York.

Smith, Adam (1963), Essays on the History of Astronomy, in: The Works of Adam Smith, Vol. 5, Aalen, 53–190. (Reprint of the edition 1811–1812.)

Walras, Léon (1874–77), Eléments d'économie politique pure ou théorie de la richesse sociale, Lausanne.

Arthur Cecil Pigou

I. Schriften von Arthur Cecil Pigou

(1912/1960) Wealth and Welfare, London 1912.

(1913) Unemployment, London.

(1917–1918/1952) The Value of Money, in: Quarterly Journal of Economics, Bd. 32, 1917–1918, abgedruckt in: Readings in Monetary Theory, F. A. Lutz und L. W. Mints (Hg.), London.

(1921/1941) The Political Economy of War, London, Neuaufl. New York.

(1926) A Contribution to the Theory of Credit, in: Economic Journal, Bd. 36.

(1927/1929) Industrial Fluctuations, London, Neuaufl. 1929.

(1928) Volkswirtschaftlicher und privatwirtschaftlicher Reinertrag und die Lehre von der Maximalbefriedigung, in: Mayer, H., F. A. Fetter, R. Reisch (Hg.), Die Wirtschaftstheorie der Gegenwart, 3. Bd., Wien.

(1928 a) An Analysis of Supply, in: Economic Journal, Bd. 38.
(1929) The Monetary Theory of the Trade Cycle, in: Economic Journal, Bd. 39.
(1930) Statistical Derivation of Demand Curves, in: Economic Journal, Bd. 40.
(1933) The Theory of Unemployment, London.
(1935) The Economics of Stationary States, London.
(1936) Mr. J.M. Keynes' General Theory of Employment, Interest and Money, in: Economica, Bd. 3.
(1937/1958) Socialism versus Capitalism, London und New York, Neudr.
(1937 a) Praktische Fragen der Volkswirtschaft, Jena.
(1937 b) Real und Money Wage Rates in Relation to Unemployment, in: Economic Journal Bd. 47.
(1938) Money Wages in Relation to Unemployment, in: Economic Journal, Bd. 48.
(1941/1952) Employment and Equilibrium, London 1941, Neuaufl. 1949, Neudr. 1952.
(1941) Types of War Inflation, in: Economic Journal, Bd. 51.
(1943) The Classical Stationary State, in: Economic Journal, Bd. 53.
(1943 a) The Transition from War to Peace, London.
(1945/1957) Lapses from Full Employment, London, Neudr. 1945, 1949 und 1952, New York 1957.
(1946/1957) Income. An Introduction to Economics, London, Neudr.
(1947) Economic Progress in a Stable Environment, in: Economica, Bd. 14.
(1949/1956 a) The Veil of Money, London und New York, Neudr.
(1950/1952) Keynes' ‹General Theory›. A Retrospective View, London 1950, Neudr. 1951 und 1952.
(1951) Some Aspects of Welfare Economics, in: American Economic Review, Bd. XLI.
(1952) Essays in Economics, London.
(1953/1955) Alfred Marshall and Current Thought, London, Neudr.
(1955) Income: Revisited Being a Sequel to Income: An Introduction to Economics, London und New York.
(1956) A Study in Public Finance, London, New York 1928, Neuaufl. 1929, 1947, Neudr. 1949, 1951, 1952 und 1956.
(1960) The Economics of Welfare, London 1960 (Neudruck). Neuaufl. von: Wealth and Welfare (1912).

II. Schriften über Arthur Cecil Pigou

Brahmanand, P.R. (1958/59), A.C. Pigou (1877–1959), in: Indian Economic Journal, Bd. VI.
Champernowne, D.G. (1959), Arthur Cecil Pigou 1877–1959, in: Journal of the Royal Statistical Society, Series A, Bd. 122, Teil 1.
Collard, D. (1981), A.C. Pigou, 1877–1959, in: O'Brien, D.P. u. Presley, J.R. (Hg.), Pioneers of Modern Economics in Britain, London, Basingstoke.
Johnson, H.G. (1960), Arthur Cecil Pigou, 1877–1959, in: Canadian Journal of Economics and Political Science, Bd. 26.
Noll, W. (1964), Pigou, Arthur Cecil, in: Handwörterbuch der Sozialwissenschaften, 8. Bd., Tübingen, Göttingen.
Robinson, A. (1968), Pigou, Arthur Cecil, in: International Encyclopedia of the Social Sciences, Sills, D.L. (Hg.), Bd. 12.

III. Weiterführende Schriften

Blinder, A. S. u. Solow, R. M. (1973), Does Fiscal Policy Matter? In: Journal of Public Economics, Bd. 2.

Bohnen, A. (1964), Die utilitaristische Ethik als Grundlage der modernen Wohlfahrtsökonomik, Göttingen.

Coase, R. H. (1960/1978), The Problem of Social Cost, in: Journal of Law and Economics, Bd. 3, deutsch in: Assmann, H.-D., Kirchner, Ch. u. Schanze, E. (Hg.), Ökonomische Analyse des Rechts, Kronberg.

Jochimsen, R. (1961), Ansatzpunkte der Wohlstandsökonomik, Basel, Tübingen.

Kaldor, N. (1937), Prof. Pigou on Money Wages in Relation to Unemployment, in: Economic Journal, Bd. 47.

Keller, P. (1955), Dogmengeschichte des wohlstandspolitischen Interventionismus, Winterthur.

Keynes, J. M. (1936/1955), The General Theory of Employment, Interest and Money, London und New York 1936, deutsch: Allgemeine Theorie der Beschäftigung, des Zinses und des Geldes, Berlin 1936, 2. Aufl. 1955.

Klein, L. R. (1968), The Keynesian Revolution, London.

Lekachman, R. (1970), John Maynard Keynes: Revolutionär des Kapitalismus, München u. a.

Marshall, A. (1905), Handbuch der Volkswirtschaftslehre, 1. Bd., Stuttgart, Berlin.

Mazzola, U. (1890), I dati scientifizi della financa publica, Rom.

Moggridge, D. E. (1977), John Maynard Keynes, München.

Musgrave, R. A. (1959), The Theory of Public Finance, New York, Toronto und London, deutsch: Finanztheorie, Tübingen 1966, 2. Aufl. 1969.

Ossenbühl, K. H. (1972), Die gerechte Steuerlast, Heidelberg, Löwen.

Pohmer, D. (1985), Redistribution und Effizienz. Zum optimalen Steuer- und Transfersystem, in: Cansier, D. u. Kath, D. (Hg.), Öffentliche Finanzen, Kredit und Kapital, Festschrift für Werner Ehrlicher, Berlin.

Robbins, L. C. (1932), An Essay on the Nature and Significance of Economic Science, London.

Samuelson, P. A. (1941), Concerning Say's Law, in: Econometrica, Vol. 9.

Sax, E. (1887), Grundlegung der theoretischen Staatswirtschaft, Wien.

Schäffle, A. E. (1880), Die Grundsätze der Steuerpolitik und die schwebenden Finanzfragen Deutschlands und Österreichs, Tübingen.

Schmidt, K. (1960), Die Steuerprogression, Basel und Tübingen.

Sidgwick, H. (1883), The Principles of Political Economy, London, Neuaufl. 1887 und 1901.

Solow, R. M. (1980), On Theories of Unemployment, in: American Economic Review, Bd. 70.

Stark, W. (Hg.) (1952), Jeremy Bentham's Economic Writings, Bd. 1, London (Teil: The Philosophy of Economic Science, S. 79–119).

Viner, J. (1932), Cost Curves and Supply Curves, in: Zeitschrift für Nationalökonomie, Bd. 3, 23 ff.

Joseph Alois Schumpeter

I. Schriften von Joseph A. Schumpeter

(1906) Über die mathematische Methode der theoretischen Ökonomie, in: Zeitschrift für Volkswirtschaft, Socialpolitik und Verwaltung, Bd. 15, 30–49.

(1908) Das Wesen und der Hauptinhalt der theoretischen Nationalökonomie, München, Leipzig.
(1910/1915) Wie studiert man Sozialwissenschaft?, Schriften des sozialwissenschaftlichen akademischen Vereins in Czernowitz, Bd. 2, 2. Ausg. 1915, 5–44.
(1910a) Die neue Wirtschaftstheorie in den Vereinigten Staaten, in: Schmollers Jahrbuch, 961 ff.
(1910b) Professor Clarks Verteilungstheorie, in: Zeitschrift für Volkswirtschaft, Socialpolitik und Verwaltung, 325 ff.
(1911/1926) Theorie der wirtschaftlichen Entwicklung; eine Untersuchung über Unternehmergewinn, Kapital, Kredit, Zins und den Konjunkturzyklus, München, Leipzig, zit. nach der zweiten, neubearbeiteten Aufl. 1926.
(1913) Eine «dynamische» Theorie des Kapitalzinses; Eine Entgegnung, in: Zeitschrift für Volkswirtschaft, Socialpolitik und Verwaltung, Bd. 22, 599–639.
(1914/1924) Epochen der Dogmen- und Methodengeschichte, in: Grundriß der Sozialökonomik, 1. Teil, Tübingen; zweite Ausg. 1924, 19–124.
(1914a) Das wissenschaftliche Lebenswerk Eugen von Böhm-Bawerks, in: Zeitschrift für Volkswirtschaft, Socialpolitik und Verwaltung, Bd. 23, 454–528.
(1918/1976) Die Krise des Steuerstaats, Graz, Leipzig; abgedruckt in: R. Hickel (Hg.), Rudolf Goldscheid, Joseph Schumpeter. Die Finanzkrise des Steuerstaats, Frankfurt, 329–379 (zit. nach dieser Ausg.).
(1939/1962) Business Cycles; A Theoretical, Historical, and Statistical Analysis of the Capitalist Process, New York, London 1939. Deutsche Ausgabe: Göttingen 1962 (zit. nach dieser Ausg.).
(1942) Capitalism, Socialism and Democracy, New York, London.
(1950) The March into Socialism, in: The American Economic Review, Bd. 40, 446–456.
(1951) Ten Great Economists, from Marx to Keynes, New York.
(1954) History of Economic Analysis, New York.

II. Schriften über Joseph A. Schumpeter

Bös, Dieter u. Stolper, Hans-Dieter (Hg.) (1984), Schumpeter oder Keynes? zur Wirtschaftspolitik der neunziger Jahre, Berlin, Heidelberg, New York, Tokyo.
Frisch, Helmut (Hg.) (1981), Schumpeterian Economics, East Sussex, New York.
Haberler, Gottfried (1951), Joseph Alois Schumpeter 1883–1950, in: Quarterly Journal of Economics, Cambridge/Mass., 1950, aufgenommen in: Schumpeter, Social Scientist, edited by Seymour E. Harris, Cambridge, Mass., 24–47.
März, Eduard (1964), Zur Genesis der Schumpeterschen Theorie der wirtschaftlichen Entwicklung, in: Essays in Honour of Oskar Lange, Warschau.
März, Eduard (1983), Joseph Alois Schumpeter – Forscher, Lehrer und Politiker, Wien.
Krelle, Wilhelm (1984), Keynes und Schumpeter: Unterschiedliche Ansätze, in: Bös und Stolper (Hg.), Schumpeter oder Keynes? Berlin, Heidelberg, New York, Tokyo.
Kuznets, Simon (1940), Schumpeter's Business Cycles, in: The American Economic Review, Bd. 30, 257–271.
Seidl, Christian (1984), The Tax State in Crisis: Can Schumpeterian Public Finance Claim Modern Relevance?, in: Christian Seidl (Hg.), Lectures on Schumpeterian Economics, Berlin. Heidelberg, New York, Tokyo.
Seidl, Christian (1984a), Joseph Alois Schumpeter: Character, Life and Particulars of his Graz Period, in: Lectures on Schumpeterian Economics, Berlin.

Starbatty, Joachim (1985), Die Staatskonzeption bei Keynes und Schumpeter, in: Schriften des Vereins für Socialpolitik, Neue Folge, Bd. 115/IV, Berlin.

Stolper, Wolfgang F. (1984), Schumpeter: Der politische Ökonom für die neunziger Jahre? Schumpeter versus Keynes oder Schumpeter und Keynes?, in: Dieter Bös u. H.-D. Stolper (Hg.), Schumpeter oder Keynes?, Berlin, Heidelberg, New York, Tokyo.

Streissler, Erich (1981), Schumpeter's Vienna and the Role of Credit in Innovation, in: Helmut Frisch (Hg.), Schumpeterian Economics, East Sussex, New York.

Tichy, Gunther (1984), Schumpeter's Business Cycle Theory; its Importance for our Time, in: Christian Seidl (Hg.), Lectures on Schumpeterian Economics, Berlin, Heidelberg, New York, Tokyo.

Verosta, Stephan (1976), Joseph Schumpeter gegen das Zollbündnis der Donaumonarchie mit Deutschland und gegen die Anschlußpolitik, in: Festschrift für Christian Broda, Wien.

III. Weiterführende Schriften

Ausch, Karl (1968), Als die Banken fielen, Wien.

Böhm-Bawerk, Eugen v. (1913), Eine «dynamische» Theorie des Kapitalzinses, in: Zeitschrift für Volkswirtschaft, Socialpolitik und Verwaltung, Bd. 22, 1–62.

Böhm-Bawerk, Eugen v. (1914), Unsere passive Handelsbilanz, in: Neue Freie Presse, 6., 8. und 9. Januar 1914.

Good, David F. (1986), The Economic Rise of the Habsburg Empire 1750–1914, Berkeley, Los Angeles, London 1984. Deutsche Ausgabe: Der wirtschaftliche Aufstieg des Habsburgerreiches 1750–1914, Wien, Köln, Graz.

Hilferding, Rudolf (1910), Das Finanzkapital, Wien.

Keynes, John Maynard (1936), The General Theory of Employment, Interest, and Money, New York. Deutsche Ausgabe: Allgemeine Theorie der Beschäftigung, des Zinses und des Geldes, Berlin 1952.

März, Eduard (1968), Österreichische Industrie- und Bankpolitik in der Zeit Franz Joseph I., Wien, Frankfurt, Zürich.

März, Eduard (1981), Österreichische Bankpolitik in der Zeit der großen Wende 1913–1923; am Beispiel der Creditanstalt für Handel und Gewerbe, Wien.

März, Eduard (1985), Die wirtschaftliche Entwicklung der Donaumonarchie im 19. Jahrhundert; Gedanken zu einem neuen Buch von David F. Good, in: Wirtschaft und Gesellschaft, 11. Jahrgang, Heft 3, Wien 367–392.

Marx, Karl (1849/1953), Lohnarbeit und Kapital, in: Ausgewählte Schriften, Bd. 1, Berlin, 86–88.

Marx, Karl (1867/1955), Das Kapital, Bd. 1, Berlin (Ost).

Redlich, Fritz (1955), Entrepreneurship in the Initial Stages of Industrialization, Weltwirtschaftliches Archiv, Bd. 75.

Redlich, Fritz (1955 a), Unternehmerforschung und Weltanschauung, in: Kyklos, Bd. 8.

Riesser, Jacob (1912), Die deutschen Großbanken und ihre Konzentration, Jena.

Sombart, Werner (1909), Der kapitalistische Unternehmer, in: Archiv für Sozialwissenschaften und Sozialpolitik, 689 ff.

Streissler, Erich (1986), Arma virumque cano; Friedrich von Wieser, der Sänger als Ökonom, in: Norbert Leser (Hg.), Die Wiener Schule der Nationalökonomie, Graz, Wien.

Wieser, Friedrich von (1914), Theorie der gesellschaftlichen Wirtschaft, in: Grundriß der Sozialökonomik, Teil 1, Tübingen.

John Maynard Keynes

I. Bibliographien

Harrod, R. F. (1968), Keynes, John Maynard, Contributions to Economics, in: International Encyclopedia of the Social Sciences, Vol. 8, New York.

Harrod, R. F. (1956), Keynes, John Maynard, in: Handwörterbuch der Sozialwissenschaften, Bd. 5, Stuttgart, Tübingen, Göttingen.

Lindley, D. V. (1968), Keynes, John Maynard, Contributions to Statistics, in: International Encyclopedia of the Social Sciences, Vol. 8, New York.

II. Schriften von John Maynard Keynes

(1913) Indian Currency and Finance, London.

(1919) The Economic Consequences of the Peace, London.

(1921) Treatise on Probability, London.

(1922) A Revision of the Treaty, London.

(1923) A Tract of Monetary Reform, London.

(1925) The Economic Consequences of Mr. Churchill, London.

(1925 a) A Short View on Russia, London.

(1926) The End of Laissez-Faire, London.

(1929) Can Lloyd George do it?, London.

(1930) A Treatise on Money, 2 Vols., London.

(1930) Economic Possibilities for our Grandchildren, in: Nation & Athenaeum, 11. u. 18. Oktober 1930.

(1931) Essays in Persuasion, London.

(1933) The Means to Prosperity, London.

(1933 a) Essays in Biography, London.

(1936) The General Theory of Employment, Interest and Money, London.

(1939) Relative Movements of Real Wages and Output, in: Economic Journal, 49, 41.

(1940) How to Pay for the War, London.

(1949 a) Two Memoirs, hg. v. D. Garnett, London.

(1949 b) My Early Beliefs, in: Two Memoirs, hg. v. D. Garnett, London.

(1949 c) My Early Beliefs; Dr. Melchior, a Defeated Enemy, in: Two Memoirs, hg. v. D. Garnett, London.

(1971–82) The Collected Writings of John Maynard Keynes, Vol. I–XXX., hg. v. A. Robinson u. D. E. Moggridge, London.

III. Schriften über John Maynard Keynes

Hansen, A. (1953), A Guide to Keynes, New York.

Harrod, R. F. (1951), The Life of John Maynard Keynes, London.

Hicks, J. R. (1937), Mr. Keynes and the Classics, in: Econometrica, Vol. 5.

Johnson, E. S. u. H. G. (1978), The Shadow of Keynes, Oxford.

Keynes, G. (1981), The Gates of Memory, London.

Keynes, F. A. (1950), Gathering up the Threads, Cambridge.

Keynes, M. (Hg.) (1975), Essays on John Maynard Keynes, London.

Keynes-Seminare an der University of Kent at Canterbury 1972–1983, Publikationen:

(1973) Keynes: Aspects of the Man and his Work, hg. von D.E. Moggridge, London.

(1976) Keynes and International Monetary Relations, hg. von A.P. Thirlwall, London.

(1978) Keynes and Laissez-Faire, hg. von A. P. Thirlwall, London.

(1980) Keynes and the Bloomsbury Group, hg. von D. Crabtree u. A. P. Thirlwall, London.
(1982) Keynes as a Policy Adviser, hg. von A. P. Thirlwall, London.
(1985) Keynes and his Contemporaries, hg. von G. C. Harcourt, London.
Leijonhufud, A. (1966), On Keynesian Economics and the Economics of Keynes, London.
Lekachman, R. (Hg.) (1964), Keynes' General Theory. Reports of Three Decades, New York, London.
Minsky, H. (1975), John Maynard Keynes, New York.
Moggridge, D. E. (1976), Keynes, London.
Scherf, H. (1986), Marx und Keynes, Frankurt am Main.
Scrase, D. u. Croft, P. (Hg.) (1983), Maynard Keynes, Collector of Pictures, Books and Manuscripts, published by Provost and Scholars of King's College, Cambridge.
Skidelsky, R. (Hg.) (1977), The End of the Keynesian Era, London.
Skidelsky, R. (1983), John Maynard Keynes, Hopes Betrayed 1883–1920, London.
Weintraub, S. (1978), Keynes, Keynesians and Monetarists, University of Pennsylvania.
Worswick, D. u. Trevithick, J. (Hg.) (1983), Keynes and the Modern World, Cambridge.

IV. Weiterführende Schriften

Dunlop, J. G. (1938), The Movement of Real and Money Wage Rates, in: Economic Journal, 48, 413.
Harris, S. (Hg.) (1947), The New Economics, New York.
Tarshis (1939), Changes in Real and Money Wages, in: Economic Journal, 49, 150–154.

Walter Eucken

Es werden nur die Veröffentlichungen aufgeführt, die hier näher besprochen sind und aus denen zitiert wird. Entsprechendes gilt für Veröffentlichungen über Eucken. Ein sehr viel vollständigeres Literaturverzeichnis ist in dem unten angegebenen Artikel von Lutz zu finden.

I. Schriften von Walter Eucken

(1923) Kritische Betrachtungen zum deutschen Geldproblem, Jena.
(1932) Staatliche Strukturwandlungen und die Krise des Kapitalismus, in: Weltwirtschaftliches Archiv, 36. Bd., 297–321.
(1934/1954) Kapitaltheoretische Untersuchungen, Jena, 2. Aufl., Tübingen, Zürich 1954.
(1937) Unsere Aufgabe, in: Franz Böhm, Die Ordnung der Wirtschaft als geschichtliche Aufgabe und rechtsschöpferische Leistung, Stuttgart, Berlin, S. VII–XXI (zusammen mit Franz Böhm und Hans Grossmann-Doerth).
(1937/1954) Vom Hauptproblem der Kapitaltheorie, in: Jahrbücher für Nationalökonomie und Statistik, Bd. 145, 523 ff. Ebenso wie die beiden anderen im Text erwähnten kapitaltheoretischen Aufsätze wiederabgedruckt in der 2. Aufl. von Kapitaltheoretische Untersuchungen, Tübingen, Zürich 1954.
(1950) Die Grundlagen der Nationalökonomie, 6. Aufl., Berlin, Göttingen, Heidelberg.
(1952) Grundsätze der Wirtschaftspolitik, Bern, Tübingen.

II. Schriften über Walter Eucken

Jöhr, Walter Adolf (1950), Walter Euckens Lebenswerk, in: Kyklos, Vol. IV, 257–278.

Lenel, Hans Otto (1951), Wirtschaftspolitik der Experimente, in: Ordo, Bd. IV, 423–425.

Lenel, Hans Otto (1975), Walter Euckens ordnungspolitische Konzeption, die wirtschaftspolitische Lehre in der Bundesrepublik und die Wettbewerbstheorie von heute, in: Ordo, Bd. 26, 22–78.

Lutz, Friedrich A. (1961), Artikel: Eucken, Walter, in: Handwörterbuch der Sozialwissenschaften, Bd. 3, 353–356.

Miksch, Leonhard (1950), Walter Eucken in Memoriam, Kyklos, Vol. IV, 279–289.

Nawroth, Edgar (1962), Die Sozial- und Wirtschaftsphilosophie des Neoliberalismus, 2. Aufl., Heidelberg.

Salin, Edgar (1950), Walter Eucken in Memoriam, in: Kyklos, Vol. IV, 1–4.

Stackelberg, Heinrich von (1940), Die Grundlagen der Nationalökonomie, Weltwirtschaftliches Archiv, Bd. 51, 245–281.

Weippert, Georg (1941/42), Walter Euckens Grundlagen der Nationalökonomie, in: Zeitschrift für die gesamte Staatswissenschaft, Bd. 102, 1–58, 271–337.

PERSONENREGISTER

SACHREGISTER

VERZEICHNIS DER PORTRÄTS

DIE AUTOREN

Black, R. D. Collison, geb. 1922; studierte Volkswirtschaftslehre und Politische Wissenschaft am Trinity College, Dublin; BA 1941 und Dr. phil. 1943; 1943–1945 Lehrstuhlvertreter für Wirtschaftspolitik, Trinity College, Dublin; 1945–1962 Dozent für Volkswirtschaftslehre an der Queen's University, Belfast; 1962–1985 Professor und Direktor der Volkswirtschaftlichen Abteilung der Queen's University, Belfast; Emeritus; 1972 Fellow der Britischen Akademie und Mitglied der Königlich Irischen Akademie; 1982 Honorary Fellow des Trinity College, Dublin; 1987 Distinguished Fellow der History of Economics Society, USA. *Buchveröffentlichungen:* Economic Thought and the Irish Question, 1960. The Economic Writings of Mountifort Longfield, 1971 (Hrsg.). Papers and Correspondence of William Stanley Jevons (7 Bde.), 1972–1981 (Hrsg.).

Cansier, Dieter, geb. 1941; studierte Volkswirtschaftslehre in Hamburg; 1970 Promotion, Hamburg; 1975 Habilitation, Freiburg im Breisgau; seit 1977 o. Professor für Volkswirtschaftslehre, insbesondere Finanzwissenschaft, an der Universität Tübingen. *Buchveröffentlichungen:* Steuerpolitische Ansatzpunkte der Anbieterinflationsbekämpfung, 1971. Ökonomische Grundprobleme der Umweltpolitik, 1975. Öffentliche Finanzen, Kredit und Kapital (Mithrsg.), 1984. Besteuerung von Rohstoffrenten, 1987. Zahlreiche Beiträge in Fachzeitschriften und Sammelbänden zu finanzwissenschaftlichen und umweltpolitischen Fragen.

Eisermann, Gottfried, geb. 1918; studierte in Berlin, Perugia und Rom Volkswirtschaftslehre, Jurisprudenz, Soziologie und Germanistik; Promotion 1945; Habilitation 1957 (Privatdozent); 1962 o. Professor in Bonn; emer. 1984. *Veröffentlichungen (Auswahl):* Gegenwartsprobleme der Soziologie, 1949. Die Grundlagen des Historismus in der deutschen Nationalökonomie, 1956. Vilfredo Pareto als Nationalökonom und Soziologe, 1961. Vilfredo Paretos System der allgemeinen Soziologie, 1962. Wirtschaft und Gesellschaft, 1964. Soziologie der Entwicklungsländer, 1968. Vilfredo Pareto, 1987. Max Weber und Vilfredo Pareto, 1989.

Felderer, Bernhard, geb. 1941; studierte 1959–1964 Volkswirtschaftslehre und Rechtswissenschaft in Wien; 1964 Promotion in Wien; 1964–1966 Studium der Wirtschaftswissenschaften in Paris (Abschluß: D. E. S); 1966–1968 Lehr- und Forschungstätigkeit in Princeton und Chapel Hill, USA; 1968–1974 Assistent an der Universität Karlsruhe; 1973 Habilitation in Karlsruhe; seit 1974 Professor für Volkswirtschaftslehre in Köln; Lehre und Forschung vor allem im Bereich der Wirtschaftstheorie. *Ausgewählte Buchveröffentlichungen:* Wirtschaftliches Wachstum und Allokation der Produktionsfaktoren, 1975. Wirtschaftliche Entwicklung bei schrumpfender Bevölkerung, 1983. Makroökonomik und Neue Makroökonomik (mit St. Homburg), ^{4}1989.

Grossekettler, Heinz, geb. 1939; studierte nach Berufstätigkeit als Marineoffizier Volkswirtschaftslehre in Mainz; 1968 Diplom-Volkswirt, 1972 Promotion, Mainz; 1975 Habilitation, Mainz; 1975 o. Professor für Volkswirtschaftslehre in Münster; seit 1979 Direktor des Instituts für Finanzwissenschaft in Münster; 1989 Berufung in den

Wissenschaftlichen Beirat des Bundesministeriums der Finanzen. *Veröffentlichungen:* Preis- und Wettbewerbstheorie, 1985 (zusammen mit Borchert); zahlreiche Beiträge in Fachzeitschriften und Sammelbänden zu finanzwissenschaftlichen, wettbewerbstheoretischen und dogmengeschichtlichen sowie methodologischen Fragen.

HENNINGS, KLAUS HINRICH, geb. 1937 (†1986); Steuerberaterlehre in Frankfurt/M.; 1960–1966 Studium der Volkswirtschaftslehre und Soziologie in Göttingen, Tübingen, Bonn und Köln; 1966 Diplom-Volkswirt, Tübingen; 1966–1971 Pembroke u. Nuffield Colleges Oxford; Ph. D. in Oxford 1972; Dozent an der Universität von Reading, 1970–1976; Dozent an der Universität Oxford, 1974–1976; 1976–1986 o. Professor an der TU Hannover. *Veröffentlichungen:* The British and German Banking System – A Comparative Study (zusammen mit G. Bannock, R. Harrington und E. V. Morgan), 1971. – Aufsätze zur Wachstums- und Kapitaltheorie und zur Dogmengeschichte in internationalen Fachzeitschriften.

KEMP, WOLFGANG, geb. 1946; studierte Kunstgeschichte in Tübingen, Rom, Münster, Bonn; 1970 Promotion, Tübingen; 1978 Habilitation, Marburg; 1970–1974 Assistent, Universität Bonn; 1974–1983 Professor, Gesamthochschule Kassel; seit 1983 Universität Marburg. Gastprofessuren in Los Angeles (UCLA) und Harvard; Getty Scholar. *Buchveröffentlichungen (nach 1983):* John Ruskin. Leben und Werk, 1983. Der Anteil des Betrachters, 1983. Der Betrachter ist im Bild (Hrsg.), 1985. Sermo corporeus. Die Erzählung der mittelalterlichen Glasfenster, 1987.

LENEL, HANS OTTO, geb. 1917; studierte Volks- und Betriebswirtschaftslehre in Freiburg i. Br., Köln und Berlin. Diplomkaufmann 1940, Dr. rer. pol. 1942, Wirtschaftsprüferexamen 1949, Habilitation für wirtschaftliche Staatswissenschaften 1960. Seit 1964 o. Professor für Volkswirtschaftslehre in Mainz; seit 1982 emeritiert. *Veröffentlichungen:* Ursachen der Konzentration, 1962, [2]1968; Unternehmensverflechtungen in der EWG, 1972; zahlreiche Aufsätze in Sammelwerken und Zeitschriften über wirtschaftspolitische und -theoretische Themen.

MÄRZ, EDUARD, geb. 1908 (†1987); studierte Nationalökonomie in Wien und Cambridge (Mass.).; Promotion (Ph. D.) in Harvard 1947; 1947–1953 Lehrtätigkeit an verschiedenen amerikanischen Universitäten; 1956 Eintritt in die Arbeiterkammer Wien, Aufbau und Leitung deren wirtschaftswissenschaftlicher Abteilung bis 1973; 1968 Honorarprofessur an der Universität Linz, später in Salzburg und Wien. *Buchveröffentlichungen:* Die Marx'sche Wirtschaftslehre im Widerstreit der Meinungen, 1958. Österreichische Industrie- und Bankpolitik in der Zeit Franz Joseph I., 1968. Einführung in die Marx'sche Theorie der wirtschaftlichen Entwicklung, 1976. Österreichs Bankpolitik in der Zeit der großen Wende 1913–1923, 1981. Joseph Alois Schumpeter – Forscher, Lehrer und Politiker, 1983.

MONISSEN, HANS G., geb. 1937; studierte Wirtschaftswissenschaften in Köln, Hamburg, Notre Dame, USA; 1962 Diplom-Volkswirt, Köln; 1965 Master of Arts, Notre Dame, USA; 1968 Promotion zum Dr. rer. pol., Hamburg; 1973 Habilitation, Konstanz; 1975–1976 Professor und Wissenschaftlicher Rat für Volkswirtschaftslehre in Münster; 1976–1984 o. Professor für Volkswirtschaftslehre in Gießen; seit 1984 o. Professor für Volkswirtschaftslehre in Würzburg. *Buchveröffentlichungen:* Konsum und Vermögen, 1963; Sozialprodukt, Preisniveau und Zinssatz, 1982; Geldmenge, Beschäftigung und Inflation, 1982. Zahlreiche Beiträge in Zeitschriften und Sammelbänden über Probleme der Geldtheorie, der monetären Makroökonomie, der Preistheorie, der Public-Choice-Theorie und Methodenfragen.

Ott, Alfred E., geb. 1929; studierte Wirtschaftswissenschaft und Geschichte in Heidelberg; Diplom-Volkswirt 1952; Promotion 1954; Habilitation 1958 in München; 1960 o. Professor an der Universität des Saarlandes, seit 1963 an der Universität Tübingen; Direktor des Instituts für Angewandte Wirtschaftsforschung in Tübingen. *Buchveröffentlichungen:* Einführung in die dynamische Wirtschaftstheorie, 1963 ([2]1970); Vertikale Preisbildung und Preisbindung, 1966; Grundzüge der Preistheorie, 1967 ([3]1979); zusammen mit H. Winkel: Geschichte der theoretischen Volkswirtschaftslehre, 1985; Wirtschaftstheorie. Eine erste Einführung, 1989.

Rieter, Heinz, geb. 1937; studierte Wirtschaftswissenschaften. 1962 Diplom-Volkswirt, Freie Universität Berlin. 1969 Dr. rer. oec., Ruhr-Universität Bochum. 1962–1984 Lehr- und Forschungstätigkeit (insbes. Mikro- und Makroökonomik, Geldlehre, Dogmengeschichte) als Wissenschaftlicher Assistent bzw. Akademischer Rat. Seit 1984 Professor für Volkswirtschaftslehre an der Universität Hamburg. *Veröffentlichungen:* Die gegenwärtige Inflationstheorie und ihre Ansätze im Werk von Thomas Tooke, 1971. Geldwertstabilität aus der Sicht privater Haushalte, 1975. Wirtschaftliches Gleichgewicht (zusammen mit H. G. Koblitz), 1979. Theoriegeschichtliche Beiträge u. a. über Quesnay (1983, 1989) und Keynes/Schumpeter (1984).

Scherf, Harald, geb. 1933; studierte Mathematik, Physik und Philosophie an den Universitäten Tübingen, München, Exeter, Marburg und Kiel; promovierte dort 1961 zum Dr. rer. nat. (Mathematik); nach Studium der Volkswirtschaftslehre (Dr. sc. pol. 1964) habilitierte er sich 1967 für Volkswirtschaftslehre; seit 1967 o. Professor für Statistik und Volkswirtschaftslehre an der Universität Hamburg. *Veröffentlichungen:* Untersuchungen zur Theorie der Inflation, 1967; Marx und Keynes, 1986; Enttäuschte Hoffnungen – vergebene Chancen. Die Wirtschaftspolitik der Sozial-Liberalen Koalition 1969–1982, 1986. Mitherausgeber des «Handwörterbuchs der Wirtschaftswissenschaften» (H. d. W. W.); Herausgeber der «Studien zur Entwicklung der ökonomischen Theorie», Schriften des Vereins für Socialpolitik, Bd. 115, III–VIII, und der «Beschäftigungsprobleme hochentwickelter Volkswirtschaften», 1988. – Zahlreiche Aufsätze insbesondere zur Inflationstheorie, Konjunkturtheorie und -politik und zur Theoriegeschichte.

Streissler, Erich W., geb. 1933; promovierte 1955 zum Dr. jur. (Wien), Universitätsdozent für Volkswirtschaftslehre 1959, o. Universitätsprofessor für Statistik und Ökonometrie an der Universität Freiburg/Br., 1965 o. Universitätsprofessor für Volkswirtschaftslehre, Ökonometrie und Wirtschaftsgeschichte an der Universität Wien, dort 1973–1974 Dekan der Rechts- und Staatswissenschaftlichen Fakultät. – Zahlreiche Aufsätze zur Geldtheorie, Wachstumstheorie, Verteilungstheorie, Systemanalyse und der ökonomischen Theoriegeschichte, insbesondere der Österreichischen Schule.

Winkel, Harald, geb. 1931; studierte Wirtschaftswissenschaften an der Universität Mainz; dort Promotion (1960) und Habilitation (1967). 1969 Ordinarius für Wirtschafts- u. Sozialgeschichte an der RWTH Aachen, seit 1977 an der Universität Stuttgart-Hohenheim. *Buchveröffentlichungen:* Die Ablösungskapitalien aus der Bauernbefreiung in West- und Süddeutschland, 1968. Die deutsche Wirtschaft seit Kriegsende, 1971. Die Wirtschaft im geteilten Deutschland 1945–1970, 1974. Die Volkswirtschaftslehre der neueren Zeit, 1973, [3]1985. Die deutsche Nationalökonomie im 19. Jahrhundert, 1977. Einführung in die Wirtschaftswissenschaften, 1980. Geschichte der württembergischen Industrie- und Handelskammern, 1981. 150 Jahre mittelrheinische Wirtschaft, 1983. – Zahlreiche Aufsätze und Beiträge in Sammelwerken. Herausgeber der «Zeitschrift für Agrargeschichte und Agrarsoziologie» und der «Scripta Mercaturae».

Anzeigen